Hedra edições // Coleção Mundo Indígena // Círculos de coca e fumaça // Hupd'äh // Danilo Paiva Ramos

Círculos de coca e fumaça

edição brasileira© Hedra 2022

coordenação da coleção Luísa Valentini
edição Jorge Sallum
coedição Suzana Salama
assistência editorial Paulo Henrique Pompermaier
revisão Luiza Brandino e Renier Silva
capa Lucas Kroëff

ISBN 978-65-89705-75-8
conselho editorial Adriano Scatolin,
Antonio Valverde,
Caio Gagliardi,
Jorge Sallum,
Ricardo Valle,
Tales Ab'Saber,
Tâmis Parron

Grafia atualizada segundo o Acordo Ortográfico da Língua Portuguesa de 1990, em vigor no Brasil desde 2009.

A pesquisa que possibilitou a elaboração
deste livro contou com o financiamento da Fundação de
Amparo à Pesquisa do Estado de São Paulo (FAPESP)

Direitos reservados em língua
portuguesa somente para o Brasil

EDITORA HEDRA LTDA.
Av. São Luís, 187, Piso 3, Loja 8 (Galeria Metrópole)
01046–912 São Paulo SP Brasil
Telefone/Fax +55 11 3097 8304
editora@hedra.com.br

www.hedra.com.br

Foi feito o depósito legal.

Círculos de coca e fumaça

Danilo Paiva Ramos

2ª edição

São Paulo   2022

Danilo Paiva Ramos é antropólogo, professor adjunto do Departamento de Ciências Humanas da Universidade Federal de Alfenas (UNIFAL–MG) e membro efetivo do Programa de Pós-graduação em Antropologia da Universidade Federal da Bahia (PPGA-UFBA). Tem pós-doutorado em Antropologia Linguística pela Universidade de São Paulo (USP), Universidade do Texas (UT), doutorado em Antropologia Social — Etnologia indígena — pela (USP), mestrado em Antropologia Social — Antropologia Rural — também pela (USP), graduação em Ciências Sociais (USP) e licenciatura em Ciências Sociais (USP). É coordenador do Grupo de Pesquisa em Etnologia, Linguística e Saúde Indígena (ETNOLINSI), pelo CNPq. Desenvolve pesquisas em etnologia indígena, com ênfase em estudos sobre xamanismo, línguas indígenas, arte verbal e saúde indígena. É membro da Associação Brasileira de Antropologia (ABA) e do Centro de Estudos Ameríndios (CESTA–USP). Integra o Coletivo de Apoio aos Povos Yuhupdëh, Hupd'äh, Dâw e Nadëb (CAPYHDN) e a Associação Saúde Sem Limites (SSL). É assessor do povo Hupd'äh para a implementação de seu Plano de Gestão Territorial e Ambiental (PGTA-Hup).

Círculos de coca e fumaça é um ensaio sobre os Hupd'äh, povo indígena falante de língua hup que vive na região do Alto Rio Negro, no noroeste da Amazônia. Suas rodas noturnas destinadas à ingestão de coca e tabaco — momento de compartilhamento de mitos e histórias de andanças pela mata, ensinamento de benzimentos e execução de curas e proteções xamânicas — são o principal cenário desse livro. Nessas situações são percebidas performances, contextos em que os ameríndios relacionam suas experiências e observações da mata com as palavras dos mitos e encantamentos. A partir dessa interação, o viajante hup consegue interagir com seres de múltiplas paisagens e expandir seu campo de percepção, em um engajamento mútuo com os processos de transformação do mundo.

Mundo Indígena reúne materiais produzidos com pensadores de diferentes povos indígenas e pessoas que pesquisam, trabalham ou lutam pela garantia de seus direitos. Os livros foram feitos para serem utilizados pelas comunidades envolvidas na sua produção, e por isso uma parte significativa das obras é bilíngue. Esperamos divulgar a imensa diversidade linguística dos povos indígenas no Brasil, que compreende mais de 150 línguas pertencentes a mais de trinta famílias linguísticas.

Sumário

Apresentação, *por Sylvia Caiuby Novaes* 11
Introdução, *por Danilo Paiva Ramos* 15
Para ler as palavras hup 41

COCA E FUMAÇA. 43
Viajantes 45
Viagem à Serra Grande 77
Círculos de coca 117
Círculos de fumaça 157

CÍRCULOS E CAMINHOS. .209
Caminhos abertos 211
Lagos-de-leite 271
Sopros na noite 341
Viagens a São Gabriel 403
À luz das rodas de coca 427

Índice de mitos, benzimentos e sonhos 437
Bibliografia 439
Agradecimentos 447

Para a Mariana, sempre a me esperar, acolher e dar forças. E para a Rosa, nossa linda filha flor.

EM MEMÓRIA

De meu avô, Afonso Henrique Paiva que me ensinou a virar onças do avesso.
Do sr. B'o', Henrique Brasil Socot, que me ofereceu a primeira cuia de coca.

Apresentação

Coca, tabaco e caxiri

SYLVIA CAIUBY NOVAES

No final da tarde, de qualquer casa desta aldeia hupd'äh à beira do Taracuá-Igarapé, às margens do rio Tiquié, é possível ouvir o som ritmado do pilão, onde as folhas de coca são misturadas às folhas queimadas de imbaúba. As rodas de coca reúnem todas as noites cerca de 10 homens que, sentados em círculos, comem a coca, fumam tabaco e bebem caxiri. É a partir da participação de Danilo nestas rodas e da etnografia destes três elementos — a coca, o tabaco e o caxiri — que somos levados a conhecer o mundo hupd'äh, este povo maku, habitante do Alto Rio Negro, na fronteira entre o Brasil e a Colômbia. Analisadas por Danilo como *performances*, as rodas de coca nos introduzem ao xamanismo e aos *benzimentos*, fundamentais nas atividades de cura.

Danilo observa que nestas rodas de coca as interações delineiam "os caminhos e viagens xamânicas como percursos de observação e ação". Viagens e narrativas de viagens são um verdadeiro fascínio para os Hupd'äh. Tal como os ancestrais dos diversos clãs hup que empreendiam viagens na Cobra-Canoa, este livro de Danilo nos transporta para paisagens no Alto Rio Negro com um encantamento contagiante. Danilo acompanha os Hupd'äh em suas viagens pelos caminhos que atravessam a floresta, viagens para pesca, para outras aldeias, para as terras dos antepassados. Nessas viagens são constantes as interações com animais, plantas, ancestrais e vários outros seres. Ao caminhar e viajar, assim como nos deslocamentos da pessoa ao benzer ou sonhar, os Hupd'äh agem no sentido da transformação de pessoas e de perspectivas, processo que Danilo analisa conjugando as ricas abordagens de Claude Lévi-Strauss, Victor Turner, Tim Ingold e Peter Gow. Tendo como quadro teórico Carlo Severi, Richard Schechner, Richard Bauman e Laura Graham, a memória ritual é retomada pelo autor e analisada como engajamento perceptual com o ambiente.

A partir de uma rigorosa revisão da literatura sobre os povos do alto rio Negro, de Koch-Grünberg no início do século xx a antropólogos contemporâneos que vêm trabalhando na região, como Pedro Lolli, Danilo procura entender as direções percorridas por este povo indígena ao longo de suas existências. Além de muitas histórias que ouviu ao longo de suas viagens com os Hupd'äh, Danilo registrava com a máquina fotográfica e o GPS os caminhos percorridos. As fotos, as linhas e pontos do GPS e seu caderno ordenavam sua experiência de campo e permitiam rememorar com os Hupd'äh o que haviam percorrido.

À análise da coca Danilo contrapõe a análise do tabaco e da fumaça que ele gera, e é ao se sentar em roda para comer coca e fumar que se forma o Lago de Leite, "poderosa paisagem de vida que estabelece a presença imanente do espaço-tempo da criação, da dádiva e da possibilidade de cura, proteção e regeneração". Lago de Leite que também se forma no ventre e peitos maternos ao longo da gravidez, nos mostra Danilo, quando discorre sobre partos, nascimentos e corporalidade até chegar aos instrumentos, estes também corpos.

O caxiri, preparado pelas mulheres, é o terceiro dos elementos analisados por Danilo. Há uma socialidade entre as manivas: são plantadas próximas uma às outras, formando rodas de conversa para que cresçam, tal como ocorre com as plantações de coca, plantadas ao lado das manivas. "O caxiri e a coca são veículos de interação social que agregam pessoas, plantas e humanos, em torno do consumo das substâncias, das conversas e dos encantamentos".

Este livro é o resultado de uma pesquisa de doutorado que tive o privilégio de orientar. Danilo Paiva Ramos é um antropólogo que investiu na longa permanência em campo, que aproximou-se da linguística como campo fértil para a antropologia, que conseguiu fluência no idioma hupd'äh, e mais, tem sempre em mente o compromisso político com seus interlocutores. Sua proximidade com os Hupd'äh permitiu-lhe compartilhar com este povo caminhos, palavras e paisagens, que ele agora nos oferece neste belo trabalho. Sua etnografia sofisticada tem como resultado a possibilidade de partir de um universo circunscrito — as rodas de coca — e chegar à interação cosmológica entre animais, plantas, espíritos e à vida, que entre os Hupd'äh é criada e recriada em processos que cruzam, como num emaranhado, a caça, os nascimentos e os benzimentos. O texto de Danilo evidencia a continuidade entre as posturas e os gestos, que o pesquisador capta com olhar atento, apresentando-nos este *continuum* entre o corpo, a paisagem e os objetos.

Danilo tem uma construção textual que produz, ela própria, encantamentos. Ao aliar a escuta à escrita etnográfica, com fina sensibilidade, Danilo nos proporciona uma entrada única no mundo hupd'äh. Trata-se do segundo livro deste jovem antropólogo e já se pode perceber um estilo em sua narrativa. Tal como em *Nervos da terra* (2009), a sensibilidade da escrita vem de sua sólida formação teórica nos vários campos da antropologia e da proximidade com seus interlocutores, que se tornam parceiros e permitem uma abordagem original e ao mesmo tempo fascinante.

Introdução

Olhar para os Hupd'äh

> Se va enredando, enredando
> como en el muro la hiedra
> y va brotando, brotando
> como el musguito en la piedra
> como el musguito en la piedra,
> ay si, si, si
>
> VIOLETA PARRA,
> *Volver a los 17*

VIAGEM AO TIQUIÉ

As águas escuras escorrem por entre as árvores. Caminhos líquidos pisam e repisam o solo da densa mata. Esculpem os contornos das paredes de madeira e folhas. Os rios negros traçam seus rumos. Curvam-se centenas de vezes diante da mata verde. Do céu, os rios grandes rastejam como cobras por entre as dobras da floresta amazônica. A janela do avião revela ao estrangeiro um mundo desconhecido e vasto. Nos abismos dessa vertigem selvagem, impossível não sentir os olhos arregalarem-se e uma sensação de insignificância e de fascínio percorrer o corpo. Livros, fotografias, imagens de documentários, nada parece traduzir esse universo imenso e pleno de possibilidades de existência e vida.

Num instante, a pequena clareira avistada do alto transforma-se numa cidade amazônica, São Gabriel da Cachoeira. O pequeno avião aterrissa num aeroporto militar, herança dos governos ditatoriais. Ao sair, o viajante sente o ar úmido em seus pulmões e o calor do sol penetrar a sua pele. No salão, militares, religiosos, comerciantes, pesquisadores, lideranças indígenas e funcionários do estado saúdam-se e observam os que chegam. O asfalto da estrada conduz os carros por vilas periféricas. A madeira das casas e os telhados de zinco abrigam aqueles que vieram de longe. Os moradores viviam em comunidades nos rios Tiquié, Papuri, Içana, Negro, Uaupés. Trabalham nas pedreiras, nos sítios, nos areais, no comércio, nas casas de militares, nos bares, na prostituição, no tráfico ou onde puderem tirar o sustento da família. Mais à frente surgem o batalhão do exército, as casas de alvenaria, o ginásio, os prédios públicos, e a imperiosa Igreja matriz salesiana com seu colégio acoplado.

A viagem ao Tiquié é adiada a cada dia. A falta de chuvas ou o excesso de tempestades, o motor quebrado ou a falta de gasolina na cidade, a doença ou a espera das autorizações de entrada na Terra Indígena fazem com que o pesquisador fique sempre mais dias no meio urbano do que imaginava. Em meio a cervejas e caxiris, a pães e beijus, a bifes e carne de caça, surgem os primeiros laços de amizade. É com indignação que se começa a ouvir falar da morosidade na demarcação das Terras Indígenas, da escravidão por dívidas, da violência contra a mulher, da desatenção à saúde, da falta de estrutura educacional, da corrupção na prefeitura, do tráfico de drogas. A difícil situação da população local talvez desperte o desejo de contribuir com o movimento[1] e associações indígenas na busca por melhores condições de vida. No meu caso, foi também o tempo de acompanhar e assessorar os Hupd'äh em suas tentativas de obter documentos, benefícios sociais e de participar mais ativamente do movimento político em busca de melhorias para suas comunidades.

No porto, a voadeira espera. É chegado o dia da viagem com destino ao rio Tiquié. Apesar da grande quantidade de roupas, comidas e equipamentos, resta sempre a sensação de estar se esquecendo de algo. Acompanhar o dia a dia da pesca, dos trabalhos na roça, das viagens, das incursões à caça, das festas e das rodas de coca exige a preparação para inserir-se em um modo de vida em tudo diferente daquele do morador de uma grande cidade como São Paulo. Os prédios, as avenidas, as pessoas, a violência, os barulhos soam aos Hupd'äh como imagens de um meio ao mesmo tempo estranho, fascinante e perigoso. Nos longos períodos de campo, minha saudade da família e da esposa comovia sempre meus companheiros. Queriam integrar-me a todo custo a seus afazeres, conversar comigo e nunca me deixar só. Nesse zelo constante, misturavam-se pena e solidariedade.

---

1. A Federação das Organizações Indígenas do Alto Rio Negro (FOIRN) é uma associação civil fundada em 1987 que se constitui como a principal expressão do movimento social e político indígena da região.

INTRODUÇÃO

A voadeira vai cortando as águas. O vento forte e o barulho do motor dificultam as conversas dos tripulantes. Os olhos certamente já estão a vagar pelo verde das margens. À frente, araras azuis passeiam suavemente pelo ar. Tucanos pousam nas árvores do lado de lá. Cutucando-se e apontando morros, clareiras e aldeias, os companheiros de viagem mostram lugares, lembram casos e vão ensinando as primeiras lições ao recém-chegado. Páginas de livros, imagens de fotografias, cenas de filmes, palavras de familiares talvez circulem pelos pensamentos do tripulante. As etnografias lidas falam sobre o povo do barqueiro Marcelino Massa, um sábio desano que conduz com firmeza o barco. Denunciam a exploração e violências sofridas pelos parentes barés do auxiliar de enfermagem Alair Pimenta, que viajou tantas vezes ao meu lado para atender seus pacientes Hup. Descrevem as guerras combatidas pelos antepassados de Cecília Piratapuia, ex-freira, liderança importante para o fortalecimento da participação feminina na Secretaria das Mulheres da Federação das Organizações Indígenas do Rio Negro (FOIRN), que sentava-se mais à proa da embarcação durante a viagem que fizemos juntos.

Grandes morros de pedra emergem da planície amazônica. O vento forte parece roubar o som das palavras dos viajantes. O pouco que se escuta vai transformando as formações rochosas em antigas moradas de heróis criadores do universo. Algumas clareiras ciliares revelam casas de alvenaria ou madeira com seus telhados indecisos entre a palha do caranã e as folhas de zinco da Eternit. Nos arranjos comunitários, uma igrejinha desbotada sempre faz par com uma escola azul e amarela pintada há pouco. De povoados desconhecidos, as aldeias passam a ser os sítios onde vivem diversas pessoas de algum modo ligadas aos tripulantes, entre primos, amigos, um irmão, conhecidos, um tio-avô ou uma cunhada.

Com o barulho do motor, as crianças que brincam à beira-rio correm para perto de suas casas. No porto, as canoas balançam com o banzeiro de nossa embarcação a aproximar-se. Na pequena praia, mulheres de longos cabelos negros arremessam com força as roupas que lavam contra as pedras. Um sino toca. A aula vai começar. As crianças saem das casas com seus uniformes de cor amarela e azul que, na região, chamam-se *fardas*, como os uniformes dos militares. O barqueiro desliga o motor. A voadeira vai vagarosamente empurrando as canoas e ocupando seu lugar no porto. A fome e a vontade de urinar já tornavam impossível a continuidade. Num instante, todos arregaçam a barra das calças e pulam no rio para puxar a voadeira.

Monte Alegre era frequentemente o ponto de nossa primeira parada. O capitão da comunidade vinha cumprimentar os recém-chegados e o estranho, o antropólogo, de São Paulo.

Em tempos de seca, quando o rio e os igarapés estão baixos, sempre é possível trocar sabão, arroz, macarrão e/ou sal por peixes moqueados e beiju. Depois de muitas viagens, os gostos do aracu, da pimenta e do beiju impregnam na boca a sensação das boas-vindas. O som das palavras impenetráveis da língua tukano, falada alegremente pelos viajantes que reencontram seus conhecidos, passa a ser uma saudação também para aqueles que aprendem a sentir-se bem, participando de conversas em línguas que não compreendem, e a rir de piadas que não podem entender. Algumas palavras em português permitem seguir a conversa. Por vezes, os presentes fazem perguntas ao estrangeiro. As novidades da política local, dos crimes e das festas são comentadas durante o acolhimento e a partilha da refeição. Pedidos, negociações de trocas e conselhos marcam a despedida nessas paradas.

A voadeira retoma seu curso. Apenas o barqueiro identifica o caminho a seguir no espelho d'água. É preciso passar de um lado ao outro para respeitar o trajeto delimitado pela marinha. Os olhos do barqueiro perseguem as pedras submersas do rio. Toda atenção é pouca, pois uma colisão pode emborcar a voadeira e causar uma tragédia. São muitas as histórias de incidentes envolvendo os barcos mercantes. Numa época de seca, viajando durante a noite, o barco do comerciante Candinho colidiu com uma pedra no rio Tiquié. O casco fendeu-se e a embarcação, com todas as cargas e bagagens dos tripulantes, afundou. Ninguém morreu, mas foram muitas as perdas, principalmente das famílias que voltavam de São Gabriel trazendo roupas, alimentos e instrumentos de trabalho. "Já vi muitos barqueiros experientes virarem", comentou certa vez Marcelino.

Em todas as viagens, em algum momento, nuvens negras começam a avolumar-se no céu. A pequena voadeira segue em direção à cortina de água a ocultar o horizonte. Uma lona azul de PVC fornece o abrigo para que os tripulantes se protejam da força das águas e do vento. Relâmpagos e trovões iluminam novamente o dia causando temor ao marinheiro de primeira viagem. O barqueiro veste seu casaco e ajeita seu boné. Segue firme contra a tempestade. É comum que, depois de horas de precipitação, o céu volte a se abrir e o sol retome seu brilho. Recolhe-se a lona, ajeitam-se as caixas e os tambores de gasolina da embarcação. Da mata até o céu, um arco-íris por vezes contrasta com o cinza das nuvens e com os diversos tons de verde da mata. Pode ser que uma garça atravesse o rio bem perto da proa do barco. Branca, desenha no ar um voo rasante. Pousa sobre uma pedra e acompanha a passagem da voadeira.

Ao longe, avista-se uma grande igreja. O barqueiro informa que o distrito de Taracuá se aproxima. O vilarejo é resultado das atividades dos missionários salesianos. Junto à igreja, uma enfermaria e uma escola materializam os pilares do projeto civilizatório católico. Velhas freiras italianas vivem ainda nas casas da missão junto com as freiras tukano, atualmente em maior número. Certa vez, Cecília contou que nos anos 1950 o então presidente da república Juscelino Kubitschek pousou de avião na pista de Taracuá para conhecer de perto as ações missionárias que, de acordo com o Estado, visavam à integração dos indígenas à sociedade nacional. Nosso barco parou muitas vezes no porto do vilarejo, em meio às canoas e a outras voadeiras de alumínio. Precisa-se descer e procurar um lugar para dormir, pois o fim da tarde se aproxima e não é prudente a viagem noturna. Pede-se ao capitão local a permissão para o repouso no barracão comunitário. É lá onde dormem os viajantes que participam dos cursos, reuniões e festas promovidas pelo movimento indígena. Com um fogareiro preparam-se os enlatados que se somam ao peixe moqueado, à pimenta e ao beiju. Redes atadas, todos apagam as lanternas e deitam-se com os corpos consumidos pela viagem.

Na penumbra, o sol mal começa a tatear o breu do horizonte e os viajantes já estão retornando de seus banhos de rio. A refeição matinal é rápida, pois talvez haja a possibilidade de chegada, no final da tarde, à comunidade de Taracuá-Igarapé, nosso destino final. A voadeira deixa o porto em meio ao vento frio que faz tremer o corpo e ansiar pelo calor do dia. Depois de uma curva acentuada, o barco despede-se do rio Uaupés e penetra as águas do rio Tiquié. As margens estreitam-se e o curso d'água revela o tecido rochoso de seu leito. A monotonia do percurso retilíneo do rio Negro e do Uaupés dá lugar a um itinerário sinuoso e repleto de paranás. Mais próxima, a vegetação começa a oferecer-se menos homogênea em seus tons de verde e de marrom. Flores, folhas, troncos, arbustos tomam infinitas formas. As trepadeiras, paxiúbas, paus-brasil, samambaias, pupunheiras, seringueiras talvez estejam entre as poucas espécies reconhecidas pelo principiante. No alto das copas, macacos-prego, macacos-barrigudos e provavelmente uma preguiça se mostram ao viajante.

Nas idas ao Tiquié, talvez uma falha no motor possa reduzir sua potência. A velocidade passa a ser inferior à metade da empregada em condições normais, apesar dos esforços do barqueiro em acelerar. O carburador pode estar sujo. Com sorte, chega-se à comunidade de Serra do Mucura antes do pôr do sol para limpar o carburador e descansar. Com a diminuição da velocidade, acompanha-se, por alguns instantes, a viagem das canoas movidas a rabeta. Elas levam os moradores das comunidades do Tiquié aos vilarejos de Taracuá, Pari-Cachoeira, outra antiga missão salesiana, e mesmo a São Gabriel da Cachoeira. Repletas de gente e, em alguns casos, de caixas com mercadorias, as pequenas embarcações parecem quase virar a cada ondulação do banzeiro. Com a passagem do barco, todos que estão na canoa levantam os braços e acenam. Para proteger-se do sol, as mães abrigam seus filhos em um guarda-chuva. As crianças animam-se com a passagem da voadeira e sorriem.

Com muito custo, depois de oito horas de viagem, chega-se à comunidade de Serra do Mucura. Muitos barqueiros têm fortes laços de amizade com os moradores dessa aldeia. Alguns dos moradores são considerados ótimos artesãos e participam do projeto de uma ONG que criou uma rede de distribuição e venda de bancos tradicionais nos grandes centros urbanos do país. O capitão sempre vem ao nosso encontro e nos recebe calorosamente. Geralmente nos instalamos na casa comunitária onde, sobre uma mesa, beijus, peixes moqueados e uma quinhampira, caldo de peixe e pimenta são colocados como oferecimento aos viajantes. Partilhamos a comida e depois bebemos o chibé, uma refrescante água com farinha. Em minhas últimas viagens, as eleições municipais e a compra de votos por parte de alguns candidatos foram temas correntes das conversas e das piadas. Um dos candidatos, dono de postos de gasolina, distribuíra combustível de graça para alguns eleitores. Como havia adicionado água à gasolina, muitas pessoas que voltavam da cidade em suas rabetas ficaram ilhadas e tiveram que pedir carona para conseguir chegar a suas casas.

À noite, depois do banho, o capitão me fala da vontade que todos têm de me ouvir tocar violão. Eu começo, então, a dedilhar algumas modas caipiras. Para minha surpresa, nas minhas primeiras visitas, ouvi os outros cantarolarem suavemente comigo alguns versos das canções. "Menino da porteira" e "Chico Mineiro" são sempre as mais pedidas. Antigamente, as rádios regionais tocavam muito as modas de viola e familiarizavam os ouvintes com esse estilo musical. Isso permite que meu repertório seja apreciado com gosto. Por volta das oito e meia da noite, nossos anfitriões, satisfeitos com a cantoria, despedem-se e, muito cansados, retiram-se para suas casas. Nós atamos nossas redes e rapidamente caímos no sono.

Logo cedo, a mesa já está repleta novamente de mingau, moqueados e beijus. Conversamos sobre minha pesquisa e sobre o tempo que eu teria de permanecer na comunidade de Taracuá-Igarapé. Como minhas primeiras incursões à região se deram através do trabalho com saúde pela Associação Saúde Sem Limites (SSL), em toda conversa falamos muito sobre os atendimentos das equipes de saúde do DSEI-RN. As reclamações sobre as poucas visitas de atendimento, os remédios vencidos, a demora nos resgates, a falta de cursos para os Agentes Indígenas de Saúde (AIS) e a falta de médicos dão o tom das falas indignadas. Meu caderno de campo inicia-se com notas sobre essas queixas que depois compõem meus relatórios técnicos em denúncia de tal situação à FOIRN e ao Controle Social.[2]

De volta ao barco, nos preparamos para enfrentar o percurso do Igarapé-Taracuá, o Tạt-Dëh. Passadas algumas horas de navegação pelo rio Tiquié, chegamos à comunidade de Cunuri, aldeia tukano onde atualmente vivem também famílias desano e tuyuka. Um caminho pela mata leva os cerca de duas horas à aldeia Hup. É para lá que algumas famílias do Cunuri vão para realizar trocas com os Hupd'äh, demandar auxílio no trabalho das roças, solicitar que benzedores Hup executem encantamentos, ou para fazer visitas e participar das festas de caxiri de Tạt-Dëh. Contam os Tukano que o antigo dono da comunidade foi quem autorizou os Hupd'äh a constituírem sua aldeia nesse território que consideram seu. Com a parada no Cunuri, conhecem pessoas tukano que participam da sociabilidade da aldeia Hup. Ouvem também conselhos sobre a melhor forma de navegar pelo Igarapé-Taracuá.

O barco mal entra no Igarapé-Taracuá e já é possível perceber as dificuldades que serão enfrentadas no percurso. O caminho d'água torna-se estreito e raso. Muitas vezes é preciso que todos desçam do bote para empurrá-lo. Em momentos mais difíceis, deve-se retirar as caixas de mantimentos e equipamentos para diminuir ainda mais o peso da embarcação e empurrá-la com força, para que ela aos poucos vá deslizando pela areia e encontre área de maior profundidade. Árvores caídas fazem com que os viajantes desçam com seus terçados

---

2. O Controle Social é uma estrutura composta por conselhos nacionais, estaduais e municipais dos quais participam representantes comunitários e lideranças de movimentos sociais para fiscalizar a condução das políticas públicas em saúde.

para *torar* o tronco até cindi-lo ao meio. Toda a atenção é pouca, pois grandes aranhas e cobras costumam surgir em meio aos troncos e galhos. Vez ou outra, o barulho do grupo que se aproxima assusta um veado. *Se tivesse uma espingarda à mão*, lamentam-se todos.

Passadas longas horas nesse trabalho que exige grande esforço, surge finalmente o porto de areia da comunidade de Tạt-Dëh. Tendo ouvido já há horas o barulho do motor de popa, muitas pessoas correm para a beira para ver e saudar quem está chegando. Depois de algumas viagens, foi com imensa saudade que passei a acenar aos moradores de Tạt-Dëh, que foram se tornando grandes amigos. Do estranhamento das primeiras estadas, comecei também a perceber os sorrisos e cumprimentos afetuosos depois de meses de distância.

Passei a entender também que meus interlocutores são, antes de mais nada, viajantes sedentos pelas notícias das terras distantes. O desbravamento das muitas "coisas dos brancos" como carros, cachaças, casas, comidas, roupas, músicas, filmes vem ocorrendo através das constantes viagens a São Gabriel. Essas idas ao centro urbano alternam-se com as andanças pela mata para a pesca, caça e visita a parentes, que são também uma fonte inesgotável de causos e lembranças. Mas suponho que o gosto pelas notícias que eu trazia e o interesse por São Paulo tenham algo a ver com a própria história de origem de seus ancestrais, os *hib'ah tẽh d'äh*. Saídos do Rio de Janeiro, do Pụd-dëh-moh, o Lago-de-leite, os antepassados dos Hupd'äh viajaram por muito tempo dentro da M'ẹh Hõh Tëg, a Cobra-Canoa. Depois de ter chamado os seres humanos à existência, K'ẹg Tẽh fez a Cobra-Canoa e mandou que todas as Gentes-Peixe embarcassem e rumassem para a região do Uaupés. Alguns não aguentaram a viagem longa e penosa, caíram da Cobra-Canoa e vivem hoje nas Dëh-Mọy, Casas-do-Rio, que existem nas profundezas dos rios Negro, Uaupés e Tiquié. Esses continuaram a ser Gente-Peixe, não se transformaram em Hupd'äh e, por isso, causam doenças e vivem tentando roubar nossos *espíritos*.

A Cobra-Canoa foi abrindo o caminho dos rios pelos quais viajamos hoje em dia. Foi na cachoeira de Ipanoré, Hib'ạh Hũh, que os ancestrais dos diversos clãs hup emergiram pelos buracos que há nas rochas. Depois da longa viagem, foi lá que os primeiros Hup sentaram para conversar enquanto comiam a coca, fumavam tabaco e bebiam *caarpi*. Talvez o fascínio com que os Hupd'äh contam sobre a viagem de seus antepassados na Cobra-Canoa tenha algo desse encantamento com um mundo completamente diferente daquele que eu vinha experienciando ao longo de minha vida. Foi com esse encantamento também que comecei a viajar pelos rios da região do Alto Rio Negro, a sentar-me nas rodas de coca, a ouvir sobre as viagens dos antigos, e a andar pelos caminhos das matas.

ENCONTROS NOTURNOS E CAMINHOS VIVIDOS

O velho Henrique está morto. A notícia chegou naquela tarde por *e-mail*. A fumaça do cigarro deixava minha boca e tateava lentamente o ar frio. O traumatismo craniano ocasionado por uma queda no banheiro mal equipado do posto de saúde fez com que ele morresse dias depois do acidente. Como aprendi, seu espírito viajava naquele momento para a Paç Pög, a Serra Grande, onde coabitaria com seus antepassados. Mais tarde, ascendendo, o percurso o levaria à casa do criador, K'ęg Tẹ̈h. "No próximo ano não estarei mais aqui", ele me disse em língua hup no momento em que o abracei, despedi-me, e dei a ele minha rede. O calor da febre e as tosses causadas por uma forte gripe não o deixavam descansar. Uns dias antes, ele acordou triste e contou ao filho um sonho. Tinha sido levado para o fundo da Terra pelos K'öd d'äh. Disse a eles que não era de lá. Mandaram que seguisse um beija-flor/canoa para chegar novamente à Terra. Acordou triste. O sonho mostrava que seu *hą̈wäg*, "espírito", estava deixando seu corpo. Eu não poderia mais acender seus cigarros, ouvir suas histórias nas rodas de coca nem cantar com ele os *caapivaiás*.

O velho Henrique[3] foi a primeira pessoa Hup que conheci logo que cheguei à cidade de São Gabriel da Cachoeira, em 2007. Ficamos juntos alojados na casa da Associação Saúde Sem Limites (SSL), onde ele recebia cuidados médicos e eu aguardava a viagem com a equipe da ONG para realizar um diagnóstico participativo em comunidades Hup quanto aos impactos da suposta sedentarização sobre a saúde e a qualidade de vida dessa população. Almoçávamos e jantávamos juntos e, de alguma forma, nos comunicávamos, cantávamos e fazíamos companhia um ao outro. Quando comecei meu trabalho de campo em 2009 na aldeia de Taracuá-Igarapé, Tąt-Dëh, tomávamos café pela manhã, comíamos juntos no início da tarde, cantávamos e gravávamos os cantos do *caapivaiá* e, no início da noite, íamos participar dos encontros noturnos para comer coca, fumar, ouvir histórias e

---

3. B'ǫ', falecido, *Sokw'ät Noh K'öd Tẹ̈h.*

benzimentos. Acredito que esse laço que nos unia esteja relacionado com o modo como foram se estabelecendo os contornos da etnografia sobre as rodas de coca e os caminhos vividos pelos Hupd'äh.

Ao pôr do sol, quando o som do pilão começa a soar na aldeia, é possível acompanhar os passos dos senhores Hup que vão caminhando vagarosamente e se reunindo atrás de uma casa na periferia da comunidade. Alguns encontram banquinhos. Outros repousam seus corpos sentando no chão de areia. Aos poucos, é possível ver uma roda surgir em torno do pilão que vai triturando a coca e as folhas queimadas de imbaúba. Enquanto isso, a fumaça cinza vai se espalhando pelo ar e cigarros movimentam-se nas bocas. As saudações são acompanhadas de risos e piadas, e seguidas por comentários sobre as andanças pelos caminhos para a pesca, caça ou colheita de folhas de coca. A mistura de coca e imbaúba é então derramada numa cuia que começa a circular de mão em mão. Lembro-me de que o velho Henrique era sempre o primeiro a receber a coca por ser o mais velho da comunidade. Cada participante vai derramando a coca na boca à medida que histórias são contadas e encantamentos ensinados. Murmurando palavras para cigarros ou cuias, alguns dos presentes começam também a executar ações xamânicas para curar ou proteger pessoas.

A pesquisa de campo foi realizada principalmente na comunidade Hup de Taracuá-Igarapé, Tạt-Dëh, na qual habitam aproximadamente 202 indivíduos e que está situada em território hup às margens do igarapé de mesmo nome, afluente do rio Tiquié. Há, ao todo, vinte e seis casas onde moram 38 grupos domésticos. O clã Sokw'ät Noh K'öd Tẹh é majoritário e reivindica a posse do território, das áreas de caça, pesca e roça. Há também a presença de muitas famílias que, na geração atual, se identificam como pertencentes ao clã Dög M'ẹh Tẹh D'äh, grupo afim aos Sokw'ät Noh K'öd Tẹh D'äh. Essas famílias dizem ter pertencido anteriormente à etnia Dâw, mas por diversas razões estão se tornando Hupd'äh, esquecendo sua língua e benzimentos, casando-se com pessoas Hup e assumindo a identidade desse clã. Em algumas noites, mais de uma roda para o consumo de coca pode se formar. A principal delas ocorre diariamente e conta com a participação de aproximadamente dez pessoas, tendo como referência o senhor Ponciano.[4] Uma outra, da qual participam em média

---

4. Hụd, 5 de julho de 1946, Sokw'ät Noh K'öd Tẹh.

6 pessoas, se forma próximo à casa do pajé Firmino[5] Em Tạt-Dëh, além de Firmino, Armando[6] também é identificado como sạw, "pajé", e realiza curas xamânicas. Entretanto, todos os participantes das rodas praticam o xamanismo, sendo vistos principalmente como bi'ịd d'äh, "benzedores". Dessa forma, tanto pela intensidade com que se realizam as rodas quanto pela existência dos pajés e benzedores, essa comunidade mostrou-se como de especial relevância para a pesquisa.

Foi sentando-me às rodas de coca que comecei a ser convidado para seguir meus interlocutores pelos caminhos que atravessam a floresta. Os chamados hup tịw, "caminhos de hup", iniciam-se como continuações dos trajetos para as roças que vão se estreitando aos poucos até formarem trilhas fechadas que se diferenciam sutilmente da densa mata. Seguindo por esses percursos, as pessoas se dirigem diariamente aos igarapés para a pesca, deslocam-se para outras aldeias, seguem os rastros de animais ou realizam viagens para os morros situados nas cabeceiras. Em meio a seus movimentos, os andarilhos passam pelas Moy-Höd, Moradas Antigas, onde seus antepassados habitaram antes de viver na grande aldeia de Tạt-Dëh. Chegam a lugares impregnados pela ação de demiurgos cujos feitos são narrados até hoje nas pinịg, "mitos" ou "histórias". Descobrem, assim, sentidos imanentes ao mundo que vão se revelando à medida que os viajantes se situam nessas outras paisagens e aceitam interagir com animais, plantas, ancestrais e demais seres com quem coabitam.

Sentados nos encontros noturnos, os senhores Hup revelam-se viajantes a narrar seus percursos pelo mundo através dos "caminhos", hup tịw, e dos deslocamentos xamânicos. O trabalho de campo realizado entre 2009 e 2012 permitiu perceber que as rodas de coca constituem-se como uma forma constante de interação central para os fazeres mítico e xamânico, a partir dos quais os senhores estabelecem relações fundamentais com o universo hup. Seus movimentos fazem-nos passar por lugares onde eventos míticos ocorreram, visitar paisagens habitadas por seres diversos e praticar ações rituais no alto de morros como a Serra Grande.

Compartilhar as cuias de coca com o senhor Henrique, ouvir seu sonho de deslocamento para a morada subterrânea dos K'ọd däh, testemunhar sua morte pelo descaso em São Gabriel, e saber de seu percurso póstumo à Serra Grande motivaram-me a ocupar um lu-

---

5. B'ọ', 6 de julho de 1947, Sokw'ạt Noh K'öd Tẹh.
6. Kä', 5 de janeiro de 1948, Sokw'ạt Noh K'öd Tẹh.

gar nas rodas e a aceitar seguir meus mentores em viagens por seus caminhos vividos. Ao longo da pesquisa, entendi que os encontros noturnos podem ser vistos como um *modo de ação* que permite aos participantes constituírem *percursos de observação* a partir de seus próprios movimentos em meio às palavras sopradas dos encantamentos e aos passos trilhados pelos caminhos que atravessam a floresta. As rodas de coca, tão importantes para o senhor Henrique, passaram a ser vistas por mim como *performances* onde, em meio à sequência dos encontros e viagens, ocorrem múltiplas *condensações rituais*, tornando determinados gestos, posturas, palavras e substâncias fundamentais para a interação com todos aqueles com quem os Hupd'äh partilham paisagens e saberes. Espero, com esse trabalho, descrever um pouco esses aspectos da existência dos Hupd'äh que, com a amizade de Henrique, começaram a fazer parte de minha própria história.

OLHAR PARA OS HUPD'ÄH

Os Hupd'äh habitam a região do Alto Rio Negro (AM), na fronteira entre o Brasil e a Colômbia. Suas comunidades situam-se às margens de igarapés da área interfluvial dos rios Tiquié e Papuri, afluentes da margem esquerda do rio Uaupés. Os dados demográficos mais atuais, de acordo com a pesquisa de Epps (2005) e Athias (2006) estimam a população num total de 1.500 indivíduos distribuídos em aproximadamente 35 aldeias. A alta mobilidade e circulação pelo território são aspectos fundamentais do modo de vida hup, que estão relacionados ao vasto conhecimento que possuem sobre os caminhos, os igarapés, os animais e a vegetação local. Associada à mobilidade, a caça-coleta constitui-se como foco de interesse das pesquisas antropológicas sobre esse povo, estabelecendo o contraste entre os Hupd'äh com as populações ribeirinhas de pescadores-agricultores. Ao mesmo tempo, a constância da caça-coleta tem diminuído nas últimas décadas, fazendo com que a pesca em igarapés e as roças de mandioca venham se tornando cada vez mais fundamentais para a produção alimentar, principalmente nas comunidades mais populosas. Atualmente, há algumas aldeias que agregam de cem a 200 indivíduos, enquanto outras continuam concentrando de 15 a 50 pessoas, como parece ser o padrão descrito pelos pesquisadores. Conforme mostra Athias, em sua pesquisa de 1995, o aumento populacional e a maior duração da permanência da morada num local próximo aos grandes rios têm a ver com a agência missionária salesiana, que procurou agregar em grandes aldeias, designadas pelo pesquisador como povoados-missão, o maior número de pessoas para evangelização.

A estrutura social hup tem nos clãs agnáticos seus segmentos básicos de constituição e de diferenciação. Criados pelo herói cultural K'ęg Tẽh, os "ancestrais", *hib'ąh-tẹ̃h-d'äh*, deram origem aos hoje aproximadamente 25 clãs exogâmicos e de descendência patrilinear. Cada clã possui um conjunto específico de nomes, mitos e cantos por meio dos quais são narrados os eventos de criação e se constitui um senso de pertencimento e identidade. O casamento preferencial dá-se entre os primos cruzados bilaterais numa mesma geração e procura respeitar certa hierarquia entre os clãs. Em contraste com outros povos da região, o sistema de matrimônio dá-se segundo a endogamia linguística e a exogamia clânica. O casamento dá origem a grupos de fogo, unidades mínimas de produção e consumo. A coabitação em um mesmo território ou espaço de grupos de fogo gera os grupos locais, que são nomeados e diferenciados entre si. Os deslocamentos de grupos de fogo ou indivíduos para visitas a parentes de outros grupos locais ocorrem periodicamente e podem durar meses.

Esses traços aproximam os Hupd'äh de povos como os Yuhupdëh, Nadëb, Dâw, Kákwa e Nukák, permitindo que fossem designados pela literatura etnológica da região como povos maku. Entendendo haver um sistema relativamente homogêneo baseado na exogamia linguística, nas relações hierárquicas rituais e territoriais entre povos falantes de línguas tukano e arawak, os pesquisadores descrevem a especificidade da articulação dos povos maku a esse *sistema vaupesiano*. O próprio termo *maku*, adotado pela literatura, revela a particularidade dessa interação, já que a palavra *maku* origina-se do arawak e significa "aquele que não tem fala" ou "aquele que não tem a nossa fala",[7] sendo associado a *selvagem*, a índios-da-floresta em oposição a índios-do-rio, como os povos tukano e arawak. A realização de trabalhos nas roças de famílias tukano, que faz com que famílias maku se mudem para um local próximo às aldeias tukano em determinados períodos, as trocas de carne de caça e frutos por mandioca, peixes e mercadorias, e o respeito e silêncio diante dos tukano são aspectos que fizeram com que os pesquisadores descrevessem as relações entre esses povos como simbióticas, de patrão–cliente, hierárquicas–assimétricas.

---

7. *Ma* é um prefixo privativo, e *aku*, "fala".

Segundo a linguista Patience Epps (2005), os traços semelhantes entre as línguas hup, nadëb (kuyawi), dâw e yuhup constituem-nas como línguas irmãs, formando assim uma família linguística. Ela propõe que essa seria a família nadahup ou, como vem sendo designada por outros estudos, a família maku. Há também pesquisadores que incluem as línguas kákwa, as bara-maku, e nukák como pertencentes a essa família. O trabalho de Epps, *A Grammar of Hup*, de 2005, coloca-se como o primeiro estudo mais aprofundado da língua hup. Até hoje, a língua hup é a primeira a ser falada pelas crianças Hup. Dado seu relativo isolamento, poucos falantes de hup são fluentes em português. Apesar disso, virtualmente todos são falantes da língua tukano, uma língua tukano oriental falada pelas etnias próximas que serve como uma língua franca regional. A partir de 2001, ações da secretaria da educação local e de ONGs implantaram um sistema de formação de professores hup, dâw e yuhup, com o objetivo de consolidar as escolas desses povos. Começa, a partir de então, um processo de descrição da língua hup, fixação da grafia, compreensão dos princípios gramaticais, e alfabetização inicial dos professores. Foram elaborados um dicionário hupd'äh-português e cartilhas na língua hup. Esses materiais vêm permitindo aos professores desenvolver junto aos alunos a escrita e o aprendizado de sua língua.

O contato teve inicio com as frentes de colonização desde o século XVIII, mas foi apenas nas décadas de 1960 e 1970 do século XX que os missionários salesianos iniciaram atividades mais intensas visando à evangelização e à escolarização dos Hupd'äh. Trabalhando já há décadas com os Tukano, os padres salesianos pretendiam intervir nas relações vistas como assimétricas entre esses povos. A constituição de aldeias hup em território tukano e o aumento populacional das comunidades podem ser vistos como processos influenciados pela ação missionária. Paralelamente, observa-se a dificuldade crescente na obtenção de alimentos, o aumento na taxa de mortalidade e de doenças, e o constante recrutamento e exploração de mão de obra para a extração de borracha e cipó. Nos últimos anos, as atividades das equipes de saúde, de indigenistas, e de missionários pentecostais vêm somando-se à ação dos salesianos que ainda mantêm suas ações em uma aldeia Hup e na região do Alto Rio Negro como um todo.

Certa vez, enquanto eu lia a tese de Howard Reid em meu computador, Ricardo se lembrou das histórias do antropólogo que usava tanga, falava hup, caçava e pescava.

Mostrei a Ricardo o livro de Howard Reid. Ele disse que os velhos falaram pra ele desse que chamavam Haw. Ele usava tanga. Ficava lá no meio deles. Falava a língua hup. Ia caçar no mato, pescava, fazia tudo como os Hupd'äh. Ele e o Peter (Peter Silverwood-Cope). Ele falava pros velhos que veio de avião. Eles gostavam desse Haw. Mas ele foi embora e não voltou mais. O avô de Ricardo conheceu-o. Ele foi embora uns anos antes de Ricardo nascer.[8]

Durante minhas estadas em campo, sempre ouço também histórias dos pesquisadores que me precederam. De formas diferentes, a imagem desses *brancos* que *viviam com e como os índios* sobrepõe-se à minha. Distante das comunidades, encontro-me com o Haw quase sempre. Seus trabalhos guiam-me por muitos percursos florestais que permeiam minhas experiências partilhadas com os Hupd'äh. Como tenho ouvido em muitas conversas, a relação com os senhores Hup parece ter sido marcante também para Reid.

Há poucos trabalhos antropológicos sobre os grupos Maku. Dentre os existentes, destacam-se os de Peter Silverwood-Cope (1972/ 1990) sobre os Bara-Maku (Kakwá), de Howard Reid (1979) sobre os Hup'däh, de Renato Athias (1995) sobre os Hup'däh e Tukano, de Jorge Pozzobon (1983, 1991) sobre diversos povos maku e, mais recentemente, o trabalho de Pedro Lolli (2010) sobre os Yuhupdëh. Desses, apenas o trabalho de Reid apresenta uma monografia extensa sobre os Hupd'äh. Athias enfatiza a relação interétnica entre os Hupd'äh e os Tukano. Pozzobon (1991), por sua vez, enfoca os sistemas de parentesco e as regras de casamento dos Yuhupdëh, Hup'däh, Dâw, Kákwa e Nadëb. Tomando como referência a leitura crítica da literatura sobre os povos maku feita por Bruno Marques (2009), passo agora a uma breve discussão a respeito dos trabalhos dos pesquisadores que se dedicaram ao estudo dos povos Maku.

O primeiro estudo etnográfico detalhado sobre um grupo Maku, os Bara-Maku (Kákwa), foi realizado por Peter Silverwood-Cope em 1972. O autor salienta que um dos objetivos de sua pesquisa foi o de contribuir para aumentar o conhecimento sobre os povos Maku, já que era reduzido o número de pesquisas e eram poucos os dados existentes até então. Antes de seu estudo, autores como Giacone (1969), Koch-Grünberg (1906/ 2010), Biocca (1965) e Münzel (1969)

---

8. (Caderno de campo, datado de 25 de novembro de 2009.

apresentaram apenas listas de palavras, descrições gerais da cultura material, comportamento e rituais, transcrições de mitos e resenhas bibliográficas.

Em outubro de 1968, Peter Silverwood-Cope viajava com Stephen e Christine Hugh-Jones para o rio Pira Paraná em busca de grupos Maku na região. O fato de não ter encontrado tais grupos nessa área fez com que o antropólogo consolidasse sua pesquisa com um único grupo regional Bara-Maku (kákwa), da região do rio Macu-Paraná. Sua pesquisa apresenta uma descrição detalhada do modo de vida dos Bara-Maku e, genericamente, dos Maku, abrangendo as atividades de caça, pesca, coleta e colheita, os conhecimentos sobre o ecossistema, técnicas produtivas, sistema de clãs, regras de casamento e categorias de parentesco. Para descrever a adaptação ecológica dos Bara-Maku e mostrar a importância da caça para esse povo, Silverwood-Cope observa ser fundamental entender a relação que os grupos têm em diferentes momentos com a aldeia, o acampamento de caça e a permanência junto aos Tukano para a realização de trabalhos.

Os padrões de caça são descritos através das técnicas utilizadas, de dados quantitativos sobre produção e consumo, de formas de classificação e concepções cosmológicas sobre a atividade. Na monografia, é também estabelecido o contraste entre a adaptação ecológica tukano e maku, e são descritas as relações de trocas sociais e econômicas entre ambos. A complexidade revelada por seu trabalho aponta a necessidade da revisão da categorização desses povos como sendo caçadores e coletores nômades muito primitivos que, segundo a literatura científica, vinham sendo assimilados e escravizados por povos agricultores invasores.

Numa perspectiva semelhante, o trabalho de Reid (1979) busca entender a cultura e o seminomadismo hup através da mobilidade e da fluidez desse povo em diferentes espaços da floresta; do seu sistema de classificação e de relações sociais que marcam as distintas fases da vida, e da sua cosmologia. As mudanças suscitadas pelas atividades dos missionários salesianos, pelos comerciantes de produtos extrativistas e pela Fundação Nacional do Índio (FUNAI) são tematizadas na parte final de seu estudo, realizado num momento de intensificação do contato.

As atividades econômicas e a organização social são apresentadas sempre em conexão com os conceitos de mobilidade e fluidez. Além do estudo sobre economia e organização social, Reid realiza também uma interessante descrição acerca das fases da vida dos Hup'däh, buscando sempre relacioná-las aos espaços sociais e às atividades desempenhadas por cada um em determinados períodos da vida. Para o autor, as mudanças nos papéis sociais e nas fases da vida contribuem para aumentar, no caso dos mais jovens, e diminuir, no caso dos mais velhos, a mobilidade entre os grupos sociais Hup. Seu trabalho ressalta também a convergência entre a classificação dos mitos e do cosmos e o sistema de classificação hup mais geral.

Para Jorge Pozzobon (1983), a principal contribuição das análises de Reid e Silverwood-Cope, quanto aos sistemas de parentesco e de organização social, foi a de revelar que "o traço mais marcante da cultura dos povos maku é a grande fluidez com que eles seguem as próprias regras de aliança e filiação, sua terminologia de parentesco e suas regras residenciais". A partir disso, o objetivo de seu trabalho é enfocar como esse caráter de fluidez dos Maku está ligado a fatores demográficos.

O autor percebe haver uma tendência geral para que os Maku procurem seus cônjuges em círculos endogâmicos cada vez mais restritos, estando esse princípio relacionado à proporção entre os sexos em determinadas unidades demográficas. Para Pozzobon, a mobilidade desses grupos liga-se mais a fatores sociais e políticos do que a fatores econômicos — caça e coleta. Os grupos locais funcionam como isolados matrimoniais, caracterizados pela endogamia e *um sentimento restrito de identidade*. Assim, o pesquisador parte da diferença entre a suposta exogamia prescrita pelas regras de matrimônio e a prática cada vez mais endogâmica evidenciada por seu recenseamento, e analisa o comportamento fluido desses povos.[9]

O estudo de Renato Athias, de 1995, analisa as relações interétnicas entre os Hupd'äh e os Tukano, e as formas de adaptação de cada etnia ao ecossistema. Contribui para uma melhor compreensão da organização social e das relações entre esses povos. Segundo ele, a diferença marcante do sistema de parentesco e das atividades produtivas faz com que as relações interétnicas se caracterizem pela assimetria e formem um sistema hierarquizado. Para o pesquisador, o fato de partir da perspectiva hup para entender essas relações de subordinação e submissão com os Tukano faz com que seu trabalho se diferencie das pesquisas anteriores, que partiam sempre do ponto

---

9. Desse modo, para perceber as dimensões relevantes dos sistemas de parentesco e melhor compreender as rodas de coca, foi preciso estar atento à diferença entre as regras de casamento e à forma como o parentesco se realiza na prática, tendo em vista o novo contexto demográfico atual.

de vista tukano. Recentemente, o trabalho de Lirian Monteiro (2011) abordou o tema da relação entre os Hupd'äh e os Tukano a partir da história da comunidade tukano de Barreira Alta que, após a migração das famílias tukano para São Gabriel, passou a ser habitada quase que exclusivamente por famílias Hupd'äh.

Como pode se perceber nas pesquisas já realizadas, as narrativas e ritos são apenas elementos descritos para a composição de um quadro geral desses povos, surgindo, geralmente, em capítulos destinados à cosmologia ou em meio à descrição da organização social desses povos. Assim, tomando como referência os encontros noturnos enquanto forma de interação social específica, articulada aos movimentos das viagens, o trabalho que desenvolvi procura delinear o modo como narrativas e andanças geram importantes condensações rituais que entrelaçam rodas, caminhos e paisagens como campos de percepção e ação vividos mutuamente pelas pessoas Hup.

MOVIMENTO DE EMARANHAR

Sonhar com uma antropologia livre da desumanização dos sujeitos, transformados pelos estudos em *portadores impessoais de cultura*, determinados pelas forças, variáveis e pressões sociais foi o que levou Victor Turner a buscar os estudos da *performance*. Entendendo que apenas por meio dessa liberdade seja possível escrever sobre os encontros noturnos revelando os modos de percepção e as sensibilidades que são por eles mobilizados, descrevo as rodas de coca como sendo uma *performance* e tento delinear as sequências reflexivas de ações verbais e não verbais que, noite após noite, geram uma forma constante de interações.

Ao acompanhar o narrar, o benzer e o andar como sequências articuladas de modos de ação dos encontros noturnos, abriu-se a possibilidade de seguir a organização da ação performática nela mesma através não da exegese total de um ritual, mas das múltiplas condensações rituais que associam esses modos de relação. Nesse sentido, a abordagem de Humphrey e Laidlaw (2004) tornou-se fértil por permitir ver o ritual como uma qualidade da ação, e não como uma classe de eventos ou instituições. O contraste entre ações ritualizadas e ações não ritualizadas ressalta a importância da atenção do agente para sua própria ação. Essa perspectiva ajuda a perceber situações surgidas no curso das viagens ou das rodas de coca como transformações sutis de ações correntes promovidas pelos caminhantes ou participantes dos encontros. Essas transformações revelam histórias e características específicas da ação performada que alteram sentidos, formas de interação e de intenção dos agentes.

Ao longo da pesquisa, percebi que os modos de ação articulados pelas rodas ocorrem por meio da mobilidade específica das viagens. Essas viagens são tanto as caminhadas para banhos e ingestão de água das serras, estas tidas como moradas de ancestrais, quanto os deslocamentos da pessoa ao benzer ou sonhar, para as casas do céu, do rio, da terra, onde habitam ancestrais e seres como o Trovão, as Gentes-Onça, as Gentes-Cobra, dentre outros. Pensando com Gow, procuro mostrar como o interesse dos participantes das rodas por contar um mito ou por executar um benzimento parte de eventos vividos pelas pessoas ao se deslocarem ao longo de diversas paisagens pelo mundo. Nesse sentido, foco minha atenção no mundo vivido, na concretude das experiências vividas pelos *comedores de coca* como viajantes, agentes-no-ambiente que percebem, atuam, pensam, aprendem e conhecem pelo seu envolvimento mútuo nas rodas e nos deslocamentos do caminhar e do benzer.

Em seus trabalhos, Lévi-Strauss mostra como inversões, novas relações, oposições, ambiguidades e contradições se abrem como feixes de relações que auxiliam a interpretar questões sugeridas pelos mitos, ritos ou sistemas de classificação através de mediações progressivas, vistas por ele como grupos de transformação. Sobre os grupos de transformação de mitos, o antropólogo diz que "o sentido de um termo só pode ser definido substituindo-o em todos os contextos em que seja encontrado. [...] o mito é reorganizado de tal maneira que ele próprio se constitui como contexto" (Lévi-Strauss, 2003, p. 247). Partindo de categorias empíricas definidas por meio da observação etnográfica de culturas específicas, a análise através dos grupos de transformação possibilita isolar noções abstratas e encadeá-las em proposições. Esses procedimentos seriam fundamentais para explicitar uma lógica das qualidades sensíveis, em que a inteligibilidade é condição para a apreensão sensível do mundo. A noção de transformação *levistraussiana* ajuda a ver inversões, relações, oposições, ambiguidades e contradições que se dão no curso das ações dos participantes nas rodas e nos caminhos pela floresta que os fazem gerar transformações. Entretanto, de modo diferente, essas transformações geradas pelos viajantes Hup não se dão como *noções abstratas enca-*

deadas, mas como deslocamentos nas posições ocupadas em campos mútuos de percepção e ação.

Ao benzer ou caminhar, os *comedores de coca* substituem-se, por ação e movimentos, em diferentes ambientes e realizam mediações progressivas para transformar pessoas ou atitudes dos seres dessas outras regiões. A noção de plano-casa proposta por Lolli torna-se especialmente interessante para entender esses deslocamentos xamânicos. Há perspectivas distintas inerentes a cada plano-cósmico, ou casa, o que implica numa descontinuidade entre os pontos de vista. Deslocando-se entre planos-casa, a ação dos xamãs gera um contínuo entre planos e perspectivas à medida que assumem diferentes pontos de vista para interagir com os habitantes dessas moradas. As viagens xamânicas permitem também proteger ou curar os Hupd'äh dos malefícios causados pela circulação de pessoas e de afecções de pessoas pelos diversos planos-casa.

Contando sobre os ancestrais, viajando rumo às serras ou aos planos-casa, os senhores Hup atuam na passagem entre contextos, na transição entre estados, na transformação de pessoas e de perspectivas. Nesse sentido, a abordagem processual de Turner ajuda a perceber como esses deslocamentos ao longo do mundo resultam em transições e metamorfoses entre tempos e espaços (*betwixt and beetween*). A dinâmica constante das ações dos encontros noturnos, ao combinar as ações mítica e ritual, pode ser vista como um processo por meio do qual os benzedores constituem-se como seres transicionais, pessoas liminares. O aspecto reflexivo das rodas de coca torna-se mais evidente, já que, agindo, os participantes, imersos numa pluralidade que os divide entre *nós* e *eles*, *ego* e *alter*, observam e revelam-se a si mesmos.

Tomando o trabalho de Gow como referência, entendo ser possível assim explorar as relações entre os atos de contar, de benzer e de caminhar como variações, não só de narrativas mas de modos de ação articulados por *processos de transformação* que se dão pela mobilidade dos participantes, seja nas viagens aos *lugares sagrados*, seja nos deslocamentos da pessoa durante os benzimentos por meio de palavras que agem. Simultaneamente, dado o caráter reflexivo das *performances*, esse processo de transformações leva a uma maior consciência da habilidade para narrar e benzer, e das dificuldades nos fazeres mítico e xamânico. Associados pelo contexto relacional particular das rodas, esses atos também sofrem mudanças com o envelhecimento e com a participação da pessoa nos encontros noturnos e dos rumos por ela trilhados. Voltar o olhar para essa *mitopoeisis* das rodas de coca e dos caminhos é significativo para entender aprofundamentos na memória de eventos que ocorrem ao longo da vida e do mundo, como nas viagens às serras ou aos planos-casa.

Apenas dessa maneira creio ser possível estar atento à configuração de uma memória ritual que se dá na recordação e no esquecimento, entendidos como atos de percepção das mudanças criadas, experienciadas, sofridas, desejadas e temidas ao longo da vida das pessoas Hup (Severi, 1996; Gow, 2001). As rodas situam processos de educação da atenção, em que o contar, o benzer e o vagar são vistos como *atos de mostrar sentidos* que estão no mundo e que consolidam a longa história de interações dos Hupd'äh. A atenção aos gestos do preparo da coca, às posturas corporais, aos atos de palavra, aos modos de deslocar-se em sonho, em benzimento ou pelos caminhos, revela a memória ritual como sendo um processo de engajamento perceptual com o ambiente para interações reflexivas. Isso permite pensar para além da formulação de Schechner do comportamento restaurado, para o qual é na repetição e na afirmação de laços com o passado, com uma memória social, que a história de expressão das *performances* ganha sentido para os participantes.

Nas rodas de coca, é como atos de fala que o benzer e o contar delineiam uma memória ritual. Um dos traços importantes para a comunicação nos encontros é o modo como é gerada uma "nova identidade dos participantes, própria do contexto ritual, através do estabelecimento de uma forma particular de interação linguística". Pelas ações dos encontros, eventos narrativos e eventos narrados, — respectivamente, a atuação dos narradores e aquilo a que se reportam — acontecem pelo interesse em contar, ouvir e benzer. Assim, descrever os eventos aos quais as narrativas estão se reportando e, dessa forma, descrever os atos, eventos e papéis mesclados em cada *performance* passou a ser relevante para a análise. Ao mesmo tempo, interessa aqui não tanto a análise formal dos textos das exegeses de encantamentos e narrativas míticas, mas a relação entre os movimentos desses modos de ação expressos por palavras e gestos, e aqueles dos narradores, xamãs e viajantes, em meio a seus atos de palavra e andanças pelo mundo.

Observa-se também que a transformação da identidade dos participantes e do interesse em contar e ouvir histórias e encantamentos ocorre ao mesmo tempo em que a pessoa adquire a habilidade de emprestar a palavra a objetos transicionais, como o cigarro e a cuia, e deslocar-se para múltiplos planos-casa do universo. Procura-se, então, descrever o contexto de uso dos objetos e as transformações dos atos de fala para mostrar como o objeto transicional, ao tomar a palavra, age restituindo a presença da pessoa e de suas interações com os diversos seres.

Dessa forma, a percepção dos encontros noturnos como contextos que associam os fazeres mítico, xamânico às andanças, a partir de uma forma relacional particular, que articula modos de ação, exige que diferentes referenciais teóricos sejam mobilizados para a descrição e interpretação das múltiplas dimensões das rodas de coca. De um modo geral, pode-se dizer que, por um lado, a combinação de instrumentais analíticos propostos por linhas diferentes da chamada antropologia da *performance* a procedimentos estruturalistas configura um olhar para a experiência etnográfica vivida com a ênfase na observação de aspectos expressivos, reflexivos e estruturantes das práticas das rodas. Por outro lado, inspirado pelas abordagens relacionalistas de Gow, Ingold e Houseman e Severi, procuro interpretar o narrar, o vagar e o benzer como modos de ação que mobilizam sensória e experiencialmente os participantes, permitindo a interação com diversos seres e ambientes para a atuação em processos de transformação no mundo.

CRÔNICAS E VIAGENS

A *viagem ao Tiquié*, com a qual esbocei as primeiras linhas deste texto, está presente também nas notas iniciais de meus cadernos de campo. Com o tempo, meus próprios deslocamentos foram deixando de ser jornadas empreendidas de ponto a ponto com o fim último de chegar à aldeia, ao morro sagrado, à roda de coca, para se tornarem cada vez mais percursos de observação e ação ao longo dos quais comecei a ver-nos, a mim e aos Hupd'äh, reflexivamente, como viajantes. A navegação pelos rios, os deslocamentos xamânicos dos encantamentos, as narrativas míticas surgidas nas andanças e nos encontros noturnos foram emaranhando-se em minhas notas e tramando minha experiência etnográfica como uma contínua partilha de caminhos, palavras e paisagens.

Escrevendo sobre nossas andanças pela mata, ouvindo e traduzindo narrativas e lendo com fascínio os relatos dos *viajantes*, comecei a perceber como a crônica de nossos passos e percursos pelo mundo constituía um campo relacional por meio do qual modos de ação distintos — como encantamentos xamânicos, narrativas míticas, apontamentos científicos e relatos de viagem — entrelaçavam nossas atenções, sensibilidades e interesses. As traduções de mitos e encantamentos são assim o lugar comum ao qual chegamos depois da gravação e/ ou anotação das falas dos xamãs, da transcrição e tradução compartilhada, e da busca por analogias entre gestos, posturas e movimentos das pessoas nos eventos narrativos, nos eventos narrados, nas caminhadas e nas ações xamânicas.

Guiado por meus interlocutores, comecei a ver as exegeses de encantamentos não como textos, mas como modos de ação compostos pela descrição de movimentos e ações a serem realizadas em meio à interação com seres diversos, e complementadas sempre por comentários explicativos que permitiam a mim, um neófito, inserir-me nessas práticas xamânicas, participar das conversas das rodas e ser benzido inúmeras vezes. As traduções de encantamentos apresentadas nos capítulos são menos guias de viagem para o transporte ponto a ponto, e mais *campos de rastros* através dos quais passa a ser possível ao viajante seguir pelos percursos, adentrar as moradas celestes, aquáticas, florestais de inúmeros seres para acalmá-los ou incitá-los à ação.

Os longos textos xamânicos foram divididos em *movimentos*, partes numeradas sequencialmente que correspondem a conjuntos de parágrafos descritivos sobre deslocamentos, gestos e formas de interação com entes em suas moradas, ações que devem ser realizadas pelos xamãs. Ao final dos textos, as últimas frases correspondem ao gesto de *hik'ët*, "pisar", e por isso tais ações são destacadas como *pisar*. Procura-se, assim, precisar o momento de conclusão quando, a partir de seu gesto, o xamã afirma sua chegada após a viagem e "amarra firme" as ações realizadas com seu pisão. Vez ou outra, o narrador interrompe o fluxo dos movimentos com comentários explicativos que permitem ao ouvinte entender aspectos importantes sobre o ser com o qual se deve interagir ou sobre a Casa onde as ações devem ser realizadas. Por isso, essas observações explicativas são igualmente diferenciadas em parágrafos como *comentários*, através da abreviação *Com.*.

As narrativas míticas tomadas igualmente como modos de ação surgiram tanto em meio às conversas nas rodas de coca quanto ao longo das caminhadas pela mata. São muitas vezes relatos sobre os modos de viver e de habitar dos antepassados, bem como crônicas de suas viagens pelo mundo que foram consolidando marcas, rastros de suas ações na paisagem. Clareiras, cavernas, morros mostraram-se sempre impregnados da presença e das ações de antepassados e seres diversos. Para a análise procurei apresentar essas narrativas nos seus respectivos contextos de enunciação, tentando fazer o texto aproximar-se do modo de fala de meus interlocutores ao traduzirem comigo as narrativas. Além disso, recorri às notas de meu caderno, que registraram algumas versões dessas narrativas. Seguindo o mesmo procedimento adotado na análise dos encantamentos, busco descrever analogias entre as ações dos eventos narrados e as experiências partilhadas com meus interlocutores que constituem a matéria de minhas próprias crônicas.

Desse modo, a estrutura deste livro pretende trazer à vida as múltiplas experiências que foram permitindo perceber o contínuo emaranhar dos modos de ação em meio às cuias de coca que circulam nas rodas e aos passos que engendram as linhas de fuga para a interação com animais, plantas e "espíritos". Nos entrecruzamentos dessas linhas de vida, surpreendentes condensações rituais fazem ver as ligações entre a *performance* noturna, os banhos na Serra Grande, as águas eméticas ou cerimônias de Jurupari como pontos nodais que geram possibilidades de convívio e crescimento pelos movimentos constantes entre paisagens.

Na primeira parte, intitulada *Coca e Fumaça*, busco tanto descrever as rodas de coca nelas mesmas quanto perseguir suas linhas de fuga expressas pelo caminho à Serra Grande e pelas viagens xamânicas dos encantamentos. Inicia-se o percurso no capítulo *Viajantes*, com a busca por entender a relativa invisibilidade que as rodas de coca têm nas notas de pesquisadores e viajantes que trabalharam na região. O capítulo *Viagem à Serra Grande* é uma crônica da viagem à Serra Grande que realizei com meus companheiros das rodas de coca. Procura-se delinear como, ao longo do caminho, seres e lugares vão sendo mostrados, envolvendo a todos num processo de educação da atenção. No capítulo *Círculos de coca*, partindo das notas de diferentes pesquisadores sobre as práticas da coca, apresento uma descrição da sequência de ações das rodas de coca, ressaltando posições, gestos, movimentos, posturas corporais e atos de palavra. Para descrever o lugar central do tabaco nas rodas de coca para as práticas de benzimento, o capítulo *Círculos de fumaça*, descreve como o aprendizado do xamanismo hup se dá através de um longo processo de aquisição de habilidades. A observação dos usos do tabaco permite acompanhar as relações entre diversos modos de ação associados aos encontros noturnos.

Na segunda parte, *Círculos e caminhos*, os capítulos procuram aprofundar a relação entre os encontros noturnos e as viagens pelos caminhos, explorando as relações desses modos de ação com outros, como a concepção, a caça, o Dabucuri e a cidade de São Gabriel. Assim, no capítulo *Caminhos abertos*, a crônica da viagem que fizemos às serras procura descrever a constituição dos percursos de observação que surgem quando rapazes seguem anciões e se mantém atentos a seus movimentos, palavras e indicações. No capítulo *Lagos-de-leite*, para a análise de uma viagem à Casa-dos-Animais, realiza-se uma incursão pelo universo da concepção e nascimento. A caça, o nascimento e os benzimentos revelam processos de contínua criação da vida que permitem curar e proteger a partir da paisagem dos Lagos de leite. Seguindo esse itinerário, no capítulo *Sopros na noite*, busca-se mostrar as relações entre as rodas de coca e outras ações ritualizadas, como a dança das flautas, as festas de caxiri e as rodas de *caarpi*, tomando como referência a crônica de um evento de Dabucuri presenciado. Por fim, o capítulo *Viagens a São Gabriel* traz impressões sobre os deslocamentos cada vez mais constantes ao centro urbano, que vão transformando os modos de ação emaranhados pelos caminhos e pelas rodas de coca.

Em suma, este livro tem como objetivo analisar como as *performances* das rodas de coca, ao articularem distintos modos de ação, lançam os participantes a deslocamentos por percursos de observação através da atenção que eles, enquanto viajantes, voltam para suas ações ao soprar cigarros, andar por trilhas ou narrar mitos. Procura-se descrever em que medida esses modos de ação mobilizam os viajantes Hup sensória e experiencialmente permitindo a interação com diversos seres em múltiplas paisagens e o engajamento mútuo em processos de transformação ao longo do mundo.

Para ler as palavras hup

Para a grafia dos termos da língua hup em geral, adotou-se como referência o dicionário de língua hup elaborado pelo linguista Henri Ramirez, *A língua dos Hupd'äh do Alto Rio Negro*.[1] Todos os termos em língua hup são colocados entre barras e seguidos ou precedidos pela tradução entre aspas. Por exemplo: *Tạt-Dëh*, "taracuá-igarapé". Seguindo Ramirez, mantenho a acentuação das vogais de acordo com a nasalidade — indicada por um *til* — e o tom — indicado por um acento grave agudo ou grave.

O ALFABETO

Ramirez propõe que o alfabeto hup tem 25 letras: *a, ä, b, ç, e, ë, g, h, i, ị, j, k, m, n, o, ö, p, r, s, t, u, w,* y e '.[2] Destas, 16 são consoantes, nove são vogais e 11 são consoantes laringalizadas: *b', d', r', j', g', m', n', w', y', s', k'*.

GENEALOGIA

Ao longo dos capítulos, na primeira vez em que é feita referência ao nome de uma pessoa, este é seguido por seu nome em língua hup, por sua data de nascimento, por seu clã e por seu número de indivíduo na *base de dados populacionais*.[3]

Adota-se também a notação inglesa para as referências às posições genealógicas:

---

1. Associação Saúde Sem Limites, de 2006.
2. Oclusão glotal.
3. Como no exemplo de Ponciano, dentro do texto, que traz uma frase complementar após seu nome. No caso, *Hụd*, 5 de julho de 1946, *Sokw'ạt Noh K'öd Tẹh*.

F, *pai*
M, *mãe*
B, *irmão*
Z, *irmã*
H, *marido*
W, *esposa*
S, *filho*
D, *filha*
E, *mais velho (a)*
Y, *mais novo (a)*

As narrativas de mitos e sonhos e as exegeses de benzimentos são destacadas do texto pelas letras M, como *mito*, S, como *sonho*, e B, *benzimento*. Todas são numeradas sequencialmente, seguidas pelo título e pela diagramação específica. Ao longo da análise, as referências a esses textos são feitas através do uso das mesmas letras.[4] Para algumas narrativas míticas curtas, optou-se por destacá-las apenas pela letra M, numerada e sem negrito. Ao fim do livro podem ser encontrados índices dos mitos e benzimentos.

---

4. Por exemplo, M1.

Coca e fumaça

Viajantes

> Eu vejo aquele rio a deslizar
> O tempo a atravessar meu vilarejo
> E às vezes largo o afazer
> E me pego em sonho a navegar
> DOMINGUINHOS & CHICO BUARQUE

UM VIAJANTE

No dia 20 de abril de 1903, o então auxiliar científico do Museu Etnológico de Berlim Theodor Koch-Grünberg deixava a Alemanha rumo ao Brasil para a realização de uma expedição etnográfica à região dos rios Ucayali e Purus. Seu objetivo era a observação da cultura dos povos indígenas do grupo dos Pano e a obtenção de objetos etnográficos para os acervos dos museus. Depois de mais de trinta dias de viagem de Hamburgo ao Brasil, o pesquisador chegou finalmente a Manaus no dia 1º de junho. O baixo nível das águas e notícias dos conflitos sangrentos entre comerciantes, exploradores da borracha e indígenas deixaram-no apreensivo. Ele optou, então, por postergar sua meta inicial e aventurar-se na região do Alto Rio Negro, onde posteriormente, tendo desistido definitivamente da viagem ao Purus, realizaria sua expedição etnográfica.

Navegar pelo rio Negro dependia da relação e também da autorização e simpatia dos comerciantes de borracha, denominados *grandes senhores* pelo etnógrafo em uma carta a seu diretor, Karl von den Steinen.[1] Koch-Grünberg relata ter conseguido, com muito custo, obter um pequeno barco para percorrer, em companhia de Otto Schmidt, o trecho fluvial entre Trindade e São Gabriel. Inúmeras cachoeiras, ventos fortes e tempestades acabaram por avariar a embarcação e forçá-los a permanecer dias parados numa habitação indígena, até

---

[1]. Carta de Koch-Grünberg a Von den Stein, São Felipe, 28 de agosto de 1903.

conseguirem um novo barco. Em três semanas chegaram a São Gabriel e prosseguiram até o sítio de São Felipe, onde se instalaram sob a proteção e cuidados do patrão da borracha, Germano Garrido y Otero. O sítio serviu de base para armazenar os equipamentos e também para preparar cartas, informes científicos e estudos preliminares. De São Felipe, Koch-Grünberg partiu para suas viagens às regiões dos rios Içana, Ayari, Uaupés e Curicuriary.

Como aponta Kraus, durante a sua segunda saída de São Felipe, Koch-Grünberg fez o reconhecimento do rio Tiquié, um afluente do Uaupés, com a esperança de entrar em contato com os Maku. No curso desse rio, visitou muitas comunidades tukano, mas, pelo que conta em seus relatos, não conseguiu chegar às aldeias maku. Seu encontro com os Maku teria se dado nas aldeias tukano, onde alguns índios maku realizavam trabalhos e trocas. Com essas pessoas fez as entrevistas linguísticas a partir das quais elaborou e publicou a primeira lista de palavras de uma língua maku. Nas primeiras linhas do artigo "Die Maku", publicado no ano de 1906 na revista de etnologia e linguística *Anthropos*, o etnólogo descreve os Maku da seguinte maneira:

> Entre o Rio Negro e o rio Yapurá, numerosos indígenas sem assentamento fixo vagam pela selva. São *índios do mato*, como dizem os brasileiros, toscos nômades caçadores que não possuem plantações, nem conhecem rede ou canoa, mas, por outro lado, conhecem a selva como a palma de suas mãos. Vivem da caça, da pesca e dos frutos da selva. Seus vizinhos, tribos sedentárias e de nível mais alto de desenvolvimento, odeiam-nos e perseguem-nos como a animais selvagens. Obrigam-nos a servir-lhes como escravos nos trabalhos domésticos e agrícolas e, em algumas situações, vendem-nos a comerciantes brancos em troca de rifles e outras mercadorias europeias.[2]

É com estranhamento que os olhos de alguém que tenha vivido entre os Hupd'äh e lido com entusiasmo as narrativas de viagem do grande etnógrafo alemão sobre os povos do Alto Rio Negro seguem essa descrição dos Maku. *Índios do mato* que vagam pela floresta, animais selvagens odiados e perseguidos por tribos sedentárias mais avançadas, toscos que não conhecem as redes e nem as canoas, escravos obrigados aos serviços domésticos e agrícolas são os traços que vão informando ao leitor as características desses povos, que habitam as regiões do Uaupés, Rio Negro e Japurá.

---

2. As citações de textos consultados em língua estrangeira foram traduzidas para conferir maior fluidez à leitura. N. A.

Também conhecida como Cabeça do Cachorro, a região do Alto Rio Negro situa-se no noroeste amazônico, na fronteira entre o Brasil, a Colômbia e a Venezuela. A área constitui-se como a maior bacia de águas pretas do mundo, sendo composta por um mosaico de formações florestais únicas. As lutas históricas dos movimentos indígena e ambientalista garantiram a consolidação de diversas Terras Indígenas[3] e Unidades de Conservação Ambiental. Habitado por 23 povos indígenas — Baniwa, Kuripako, Dâw, Hupd'äh, Nadëb, Yuhupdëh, Baré, Warekena, Arapaso, Bará, Barasana, Desana, Karapanã, Kubeo, Makuna, Mirity-tapuya, Pira-tapuya, Siriano, Tariana, Tukano, Tuyuca, Wanana e Yanomami —, o Alto Rio Negro possui uma população aproximada de 50 mil pessoas, divididas entre os centros urbanos de São Gabriel da Cachoeira, Santa Isabel e Barcelos, e as 750 comunidades distribuídas ao longo dos rios e igarapés da região. Segundo levantamentos atuais, aproximadamente 90% da população dessa região é indígena (FOIRN, 2015).

Sobre a obra de Koch-Grünberg, Schaden dirá que "como poucos, soube ver sempre no habitante das selvas o seu semelhante, o ser humano merecedor de profunda simpatia e de grande amizade". Como explicar, então, essa descrição do viajante sobre os povos Maku, semelhantes em tudo ao olhar preconceituoso de um eurocentrismo colonialista que, ao negar ao outro a humanidade, justificava as ações de violência, terror e exploração contra essas populações? Visão essa contra a qual, como afirma Schaden, Koch-Grünberg opôs-se inúmeras vezes explicitar a humanidade dos indígenas e denunciar *os desastrosos efeitos do contato*. Partindo desse estranhamento, gostaria de refletir um pouco sobre o modo como esse artigo de 1906 influenciou alguns estudos posteriores e, como a partir de "Die Maku", o tema da mobilidade passa a ser fundamental para a interpretação do modo de vida dos povos Maku.

Nas notas ao artigo de 1906, Koch-Grünberg faz referência às obras *A Narrative of Travels on the Amazon and Rio Negro*, do naturalista Alfred Wallace (1889) e *La Région Équinoxiale II*, de Coudreau (1887). Ambos os autores também viajaram pela região e fizeram apontamentos em seus livros sobre os Maku. Referência para o artigo de Koch-Grünberg, Coudreau tem em seus trabalhos a influência do pensamento evolucionista do século XIX. O naturalista buscava, nesse sentido, diferenciar, dentre os inúmeros povos indígenas, aqueles que

---

[3]. São 11 milhões de hectares de terras demarcadas.

seriam os descendentes dos conquistadores e aqueles que seriam primitivos e conquistados. Isso fica claro quando o cronista afirma que os Maku eram vestígios de uma raça aborígene reduzida à escravidão por tribos conquistadoras. Nas palavras de Münzel:

Destarte, os Maku recebem o papel de *missing link* na pirâmide evolucionista. Visto que sempre os povos superiores e mais bonitos conquistaram e escravizaram os inferiores, os Maku — de fato escravizados por outros índios — devem ser inferiores e, para Koch-Grünberg, mais feios. Visto que deve haver, na pirâmide, uma base de gente feia e primitiva, próxima dos animais, os Maku devem constituir essa base.[4]

Para o autor, com as melhores descrições etnográficas sobre os povos da região do rio Negro, que começaram a ser produzidas já no século XIX, passa a ser difícil vinculá-los à imagem de semianimais. De modo distinto, o pouco conhecimento etnográfico sobre os Maku continuava, para Münzel, a autorizar tal tipo de visão sobre esses povos. Aos olhos de Koch-Grünberg, a animalidade dos Maku passava, assim, pela percepção de seu nomadismo, pelo modo de fala, pela feiura da aparência física e pelo fato de serem os primeiros habitantes da região, posteriormente conquistados, assimilados e/ou escravizados por civilizações mais avançadas.

Como ressalta Münzel, a impossibilidade de contato direto com comunidades maku e a impossibilidade de comunicação direta com os indivíduos maku que se encontravam junto aos Tukano fizeram com que o pesquisador tomasse como referência as falas e visões de pessoas de outras etnias para elaborar seus apontamentos sobre os Maku. Os aspectos negativos revelam um complexo jogo especular na oposição entre esses *índios do mato* e seus vizinhos, povos sedentários, que serão denominados mais tarde *índios do rio*. Da perspectiva dos índios tukano, por exemplo, o modo de vida Maku é tomado como modelo do não humano e do animalesco. Para esse povo, os Maku habitam a floresta, não têm moradias fixas, não possuem conhecimentos sobre rituais nem ornamentos, casam-se com aqueles que falam a mesma língua, incestuosamente, *não comem senão carne, caçam no escuro e andam sem trilhas*.[5] Também são vistos como *canibais*, tanto por não respeitarem as interdições alimentares dos *índios do rio* como por caçarem e comerem seres humanos. O povo que *anda sem trilhas, caça no escuro, não planta e não tem habitações*

---
4. 1969, p. 145.
5. Silverwood-Cope, 1990, p. 72.

fixas ou rituais parece delinear-se aos olhos tukano como marcado por um modo de vida onde a mobilidade se coloca como um fator diacrítico central.

Em "Die Maku", os apontamentos sobre o estudo da língua maku deixam claro que a interação do pesquisador não se deu com grupos de etnias maku, mas apenas com indivíduos que, no período da viagem, se encontravam em aldeias tukano. Koch-Grünberg, ao utilizar o termo *maku*, afirma que essa palavra se origina das línguas arawak, constitui uma grave injúria e é uma forma de referir-se a grupos indígenas específicos que, para ele, teriam como marca contrastiva o fato de serem nômades. Mais tarde, os pesquisadores mostrarão que a palavra Maku se origina das línguas arawak e significa *sem língua* (*ma*: privativo e *aku*: palavra). Ciente da negatividade do termo *maku*, o etnógrafo alemão mostra entender o modo injurioso e discriminatório com que os outros povos tratavam os Maku. Em seu escrito, a convergência da imagem dos Maku como *semianimais*, restrita a certos povos indígenas, à tese evolucionista em voga no meio acadêmico aponta para a identificação do pesquisador com certo *ponto de vista nativo*. Isso não se dá apenas na reprodução passiva do discurso, mas também na busca por dados empíricos que comprovem que os Maku seriam de fato um povo nômade e inferior. Para tanto, o etnógrafo oferece a seguinte descrição de uma suposta aldeia maku:

> Em minha viagem pelo Curicuriary, em fevereiro de 1904, apesar de não ter localizado esses homens da selva, descobri nas profundezas da selva, próximo à montanha de mesmo nome, dois acampamentos abandonados, muito primitivos. Eram compostos por numerosas cabanas de proteção que chegavam apenas à altura de um homem. Alguns paus enterrados em forma de pirâmide e cobertos com folhas. Nesses míseros refúgios que realmente não merecem o nome de cabanas, vive o Maku frequentemente com sua numerosa família, exposto às inclemências do tempo como o animal fugitivo da floresta.[6]

Qualquer um que tenha aceitado o convite de uma pessoa Hup para uma incursão à caça ou à pesca verá na descrição acima a arquitetura de um acampamento temporário para a realização dessas atividades, e não a morfologia de uma aldeia maku. Mas, aos olhos de Koch-Grünberg, a observação do acampamento de caça ou pesca, tomado como aldeia, fornece a prova de que os Maku vivem em *míseros refúgios* com suas famílias numerosas e *expostos às inclemências*

---

6. Koch-Grünberg, 1906/2010, p. 31.

do tempo como o animal fugitivo do bosque. Como visto acima, os Maku são adjetivados como aqueles que *andam vagando*, que são perseguidos como *animais selvagens, nômades*, que *andam errantes*, e que *conhecem a floresta como a palma de suas mãos*. Em todo o artigo, essas caracterizações vão reforçando a imagem dos Maku como um povo de grande mobilidade. Se, por um lado, a mobilidade permite a eles o desenvolvimento de excelentes dotes para a caça e grande conhecimento da floresta, por outro, essa mesma mobilidade, conceitualmente denominada *nomadismo* pelo autor, representa a face negativa de um espelho no qual as *tribos sedentárias* surgem como modelo de belo, bom, avançado e humano. Como na imagem constituída pelos Tukano, é também através da ênfase nos aspectos de um princípio global de mobilidade dos Maku que o etnólogo vai concebendo sua representação. A partir disso, o que Koch-Grünberg propõe é uma espécie de *teoria da dominação*, que encontra nas oposições entre agricultores *versus* caçadores-coletores e nômades *versus* sedentários as bases para a interpretação das relações entre esses diferentes povos como relações de *senhor e escravo*. Retomando o primeiro excerto citado acima, num dado momento o autor afirma que as tribos sedentárias "Obrigam-nos a servir-lhes como escravos nos trabalhos domésticos e agrícolas e, em algumas situações, vendem-nos a comerciantes brancos em troca de rifles e outras mercadorias europeias".[7]

Para a compreensão desse excerto, é preciso ter como referência o contexto histórico da exploração da borracha, que fazia com que comerciantes brancos escravizassem grupos indígenas. Através de um estudo minucioso dos textos de cronistas, Becerra, Calvo e Rubio (1996-1997) reconstituem historicamente os usos do termo Maku, que aparece já em documentos do século XVII através do termo genérico *macos*, referindo-se a órfãos trocados entre grupos locais e depois comercializados com europeus, e a escravos indígenas da região do Alto Orinoco. Para os autores, o emprego do termo *maku* nos séculos XVII e XVIII teria como referência o sentido de *sem parente* ou de *apartado de seu grupo*. Os grupos derrotados nas batalhas contra os europeus ou capturados por outros grupos indígenas, eram chamados de *maco*, aqueles que começaram a constituir a mão de obra escrava. Em meio à exploração da borracha por comerciantes e à ativação do sistema escravista na região do Uaupés, aqueles que eram vistos

---

7. Koch-Grünberg, 1906/ 2010, p. 29.

como inferiores se transformaram em escravos vendáveis, passíveis de captura, denominados *Maku*.

De acordo com o trabalho Münzel de 1969, grupos maku eram ora recrutados para caçar e apresar índios de outros grupos, ora vítimas nessas *caçadas aos escravos*, fomentadas pelos comerciantes e patrões da borracha. Para o autor, a participação dos Maku nessas caçadas pode tê-los levado a uma *vida menos tranquila* devido a um aumento em sua mobilidade. Entretanto, no trabalho de Koch-Grünberg, os Maku são os cativos dessas *caçadas aos escravos*, e não os caçadores. A unilateralidade desse movimento do texto reforça uma espécie de *teoria da dominação*, que identifica os Maku aos nômades conquistados, e as *tribos sedentárias* aos invasores dominadores. Nesse sentido, a visão de Koch-Grünberg como filólogo sobre a língua maku corrobora a afirmação da subordinação e inferioridade dos Maku.

Numa nota ao artigo de 1906, comentando sobre uma lista de palavras elaborada pelo viajante austríaco Johann Natterer, em 1831, sobre a língua dos Anodöub-Maku, do rio Téia, o pesquisador faz referência à palavra *yehub*, que significaria "gente", na língua dos Maku do rio Tiquié. A proximidade entre a palavra descrita como *yehub* e a atual grafia do etnônimo Yuhupdëh permite ver que os poucos interlocutores Maku do etnógrafo em sua viagem ao rio Tiquié pertenceriam aos grupos Yuhupdëh e talvez também aos Hupd'äh. Silverwood-Cope afirma que teria sido dos Hupd'äh que Koch-Grünberg obteve *informações observadas em primeira mão*. São principalmente esses dois povos, Hupd'äh e Yuhupdëh, que ocupam há gerações as regiões interfluviais entre os rios Papuri e Japurá. Entre os povos maku, os Hupd'äh, os Yuhupdëh e os Kakwa são aqueles que mantêm relações mais intensas com os povos tukano do Tiquié e Papuri, já que os outros povos vivem em territórios mais afastados de populações tukano e arawak. Além desses, como mostra Athias, a viagem pelo rio Curicuiary permitiu a aproximação aos Dâw, habitantes dessa região na época.

Com os Maku do Tiquié, o filólogo realizou, como diz, as *torturantes* seções de trabalho linguístico, que proporcionaram, através de grande esforço dos entrevistados, as primeiras listas de palavras sobre as línguas maku, já que a lista do viajante austríaco se perdeu. Koch-Grünberg descreve essas entrevistas dizendo que "os indivíduos às vezes proferiam as palavras rápida e timidamente, outras vezes vacilantes e a meia voz, de um modo animal que corresponde à natureza geral desses habitantes primitivos da selva".[8] A elaboração da primeira lista de palavras em língua maku relaciona-se também à busca por formular, em termos científicos, a hipótese da ocupação inicial do noroeste amazônico por povos ancestrais dos Maku. Esses possuiriam diferentes línguas e teriam sido *fusionados* pelos povos invasores e dominadores. Talvez, para o filólogo, os comentários sobre as *línguas feias* tenham a ver com sua proposição sobre o fato de a fusão dos povos ancestrais ter levado também à fusão e redução da variedade linguística dos Maku. Num determinado momento do artigo, a hipótese sobre a ocupação da região é formulada da seguinte forma:

> A explicação consiste talvez no fato de que a massa dos atuais Maku constitui uma mescla de restos de tribos de diferentes línguas que em tempos anteriores foram os donos exclusivos de toda a região. Entre os invasores Arawak que vieram do norte ou do noroeste e as tribos do grupo Betoya que mais tarde chegaram do oeste e do sudoeste, estes autóctones primitivos foram paulatinamente comprimidos e logo fusionados. Esse processo histórico se deduz com bastante certeza a partir da atual configuração das tribos do Alto Rio Negro e de seus rios tributários.[9]

Como mostram Becerra, Calvo e Rubio em 1996, Koch-Grünberg formula hipóteses sobre as rotas de ocupação do noroeste amazônico, tomando como base a análise dos nomes dos rios da região. Suas proposições são referendadas mais tarde, em 1982, por Nimuendajú, que reapresenta a hipótese dos *primeiros habitantes* da seguinte maneira:

> A primeira população destas terras parece ter sido formada por ora das poucas numerosas de uma cultura extremamente rudimentar, desconhecendo a princípio a cerâmica, a arte têxtil, a navegação, a lavoura e as construções permanentes, levando uma vida errante pelos centros da mata. Hoje os seus representantes, os pacíficos Maku dos centros, entre os afluentes grandes do Uaupés e Xiriána, em parte hostis nos sertões da margem esquerda do mesmo rio, já se acham profundamente influenciados pela cultura da segunda camada, da qual porém se conservam até hoje nitidamente separados.[10]

Nessa versão, o desconhecimento da navegação, da lavoura e das construções permanentes levam Nimuendajú a continuar a composição da imagem dos Maku a partir da mobilidade. As toponímias e as urnas funerárias dos Arawak são dados apresentados para comprovar a *primeira onda migratória*, que fez com que grupos arawak,

---

8. Koch-Grünberg, 1906/2010, p. 34.
9. Koch-Grünberg, 1906/2010.
10. Nimuendajú, 1982, p. 169.

vindos do norte, ocupassem a região, impondo-se sobre os Maku pre-existentes. Posteriormente, o padre Bruzzi Alves da Silva defenderá, em 1962, que a expressão *Dya Poxsa*, "rio dos Maku", modo como os grupos da região designam esse rio, seria uma prova da ocupação primeira desses povos, posteriormente afastados das margens para os interflúvios por pressão dos Arawak e Tukano.

A hipótese sobre os *primeiros habitantes* da região do noroeste amazônico é formulada inicialmente por Coudreau, em 1887. O viajante via nos ancestrais dos Maku populações primitivas com tecnologia rudimentar que teriam inicialmente ocupado a região. Grupos que possuíam tecnologias mais avançadas teriam, posteriormente, invadido a área e escravizado os Maku. Stradelli, em 1890, se refere aos Maku como *a raça escrava* e *os antigos senhores da terra*, ideias também evocadas por Koch-Grünberg para sua composição da imagem dos *primeiros habitantes*.

Além dos nomes dos rios, a *configuração das tribos* permitiria deduzir que os Maku constituem uma mescla de povos de diferentes línguas, comprimidos e fusionados pelos Arawak e Betoya invasores. Esse seria, portanto, um dado importante para comprovar o modo como ocorreu a subordinação dos Maku-nômades aos povos denominados por Koch-Grünberg como *tribos sedentárias*. Uma segunda contraposição entre nômades e sedentários ocorre quando o autor propõe que os Guaríua-Tapujo, habitantes da região do Japurá, seriam erroneamente designados *Maku*, pois possuíam *casas grandes e bem construídas, belas plantações e uma certa cultura*.[11] Seriam, assim, diferentes dos Maku-nômades, habitantes da região do rio Negro, que se moviam constantemente e estariam sempre em contenda com os Guaríua. Desse modo, seja na invasão da região por povos sedentários e agricultores, seja nos conflitos entre esses diferentes Maku, a oposição entre nômades e sedentários parece sempre envolver a questão política do conflito entre os primeiros, supostamente inferiores, e os segundos, mais desenvolvidos.

Tomando como base o artigo de Koch-Grünberg, escrito após ter convivido com algumas famílias dos então chamados Maku-mansos do Japurá, o padre Tastevin escreve o artigo "Os Maku do Japurá", texto em que aborda esse grupo, que o etnógrafo alemão não considerava Maku. O padre parte de uma categoria abrangente dos Maku no interior da qual opõe os Maku-Guariba e os Maku-mansos. Tomando

---

11. Koch-Grünberg, 1906/ 2010, p. 31.

como referência o relato de seringueiros que, em meio a uma expedição de represália aos Maku-Guariba, depararam-se com duas malocas e roças grandes, Tastevin delineia uma imagem desse grupo muito próxima às descrições das populações sedentárias e agricultoras. São, por outro lado, *índios bravos* que *manifestam-se aos civilizados através de assassinatos, roubos, raptos e incêndios* (2008, p. 79). De modo diferente, os Maku-mansos do Jurubaxi seriam inferiores, por possuírem pequenas roças, por serem *apaixonados pela caça* e por retomarem o *caminho da floresta* quando se veem contrariados. Tastevin ressalta, ainda, que os Maku-mansos buscam diferenciar-se dos outros autorreferindo-se pelo etnônimo Nadöpa e denominando os Guariba como Nadöb. Para o religioso, os Maku-mansos teriam possuído anteriormente malocas e grandes roças, mas perderam esses traços de sedentarismo e de maior grau de civilização.

Métraux, em *The Hunting and Gathering Tribes of the Rio Negro Basin* (1963), partindo dos trabalhos de Koch-Grünberg e Tastevin, reformula de modo interessante a hipótese sobre os *primeiros habitantes*. Os grupos Maku atuais seriam os sobreviventes[12] das populações que ocuparam primeiramente a bacia Amazônica, tendo sido em seguida exterminados e assimilados pelos Carib, Arawak e Tukano. Esses povos de cultura mais avançada na agricultura os teriam escravizado ou reduzido à servidão. Mas para Métraux, os Maku conquistados não seriam necessariamente nômades. Ele ressalta haver dois tipos de povos maku. De um lado, estariam os nômades da região do Caiari-Vaupés, e, de outro, os Maku-Guariba, habitantes da região localizada entre os rios Negro e Japurá, que seriam bons agricultores. Esses possuiriam grandes plantações e habitariam casas comunais. O contraponto entre os dois tipos de povos maku — de um lado, os nômades caçadores-coletores, de outro, os sedentários agricultores — dá subsídio à comprovação das ideias sobre a *decadência dos povos Maku* após o contato estabelecido com os não indígenas. Os Maku descritos por Koch-Grünberg, nômades, com suas cabanas e plantações pequenas, seriam os representantes inferiores e decadentes de uma cultura anterior e ainda presente nos Maku-Guariba baseada na agricultura, no sedentarismo e em casas comunais. Se a chegada dos Tukano e dos Arawak escraviza e/ou extermina os Maku, o contato com os brancos se torna o motivo para a decadência

---

12. No original, *surviving*.

de uma cultura sedentária e agrícola, transformada em uma cultura nômade de caçadores-coletores.

É possível dizer que a reformulação da hipótese dos *primeiros habitantes*, feita por Métraux, se valha da diferenciação já apresentada por Koch-Grünberg, mas considerando-se, de modo mais amplo, os dois grupos, Maku-Guariba e Maku-nômades como pertencentes aos Maku. Os primeiros são designados por Métraux como agricultores sedentários, enquanto os segundos figuram como nômades. Dessa maneira, o modo como Métraux concebe a *hipótese de decadência* dos Maku pelo contato parece ser um desenvolvimento da contraposição inicial proposta por Koch-Grünberg, acrescida das observações de Tastevin.

Afirmando e descrevendo os dados da mobilidade e do nomadismo dos Maku, Koch-Grünberg os opõe aos povos sedentários e mais evoluídos, apresentando negativamente elementos como o vagar, as residências pequenas, a falta de canoas, o dormir no solo, de modo a caracterizar sua inferioridade e anterioridade atuais, mas, ao mesmo tempo, seu domínio anterior num vasto território que eles conheciam *como a palma da mão*. Para Koch-Grünberg, ainda que negativa na constituição da imagem contrastiva aos povos sedentários, a mobilidade é um traço constitutivo do modo de vida maku. De modo diferente, para Métraux, apenas recentemente a mobilidade passa a constituir-se como atributo característico desses povos. Suponho que, para Koch-Grünberg, pensar sobre a mobilidade dos Maku estava diretamente ligado à reflexão política sobre a dominação dos grupos sedentários sobre os nômades e, por isso, talvez fosse necessário refutar a possibilidade de grupos maku com grandes roças e malocas.

Assim, retomando o artigo de 1906, a reformulação da hipótese de Coudreau sobre os *primeiros habitantes* da região, baseada em dados linguísticos e populacionais, pode ser vista como uma elaboração a partir da observação empírica de um problema que, como mostra Münzel, vinha sendo elaborado pelos viajantes numa perspectiva apriorística. Desde os relatos de padres, como Bruzzi Alves da Silva, até as proposições de Métraux, passa a ser fundamental não só a referência à análise de Koch-Grünberg para a reflexão sobre os movimentos migratórios das populações da região, mas também a apresentação de dados empíricos e comparativos para o embasamento das proposições. Na convergência de dados etnológicos e linguísticos, essa é a meu ver uma primeira contribuição interessante do artigo de 1906, que aponta para uma nova forma de interpretar o modo de vida dos Maku.

Tentando compreender a dissonância de "Die Maku" com relação a outros escritos de Koch-Grünberg, Münzel argumenta que fora "justamente a amizade pelos indígenas, a capacidade de sentir com eles, que pôde levar o pesquisador sensível a desprezar os Maku". A meu ver, no entanto, ouvindo e reproduzindo certa visão dos Tukano, Desano e Tuyuka sobre os Maku, Koch-Grünberg não estava apenas mesclando, de modo ingênuo, sua simpatia e sensibilidade pelos indígenas com os argumentos evolucionistas dos naturalistas e teóricos que influenciaram sua formação. Estava também gestando uma forma de olhar, um determinado modo científico e evolucionista de observar os povos Maku. Temas como os *primeiros habitantes do noroeste amazônico*, o *nomadismo*, a relação *patrões e escravos* e a *língua maku*, que ganham reformulações ao longo do desenvolvimento de pesquisas etnográficas, como mostra o trabalho de Becerra, Calvo e Rubio, fazem-se presentes e subordinados ao rigor científico e às reconhecidas qualidades de análise desse pesquisador alemão, que, após sua expedição ao Alto Rio Negro, ganhou notável renome no meio acadêmico. O próprio fato de apresentar todos esses temas reunidos para constituir a imagem de um povo nômade já demonstra a especificidade desse texto que, apesar de seu tom depreciativo e preconceituoso, torna-se uma espécie de ponto de partida para as observações dos pesquisadores que o sucederam.

À parte o tom racista que torna difícil a leitura do texto de Koch-Grünberg, seu artigo constitui uma forma de olhar para os povos maku que estabelece a descrição de aspectos de mobilidade e a comparação com o modo de vida dos povos tukano como procedimentos analíticos relevantes para a interpretação. Como mostra Marques, é como figuras de movimento que os povos Maku serão percebidos pela literatura etnológica em contraste com um fundo de fixidez estabelecido pelos povos Tukano.

Diferente de Münzel, suponho que seja justamente o fato de Koch-Grünberg estar identificado com a visão dos *povos do rio* sobre os Maku que o faça buscar na teoria e nos dados meios de comprovar essa visão que revela a humanidade, o domínio territorial e a superioridade de uns em detrimento dos outros. Em interação constante com os Maku, os Tukano percebem a mobilidade dos Maku como um traço diacrítico total para contraporem-se identitária, política e cosmologicamente a esses povos. A meu ver, o modo como os Tukano, Desano, Tuyuka se referiam aos Maku fez com que o etnógrafo percebesse a questão da mobilidade como sendo um aspecto fundamental à compreensão do modo de vida dos Maku. Como será possível verificar nos trabalhos de antropólogos posteriores, o foco na mobilidade possibilitará a Peter Silverwood-Cope e Howard Reid uma profunda crítica etnográfica aos paradigmas evolucionistas que vinham informando o modo de reflexão científica sobre os povos Maku.

PETER SILVERWOOD-COPE E HOWARD REID

Em outubro de 1968, Peter Silverwood-Cope viajou com Stephen e Christine Hugh-Jones para o rio Pira Paraná em busca de grupos maku na região.[13] S. Hugh-Jones e sua esposa C. Hugh-Jones iniciaram suas pesquisas etnográficas sobre os Barasana, povo Tukano. Como Silverwood-Cope não encontrou grupos maku na região do rio Pira Paraná, iniciou sua pesquisa com um único grupo regional Bara-Maku (Kakwa) da área do rio Maku-Paraná. Seu trabalho consolidou-se como o primeiro estudo etnográfico detalhado sobre um grupo maku. Os três jovens etnógrafos de Cambridge participavam de um projeto dirigido por Edmund Leach e financiado pelo Social Science Research Council, que visava suprir a lacuna do pouco conhecimento etnográfico da antropologia britânica sobre os povos das chamadas terras baixas.[14]

Alguns anos mais tarde, em setembro de 1974, Howard Reid, outro antropólogo inglês, chegou ao noroeste amazônico, com o objetivo de realizar o primeiro estudo etnográfico sobre os Hupd'äh, povo Maku que habita a região interfluvial dos rios Papuri e Tiquié. O pesquisador veio ao Brasil entusiasmado com a leitura dos trabalhos de Peter Silverwood-Cope, Jean Jackson, Christine e Stephen Hugh-Jones, seus predecessores, e também com as perspectivas comparativas apontadas pelo projeto Harvard-Brasil. Seu doutorado foi acompanhado por Leach, S. Hugh-Jones e Silverwood-Cope, e também recebeu financiamento do Social Science Research Council. Durante os primeiros meses de trabalho de campo, Reid realizou viagens circulares através da floresta e visitou 24 aldeias Hup. Sua estratégia de pesquisa envolveu a alternância entre períodos de maior convivência em determinados grupos locais e viagens às vilas e cidades próximas.

---

13. O autor comenta que de julho a setembro havia realizado já viagens preliminares percorrendo o Uaupés de norte a sul pesquisando pequenos grupos maku (1972, p. 309).
14. Em *From the Milk River*, C. Hugh-Jones (1979) faz também comentários sobre o projeto em que os três pesquisadores estavam envolvidos sob orientação de Leach.

O antropólogo recebeu o apelido de Häw e alguns Hupd'äh mais velhos narram histórias sobre sua presença no convívio das aldeias. Nesta subseção, tomando como referência uma narrativa hup sobre o modo como eram percebidos os etnógrafos, gostaria de discutir um pouco como seus trabalhos, a partir da longa observação participante, vão constituindo uma crítica etnográfica às abordagens influenciadas por Koch-Grünberg, ao mesmo tempo em que consolidam um modo diferente de reflexão sobre a mobilidade dos povos maku.

CONTRAPOSIÇÕES

Silverwood-Cope contrapõe-se à perspectiva difundida por Koch-Grünberg já nas primeiras linhas de seu trabalho, que "os Maku eram descritos como animais selvagens de floresta pelos vizinhos Tukano que, diz-se, os mantinham como escravos". Justifica-se assim a diferença de natureza entre seu trabalho, que parte de uma pesquisa de campo sistemática, e a *pouca informação publicada sobre os Maku* anteriormente. Seu trabalho apresenta uma crítica etnográfica ao modo de entendimento dos povos maku como caçadores e coletores nômades. Essa crítica correspondia à visão difundida pelo artigo de Alfred Métraux no *Handbook of South American Indians*. Opondo-se a essa interpretação, Silverwood-Cope dirá que:

Primeiro, os Maku são classificados como *caçadores e colhedores*. Isto não está claramente baseado em qualquer observação direta quantitativa das atividades de subsistência dos Maku. Deve-se, mais provavelmente, ao modo como as duas atividades *caça* e *colheita* são, de certo modo, associadas na mente ocidental como características de subsistência dos povos nômades de pouco cultivo. [...] Em segundo lugar, enquanto é discutível se ou não os Maku deveriam ser designados como nômades ou seminômades, é certo que os Maku são muito móveis em comparação com os Índios do Rio sedentários. [...] Koch-Grünberg (1906), McGovern (1927) e Nimuendajú (1950) dizem que os Maku foram escravos dos Tukano mas exemplificam com poucos casos que indiquem o grau de escravidão.[15]

Nas linhas finais de sua tese, o antropólogo ressalta a importância de uma revisão da categorização desses povos como sendo caçadores e coletores nômades muito primitivos, que vêm sendo assimilados e escravizados por povos agricultores invasores. Com relação ao argumento sobre os *Maku escravos*, Silverwood-Cope relata ter ob-

---

15. 1990, p. 74.

servado casos de escravidão por dívida que atingiam tanto índios Tukano quanto índios Maku, não havendo a exclusividade desses últimos nesse papel, como afirmava Koch-Grünberg. Silverwood-Cope observa um *nomadismo circular* dos Bara-Maku que se dá, principalmente, através da mudança de aldeamento em intervalos de meses ou anos. O retorno sucessivo aos acampamentos de caça e o reestabelecimento de relações de parceria de troca com pessoas Tukano e Desano também indicariam esse nomadismo circular.

A força que a *teoria das tribos marginais*, difundida pelo *Handbook of South American Indians* (1963), parece ter ainda na década de 1970 faz com que Reid critique as interpretações de Métraux, Steward, Lévi-Strauss e Lathrap. Para o autor, os argumentos em voga sustentavam, primeiro, que os povos caçadores-coletores do Noroeste Amazônico teriam sido ribeirinhos agricultores que, pressionados por invasores, se afastaram para os interflúvios e se transformaram em caçadores-coletores (Lathrap), ou, então, que sua cultura teria se deteriorado porque ocupavam áreas ecologicamente mais pobres devido às pressões de outros povos.

Reid demonstra a fragilidade dos dados que embasam essas suposições e contrapõe a elas aspectos do padrão de mobilidade e adaptação ecológica dos Hupd'äh. Seus dados demonstram a complexidade do seu modo de vida e tornam visível a presunção apriorística de que povos agricultores, ribeirinhos e sedentários teriam *culturas não deterioradas* ou *não marginais*. O etnógrafo mostra que, na visão dos Hupd'äh, seus antepassados teriam vindo do leste, rio abaixo, e seriam os primeiros habitantes da região. A caça-coleta teria sido sua principal atividade produtiva, e não a agricultura. Essas informações, contrapostas às teorizações em voga, vão revelando a importância de uma *abordagem compreensiva* alternativa.

Desse modo, os antropólogos criticam o tipo de explicação causal e diacrônica que pretendia sustentar a subordinação dos Maku nômades, ou caçadores-coletores, a povos sedentários invasores em termos da *teoria da dominação*. A mobilidade deixa de ser um dado de comprovação do nomadismo e subordinação aos agricultores sedentários, e passa a ser um aspecto inerente à sociabilidade, às atividades produtivas, e mesmo à identidade dos Maku.

DOIS IRMÃOS

Esse Häw comia coca. Eu o conheci lá em Pĩg-Dëh quando eu ainda morava lá. O irmão dele era o Peter. Mas o Peter ficava mais pra lá. Os dois viajavam muito juntos. Eu era rapaz e vi esse Häw. Ele era alto! Comia muita coca e ouvia bem os benzimentos. Sabia bem a nossa língua. Ele tinha a zarabatana dele. Era bom caçador. Matava muito macaco-barrigudo. Usava aquele *b'ö̜b*, "tanga", dos antigos e andava descalço. Ele tinha uma namorada tukano que morava lá em Pari-Cachoeira. Por isso, ia sempre pra lá. Você sabe onde ele está agora?[16]

Na aldeia de Tạt-Dëh, sentado com os velhos antropólogo Howard realizara sua pesquisa de campo na década de 1970. À pergunta de João, respondi que o estar na Inglaterra, muito longe. A descrição de João torna visível o empenho do pesquisador em assemelhar-se física, técnica e gestualmente aos Hupd'äh. Ao mesmo tempo, esses mesmos aspectos demonstram seu sucesso no aprendizado e na aquisição de habilidades necessárias à vida na floresta.

Num dado momento do trabalho, Silverwood-Cope relata da seguinte forma o momento em que decidiu acompanhar os homens em suas incursões à mata:

[...] o caminho para uma melhor compreensão da experiência maku seria acompanhar os caçadores à floresta. A princípio não foi nada fácil. Os Maku achavam em parte divertido e em parte inconveniente ter-me com eles na aldeia. Mas, na floresta, eu era só um problema e um impedimento. [...] eu havia esperado aprender a caçar sob exatamente as mesmas condições dos Maku — saí de pés descalços e tentei usar zarabatanas e arcos e flechas. [...] Usando sapatos de basquete, pude acompanhar caçadores que perseguiam as grandes caças de solo; correr de pés descalços era mais silencioso, mas meus pés delicados ficaram tão cortados, feridos e cheios de espinhos que logo me vi reduzido a um trôpego vagaroso.[17]

Como afirma Silverwood-Cope, através das caminhadas na floresta e da participação nas caçadas, procurava estabelecer seu contato de modo diferente dos *patrões* Tukano e dos padres salesianos. Como me relatou certa vez Ponciano, os *ingledäh* talvez fossem um povo semelhante aos Hup'äh, capazes de caçar e viver na mata. Esses modos de participação dos pesquisadores vão garantindo a constituição de uma imagem de si como sendo um tipo de *branco* diferente dos padres e freiras *italianos* e dos comerciantes e seringueiros *brasilei-*

---

16. Caderno de campo, 9 de setembro de 2011.
17. 1990, p. 34.

ros. Aproximando-me de Ingold, entendo que, movendo-se com os Hupd'äh e Bara-Maku no ambiente da floresta, os *ingledäh* iam conhecendo o mundo, inserindo-se num processo mútuo e generativo. Peter, correndo com seu tênis de basquete pela floresta, e Häw, caminhando pela mata, descalço, com sua zarabatana, tornavam-se *outros*, brancos diferentes, e conduziam seus objetivos de vida num campo de relações com pessoas como o senhor João.

As metodologias adotadas contrastam com o tipo de pesquisa de campo realizada a partir da habitação permanente e individual do etnógrafo. Para Reid, a *casa permanente* permite estruturar a rotina de trabalho através de entrevistas, participação, filmagens, gravações, escrita, etc. De modo alternativo, Reid define sua abordagem como uma *etnografia compreensiva* através da qual o pesquisador, habitando casas hup, tentava participar intensamente das atividades de caça, das caminhadas e das visitas a outras comunidades. Isso exigia uma postura diferente do pesquisador diante do grupo. Outra opção metodológica vem a ser a alternância entre períodos de convívio mais intenso com certos grupos locais e períodos de maior circulação entre diferentes comunidades.

Conceitualmente, para Silverwood-Cope, a observação da mobilidade passava pelo entendimento da *adaptação ecológica* dos Bara-Maku. A caça configura-se em sua reflexão como a atividade produtiva mais relevante para entender a relação que os grupos têm em diferentes momentos com a aldeia, os acampamentos e a aldeia dos *índios do rio*. A partir da observação da sociabilidade nesses espaços, o etnógrafo descreve os movimentos dos Bara-Maku em termos de padrões de mobilidade. O *ritmo* e o *sentimento de interação humana* variam de acordo com esses ambientes importantes para o comportamento social e econômico.

Analisando a adaptação ecológica à floresta tropical, Silverwood-Cope tenta mostrar como, em contraste com os *índios do rio*, os Maku se sentem bem na floresta, possuindo vasto conhecimento de trilhas que se estendem por grandes áreas de floresta. Durante as caminhadas, reconhecem áreas de caça antigas e a localização de árvores frutíferas. As aldeias são interligadas por caminhos. A caça e a pesca realizam-se a pé ao longo dos igarapés, diferente dos *índios do rio*, que pescam em canoas nos rios grandes. O antropólogo ressalta o vasto conhecimento que os Maku possuem sobre o comportamento das presas e do meio ambiente da floresta. Descreve os termos na língua bara-maku usados para a classificação do ambiente florestal, dos tipos de árvores e arbustos, das áreas de clareira e pântano. Além disso, apresenta dados quantitativos sobre a variedade de frutos e espécies animais comestíveis, a produtividade de cada caçador e as estratégias e técnicas de caça.

Para Reid, a interpretação dos padrões de mobilidade hup depende da compreensão da descrição dos movimentos que se dão através das dimensões ecológica, social e intelectual ou ideológica. No que diz respeito à dimensão ecológica, seguindo Turnbull, o pesquisador procura perceber como os Hupd'äh *exploram* o ambiente físico e social onde vivem, alternando suas ações em três *mundos* distintos. Um deles seria a aldeia onde vivem e para onde retornam periodicamente. A floresta, por sua vez, constituiria um segundo mundo onde habitam, principalmente por ocasião dos acampamentos de caça. Por fim, as aldeias dos *índios do rio* representam o terceiro mundo, onde permanecem temporariamente para trabalhar e para fazer trocas. O enfoque de Reid procura mostrar os fatores que atraem e repelem as pessoas em cada um desses *mundos* e que os mantêm em constante circulação e movimento. Portanto, é com base no impacto de uma série de fatores econômicos, sociais e rituais que um grupo muda seu aldeamento sempre mantendo certa proximidade com outro grupo local e com uma aldeia de *índios do rio*.

Em certo ponto de sua tese, Silverwood-Cope menciona uma situação extrema que viveu já no final de seu trabalho de campo. O etnógrafo viu-se abandonado numa parte desabitada da floresta ao sul do Uaupés. Tinha permanecido lá à espera de um guia maku que o levaria a outra aldeia. O guia não apareceu e ele pôs-se a caminhar durante seis dias, tendo que buscar abrigo sozinho. Quando finalmente conseguiu chegar a seu destino, muitos Bara-Maku disseram acreditar que ele já estivesse morto. Questionando a um velho porque ninguém tinha ido procurá-lo, o mesmo respondeu: "Logo que você chegou, não sabia nada — agora você aprendeu a morar e a andar na floresta".

A meu ver, a perspectiva do velho Bara-Maku tem algo de semelhante a uma espécie de antropologia reversa, uma contrapartida interpretativa da própria antropologia. Os movimentos, hábitos, percepções e sensibilidades do etnógrafo situavam-no num campo de relações de homens caçadores que sabiam orientar-se e permanecer na floresta. Seu processo de aquisição de habilidades deu-se em meio à convivência com mentores que mostravam a ele os sentidos daquele mundo, revelando os comportamentos dos animais, os frutos bons para comer, os modos de andar e correr na mata, etc. O corpo, os gestos e os saberes do antropólogo eram também objeto de observação e reflexão. Se, no início, sua participação era divertida e inconveniente, a percepção que os Bara-Maku tinham desse *branco* foi mudando à medida que ele conseguia compreender, não apenas com a *mente*, mas também em termos de suas habilidades e sensibilidades, como mover-se e existir naquele ambiente. O *antropólogo perdido* é reflexivamente uma experiência de observação sobre esse outro, *inglês*, e uma autopercepção sobre a eficácia dos Bara-Maku em comunicar suas habilidades para serem adquiridas por esse *outro distante*.

Através do relato de Silverwood-Cope, é fácil entender como as argumentações e sistematizações dos pesquisadores não advêm somente de conversas e enquetes, mas também de informações obtidas por eles que, como pessoas orientadas por outros, percebem através de seus movimentos relativos ao entorno.[18] Conduzindo suas experiências principalmente por incursões à caça e por viagens a outras aldeias, as reflexões dos *ingledäh* chegam a supor as atitudes e sentimentos das pessoas com que conviviam em termos de uma *especialização* e senso de identidade como caçadores, no caso de Silverwood-Cope, e de um prazer e um gosto maiores pelas atividades realizadas na floresta, no caso de Reid. Silverwood-Cope procura apresentar a prática da caça através de descrições dos acampamentos, de técnicas utilizadas, de dados quantitativos sobre a produção e consumo, de formas de classificação e concepções cosmológicas sobre a atividade. Descreve minuciosamente as técnicas para a captura de animais e os usos de arco e flecha, zarabatana e cães, de acordo com o tipo de caça. Estabelece também o contraste entre a adaptação ecológica dos Tukano e dos Maku, além de delinear as relações de trocas sociais e econômicas entre ambos.

No trabalho de Reid, a prática da caça surge também como uma movimentação que desenvolve o conhecimento dos caminhos, a possibilidade de orientação noturna e o uso de técnicas e instrumentos de acordo com o tipo de animal e com seus hábitos e comportamentos. A partilha da carne entre as famílias presentes numa expedição e a interpretação do princípio de *k'ęt kö' ay*, "cruzar", "perambular",

---

18. Nesse sentido, creio que a *etnografia compreensiva* aproxime-se muito das ideias de Bateson. Como mostra Ingold (2000, p. 18), Bateson apresenta uma abordagem por meio da qual a abertura do mundo para a mente se dá por meio de um processo de revelação.

revelam a atividade como uma especialidade para a produção econômica e também como um modo de mobilidade que integra formas específicas de interação social e de exploração do ambiente.

A oposição que Reid estabelece entre os tipos de atividade masculinas de *k'ęt kö ay*, "perambular", "cruzar", e *bɨ'ɨy*, "trabalhar", mostra-se especialmente interessante para a compreensão dos padrões de mobilidade dos Hupd'äh e de suas formas de interação nos distintos *mundos*. A primeira atividade abrange o conjunto de práticas realizadas na floresta que vão desde a caça e a pesca até a coleta de plantas, frutos e matéria prima para a produção de instrumentos de trabalho. Essas práticas seriam consideradas interessantes e prazerosas, pois elas ocorrem na floresta, um ambiente em contínua mudança. Já as atividades relacionadas ao *trabalho* — que envolvem a abertura de roças, o artesanato, a construção de casas, realizadas na aldeia ou, mediante trocas, nas comunidades dos *índios do rio* — seriam consideradas entediantes, desinteressantes e cansativas. A abordagem de Reid torna-se explícita no excerto a seguir:

A *especialização de habilidades* pode ser vista como outro princípio importante para a *bem-sucedida exploração do ambiente* pelo homem Hupdu. Já discuti anteriormente o amplo espectro de técnicas utilizadas para a coleta de recursos florestais. Eles matam e alimentam-se de quase todas as espécies de caça da floresta tropical; utilizam certa variedade de métodos para pescar os peixes dos igarapés; e alimentam-se de boa variedade de espécies de insetos, frutas silvestres e castanhas. As técnicas empregadas para cada tarefa exigem diferentes proporções de *energia física, habilidades* e *conhecimentos*. Três fatores governam a variedade das habilidades empregadas por qualquer indivíduo: a *idade*(e consequentemente sua experiência e conhecimento), *sua condição física*, e suas próprias *preferências*. Um quarto fator que repercute sobre as preferências pessoais vem a ser o leque de habilidades empregadas por outro corresidente.[19]

A alternância entre ambos os modos de ação, *perambular* e *trabalhar*, seria chave para compreender as motivações de grupos ou indivíduos para realizarem expedições para caça e pesca e, assim, explorar o ambiente de acordo com a variedade de habilidades e técnicas que são aprendidas ao logo da vida. Esse aprendizado é visto como um processo de *especialização de habilidades* que, combinadas a idade, vigor físico e energia, garantem uma melhor exploração do

---

19. 1979, p. 58.

ambiente em termos de acesso a uma maior variedade de animais, vistos como *recursos*.

Refletindo com Ingold, a imagem do *caçador-especialista* parece mesclar princípios da perspectiva teórica do homem econômico aos da perspectiva do *optimal forager*. Para a primeira perspectiva, o avanço da cultura se dá contra um fundo de natureza resistente, através da atuação do indivíduo na esfera social baseada em seu interesse racional próprio. Para a segunda perspectiva, a racionalidade do *optimal forager* está circunscrita pela natureza, e o domínio humano da sociedade e cultura é visto como fonte de normas externas que podem desviar o indivíduo do *ótimo*. Na descrição das práticas de caça, Silverwood-Cope e Reid vinculam valor utilitário a cada tipo de recurso buscado pelo indivíduo, procurando mensurar a satisfação e o rendimento, calculando a estratégia *ótima* por recurso procurado para obter o máximo de utilidade por tempo e energia empregados. Como especialistas, os homens maku são os mais capazes de fazer escolhas para maximizar seu interesse próprio.

As tabelas de Silverwood-Cope e Reid, com suas mensurações de eficácia em quilos de carne produzidas, ou de espécies capturadas por cada caçador em dado local e período, são um exemplo da influência desse olhar. Já a ênfase no aprendizado com os mais velhos, no uso racional de técnicas por indivíduos nas expedições coletivas e a preferência aliada ao conjunto de métodos de uma dada comunidade apontam para essa especialização de habilidades em termos de uma sociabilidade que se estabelece contra um fundo de natureza, pleno de recursos. Quanto mais especializado ou socializado na caça, mais recursos e satisfação o indivíduo obterá. O senso de identidade como *caçador-especialista* e o prazer por *perambular* pela mata reforçam a busca dos pesquisadores por interpretar essas atividades como sendo racionais por serem pautadas por saberes instrumentais e utilitários que fazem com que a imagem dos Maku oscile entre, de um lado, indivíduos que, pela exploração do ambiente, impõem a cultura sobre a natureza, ou, de outro, pessoas que, distanciando-se do mundo da aldeia, do trabalho monótono, circunscrevem na natureza, no mundo da floresta, seus interesses racionais para obter o máximo de recursos.

Em *Os Maku* (Silverwood-Cope, 1990), a atividade agrícola aparece como uma prática feminina em que a mandioca (maniva) se coloca como o principal gênero alimentício, sendo papel dos homens apenas o de abrirem as roças. O livro enfatiza, ainda, o caráter limitado da produção, certos aspectos do solo, o cultivo de algumas frutíferas e a participação dos filhos que auxiliam suas mães e irmãs. O preparo das refeições, o cultivo da roça, o cuidado com as crianças, o artesanato dos cestos, a coleta de insetos, frutos e cipós são práticas relacionadas, no trabalho de Reid, para caracterizar as atividades femininas como *monótonas* e *árduas*. Na tese de Silverwood-Cope são mencionadas a pesca com anzol, a pesca coletiva com timbó e o uso do arco e flecha. Ele ressalta a importância das estações para a subida ou descida dos peixes, a variedade de espécies comestíveis e as eficácias variáveis em tempos de seca ou chuva. Por outro lado, Reid atém-se mais à pesca, evidenciando sua relação íntima com a caça e com os percursos ao longo dos igarapés. No que diz respeito à coleta, Silverwood-Cope detalha os tipos de frutos comestíveis bem como os insetos e os modos de preparo. Reid indica a relação entre caça e coleta de frutos, mostrando a conexão entre o conhecimento sobre os frutos da mata e os hábitos alimentares dos animais, e também a importância de determinados frutos para a realização de rituais e festas.

Certamente a inserção de ambos os pesquisadores foi mais intensa nas formas de sociabilidade masculinas e, mais especificamente, a partir de suas participações nos *k'ęt kö' ay*, nessas caminhadas pelas matas. Reid menciona a dificuldade que teve em descrever as atividades femininas, por exemplo, porque há uma rígida divisão do trabalho entre os gêneros e porque não é bem-visto um homem acompanhar as mulheres em seus afazeres. Silverwood-Cope também apresenta poucos dados sobre essas atividades. Comparando-se às notas detalhadas sobre as atividades de *k'ęt kö' ay*, "perambular" e de caça, nenhum dos dois antropólogos descreve os afazeres na aldeia (trabalhos) em profundidade.

As lembranças de João evocam uma imagem do Häw talvez muito próxima àquela que Koch-Grünberg transmite dos Maku, sem, no entanto, depreciá-los. Os dois irmãos, Häw e Peter, os *ingledäh* são vistos como um povo caçador ou apto a aprender a prática da caça e a conseguir se movimentar pelo ambiente da floresta, a compreender e a compartilhar esse modo de vida. O homem alto, de tanga, caçador e seu irmão, que corria pela mata com um tênis de basquete, dão um *status* reflexivo fundamental à questão da mobilidade como central para um entendimento compreensivo do modo de vida maku. Entendo que a metodologia de trabalho adotada por ambos, ao diferenciar-se das atitudes dos *índios do rio* e dos outros *brancos*, constitui uma identidade do pesquisador perante os grupos que se distingue daquela praticada por Koch-Grünberg, pelos cronistas, padres e etnógrafos.

Mas em sua *etnografia compreensiva* os etnólogos identificam-se também com certo olhar masculino e de contraposição aos Tukano. Isso os faz depreciar ou silenciar sobre o universo feminino e enfatizar o caráter cansativo e não prazeroso das atividades *não móveis*. Em seus trabalhos, nas notas sobre as atividades de *k'ẹt kö' ay*, o conhecimento dos etnógrafos não se dá pelo acúmulo, mas sim através do engajamento nos movimentos ao longo de um ambiente. Como aceitavam ser guiados e ensinados, os etnólogos demonstraram sensibilidades íntimas para outros modos de ser, contribuindo, assim, para que sejam motivo recorrente de boas lembranças nas rodas de coca de Tạt-dëh. De modo diferente, a imagem dos Maku vai sendo constituída a partir dos traços do *homem econômico* e o *optimal forager*, sendo caracterizados por uma racionalidade pautada no conhecimento pelo acúmulo, no saber instrumental, na especialização das habilidades, no cálculo de esforço e técnicas empregados para um máximo de satisfação das necessidades individuais. Entender, a um só tempo, como se dá o engajamento mútuo de Maku e pesquisadores como pessoas que percebem movendo-se num dado ambiente pode, a meu ver, ser revelador quanto à experiências, sensibilidades e habilidades compartilhadas nessas múltiplas paisagens amazônicas. Pode também configurar um modo alternativo aos paradigmas desse racionalismo econômico que informa a perspectiva de ambos os antropólogos. Afinal, movendo-se pela floresta com os Hupd'äh e com os Bara-Maku, Häw e Peter vão deixando de ser viajantes ao modo de Koch-Grünberg e aceitando aprender sobre a mobilidade com esses *outros viajantes*.

PARADOXO?

A *história do Häw* foi contada por João em uma roda enquanto conversávamos, fumávamos e comíamos coca no início da noite. Em suas memórias, o Häw, além de bom caçador, surge como um *pū'ụ̈k wed ĩh*, um "comedor de coca", falante da língua hup e bom ouvinte de benzimentos. Nas rodas noturnas, enquanto comem coca e fumam tabaco, os homens Hup conversam sobre encantamentos e ações xamânicas, narram mitos e comentam sobre encontros com animais e andanças pela mata. Pelas lembranças de João, Reid parece ter presenciado esses encontros e partilhado a coca, o tabaco e as conversas. Apesar de refletir sobre mitos, encantamentos e andanças, elementos presentes e constitutivos dessa forma de sociabilidade das rodas, o pesquisador não os relaciona ao consumo coletivo de coca e tabaco. Tentando interpretar os escritos de Reid e o tema do *bom comedor de coca* e do *bom ouvinte de benzimentos* da narrativa de João, qual teria sido o motivo do silêncio quanto às práticas da coca e do tabaco? A participação e não descrição dessas práticas representaria um paradoxo com relação à etnografia compreensiva?

Peter Silverwood-Cope refere-se às rodas da seguinte forma:

À noite, homens de diferentes grupos domésticos sentam-se juntos, algumas vezes fora e, outras vezes, na casa do homem mais velho, para discutir a caça e a floresta, para contar estórias e para conversar e discutir os problemas da comunidade, dos seus vizinhos e dos Índios do Rio.[20]

No que diz respeito às unidades sociais, Silverwood-Cope apresenta a organização social dos Maku como sendo constituída por três grupos de interação fundamentais: os grupos regionais, os grupos locais e os grupos domésticos. Seu olhar para os sistemas de parentesco e para as regras matrimoniais enfatiza a mobilidade e a plasticidade dos arranjos e regras sociais. Comparando alguns casos de casamento, diz que a mobilidade característica ao padrão de residência baseia-se na inexistência de laços de propriedade imóvel de terra ou local de moradia. A mobilidade torna-se relevante para entender as mudanças, a fragmentação ou cisão e reconfigurações dos grupos locais ocasionadas por brigas ou desentendimentos entre seus moradores ou, ainda, desses com os *índios do rio*. Nesse sentido, é interessante notar como o seu breve relato surge em meio a uma análise sobre a integração dos grupos domésticos nos grupos locais. Há um senso de pertencimento ao grupo local que se reforça através das rodas de conversa. Sua descrição deixa transparecer certo aspecto de igualitarismo e comunhão, mostrando o mais velho como alguém importante por seu saber e papel político. O excerto revela a atenção do pesquisador não apenas para os elementos que geram a fluidez social, mas também para a importância de formas de sociabilidade que promovem integração, durabilidade e continuidade dos arranjos sociais.

Enfocando a vida social Hupd'äh como um sistema que incorpora um alto grau de mobilidade, Reid busca em Thurnbull as bases para entender a fluidez, a liberdade com que as pessoas se movem, juntando-se ou separando-se de grupos locais, aldeias e/ ou famílias.

---

20. 1990, p. 86.

Reid enfatiza que o clã não é uma unidade estável, podendo alterar seu nome de acordo com migrações ou flutuações demográficas, por exemplo. O antropólogo vê na plasticidade de arranjos clânicos hup um fator marcante de fluidez que se relaciona à alta volatilidade da composição dos grupos locais. Não há pertencimento de um clã determinado território, já que os maiores clãs são encontrados em todos os grupos locais. Se, como aponta Silverwood-Cope, as rodas de coca são um fator fundamental para a integração dos grupos locais, talvez a grande ênfase de Reid na fluidez e no movimento dos grupos domésticos seja justamente algo que leva o pesquisador a desconsiderar os encontros noturnos. Seu olhar volta-se para a autonomia desses grupos com relação aos grupos locais e para um senso de pertencimento que se constitui mais no *mundo da floresta* do que no *mundo da aldeia*. Embora não haja notas sobre essa forma de sociabilidade hup, o antropólogo, em meio a um relato sobre as relações entre os Hupd'äh e os Tukano, escreve algumas linhas sobre as práticas da coca e do tabaco.

O tema do *roubo da coca* aparece recorrentemente na tese de Reid. Os Hupd'äh roubam a coca, o tabaco e a maniva para punir o homem tukano para quem prestaram serviço pela troca ruim ou para maximizar seu consumo. O trabalho das mulheres na roça é descrito como pouco especializado e árduo, refletindo-se numa produção pequena e, por vezes, insuficiente de maniva. Isso gera a necessidade de obter-se, junto aos Tukano, uma quantidade complementar de maniva, seja pela troca de frutos ou carne de caça, pelo trabalho, ou pelo roubo. Da mesma forma, Reid diz que pequenos pés de coca são plantados por poucos homens nas roças de suas esposas, ao contrário do tabaco e do *caarpi*, cultivados pelos homens ao redor da casa, mas igualmente em pequena quantidade. Sutilmente, a insuficiência produtiva de maniva e coca liga-se à roça, *bɨ'ɨy*, ao "trabalho" árduo, monótono e pouco especializado, realizado no *mundo da aldeia* pelo qual os Hupd'äh teriam pouco interesse, ao contrário dos Tukano. Em seu argumento, o desinteresse gera a baixa produtividade, que suscita a reciprocidade positiva ou negativa com os Tukano.

Contrárias à mobilidade da *perambulação*, a coca e a maniva são especialidades de produção dos *índios do rio* que, por isso, possuem grandes plantações desses gêneros. Isso motiva o interesse dos Hupd'äh pela troca ou pelo roubo. Para maximizar seu acesso a esses e outros recursos produzidos insuficientemente, o indivíduo escolhe, racionalmente, realizar atividades árduas para um Tukano, ou pilhá-lo, caso a troca não atenda às suas expectativas. O vínculo da coca ao *trabalho*, à *pouca mobilidade* e aos *índios do rio* vai fazendo com que ela seja descrita como objeto de desejo dos Hupd'äh e, ao mesmo tempo, antítese de seu modo de vida, especializado na caça e nas perambulações. Mas se a maniva é um gênero alimentício de consumo básico, como explicar esse interesse na coca que motiva o homem Hup a deixar o *mundo da floresta* para realizar afazeres monótonos nas aldeias tukano?

Num dado momento, Reid descreve a coca em meio à relação entre Hupd'äh e Tukano da seguinte maneira:

Depois de terminado o dia de trabalho, os homens Hupdu adultos geralmente tentam convencer um dos Índios do rio presentes a permitir que colham e processem folhas de coca próximo à casa. Pedem também permissão para que possam preparar uma pequena trouxa para o consumo próprio, que o grupo mantém pendurada em alguma parte do caminho de retorno à aldeia. [...] Os continentes são peneirados e despejados em uma cuia pelo homem Hupdu que finaliza o preparo e oferece ao dono. Este lança o pó à boca algumas vezes e, em seguida, faz com que a cuia circule entre os demais homens presentes. Depois disso, o dono despeja parte do pó em uma lata e permite que os Hupdu peguem o restante. [...] Os Hupdu raramente conversam com os Índios do rio, mas escutam suas conversas e fazem comentários em sua própria língua. Por vezes, traduzem parte do diálogo dos Índios do rio para algum jovem presente que não tenha compreendido a língua (tukano) que está sendo falada. Não é apenas por propósitos sociais que a coca e o tabaco são preparados; mas também são utilizadas na cura de doenças. Tanto os Hupdu quanto os Índios do rio possuem xamãs que praticam esses ritos de cura. Entretanto, enquanto alguns grupos locais Hupdu não possuem um xamã coabitante, a maior parte dos Índios do rio possuem. [...] Há poucos Hupdu que possuem reputação de serem xamãs poderosos, mas há muitos Índios do rio com tal reputação.

As notas de Reid referem-se a uma roda de coca muito semelhante àquela de que eu participava quando João contou sua história. Entretanto, o encontro noturno ocorre numa aldeia tukano, sendo eles os donos da coca. O silêncio dos Hupd'äh ao participarem da roda, o pedido formalizado ao dono para o preparo da coca, o recebimento das sobras vão caracterizando os Hupd'äh com posturas de subordinação e submissão nesse uso *social* da coca. O uso *ritual* da coca e do tabaco leva a uma comparação entre os xamanismos hup e tukano. As práticas de cura dos primeiros são vistas como inferiores, Estar na aldeia tukano permite também aos Hupd'äh poderem ser curados pelo xamã tukano, pagando em troca carne ou frutos. Os Hupd'äh não só usam táticas para ter acesso às manivas e à coca, mas também parecem agir estrategicamente buscando compensar o fato de terem menos xamãs e de estes serem menos poderosos.

Desse modo, a coca e o tabaco tornam-se elementos de mediação circunscritos às atividades de "trabalho", *bɨ'ɨy*, em aldeias tukano e às práticas de cura, sendo que em ambos os casos se supõe haver uma inferioridade assimétrica dos Hupd'äh. A coca e o tabaco recebem atributos de imobilidade, enquanto o interesse em obter coca e tabaco motiva as atividades especializadas de *k'ẹt kö ay*, "perambulação", que fazem com que a carne de caça seja trocada por essas substâncias. Supõe-se haver um desinteresse dos Hupd'äh pelo cultivo, mas um interesse pelo consumo que, apesar do *fraco xamanismo*, faz com que os homens se sujeitem a essa relação assimétrica. Enquanto a especialização de habilidades capacita o homem a explorar a floresta, a falta de especialização, seja na agricultura, seja no xamanismo, faz com que os Hupd'äh tenham interesse em viver próximo à aldeia tukano para maximizar sua coca, tabaco, maniva, mercadorias e também as curas xamânicas, ao mesmo tempo em que podem se dedicar ao que lhes dá mais prazer, as atividades de alta mobilidade. Como a inserção e o interesse do antropólogo se encontram nesse tipo de *atividades móveis*, entende-se melhor a ausência de menção, em sua obra, às rodas de coca hup, o número reduzido de notas sobre o xamanismo e o aspecto de imobilidade característicos dessas práticas. Explicar o padrão de habitação próxima a aldeias tukano vem a ser o interesse último da análise de Reid que, para isso, contrasta ambos os povos em termos das diferenças de especialidades e interesses. Numa outra chave, ressurgem elementos da contraposição *nômades* versus *sedentários*, agora lidos não a partir da oposição entre *humanos e não humanos*, mas sim a partir de um *racionalismo de mobilidade* e de um *racionalismo não móvel*.

Para entender melhor esse paradoxo do *bom comedor de coca que não fala das rodas*, é necessário refletir um pouco mais sobre o modo como Reid aborda os temas do xamanismo, da vida ritual e da cosmologia. Para o etnólogo, as pessoas que possuem maior treino xamânico têm maior interesse e conhecimento sobre os mitos e sobre as zonas do cosmos. Visto que o xamã é capaz de viajar pelo cosmos e interagir com seus habitantes, sua mobilidade é considerada fundamental para validar o sistema de crenças das classificações cosmológicas que fornecem enquadramentos e sentidos às experiências dos Hupd'äh. Como no caso do caçador, o longo treino é também um processo de especialização de habilidades que vai dotando o xamã de consciência sobre seus movimentos e de suas interações com outros seres. O xamã parece ter uma racionalidade que lhe permite interagir com os donos das casas do universo para recuperar as almas Hup roubadas, para curar, para obter a liberação de maior número de animais para serem caçados ou mesmo para causar o mal a outrem. Já os *não especialistas*, apesar de viajarem pelo cosmos em sonhos, não compreendem conscientemente essas viagens e não conseguem interagir com os outros seres. Parece haver uma divisão entre os modos de percepção do cosmo, onde os não especialistas recebem estímulos efêmeros de dados sem sentido e, por isso, orientam-se com base nas classificações e símbolos organizados e transmitidos como representações duradouras pelos xamãs.

As crenças fornecem um *enquadramento conceitual* para as interpretações dos Hupd'äh sobre como o mundo é e como tomou a forma atual. As *performances* rituais dos benzimentos, do Jurupari e do Dabucuri são descritas de modo a enfatizar as relações entre as crenças e práticas. No entanto, o etnógrafo relata não ter presenciado cerimônias de Jurupari ou Dabucuri já que, diante da perseguição dos missionários a esses rituais, os Hupd'äh evitariam realizá-los diante dos *brancos*, ocultando-os. Para descrever essas *performances*, o etnógrafo toma como base os relatos de seus interlocutores, diferentemente de suas narrativas sobre outros âmbitos da vida social, fundamentadas no envolvimento direto nas ações sociais. Ao apresentar uma breve descrição dos ritos de cura, esses se reduzem a fórmulas verbais que configuram sua eficácia a partir de uma estrutura fixa, da evocação de ancestrais e da utilização de determinados alimentos para a purificação do corpo.

A descrição da sequência de ações das cerimoniais resume-se a uma sequência de ações prototípicas devido à inexistência de um engajamento direto pela participação nos eventos rituais de Jurupari e Dabucuri. Sua função social seria a de fazer crescer, ascender e regenerar a alma através de processos que controlam e ordenam a vida social, os processos naturais e o cosmos como um todo. Apesar dos poucos dados etnográficos, esses rituais são identificados como o modo de ação social por excelência, que permite aos indivíduos perceberem as inter-relações entre símbolos de diferentes sistemas de classificação e darem sentido a suas experiências.

É notável a mudança no eixo analítico da reflexão de Reid, já que ele passa a dar pouca ênfase nas práticas xamânicas e rituais, reduzidas a seus elementos verbais e classificatórios, a partir dos quais se estabelecem *grades de discriminação* que, enquadrando partes do contínuo da experiência, permitem aos indivíduos dar sentido e agir. Tomando como referência as abordagens de Leach, Lévi-Strauss e Kelly, Reid descreve a cosmologia, as narrativas míticas e a classificação de animais, florestas e solos como sistemas de classificação, buscando demonstrar a *coerência da visão de mundo* dos Hupd'äh. Para tanto, sua análise explicita as relações metafóricas entre as formas de classificação. Uma estrutura tripartite, vista pelo autor como um *constructo*, ordenaria todas essas formas de classificação, gerando enquadramentos conceituais que permitem aos Hupd'äh dar sentido ao mundo. Haveria sempre elementos mediadores operando entre oposições, constituindo níveis intermediários de classificação, de modo complexo e harmônico. O movimento cósmico é compreendido não em termos das práticas, das experiências e das transformações que suscitam no ambiente e nas pessoas, mas sim em termos da fixação de grades de referência que orientam as ações das pessoas. Para os não especialistas, o sentido da inter-relação dos sistemas de classificação seria vivido e validado através da ação ritual pela composição de relações simbólico-metafóricas.

Na tentativa de interpretação total, a *mudança de eixo* evidencia a opção do pesquisador pela decodificação. Enquanto o *movimento pelos mundos* e a *fluidez social* são acompanhados por uma descrição que tende a revelar modos de explorar o ambiente ou as relações gerando transformações que levam à especialização das habilidades e à plasticidade do sistema clânico, por exemplo, os quadros de analogias e metáforas classificatórias compõem oposições, gradações, simetrias mediadas mais pelos trabalhos da *mente* e da ação ritual prototípica que pelos movimentos, gestos e ações das pessoas interagindo em meio à vida num dado ambiente.

Pode-se dizer que o processo vital é reduzido à forma, ao contrário de haver uma relação em que as classificações e suas analogias entre si emergem com os *movimentos pelos mundos*, com a *fluidez social* e com as *ações rituais* constituídas a partir da experiência vivida. Os rituais são percebidos não pela mobilidade e pelas transformações que fomentam, mas pelas mensagens codificadas que conectam. A viagem do xamã pelo cosmos torna-se um movimento funcional e especializado para dar sentido às classificações. Os seres com quem os Hupd'äh se relacionam ao longo dos *mundos* em que habitam tornam-se figuras arranjadas a partir de critérios de classificação. Refletindo com Deleuze e Guattari, nas estruturas tripartites apresentadas por Reid, as multiplicidades suscitadas pelos movimentos vividos são organizadas, estruturadas, neutralizadas em eixos de significação, em um decalque que *já não reproduz senão ele mesmo quando crê reproduzir outra coisa.*

O paradoxo que surge na justaposição entre as palavras de João aos escritos de Reid deixa ver como talvez, mesmo participando diretamente das rodas de coca hup, o etnólogo não perceba relevância na descrição dessa forma de interação social que, através de conversas, gestos e movimentos em torno do consumo de coca e tabaco, relaciona mitos, ações xamânicas e andanças pelas matas. Remetendo as práticas da coca e do tabaco à imobilidade do *trabalho*, ao roubo ou trabalho árduo para os Tukano, ao xamanismo de caráter inferior, à especialização do xamã, Reid deixa de ver as múltiplas formas de mobilidade situadas pelos encontros noturnos. Nas rodas os participantes trazem à vida os ancestrais, narrando, por exemplo, os movimentos dos heróis que dão forma à geografia do mundo atual; falam dos encontros com animais e seres da mata, e executam encantamentos através dos quais circulam pelos diversos planos cósmicos para curar ou proteger as pessoas. Com suas bocas verdes da coca, exalando a fumaça dos cigarros, sentados, os senhores Hup engajam-se num processo mútuo a partir do qual se deslocam pelo mundo e refletem conjuntamente sobre seus modos de ação.

Se a mediação da visão tukano leva Koch-Grünberg a expressar uma imagem total dos Maku através do nomadismo, onde a mobilidade é o fator explicativo que leva esses povos, ao mesmo tempo, a *conhecerem a floresta como a palma de suas mãos* e a serem dominados pelos povos sedentários, o estudo dos movimentos de Reid circunscreve-se às dimensões exploratórias, formais e funcionais da mobilidade, o que gera a tentativa de uma interpretação totalizante através da qual o analista decodifica os sentidos ao mesmo tempo em que busca mostrar como tal decodificação se dá prototipicamente através das práticas rituais. Enquanto etnógrafo, foi simultaneamente sentando-me às rodas de coca e caminhando com os Hupd'äh rumo a morros, a outras aldeias e a acampamentos que comecei a descrever a mobilidade através dos fluxos entre experiências na aldeia, na mata e nos diversos planos cosmológicos. Esses movimentos geram modos de perceber, de atuar, de aprender e de conhecer em meio ao envolvimento mútuo ao longo de processos generativos e vividos.

Na participação das rodas ou da vida da aldeia, os deslocamentos do narrar, do benzer ou do sonhar expressam, a todo momento, os vínculos com as andanças pela mata. Algo que permite refletir para além da oposição entre as *perambulações prazerosas* e o *trabalho árduo*, noções que parecem cindir o mundo vivido dos Hupd'äh, valorizando certa especialização de habilidades e atividades em detrimento de outras. Penso haver a possibilidade de olhar para o modo como o envolvimento global das pessoas umas com as outras vai fazendo-as, ao longo da vida, adquirir disposições e sensibilidades no curso das atividades práticas e das situações concretas. Tomadas em conjunto, as rodas de coca e as caminhadas permitem ver os Hupd'äh e o etnógrafo como viajantes que se deslocam pelas matas, pelas palavras e pelos sonhos, encontrando-se em constante movimento e imersos em processos de educação da atenção a partir dos quais, ao mostrarem sentidos uns aos outros, revelam seus engajamentos perceptuais totais com o mundo vivido.

UM MODELO DE NATUREZA E CULTURA

É possível dizer que os aspectos de mobilidade descritos por Koch-Grünberg definem um modelo de natureza e cultura onde os Maku, dadas suas práticas, estão imersos na natureza e têm os Tukano como contraponto cultural, devido aos seus costumes sedentários, rituais, normativos, linguísticos e habitacionais. Legitima-se a dominação de um povo pelo outro da mesma forma que se defende o avanço da cultura sobre a natureza, de sedentários sobre nômades. Já no caso de Reid e Silverwood-Cope, as práticas sociais dos Maku, imersas na natureza, vão moldando sua cultura através de uma mobilidade constitutiva. Para esse modelo de natureza e cultura a atuação social circunscrita pela natureza vai moldando os contornos de uma cultura especializada e alicerçada no interesse individual ou de grupos. Em ambos os casos, a mobilidade é descrita como um traço preponderante que emana seja da animalidade (natureza), seja da imersão ou de maior proximidade da natureza. De um lado, está o dominado, o subjugado, o submisso. De outro, o especialista, o explorador, o técnico, o interesse individual. Para apresentar essa mobilidade dada, os analistas descrevem padrões, movimentos, situações exemplares ou ações prototípicas.

Procurei, ao longo capítulo, explicitar os graus de distância que ambas as abordagens estabelecem com relação ao mundo Maku, seja pela *mediação Tukana*, seja pela pouca ênfase nas experiências partilhadas para a constituição da imagem do caçador-especialista (econômico ou ótimo). Dessa forma, tentei delinear a gênese de dois modos de olhar que se tornaram as bases antropológicas de reflexão sobre os povos maku. De modo diferente, os encontros noturnos e as caminhadas são aqui vistos como modos de interação social que possibilitam uma abordagem movediça. Tenta-se aqui religar os movimentos aos padrões de mobilidadeos mapas aos decalques ou as árvores-raízes aos rizomas, na perspectiva de Deleuze e Guattari. A partir de experiências vividas mutuamente entre o pesquisador e seus interlocutores, procuro situar-me no meio de oposições como *movimento/ repouso, fluidez/ forma, mobilidade/ imobilidade, caos/ ordem, simetria/ assimetria, sedentário/ nômade* uma orientação não dicotômica ou tipologizante para descrever não as unidades de sentido ou a totalidade da *cultura hup*, mas as dimensões, as direções movediças percorridas pelos Hupd'äh ao longo de suas existências.

Viagem à Serra Grande

> Ando devagar porque já tive pressa
> E levo esse sorriso, porque já chorei demais
> Hoje, me sinto mais forte, mais feliz, quem sabe
> Só levo a certeza de que muito pouco eu sei
> De que nada sei
>
> ALMIR SATER

PESCANDO ONÇAS

No breu da noite, as redes balançavam sem parar. A escuridão devorava as chamas do fogo, uma a uma, até não podermos mais ver nada ao nosso redor. As águas do igarapé abriam-se estrondosamente para o banho das feras. Podíamos ouvir as folhas do chão mastigadas pelas patas e a voz ameaçadora aproximando-se lentamente. Estavam armadas. Os trovões que ecoavam eram suas espingardas. O sopro de Lucas despertava as brasas das cinzas. O veneno na flecha de Demétrio era nossa única proteção. O caçador se levantou e mergulhou nas sombras da mata. Não dormíamos, apenas esperávamos.

Nossa barraca erguia-se no meio de uma lagoa, a lagoa de pesca dos B'atịb', a Gente-Sombra. Às margens da clareira, os espíritos malfazejos sentam-se, empunham seus caniços[1] e conversam enquanto as traíras não agarram a isca. Atraídas pelo cheiro das pacas oferecidas pelos B'atịb', as onças aproximam-se. Certas da presa fácil, elas penetram as águas da lagoa para o banquete. Quando agarram a isca, são puxadas e mortas pelos B'atịb'. Eles, então, limpam as escamas e começam a moqueá-las.

---

1. Caniços: varas utilizadas, no caso, para a pesca.

Ao pôr do sol, chegamos a essa clareira. Estávamos já no pé da Serra Grande, Paç Pög, próximos à cabeceira do Cabari-Igarapé, Pij-Dëh. É nesse ọ̈h höhọ̈d, "lugar" ou "clareira de dormir", que todos aqueles que viajam para a Serra Grande repousam para a escalada no dia seguinte. Samuel explicou-me que os lugares onde se encontra a árvore *b'öbọ̈d- tëg*[2] são lagoas de pesca dos B'aṭịb'. Essa árvore faz com que todas aquelas que estão ao seu redor morram, criando um grande vazio. No chão da capoeira era possível ver algumas pedras que lembravam cristais. O local de dormida dos Hupd'äh era, a um só tempo, o território de caça das onças e a lagoa de pesca dos B'aṭịb'.

Sentados em nossas redes, descansávamos da caminhada e da pescaria. Bebíamos chibé, mistura de farinha e água, e conversávamos. Perguntei a Samuel qual o nome da capoeira em que dormiríamos. Foi, então, que ele deu um leve sorriso e disse: ọ̈h höhọ̈d, b'aṭịb' nịh họ̈p họy, "esse é um lugar de repousar, uma lagoa ou poço de pesca de B'aṭịb'". Começou a contar então sobre a trágica história da pescaria de um B'aṭịb' e de seu cunhado, um homem Hup.

MITO 1 (M1): A PESCARIA DO B'AṬỊB'

O B'aṭịb' casou-se com uma mulher Hup. Ele chamou seu cunhado para tinguejar.[3] *Vamos pescar traíra, cunhado?. Mais tarde nós vamos tinguejar sarapó*, respondeu o cunhado. Quando chegou a noite, o cunhado concordou em ir, pois queria muito tinguejar sarapó e o B'aṭịb' prometeu que pegariam muitos peixes. Pescaram muitos sarapós, mas o B'aṭịb' pegou os peixes e jogou-os fora. *Eu quero pescar outros peixes, não quero sarapó*, afirmou. Puseram-se a caminhar novamente e o B'aṭịb' foi apanhando pacas. Chegaram aqui,[4] no lugar da árvore *b'öb'ọ̈d*, por volta das 21h00.

Kọyërë, kọyërë, era o rugido da onça que se aproximava. Primeiro chegou a jaguatirica, que era uma traíra para ele. Ela comeu a paca, que era uma minhoca para o B'aṭịb'. Ele matou a fera e o cunhado teve medo. Muitas onças foram mortas por ele.

O cunhado correu quando viu a segunda que era muito grande. Corria ao redor do B'aṭịb', desgovernado, até que pisou no pé dele. Com o pisão, o diabo morreu, aqui mesmo onde estamos. Mas ele ressuscitou e começou a tirar a pele das onças, que, para ele, eram as escamas das traíras. *Ya'ạm d'äh nịh b'öy!*, dizia, "as onças são as minhas traíras!". O cunhado Hup pediu para irem embora. Voltaram para casa.

---

2. Segundo Ramirez (2006), no dicionário Hup-Português, encontra-se esse tipo de árvore em áreas de terra firme. Sua presença envenena a terra de tal modo que causa a morte dos vegetais próximos.
3. Pesca com timbó.
4. No local onde estávamos acampados.

Dias depois, o B'atịb' chamou novamente o cunhado para uma pescaria. O Hup aceitou e, quando estavam chegando ao lago, ele pisou no pé do B'atịb' e voltou correndo. Pegou sua irmã e fugiram. Estavam já na metade do caminho, quando o B'atịb' os encontrou. Furioso, arremessou uma "lança", *sarạp-b'ah* que varou as costas de sua esposa e saiu pelo peito. A mulher morreu, mas o cunhado conseguiu escapar e retornou para sua comunidade.

Em pé, no meio da lagoa, da capoeira, Samuel pisou forte o chão mostrando como o cunhado Hup tinha matado o *diabo*. Depois, sentado em sua rede, fez como se raspasse a pele de um peixe para tirar suas escamas. Por fim, arremessou uma lança invisível com a mão para que eu visse como a esposa tinha sido assassinada. Sorria e contava a história num tom ao mesmo tempo hilariante e tenso. Em seus gestos, alternava entre as perspectivas em jogo.[5] Quando terminou de contar, Samuel foi ao mato pegar lenha para acender a fogueira.

Depois da pescaria no igarapé, nós voltamos ao acampamento e cozinhamos nossa mojeca, um caldo preparado com peixe, pimenta, farinha e sal. Acendemos uma fogueira e colocamos a água para ferver. Samuel derramou farinha e pimentas para a preparação do caldo. Cada um dos pescadores contribuiu com alguns peixes, que eram colocados na panela. Cozinhamos jandiás, pacus, mandis, etc.[6] O cozinheiro ia salgando aos poucos e provando para encontrar o ponto certo da sopa. Quando a *hộp hipụd*, "mojeca", ficou pronta, cada um pegou sua caneca e colher. Todos de cócoras em torno da mojeca, íamos comendo o caldo quente que nos confortava depois de tantos dias de caminhada.

Mandu foi até a fogueira e ergueu seu pé sobre as chamas. "No garimpo lá na Serra do Apaporis", contava, "a gente não podia dormir durante a noite. Comíamos três vezes e ficávamos acordados

---

5. O perspectivismo ameríndio pode ser visto como uma dimensão fundamental ao pensamento dos povos indígenas que começou a ser melhor descrita e analisada a partir dos trabalhos de antropólogos como Eduardo Viveiros de Castro, Tânia Stolze Lima e Kaj Århem. As análises comparadas das ontologias desses povos vêm demonstrando que dois pressupostos podem ser destacados como próprios a esse tipo de perspectivismo. Para muitos desses povos, o mundo é povoado diversas espécies de seres (inclusive não humanos) dotados de consciência e de cultura próprias, sendo que cada uma dessas espécies vê a si mesma como humana, e percebe todas as demais como espécies de animais ou de espíritos (não humanas).
6. Para a taxonomia de animais e plantas deste trabalho, tomo como referência o dicionário de Ramirez (2006). Conforme o dicionário: "Mandi", *Wewẹg* (família dos pimelodídeos, *Pimilodella sp.*); "Jandiá", *b'ëj*, (família dos auquenipterídeos — *Trachycorystes trachycorystes*); "Pacú", *hụhu'*, (família dos serrassalmídeos).

conversando, vendo se não vinha onça". Demétrio comentou sobre uma ocasião em que subira a Serra Grande e procurava pelas cavernas onde dizem haver ouro. *É o ouro das onças!*, alguém comentou. Enquanto entrava numa das cavernas, surgiu uma imensa onça-preta. Ele saiu correndo.

Aos poucos fomos deitando nas redes, amontoadas umas sobre as outras em nossa barraca. Mandu acendeu um cigarro e soprou a fumaça em seu corpo. Seu cigarro passou de mão em mão até que todos nós tínhamos soprado a fumaça em nossos *h̨wäg*, "sopros vitais". Era um "benzimento para cercar nossos sonhos ruins", um *sōh nį pay bi'įd*.

Essa visão de mundo em que, aparentemente, cada perspectiva é aí mesmo válida e verdadeira, e onde existe a capacidade para ver o mundo a partir do ponto de vista de uma classe de seres diferentes daquela à qual um determinado ser pertence, é, de fato, fonte e manifestação de poder místico, como no caso do xamã, de um homem necessariamente *descentrado*; o ponto de vista do homem se converte, simplesmente, em um de muitos pontos de vista.[7]

O *acampamento dos Hup* é ao mesmo tempo uma lagoa de pesca de B'atįb' e um local de caça das onças. No jogo das transformações e perspectivas, ocupávamos simultaneamente posições de predadores e de presas. A mediação xamânica operada pelo benzimento de Mandu para cercar os sonhos fez com que todos nós ficássemos ocultos em meio à fumaça criada ao nosso redor. Ciente dos perigos que corríamos, a agência xamânica buscava influenciar o campo de percepção desses outros seres e as transformações entre esses diversos planos separados e simultâneos, onde nos situávamos e, com medo, tentávamos dormir.

MUNDO EM MINIATURA

Quem tem dois mulher, lá-rá-la-rá-la-rá, quem tem dois mulher, diziam os versos cantarolados por Mandu, aprendidos nos tempos do garimpo, enquanto subíamos a Paç Pög. As águas que escorriam pelas paredes da rocha revelavam o caminho da subida. Nossas mãos agarravam-se às raízes dos arbustos que impulsionavam nossos corpos para cima. Escorrendo lentamente, os fios de água iam esboçando os contornos do Pij-Dëh, Cabari-Igarapé. Ritmados pela canção, ríamos e víamos as árvores ficarem cada vez menores sob os nossos pés.

---

7. Århem, 1993, p. 22.

Nąw sąp, Nąw kịd!, "muito bom, incrível!" eram as falas de admiração de todos quando paramos na metade do morro para descansar. Em meio ao suor, os sorrisos acompanhavam os olhos arregalados, contemplando a beleza da paisagem que surgia. As serras de Mitú erguiam as árvores ao longe. Natalino preparou um cigarro e fumamos lentamente. Nossas respirações ofegantes soavam junto às explicações que nosso *kihsąt*, "guia", nos dava. Demétrio já havia subido a serra cinco vezes, algumas delas com o pajé Armando, seu padrasto (MH). Era ele quem ia à frente experimentando os rumos na pedra. *Hąmąy, Kariwa!*, "bora, branco!". Com o chamado irônico, continuamos rindo e escalando as paredes da Paç Pög até o topo.

Nosso guia foi o primeiro a chegar. Aos poucos fomos pisando e experimentando a superfície plana onde arbustos e pedras disputavam espaço. Nessa entrada, soldados tinham tentado construir uma casa. Segundo Demétrio, trouxeram baterias, panelas, redes. Moraram por algum tempo no canto para onde olhávamos. Quando iam começar a fazer sua base, surgiu ameaçadoramente o "dono da Serra Grande", *Paç-Pög yo'ọm ĩh*. Os soldados foram embora correndo. Nem se lembraram de suas coisas. Foram os Hupd'äh da comunidade de Tõh-Hayąm, Santo-Atanásio, que encontraram seus pertences abandonados no topo da serra.

Uma leve brisa soprava. Nossos pés exploravam os vãos da rocha negra. Chgamos a um miradouro. Com nossos corpos erguidos, passeávamos os olhos pela paisagem que se abria diante de nós. Um imenso tapete verde esparramava-se ao pé da serra. *Kęy w'ëh hisąp!*, "vê-se muito longe", exclamava Samuel. Tẽh-Sig-Mọy-Paç, a Serra da Menstruação, dizia recnhecendo a imensa serra que víamos. Em seu tempo de garimpo, ele foi para lá extrair ouro.

Tëg d'uh sịm'eh, sịm'eh, "as árvores são pequenas daqui, todas pequenas", dizia Mandu, que tinha vindo acompanhar seus cunhados pela primeira vez. Ele apontava para frente, mostrando que ao sul estava o rio Tiquié, ao norte o Papuri, a leste o Uaupés. Mais acima, avistávamos as Ya'ąm-Huh, Cachoeiras-de-Iauaretê. Lá do alto, contemplávamos o mundo em miniatura.

FOTOGRAFIAS E ESCRITOS

Eram muitos os pedidos para que eu tirasse fotos de todas as serras distantes. Fizemos uma série de fotos com cada um à frente e as serras ao fundo. Samuel e Lucas exploravam a câmera para tirar fotos de mim e dos morros e rios à nossa frente. Com o pretexto de mostrar para a família, registrávamos nossa presença nesse topo do mundo. Tiramos fotos coletivas e fotos em *particular*, como diziam.

Com a câmera fotográfica, tentávamos talvez reproduzir nossa presença, entender melhor o que víamos e ordenar nossa experiência visual para mostrar e contar histórias aos outros. A viagem e a fotografia permitiam assim uma relação específica entre nós e o ambiente onde nos situávamos.

Samuel pegou uma lasca de pedra e começou a escrever no chão rochoso. Aos poucos os riscos das linhas claras formaram letras e números, compondo a frase: *Paç Pög 1.04.2012*. Sua escrita foi seguida pela de Natalino: Brasil Amazonas. Antes, não havia nada escrito nas pedras. Todos os Hupd'äh de outras comunidades poderiam ver que os Hupd'äh de Tạt-Dëh, únicos a passar por um processo longo de letramento, tinham ido à Serra Grande. Saberiam também que os membros do clã Sokw'ạt Noh K'öd Tẹh, majoritários nessa aldeia, tinham passado por lá. O ato de escrita pode ser visto como um traço aditivo, nos termos de Ingold, já que vai se formando uma camada sobre o substrato rochoso. Segundo o autor, "[...] para o habitante, a linha de seu caminhar é um percurso de conhecimento. Nesse mesmo sentido, a linha da escrita é, para ele, um percurso de rememoração. E ambos os casos, o conhecimento é integrado ao longo do caminho do movimento (2007, p. 43)".

Durante a viagem, em meio a nossas andanças, sempre que me mostravam um animal, uma planta, um peixe ou diziam o nome de um lugar, eu os escrevia em meu caderno de bolso ou no GPS. Era comum que meu caderno passasse de mão em mão, ou que fosse lido em voz alta e minhas anotações comentadas e corrigidas. No final da tarde, assim como as narrativas míticas e as histórias de caçaria, o GPS e o caderno permitiam refletir sobre nossas agências naquele percurso. No aparelho, víamos os nomes e a posição dos lugares onde havíamos passado. Meus companheiros interessavam-se em comentar as distâncias percorridas e em relembrar os lugares que me foram mostrados durante o trajeto. Nossas conversas falavam menos de nosso transporte ponto a ponto pelas conexões e mais das situações vividas. Falavam sobre o traço gestual de nosso movimento. Assim, no contexto dessas conversas, a imagem do GPS rememorava nossas percepções ao longo de um percurso de observação e ajudava a integrar o saber num modo não cartográfico.

Como em relatos de viagem, a crônica do caderno, as linhas e pontos do GPS e as fotos permitiam ordenar a experiência, sendo modos de relembrar caminhos e situações que iam se integrando através de nossos movimentos. Naquelas superfícies, os escritos e traços situavam nossa viagem e nossa presença por meio de aspectos temporais, espaciais e linguísticos. Aproximados por essa longa caminhada da viagem à Serra Grande, os atos de andar, escrever e fotografar proporcionavam modos de interação específicos entre os viajantes e constituíam-se como distintos caminhos de rememoração.

LAGOS DE BANHAR

Aproximando-se da beira, Lucas respirou fundo, abriu bem a boca e lançou um forte grito que se espalhou por todo o universo à nossa frente: *êêêêê*. As ondas sonoras reverberavam e espelhavam ecos: *êêêêê*. *Tem gente ali, tem gente ali*, Mandu apontava para o meio da selva de onde pareciam vir os ecos. A visão de longe, em perspectiva, era também uma possibilidade de audição em perspectiva. Em seu grito e no comentário de Mandu, de certo modo, a gênese da humanidade era retomada. (M2) No Pud-dẹh-mọh, o Lago-de-leite, K'ẹg Tẽh gritou e a humanidade respondeu. E foi assim que surgiram os Hupd'äh, contou-me Miguel em uma roda de coca semanas antes.[8]

Fomos, então, procurar pelos "lagos" ou "poços de banhar", *s'ọm họy*, que ficavam do outro lado do morro. Demétrio foi o primeiro a chegar. O lago estava com água. Ele tirou suas sandálias, sua camiseta e foi para a beira preparar-se para o banho. Vagarosamente pôs-se de cócoras, abriu as palmas das mãos, movimentou-as em direção ao espelho d'água, umedeceu-as e levou-as para o peito, para o centro do sopro vital para lavá-lo.[9] Depois levou a água até seu rosto, braços, pernas e pés, sempre de modo leve e delicado. Estava concentrado e silencioso quando chegamos. Olhou para nós, sorriu e pediu que eu tirasse uma foto dele se banhando. Todos começaram a tirar suas botas e camisas e foram banhar-se com a água do lago, um de cada vez. Quando fui me banhar, explicaram-me que havia dois lagos contíguos, um para o banho das mulheres e o outro para o banho dos

---

[8]. Destaco algumas narrativas míticas do texto analítico-descritivo com a letra M numerada.
[9]. *Hạ̈wäg s'ịd*, "lavar o *hạ̈wäg*" é uma ação comum aos encantamentos xamânicos.

homens. Eu deveria molhar minhas mãos no lago masculino para refazer meu corpo. Samuel fotografou-me e todos riram muito do *banho do branco*.

Se banhar, tem que voltar de novo, senão vai morrer já, lembrava Mandu enquanto nos lavávamos. As águas que refazem o corpo são as mesmas que o deixam fraco e doente. Com o banho todos nós esperávamos ficar com a pele dura, *tab'a̱*', como uma casca de árvore, com os ossos fortes e com o corpo novo. Como disse Natalino enquanto banhava-se, *i̱n pi̱b ı̃h ni̱ tëg, wähäd ni̱h*, "todos ficaremos jovens até a morte, não envelheceremos". Mas para isso tínhamos que retornar uma segunda vez à Serra Grande e banhar-nos novamente no lago. Lucas jogou um cigarro dentro das águas. Como fiz menção de retirá-lo, ele riu e contou que estava deixando esse cigarro para os antigos, *ti̱h wähäd'äh ni̱h hu̱t*. Era uma oferenda para aqueles que, como Demétrio, tinham ido muitas vezes banhar-se na Serra Grande. Entendo que essas ações realizam uma *fabricação do corpo*, uma intervenção sobre a matéria que recria o corpo em banhos que são como passagens entre vida e morte.

Nosso *ki̱hsa̱t*, guia, falou dos pés de "coca de abiu", *wahna̱w-pū'ũk*, que havia antes plantados na beira do lago. Um homem da aldeia de Tõh-Haya̱m arrancou-os e levou-os para sua comunidade. Preparou as folhas dessa *coca da origem* com cinzas de imbaúba e comeu-as. Um pouco depois ele passou mal e morreu. Nunca deveria ter retirado os pés de coca da beira do lago. É por isso que hoje não há mais a coca no topo da serra. Demétrio indicava com a mão o lugar preciso onde, antigamente, havia a coca. Lembrava-se de ter ainda visto os pés de coca certa vez em que estivera lá com o pai, quando criança.

Em pé, perto do lago, ele nos levou até o ponto em que o padre Afonso tinha colocado uma imagem de K'e̱g Tëh, Jesus, bem perto do lago. Isso aconteceu na década de 1980, quando ele começou a trabalhar com o pessoal de Ta̱t-Dëh e Tõh-Haya̱m. O padre fez a viagem para a Serra Grande com um guia e veio trazendo essa imagem de Jesus. Subiram o morro e ele a colocou bem na beira do lago ou poço. Mas, tempos depois, pessoas de Tõh-Haya̱m vieram, tiraram a imagem e levaram-na embora.

Com os banhos dos presentes e a enunciação de certas regras e interdições começa a delinear-se uma sequência articulada de ações que são repetidas de forma semelhante por todos. Um processo de condensação ritual passa a ocorrer através desses procedimentos que situam a busca pela purificação do sopro vital e do fortalecimento do corpo. Se, ao longo da viagem, modos de interação específicos com seres e lugares puderam ser percebidos, creio que, no alto da serra, um jogo de identificações com os antigos, com os diferentes seres e com elementos presentes naquele espaço passou a ganhar maior densidade, situando uma modalidade particular de ação. Nesse sentido, as narrativas do *homem que arrancou os pés de coca*, do *padre que colocou uma imagem cristã* e dos *soldados que fugiram* podem ser vistas como falas que contrastam com o modo de atuação dos presentes, mostrando os perigos e decorrências de atuações indevidas. São também falas sobre as tensões e disputas entre diferentes seres em interação, os ancestrais, as pessoas de diferentes clãs, os padres, os soldados etc., que situam suas disputas naquele lugar. Já a analogia possível entre o *chamado de Lucas* e o *chamado de K'ęg Tẽh* (M2) no surgimento da humanidade permite entender a percepção da paisagem como lócus de uma cosmogênese. Desse modo, o fortalecimento do corpo, a purificação do sopro vital, a atenuação do envelhecimento e a morte iminente apontam para a importância do modo de interação com esse espaço em termos de ações ritualizadas.

VENENOS E DESCIDA

Reparei nas folhas de um arbusto que, para mim, eram muito parecidas com as folhas de coca. Samuel disse que o nome da planta era *tẽh nąm*, veneno para não ter criança. Do ponto onde estávamos, avistamos também os dois outros morros que formam o complexo da Serra Grande, a Paç-Tẽh, Serra-Pequena, e a Tõg-Tẽg. É no alto da Serra Pequena que cresce um outro veneno, fundamental para a prática da caça, o *hũ nąm* ou curare[10] (*Menispermaceae*), veneno para matar animais. Um mês antes, Ponciano havia me mostrado o pote de cerâmica onde guardava seu curare e contou-me uma narrativa sobre o surgimento do curare.

MITO 3 (M3): K'ĘG TẼH E O APARECIMENTO DO CURARE

Certa vez, K'ęg Tẽh pegou sua flecha e foi caçar. Foi caminhando pela mata, até que ouviu dois tucanos no alto de uma árvore. Ele parou, imitou o som que eles faziam, armou seu arco e atirou. Acertou-os no bico e ambos caíram mortos no chão.

---

10. O curare é extraído de espécies da família vegetal *Menispermaceae*, comum na Amazônia, sendo *Chondrodendron* e *Curarea* os seus gêneros principais.

Como ele estava com muita fome, devorou-os logo. Mas a carne das aves fez-lhe mal e ele começou a vomitar. Seu vômito espalhou-se pelo mundo e foi cair em três serras. Uma delas é a Paç-Tẽh, Serra Pequena.

De seu vômito apareceu o Nạm tịt, o cipó com o qual se prepara o veneno para matar animais. "Não dá pra plantar, não. Só nasce o curare nesses lugares onde ele vomitou, mesmo".

Estávamos sentados numa roda de coca e Ponciano apontava para o sul e para o norte com os braços, indicando os lugares onde K'ẹg Tẽh havia vomitado. No evento narrado,[11] a caça situa o modo de interação entre o demiurgo e os animais, sendo que o não preparo apropriado do alimento para o consumo ocasiona a indigestão e o vômito. Caindo em lugares específicos, o vômito faz aparecer o cipó de curare, fundamental para a interação com os animais na prática da caça.

O veneno é conservado como se fosse uma cera que é passada, com muito cuidado, na ponta da flecha. A princípio tínhamos pensado em tirar curare para prepararmos o veneno, mas, quando conseguimos chegar à Serra Grande nossa farinha já estava terminando e, por isso, desistimos. A retirada e preparo do curare são muito perigosos. Miguel contara em uma festa de caxiri, semanas antes, que aquele que colhe não pode ter nenhuma ferida, pois qualquer contato do corpo com a substância venenosa é fatal. Por isso, a colheita é demorada e exige muita atenção e coragem. Corta-se um pedaço do cipó, raspa-se a casca e depois se mistura a raspa com água. Leva-se ao fogo quando o sol nasce e deixa-se a mistura fervendo até que a noite chegue. A solução pastosa é então guardada em potes de cerâmica que conservarão seu potencial mortífero por muitos anos. Miguel referiu-se à enorme quantidade de cipós que podem ser encontrados pelo chão na Serra Pequena. Sempre que um homem vai percorrer caminhos para caçar, pescar ou visitar parentes de outras comunidades, ele leva seu curare e uma flecha envenenada. Hoje em dia, como poucos vão às serras retirar a raspa de cipó, aqueles que conseguem retirá-la e preparar o curare podem realizar boas trocas com parentes por bens ou dinheiro. Como disse Mandu, "se nossa farinha não estivesse acabando, íamos tirar curare para trocar. Paga caro esse curare!".

Em língua hup, a palavra *nạm* é usada tanto para esse veneno de caça quanto para a planta abortiva que apontei para Samuel. No

---

11. Incorporo o princípio analítico da etnografia da *performance* de distinguir entre os eventos aos quais a *performance* está se reportando: eventos narrados; e os eventos de atuação do narrador: eventos narrativos (Bauman, 1977).

alto dos morros crescem essas plantas para envenenar animais, *hũt nạm*, e para envenenar o filho, *tẽh nạm*. Dotam a humanidade da capacidade de matar envenenando. Se é K'ẹg Tẽh quem traz a vida à humanidade através de seu chamado,é ele também quem faz surgir o veneno, meio de causar a morte.

    A descida foi rápida. Pegamos nossas coisas e partimos apanhando as raízes do arbustos e lançando nossos corpos para baixo. Todos me ajudavam a refazer o caminho por entre as fendas e rastros d'água. Em quinze minutos chegamos ao pé do morro, quando tínhamos demorado pelo menos meia hora para a subida. Cansados e sedentos, bebíamos a água com limão de nossa garrafa. Ninguém bebeu da água do morro. Tampouco consumimos a água do lago ou poço. Já em nosso acampamento, preparando as coisas para partir, Mandu contou que da próxima vez voltaríamos com o *sạ̈w*, "pajé", e daí poderíamos beber a água. A água é muito forte. Quando se bebe, é preciso que um pajé ou *kạd hup ĩh*, "xamã do banco", esteja junto, pois a pessoa tem muitos sonhos. Seu sopro vital viaja para muitos lugares e, se não estiver protegida, pode correr perigo.

    A Serra Grande pode ser percebida como uma paisagem de mediação fundamental entre a vida e a morte. Nesse lugar central para o mundo vivido dos Hupd'äh, os movimentos e gestos dos viajantes revelam um modo específico de interação com os elementos e seres ali presentes. Evitar beber a água, lavar o corpo com o líquido da metade masculina do lago, contar narrativas sobre o lugar, retomar a disputa com o padre e com os soldados, salientar a necessidade do retorno, a extração do curare, todos esses atos podem ser vistos como ações ritualizadas que marcam um processo de condensação de modos de relação dos presentes entre si e deles com outros seres e com o ambiente onde interagiam. Caminhos de rememoração, a escrita na rocha, as linhas do GPS e a fotografia justapunham-se às ações ritualizadas possibilitando diálogos futuros e ordenações da experiência presente.

CAMINHOS VIVIDOS

Conforme nos distanciávamos da serra, ouvíamos ecoar um barulho muito alto. Era como se um grito seguisse em nossa direção. Samuel apertava o passo à minha frente. Com receio do barulho, começamos a correr pela trilha. Estávamos assustados. Quando conseguimos nos distanciar e encontrar os outros, paramos para descansar. *Dọ̈h Ãy hōh, Danilo! Dö̱h A̱y hōh yo'o̱m*, "o grito da Dö̱h A̱y, era o grito da Dö̱h A̱y, Danilo! É muito perigoso, ela tava chamando, queria pegar você. Fica brava quando brancos vêm à Paç-Pö̱g", ele contou. Estava pálido. Todos os outros, com o semblante tenso, riram do que ele nos contava.

Samuel falava rindo que a Dö̱h A̱y tem uma vagina muito grande. É preciso tomar cuidado, pois ela *vem pegar*. Lembrava-se da história contada por seu pai, Ponciano, dias atrás numa roda de coca.

MITO 4 (M4): A Dö̱h A̱y E SEU MARIDO

A Dö̱h A̱y tinha um marido, um homem Hup. Eles tinham dois filhos, um menino e uma menina. Só que ela tinha uma vagina muito grande. O pênis do marido era pequeno demais e não chegava. Ele sempre tinha muita dor no pênis e muita dor quando comia pimenta.

Um dia, ele se escondeu na mata e ficou esperando a mulher sair para a roça com seu aturá pequeno. Quando ela chegou perto, ele a surpreendeu e a matou.

Mas ela renasceu e, quando ele foi para o rio se banhar, ela vestiu sua roupa de Dö̱h A̱y, matou-o e comeu-o. Ela, então, encontrou um outro companheiro, o Kuku̱i, o Macaco-da-Noite. Ele tem um pênis grande e hoje em dia ela vive com ele, ela e seus filhos.[12]

Naquela noite, Ponciano e todos que ouviam essa história riam muito, principalmente quando ele mostrava com as mãos o tamanho do pênis dos maridos e o quão grande era a vagina da Dö̱h A̱y.[13] Quando Samuel se lembrou da história, todos nós rimos também e o medo diminuiu. Na narrativa, a Dö̱h A̱y surge como uma mulher com uma vagina grande que gera dor em seu marido. Ele a mata, mas ela renasce, veste sua roupa de Dö̱h A̱y, assassina e devora seu marido. Depois, casa-se com o Macaco-da-Noite, que tem um pênis grande. O riso de Ponciano e Samuel nos eventos narrativos é provocado pelo tamanho avantajado da vagina da mulher relacionar-se a uma atitude sexual insaciável, suprida pelo pênis grande do Macaco-da-Noite. Mas, também no plano da comensalidade ela se revela insaciável, já que, tendo matado seu marido, ela o devora depois que veste sua roupa. Devoradora de gente e principalmente de homens, a Dö̱h A̱y é vista como uma grande ameaça, como uma predadora que gera medo e terror àqueles que começam a ouvir seu chamado. Assim, Dö̱h A̱y,

---

12. Caderno de campo, 23 de fevereiro de 2012.
13. No português falado pelos Hupd'äh, Dö̱h A̱y é traduzida como Curupira muito provavelmente por sua ação protetiva com relação a animais.

gritando no alto do morro, estava chamando sua presa, no caso meus companheiros e eu.

Em M1, o B'atịb' também *chama* seu cunhado para a pescaria por duas vezes. Na primeira, ele aceita o chamado e segue com o B'atịb' para pescar sarapós, mas atemoriza-se e abandona o companheiro depois de ver que as onças eram traíras de B'atịb'. Na segunda, ele atende ao chamado para depois fugir definitivamente com sua irmã. Em M2 e M3, é o chamado de K'ẹg Tẽh que faz surgir a humanidade e aparecerem os tucanos para serem abatidos. O ato de chamar a presa pode ser visto como um ato comum a diversas situações de caça e revela uma espécie de diálogo interpessoal. As descrições de mais algumas situações que presenciei durante a caminhada daquele dia podem ajudar a entender a importância desses chamados na relação com outros seres.

Mandu seguiu na frente quando retomamos o caminho. Íamos num passo ritmado percorrido a trilha que tinha a largura exata de nossos corpos. Por vezes, apenas as hastes partidas de uma folha delineiam os traços na mata. Começamos a ouvir o canto de um *yëç*, "jacu".[14] O som foi tornando-se mais alto a cada passo até que o caçador parou. Com seu corpo imóvel, ele levou as mãos à boca para imitar o jacu. Estava chamando a ave. Ficamos assim imóveis por alguns minutos até que ele entendeu que o animal já tinha ido embora. Mais adiante, ouvimos o som de um casal de *memẹç*, "jacamins".[15] Postando-se novamente imóvel, ele imitou o canto dessa outra ave e logo concluiu que ela já tinha voado também. Ele levava um *töw tëg*, um socador de pilão de coca que encontrara às margens do Dög-Dëh, Igarapé-Uirapixuna. Essa era também sua arma. Caso uma onça surgisse, ele bateria nela até matá-la.

Em língua hup, diz-se *hũ ëyẹ̈y*, "chamar a presa" ou "animal", para designar essa atitude do caçador de imitar o som do animal para fazer com que ele se aproxime ou não fuja com a aproximação do caçador. A pessoa geralmente para, volta o corpo para o lugar de onde vem o canto ou barulho do movimento do animal, leva as mãos à boca e cria um aparente aerofone para emitir sons que se assemelhem aos emitidos pelo animal em sua "fala", *ịd*, ou "canto", *yạm*. Em M3, para caçar os tucanos, K'ẹg Tẽh também chama a presa que surge para ser abatida por sua flecha. Também a atitude de Dọ̈h Ãy e a do B'atịb'

---

14. Ave da família dos cracídeos, *Penelope jacquacu*. Cf. Ramirez (2006).
15. Ave da família dos psofídeos, *Psophia crepitans*. Cf. Ramirez (2006).

(m1) podem ser vistas como *chamados à presa* que, nesses casos, são humanas.

O momento de encontro entre caçador e presa pode ser percebido como propício para o estabelecimento de um diálogo entre humano e animal por meio do qual um toma o ponto de vista do outro, entendo que Mandu e K'ẽg Tẽh, realizando imitações sonoras dos animais para chamá-los, buscam alterar suas posições no contexto de diálogo com as presas. Nesse sentido, o B'atịb', chamando seu cunhado, está também chamando a presa, já que altera os contextos de diálogo com as substituições[16] do sarapó pela traíra e depois da onça pelos humanos. Ao vestir sua roupa, Döh Ãy em seu modo de interagir com o marido, também altera sua posição para devorá-lo.

Os Hupd'äh dizem que o animal "surge", "aparece", *hũ bahạd*, estabelecendo-se assim um diálogo interpessoal entre as partes. A analogia com o chamado de K'ẽg Tẽh na gênese da humanidade faz pensar que, ocupando posições nesse contexto dialógico, humanos e animais passam a existir, surgem reciprocamente uns para os outros.

Durante esses dias de caminhada, muitos foram cortando paus com os quais fizeram "varas de pesca", *hõp käk sụk*. Ao longo das margens do igarapé cada pescador distribuía suas varas em pontos diferentes. Olhavam-nas de tempos em tempos para ver se haviam fisgado algum peixe. Enquanto vão de um lado ao outro tirando os peixes, os pescadores comunicam-se através do som da ave *popọ hup*.[17] Colocando as duas mãos diante da boca, moldam-nas de modo a obter um assobio semelhante ao da ave. Quando um assobia o outro responde, exatamente como a ave faz na mata. Samuel contou que quando a ave canta eles têm medo, pois ela é gente também. Nesse ato de chamar, pela imitação do canto da ave, os pescadores Hup se comunicam como se fossem aves *popọ hup*. A metáfora revela uma espécie de metamorfose dos humanos para ocuparem posições nesse outro contexto de diálogo. Já o encontro ou interação entre a ave e os humanos pode ser perigoso, pois o *pọ'pọ hup* é gente também. Os pescadores interagem entre si a partir da posição e do ponto de vista de outro ser, o que lhes garante a comunicação, a ciência da

---

16. Há nessas transformações algo semelhante ao que Roy Wagner estabelece como sendo um processo de obviação (*Obviation*) enquanto fluxo de metáforas substitutivas constituindo a trama de um mito ou ritual num movimento dialético que se fecha no ponto inicial (1986, p. xi, trad. minha).

17. *Popọ*, "uru-corcovado", certo tipo de ave pequena da família dos fasianídeos, *Odontophorus guianensis*. Cf. Ramirez (2006).

localização do companheiro e uma espécie de camuflagem que, por meio dessa *roupa sonora*, os protege da ameaça de outros seres.

Hạmạy, sät, hạmạy! é o modo como qualquer um dos viajantes convocava os outros para, após uma parada, retomar o caminho. *Vamos, irmão maior, vamos* ou *vamos, velho, vamos* é talvez a forma como esse vocativo, que chama para uma ação, pode ser traduzido. A mesma ação pode ser iniciada ou convocada por qualquer pessoa, sendo que o ato de convocar não exime a pessoa de sua realização. Chamar alguém para fazer algo ou começar uma ação que será seguida por outros faz da pessoa um *kihsạt*, "o primeiro", "o que começa" ou "o que chama". E foi Samuel o *kihsạt* a preparar nossa refeição noturna. Naquela noite, havia muitos peixes, moqueados e cozidos. Todos estavam preparando seus *kabạw*, trouxas feitas com folhas de palmeiras com peixes ou carne moqueada dentro, para levar para seus familiares. Os *kabạw* são ansiosamente aguardados por todos, principalmente pela esposa e filhos do viajante. Enquanto preparava as lenhas para cozinhar a mojeca, Samuel perguntou se eu já tinha ouvido a *história do besouro e do vaga-lume*. Ele então começou a contar-me essa triste história de dois companheiros de caminhada.

MITO 5 (M5): O BESOURO E O VAGA-LUME

O Besouro estava tinguejando no igarapé. O Vaga-lume chegou e perguntou: *O que você está fazendo?*, e ele respondeu: *Eu estou tinguejando no igarapé*, respondeu o outro. Ele havia conseguido pegar muitos dos peixes que morreram.

Era por volta de umas cinco e meia da tarde. Ainda havia sol no céu quando o Vaga-lume voltou e chamou o Besouro para ir mais adiante com ele. Ele disse que iria depois, e pediu-lhe para esperar um pouco. O Vaga-lume disse que ia iluminar o caminho. Os olhos dele são lanternas. Ele acendeu o corpo três vezes.

Então o Besouro amarrou o peixe com cipó e concordou em ir mais acima com o companheiro. Eles foram juntos. Andaram muito e, de repente, a lanterna apagou-se. Anoitecera e o Besouro não via nada. *Eu não vejo o caminho*, ele disse.

O Vaga-lume foi embora e deixou o companheiro no meio da mata, sozinho. O caminho não aparecia. Tudo era escuridão. Acabou a história.

Analisando as práticas de caça dos Hupd'äh, Reid diz que "conforme a luz diminui, os caçadores se encaminham para a trilha e, caso esteja muito escuro, poderão ter de *sentir* o caminho de casa". Sem seu parceiro, o Besouro teria, como o caçador Hup, que intuir o caminho de volta. Seja para começar a pescaria, seja para preparar o acampamento, a refeição ou pegar lenha, sempre havia uma pessoa que era o *kɨhsət* da ação, o que começa, o que chama a ação. No evento narrado, o Vaga-lume surge como o *kɨhsət*, o que "chama a ação", convidando o Besouro para ir mais adiante. Num primeiro momento, o Besouro não aceita o chamado e, num segundo momento, o Vaga-lume abandona o companheiro. A narrativa torna-se especialmente interessante para pensar essa relação. Espera-se que o *kɨhsət*, ao chamar uma ação, seja seguido e, do mesmo modo, aquele que inicia uma ação deve conduzi-la até sua conclusão junto com aqueles que o seguem.

Demétrio, o maior conhecedor do caminho, foi sempre o que esteve à nossa frente, agindo, portanto, como nosso guia, nosso *tɨw kih sət*. Mas sempre consultava Mandu por ser ele o mais velho do grupo, o *kɨhsət wähəd*. Samuel, por ser filho de Ponciano, o principal dono de Tət-Dëh, era também um *kɨhsət*. Todos aqueles que seguiam o *kɨhsət* em sua ação eram chamados de *huy ham d'äh*, ou "acompanhantes", "seguidores". Há, assim, e isso será retomado mais à frente, um princípio comum mais fluido no nível da ação e mais rígido em termos de posição na estrutura social.

Mas, voltando ao "chamado da Döh Ãy", ao "chamado dos animais" e ao "chamar como *popo hup*", pode-se entender a importância de saber posicionar-se nesses contextos de diálogo e de estar ciente do perigo que uma pessoa pode correr caso, ao atender a um chamado, ocupe o lugar de presa, como no caso do homem Hup e seu cunhado, o B'atɨb'.Na interação entre o Vaga-Lume e o Besouro, o primeiro pode ser visto como um *kɨhsət* por chamar a ação e por iluminar o caminho. Não atendendo ao chamado de pronto, o Besouro revela-se um mau *acompanhante*, restando sozinho em meio ao breu da noite, sem saber como continuar o percurso.

CAMINHAR

O dia estava bom para viajar. Samuel veio logo cedo à casa de Américo para dizer que a chuva parara e que podíamos sair. Fomos, então, preparar as coisas para a viagem. Era preciso verificar tudo. Lanternas, terçados, roupas, farinha, anzóis e linhas, arco e flecha, rede e cordas, tudo precisava ser revisto para que passássemos bem durante os sete dias de caminhada previstos. Enfrentaríamos uma trilha com *tɨtɨ*, "lama suja" no dizer de meus companheiros. Os dias anteriores tinham sido de muita chuva e, por isso, todos iam com suas botas calçadas. A chuva faz as cobras, as jararacas, saírem de suas tocas. "É um sopro[18] do Trovão. É ele quem faz as cobras saírem para nos morder", alertara Miguel dias antes. Eu ainda tinha que preparar os cadernos de bolso, o GPS, a câmera fotográfica e as pilhas.

Os viajantes vieram todos à casa de Américo, onde eu estava. Sentamos, conversamos, comemos fumamos juntos. Acertamos os últimos detalhes da viagem. "Vamos comer bem na mata, o Demétrio é bom caçador. Ele vai matar *hạt, moytụd, yẽw*, dizia Mandu enquanto pegava um pouco de minha farinha e uma rede emprestada. As crianças passavam correndo e brincavam dizendo que as onças iam me comer, que a Dọ̈h Ạ̃y ia me levar embora. Todos estavam com suas botas de borracha calçadas para a caminhada. Devido à presença de jararacas nas trilhas, os Hupd'äh têm substituído cada vez mais as sandálias havaianas usadas no dia a dia pelas botas de cano alto feitas com borracha para proteção contra as picadas.

Pegamos nossas mochilas, jamaxins,[19] arcos, terçados, anzóis e sacos de farinha, e partimos. Tomamos um caminho a noroeste da aldeia. Fomos passando pelas roças da família de Ponciano. Viajaríamos pelo território dos ancestrais desse "dono", o *yo'ọm ĩh* de Tạt-Dëh. O intervalo entre as fileiras de árvores é largo enquanto conduz às roças espalhadas às suas margens. As *b'ọt*, "roças", são grandes áreas de mata derrubada e queimada no período dos verões. As cinzas dos troncos queimados dão uma coloração acinzentada a esses espaços, num contraste marcante com o verde que cerca as lavoras. Algumas mulheres e crianças estavam arrancando manivas ou capinando enquanto passávamos. Fomos saudados com expressões de *boa viagem* e de *as onças vão comer vocês*.

O caminho largo das roças ia estreitando-se à medida que entrávamos nos *hup tịw*, "caminhos de hup". Os passos precisos e ritmados eram, como a trilha, estreitos. As pernas quase raspavam umas nas outras e os pés iam tateando e se impulsionando nas raízes das árvores esparramadas pelo chão da floresta. A velocidade do caminhar era rápida e contínua. Os Hupd'äh são tidos por outros povos indígenas da região como sendo os mais rápidos e desenvoltos para a

---

18. Nesse caso, a palavra *dọ̈h*, "sopro", designa a ação xamânica realizada com o intuito de prejudicar outrem, algo como o feitiço.
19. Estrutura semelhante à mochila, usada para carregar peso; é feita com cipós, madeira e tiras de casca de embira (árvore da família das anonáceas) para acoplar ao tronco e à cabeça do caminhante.

realização de longas caminhadas na mata. Em sua pesquisa sobre os Hupd'äh, Reid ressalta a importância do ato de *k'ët k'ö̧'*, "andar, passear", cruzando a floresta e pegando frutas, cipós, varas, folhas, etc. de acordo com a necessidade.

Pequenos galhos quebrados, grandes árvores, mudanças no relevo e igarapés garantiam a consciência do percurso. O caminhar pode ser visto como uma atividade circum-ambulatória de conhecimento, já que, a partir do contato do pé com o chão e do deslocamento, locomoção corporal, o caminho torna-se um percurso de percepção que envolve a pessoa em todos os seus sentidos. É somente através dessa atenção total do caminhar que se pode perceber a trilha discreta e quase inexistente aos olhos de um não Hup, vencer o solo alagadiço e muitas vezes movediço, ouvir e ver os animais, e reconhecer os lugares dos antigos.

Vi-me muitas vezes parado no meio da mata, sem conseguir distinguir a continuidade do caminho, esperando que alguém viesse me socorrer e indicar por onde deveria seguir. Meus companheiros pediam que eu fosse à frente. *Kariwa hạm!*, "Vai, branco!", riam-se. Todos sabiam de minha total ignorância do percurso mas, mesmo assim, insistiam para que eu fosse à frente em muitos momentos. Completamente perdido e atordoado no início, fui aos poucos entendendo as discretas marcações e a percepção detalhista e indiciária exigida por essas trilhas. Era como se a cada encruzilhada e a cada erro se abrisse a possibilidade de alguém mostrar-me como caminhar. A importância desse ato de mostrar algo é descrita por Ingold como fundamental para uma educação da atenção, por meio da qual a compreensão vai se dando através de um processo de engajamento perceptual com o ambiente.

Caminhando um pouco à frente, Lucas, um jovem de 21 anos, encontrou uma pegada fresca no chão. Vínhamos num passo rápido. Gritou: *Tõh-hö̧d' s'i̧b!*, pegada de caititu! Derrubou suas coisas por terra, agachou-se e curvou seu corpo todo para analisar de perto a pegada. Natalino, que vinha um pouco mais atrás, viu de longe a pegada e disse convicto: *Tõh-hö̧d' nih, yëw*, "Não é caititu, é tatu". Lucas continuou olhando, parecendo situar contrastivamente essa percepção àquela que concluíra inicialmente. É comum que nesses caminhos crianças e jovens assumam a dianteira do trajeto. A cada dificuldade ou incompreensão, os mais velhos mostram aos neófitos uma trilha, um animal, uma planta ou uma pegada. Em muitos momentos, tanto para mim quanto para os mais jovens, essa educação da atenção assumia a forma de uma revelação. Voltando a atenção para os caminhos e para as marcas e indícios no percurso, éramos guiados para sentidos que estão no próprio mundo.

Com uma folha soprada pela boca, Patrício ia imitando, ao longo do caminho, o canto-fala do "macaco-barrigudo", *ÿh*.[20] Era comum ouvirmos o som dos bandos de macacos agarrando os galhos e observando-nos enquanto moviam-se pelas copas das árvores. Todos se deliciavam ao comentar sobre como era saborosa a carne dos macacos-barrigudos. A maior parte de meus companheiros crescera aprendendo a apreciar essa iguaria. Seus pais caçavam com zarabatana e, por isso, conseguiam matar muitos *ÿh*.

Foi apenas no dia seguinte que, armando suas flechas, Samuel e Demétrio tentaram caçar os macacos. Abrindo o caminho à frente, Demétrio ouviu um barulho no alto das árvores. Olhou para cima e avistou um *ÿh*. Rapidamente moveu-se da trilha para o meio da mata. Buscava um lugar onde pudesse ver bem o animal, que se agitava de galho em galho. Com a boca, fazia uma imitação da *įd* ou *yąm*, fala ou canto do bicho. Tirou sua flecha, flexionou seu arco com o joelho e braço, esticou bem a corda com a seta e atirou, tendo os olhos fixos no alvo. O caçador errou. Samuel, que vinha atrás de nós, pegou meu arco e flecha e colocou-se também mata adentro. Com velocidade, correu por entre as árvores e pôs-se mais perto do macaco. Mirou bem e disparou. A flecha pegou bem na cara da presa, mas não a feriu mortalmente. Era uma flecha com ponta para matar pássaros, e não outros animais. Sua ponta era espessa e o choque apenas atordoou e irritou o bicho, que começou a gritar irado. Agitava os galhos das árvores como um louco, esbravejando. *Tįh täw pįb* ------ "está muito bravo", disse Samuel, confirmando aos outros que a caçada não tinha dado certo e que era melhor irmos embora. Afirmavam que perto da serra havia muitos *ÿh* e que comeríamos muito da deliciosa carne desses macacos. Ele e Demétrio ainda, por um tempo, procuraram suas flechas caídas na mata, mas apenas Demétrio conseguiu encontrar a sua. Novamente caminhando, Natalino pegou uma vara da mata para fazer uma nova flecha para mim. Enquanto andava, ele ia limpando e esculpindo a vara para que se transformasse num corpo de flecha. A vara que utilizava era a mesma com que os antigos faziam suas flechas. Ficaria boa!

---

20. *ÿh*, "macaco-barrigudo", macaco da família dos cebídeos, *Lagothr lagotricha*. Cf. Ramirez (2006).

Em sua pesquisa sobre os Awa-Guajá, Garcia afirma que esse processo de caminhar e confeccionar os instrumentos de caça durante o percurso pode ser pensado como uma tecnologia. Em vez de sair com todos os seus instrumentos, o caçador entende que as ferramentas serão reveladas de acordo com a situação.

No dia de nossa saída, foi apenas o barulho de um *mọh*, "inambu",[21] que ouvimos nas árvores. Como Mandu em sua tentativa de caça ao jacu, Patrício parou, levou suas mãos ao redor da boca e começou a imitar o som da ave. Avisou aos companheiros que vinham um pouco atrás, mas ninguém quis tentar flechar a ave. Estávamos cansados. A substituição da folha com a qual imitava um macaco-barrigudo para o uso das mãos para moldar o som para chamar o inambu ressalta o caráter *artefactual* e a variação de formas instrumentais para a modelagem do som. Compreendendo a observação desses caçadores-caminhantes como uma atenção ativa aos movimentos dos animais, e suas imitações como o alinhamento de sua atenção para seus próprios movimentos práticos para o ambiente, pode-se ter a dimensão de como esse andar coletivo envolve a todos num processo de aquisição de habilidades. Saber observar os movimentos e índices de presença de outros seres, chamá-los através de imitações sonoras são ações comuns a Mandu, Patrício e K'ẹg Tẽhnos encontros com os animais. Tais habilidades permitem que se situem em contextos de diálogo com seres com os quais coabitam.

Chegamos a uma capoeira que serve para os acampamentos. É lá onde os pescadores dormem e preparam a comida quando vêm apanhar seus peixes no igarapé Wọh-Dëh. Mandu reparou que a estrutura da barraca de Natalino, feita com varas fincadas transversalmente na terra, ainda estava em pé. Famintos, fomos colhendo à nossa frente as pequenas frutinhas vermelhas *b'äb'äg tẽh*, "cubiu",[22] que tinham um sabor semelhante ao do tomate. Bebemos um pouco de chibé, conversamos e fumamos.

Continuamos pelo caminho que nos levaria, naquele dia, à comunidade do pajé Armando, *Armando Mọy*. Lá encontraríamos nosso guia, Demétrio, comeríamos e repousaríamos para a nova caminhada do dia seguinte. Os igarapés estavam muito cheios por causa das chuvas fortes das semanas anteriores. Para atravessarmos alguns igarapés,

---

21. Inambu, nome dado a várias espécies de inambus da família dos tinamídeos, Cf. Ramirez (2006).
22. *b'äb'äg tẽh*, "cubiu", planta da família das solanáceas, *Solanum sessiliflorum*. Cf. Ramirez (2006).

foi preciso derrubar árvores que permitissem ligar uma margem à outra. Tentávamos nos equilibrar com os pés enviesados na ponte que possibilitava nossa passagem sobre as águas.

Por volta das três da tarde, chegamos à morada de Armando e sua família. Fomos saudados com os leves apertos de mão costumeiros por todos os presentes. Para o cumprimento, a pessoa vai em direção a cada um dos parentes que acaba de chegar e estende a mão direita. O outro segura a mão oferecida com um leve fechar da mão. Há também um suave chacoalhar e sempre um sorriso sem jeito por parte das mulheres e um aceno com a cabeça por parte dos homens. O gesto acompanha a saudação *naw am?*, "tudo bem?", respondida pela expressão *naw!*, "tudo". Uma variação ocorre principalmente quando há a chegada de viajantes: *wid neney am!*, *wid neney!*, "bem-vindo, você!, bem-vindo!". As boas-vindas envolvem também o oferecimento quase que imediato de beiju, caldo de pimenta, mojeca e, para beber, chibé.

Depois do caldo de peixe, sentamo-nos em roda para fumar e comer a coca que tinha sido preparada por Demétrio e João Paulo. A cuia com o pó verde ia passando de mão em mão. Enquanto nossas bocas adormeciam sob o efeito anestesiante da coca, histórias começavam a ser contadas e nossos *planos de viagem* iam sendo traçados. *Tiw bahad nih*, o "caminho não aparece", afirmava nosso guia ressaltando o desafio que tínhamos pela frente. A mata tinha fechado o caminho. Há muitos anos ninguém percorria a trilha que leva a Paç-Pög. Com nossos terçados, teríamos que reabrir o *hup tiw* para chegar a nosso destino. Estaríamos em Paç-Pög no sábado, depois de dormirmos no B'ọt-Pẹm-Dëh-Mọy-Höd, lugar da comunidade de onde vieram os ancestrais de muitas pessoas do clã *Sokw'ạt Noh K'öd Tẹ̈h* que moram em Tạt-Dëh atualmente. Mas Demétrio disse que também para lá não havia caminho. Alertou que lá há muitos B'atịb' atualmente.

Mandu contou a história de quando perseguiu um inambu até o *Siwịb-Dëh*, Igarapé-Bacaba. Com a ajuda do cachorro e de seu arco e flecha, conseguiu matá-lo. Apesar de a ave ser grande, ela tinha pouca carne, disse desapontado e rindo. Certa vez, estava na mata com uma zarabatana com setas envenenadas. Percebeu quando uma onça se aproximou e preparou sua arma. Esperou até que ela chegasse mais perto e soprou. A seta atingiu o pescoço da fera, que começou a fugir dali. O animal cambaleou agonizando até cair morto no chão. Noutra vez, o velho Mandu estava na mata apenas com uma faca pequena nas mãos. Percebeu que seu cachorro farejava um tamanduá e foi atrás. Era uma mãe com seu filhote. Ele conseguiu chegar perto sem que eles se dessem conta e desferiu um golpe certeiro. Depois, seu cachorro cercou o filhote que seguira em disparada. Mandu, novamente, alcançou-o e conseguiu matá-lo.

As narrativas de Mandu iam animando a conversa da roda. Ele mostrava o tamanho da faca que possuía, escrevia com gestos como tinha soprado a zarabatana na onça. Ria muito quando contava da parca carne que o inambu tinha. Estávamos todos muito confiantes de que boas caças nos esperavam. As histórias de Mandu contavam sobre o êxito em suas caçadas ao inambu, à onça e ao tamanduá, muitas vezes em condições adversas. Perceber o tipo de animal, estar atento a seus movimentos e saber como aproximar-se dele para matá-lo são habilidades fundamentais nesses encontros.

A reação do macaco-barrigudo depois de ter sido flechado é tida como braveza. Isso desmotiva a continuidade da caçada. Tomando como referência as narrativas de caça de Mandu e outras situações descritas, imagino que essa desistência se deva ao fato do encontro com o macaco-barrigudo apresentar características distintas daquelas preconizadas para esse encontro com os animais. A atitude do caçador envolve o "chamado", *hũ ëyẹy*, o corpo parado, atento para os sinais de presença do animal, o deslocamento e a aproximação precisos, a preparação da arma e o gesto certeiro para *hũ mẹh*, abater a presa. Quando contam sobre o manejo da zarabatana ou da flecha por seus pais, os caçadores enfatizam sempre a habilidade em matar sem que o animal perceba, silenciosamente. Reid, ao descrever a prática da caça, ressalta a importância da imitação dos chamados dos animais e a busca pelo uso preciso do arco para acertar a presa e logo imobilizá-la. Esses aspectos vão dando, a meu ver, os contornos de um modo específico de ação que ordena a experiência de encontro com animais.

Se a imitação e a observação são importantes para a aquisição de habilidades que envolvem as práticas de caminhar e caçar, as narrativas sobre a caça e a *performance* do narrador através de seus gestos e fala expressam e dão forma à complexidade envolvida nesses encontros. A habilidade em contar histórias desses encontros com animais pode ser percebida como uma *performance* que busca dar forma a essa proximidade experienciada com outros seres sensíveis (*sentient*) e vivos. Para Ingold, seriam as sensibilidades e orientações desenvolvidas através da longa experiência de alguém em conduzir-se a si mesmo num ambiente particular que permite a constituição de uma ecologia sensível (*sentient ecology*). Creio que nos encontros com animais que estávamos vivenciando e através dessas *performances* de narrativas sobre caçadas, uma ecologia sensível expressava-se como um modo de interação e percepção do ambiente.

Durante a noite, trovões e nuvens formaram uma chuva forte. "A chuva tem seus caminhos e, às vezes, vai para outros lados", Samuel comentava, na esperança de que a chuva não atrapalhasse nossa viagem. Durante nosso percurso, mais de uma vez ele disse que alguns dos trajetos que fazíamos atualmente eram caminhos de onça. As onças têm a capacidade de apropriar-se dos *hup tịw*, "caminhos de hup", assim como os B'atịb' transformam em lugar de morada espaços que antes foram comunidades Hup. "Todos os animais têm seus caminhos assim como os Hupd'äh", disse ele quando vimos o rastro de tatu. Enquanto andávamos, meus companheiros iam percebendo as trilhas dos animais através de suas pegadas, fezes, galhos quebrados e cantos-falas. Suponho que os caminhos hup e a capacidade de caminhar de nuvens, tatus, onças e humanos situem as marcas e os traços da história do envolvimento desses seres num dado ambiente. Os caminhos expressam sua vida e seus movimentos ao longo do mundo.

TỊW BỊ'ỊY, «FAZENDO O CAMINHO»

Tịw tä!, "caminho fechado!", falavam sempre os viajantes. Nosso caminhar era ritmado pelos sons agudos dos terçados e os sons estridentes dos pés pisando as folhas, as raízes e a lama. As lâminas e as pegadas rasgavam a mata abrindo um vão através do qual nossos corpos podiam locomover-se. Íamos penetrando dimensões não familiares à maior parte dos viajantes. Mesmo Demétrio dizia de tempos em tempos: *Ạh hipāh nịh*, "Eu não sei". Ainda assim, parava, pedia que esperássemos, movimentava-se pelas aberturas da mata rapidamente. Experimentava seu terçado em muitos sentidos. Voltava e dizia: *Nusö', hạmạy*, "por aqui, vamos".

Através do manejo do terçado e de seus passos mata adentro, Demétrio ia tocando o entorno, experimentando e intuindo o sentido. Ele ia, assim, negociando uma passagem com o mundo, ia a um só tempo lembrando o percurso e fabricando-o. Havia uma prática do lembrar imersa nessa percepção do ambiente.

Depois da passagem de nosso guia à frente, todos proferiam golpes de terçado abrindo mais o caminho e, ao mesmo tempo, deixando suas marcas na trilha que surgia. Íamos pisando sobre as pegadas daqueles que nos antecediam e, assim, deixando nosso rastro. Nossa atividade condensava-se no chão ao mesmo tempo que esse solo modificava nossos passos e orientações. *Kar'ah sö'*, "em frente"; *Heyhǫ*, "pelo meio"; *Miniɡ*, "direto"; *Hara sö'*, "para o lado" ("para lá") — eram as falas que ouvíamos indicando, assim como as pegadas, para onde devíamos seguir.

MORADAS ANTIGAS

À frente, a densa mata deixava entrever um clarão. Aproximávamo-nos do antigo local de morada dos ancestrais dos viajantes. Chegávamos a *Pëd-Dëh-Mǫy-Höd*, o Lugar-da-Casa-do-Igarapé-Cunuri. *Mǫy Höd* é como os Hupd'äh se referem a lugares onde havia antigas comunidades. Talvez *morada antiga* possa ser uma tradução não literal para esse modo de designar esses espaços de habitação, mas é como *sítios velhos* que os Hupd'äh se referem a esses lugares em português. Na paisagem desse Mǫy-Höd, os traços da habitação, das atividades cotidianas dos antigos despertavam interesse e lembranças, como monumentos solidificados pela vida.

Um tronco caído serviu de apoio para recostarmos nossos corpos cansados. Varrendo o chão com nosso olhar, encontramos restos de uma garrafa e pedaços de ferro de um tacho antigo de fazer beiju. O caco de vidro era o resto de uma garrafa de cachaça. *Tatuzinho, wähạ̈d'däh nịh sib'į*, "Tatuzinho, a cachaça dos antigos". Agachado, erguendo o vidro em minha direção, Samuel ria ao contar que seu avô comprava a cachaça do velho Saba. O comerciante visitava as comunidades de tempos em tempos. Vinha com seu barco mercante trazendo mercadorias e aguardente. "Caro não, trocava bem, ele queria cipó", explicou Samuca. Seu avô (FF) e tios (FFB) ficavam dias mata adentro colhendo grandes quantidades de cipó para trocar com o comerciante por panelas, roupas, terçados, sal, fósforos, bebidas etc. Como mostra Garcia,[23] "O território é marcado pela memória; e cada trilha tem seus *pontos de parada* para a caminhada quase que pré-definidos [...]".

---

23. 2010, p. 58

Samuel agora segurava o pedaço de ferro e dizia ser um "pedaço de forno", um *b'ok kạb b'ah*. O tacho de ferro havia sido completamente consumido pela oxidação intensa causada pela forte umidade amazônica. A mesma palavra, *b'ok-kạb b'ạh*, como será visto mais adiante, é empregada para referir-se aos restos de cerâmica encontrados em muitas serras que estão relacionados aos instrumentos de cozinha do ancestral *Hṵt Wäg*. O beiju dos tempos do avô era muito bom, lembrava-se, feito com manivas que cresciam nas *terras boas* perto dali, onde o solo é de "terra firme", *M'ạj' kị'*.

Percorrendo a terra com nossos olhares, vimos um bolo de pelos no chão. Havia pegadas de onça perto. Eram os restos de uma presa que havia sido devorada naquele local. O espaço da comunidade dos antigos era agora *lugar de caça das onças*. No dia seguinte, passamos com rapidez por uma caatinga que tinha sido lugar de roça dos antigos Hupd'äh. Demétrio revelou que, hoje, essa área é uma *ya'ạm d'äh nịh b'ọt*, "uma roça das onças". São as onças da Serra Grande que fazem suas roças naquela parte. São muito perigosas e, por isso, precisávamos passar rapidamente. As mulheres-onça vêm com seus cestos aturá para cuidar de suas manivas. Passávamos na hora de trabalho delas. Todos nós tínhamos o olhar atento e o passo apressado para que não fôssemos surpreendidos pelas feras em pleno trabalho agrícola. Como os caminhos dos antigos que se transformam em caminhos de onça, também as antigas comunidades e roças podem ser apropriadas pelos afazeres cotidianos dessa outra gente. Segundo Viveiros de Castro, "As aparências enganam por que nunca se pode estar certo sobre qual é o ponto de vista dominante, isto é, que mundo está em vigor quando se interage com outrem. Tudo é perigoso; sobretudo quando tudo é gente, e nós talvez não sejamos".[24]

Como o *acampamento* no pé da serra, que é ao mesmo tempo *local de caça das onças* e *lagoa de pesca de b'atịb'*, as transformações da *morada antiga* em *local de caça de onça*, da *roça dos antigos* em *roça das onças* e dos *caminhos de hup* em *caminhos de onça* revelam o mútuo envolvimento de animais e humanos em um contínuo processo vital, o de seu interagir numa dada paisagem.

Desse modo, seria possível dizer que há uma intuição súbita de que o Outro é humano, o que humaniza sua paisagem, ao mesmo tempo em que desumaniza e aliena a pessoa situada como interlocutor, transformando-a em presa.

---

24. 2002, p. 397.

YẼW BOMBA, BOMBA DE TATU

Andando com o olhar rasteiro, Demétrio percebeu um caminho de "tatu canastra", ǫk,[25] yẽw pög, "tatu grande", comentou. Os rastros cruzavam o sentido que seguíamos e penetravam a mata à nossa direita. Todos pararam, deixaram suas cargas e começaram a seguir o caminho do tatu nos dois sentidos. Caminhavam lentamente. Tinham a cabeça e o olhar voltados para baixo. Estavam à procura da "casa do tatu", a yẽw mǫy. Rompia-se o silêncio apenas para a reorientação que permitia seguir as pegadas. Continuaram até que, mais à frente, encontraram um buraco num tronco de árvore podre caído. Havia uma casa de cupim recostada ao tronco, próxima ao orifício. Do fundo do tronco, a cavidade penetrava a terra e formava a toca do bicho.

"Vou fazer como meu pai falou", Patrício disse ao quebrar a casa de cupim com um pau. Raspou uma vara com eu terçado de modo que as farpas se amontoaram dentro de um dos pedaços do cupinzeiro. Pegou um isqueiro e ateou fogo às farpas de madeira. Uma fumaça negra muito densa começou a tomar o ar ao nosso redor. Samuel brincava: yẽw bomba, "bomba de tatu". Patrício mantinha a tocha bem próxima ao rosto e ia soprando para que, das brasas incandescentes, saísse a fumaça. Debruçando-se sobre o buraco, num movimento muito preciso, o caçador lançou a tocha na boca do orifício, de modo a tapá-lo. A parte incandescente voltava-se para dentro. A fumaça espalhou-se rapidamente por toda a cavidade e começou a ser cuspida pelas fissuras da terra e do tronco. A estranha fumaça envolvia nossos pés e parecia escalar o ar em torno de nós. Ainda debruçado, Patrício continuava a soprar a tocha que tapava o buraco. E mais e mais fumaça ia saindo pelos poros da terra e cada vez mais forte soprava o caçador. O papel de soprador foi sendo revezado, já que, depois de um tempo, exauriam-se as forças do peito e começava-se a inalar a fumaça. Quando alguém cansava, olhava para uma pessoa próxima e pedia-lhe que o substituísse. Todos sopramos a tocha que faria com que o tatu morresse asfixiado. Enquanto descansávamos, Samuel explicou-me, em português, o que estávamos fazendo:

Yẽw hǫ̈hǫ̈k — "fogo de tatu" é o carapanã. O tatu dorme dentro da terra. Quando a gente mexe, sai muito carapanã. É o fogo do tatu. O tatu ficou dentro da s'ąh-mǫy, "casa de terra". Quando chegou, apagou o fogo. Primeiro,

---

25. ǫk, "tatu canastra", mamífero da família dos dasipodídeos, *Priodontes maximus*. Cf. Ramirez (2006).

pegou o cupim. Segundo, fazer fogo. Ele tá dormindo dentro da terra na casa dele. Depois, chegou fumaça. Na hora ele morreu respirando. Bomba! Como branco. A bomba de matar animais é veneno deles mesmo.[26]

Da mesma forma como os mosquitos carapanã atormentam os viajantes Hup enquanto dormem, também o tatu, ao dormir, é incomodado pelas mordidas desses insetos. No início da operação, os carapanãs de tatu (fogos) saem e resta apenas o bicho dormindo em sua casa. A tocha de cupim envenena o animal enquanto ele dorme. Nessa guerra que surpreende o inimigo ainda dormindo, a tocha é justaposta às bombas dos brancos e ao veneno numa interessante montagem que irrompe em riso. Afinal, belicamente, todas são tecnologias para surpreender o inimigo.

Um outro grupo encontrou o buraco de saída do *túnel* do tatu e ficou à espreita, com os terçados à mão, para surpreendê-lo em fuga. Passado um tempo, era hora de ver se o tatu tinha morrido. Pegamos varas e começamos a cavoucar o relevo e o tronco de modo a cutucar a morada do animal. Mas da terra remexida não surgiu nenhum bicho. Havia apenas algumas marcas de sua presença como restos de alimentos. *Hạm isin*, "Já foi", concluía Patrício. O tatu tinha deixado sua casa antes de começarem a caçá-lo. Largamos as varas decepcionados. Pegamos nossas coisas e colocamo-nos no caminho novamente.

No dia seguinte, caminhando, passamos por um lugar onde muitos Hupd'äh tinham sido assassinados. Percorríamos a antigas trilhas que levavam às roças dos antigos. Estávamos próximos ao B'ọt-Pẹm-Dëh-Mọy-Höd, aldeia dos antepassados dos viajantes. Samuel e Demétrio seguiam à minha frente. Diminuíram um pouco o passo e voltaram o olhar para um ponto da mata. Pararam por um instante apontando para entre as árvores e contaram que ali tinham morrido muitos Hupd'äh: *Nạ' yị'ịh, dạ̈b, hup dạ̈b nạ' yị'ịh nusọ̈'*, "Muitos Hupd'äh morreram ali". Um grupo de brancos e Tukano surpreendeu os antigos. Começaram a atirar com suas espingardas. Os homens Hup correram para pegar suas flechas envenenadas com curare. Armados, dispararam contra os inimigos. Conseguiram matar quatro inimigos tukano e quatro brancos, mas foram muitos os Hupd'äh que morreram, principalmente mulheres. Um dos brancos chamava-se Marcelo. Isso foi há muito tempo, quando seus avós eram

---

26. Caderno de campo, 29 de março de 2012.

jovens. *Hãwäg hihũ'ũp nũp*, "Muito triste isso", diziam retomando o caminho e a cadência dos passos.

Logo depois, passamos por um outro lugar onde mais pessoas tinham morrido. Com uma expressão séria, Samuel contou que andávamos pela Caatinga da Bexiga, *Pap dọ̈h mụn*. Muitas pessoas tinham morrido ali dessa doença dos brancos que atingiu a antiga comunidade como uma peste. Os andarilhos olharam ao redor dessa clareira, mas não pararam. Retomando as narrativas da expulsão dos soldados do topo da Serra Grande e da retirada da imagem de Jesus da beira do lago, entende-se melhor como esses espaços constituem locais de disputa. Memórias carregadas de tensões, a percepção desses espaços e as narrativas ouvidas de seus pais aproximam o modo como meus companheiros entendem esses lugares como *espaços da morte*.

O espaço da morte revelava uma história de violência e crueldade nos confrontos com brancos e Tukano. Seus ancestrais tinham sido surpreendidos. Conta Athias que a palavra *tëg-họ̈ ĩh*, modo como os Hupd'äh se referem aos brancos, pode ser traduzida literalmente por "gente do barulho da arma de fogo". A palavra que designa esses *outros* dos quais faço parte, metonimicamente vincula os *brancos* às suas armas de fogo e à sua violência.

A *bomba de tatu* desloca o sentido desses confrontos com os brancos e Tukanos para a caça ao tatu canastra e para o conhecimento do repertório bélico destrutivo dos brancos. Já no caso do lugar do confronto com brancos e Tukanos, a tensão carregada pelo termo *tëg-họ̈ ĩh* vem à tona nessas cenas de morte evocadas pela memória. A peste da *caatinga da bexiga* é retomada também com assombro pelas mortes causadas por essa *doença de branco*. Vejo a *retirada da imagem de Jesus*, a *expulsão dos soldados* e as *flechas com curare* como sendo ações combativas e tentativas dos habitantes desses lugares de contraporem-se ao terror dessas *agências dos brancos*. Penso que tanto a imagem da *bomba de tatu* quanto da *gente do barulho da arma de fogo* possam ser tomadas como montagens enquanto imagens tensas, configuradas a partir de justaposições de elementos distantes que geram interrupções e estranhamentos com relação aos brancos e sua ação violenta.

Quando deitamos em nossas redes armadas umas por cima das outras, espremidas por debaixo da curta lona azul que nos protegia da chuva, fumamos o cigarro benzido por Ponciano. Era um *bi'ịd tạ'*, um "encantamento de cercar". Criava estruturas de casca de árvore dura para envolver nossos corpos e um campo de fumaça negra ao nosso redor de modo semelhante ao encantamento preparado por Mandu para nosso repouso ao pé da serra. O cigarro era para proteger-nos da ameaça de outro inimigo, as onças que tinham começado a rondar nosso acampamento. Seus rugidos denunciavam a presença das feras não muito longe. Mandu contava sobre os animais do zoológico que tinha visto na *minha terra*, São Paulo, num tipo de encontro com animais completamente distinto daquele experienciado nas caminhadas. *Branco*, eu também era *gente do barulho da arma de fogo*, e minha presença gerava tanto aproximações quanto distanciamentos. Imagino que o benzimento protegesse também contra a minha presença, já que muitos seres como a Dö̈h A̧y não gostam da presença de brancos, como disse Samuel. Amontoados, dormimos atentos aos sons da floresta. Como tatus ou como os antigos Hupd'äh assassinados pelos brancos e Tukanos, temíamos ser surpreendidos em nosso repouso.

CAÇA DO JACARÉ E PESCA DO JANDIÁ

Ȩ̈y, ëy!, ouvimos um grito e acordamos assustados. Era um grupo de pescadores que retornava ao acampamento. Acordaram-nos para contar da sorte na caçaria. Chegavam com um *hạt*, "jacaré", que Demétrio tinha matado. Pescando próximo à cabeceira, ele viu o réptil mover-se nas pedras. Preparou sua flecha e atirou-a no animal, atingindo-o de modo certeiro na região próxima à cabeça. Em meio aos peixes, o jacaré chegou ao acampamento pendurado pelo rabo. Não era muito grande, mas foi o suficiente para fazer a alegria de todos que voltavam da pescaria com apenas uns poucos peixes. Ao despertarem, alguns disseram: *minįg ọ̈họ̈y*, "estava em sono profundo", e riram. Valdemar limpou e cortou o bicho. Samuel reacendeu o fogo para ferver a água da panela. Explicou que nas patas e nos dentes os jacarés têm suas "armas", *d'abuy*, como as *sarạp-b'ah*, "lanças", e as *yö̧k b'ah*, "facas", "espadas". Espumando com as pimentas e farinha, a carne branca do jacaré era esperada ansiosamente por todos nós.

Uma comemoração semelhante foi feita na *paragem* ao pé da Serra Grande quando também Demétrio chegou ao acampamento carregando um peixe *b'ëj pög*, um "jandiá muito grande". Com o peixe nas mãos, Samuel foi mostrando-me cada uma das partes de seu corpo. Explicou que esse peixe tem a boca grande, não tem dentes e tem espinhos. Contou que na *bi'įd įd*, na "fala dos benzimentos", diz-se que o jandiá tem suas armas nas nadadeiras dianteiras. Lá ele possui sua *yök b'ah*, "faca", "espada", e seu *k'ig*, "arco". Essas armas assumem a forma de espinhos que precisam ser retirados antes do consumo, do contrário a ingestão da carne pode fazer mal a quem come. *O espinho foi a primeira coisa que Demétrio retirou do peixe*, disse. A carne do peixe foi cortada e seus pedaços, divididos entre todos na mojeca.

Segundo os relatos de meus companheiros e os relatos presentes na literatura etnológica, o engajamento simultâneo nas atividades de caça e pesca em igarapés parece ter sido sempre importante para os Hupd'äh. A prática da pesca era a garantia de nossa alimentação nessa caminhada. Ao longo do percurso, todos iam colhendo varas, raras nas proximidades da aldeia, mas abundantes naquelas regiões. Enquanto caminhavam, os viajantes raspavam o corpo da vara com os terçados e fabricavam *hŏp-käk-sųk*, "caniços". Cada pescador possuía um grande número dessas varas e as dispunha fixadas em diferentes pontos ao longo das margens dos igarapés. Sempre que passávamos por um monte de terra úmida perto do caminho, todos paravam, abaixavam-se e cavoucavam a terra em busca de minhocas que eram depositadas em folhas ou em garrafas PET. Nos acampamentos feitos sempre à beira dos igarapés, a pesca era a atividade mais constante. Revertia-se na produção de grande quantidade de alimento, em contraste com a caça, realizada ao longo do caminho, mas que gerava o abate de poucas presas.

Retomando M1, é possível ver em que medida caça e pesca são tomadas como transformações perspectivas. O que para o B'atįb' era minhoca e traíra, ou seja, pesca, para o homem Hup era paca e onça, ou seja, caça. Na interação entre homem Hup e seu cunhado, essas perspectivas em jogo geram perigo, pois o ponto de vista dominante é o do B'atįb', pescador de traíra. *Hŏp käk*, "puxar peixe", "pescar", e *hũ mẹh*, "bater", "matar animais", "caçar", são as duas ações que estão em jogo nesse encontro com seres marcado pela predação. Mas essa predação é também uma imanência do inimigo, já que, como visto na explicação das anatomias pela *fala dos benzimentos* de Samuel, os animais carregam armas em seus corpos e podem prejudicar o predador não só no momento de encontro, mas também quando são devorados. Caça e pesca parecem articular um modo totêmico, com ênfase na percepção da anatomia e morfologia, e um modo anímico, com ênfase na observação dos movimentos, comportamentos e nas posturas dos seres.

Quando deixamos o acampamento, passamos por duas *dëh-mǫy*, nascentes de água de igarapés. Demétrio comentou que as águas eram muito boas para beber. À sua frente, viu uma jararaca, *b'aw*, rastejando próxima a seus pés. Parou, ergueu o terçado e atingiu a serpente na cabeça. Por não usar botas, o guia era o mais atento às cobras e formigas-de-fogo. Mostrou a todos a jararaca morta e recomendou que tivéssemos cuidado. Um pouco mais à frente, Lucas, analisando manchas acinzentadas numa folha, concluiu que eram fezes de *mǫh*, "inambu", e ele não estava longe. Seja para matar o animal e obter alimento, seja para a proteção contra sua mordida ou para comunicar a presença para a possível caça, os viajantes mostravam uns aos outros os sinais dos animais.

Nesse contexto relacional, era partilhada uma atenção que permitia a apreensão direta pelo toque, pelo cheiro, pela visão e pela audição. As conversas sobre a caça ao jacaré, aos inambus e tatus, sobre matar cobras e sobre a pesca ao jandiá podem ser vistas como comentários e avaliações sobre os relacionamentos entre as ações humanas e não humanas. O ato de mostrar nos eventos de encontro com animais e as narrativas sobre caça e pesca contadas no final do dia iam situando esse processo de educação da atenção que envolvia a todos.

Em um momento, enquanto caminhávamos, Demétrio subiu em um tronco caído para avistar algo. Ergueu bem a cabeça e esticou o corpo todo para ver melhor. Ao longe, surgia a imagem surpreendente da Paç-Pög. Já estávamos próximos. Um sorriso grande abriu-se no rosto de nosso guia, quando falou: *Paç-Pög mah yį'įh*, "a Serra Grande está perto". Seu caminho tinha dado certo. Precisávamos apenas chegar ao local para descansarmos. Todos pararam, subiram no tronco e esticaram-se em direção à serra, que surgia ainda pequena, como uma mancha cinza na cortina da verde mata. Com os olhos encantados, todos sorriam assim que conseguiam ver.

Fizemos acampamento à beira do Dög-Dëh, Igarapé-Uirapi-xuna. Mandu e Patrício prepararam uma *bu'bak*, "tocha de cupim", que foi quebrada em quatro pedaços. As partes da tocha foram dispostas ao redor do acampamento para afastar as onças e o Bisįw, agora que estávamos tão perto de suas moradas. A fumaça da *tocha de cupim* proporcionava uma ação muito próxima àquela dos benzimentos, que cercava a todos com as brasas e com a fumaça para afastar os demais seres presentes naquele ambiente. *As onças choram com o cheiro da fumaça, não vêm*, disse Samuel, reforçando a eficácia de nossa proteção.

A VOLTA

Na volta, cansados e famintos, chegamos finalmente ao sítio do Armando. Conforme fomos entrando, todos derrubaram suas coisas no chão coberto da cozinha coletiva e foram cumprimentar cada um dos presentes. As mãos estendidas das mulheres e dos homens que nos esperavam iam sendo chacoalhadas levemente pelas mãos dos viajantes suados e famintos. Sorrindo, recebíamos as saudações que vinham acompanhadas da pergunta: *Paç kẽyẽy am?*, "Você viu a serra?". Logo, João Paulo trouxe dois aracus grandes moqueados como pagamento pelas trocas que eu lhe tinha fornecido: tabaco, fósforo, sal e sabão. Com o beiju e a mojeca de peixe trazidos pelas mulheres, acocoramo-nos em volta das bacias e paneiros e começamos a devorar com voracidade os alimentos. Ríamos e brincávamos uns com os outros. Não tardaram a chegar as cuias de caxiri, tão desejadas por todos nós nesses últimos dias de andança. Eram um grande prêmio pela façanha de *ver a Serra Grande* e *abrir o caminho*. Em meio às cuias de caxiri, estendemos nossas redes nos esteios do telhado e, alguns deitados, outros sentados, começamos a conversar.

Ao meu lado, Mandu e Demétrio começaram a negociar comigo as trocas pela ajuda que tinham dado na viagem. Elaboramos uma lista com alguns itens como botas, facões, meias, redes, os quais seriam, segundo eles, utilizados também na incursão do próximo ano. Ajudei Demétrio a redigir um pedido à FUNAI para a aquisição de um tacho comunitário para prepararem beijus. As trocas eram vistas como recompensas pelas dificuldades passadas e, no meu caso, por terem *tomado conta de mim*, um não Hup que se aventurara a conhecer lugares tão distantes e perigosos com eles. Eram também mediadoras entre as duas viagens, pois estabeleciam o *pacto da volta*, necessária a todos. Por fim, eram como *kabaw*, não de carne ou peixe, mas de objetos dos brancos que beneficiariam suas famílias.

Ao meu lado, Mandu revelou que não tinha dormido na noite anterior. Estava sofrendo com uma terrível dor de dente. Desperto enquanto todos dormiam, começou a ouvir uma onça bem perto. Agarrou seu socador de pilão e ficou pronto para cacetá-la, caso ela se aproximasse. Mandu passava um "pinu-pinu", *yọ'* (urtiga), benzido pelo sogro de Demétrio nas pernas e nas costas. Estava com terríveis dores pelo corpo devido à caminhada. Disse que seu pai fora um bom benzedor. Uma vez, José, irmão de Ponciano, foi mordido por uma jararaca. Ficou muito mal na rede. Seu pai foi chamado e benzeu-o uma noite inteira. Apenas no dia seguinte é que ele ficou bom.

Participando da conversa, Samuel se relembrou de quando caminhara com o pai para B'ö̠'-Paç, Serra do Tucunaré. Ponciano banhou-se nas águas da serra, praticou a ingestão emética de água das nascentes. Ainda menino, Samuel presenciou o pai praticando essa ação ritualizada da qual depende o bom aprendizado xamânico. No caminho de volta, ouviu de seu pai um benzimento. Ponciano tinha sido preparado pelo velho Henrique para essa caminhada à B'ö̠'-Paç. O velho protegera-o com o *sẽhẽk bi'id̠*, "benzimento do paricá", para que, praticando as ações rituais na B'ö̠'-Paç, conseguisse aprender as histórias e benzimentos em seu "ouvido", *b'otǫk mǫy*. O único problema dessa prática, alertou Samuel, era que os filhos podem ficar loucos. Apesar do risco, agora, depois de ter ido à Paç-Pög, iria beber o *bi'id̠ kapi*, o "*caarpi* benzido" com o pajé Armando para ver se iria tornar-se *sǫ̈w*, "pajé", *kä̠d hup ı̠h*, "xamã do banco", ou *bi'id̠ hup ı̠h*, "xamã do sopro". Seus irmãos não sabem benzimentos. Apenas ele foi quem começou a aprender. Jovino e Sabino estudaram muito a *cultura dos brancos*, mele é quem estava estudando a *cultura dos hup*.

As três categorias que diferenciam os praticantes do xamanismo hup serão analisadas adiante, mas nesse momento gostaria de salientar o caráter de revelação que leva à diferenciação entre os praticantes do xamanismo. Beber o *caarpi* ou a *água das serras* são atos que envolvem a preparação do corpo e a proteção. Deve haver também o engajamento num processo de educação da atenção onde caminhar com o pai e presenciar seu processo de iniciação despertam em Samuel a vontade da iniciação xamânica como uma descoberta de sentidos imanentes ao mundo e a seu ser, o que revelará qual tipo de praticante ele é, e qual sua posição nesse campo mútuo de ação.

Olhando para meu caderno de bolso, Samuel perguntou se eu ia escrever no livro as histórias da Paç-Pög. Como respondi afirmativamente, ele começou a contar sobre o caminho dos mortos para a Serra Grande.

MITO 6 (M6): O CAMINHO DOS MORTOS

Antigamente, quando alguém morria, o *hǎwäg* viajava para a Paç-Pög. Quando enterra, coloca farinha e fósforo para a caminhada. A pessoa morria, o *hǎwäg* subia a Paç-Pög e depois subia para a K'ęg Tëh-Moy, a Casa de K'ęg Tëh, no céu. *Hǎwäg sakay*, o "*hǎwäg* subia". Hoje já não sobe mais, porque fomos batizados. O *hǎwäg* vai direto para o céu, para a casa de K'ęg Tëh.

Em seu comentário sobre a transformação operada pelo batismo católico, a Serra Grande surge como o local para onde ia o *hǎwäg*, "sopro vital", dos mortos antes da ação dos padres. A analogia entre nossa viagem, a iniciação xamânica e o caminho dos mortos permite entender a importância da Serra Grande como um lugar de mediação entre a vida e a morte, e a ascensão para o plano-casa de K'ęg Tëh. A imagem de Jesus colocada pelo padre é retirada do local onde a água permite os banhos que purificam o *hǎwäg*, endurecem a pele e fazem sonhar. O batismo muda o caminho, impede a passagem para a Serra Grande e leva à ascensão direta. Espaço de mediação entre a vida e a morte, a Serra Grande transforma-se também num espaço da morte onde a tensão entre a *ação dos brancos* e dos Hupd'äh faz com que os mortos mudem seu caminho e com que os vivos deixem de fazer a caminhada, com que as trilhas se fechem e com que cada vez menos pessoas vejam a serra, banhem-se lá e bebam suas águas.

Os narradores seguiram contando outra história sobre a Serra Grande, que falava da aproximação do B'atịb' Tõg Tẽg durante um acampamento de pesca dos antigos próximo à Paç-Pög.

MITO 7 (M7): HISTÓRIA DE *TÕG TẼG*

Os antigos foram pescar no igarapé perto da Paç Pög, Pịj-Dëh, Cabari-Igarapé. Era a segunda vez que iam pescar lá. Foi então que apareceu esse Tõg Tẽg. O pajé estava esperando esse B'atịb', sem roupa. Mas o Tõg Tẽg ficou olhando e viu as roupas que todos estavam usando. Viu tudo da cultura dos antigos. A única coisa que não viu foram os Döhö d'äh — os Jurupari — porque o pajé guardou as flautas.

Foi se aproximando. O pajé Hup estava deitado no chão de areia. O Po Nen cresceu e falou duas vezes: *Po Nen, Po Nen!*. Assustado, ele começou a procurar de onde saía aquele som. Olhava para um lado e para o outro, mas não via o homem deitado no chão de areia.

O Tõg Tẽg é o diabo, e esse que estava sem roupa era o pajé. *Hịd nịh ĩh sap nup nooy, mah. Nup ĩh bahad nịh* — "Esse é o corpo do homem deles. Ele não aparece", disse o Tõg Tẽg. O pajé tinha preparado seu corpo para esperar o B'atịb'. Ficou sem roupa e, ao vê-lo, o Tõg Tẽg sentiu medo. O pajé começou a fazer o barulho novamente: *Po nen, Po nen!*.

O B'aṭịb' foi ficando cada vez com mais medo. *Nųp ịh ą̈h kë̈y tųk d'äh, Kuri, Kuri, Kuri!*, "Esse homem eu não quero ver, não", falou o B'aṭịb' e gritou *Kuri, Kuri, Kuri!*. O Po Nen soou mais uma vez e começou a levantar-se. O B'aṭịb' sentiu tanto medo que começou a fugir correndo. Atrás dele ia o homem Hup soando: *Po Nen, Po Nen, Po Nen!*.

Quando o diabo chegou em casa, a esposa perguntou: "Como foi lá?". Ele não falava. O coração dele estava rápido, *hḙgḙt*. Não conseguia falar. Até que disse: *ą̈h pon, pon ą̈h, pon ą̈h*. Esse Bisjw ficou com medo do homem Hup. *Yą'ap bay, yịt tịh tohǫ* — é isso, aqui termina a história.

Enquanto contava, Samuel passava as mãos pelo corpo rápido e chacoalhava a cabeça rapidamente para mostrar que o pajé da narrativa estava sem roupas. Ele e Demétrio riram muito quando imitaram o som do Pon Nen. Riram mais ainda ao contarem da situação do B'aṭịb' amedrontado diante da mulher. Samuel apontava para seu peito, para seu *hą̈wäg* para mostrar como se expressava o pavor do diabo. Distante da Serra Grande, a narrativa falava dos perigos enfrentados com bravura pelos ancestrais Hup, da força do pajé e também da valentia dos viajantes atuais.

Alternando a cuia e o lápis, eu ia escrevendo essa narrativa no papel e, depois, atendendo aos pedidos de todos, lia em voz alta as versões em português e em hup. À medida que lia, outros iam contando detalhes da narrativa e revelando falhas em minha compreensão. O medo do Tõg Tḙg divertia a todos assim como meus erros no papel. Creio que o pedido de Samuel para que eu escrevesse os mitos logo que fossem narrados diz respeito a uma busca por integrar processos de interpretação do mundo, partilhados durante o percurso da viagem.

Ao final, como na outra história, li os escritos em voz alta e, a partir das opiniões e complementações, fui refazendo o texto escrito. Os narradores continuaram contando a história da Matumã, mulher que foi viver com o marido no interior da Paç-Pög.

MITO 8 (M8): A HISTÓRIA DE MATUMÃ

A Matumã tinha um marido. Ele foi caçar no mato longe. Então, um homem apareceu. Ela estava preparando a semente de ucuqui e peneirando, mas estava menstruada. Antigamente não tinha comida. O beiju era feito da semente de ucuqui. A mulher estava fazendo a comida para sua família.

Esse homem que chegou tocou *pịh* e tirou o *hą̈wäg* dela. O homem era jovem e filho do capitão, do Sokw'ạt Noh K'öd Tḙh ịh, o dono da Paç-Pög. Ele se aproximou e tocou na costela dela. Era novo e bonito, estava querendo ela. Por isso, pingou pussanga no olho dela. Na hora, apareceu para ela a cidade e a casa dele, Paç-Pög. Ela viu. Ele era onça. A comunidade dele apareceu. Ele fez ela entrar dentro da casa dele.

A mulher tinha dois filhos, um menino e uma menina. O marido dela foi caçar a segunda vez. Quando eram seis e meia da tarde ele voltou. No outro dia, ele foi caçar de novo. A Matumã deu comida para os filhos dela durante dois dias. Ela deu beiju, farinha, tapioca. Então, ela esperou o marido perto da árvore. Apareceu de novo duas vezes. O marido a viu e abraçou-a quando ela apareceu. E ela desapareceu. Foi para dentro da terra, para Pęj-Dëh.

O beiju dela estragou. A farinha dela virou terra, *wewęg dö*, boa para plantar e fazer comida. O marido riu e ficou em pé perto da casa da floresta. O rapaz levou-a para sua casa, a Paç-Pög.

Depois de uma semana ela reapareceu para os filhos. E foi aí que ela levou a todos, os filhos e o marido, para dentro da Paç-Pög. Primeiro o rapaz pegou a Matumã, mas depois devolveu e deu para o marido sua própria irmã. O marido caçador ficou com duas esposas, a Matumã e a irmã do rapaz, dentro da Paç-Pög.

Tuhųp nųp, "muito bonito isso"! Antigamente, era muito perigoso. Há muitas histórias sobre a Paç-Pög. Mas hoje em dia cercou, os *kä̈d d'äh*, "xamãs do banco", benzeram e cercaram.

Quando Samuel e Demétrio começaram a contar essa história, já estávamos consumindo coca, caxiri e tabaco. As cuias iam sendo servidas alternadamente por João Paulo, o dono da coca, e pelas mulheres, donas das panelas de caxiri. Em M8, os narradores contam sobre a incursão à pesca feita por um grupo Hup numa região próxima à Paç-Pög. Um B'atįb', Tõg Tĕg, morador de uma das serras, aproxima-se para olhar as roupas e os ornamentos dos pescadores Hup. Mas o pajé já esperava por ele, despido e deitado na areia, pronto para soar o Po Nen e atemorizá-lo. O fato de ter medo, correr para casa e não querer ver o Jurupari aproxima a imagem do B'atįb' daquela das mulheres durante os rituais em que as flautas sagradas são tocadas e exibidas aos jovens. A flauta que soa é, a um só tempo, o pajé e o instrumento, assim como as flautas atuais são os ancestrais do clã que vivem novamente pelo sopro, pelo movimento do ar em seus corpos. O som é sua "fala", *įd*, e, talvez, no contexto de M7, possa ser tomado como um chamado semelhante aos chamados de caça que, através da imitação, buscam fazer o animal surgir. Chamando os homens Hup, a flauta atemoriza o B'atįb', que corre com medo. Também Samuel e eu corremos de medo quando ouvimos o *chamado da Döh Ą̈y* no alto da Serra Grande. O riso gerado pela imitação do som da flauta por Demétrio talvez tenha a ver com o lugar de presa e de mulher que o B'atįb' Tõg Tĕg ocupa nesse enfrentamento com o pajé-flauta.

Já M8 trata da saída de um homem para caçar e do descumprimento de uma interdição por parte de sua esposa, Matumã, ao preparar beiju com semente de ucuqui enquanto estava menstruada. Surge o jovem-onça que toca a flauta *pīh*, encanta-a ao pingar pussanga, um feitiço de sedução, em seu olho e leva-a para dentro de sua casa, Paç Pög. A flauta, nesse caso, é muito usada em dias de festa de caxiri nas danças em que homens e mulheres bailam abraçados lado a lado. Dizem que o som da Pīh deixa as mulheres *mīnīg*, "loucas pelo homem". Há, dessa maneira, um *chamado sedutor* que faz com que a mulher Hup seja roubada de seu esposo e de seus filhos. Num outro plano, se são os mortos que vão morar na Serra Grande o *chamado sedutor* pode ser visto como uma predação por uma onça que faz com que toda a família passe a habitar a serra, uma morada dos mortos. É para evitar predação semelhante que o homem Hup em M1 simula atender ao *chamado do* b'aṭib' para depois fugir com a irmã.

A sequência de histórias era contada ao mesmo tempo em que Samuel se lembrava de sua caminhada com o pai para outra serra, a B'ö'-Paç, Serra do Tucunaré. Enquanto afirmava várias vezes que queria aprender encantamentos, tomar *caarpi* e beber a água do lago, do poço da Paç-Pög, Samuel enunciava as narrativas, todas elas ouvidas do pai quando era pequeno. No dia seguinte, contou que as águas do alto da Paç-Pög são como *caarpi*. Seu pai, quando fez a caminhada para lá, bebeu as águas, vomitou e sonhou. Lá há um *hon-höd*, "buraco de vomitar", como nas outras serras. A viagem rememorada por Samuel, entre mitos e lembranças, abria também a possibilidade de seu devir xamânico. Os eventos narrados falavam dos perigos nas relações entre os seres que atuam num mesmo ambiente sejam eles homens, mulheres, animais ou B'aṭib'. Percebendo a centralidade do papel do pajé em M7, suponho que nossa conversa falava da importância da ação xamânica e da prática das viagens.

Como conta Reid sobre o xamanismo hup, para tornar-se um xamã o noviço deve submeter-se a um controle rígido sobre a dieta e o comportamento. Segundo o antropólogo, através do treinamento, a pessoa adquire uma maior capacidade de libertar a alma do corpo e viajar pelo espaço-tempo, pelas casas cosmológicas e encontrar seres sobrenaturais. Dormindo em *lagoas de B'aṭib'*, andando por *caminhos, roças e aldeias de onça*, encontrando e dialogando com animais através da pesca e da caça, vendo o mundo do alto da Serra Grande, banhando-nos com suas águas creio que viajávamos pelo espaço-tempo num modo ritual muito próximo a esse descrito para a viagem dos xamãs. Percebíamos o mundo através do caminho que fazíamos e tecíamos linhas de crescimento e movimento na superfície que iam alterando nosso modo de percepção e permitindo que nos situássemos a partir de outros pontos de vista em contextos de interação com espíritos e animais. Para mim, a viagem à Serra Grande situa um vasto campo relacional para que ações ritualizadas surjam com os movimentos dos viajantes que, caminhando, metamorfoseiam seus corpos e as paisagens por onde passam. A viagem revela-se como um complexo processo ritual, fundamental tanto para a iniciação xamânica quanto para a educação da atenção e aquisição de habilidades no mundo vivido.

Agora comíamos a coca que havia sido preparada por João Paulo para celebrar nossa chegada. Em nossas bocas alternavam-se os gostos do tabaco, do caxiri e da coca em meio às palavras e gargalhadas, numa celebração dos perigos que tínhamos vencido e dos laços que nos uniam. Samuel dizia que, quando se come coca, o corpo fica quente e a gente consegue *pegar* as histórias e benzimentos mais facilmente em nosso *hąwäg*, em nossa *b'otǫk mǫy*, "orelha", e em nossa *nųh*, "cabeça". Entendo que tinham ocorrido transformações nele e em muitos de nós. Samuel sentia-se pronto para beber o *caarpi* e seguir aprendendo com o pai as práticas xamânicas. Apesar de cansado e com o corpo dolorido, o velho Mandu dizia repetidas vezes da importância de voltarmos à Paç-Pög no próximo ano para que não padecêssemos com os malefícios de uma viagem única. Demétrio prometia guiar-nos mais uma vez, agora junto ao pajé Armando e a João Paulo. Todos nós, principalmente aqueles que nunca tinham visitado o *lugar sagrado*, ficamos encantados com as fotos da Serra Grande, de nossos banhos, de nossos acampamentos. Respondendo à pergunta de todos, como os antigos e como os mortos: *Vimos a Serra Grande.*

TẠT-DËH

Acordamos cedo, depois de uma noite de muito frio. Na volta do banho de rio, Demétrio e João Paulo ofereceram-nos mojecas. Uma delas tinha a carne desfiada do inambu caçado por João Paulo, e a outra continha alguns peixes cozidos. O beiju ajudava a matar nossa fome e a preparar o corpo para a longa caminhada que nos levaria de volta à Tạt-Dëh. Preparamos nossas coisas nos jamaxins e mochilas, despedimo-nos de todos e pusemo-nos a caminho, novamente. Agora seguíamos mais rápido do que antes, e quase sem paradas.

Logo fomos chegando aos caminhos das roças de Tạt-Dëh. Encontramos muitas mulheres indo para a roça e fomos sendo saudados com a pergunta: *Paç kẹ̈ẹ̈y am?*, "Você viu a serra?" Isabel, esposa de Américo, caminhava com seu aturá, vestida com suas roupas novas, trazidas por seu marido de São Gabriel. Sorriu quando passamos e disse que havia muito caxiri para bebermos.

Depois de descansarmos um pouco, fomos para a Ạ̈g-Mọy, "Maloca", onde as panelas de caxiri iam começar a ser servidas. O dia estava quente e, pouco a pouco, todos foram voltando do banho no igarapé. Eram inúmeras as perguntas sobre a Serra Grande. O fato de termos conseguido ir e voltar da Serra Grande, e de não termos tido problemas com as onças e nem com os seres malfazejos surpreendia a todos. As mulheres iam chegando com suas panelas repletas de caxiris de vários sabores. Nós, apesar de termos bebido durante todo o dia anterior na aldeia de Demétrio, estávamos sedentos pela *cerveja dos Hup*, como todos brincam em português. O capitão Américo repartia as folhas de papel para distribuir um pouco de tabaco para cada um dos participantes. Ele tinha pedido que alguns rapazes pegassem as flautas *pïh* para que os homens tocassem e chamassem as mulheres para dançar. Eu afinava o violão para puxar algumas modas, pois todos estavam com saudades de me ouvir cantar.

Todos os viajantes contaram histórias de nossa viagem em meio às danças, ao caxiri e ao tabaco que iam encerrando nosso caminhar. Esse ato de narrar as situações que compartilhamos ao longo dessa *k'ët k'ö'*, "caminhada", nos aproximava enquanto companheiros e abria a possibilidade de novas viagens para nós e para aqueles que ouviam as histórias, já que o caminho à Serra Grande tinha sido aberto por nossos passos. Aqueles que já tinham ido em tempos passados confirmavam o que dizíamos e também relembravam as situações vividas ao longo desse caminhar. A narração ia sendo tecida com um mesmo fio e tramava vidas e caminhos ao longo de percursos de observação e revelação pelo mundo.

Entender as caminhadas, a caça e a pesca, os banhos nos lagos, os benzimentos e as narrativas como modos de ação cujas inter-relações vão se delineando ao longo de um processo ritual foi a tentativa da presente crônica da viagem à Serra Grande. Reid parte do conceito de mobilidade ecológica e social para interpretar a circulação desse povo num dado território. Distancia-se, assim, de escritos anteriores que cristalizavam os Hupd'äh como nômades e caçadores-coletores. Perceber os Hupd'äh como viajantes cujos movimentos são simultaneamente espaciais e cosmológicos talvez permita repensar a mobilidade e a fluidez desse povo.

Os *caminhos antigos* transformam-se em *caminhos de onças* e, de repente, é preciso correr, pois a *roça dos antigos* passou a ser *roça de onça*. Pelos afazeres diários, pela habitação, os seres disputam as paisagens que não podem ser vistas apenas como *níveis cósmicos* atingidos por *viagens extracorpóreas* de *especialistas rituais*. Caminhando, benzendo e sonhando os viajantes percorrem esses outros mundos onde os pontos de vista de seres como os B'aṭịb', as onças ou a Döh Ãy podem ser predominantes. Andarilhos cujos passos formam *caminhos de hup*, os viajantes são os cronistas de seus passos e dos encontros com os diversos seres com quem coabitam os mundos vividos.

Círculos de coca

> Noite chegou outra vez, de novo na esquina
> Os homens estão, todos se acham mortais
> Dividem a noite, a lua e até solidão
> Neste clube, a gente sozinha se vê, pela última vez
> À espera do dia, naquela calçada
> Fugindo pra outro lugar
>
> MILTON NASCIMENTO

Em 1960, em sua enquete sobre os índios Maku do Caiari Uaupés para a Société Suisse des Américanistes, os primos Mário e Michel Terribilini descrevem o modo de preparo da coca. Sua pequena nota atenta para a mastigação realizada noturnamente e ao redor do fogo. O consumo de coca ocorria também durante longas caminhadas e acalmava a fome durante períodos de escassez de alimentos. Em suas palavras, "A folha de coca, adicionada de uma pequena quantidade de outra planta, é secada e pilada, para depois ser misturada com as cinzas vegetais (de grandes folhas secas) para formar um pó acinzentado" (1960, p. 5).

Na pesquisa de Reid, o consumo noturno de coca surge em meio a um relato de como se dá o trabalho dos Hupd'äh junto aos Tukano. No final do dia de trabalho, os Hupd'äh tentam convencer os Tukano, para o qual trabalham, a deixá-los preparar a coca para eles. Com a permissão, eles buscam folhas de coca e começam a processá-las. Misturam os pós, envolvem-nos num saco na ponta de uma vara e socam-nos no interior de um tronco oco. Parte da coca, processada com as cinzas, é dada aos Tukano e parte é consumida pelos Hupd'äh enquanto conversam durante a noite. A descrição do autor delineia as rodas observadas na década de 1970 como uma forma de interação entre pessoas dessas duas etnias marcada pela assimetria, pelas trocas e pela prestação de serviços.

Como observado no capítulo *Viajantes*, é interessante notar como o breve relato das rodas de coca de Silverwood-Cope é feito em meio a uma análise sobre a integração dos grupos domésticos nos grupos locais e apresenta elementos relevantes para entender a dinâmica das relações políticas. Há um senso de pertencimento ao grupo local que se reforça através das rodas de conversa. Sua descrição deixa transparecer certo aspecto de igualitarismo e comunhão, mostrando o mais velho como alguém importante por seu saber e papel político.

No trabalho de doutorado de Buchillet, as rodas de coca são mencionadas em sua reflexão sobre o modo como o aprendizado de encantamentos e mitos se dá entre pai e filho por meio de diálogos cerimoniais. Ambos os participantes comem coca e fumam tabaco para reavivar a memória e para não dormir. C. Hugh-Jones detalha o processo de produção e consumo da coca em meio a uma descrição dos processos de produção dos alimentos. Mostra como a atividade se constitui enquanto uma prática exclusivamente masculina, diária e secular, e como é central para definir o ciclo diário de produção masculina em oposição à feminina. Além disso, ela estabelece relações entre a produção da coca e o mito Barasana de origem da coca, e enfatiza a importância da coca para o xamanismo e vida ritual desse povo.

Stephen Hugh-Jones, por sua vez, enfoca o uso ritual e cotidiano da coca e outras substâncias pelos Barasana, através de uma minuciosa descrição dos hábitos de consumo da coca enquanto alimento masculino. Traçando paralelos entre o consumo cotidiano da coca, de derivados da mandioca e o consumo ritual de yagé e tabaco, o autor mostra como, pela mediação dessas substâncias, as pessoas se relacionam, expressam valores sociais e se diferenciam enquanto homens e mulheres, jovens e adultos. Nas rodas noturnas de conversas, ao consumirem a coca em pó, os homens contam histórias, conversam, comentam fatos diários etc. Alimento consumido pelos *espíritos* e pelos ancestrais, a coca estabelece um aspecto temporal diferente, permite aos homens no presente entrarem em comunhão com os ancestrais no passado. O foco de sua reflexão incide mais sobre os hábitos diários de consumo que sobre o uso ritual das substâncias. As práticas que envolvem tais substâncias expressam a ordem social e a cosmológica. Revelam também a diferenciação de papéis e as relações de reciprocidade igualitária. Essas substâncias seriam partes integrais das identidades dos grupos, perpetuadas através do tempo por meio do consumo, da transmissão das plantas, de seu cultivo para novas gerações e da diferenciação de gênero. Para o autor, esses aspectos marcam a coca, o tabaco, a mandioca, a pimenta e o yagé como veículos de interação social.

De forma muito próxima à análise de S. Hugh-Jones, em seu artigo "La parole engendrée", Dimitri Karadimas (2000) aborda as concepções Miraña sobre o consumo cotidiano da coca. Em reuniões noturnas, a coca é mascada enquanto se contam mitos, realizam-se as curas xamânicas e conversa-se sobre fatos importantes, havendo a enunciação e reprodução nos níveis profano e sagrado da língua. A coca e o tabaco são objetos de trocas constantes entre os homens, e formam um par indissociável. À coca são vinculados atributos femininos e ao tabaco atributos masculinos, sendo que o seu consumo caracteriza o homem adulto por excelência. Essas substâncias compõem uma mesma essência combinada na boca e no estômago masculinos. Devido às cinzas, o tabaco e a coca possuem princípios fecundantes que compõem a identidade corporal Miraña. São as palavras engendradas pela coca que são consumidas nessa relação estabelecida no estômago.

As curas xamânicas, as falas em níveis sagrado e profano dos Miraña, e o aspecto temporal que permite a comunhão com os espíritos e ancestrais nos encontros noturnos barasana revelam as relações estabelecidas através desses encontros não só entre os participantes, mas também com diversos seres que manifestam sua copresença. Numa perspectiva semelhante, Sulkin, em seu trabalho sobre os Muinane, descreve a coca e o tabaco como substâncias importantes para as práticas rituais masculinas que envolvem o aprendizado de mitos e dos meios de proteção dos filhos e da esposa. Em suas palavras,

Os malefícios em questão se *transubstanciam*, de tal forma que sua agencialidade destrutiva se manifesta de maneira positiva, na forma de uma agencialidade que fortalece, nutre e beneficia por meio de alguma substância *própria*. Os homens efetuam essas transformações através da agencialidade predadora de suas substâncias rituais: principalmente do pó de coca processado, denominado *mambe*, e do tabaco misturado com sal vegetal.[1]

O pesquisador analisa o processo de aprendizagem entre pai e filho que se dá através da preparação da plantação de coca do filho e das *charlas de mambeadero*, conversas durante a produção e consumo do pó de coca. O momento de iniciação dos jovens nessas práticas é enfocado pelo autor, que mostra também a importância das conversas

---

[1] 2004, p. 37.

durante o preparo e consumo da coca e do tabaco para os homens ao longo da vida e em diferentes situações rituais.

Em 2010, em um artigo sobre a influência da obra de Lévi-Strauss nos trabalhos sobre os povos do noroeste amazônico, Jacopin ressalta que os encontros noturnos de homens Yukuna iniciados para o consumo da coca e para a prática da palavra mítica constituem circunstâncias ritualizadas. A observação desses encontros noturnos permite a ele perceber a palavra mítica como um ato de palavra institucional. No mesmo ano, Pedro Lolli apresenta em sua tese de doutorado uma excelente descrição das rodas de coca yuhup, mostrando suas relações com as práticas xamânicas desse povo. Ainda que seu foco principal esteja na análise dos benzimentos, do ritual e dos mitos das flautas Jurupari, o modo como o pesquisador articula os encontros noturnos com as práticas de proteção e cura, com a narração de mitos e com as ações de desconstrução, neutralização, e construção de pessoas revela um olhar muito mais atento a como essas rodas de coca associam diversos modos de ação.

Comer coca, fumar tabaco e conversar são atos que parecem reunir os homens, particularmente os mais velhos, desses diversos povos descritos pelos pesquisadores. Esses atos delineiam também os contornos de uma modalidade específica de interação social e verbal. As interpretações apontam para certa comunhão e reforço da identidade local, para a diferenciação de papéis sociais e de gênero, para uma reciprocidade igualitária, para a mediação em relações assimétricas interétnicas, e para a realização de práticas xamânicas. A meu ver, são os trabalhos de Lolli, Jacopin, Sulkin e Karadimas que delineiam essa forma específica de interação como constituindo um modo de ação ritualizada a partir de uma lógica relacional particular.

As breves notas escritas pelos pesquisadores até o trabalho de Hugh-Jones explicitam certa invisibilidade na literatura etnológica dessas práticas relativas à coca. Numa região etnográfica onde o Jurupari e o Dabucuri são vistos como as práticas rituais e extracotidianas por excelência, suponho que a constância na realização dos encontros noturnos tenha tornado invisível essa forma relacional, fazendo com que seja relegada a um campo pouco descrito das ações cotidianas. Analisando o Naven, ritual realizado pelos Iatmul da Papua-Nova-Guiné, Houseman e Severi dirão que "ela pode surgir através de uma forma institucionalizada de grande escala [...] ou, num outro extremo, como um evento que pode passar desapercebido na vida cotidiana [...]" (2009, p. 199). Inspirado pelas palavras dos autores, procuro mostrar nesse capítulo como as rodas de coca situam, noite após noite, uma dinâmica constante de interações que aproximam modos de ação.

Para interpretar os diversos pontos de vista e os modos de percepção daqueles que interagem, descrevo gestos, movimentos, posturas corporais e atos de palavra que explicitam a copresença dos diversos seres em interação e as transformações geradas pela sequência dos eventos que presenciei. Procuro descrever as rodas de coca como uma *performance*, uma sequência reflexiva de ações verbais e não verbais, que possuem estilo, finalidades, retórica, padrão de desenvolvimento e papéis característicos. Ao mesmo tempo, busco enfocar a organização da ação performática nela mesma através da observação das interações entre diferentes seres e sujeitos em suas interagências.

HIB'ẠH WẸD, «COMIDA DO SURGIMENTO»

O som do *pũ'ũk tök*, "pilão de coca", vai marcando o início da preparação da coca enquanto os homens começam a voltar para a aldeia. Os jamaxins de uns trazem peixes, os aturas[2] de outros, manivas ou frutos, e há mesmo alguns poucos que chegam com alguma carne de caça para partilhar com a esposa, filhos e parentes próximos. Em meio ao sol já baixo, a cadência da coca socada mistura-se ao som da mandioca ainda sendo raspada nos grandes raladores pelas mulheres. Alguns velhos começam a sair de suas casas, cruzar a aldeia e juntar-se aos outros que já estão sentados próximos ao pilão.

É dessa forma que se iniciam vagarosamente os encontros noturnos cujos participantes são, em sua maioria, *wähạd d'äh*, "velhos Hup", conhecedores das práticas xamânicas, das narrativas míticas e das atividades de caça e pesca. Conversando animadamente e rindo uns dos outros, todos vão procurando "bancos hup", *hup kạd*, troncos caídos ou, mesmo, espaços no chão para sentar-se e esperar para comer a *hib'ạh wẹd*, a "comida do surgimento". Vão assim se formando rodas que estabelecem as linhas para a circulação da coca. Sentando-se para *pũ'ũk wẹd*, "comer coca", os senhores constituem os *pũ'ũk kökọt*, os "círculos de coca".

---

2. As mulheres Hup confeccionam dois tipos de cestaria, o "aturá", *mạj*, um cesto fundo de cipó utilizado para carregar frutos, raízes, lenha que, atualmente, também serve para guardar roupas e demais utensílios e o bati, um cesto raso de cipó utilizado para servir beiju e outros alimentos.

Em Tat-Dëh, em muitas noites, rodas ocorrem simultaneamente. A mais constante forma-se em torno do pilão de Ponciano, herança de seu pai falecido, Antônio. Uma segunda roda forma-se próxima à casa do pajé Firmino. Os participantes também se reúnem próximo às casas de Vicente e de Luís. Os velhos alternam-se entre uma roda e outra, dependendo do dia, do convite e da quantidade de coca disponível. O número de participantes pode ir de dois a dez. Em dias de festa de caxiri, até vinte pessoas chegam a sentar-se para comer coca e fumar.

À medida que vão se cumprimentando, cada um ocupa um lugar, geralmente em frente ao pilão, à *b'ǫ'*, "cuia", e à *mom-b'ǫk*, "panela de metal". Esses três objetos são manuseados para a produção e o consumo da coca. Quando há muitos participantes, três deles começam a preparação. Despejam na panela as folhas de coca colhidas por diferentes pessoas. As folhas são remexidas com a mão para perderem a umidade dos saquinhos plásticos. Depois, as folhas são esparramadas no "forno", *b'ǫk-kạb*, previamente aquecido. Ao final da tarde, quando as mulheres terminaram de torrar a farinha e/ou assar os beijus para alimentar a família, os senhores Hup começam a mexer as folhas para assá-las ao calor do forno.

Enquanto esperam o beiju ficar pronto, as mães sentam-se com seus filhos no colo ou entre as pernas, catam seus piolhos, entoam delicadas melodias de ninar, conversam entre si sobre os acontecimentos do dia. É uma hora de muita brincadeira. As crianças maiores correm em grupos de casa em casa. As mulheres presentes sempre provocam os *pũ'ũk wẹd däh*, os "comedores de coca". Chamam-nos pelos apelidos, debocham de suas bocas verdes. Nesses momentos é comum que mães ou avós se aproximem de um dos presentes, expliquem a doença que acomete algum de seus familiares e lhe peça que realize um encantamento. Geralmente, chegando-se perto do benzedor que já está sentado, ela se agacha, conversa com ele em voz baixa, entrega tabaco e papel, ou um copo com líquido dentro e *bi'ịd ih kẹ̈y*, "pede para benzer". Em seguida, ela se afasta da roda e senta-se, mantendo certa distância dos participantes enquanto o senhor executa o benzimento. De modo diferente, caso um homem, jovem ou adulto, demande a ação xamânica, ele se sentará ao lado dos participantes, partilhará o tabaco, mas não a coca.

Diz-se que ocupa o "primeiro banco", *kɨhsạt kạ̈d*, aquele que se encarrega de socar o pilão, misturar a coca com as cinzas de imbaúba e filtrar o composto até derramá-lo do pilão à cuia. Essa mistura será oferecida aos demais presentes por um dos velhos ao seu lado e começará a circular de mão em mão. *O primeiro banco* foi a expressão usada por Angélico para descrever o lugar que seu pai, Paulino ocupara nas rodas quando começou a comer coca. Em 2009, o filho mais velho de Henrique, Marino, ocupava constantemente o *primeiro banco*. Tinha recebido o *benzimento da coca* para começar a comer diariamente o alimento. O velho Firmiano o acompanhava e o instruía a cada encontro. Membro de um clã afim aos *Sokw'ät-Noh-K'öd-Tẽh-d'äh*, diz-se *brincando* que Firmiano é o *capitão coca*, o *cozinheiro*. Cunhado, *yọh*, de Ponciano, Firmiano é o dono do *primeiro banco* pelo qual devem passar todos aqueles que começam a comer coca.

A riqueza gestual que compõe o preparo é impressionante. A coca é colhida durante a tarde por um ou mais participantes em suas próprias roças ou nas plantações de um "dono da coca", um *pũ'ŭk yo'ọm ĩh*. Enquanto as mulheres trabalham com a mandioca, os senhores vão até os pés de coca e começam a colher as folhas, cuidadosamente retiradas uma a uma. Diante dos pés de coca, o senhor abaixa seu corpo e realiza a colheita de cócoras, retirando delicadamente as folhas com as duas mãos e olhando atentamente a planta. Evita-se deixar o pé de coca inteiramente sem folhas. No meio do caminho rumo à roça, apanha-se uma folha verde de imbaúba para que as folhas de coca colhidas possam ser depositadas nela, caso não haja sacola plástica. Quando já há uma boa quantidade de coca, fecha-se a folha de imbaúba e amarra-se com um cipó fino. A trouxinha pode ser carregada numa das mãos ou em volta do pescoço como uma mochila pequena. Como nas descrições de C. Hugh-Jones (1979) e S. Hugh-Jones (1979), chama a atenção o paralelo entre a atividade feminina da roça de mandioca e a atividade masculina de velhos, da colheita de coca. Terminada a colheita, o *comedor de coca* volta para a aldeia e pendura a trouxa com folhas nas palhas do telhado da cozinha coletiva, perto dos instrumentos de produção da coca.

Certo dia, Ponciano veio visitar-me na hora do almoço. Comemos juntos. Arroz, lentilha e banana. Rimos muito com as duas bananas grudadas (gêmeas), pois ele disse que apenas os mais velhos podiam comer bananas assim. Para os mais jovens, comê-las representa perigo. Ele estava a caminho da roça e disse que eu poderia acompanhá-lo. Apanharíamos *pũ'ŭk*. Saímos da aldeia por um caminho que se abre a oeste em direção à roça de Vicente, seu irmão. Sempre no mesmo passo ritmado, Ponciano seguia à frente e guiava-me nos momentos mais difíceis. Em lugares de terra úmida e igarapés pequenos, ele procurava sempre andar sobre as raízes das árvores. Fomos passando pelas roças de outras pessoas, todas cheias de maniva. Crianças brincavam às margens do caminho num dos trechos. Meia hora depois, chegamos à roça de Vicente. No percurso, atravessamos uma ponte feita com um tronco e duas varas de apoio. Depois disso, troncos de árvore grandes transformavam-se em caminhos. Era perigoso andar no chão, pois podia haver cobras. Íamos como equilibristas sobre esse caminho de toras, vendo de cima as plantações que se espalhavam a nossos pés.

Uma mulher e uma jovem trabalhavam na plantação de mandioca naquelas roças. A jovem parou seu trabalho para ajudar-nos na colheita. De cócoras, Ponciano mostrou-me como fazer para colher a coca. Apoiava o dedão na haste (pecíolo) da folha. A outra mão retirava a folha cuidadosamente. Os punhados eram colocados numa folha verde de imbaúba. A sobrinha de Ponciano ajudou-nos até enchermos a imbaúba. No final, o cipó que envolve a folha foi fechado com o monte de coca dentro. Ponciano colocou a trouxinha em torno do pescoço e seguimos de volta para a comunidade. Ao chegarmos, a trouxinha com coca foi pendurada numa das ripas do telhado da cozinha. Eu deveria me dirigir ao igarapé para banhar-me, enquanto Ponciano buscaria folhas de imbaúba seca nos arredores da aldeia.

Já no final de minha última viagem de campo, fui com Américo à sua roça colher coca. Ele contou que uma mão de coca é chamada de *kimįt*. Dez *kimįt* são considerados uma grande quantidade de coca. A medida permite o controle do montante de coca que será retirado e levado para a preparação. Há duas formas de plantar a coca. Uma delas é dispor os "ramos de coca", *pũ'ũk-tig*, em círculo. O nome desse arranjo é *sih kökǫt*, traduzido por Américo como sendo o modo "rodado", "em círculo". Essa é a maneira como os antigos a plantavam para que os pés de coca conversassem entre si como os senhores conversam nas rodas noturnas, também chamadas de *pũ'ũk kökǫt* pelos antigos, "círculos de coca". Atualmente, planta-se como os Tukano, em fila. Também nesse arranjo os pés conversam entre si. O nome desse modo de plantação é *pũ'ũk kạ'*. A coca deve ser plantada na "terra firme", *m'aj' kį'*. Esse tipo de solo, considerado muito fértil, surgiu quando um ancestral com o mesmo nome entrou na terra.

Ao longo da pesquisa de campo, todas as noites em que eu participava dos encontros noturnos, perguntava qual tipo de coca estávamos comendo. O *pũ'ũk-s'ạ*, "coca preta" é o gênero mais consumido. Está

Nome	Tradução	Folha	Sabor	Potência
Wahnaw-pũ'ṵk	Coca abiu	Pequena	Muito doce	Muito forte
Pũ'ṵk-s'a	Coca preta	Média	Pouco doce	Forte
Tëg-d'ṵh-pũ'ṵk	Coca árvore	Pequena	Pouco doce	Forte
Huy-pũ'ṵk	Coca piaba	Pequena	Pouco doce	Forte
Tah-pũ'ṵk	Coca anta	Grande	Pouco doce	Forte
Hohoh-pũ'ṵk	Coca sapo cururu	Pequena	Pouco doce	Forte

Tipos de coca e características principais.

também presente nas roças de pelo menos onze dos participantes das rodas. Essa coca de folhas médias é considerada "um pouco doce", *sim'eh k'äh*. O tamanho da folha e o grau de doçura são os principais critérios de classificação utilizados para diferenciar as plantas. Em dias de festa de caxiri, comíamos o *wahnaw-pũ'ṵk*, a "coca de abiu", que possui folhas pequenas. Esse é considerado o tipo mais doce de coca. Todos os participantes das rodas possuem pelo menos alguns pés dessa coca em suas roças. Essa é também a "coca da origem", *hib'ah-pũ'ṵk*, aquela que foi dada por *K'eg-Tēh* à humanidade. Como visto no capítulo anterior, essa coca é também encontrada à beira do lago de banhar, no alto da Serra Grande. Outros tipos de coca são: a "coca árvore", *tëg-d'uh-pũ'ṵk*, pouco doce e de folhas pequenas; a "coca piaba", *huy-pũ'ṵk*, pouco doce e de folhas pequenas; a "coca anta", *tah-pũ'ṵk*, igualmente pouco doce e de folhas grandes; e a "coca sapo-cururu", *hohoh-pũ'ṵk*, de folhas pequenas e pouco doce.

Durante o encontro, folhas de caderno e saquinhos com tabaco industrializado vão sendo tirados dos bolsos e passam de mão em mão. Cada um prepara seu "cigarro", *hũt sop*, coloca-o na boca e acende-o com fósforos, isqueiros ou com o fogo sob o tacho que aquece as folhas de coca. Contam que antigamente todos os velhos tinham grandes plantações de tabaco, mas que, com o tempo, essas plantações foram acabando. Possuíam um método de produção do tabaco para o fumo semelhante ao do fumo de corda, mas armazenavam-no na forma de bolas secas, *hũt pan'*, guardadas em sacos de folha de bananeira. O *hũt*, "tabaco", é dito ser o "irmão da coca", o *pũ'ṵk bab'*. Certa noite, Samuel, filho de Ponciano, disse: *hũt pã, pũ'ṵk nag nih, hũt pũ'ṵk k'oy, hũt pũ'ṵk bab'*, "se não há tabaco, a coca não tem óleo, o tabaco acompanha a coca, o tabaco é o irmão da coca".

Em 2012, somente Manoel afirmava ter ainda sementes de tabaco e alguns poucos pés plantados em sua roça. Apenas em dias de festa ele preparva cigarros com esse tabaco, cujas sementes e mudas recebera de seu pai, Francisco. Levando em consideração a dificuldade de se obter tabaco para o consumo nos encontros noturnos e o fato de comerem coca diariamente, propus aos participantes que ofertaria à roda um maço de fumo por noite como forma de troca. Junto com meu caderno de notas, levava sempre um pacote de tabaco e folhas de papel almaço para que os presentes pudessem preparar seus cigarros e *temperar* a coca. A troca sempre foi apreciada por todos e diziam sentir falta de minha oferta quando eu estava longe.

O fogo vai assando as folhas de coca que se tornam secas e duras. É preciso estar diante do tacho todo o tempo juntando as folhas com as mãos e jogando-as para o alto para que fiquem assadas por igual. O olhar e a concentração fixam-se na coca, havendo pouca conversa com os outros participantes. Enquanto isso, uma terceira pessoa recolhe as grandes folhas secas de imbaúba (família das cecropiáceas, *Cecropia sp.*), em língua hup chamadas *pũ'ũk b'öh*, "sal de coca". A imbaúba cresce nas capoeiras e é recolhida no entorno da aldeia. Apesar de predominar o uso da imbaúba, as folhas da "imbaúba roxa" (família das cecropiáceas, *Cecropia purpurascens*), *b'ab'a'*, do "açaí" (palmeira da família das arecáceas, *Euterpe sp.*), *ker'ag*, e da "pupunha" (palmeira da família das arecáceas, *Bactris gasipaes*), *sįw k'et*, também podem ser utilizadas como *sal de coca*. Próximo à roda, as folhas são amontoadas sobre uma chapa de latão e queimadas. As chamas intensas transformam pouco a pouco as folhas em cinzas. A fumaça negra espalha-se pelo ar próximo à roda e pode ser vista mesmo de longe por todos da aldeia. É também um sinal de que o encontro noturno está começando. As cinzas de imbaúba são peneiradas no *pũ'ũk b'öh sįm'*, tipo de balaio usado para reduzir as cinzas a pó.

Depois de assadas, as folhas de coca são colocadas no pilão da coca e socadas até ficarem totalmente trituradas, já constituindo em parte um fino pó verde. O preparador fica em pé, os olhos fixos no pilão. Mantém seu corpo erguido e realiza movimentos precisos com o socador. Arremessa-o para baixo contra o fundo e puxa-o para cima para um novo soco. Quando o pó já começa a sair pela boca do pilão, e uma fumaça verde envolve o corpo do preparador, é sinal de que a coca pode ser derramada na cuia. O preparador retira o pau, traz a cuia para perto de seus pés, ergue e vira o tubo, deixando a coca escorrer para a cuia. Nesse momento, parte da coca já constitui o pó, mas restam ainda pequenos pedaços.

As cinzas das folhas de imbaúba são misturadas à coca na panela e depois a solução é despejada num pano. Fecha-se o pano na forma de "saco", *pũ'ũk-pįh*, com um cipó que o amarra à ponta de um pau mais fino e menor que o do pilão. O preparador senta-se em seu banco, coloca o saco dentro de uma panela, cobre-a com outro pano para impedir a saída do pó e começa a fazer movimentos pendulares e rápidos com o pau, ao mesmo tempo em que soca levemente o fundo da panela. Esse procedimento pode durar até 15 minutos, e é através dele que o pó a ser consumido começa a surgir no fundo da panela após a filtragem. O composto em pó é então derramado na cuia e entregue aos velhos que estão ao lado do preparador.

O que resta no pano é colocado novamente no pilão e retriturado. Esse procedimento repete-se até que a maior parte da mistura de coca com imbaúba tenha se transformado em pó. Entre uma pilagem e outra, pequenas porções são retiradas para que alguns participantes *wẹd këy*, "experimentem", a comida e digam se o *tempero* está bom. Muitas vezes, ao explicar-me o modo de preparo, os senhores diziam que é preciso experimentar para ver se foi colocada a quantidade suficiente de cinzas de imbaúba, ou, como diziam, *tem que ver se está bom de sal*. A mistura deve deixar a coca menos doce, pois há uma relação entre o grau de doçura e a força do alimento. Quanto mais doce, mais forte a coca. Consumir a coca sem o *sal* ou com uma quantidade insuficiente faz com que a pessoa não consiga dormir durante a noite e, no dia seguinte, não saia da rede para trabalhar.

A técnica utilizada para lançar a coca na boca é muito importante. Atualmente os participantes utilizam uma colherinha para jogar o pó nos dois cantos da boca ou sob a língua. Antigamente, os antigos usavam um "osso de jacamin",[3] *memẹç k'eg*, para "chupar", *ọnọy*, a coca. Segundo Ponciano, era muito perigoso, pois ao chupar o osso o pó podia ir para a garganta. Caso o pó seja lançado diretamente na cavidade bucal, ele se espalha indo para a cavidade nasal, laringe e traqueia, causando tosses, engasgos e lágrimas. Possivelmente também leve ao riso dos outros, como aconteceu comigo nas primeiras vezes em que participei da roda. O certo é deixar o pó nos cantos da boca ou sob a língua e ir absorvendo-o vagarosamente. Misturada à saliva, a coca transforma-se numa pasta que vai aos poucos sendo

---

3. Jacamim, ave da família dos psofídeos, *Psophia crepitans*. Cf. Ramirez (2006).

digerida. Os cantos da boca na parte externa ficam verdes e, à medida que absorvem a coca, os senhores continuam conversando e fumando. Isso faz com que uma fumaça verde se forme diante de suas faces, iluminadas pela brasa dos cigarros. Quando já não há mais coca para reabastecer a cuia, inicia-se novamente o processo de produção para que haja outra *rodada*, como dizia Jovino. Os participantes dizem que a "coca vai", *pũ'ũk hamay*, quando se referem ao movimento de circulação da cuia.

Durante uma roda, Ponciano comentou que os ancestrais não usavam latas nem potes de plástico para fazerem a coca circular. Usavam os antigos *mj wõwǫy'*, "potes", feitos com cipó e vedados com breu. Eram usados para guardar a coca e o tabaco e para oferecê-los aos participantes dos encontros. A partir do desenho desses potes antigos foi feito na areia por Angélico como ilustração numa outra roda.

Um homem só começa a participar dos encontros noturnos quando já tem filhos "jovens", *pesaw*. São geralmente considerados *wähad'däh*, "velhos". Com a escuridão da noite e o silêncio da aldeia, os presentes começam a preparar a coca e a comunicar-se a partir de modos de fala específicos. Durante a preparação, os presentes chamam-se por apelidos, riem uns dos outros, provocam as mulheres próximas. Os sucessos na pesca ou na caça, a chegada de brancos, as viagens a São Gabriel são temas frequentes nesses primeiros momentos em que os homens, ainda que sentados, movimentam-se bastante e levantam-se de tempos em tempos para ajudar os outros na preparação. Conforme o alimento começa a ficar pronto, aqueles que ainda não se banharam dirigem-se até o igarapé para esfriar e limpar o corpo.

À medida que o espaço próximo à roda vai esvaziando-se, o barulho diminui, e "histórias sobre os antigos", *pinjg*, são contadas e discutidas, assim como "encantamentos", *bi'id*. Os apelidos dão lugar ao termo de parentesco *sät*, "irmão maior", usado como pronome de tratamento, o que produz um sentido respeitoso, de modo semelhante ao uso do pronome *senhor* em português. Entre afins ocorre também a alternância dos termos *yoh*, "cunhado", *semú*, do nheengatu "cunhado", e *cumpa*, do português "compadre". O desempenho de benzedores ausentes é motivo de avaliações e críticas. Juntos, os participantes debatem também as causas de doenças que afligem a comunidade e as melhores formas de proteger e curar. Os sonhos relatados por seus parentes próximos ao longo do dia são interpretados e remetidos a mitos e a benzimentos.

Ao cabo de três a cinco *rodadas* termina o estoque de coca colhido para o encontro noturno. Os preparadores comunicam ao grupo o término dizendo: *wẹd tohọ yɨ'ɨh*, ou *pũ'ũ̱k tohọ yɨ'ɨh*, "acabou a comida" ou "acabou a coca". Os senhores começam a se despedir, levantar-se lentamente de seus lugares e retornar para suas casas. Restando ainda um pouco de pó de coca, insuficiente para uma *rodada*, esse é dividido e armazenado nos "potes de plástico ou latas", *pũ'ũ̱k tö̱d'*, e entregues aos "donos da coca", *pũ'ũ̱k yo'ọm ĩh*, que a consomem ao longo do dia seguinte, ou guardam-na para oferecer no próximo encontro.

PŨ'Ũ̱K, «COCA»

O fogo ia assando a carne do *M'ẹh hup ĩh*, o Velho Cobra. No tacho de ferro seus pedaços iam sendo mexidos pelos preparadores. De tempos em tempos, recolhiam um pedaço e experimentavam sua textura para ver se a carne estava no ponto. Muitos já haviam chegado para o encontro noturno. Sentados em bancos, em pedaços de tronco ou no chão, conversavam animadamente. Os preparadores recolheram a carne e colocaram-na toda dentro de um pilão. Em pé, um senhor Hup ia golpeando o fundo do pilão com força e precisão. O tronco oco mastigava os restos mortais a cada soco. O som dos ossos despedaçando-se contra a madeira ecoava por toda a aldeia. Quando um pó verde começou a ser cuspido pela boca do pilão, o preparador derramou o conteúdo em uma cuia. O outro preparador trazia o sal para temperar a carne assada do Velho Cobra. Depois de salgada, a carne e os ossos triturados foram peneirados e o fino pó despejado num pequeno pote.

Um dos donos veio recebê-lo para oferecer a todos, entre irmãos e cunhados, que estavam sentados conversando. O pote circulava de mão em mão. Cada um jogava o pó dentro da boca e passava o alimento para o seguinte. Os cigarros iam sendo enrolados para acompanhar a refeição, pois são eles que molham, com seu óleo, a carne e os ossos do Velho Cobra. Toda a refeição era feita a partir de seu dedo menor, arrancado por sua filha mais velha, *Hōp Hup ạ̈y*, a Mulher Peixe. Ela roubara seu dedo sem que ele percebesse para entregar a seu marido Wed B'ö̱'. Foi ele quem fez a coca germinar para os Hupd'äh.

Descrevendo a roda de coca dessa maneira em meu caderno de campo, tomava como referência os comentários de Samuel durante o encontro noturno em que ele explicitou as relações entre a *história de* Wed B'ö' e o modo como a cada noite as ações eram atualizadas. Em suas palavras,

O som do pilão que ouvimos é o osso da coca. A folha assando no forno é a carne do Velho Cobra. A coca é o dedo dele. A imbaúba misturada é o sal, tempero para a carne assada. O tabaco é o irmão da coca. Sem tabaco a carne não tem óleo.[4]

Observando a roda há mais de um ano e tendo ouvido a *história de* Wed B'ö', contada pelo pai de Samuel num encontro noturno em agosto de 2011, ainda não tinha percebido a analogia entre esses encontros e essa história de Wed B'ö'.

MITO 9 (M9): HISTÓRIA DE *WED B'Ö'*

Tinha um homem, aquele Wed B'ö'. Perto de sua casa havia uma árvore que dava uma frutinha como miçanga. Duas moças, filhas do *M'ẹh hup*, o Velho Cobra, iam lá para tirar a fruta e comer. O homem foi lá e esperou-as com sua zarabatana, cujas setas estavam envenenadas. Acertou a moça, que caiu. Ele tentou benzê-la para que ela voltasse, mas não conseguiu.

Então ele cavou um buraco e enterrou-a. Foram esses bichinhos que cavam buraco na terra, esses que aparecem agora em agosto, que a fizeram reviver. Ele a desenterrou e a levou para casa. Tentou dar-lhe vários tipos de comida, mas ela não comia.

Depois, quando ela tecia uma pulseira de tucum para o marido usar na canela, uns passarinhos vieram e foram levando o fio de tucum. Eram as irmãs dela que queriam saber como ela estava. Ela disse para o marido que precisava ir para a casa do pai, mas o marido não queria deixar. Quando acabou de casar, o marido não deixa a esposa. Só quer ficar junto. A Mulher Peixe caiu na água e foi para a casa do pai.

Lá ela começou a pegar beiju, farinha, moqueados, tudo. Foi e pegou um galho de coca, mas diz que a coca é o osso do M'ẹh Hup, o Velho Cobra. O pai sentiu aquela dor no dedo e pensou: *Será que minha filha está me roubando?*. Foi e olhou todo o corpo dela. Só não olhou a vagina, pois se diz que é ruim o pai da moça olhar a vagina dela. Lá ela tinha escondido o galho de coca.

Quando chegou na data marcada, ela foi dando comidas para o marido. Mas ele desmaiava com cada alimento que punha na boca. Comeu moqueado e desmaiou, ao beber caxiri desmaiou também. É aí que começa o benzimento do caxiri. O marido dormiu e, quando acordou no dia seguinte, havia um pé de coca plantado. Não precisava tirar as folhas. Era só balançar o pé e colocar

---

4. Caderno de campo, 8 de julho de 2012.

a cuia embaixo e já enchia de coca. O mesmo acontecia com o pé de tabaco que também estava plantado. Todos os tipos de coca surgiram aí, o *pũ'ŭk-s'ạ*, a "coca preta", o *wahnạw-pũ'ŭk*, "coca abiu", e os diferentes tipos de tabaco.

Essa era a segunda vez que Ponciano contava a história de Wed B'ö̧' para mim. A primeira tinha sido quando comecei a fazer a gravação das narrativas e benzimentos na roda. Eu ainda trabalhava a tradução escrita da história com seu filho mais novo, Sabino. Para que eu entendesse o conteúdo da história, ele a contou novamente para que seu filho mais velho, Jovino, a traduzisse aos poucos para mim. Ponciano revelou-me que muitos encantamentos como o da coca, do tabaco, do caxiri e da roça têm origem nessa história. O narrador contava e perguntava aos outros participantes da roda se estava certo o que dizia: *Yid*, "É isso?", ao que os outros confirmavam dizendo: *Yid*, "sim". Por vezes, acrescentavam fatos e corrigiam o narrador. Jovino ouvia atentamente a fala do pai e, de tempos em tempos, começava a traduzir em português. Minha fluência na língua ainda não me permitia ouvir e entender bem as *pinịg*, "histórias".

Nas ações dos "ancestrais", *hib'ạh tẹ̈h d'äh*, encontram-se os acontecimentos que fazem aparecer malefícios que afligem os Hupd'äh até hoje. Ao mesmo tempo, surgem os encantamentos que ajudam a curá-los. Numa roda de coca dias antes, Ponciano contou que a coca tem uma essência ruim. Isso se deve ao fato de a Mulher Peixe ter colocado o galho, o dedo, o ramo de seu pai, na vagina. A cera de sua vagina impregnou-se na coca. Essa cera faz mal e deve ser tirada. É nesse ponto da história que surge o *benzimento da coca* e também os malefícios, como o sono durante o dia, a impotência sexual e o enfraquecimento do corpo. A partir do ato de Wed B'ö̧' de beber e desmaiar, surgem o malefício de *äg nạ'ap i,h*, "morrer de beber" ou "desmaiar de bêbado" e o "benzimento do caxiri". Enquanto traduzia a história, Jovino localizava o momento preciso em que surgiu esse malefício para indicar o momento do aparecimento do encantamento.

Em M9, duas perspectivas, dois modos de percepção parecem estar em jogo. Num primeiro momento, o ancestral Hup ocupa a posição predominante, mata a Mulher Peixe com sua zarabatana e depois a acolhe. Tenta alimentá-la, mas ela se recusa a comer o que lhe é oferecido. Depois, a esposa viaja para visitar os pais e retorna para alimentar o marido. Ela realiza uma mediação entre as duas perspectivas concorrentes, a das Gentes-Cobra, da qual faz parte, e a das Gentes-Hup, com as quais estabelece aliança através do casamento. O osso da coca revela a imagem que justapõe essas duas perspectivas, já que *a coca dos Hupd'äh é osso de Gente-Cobra*.

Nas rodas de coca, talvez o primeiro malefício a ser atenuado ou revertido seja a ação da Mulher Peixe de arrancar o dedo do pai e escondê-lo na vagina. Assar a coca ou a carne, pilar os ossos são processos que provavelmente revertam a agência destrutiva da coca enquanto carne de Gente-Cobra e a tornem um alimento limpo, bom para o consumo e para a conversa. Tudo ocorre como uma predação onde os senhores Hup procuram assumir o ponto de vista dominante nessa relação com as Gentes-Cobra. Isso se dá através de suas agências mítica e xamânica. Entendo que a partilha da carne e da coca e a comensalidade produzem relações entre parentes.[5]

Nas rodas, ao preparar a coca, todos sabem que preparam a carne e o osso do Velho Cobra. Comendo com os parentes Hup, os participantes comem também como o ancestral que estabeleceu um laço de comensalidade e de casamento, ao mesmo tempo em que predava o sogro.

Aproximando-me da reflexão de Gow, considero que os encontros noturnos, nas ações de preparação da coca, constituem gestualmente um *agora* estabelecido pelo ato de os participantes voltarem sua atenção mutuamente para eventos, movimentos e seres buscando situar-se entre as perspectivas. Se em M9 o *roubo do dedo* é condição para que a coca, o tabaco e os benzimentos *apareçam* para os Hupd'äh, a transformação do *osso da coca* em todas as noites permite que diariamente esses alimentos, os encantamentos e as histórias *apareçam* para os participantes.

A ESSÊNCIA RUIM DA COCA

BENZIMENTO 1 (B1): *PŨ'ŨK BI'ID*, «BENZIMENTO DA COCA»

1º MOV   Eu vou contar para você, Danilo. Eu faço a casca de abiu, a casca de tururi transformarem-se na água-pura que há dentro [dessas árvores]. Transformo a água-pura de dentro do ramo de coca de onde vem a *hǎwag-dëh*, a "água do sopro vital".

---

5. Nas palavras de Fausto (2002, p. 15), "A partilha da carne e a comensalidade não apenas marcam as relações entre parentes, como as produzem. Comer como alguém e comer com alguém é um forte vetor de identidade, assim como se abster por ou com alguém. A partilha do alimento e do código culinário fabrica, portanto, pessoas da mesma espécie".

Comentário Menciono as águas-puras dali para extrair sua essência ruim, a "pasta da coca", *pũ'ŭk nuh*. Essa impureza pode causar doenças como o sono de dia. Nós mandamos sair. Mandamos para baixo para que saia ali. Para que desça vagarosamente e saia por baixo.

2º MOV Banhamos o corpo com a água-pura da árvore de ingá do cerrado.

Comentário Essa água-pura é excelente para banharmos o nosso corpo ao benzer. Essa água foi trazida pela Mulher Peixe. Banhamos nosso corpo com a água-pura de imbaúba para retirar o que é ruim e restar apenas o que é benéfico. Fazemos isso para que nosso corpo fique como era antes. Tiramos todo o cheiro da coca. Mandamos sair.

3º MOV Vocês brancos estão ouvindo? Quantos tipos de coca abiu há. Cada um deles: coca abiu, coca preta, nós lavamos sua pasta e mandamos sair. Limpamos com a água-pura. Extraímos com a água-pura da fruta *tũ-ag*. Refazemos o corpo para que não restem impurezas. Falamos para que a pasta seja expelida e o corpo pareça como antes. Diz-se: "água-pura do abiu pequeno" para fazer com que o corpo esteja como que dentro da casca de tururi. Como tudo que eu já falei, mencionamos todas as águas-puras das árvores da mata para que seu líquido refaça nosso corpo.

Comentário Lavamos o resíduo que entra, senão ele suja o *hạwäg*, penetra o *hạwäg*. Lavamos com a água-pura e banhamos o corpo para refazê-lo.

º MOV Além disso, banha-se o corpo com água devido às lagartas que há na coca. Elas se embrulham na rede que têm na folha. Embrulham-se e ficam penduradas. Mando saírem da rede e cerco. Mando saírem da rede, da teia de aranha pequena delas, onde se embrulham. Das duas redes, folha e teia, eu mando saírem.

Comentário Dizem que para tirar aquela lagarta preta, a lagarta que se enrola na rede e fica pendurada, é preciso mandar sair todas as lagartas, pois, se a lagarta dá de beber do *caarpi* dela, ficamos doentes. Ela fica na rede dela, dentro da folha, dentro, na ponta da folha enrolada. Mando-a sair de sua teia, de sua rede. Vai se apagando o calor gostoso que dá na rede quando não queremos sair. Mando-a sair da sua rede, da sua teia.

' MOV Aqui parou, mas há ainda para falar. É preciso mencionar todos os tipos de coca que há. Menciono todos os tipos que comemos. Benzo tudo. Banho o corpo com água para que todos fiquem bem, para que não haja nada de ruim. Vejo e digo para que, depois de banhado com água, o corpo renasça.

Comentário Diz-se que, quando fica morno, queremos ficar pendurados em casa. Atenuo o calor com a água-pura e mando sair. Faço haver um calor apropriado no corpo com a água-pura para que não fiquemos em casa, em nosso lar. Transformo o corpo para que esquente menos.

PISAR Lá, naquele lugar, falo e fumo o tabaco para que ali mesmo saia [do corpo]. Ali, com casca de tabaco, mando sair para fazer o corpo estar dentro do tronco e para não estar pendurado. Está bom já, Danilo.

Comentário Diz-se que depois [do benzimento] nosso corpo fica bom, continua bom.

༄

Pela manhã bem cedo, Paulino veio à casa de apoio[6] contar o *pũ'ŭk bi'ĭd*, o "benzimento da coca". Estava ainda com os cabelos molhados do banho de rio matinal. Ofereci a ele um copo de café. Ele se sentou em meu *hup käd*, "banco hup", e começou a contar calmamente o benzimento em língua hup. Sentando-me em outro banco, coloquei-me diante dele e comecei a beber meu café. Liguei o gravador, coloquei-o sobre minha perna e deixei-o registrando nossa conversa. O narrador voltava seu rosto e voz ora para mim, ora para o gravador um pouco mais abaixo. "Vocês brancos estão ouvindo?", ele perguntava à máquina.

Com as mãos, Paulino indicava a localização de substâncias e partes do corpo importantes para a compreensão do encantamento. Levava as mãos ao peito, mostrava a *hãwäg dëh*, a "água do sopro vital". Esfregava as mãos contra o peito para explicitar a lavagem do sopro vital. Erguendo o pé com a mão, mostrava onde se encontram os buracos por onde sai a essência ruim de alimentos como a coca e o tabaco. Terminamos nosso café. Paulino levantou-se. Despediu-se dizendo que nos veríamos na roda de coca mais tarde, e seguiu para sua casa. Ia à roça com sua mulher apanhar timbó.

---

6. Casa de apoio: casa da aldeia para receber equipes de saúde e profissionais que venham trabalhar com a comunidade.

Homem mais velho de Tạt-Dëh, ele é considerado um *kihsạt wähạd*, o "primeiro velho" — como visto, aquele que "vem primeiro" e que "chama a ação". Na roda de coca da noite anterior ele havia chamado a todos para tinguejar dali a dois dias no Igarapé-Taracuá, o Tạt-Dëh. A presença de mulheres e crianças próximas à roda naquela noite, e o barulho de suas conversas e risos fizeram com que Paulino preferisse contar o benzimento da coca na manhã seguinte. *Họh dạb, bi'ịd wạ' nịh*, "Muito barulho, não se pode ouvir encantamentos", ele disse. Vicente e João, também presentes na roda, concordaram e disseram que na manhã seguinte bem cedo, no silêncio da casa de apoio, ele me contaria. Vicente levantava-se de tempos em tempos para oferecer a coca do *pũ'ụk tọd'*, o "pote de coca", de Paulino.

Ouvir benzimentos, falar a língua hup e ser branco eram características que me aproximavam da imagem do antropólogo Howard Reid. Entretanto, como mencionado anteriormente, em seus trabalhos Reid faz apenas algumas considerações sobre as práticas de benzimentos dos Hupd'äh. Comentando isso com meus companheiros, eles disseram que os antigos não deixavam que os brancos escrevessem ou falassem a outros sobre os encantamentos. Hoje em dia, eles conhecem melhor os brancos e sabem que os encantamentos perdem muito de sua força quando escritos e/ou traduzidos para o português. Por isso, para meu trabalho eu poderia mostrar aos outros (brancos) os benzimentos. Poderia, como na pergunta de Paulino ao gravador, fazê-los ouvir.[7]

Foi Ponciano quem me benzeu com o encantamento da coca para que eu pudesse participar dos encontros noturnos. Nas rodas de coca, todos pareciam muito preocupados com o fato de eu comer coca, fumar tabaco e ouvir encantamentos sem ter sido benzido com o *pũ'ụk bi'ịd* e nem com o *hụt bi'ịd*, o "benzimento do tabaco". Jovino e Ponciano contaram que o benzimento para comer coca faz com que a língua sinta o gosto da coca como sendo doce. "Faz com que a língua fique doce quando a gente come coca", disse Jovino. A essência ruim da coca faz mal, pois ela se impregna nos testículos do homem, faz com que as pernas fiquem moles e pode causar doença. Já a gordura do tabaco se impregna no estômago da pessoa e pode fazer mal também. Nas pernas há "caminhos corporais", *sap tịw*, que são,

---

7. Uma restrição foi feita, no entanto, quanto ao uso, na tese, de transcrições de encantamentos em língua hup, devido ao receio de que pessoas Hup de outros grupos locais utilizassem as versões transcritas para praticar ações xamânicas agressivas contra os moradores de Tạt-Dëh (Ver capítulo *Viagens a São Gabriel*, p. 403.

como as trilhas pela mata, abertos pelos movimentos da pessoa ao realizar o encantamento. É por esses caminhos da perna que o *mal* da coca e do tabaco deixa o corpo saindo pelos pés. Caso a pessoa não seja benzida, o resíduo da coca não sai pelos orifícios que há nos pés. Isso pode gerar doenças como a insônia, que faz a pessoa não querer sair de sua rede durante o dia. Ela fica como uma *lagarta em sua rede*, deitada no calor de seu lar sem querer fazer mais nada. Conversando uma tarde com a senhora Catarina, esposa de Paulino, ela riu e me disse que comer muita coca pode fazer com que o pênis do homem não levante mais, "fica mole", *pịb nịh*. Para as mulheres e moças, o consumo da coca pode ter consequências ruins como, por exemplo, fazer com que "não saibam mais pegar criança", *sụ' hipãh nịh*, "dar à luz". Sempre que perguntei a mulheres que estavam próximas à roda no início da noite se não iriam comer coca, elas diziam não querer, pois queriam continuar tendo filhos.

Na tarde do dia 13 de julho de 2011, Ponciano veio à casa de apoio onde eu estava para realizar os benzimentos da coca e do "tabaco", *hụt bi'ịd*. Preparou um cigarro com um punhado de tabaco e um pedaço de papel de caderno. Sentado, segurando o cigarro apagado próximo à boca, ele murmurava palavras e, de tempos em tempos, assoprava. Muito concentrado, mantinha o olhar num ponto distante à sua frente. Quando terminou, entregou-me o cigarro e instruiu-me a fumá-lo soprando a fumaça no peito, em meu *hãwäg*, nas pernas e nos braços. A partir desse dia, eu pude participar tranquilamente de todas as rodas de coca que ocorreram sem temer as consequências ruins do consumo cotidiano.

Mencionando a água do ingá do cerrado, trazida pela Mulher Peixe, *Hõp Hup ãy*, e a água de imbaúba, o benzedor tira o cheiro da essência ruim da coca e impede que ela suje o sopro vital. A limpeza do *hãwäg* é importante também para que a pessoa "corporifique", "grave", *wä' d'ö'*, os encantamentos nos ouvidos. Só assim a pessoa consegue guardá-los para, futuramente, realizar ações xamânicas. Um quarto movimento do benzimento busca fazer com que as lagartas saiam da rede. Com a água-pura produzida, vai-se alterando o fogo, o calor que há na rede, e gera-se conforto. Segundo Sabino, que me ajudou a traduzir e escrever o encantamento, "quando comemos coca, ficamos iguais ao bicho". Nesse sentido, transforma-se o corpo para o *comedor de coca* não agir como se fosse a lagarta da folha de coca. O perigo, no caso, diz respeito a aceitar o *caarpi* (*banisteria caapi*) oferecido pela lagarta, que pode causar *doença*. Um último movimento , o quinto, do encantamento é a criação de envoltórios de casca (tabaco e tururi) para cercar o corpo da pessoa.

Paulino mostra e esfrega o *hǎwäg* com as duas mãos enquanto menciona as ações para banhar o *hǎwäg*. Seu gesto assemelha-se ao de Demétrio quando, à beira do *s'ǫm hǫy*, "lago", "poço de banhar", recolheu a água com as mãos e jogou-a contra seu peito para lavar seu sopro vital. Partindo da reflexão de Kendon, esses gestos podem ser entendidos como ações corporais visíveis, já que têm um papel central na ação de contar o benzimento e de banhar-se no lago. Banhando o sopro vital, Demétrio e Paulino estão, como dizem *hikäd nį*, "trocando" a água do *hǎwäg*. "Fazemos isso para que nosso corpo fique como era antes", diz Paulino ao narrar a exegese do encantamento. No mesmo sentido, os banhos nos lagos realizam-se para que a pessoa fique *jovem até a morte*.

Na renovação da substância que compõe o sopro vital é a própria vida que é renovada. A *água do ramo de coca* é também a *água do* hǎwäg, o sopro vital. Traduzida pela literatura como "alma", é como sopro, ar pulsante que as pessoas se referem ao Espírito concentrado no peito. Mas em B1, o sopro vital manifesta também a composição líquida de sua substância plena de águas-puras. A analogia entre os gestos de Demétrio e Paulino ilumina essa fabricação do corpo, que atribui uma nova identidade engendrada por um processo de limpeza e rejuvenescimento. O *pū'ǔk bi'įd* e os *banhos da serra* revertem a moleza do corpo em dureza, a sujeira em limpeza, a velhice em juventude, num caso para o consumo da coca, no outro para beber a água das serras ou para beber o *caarpi*. A água-pura opera uma transformação da pessoa por um processo de reversão do envelhecimento corporal para a participação nos contextos rituais da roda de coca e da iniciação xamânica. É essa reversão que torna a pessoa apta a participar de contextos de interação onde sentidos serão revelados a ela através da interação com *comedores de coca*, benzedores, pajés ou seres como donos das casas do universo, animais, plantas etc.

Assim, o encantamento é necessário a todos que começam a comer a coca com frequência. Mas o benzimento acompanha também a passagem do participante pelo *primeiro banco*. Nessa posição, ele é instruído pelo dono na aquisição de habilidades em meio ao processo de transformação da coca para o consumo. Assando, pilando, misturando e oferecendo para que os outros provem, a pessoa aprende a transformar o *dedo de Gente-Cobra* em *alimento do surgimento*. Tornando a língua doce para alterar a percepção do gosto, banhando o *hạ̈wäg* ou abrindo os caminhos nas pernas, o encantamento fabrica o corpo para o alimento, ao mesmo tempo em que o *primeiro banco* trabalha os movimentos para metamorfosear a coca para o corpo. Há um aprendizado em termos de técnicas corporais que permite ao preparador adquirir a destreza e a sensibilidade na produção do pó de coca.

De modo semelhante ao que Sulkin diz sobre os Muinane, creio que as práticas que envolvem a coca e o tabaco transformam as substâncias dos agentes que causam malefícios e comportamentos antissociais. O *benzimento da coca* e o *primeiro banco* garantem que todos estejam preparados para comer a coca, que é osso e carne de Gente-Cobra, sem que precisem sofrer os malefícios como o ancestral Wed B'ö' sofreu. Em um caso limpa-se a *essência ruim*, no outro fragmenta-se a matéria para a refeição. Partindo da reflexão de Lolli, suponho que *ser benzido, passar pelo primeiro banco* e *banhar-se nos lagos* são ações de manejo de potências primordiais que preparam o participante para agir entre perspectivas. Manejar a coca, transformá-la, sentir seu gosto mudar na boca são ações que fazem parte de um processo de educação da atenção através do qual os mais velhos vão mostrando os sentidos, fazendo com que haja um engajamento perceptivo e sensível do novo participante no manejo da coca, enquanto uma potência primordial para situar-se entre as perspectivas da Gente-Cobra e da Gente-Hup.

Entendendo os benzimentos como um modo de ação, tal como Gow concebe os mitos, percebo que neles a palavra xamânica ganha a forma de uma sequência de atos que vão transformando o corpo, o ambiente e os seres. O *benzimento da coca*, a passagem pelo *primeiro banco* e a *história de* Wed B'ö' (M9) apresentam, assim, sequências de ações que associam modos de relação num processo de torna-se um *pũ'ũk wẹd ĩh*, um "comedor de coca". Mito, benzimento e preparo promovem condensações rituais que combinam relações entre as diversas perspectivas. Se, como mostra Severi (2009, p. 469), um dos traços importantes para a comunicação ritual vem a ser o modo como é gerada uma "nova identidade dos participantes, própria do contexto ritual, através do estabelecimento de uma forma particular de interação linguística", creio que o novo *comedor de coca*, ao manejar potências primordiais, começa a compartilhar uma identidade necessária aos atos verbais e não verbais engendrados pelo consumo coletivo da coca e do tabaco.

A LAGARTA E O BICHO-DE-PÉ

Atormentado pela dor em meu dedo do pé, pedi a Genésio[8] que "visse se eu tinha bicho-de-pé", *këyëy am ten n'an äh nííh?*. Ficamos sentados do lado de fora da casa onde eu estava. Ele tomou uma agulha e começou a olhar e a espetar meu dedo do pé. Foi então que olhou para mim surpreso e disse que havia dois bichos-de-pé em meu dedo e que eles já estavam sentados comendo coca. Estavam com suas roupas comendo coca. Para mim, a *roupa* eram os ovos que formam o anel em torno do bicho. Por outro lado, informado pela teoria perspectivista, esperava ver roupas principalmente em seres como jaguares, porcos queixadas e macacos, mas não nesse pequeno inseto que me incomodava tanto. Também não esperava que eles comessem coca, realizando algo semelhante aos encontros noturnos. Fui entendendo que, além dos Hupd'äh, muitos seres se reúnem para comer coca, fumar tabaco e conversar sobre encantamentos e mitos.

No início da noite, nas Casas do Rio, *Dëh-Moy*, os benzedores e os donos das muitas Gentes-Cobra e das Gentes-Peixe se reunem para comer coca e fumar tabaco. No céu, na Casa-do-Trovão, *Pëy-Moy*, quando as Gentes-Onça não se reúnem para comer coca e fumar com seu dono, o Trovão, pode-se ouvir sua fúria através dos estrondos dos raios e trovões no céu. Na mata, as diversas Gentes-Sombra, *b'atib'd'äh*, preparam a coca e o cigarro para fazer a refeição coletiva, conversar, contar suas *pinig*, "histórias", "mitos" e falar sobre benzimentos. Na Casa da Cachaça, *Sib'i-Moy*, os "xamãs do banco", *käd hup ih d'äh*, e os "xamãs do sopro", *bi'id hup ih d'äh*, preparam a coca e sentam-se em roda para comer, fumar e conversar entre parentes ou, como me disseram, entre "cunhados" (afins), *yoh däh*, e "irmãos" (agnatos), *bab' d'äh*. Tomando as palavras de Fausto,[9] "nesse mundo atravessado por relações de domínio, em meu dedo do pé, assim como nos dedos de muitos da aldeia, os bichos do pé se instalam, preparam sua coca, sentam-se, comem e conversam entre parentes".

Por várias noites, sentado próximo à casa de Genésio, comi coca e fumei com seu pai, Vicente, seu sogro, Miguel, seus tios (FB) e cunhados (afins). Fui entendendo que sentar é a postura corporal que marca a harmonização conjunta (*attunement*) o movimento de voltar a atenção para esse campo mútuo de percepção e a ação dos

---

8. Genésio (*Kä'*, nasc. 26 de maio de 1986, Sokw'ät).
9. 2008, p. 341.

encontros noturnos. À medida que a coca começa a ficar pronta, é derramada do pilão para a cuia. Um "dono da coca", *pũ'ũk yo'ọm ĩh*, levanta-se e dirige-se até o *primeiro banco*. Pega a cuia ou a lata com coca e oferece-a aos presentes para que eles a comam e façam o alimento circular. Ele aguarda em pé enquanto o recipiente é passado de mão em mão. É apenas quando todos já estão sentados e a coca começou a circular que os participantes começam a conversar sobre encantamentos e mitos. Nas rodas, relações vão estabelecendo-se com múltiplas pessoas e lugares através de posturas, gestos, palavras e movimentos.

É comum que, durante os encontros noturnos, enquanto comem a coca e conversam, os participantes comecem a mirar suas lanternas para seus pés. Com as mãos, afastam os dedos e analisam atentamente. Caso encontrem algum bicho-de-pé, procuram logo espinhos para cavoucar o buraco e tirá-lo. "O bicho-de-pé fica nos dedos. Começa a comer sua coca. Depois procura o *hậwäg* da pessoa para comê-lo. Pode causar muita dor e até mesmo a morte", contou Ponciano numa roda, enquanto procurava o bicho entre os dedos. A pasta de dentes é utilizada para cicatrizar e vedar o machucado logo que o bicho-de-pé é extraído. Genésio explicou-me que os bichos do pé gostam muito de pés com pelos. Era por isso que eu tinha tantos. Pediria a Ponciano que me benzesse com o *N'ạn bi'ịd*, o "benzimento do bicho-de-pé". Esse encantamento impediria a entrada desses bichos do pé. Faria também com que não me oferecessem seu pote de *caarpi*.

Em noites de chuva, a roda acontece nas "cozinhas coletivas", *sịw mọy*, onde estão os fornos para assar o beiju e a coca. O chão dessas cozinhas fica repleto de bichos do pé, pois a água de manicuera, que mata esses bichos, é jogada apenas no chão da morada e não nos espaços comuns externos. Muitos cachorros dormem nessas cozinhas, atraídos pelo calor, pela cobertura e pelos restos de comida. Os participantes sempre relutam muito em ir para o coberto devido aos bichos do pé e aos cachorros, que tentam se deitar nas cinzas de imbaúba quentes.

A atenção voltada para esse pequeno ser durante os encontros é importante para não sofrer com os perigos de sua ação no corpo. O bicho do pé faz pensar também na lagarta da folha de coca. Como visto em B1, uma das principais ações de Paulino no *benzimento da coca* é fazer a lagarta da folha sair de sua rede e não oferecer seu *caarpi* àquele que começa a comer coca. É comum que durante a colheita das folhas de coca sejam encontradas essas lagartas, ora penduradas em seus casulos, ora movimentando-se pelas folhas. A folha pode apresentar uma coloração amarelada, seca e com pedaços já consumidos pelo bicho. Essas folhas são geralmente extraídas e jogadas no chão. Mata-se o bicho com um pisão. Como revela B1, a lagarta come a coca hup, oferece sua cuia de *caarpi* e faz com que o *comedor de coca* não queira sair de sua rede. Já o bicho-de-pé instala-se no dedo da pessoa, reúne-se para conversar e comer coca. Com o tempo, ele se dirige ao *hãwäg* da vítima para devorá-lo.

Se as roupas permitem transformações em termos de perspectivas, creio poder dizer que a postura corporal, a gestualidade, as interações e o alimento comum a esses seres se apresentam também como índices de uma condição humana universalmente partilhada, *a essência antropomorfa de tipo espiritual, comum aos seres animados*.[10] As ações do bicho-de-pé e da lagarta são humanas e visam à criação de relações com os participantes Hup das rodas. Esses seres coabitam as rodas e manifestam suas presenças de modos diferentes.

Como contou Américo, as plantas de coca estão reunidas, conversando e comendo a sua própria coca nas roças. Antes, o formato circular da plantação explicitava essa relação de semelhança entre as práticas hup e a prática das plantas de coca. A ponta da folha e a ponta do pé transformam-se em ambientes que situam as interações desses pequenos seres entre si e com seus hospedeiros. É por meio de seus gestos alimentares que o bicho-de-pé cria uma relação de predação com a pessoa Hup, come sua coca e pode oferecer seu *caarpi* explicitando que o sopro vital hup é a coca de bicho-de-pé. A lagarta devora a coca dos Hup e oferece sua cuia de *caarpi* aos mesmos. O gesto de oferecimento do *caarpi*, comum aos dois seres, é próximo ao do pajé Hup em situações de cura ou iniciação. Mas os efeitos da partilha do *caarpi* da lagarta e do bicho-de-pé fazem enlouquecer aquele que o toma. Fausto, refletindo sobre a comensalidade e predação para as populações amazônicas afirma que "A comensalidade é um vetor de identificação que não se aplica apenas às relações sociologicamente visíveis entre parentes humanos. Ela é um dispositivo geral que serve para pensar a passagem de uma condição de parentesco à outra e, portanto, aquilo que chamei de familiarização".[11]

Tudo leva a crer que, bebendo o *caarpi*, a pessoa aceite lagartas e bichos do pé como interlocutores humanos, e assuma suas perspecti-

---

10. Viveiros de Castro, 2002, p. 351.
11. Fausto, 2002, p. 15.

vas. Num caso, adoece e só quer ficar na rede. No outro, pode ter seu sopro vital devorado.

Se com M9 os Hupd'äh se mostram devoradores da carne e dos ossos da Gente-Cobra, a lagarta e o bicho-de-pé revelam-se pequenos e poderosos predadores cuja interação pode levar à morte ou à loucura. Por um lado, a coca é o osso e carne do Velho Cobra, por outro é a fonte da *água do hǎwäg'* substância que garante refazer a vida. Comendo as folhas da coca, a lagarta come também essa essência vital da pessoa Hup. Já o bicho-de-pé procura devorar o próprio sopro vital. Sem saber o que é a coca da lagarta, sabe-se que ela, como os Hupd'äh, também se alimenta das plantas de coca que são carne e osso de Gente-Cobra, do ponto de vista hup. Essa comensalidade comum gera, a meu ver, o perigo de partilhar outras substâncias como o *caarpi*. Aceitar o *caarpi* e permanecer deitado no calor da rede durante o dia são atitudes que metamorfoseiam a pessoa Hup, fazendo com que *fique como a lagarta*.

Para além da capacidade de assumir um ponto de vista através de roupas cósmicas, entendo que a ação constituída por gestos, posturas, movimentos e comensalidade é fundamental para a percepção da essência humana que atravessa esses seres. Nesse encadeamento performático, as rodas acontecem em diversos níveis, e podem ser vistas como condensações que, associando relações, estabelecem-se como pontos de referência para a atuação de múltiplos sujeitos. Nessa dispersão e ampliação dos campos relacionais engendradas pelas *performances*, suponho haver algo como um modo de ação marcado por aspectos de fractalidade, em termos semelhantes aos que Lima descreve para a categoria de pessoa Yudjá. As ações das rodas geram identificações, pontos de referência num vasto campo relacional que se estende do dedo do pé dos participantes até as diversas Casas do Céu. Creio que naquele final de tarde, aos olhos de Genésio, meu próprio dedo era a morada onde os bichos do pé podiam tranquilamente sentar-se com suas roupas, comer coca e conversar sobre suas histórias e benzimentos, enquanto nós começávamos a preparar a coca para realizar o encontro noturno.

SENTAR E DEITAR

Os benzedores Hup não usam maracás ou cocares quando praticam um encantamento, mas procuram geralmente sentar-se em bancos.

Para o ato coletivo de comer coca, os participantes procuram também assumir a postura sentada, seja em bancos, seja sobre folhas ou no chão. Proteger a pessoa Hup para o consumo da coca envolve fazê-la sentar-se no *primeiro banco* à noite, como os senhores Hup, e não permitir que ela fique *deitada na rede* durante o dia como a lagarta e nem que ela aceite beber seu *caarpi*.Partindo das reflexões de Ingold e Kendon, entendo a postura como um alinhamento corporal para a ação. Percebo que os modos de sentar e os modos de deitar contribuem para a diferenciação dos seres quanto a suas perspectivas. Essa diferenciação protege também dos perigos das metamorfoses.

Os bancos são feitos com madeira de "sorva",[12] *pãhą̈y*, árvore encontrada na mata próxima à comunidade. Fabricados a partir de uma mesma peça de madeira, que é entalhada a terçado, os bancos demoram aproximadamente quatro horas para ficarem prontos. São leves, pequenos, fáceis de carregar de um lugar para outro.[13] Além disso, os bancos hup não são polidos ou lixados e nem recebem grafismo de trançado como os bancos tukano. São fabricados também bancos pequenos para as crianças e seus tamanhos variam de acordo com suas idades. Os homens aprendem a fazer os bancos com seus pais, sendo uma das primeiras peças do mobiliário da nova morada do casal após o casamento, junto com as redes.

A pedido de pais e avós, os benzedores muitas vezes realizam as práticas para proteger ou curar enquanto participam das rodas de coca. Sentados nos "bancos hup", *hup kąd*, os senhores executam os encantamentos. É marcante o contraste entre, por um lado, o corpo silencioso, quase imóvel, concentrado, os lábios movimentando-se próximos ao cigarro ou à cuia, soprando-os para fazer as palavras penetrarem, gesticulando as mãos para reforçar ações mencionadas e, por outro, sua pessoa-sopro (pensamento ou sopro vital) em constante movimento pelo cosmos, entrando em relação com seres e com outras dimensões do espaço-tempo.

Como disseram, nas rodas os benzimentos nunca são contados por completo. Quando o encontro está prestes a terminar, os senhores

---

12. *Pãhą̈y*, "sorva", árvore da família das apocináceas, *Couma guianensis*. Cf. Ramirez (2006).
13. Creio que o design e a técnica empregada diferenciam os bancos hup dos bancos dos Tukano, que são mais pesados e demoram em média 72 horas para serem fabricados, segundo a Tok Stok. São, portanto, de fabricação muito mais rápida, pois um Hup usa somente 5,5% do tempo que um Tukano leva para fazer seu banco (ver <http://tokstok.com.br/linhakumurõ>).

enchem suas bocas de coca, despedem-se e vão para suas casas para deitar na rede. Enquanto a coca vai sendo absorvida, os senhores deslocam seu "pensar", *wä'kẹ̈y*, e seu "sopro vital", *hǎ̧wäg*, para os tempos e espaços mencionados nas conversas da roda. Esse é um momento perigoso, pois os benzedores e pajés de todas as Casas do Céu, da Terra, do Rio, do Subterrâneo, de outras comunidades Hup e de outras etnias estão deslocando-se para "roubar", *s'ẹ̈kẹ̈y*, os encantamentos, o sopro vital, e os "saberes", *hipą̧hą̧y*, uns dos outros. Para estar protegido, é preciso que o benzedor saiba cercar-se com o "benzimento de cercar os sonhos", o *sōh nị tạ' bi'ịd*, e manter-se acordado. Do contrário, terá sonhos ruins que podem representar perigo à sua família e à aldeia como um todo. Por volta das duas da madrugada os benzedores dizem dormir e sonhar. Em seus sonhos, deslocam-se para as casas onde estão seus pais, avós e ancestrais. Esses surgem e contam os encantamentos e mitos sobre os quais conversavam na roda. Assim, os viajantes Hup conseguem complementar as sequências de ações parcialmente descritas nos encontros noturnos.

Antigamente, contam os senhores Hup, suas redes eram feitas de "fibra de tucum",[14] *k'öb-s'ọ*, palmácea encontrada hoje em dia em áreas de floresta mais distantes das aldeias. Por meio das trocas com os comerciantes e com os religiosos, os Hupd'äh passaram a adotar as redes de pano dos brancos. Cada pessoa possui sua própria rede. Apenas bebês e crianças pequenas ocupam a mesma rede das mães, pais ou irmãos mais velhos. Adultos partilham a mesma rede para relações sexuais ou para o consumo de caxiri em dias de festa. Como visto em B1, deitar-se na rede permite aconchegar-se em meio ao *calor gostoso* para o descanso, *bị'nịh*, "não fazer", e para o "sono", *ọ̈h*. Mas, após as rodas de coca, é justamente esse descanso e sono, ainda com a coca na boca, que possibilitam a viagem da pessoa Hup que se dá durante o repouso do *sạp*, "corpo", e na concentração e movimento como pessoa-sopro (sopro vital ou pensamento). Tomando a reflexão de Lolli, há assim uma desconstrução da pessoa e uma concentração num regime de corporalidade diferente.

As posturas de *hipẹmẹy*, "sentar", e de *yạgạt*, "deitar-se na rede", são alinhamentos corporais importantes para *viajar*, interagir com outros seres e adquirir mais habilidades para curar ou proteger. Pajés e benzedores contam sempre sobre sonhos em que viajam com seus *hą̧wäg-wä'kẹ̈y* para as diversas casas do cosmos, morros, cachoeiras,

---

14. Tucum, palmeira da família das arecáceas, Astrocaryum tucuma, Cf. Ramirez, 2006.

lagos. É como *ham k'ö'*, "viagem", que essa mobilidade do ser é percebida. Através desse deslocamento, os xamãs estabelecem relações com ancestrais e seres diversos que habitam os muitos planos-casa do universo. É por meio dessa mobilidade e fluidez — para tomar conceitos chave através dos quais Silverwood-Cope, Reid e Pozzobon refletiram sobre a organização social e a circulação de Hupd'äh, Yuhupdëh e Kákwa pelo território — que o xamã interage com as múltiplas perspectivas e busca situar-se para intervir no campo de percepção e ação dos seres, agindo para alterar suas percepções sensoriais e acalmar sua fúria. Também para Lolli, a concepção yuhup de pensamento diz respeito à ação e ao deslocamento. Em suas palavras,

O que gostaria de frisar é que pah-këy me sugere ao mesmo tempo uma distinção entre planos distintos de atuação e a possibilidade de atravessar os planos conectando-os, já que se age alhures para agir aqui: através de pah-këy, a atuação em um plano é também a atuação em outros planos.[15]

Conversando muitas noites com Jovino e seu pai, Ponciano, disseram-me que o "benzedor", *bi'ịd ĩh*, enquanto profere o benzimento, murmurando-o em direção a um objeto intermediário, *Tịh hą̈wäg ham. Tịh wä'këy ham. Bab' nị*, "Vai como pensamento. Vai como sopro vital. Juntos.", dirige-se até a pessoa a ser benzida e depois desloca-se para as diversas Casas do Céu, da Terra, do Rio, do Subterrâneo, dependendo do encantamento. O deslocamento se daria não *em pensamento*, mas *como pensamento*, estando o pensamento sempre acompanhado do *sopro vital* para vibrar e se deslocar num mesmo pulsar.

A antropóloga Dominique Buchillet termina sua tese *Maladie et memoire des origines chez les Desana du Uaupes* abrindo os seguintes questionamentos:

Entendendo que a eficácia terapêutica repousa no encantamento, e que as palavras desse encantamento refletem a ideia de um deslocamento no espaço, uma progressão do kubu de um local a outro para identificar os agentes responsáveis pela doença, poderíamos nós, portanto, falar de uma viagem do kubu?[16]

As perguntas colocadas pela autora sobre o deslocamento do kubu durante a realização de encantamentos partem de sua minuciosa descrição das práticas xamânicas dos Desana. A partir de sua etnografia, Buchillet contrapõe-se às descrições generalizantes de Lévi-Strauss e

---

15. 2010, p. 72.
16. 1983, p. 198.

Eliade, por perceber que as práticas de cura desana são realizadas muitas vezes sem a presença do doente, em silêncio, por meio de palavras murmuradas e sopradas em objetos intermediários, sem ornamentos rituais e sem a *viagem da alma*. A descrição de Reid revela um entendimento da prática xamânica muito próximo ao de Buchillet. Os encantamentos hup são vistos pelo autor como fórmulas murmuradas por benzedores ou pajés para um cigarro ou cuia com remédio líquido. Têm como objetivo a proteção ou a cura de determinada doença. A *performance* é descrita como a recitação de um texto cuja estrutura se divide em níveis (chão, centro e topo).[17] A ênfase no caráter textual e figurativo dos encantamentos torna pouco visível a relação entre o ato de fala, a postura e a gestualidade do benzedor em suas ações. O murmúrio e o sopro são os únicos gestos descritos nessa tentativa de distanciar-se do modelo de eficácia simbólica levistraussiano. De modo distinto, creio que tomar os encantamentos como sequências de ações possa gerar novos entendimentos sobre essa prática. Por um lado, se o xamã *vai como pensamento e como sopro vital*, há uma ação de deslocamento da pessoa sentada, murmurando e soprando palavras a objetos intermediários visando à proteção ou à cura. Por outro lado, quando já estão deitados em suas redes é que os *comedores de coca* viajam para os diversos planos-casa e, como dizem os Hupd'äh, "trabalham", *bɨ'*.

No banco ou na rede, sentados ou deitados, benzendo ou sonhando, os xamãs perfazem-se pessoas-sopro para viajar ao longo do mundo vivido. Tornam-se seres transicionais que são seus próprios movimentos realizados no *entrecurso* de perspectivas, paisagens, percepções e sensibilidades. Passa a ser difícil delimitar onde a pessoa-sopro começa ou onde acaba, pois ela depende das relações externas que a estabelecem como um ponto de referência de si para lançar-se alhures. Os benzimentos deixam assim de ser tomados apenas como textos recitados para a cura, podendo ser vistos como sequências de atos realizados através do deslocamento e da interação com outros seres e lugares para curar ou proteger.

Pensando com Lolli, esse *devir pessoa-sopro* é marcado por procedimentos de desconstrução e reconfiguração de si para a ação através de uma corporalidade outra que permite ver, ouvir, movimentar-se,

---

17. No primeiro nível (chão), o benzedor isola a fonte da doença. Depois há ações de despoluição e tentativas de libertar o espírito da caixa do agente maléfico. Por fim, a alma do paciente é recolocada no corpo e as essências ruins são jogadas para fora e purificadas (Reid, 1979, p. 176-7).

oferecer, acalmar, banhar, sentar, gestos e posturas para situar-se entre o aqui e o lá das muitas moradas (planos-casa), paisagens, caminhos e morros. O espírito parece não ser a parte de um todo, permanentemente alojado no interior do corpo ou um conteúdo libertado oniricamente. No lugar de ver, como Reid, a agência xamânica marcada por uma *saída do espírito do corpo para a atuação no universo não material*, entendo esses movimentos do ser como viagens realizadas a partir da reconfiguração do xamã como *pessoa-sopro* (sopro vital e pensamento), numa transdução para agir mobilizando a energia do contínuo entre corpo e espírito, entre ego e alter, situando-se como viajantes ao longo dos caminhos.

Toda essa movimentação surge nas *exegeses de benzimentos*, como em B1, através da narrativa das ações do benzedor quando este interage com os diversos planos-casa e com as diversas perspectivas dos seres que habitam esses locais. Se a viagem da pessoa Hup parece ocorrer a partir de duas posturas corporais específicas: *sentado no banco* e *deitado na rede*, impedir que a *pessoa fique só deitada na rede como a lagarta* e fazê-la sentar-se no *primeiro banco* talvez sejam formas de negar o "não fazer", o *bɨ' nɨh*, modo como a maior parte das pessoas percebem o *deitar na rede* e inserir o novo *comedor de coca* num processo de *bɨ'*, "fazer", "agir", que ocorre nos atos de deitar e sentar. Por outro lado, *fazer sair da rede* talvez impeça o alinhar da postura a partir da ação da lagarta, o que faria a pessoa assumir não só o ponto de vista desse ser como também o modo de ação a partir do qual a lagarta perfaz-se xamanicamente em sua metamorfose para, como mariposa, deslocar-se pelo mundo.

OFERECER

"Oferecer", *k'ǫpǫy*, vem a ser um gesto fundamental na sequência de ações de preparo e consumo da coca nos encontros noturnos. De modo semelhante ao que mostra Buchillet para os Desana, também para os Hupd'äh muitas doenças relacionadas aos animais e seres malfazejos ocorrem quando a pessoa aceita seus oferecimentos de alimentos, bebidas e demais substâncias. Como visto na viagem à Serra Grande, quando um caminhante chega a uma casa ou aldeia, depois dos cumprimentos, há o oferecimento imediato de alimentos e bebidas. Em festas de caxiri, a recusa da bebida oferecida por uma mulher pode significar uma ofensa grave e, por vezes, ocasionar brigas. Assim, na interação entre pessoas Hup, a recusa a um oferecimento é mal-vista.

Contrariamente, é a recusa ao oferecimento que permite a proteção da pessoa Hup quando em face a outros seres. Esse é o caso do oferecimento da cuia de caapi pela lagarta da coca ou pelo bicho-de-pé que pode fazer com que a pessoa Hup enlouqueça. Já em M9, o oferecimento do caxiri, da coca e dos diversos alimentos pela Mulher Peixe a seu marido faz com que Wed B'ö' vomite e desmaie. Também na história de Matumã, depois de ter ido para a aldeia das Gentes-Onça, a mãe retorna e oferece alimento aos filhos.Nas narrativas e nos benzimentos o gesto de oferecer surge como um movimento que cria ou recria relações entre as pessoas e as perspectivas.

Nas rodas de coca, o gesto de "oferecer", *k'ǫpǫy*, marca toda uma forma relacional dos encontros noturnos. Como pôde ser percebido na descrição do preparo da coca, há uma divisão dos papéis e há também uma diferenciação do *status* dos participantes. Ponciano é chamado de *yo'ǫm ɨh*, o dono da comunidade de Tạt-Dëh, o capitão velho. Seus pais e seu avô foram os *kɨhsạt* que chamaram as outras famílias para mudarem-se e formarem a comunidade de Tạt-Dëh. Ele e seus irmãos são reconhecidos como sendo os descendentes dos primeiros *Sokw'ạt Noh K'öd Tẹ̈h d'äh*. Foram esses os primeiros ancestrais Hup a sair da Cobra-Canoa, *M'ẹh-Hǫh-Tëg*, quando ela fez a viagem trazendo os diversos clãs Hup do Lago-de-leite, *Pụd-Dëh-Moh*, para habitarem as terras do rio Uaupés. Entre seus consanguíneos, ele é o *sät*, o "irmão maior", de quem é esperado que chame as ações. Para morar em Tạt-Dëh, é preciso que a família peça permissão a esse dono. Do mesmo modo, para abrir uma roça, pescar em igarapés próximos ou caçar, deve ser feito um pedido formal.

Ponciano é também o principal *pũ'ụk yo'ǫm ɨh*, "dono da coca". Todos os seus irmãos são igualmente donos da coca, assim como todos os agnatos desse clã que começam a comer coca nessa aldeia. Os *Sokw'ạt Noh K'öd Tẹ̈h d'äh* possuem o maior número de roças, bem como têm acesso aos melhores igarapés para pescaria e a territórios privilegiados para a caça. No que diz respeito à coca, suas roças são as maiores e com mais variedades dessa planta. Os ramos, na maioria das vezes, foram recebidos dos pais e avós, mas podem também ter sido adquiridos dos sogros e cunhados.

Ponciano herdou de seu pai o pilão, *pũ'ụk tǫk*, e também o hábito de comer coca. É em torno desse pilão que se realizam os principais encontros noturnos. Contou-me que passou a sentar-se com os benzedores e a comer coca quando tinha por volta de 30 anos. Só começou a benzer quando tinha perto de 40 anos. Sempre que está em Tat-Dëh, dirige-se todas as noites para a roda, senta-se e espera. É ele quem muitas vezes começa a contar mitos e a descrever ações de benzimento, sendo sempre complementado pelos demais. Apesar de não participar da produção da coca, é comum vê-lo sair da aldeia para colher coca em sua roça ou nas de seus irmãos. Seu pote de coca é geralmente abastecido e oferecido por seu irmão menor, Vicente. Os homens que chegam de viagem vão até ele para saudá-lo.

Seu "cunhado", *yoh*, Firmiano, é também seu *pũ'ũk hịt ĩh*, seu "apanhador de coca". Diz-se que Firmiano colhe coca para preparar para ele. Logo que volta da roça, Ponciano ou seus irmãos penduram o saco com coca no telhado da cozinha, próximo ao pilão. Depois de seu banho, Firmiano pega o saco com a coca colhida de sua própria roça, mistura àquela trazida pelos outros e começa a assar as folhas. Ele é o dono do *primeiro banco*, o responsável por começar a ação de preparo para que os *donos da coca* possam oferecer o alimento a todos. Caso haja um novo *comedor de coca*, ou um senhor de clã afim e de outra comunidade, esse será encarregado do preparo, sendo sempre observado pelo dono do *primeiro banco*. São os *pũ'ũk hịt ĩh*, "apanhadores", dos outros donos que contribuirão também com o processo de produção. Sem possuir potes pequenos, pilões ou grandes roças de coca, aos *apanhadores* cabem quase todos os dias a colheita da coca e o seu preparo. Já a colheita dos donos é complementar, sendo suas as sobras do alimento de um encontro.

São os donos de posição hierárquica inferior que se levantam para oferecer o pote ao dono de *status* superior presente. Muitos donos com diferentes *status* podem estar sentados, mas será considerado o dono da roda em uma noite específica o *pũ'ũk yo'ọm ĩh mạh*, o "dono da coca mais próximo" à cuia, ou seja, ao *primeiro banco*. Em noites com poucos participantes, alguns donos mais novos ou de posição inferior integram-se ao processo seguindo uma ordem de irmandade (*sibling*). Todo o processo de preparação transforma a coca em alimento para que ela seja derramada no pote pequeno dos donos, únicos possuidores desses potes. A preparação da coca é assim dividida de acordo com critérios de *status* e por um princípio de anterioridade, onde a ordem de nascimentos,[18] para o Alto Rio

---

18. Como observa Fausto em 2008, p. 349.

Negro, "serve como régua sociocósmica para marcar diferenças entre segmentos".

Os *donos da coca* devem fornecer os meios para que os *apanhadores* colham e preparem o alimento. Muitas vezes os *apanhadores* vão às roças de seu *dono* ou dos irmãos do dono fazer a colheita. Os instrumentos de preparo (pilão, panela e cuia) são também pertencentes ao principal dono de coca de uma roda. Cabe também aos donos oferecer a coca a todos os participantes enquanto eles conversam, determinar o sentido de circulação e o momento de término do encontro. Após receber seu pote com as sobras, o dono diz: *wẹd tohọy ay*, a *comida terminou*, todos se levantam, se despedem e se dirigem para suas casas. Se os *apanhadores* não forem cunhados reais, eles serão sempre afins classificatórios tendo como referência as relações clânicas. Há também certa equivalência em termos de grupo etário. Tanto o *dono da aldeia* como os *donos da coca* parecem designar pessoas magnificadas capazes de ações eficazes, constituindo uma singularidade plural. As rodas de coca, ao situarem a relação *dono-apanhador* estabelecem, assim, a reflexividade performática de um tipo de relação maestria-domínio.

Pensando com Houseman e Severi em torno do gesto de oferecer, há uma dinâmica constante de interações entre os participantes através de relações de amizade formal. A partir do binômio *dono* e *apanhador*, um laço específico é criado entre todos, em função da coca. Há uma transformação na identidade dos participantes que se estabelece através da articulação entre as relações de parentesco e as relações da coca. "Afins", *yọh*, tornam-se *apanhadores*, enquanto os "agnatos", *yawạm*, passam a ser *donos da coca*. Essas modificações permitem perceber uma condensação ritual, já que, numa dada sequência de ações, existe uma associação específica de modos de relação. Nesse sentido, realiza-se um circuito de dádiva, visto que a maioria dos participantes colhe e prepara a coca para dá-la ao dono, ao passo que este a recebe concentrada em seu pote, que, por sua vez, concentra também o resultado dos trabalhos de todos. A partir de seu pote pequeno é que ele retribui a todos, oferecendo a coca que circula na roda. Nessa articulação entre dono-pote há uma relação conteúdo-continente que marca uma forma de englobamento característica da assimetria desse modo de domínio.

Hugh-Jones e Buchillet mostram em suas descrições das rodas de coca que elas são fundamentais para a transmissão de substâncias e conhecimentos entre agnatos. De modo diferente, creio que as rodas realizadas pelos Hupd'äh apontem para uma diferença quanto a esses eventos e à circulação de saberes, pessoas e substâncias. Como na descrição de Silverwood-Cope das rodas de coca kákwa, agnatos e afins participam conjuntamente dos encontros noturnos já que coabitam um mesmo grupo local. A constância nessa dinâmica de interação permite ver que os participantes se organizam em função da sequência de ações entre *donos de coca* e *apanhadores*.

Conversando entre "irmãos", *yawąm*, ou entre "afins", *yǫh*, os *comedores de coca* adquirem habilidades e mostram uns aos outros sentidos que estão no mundo, sendo estes revelados pelas viagens e interações com ancestrais, animais e outras gentes. O perigo na oferenda da lagarta talvez esteja no fato de, aceitando o *caarpi*, a pessoa Hup além de consumir a substância, aceita situar-se num modo de relação com esse ser e abandonar sua posição e seu fazer na roda de coca e no mundo hup. Isso gera o perigo de roubo de seus conhecimentos, saberes e habilidades xamânicas. Afinal, parece não haver possibilidade de consumir a coca sem tomar parte nas ações de preparo e aquisição de habilidades que diferenciam os participantes em termos da organização, *status* e saberes. Como nas caminhadas, entendo que as rodas de coca perfazem o contexto para uma educação da atenção. Sentados ou deitados em suas redes, os senhores Hup manejam a coca enquanto potência primordial e adquirem habilidades de modo diferenciado. A partilha da coca é também um processo de potenciação de habilidades de cura e proteção que se articula em relações diferenciais entre os participantes. Através desse modo de ação, processos de magnificação de pessoas articulam-se performativamente.

PALAVRAS

A hierarquia da roda é também uma hierarquia da palavra. Apenas Ponciano, Paulino e o pajé Armando podem contar para mim, *branco pesquisador*, ou para um Tukano ou Desano, índios de outras etnias, histórias e benzimentos. A posição que ocupam, a idade, seus saberes e a eficácia de suas ações de cura e de proteção fazem com que sejam considerados grandes conhecedores das *pinįg*, "histórias", e dos benzimentos. Apesar disso, enquanto contam, esses narradores fazem perguntas a seus cunhados e apanhadores. Os afins participam e complementam suas narrativas. Isso torna as versões de mitos contadas e as descrições de ações xamânicas pontos de convergência de saberes de diferentes clãs.

Tomando como referência a etnografia da fala, é possível dizer que, quando a coca começa a circular, os participantes conversam através do que denominam ser a *hib'ạh ịd*, a "fala da origem", e também da *bi'ịd ịd*, a "fala dos benzimentos". Dessa forma, comentários sobre o desempenho na execução de um benzimento, contar partes de algum encantamento a alguém ou mesmo o ato de benzer compõem essa *linguagem dos benzimentos*. Já as histórias sobre K'ẹg Tẽh, *K'ẹg Tẽh pinịg*, sobre os "ancestrais", *hib'ạh tẽh d'äh pinịg*, ou sobre os "antigos", *wähạd däh pinịg*, podem ser tomadas como gêneros dessa *fala da origem* por meio dos quais são narradas as ações desses seres.

Os encontros noturnos podem, a meu ver, ser entendidos de modo muito semelhante ao que Gow mostra ser uma *mitopoiesis*. O envelhecimento dos homens ocorre simultaneamente à sua participação nas rodas de coca. A autoridade para contar mitos e para executar práticas xamânicas tem como referência os *antigos* e sua participação em rodas de coca *s'ạm yị*, desde "muito tempo atrás". Se ao longo da vida uma pessoa ouviu histórias e encantamentos de seus pais ou parentes próximos, as rodas situam o contexto e o enquadramento performático para a expansão em profundidade e complexidade, permitindo a cada um, a partir de diálogos, tecer mais detalhes e conexões.

Como me contaram, é quando possui filhos "rapazes", *pesạw d'äh*, e "moças", *ta'asạw d'äh*, que os homens e mulheres começam a ser denominados *wähạd'd'äh*, "velhos". O casamento dos filhos e o nascimento dos netos também podem marcar a designação dos pais como *wähạd'd'äh*. Como mostra Reid, a categoria inclui desde os mais velhos da geração vivente até ancestrais míticos. Com o envelhecimento ocorre um aumento da atuação dos velhos na vida ritual e política da comunidade. São os anciões que conduzem os assuntos do grupo local, sendo sempre consultados quanto aos melhores lugares para caçar, pescar e abrir roças. A eles cabe o papel importante de aconselhar os mais jovens e sugerir ações e decisões com relação à vida política e ritual. Cuidar dos netos é uma atividade que ocupa boa parte de seu dia a dia. Pela manhã é comum encontrar avós nas casas com as crianças, ensinando-lhes a tecer cestos, paneiros, tipitis e demais instrumentos de trabalho. Tanto as senhoras como os senhores contam narrativas míticas aos netos, ensinam cantos e brincadeiras.

Comer muita coca, passar por muitos eventos rituais, conhecer detalhadamente narrativas míticas e ações xamânicas gera alterações na composição corporal. Em crescimento ao longo da vida, o *sopro vital* atinge o tamanho do próprio corpo na velhice. Nesse processo de mudança, há também um aumento do poder dos *wähạd d'äh*, que os torna mais aptos para as viagens xamânicas e para a interação com outros seres e planos-casa. Para aqueles que vivem junto ou próximo aos velhos, isso é percebido beneficamente, mas o risco da prática da feitiçaria pelos *wähạd d'äh* de grupos locais diferentes e distantes gera temor. É primeiro a seus pais e sogros que uma pessoa pede um benzimento. Caso esse não tenha eficácia, o pedido será feito a um benzedor de *status* superior ou a um dos pajés. Quando querem ouvir ou relembrar uma narrativa mítica, é também a pais e avós que uma pessoa pergunta primeiro, para depois procurar narradores de outros *kakah*, "grupos de fogo", ou clãs.

Analisando as relações entre benzimentos e mitos yuhup, Lolli mostra que o benzedor e alguns heróis míticos, agindo entre planos-casa e múltiplas perspectivas, têm a função de *conseguir conectar os acontecimentos do presente aos processos ontogênicos de individuação*. Retomando M9, é possível perceber que a *origem da coca* revela a transição entre perspectivas ocasionada por uma aliança. Hupd'äh e Gente-Cobra passam a ser afins, e o pai da moça, uma filha mais velha, torna-se um *wähạd*, um Velho Cobra. Tomando as palavras de Fausto (2008, p. 349),

A relação sogro-genro encontra-se no polo oposto ao da germanidade, pois se compõe de diferenças e assimetrias sobrepostas: sobre uma base de afinidade, erguem-se duas outras assimetrias, aquela entre tomador-doador de mulheres e aquela entre gerações. A relação é potente demais, logo deslizando para figuras de poder e para a voracidade canibal.

A sequência de ações do mito pode ser vista como a transmissão de benzimentos e de substâncias entre afins pela mediação da Mulher Peixe. Ao contrário do oferecimento como redistribuição do *dono da coca*, é a partir de uma reciprocidade negativa, do roubo do *dedo, ramo*, que alimentos e encantamentos surgem para os ancestrais Hup. Enquanto no casamento o esposo deve *mẹy*, "pagar", a família da mulher abrindo roças, pescando ou caçando, na narrativa ocorre uma inversão, já que é a ação da Mulher Peixe que faz aparecerem as plantações. O pai, dono de coca e de saberes xamânicos, torna-se "velho", *wähạd*, com o casamento da filha. Sem adivinhar as intenções da moça, ele não consegue proteger sua coca e seus conhecimentos xamânicos do "roubo", *s'ëkëy*. A aliança entre a Mulher Peixe e o ancestral Hup, o oferecimento dos alimentos e a aquisição de benzimentos revelam seus perigos no vômito e desmaio, no surgimento de doenças e na essência ruim da coca, *cera da vagina de Mulher-Peixe*, que deve ser extraída para o consumo. A sobreposição de assimetrias desliza para "figuras de poder e para a voracidade canibal".[19]

Nas narrativas, talvez esses eventos que fazem surgir malefícios e ao mesmo tempo encantamentos possam ser tomados, por um lado, como acontecimentos que arrebatam sujeitos, e, por outro, como ações de manejo de potências primordiais que permitem a determinados sujeitos agirem para tornar seus pontos de vista predominantes e, assim, gerar processos ontogênicos de pessoas, alimentos e encantamentos. A Mulher Peixe advinha a intenção de seu pai de revistar seu corpo e esconde o dedo ou ramo em sua vagina para depois dar ao ancestral Hup a possibilidade de obter coca. Os preparadores estão cientes da essência ruim da coca, dos malefícios e doenças que surgem nessa interação com a Gente-Cobra. Por isso, realizam o *benzimento da coca* e transformam os processos de assar a carne, pilar os ossos e salgar o alimento em ações de aprendizado e atenção. Atuando na mediação entre modos de percepção, *mulher-cobra* e *comedores de coca* realizam ações de manejo de potências primordiais que permitem a eles adivinhar as intenções e preparar-se para a espera do ponto culminante em que surgem alimentos, malefícios e encantamentos. Cotidianamente, as ações perfazem encantamentos e narrativas e situam um modo de interação com as Gentes-Cobra através de ações de roubo e predação, que tomam de assalto o Cobra em sua passagem para a velhice, quando não está ainda bem preparado para proteger seus conhecimentos, sua filha e sua coca.

Nesse sentido, as rodas de coca situam o processo de tornar-se *mitopoético* dos mais velhos, fazendo com que estes tenham maior facilidade e habilidade para narrar e executar benzimentos. Parafraseando Gow, o mito muda conforme o narrador muda de idade e à medida que participa de mais e mais encontros noturnos durante a vida. À medida que envelhecem, as pessoas Hup passam a ser autoridades vivas e ativas no conhecimento sobre os antigos e passam a contar as *histórias dos antigos* apenas com referência à sua autoridade e à dos antigos.

---

19. Fausto, 2008.

CONTAR E OUVIR

Espero ter demonstrado como os processos e as relações das rodas de coca revelam uma *performance*, uma dinâmica constante de interações marcada por condensações rituais e por modificações na identidade dos participantes. As sequências, transformações, passagens entre as narrativas e eventos performáticos vão constituindo transformações onde o interesse por ouvir, contar e ver gera aproximações e distanciamentos entre seres, pessoas, corpos e substâncias nos diversos tempos e espaços do cosmos através das viagens.

Sentando-se todas as noites em roda, os velhos assumem perspectivas e identidades distintas e relacionam-se como *donos* e *apanhadores* a partir de um princípio de anterioridade. A organização da ação dá forma à *performance* e faz circular as palavras, a coca e as pessoas. Seus diálogos murmurados vão descrevendo linhas e tecendo as vidas presentes e passadas numa trama expressa por mitos, sonhos e benzimentos. A partilha da coca e do tabaco entre *donos* e *apanhadores* é também a partilha de diferentes tipos de coca e tabaco, dados pelo deus a cada grupo, cultivados e transmitidos por cada clã e consumidos pelos que falam a mesma língua. Os saberes, benzimentos e mitos, patrimônios de cada grupo clânico, circulam nesses encontros e protegem os grupos de fogo e locais da aproximação das "outras gentes", *sǎp hupd'äh*. Esses outros, humanos, são tanto os Gente-Cobra, Gente-Onça, quanto bichos do pé, lagartas etc., e por isso é necessário, como nas caminhadas, estar atento aos mínimos sinais de suas presenças.

Contar mitos e descrever as ações de encantamentos são atos de mostrar. Fazem os participantes, agnatos e afins, voltarem sua atenção para sentidos que estão no mundo, nos diversos planos-casa. O benzimento terá maior eficácia de acordo com a capacidade do benzedor de viajar como *pessoa-sopro* e interagir com diversos seres e ancestrais. Nos movimentos da coca, dos corpos, das narrativas e das pessoas, os fazeres ritual e mítico dos benzedores descrevem os contornos de uma *mitopoiesis* hup que vai reestabelecendo a cada encontro, a cada cuia e a cada cigarro um equilíbrio tenso ao longo do mundo vivido dos Hupd'äh.[20]

---

[20]. Estar atento, como sugere Schouten (2010), a um só tempo às *qualidades sensíveis da lógica*, como V. Turner, e à *lógica das qualidades sensíveis*, como Lévi-Strauss, faz-se fundamental para que se possa interpretar essas múltiplas viagens que parecem caracterizar os diversos modos de ação desses círculos de coca.

Círculos de fumaça

> Acendo um cigarro ao pensar em escrevê-los
> E saboreio no cigarro a libertação de todos os pensamentos.
> Sigo o fumo como a uma rota própria,
> E gozo, num momento sensitivo e competente,
> A libertação de todas as especulações
> E a consciência de que a metafísica é uma consequência de se estar mal disposto.
>
> FERNANDO PESSOA, *Tabacaria*

HỸT WÄG-MQY, MORADA-DE-SEMENTE-DE-TABACO

Depois de colhermos coca nas plantações do irmão de Américo, continuamos caminhando rumo à K'ąj-Pąç, Serra da Cutivaia. Íamos deixando o caminho largo das roças e penetrando uma trilha estreita por meio da qual nos aproximávamos cada vez mais do morro. Havia ainda algumas plantações da família de Américo. Andávamos rápido e logo já estávamos próximos à nascente do K'ąj-Dëh, Igarapé-Cutivaia, no pé do morro. Ao cruzarmos o igarapé, Américo apontou o lugar onde seu pai colocava o pari para pescar: "Pegava muitos peixes nesse tempo", lembrou sorrindo. Seu pai fora o primeiro a chegar à K'ąj-Pąç. Tinha vindo com a família toda de B'ǫt-Pęm-Dëh-Mǫy-Höd, a Morada Antiga, próxima à Serra Grande. Logo que chegou, Henrique plantou pimenta, banana, coca. Tudo cresceu bem no começo. A terra era muito boa para plantar.[1] Mas logo sopraram um estrago ou feitiço. As plantas começaram a morrer e já não brotou mais nada.

---

1. *M'aj'-kį'*, "terra firme".

Ainda no caminho, ouvimos o som de um pássaro, *uy-tạk*."Ųy-tạké gente antigamente. Tem um irmão menor. Ele é o *sät*. Depois, não encontrou mulheres. Comeu o irmão menor mesmo. Fez sexo com ele". O *ụy-tạk* que ouvíamos cantava do alto de uma árvore. Estava com seu filho pequeno. Naqueles dias, Américo e eu colhíamos coca para que eu levasse a seu irmão Marino. A coca foi assada e pilada por nós nos outros dias. Em minha viagem de volta a São Gabriel, eu procuraria Marino para entregar-lhe esse presente de seu irmão. A coca o faria lembrar de suas terras, de suas roças, de sua vida em Tạt-Dëh.[2]

Desde que o velho Henrique faleceu, Marino não voltou mais à sua comunidade. Ele e a esposa, dona Mariquinha,[3] estavam morando na casa do genro num bairro periférico de São Gabriel. Suas filhas já viviam na cidade há alguns anos para estudar. Américo estava muito preocupado, pois diziam que seu irmão não parava de beber cachaça. Ele trabalhava alguns dias numa pedreira e em outros cuidava do sítio de sua patroa, funcionária do DSEI-RN.[4] Sem falar português e sem documentos, estava "sofrendo muito na cidade", dizia Américo. Segundo ele, seu irmão não sabia guardar dinheiro, era roubado pelos comerciantes e estava sempre metido em brigas. Enquanto caminhávamos, ele disse ter "saudades", *hot-ịd*, de Marino. As lagartas estavam comendo sua coca, suas roças estavam cheias de mato, e sua casa, abandonada.

Encontramos um pé de cana bem perto do morro e paramos para chupar. Sentamo-nos e começamos a ouvir o canto de "inambus",[5] *mọh*. Américo assobiava. Dois pássaros cantavam. Aproximavam-se devagar, vindo em nossa direção. Mas, de repente, voaram. "O melhor é chamá-los logo de manhã, quando estão bravos. Daí, vêm logo. A essa hora já não vêm mais", explicou. Começamos a subir o morro e vimos um buraco fechado. Era uma casa de paca. A cobertura que tapava o buraco era a porta. "A paca fecha a porta para proteger-se", disse. Continuamos a subida. Com o terçado, Américo cortou um cipó grande. Ergueu-o inclinando a parte cortada para sua boca e bebeu a água que escorria. Matamos nossa sede. Essa era uma "água pura",

---

2. Ver capítulo *Viagens a São Gabriel*, p. 403.
3. Ya'ạm K'ẹg, nasc. 1961, Dög M'ẹh Tẹ̈h, ind. 41.
4. Distrito Sanitário Especial Indígena do Alto Rio Negro (DSEI-RN).
5. Inambu, *mọh*, nome dado a várias espécies de inambus de tamanhos médio e grande (família dos tinamídeos). Cf. Ramirez (2006).

yọh dëh. O cipó chamava-se *pạç-tịt*, "cipó da serra". "Os soldados gostam muito", comentou, "dá força!".

Estávamos já no meio do morro quando chegamos a uma Pạç-Mọy, Casa de Pedra, uma gruta. Uma pedra muito grande cobria o buraco que levava para o interior do morro. Estávamos diante da morada antiga do ancestral Hụt Wäg, Semente de Tabaco. A rocha erguia-se como uma cobertura ampla para o abrigo fresco e bem preparado para a chuva. Numa roda de coca, Miguel contou que Hụt Wäg era um ancestral dos Yuhupdëh. Esse ancestral viveu com sua família em muitas Casas de Pedra.[6] No chão de terra avermelhada dessas moradas, sempre é possível encontrar as *b'ọkab b'ạh*, as "lascas de cerâmica", restos de suas panelas, fornos e utensílios de cozinha. Sua primeira morada fora a Serra da Cutivaia. Como o pai de Américo, esse ancestral fora o primeiro a chegar lá. Depois se mudou para Nịk-Hụ̃-Pạç e posteriormente para B'ọ̈-Pạç. De lá, ele e a família subiram para o céu. Hoje em dia moram numa casa próxima à de K'ẹg Tëh.[7] Olhando para o chão, Américo apontou para os locais em que, antigamente, podiam ser encontrados os restos das panelas de Hụt Wäg. "Agora não tem mais, porque todo mundo vinha, pegava para contar a história e levava para casa. Acabou-se, mas tem ainda nas outras casas onde ele morou", disse.

Continuamos a caminhada um pouco mais para cima até chegarmos à outra gruta. Essa era a K'ạj-Pạç, a caverna onde a Cutivaia[8] entrou depois de fugir da Anta. "Essa Serra da Cutivaia tem história também", Américo começou a contar enquanto contorcíamos nossos corpos para chegarmos à entrada da caverna. "A Cutivaia foi pegar umari. Estava com muita vontade de comer umari. Quando já estava voltando, apareceu a Anta e começou a correr atrás dela. A Cutivaia correu para cima, para baixo, de serra em serra. Mas a Anta continuava perseguindo-a. Passou muito tempo, até que a Anta se cansou e morreu ali, onde agora é o Tạh-Dëh, 'Anta-Igarapé'. A Cutivaia entrou dentro desse morro, nessa caverna. Comeu o umari. Depois ela se transformou em Onça. A Onça é a dona dessa serra. À noite

---

6. Reichel-Dolmatoff (1996) comenta sobre a importância dos morros e casas de pedra para os povos Tukano também. Uma análise mais aprofundada sobre essas moradas será feita no capítulo *Caminhos abertos*.
7. Reid comenta também sobre a proximidade de habitação celeste entre Hụt Wäg, K'ẹg Tëh e outros ancestrais (1979, p. 228).
8. Cutivaia (*Myoprocta pratti*): mamífero da família dos dasiproctídeos. Cf. Ramirez (2006).

tem muita onça que vem dormir na pedra aqui perto da caverna". Uma pedra muito grande deixava entreaberto um pequeno vão por onde a Cutivaia entrou. A Cutivaia também tinha sido a *primeira a chegar* à serra, assim como Semente de Tabaco e o velho Henrique. A história da habitação da serra falava dos ancestrais e de suas ações de chegar ao morro e fazer dele suas moradas. A cada passo, os mitos e as memórias emaranhavam-se nas falas de Américo. Compunham um modo de falar do pai, do irmão e de sua vida naquele ambiente que, aos poucos, temporalizava a paisagem.

Depois de descansarmos e tirarmos fotos de cada uma dessas moradas dos antigos, começamos a descer o morro. O meio do dia aproximava-se e já não aguentaríamos a fome por muito mais tempo. Ao terminarmos a descida, Américo mostrou algumas seringueiras de suas terras. Estavam sangradas. Outras pessoas teriam vindo à Serra da Cutivaia para explorar a borracha. Ao mostrar a foto que tirei de uma seringueira, ele começou a rir. O corte que tinham feito era em formato de vagina. Antes de casar-se, Américo deixou Tạt-Dëh por alguns anos. Trabalhara na borracha e por isso sabia sangrar a seringueira daquele jeito também.

Tomamos nosso rumo de volta. Deparamo-nos com um pé de pupunha. Havia sido plantado por seu pai, assim como as roças de coca um pouco à frente. Nas lembranças trazidas pela paisagem, sempre que íamos à roça ou à Serra da Cutivaia, o velho Henrique fazia-se presente. Em meus últimos dias de campo, quando voltávamos de K'ạj-Paç, começamos a ouvir um barulho alto que vinha do morro. Passávamos pelas roças, quando Américo parou, voltou-se para a serra e disse: "Isso que tá zoando, esse barulho é o grito do meu pai, do B'atịb' dele".

CIGARRO DA ORIGEM

Na noite de 7 de janeiro de 2010, decidi fazer uma pergunta aos senhores com quem vinha me reunindo cotidianamente para comer coca e fumar. Enquanto conversavam, comiam e preparavam o alimento, eu ficava em silêncio, prestando atenção aos gestos, trocando algumas poucas palavras e respondendo às questões sobre minha família e vida em São Paulo. O lugar de onde eu vinha — com seus prédios, carros e multidões — parecia ser um tema de grande interesse para todos. A saudade de meus parentes, suas fotos, nomes e idades eram também motivo de curiosidade. Mas sempre, depois de contar um pouco sobre a minha cidade, eles voltavam a conversar entre si e eu voltava ao meu silêncio atento, postura que me incomodava e que certamente causava desconforto a todos.

Quando Jovino chegou à roda, coloquei-lhe uma questão em português. Disse-lhe querer saber sobre quais eram os tipos de histórias contadas durante os encontros noturnos. Tinha em mente a classificação dos gêneros narrativos feita por Reid em:

1. Histórias de K'ẹg Tẽh, sobre o mundo físico e os seres humanos;

2. Histórias dos heróis míticos, sobre as ordens moral e cultural;

3. Histórias da criação da agricultura, da troca de mulheres e das atividades rituais;

4. Histórias dos primeiros humanos, sobre os aspectos metafísicos que os seres humanos encontram no mundo atual.

Jovino traduziu a questão ao seu pai, Ponciano, que começou a contar sobre como o "deus", K'ẹh Tẽh, deu aos "ancestrais", *hib'ạh tẽh d'äh*, a coca e o tabaco como formas de ver e saber as histórias da criação, podendo contá-las às novas gerações. A todo o momento, entre a narração e a tradução, Ponciano fazia perguntas aos demais, ouvia suas respostas e ia compondo uma versão que era traduzida para mim por seu filho. Em meio à fumaça, os cigarros iluminavam as faces esverdeadas, a cuia de coca passava de mão em mão e a polifonia das vozes murmuradas tecia a narrativa na trama dos múltiplos diálogos.

MITO 13 (M13): A DÁDIVA DA COCA E DO TABACO

Hib'ạh tẽh viu o que aconteceu. [...] Nas origens ele estava saindo. Passou como se fosse através do pensamento dele. [...] Hib'ạh tẽh pensou para poder deixar essa história para surgir agora para a humanidade. Foi ele que disse, porque viu o que aconteceu no começo. Ninguém de nós aqui no mundo indígena parece que não viu. Só o Deus, o K'ẹg Tẽh que deu esse pensamento, o que aconteceu, o mundo de nada.

Aí, o homem descobriu o que aconteceu naquele tempo. Descobriu que a história veio contando das origens. Por que ele deu tabaco. Deu essa comida, coca. Com essa coca e tabaco ele teve como se fosse um espírito iluminando na cabeça para poder fazer aparecer nesse mundo para os *hib'ạh tẽh d'äh*. Ele deu para cada grupo um cigarro, coca, e tudo para eles.

Esse cigarro ele fuma na origem. Esse *hib'ah tẽh, Hũt Wäg*, é como se fosse um deus também. [...] Por isso, o pessoal diz: "O nosso chefe, [...] na origem, entrou naquele morro. Veio primeiro na origem". Ele, como um deus, entrou em forma de pessoa no morro. [...]

Você passa aqui no mato, encontra, por exemplo, aqui onde o Américo está trabalhando a roça dele. Tem o Morro da Cutivaia, Kaj-Paç. Lá deu caverna. Dentro você encontra um pedacinho de *b'a'. B'a'*, "beiju", quebrado! Eles falam: "Foram as nossas origens!" Tavam vivendo em caverna. [...] No morro do Arara. Diz que é a origem do Miriti-Tapuia, lá entrou a origem deles. [...] Quando saíram da canoa, na origem deles, ele acompanhou. Foi acompanhando e daí entrou.

Ele deixou o outro, o segundo dele, o segundo irmão dele. Ele disse: "Acompanha você agora, eu já acompanhei vocês lá". Ele entrou. O *hib'ah tẽh* também entrou lá. Primeiro, ele acompanhou, entrou lá. O do Miriti-Tapuia também entrou lá. Diz que para eles também é como se fosse deus. Querendo entrar, porta pra ele, daí entrou. [...] Caverna, Paç-Moy. Entrou. O resto, como se fosse o filho deles, continua, a nossa origem. [...] Foi ele que fez. Esse que já deixou tudo para eles o que vai usar nesse mundo. Acompanhou, [...] deu nome para eles. Disse: "Pronto, eu já acompanhei, já. Então pronto".

Por isso, na origem, foram eles que pegaram primeiro o tabaco, esses que entraram, foram eles que pegaram o cigarro. [...] O deus viu onde o pessoal estava saindo. Foi ele que acompanhou a saída deles. Um grupo saiu, outro grupo veio, outro grupo... Quando saiu todo mundo, aí ele deu esse poder para eles. Para cada grupo, só para a cabeça, para o primeiro. Deu tudo, porque eles tinham saído da água, do rio, da cobra [...]

Então, eles pensaram como foi, como era o mundo antes de nós. Aí, para eles apareceu [...] o que era no mundo antes deles. Ele deu. Era como se fosse um espírito iluminando na cabeça deles. Descobriram tudo e passaram para os segundos que vieram para a segunda geração, e esses foram passando até chegar hoje. Porque ninguém viu. Antes da saída ninguém de nós viu.

A primeira vez, quando eles contavam assim, eu pensava: "Quem é que viu para contar essa história? Quem é que são esses homens?" Eu costumava pensar assim. O velho, ele nem sabia dizer. Eu pensava assim. Na quarta vez que eu perguntava, aí ele explicava para mim, daí eu peço isso. Acho que, para contar essa história, surgiu com essas pessoas. Porque ninguém viu. Muita história que antes deles, muitas histórias são com os *hib'ah tẽh d'äh*, "ancestrais" [...] Aconteceram com eles já [...]

Quando ele comeu, irmão maior e irmão menor, os dois foram procurando. "Como é que a gente vai viver no mundo?" Eles procuraram. "Como é que a gente vai levar, como é que eles vão continuar a viver?" Para ele apareceu na visão dele. Ele estava pensando. Os dois discutiram. Isso aconteceu assim. Esse pensamento deu para todo mundo através daquele cigarro.

Ele deu uns saberes, uma coisa para eles saberem entender as coisas. Mas ninguém escreveu. [...] Na cabeça é que ele descobriu. Algumas coisas... Terminou a coca. Diz que vão descansar. Tá bom já.[9]

Enquanto narrava, Jovino deixava escapar a fumaça de sua boca. Num momento, estendeu as mãos como se fossem uma cuia oferecida pelo deus. Seus olhos abertos refletiam a iluminação surgida na cabeça dos *hib'ah tẽh d'äh* quando tragaram o cigarro e comeram a coca. As palavras misturadas às substâncias refaziam o ato ancestral de ver e contar. Partindo do Pud-Dëh-Moh, Lago-de-leite, local de surgimento da humanidade em resposta ao chamado de K'eg Tẽh, os ancestrais chegaram ao Uaupés após a viagem *na água, no rio, na cobra*. As "histórias da origem" e a possibilidade de narrar foram dádivas de K'eg Tẽh aos *hib'ah tẽh d'äh*. Sentados, conversando, "irmão maior", *sät*, e "irmão menor", *puy'*, delineavam os contornos do modo de ação necessário à revelação dos saberes e das formas de viver no mundo. Como nas rodas de coca, é também essa forma relacional de ação que permite aos pais e aos mais velhos mostrar o mundo, os seres, os caminhos e as histórias a seus filhos. A descrença de menino, as muitas perguntas, e a explicação dos velhos foram, com o tempo, fazendo Jovino participar das rodas, *descobrir em sua cabeça* e envelhecer.

Jovino é o filho mais velho de Ponciano. Quando criança, foi enviado à escola salesiana de Pari Cachoeira. Lá aprendeu a falar português e recebeu ensino escolar e religioso. Seu avô foi um poderoso dono da comunidade, um dos responsáveis pela concentração das famílias às margens do "igarapé-taracuá", Tat-Dëh. Como será analisado no capítulo *Caminhos abertos*, ao longo de décadas tomou curso um processo de afastamento da região da Serra Grande. Após a formação de diversos assentamentos menores e cada vez mais próximos do rio Tiquié, as famílias Sokw'ät juntaram-se novamente para formar essa grande aldeia. Antes dispersos, os homens de referência desse clã, pertencentes a um mesmo *sibling*, reaproximaram-se para estar mais próximos à aldeia tukano do Cunuri, no rio Tiquié, às atividades missionárias salesianas e aos pontos de parada dos comerciantes.[10] Como contou Américo, depois de constituírem uma morada próxima à Serra da Cutivaia, Henrique e sua família juntaram-se à família de

---

9. Jovino traduzindo seu pai Ponciano, gravação sonora, 7 de janeiro 2010.
10. Ver também capítulo *Sopros na noite*.

seu irmão, Antônio, avô de Jovino, às margens do Tạt-Dëh, para que também seus filhos pudessem estudar com os salesianos.

Jovino é pai de sete filhos e casado com Amália da comunidade de Santa-Cruz-do-Cabari, Pij-Dëh. Seu interesse em auxiliar as equipes de saúde durante suas visitas, seu lugar de liderança, sua habilidade com o português e sua educação escolar fizeram com que participasse da formação de Agente Indígena de Saúde (AIS), dada pela Associação Saúde Sem Limite (SSL) para os povos Hupd'äh e Yuhupdëh. Desde 2006, Jovino atua como AIS de sua comunidade, realizando visitas domiciliares, ministrando alguns medicamentos, comunicando-se via radiofonia com o DSEI-RN e auxiliando os profissionais de saúde em suas visitas. Seu interesse pelos encantamentos, pelas curas xamânicas, pelas plantas medicinais fez dele um interlocutor importante ao longo da pesquisa de campo. Durante esse encontro noturno, sua mediação e tradução para o português deram os contornos de uma versão produzida através das conversas dos senhores Hup, da explicação de Ponciano e de minha questão sobre os tipos de "histórias" e "mitos", *pinig*.

Em M13, o ancestral que fuma o cigarro e entra na caverna da Serra da Cutivaia, Kaj-Paç, é justamente Hụt-Wäg, Semente de Tabaco, ancestral que habitou o morro em cujas proximidades o pai de Américo estabeleceu sua casa e suas plantações.Na forma de pessoa, Semente de Tabaco recebeu o cigarro de K'ęg Tëh, fumou e comeu a coca com seu irmão menor. Vindo do Lago-de-leite, saiu da *água, do rio, da cobra*. Depois, entrou na caverna e passou a viver lá. O pedaço de beiju quebrado atesta sua presença pelos restos de seu alimento. Da mesma forma, as lascas de cerâmica, *b'ọkab b'ạh*, são os pedaços de suas panelas e confirmam sua presença pelos restos de seus utensílios culinários. *Chefe*, ele é visto como o primeiro a ter as visões e a fazer surgir as histórias para *deixar para os outros*, depois de fumar o *cigarro da origem*.

Atualmente, o consumo de tabaco é feito a partir dos maços de fumo desfiado comprados dos regatões ou nos mercados da cidade. Muitos consideram esse *fumo dos brancos* forte demais por causar dores de cabeça e tosses. Em Tạt-Dëh, apenas Manuel possui alguns pés de tabaco em sua roça. Recebeu de seu falecido pai, Francisco, as sementes para o cultivo. Em ocasiões especiais, como em rituais ou festas, ele colhe as folhas e produz as *hụt pan'*, "bolas de tabaco", a partir das quais extrai o conteúdo dos cigarros a serem enrolados com folhas de sororoca. Fumei apenas uma vez esse cigarro, durante uma festa de caxiri. Tem um sabor mais suave que o tabaco comercializado na região, algo muito próximo ao fumo de corda caipira. Além de Manuel, também Paulino e Firmiano conservam sementes de tabaco em suas casas, mas não possuem plantações.

Ao contrário dos ramos de coca que, após extraídos, são rapidamente replantados nas roças dos filhos, genros ou sobrinhos, as sementes de tabaco são armazenadas pelos "velhos", *wähạd d'äh*, e transmitidas aos filhos para o plantio em pequenas roças. O ato de *dar as sementes* é feito apenas quando os filhos já são "adultos", *pịb*, e possuem seus próprios filhos. Depois de serem secas ao sol, as sementes são guardadas em sacos de *b'öb*, "tururi",[11] e conservadas em jiraus[12] próximos ao calor do fogo de cozinha. Para o plantio, leva-se um punhado das pequenas sementes para a roça ou para uma área de terra já limpa no terreiro da casa. A mão com o punhado é elevada até perto da boca. A pessoa abre a mão e sopra as sementes para que se espalhem e penetrem a terra, não sendo preciso enterrá-las. Outra forma é lançá-las com a mão para que elas se espalhem pelo solo. Antigamente, em dias de vento era possível apenas abrir a mão e esperar que o vento as semeasse. Abaixo, alguns tipos de tabaco:

▷ *B'äb'äg-hụt*, tabaco-cubiu
▷ *B'ëj-hūt*, tabaco-jandiá
▷ *Ba'b'ạ'-hụt*, tabaco-imbaúba-roxa
▷ *Dög-hụt*, tabaco-uirapixuna
▷ *Hụy-hụt*, tabaco-piaba

O tabaco era geralmente plantado nos arredores da casa.[13] Depois da mudança da casa para outra área, o local deixado, bem adubado pelo consumo diário de alimentos, podia ser usado também para o plantio. Geralmente, fazia-se uma cerca em torno das mudas para que não fossem ameaçadas pelos animais. Quando já havia um número suficiente de folhas, podia-se começar a colher. Sobre o fogo de cozinha, colocava-se um pedaço de "tacho de cerâmica quebrado", *b'ọkab b'ạh*, ou um pedaço de ferro. Aquecida a superfície, colocava-se a folha verde e esperava-se que ela amolecesse para mudá-la de lado.

---

11. Tururi (família das estercuriáceas, *Sterculia sp.*): árvore cujo líber era utilizado para fazer tangas. A tanga masculina era feita com embira e tururi. Cf. Ramirez (2006).
12. Suportes semelhantes a estantes para guardar e apoiar os objetos da casa.
13. Reichel-Dolmatoff menciona que para os Kogi o tabaco cresce perto das casas por gostar de escutar as narrativas míticas (1949, p. 60).

No momento em que elas estivessem começando a ficar pretas, retiravam-se as folhas, separando-as. Elas eram então piladas para que ficassem murchas. Com o auxílio de um pedaço de pau de turi[14] e a palma da mão, modelava-se o bolo de folhas amolecidas até formar uma bola de uns 20 cm de diâmetro, e 2 dedos de espessura, aproximadamente. Da bola, tirava-se os fios para o consumo. Elas eram sempre deixadas ao sol ou perto do fogo de cozinha para manterem-se secas.

A conservação das sementes de tabaco para serem transmitidas aos filhos marca uma dinâmica intergeracional onde a germinação das plantas e o consumo partilhado dos cigarros e da coca permitem ver os acontecimentos para serem contados e, assim, *deixar para os outros* as histórias e as sementes. O nome de Semente de Tabaco pode ser tomado como uma alusão a esse processo generativo e contínuo, já que as sementes plantadas e passadas de geração em geração garantem a continuidade do consumo e do aprendizado. As sementes de tabaco trazem à vida a memória das práticas do tabaco como planta, cigarro e palavra. Essas práticas dão vida ao ancestral, ao chefe, ao irmão maior e ao poder de revelar saberes.

Há, portanto, uma analogia entre a *dádiva de K'ęg Tëh* e a *herança das sementes* que aproxima o deus de uma figura paterna.[15] Num momento da narrativa, Jovino explicita essa relação: "O resto, como se fosse o filho deles, continua a nossa origem". Semente de Tabaco torna-se uma figura de mediação, um primogênito, ou pai, pois, num sentido metafórico,[16] se a semente de tabaco faz germinar a planta a partir da qual será feito o cigarro, o ancestral faz seus sucessores germinarem pela aquisição de saberes.[17]

Apreende-se que esse processo estabelece as condições para o crescimento e desenvolvimento das plantas, dos filhos e dos narradores. Transmitindo as sementes de tabaco e recebendo as histórias de Semente de Tabaco, plantando os pés de coca em roda e sentando-se

---

14. Turi (família das rosáceas): árvore cujos pedaços da casca são utilizados para fazer tochas. Cf. Ramirez (2006).
15. Deus : ancestrais :: pai : filho.
16. Sentidos próprios e sentidos figurados convergem para o nome próprio, para o gesto (dar a semente) e para a coisa (semente), como aponta Lévi-Strauss em sua análise dos mitos que tematizam o mel: "nos mitos tal ambiguidade se exprime por meio de um código retórico que joga perpetuamente com a oposição entre a coisa e a palavra, o indivíduo e o nome que o designa, o sentido próprio e o sentido figurado" (2004b, p. 170).
17. Reichel-Dolmatoff diz que para os Desana as sementes de tabaco têm o sentido de sêmen (1986, p. 183).

em roda para conversar e comer, os Hupd'äh participam do ambiente das plantas assim como as plantas participam do ambiente humano. As rodas, os modos de transmissão e as condições de crescimento são formas que emergem através do contexto de envolvimento mútuo num único e contínuo campo de relações.

VER PARA CONTAR

Nos encontros noturnos, a carne e o osso do Velho Cobra são assados e pilados durante o preparo da coca para a predação entre afins de um sogro perigoso (M9). Paralelamente, creio que a dádiva das sementes de tabaco remeta à gênese do laço de consanguinidade pela atualização, geração após geração, da dádiva de K'ęg Tẽh. De modo semelhante, os pedaços de beiju (M13) e os restos das panelassão também dádivas de Semente de Tabaco, pois possibilitam *ver para deixar a história*. Confirmam, como queria o menino Jovino, a existência do ancestral e das narrativas. As substâncias e as lascas vinculam os atos de fala, diálogos entre irmãos, ao contexto culinário, à refeição como partilha de alimentos e palavras.

Como me corrigiu Jovino, certa vez, os Hupd'äh não fumam tabaco como os brancos, "nós chupamos o cigarro", *ịn hụ̃t ọnọy*. Como visto, antigamente a coca também era chupada, o que caracteriza um modo próprio de consumo, uma etiqueta. Fumar cigarros atualmente permite intuir esse modo antigo de refeição, transformado ao longo dos tempos. Diferente da coca, que é vista como uma comida, como o alimento por excelência, o tabaco é um condimento, um óleo que tempera a coca.[18] *Hụ̃t pã̰, pũ'ụ̃k nạg nịh*, "sem o tabaco a coca não tem óleo" é uma das expressões ditas em muitos encontros noturnos, principalmente naqueles em que há pouco tabaco. Outras falas comuns são: *hụ̃t pũ'ụ̃k k'ọy* e *hụ̃t pũ'ụ̃k bạb'*, respectivamente "o tabaco acompanha a coca" e "o tabaco é o irmão da coca". Num dos casos, para explicitar a necessidade do consumo conjunto, recorre-se ao termo culinário que enfatiza a necessidade do acompanhamento para a boa degustação. No outro, faz-se referência ao parentesco, explicitando uma relação fraterna entre ambas as substâncias.

---

18. Em *Do mel às cinzas*, Lévi-Strauss chama a atenção para o caráter de acompanhamento de refeição do mel e do tabaco para os povos ameríndios (2004b, p. 16).

Chupando a coca e o tabaco pela primeira vez, os ancestrais veem o que aconteceu, têm um *espírito iluminando* em suas cabeças. Esses alimentos de origem, substâncias irmãs, são *pįb*, "poderes", forças que mostram os sentidos e fazem a pessoa Hup adquirir habilidades para *hipą̃hą̃y*, "conhecer". Em Hupd'äh, o verbo "pensar", *wä'kẽy*, aglutina dois radicais que correspondem aos verbos: *wą̈'*, "ouvir", e *kẽy*, "ver". *Ver o que aconteceu* antes de sua existência, *ver o mundo surgir do nada*, ter um *espírito iluminando na cabeça* são todas imagens que remetem à visão que Semente de Tabaco e seu irmão menor tiveram ao comer, ver, falar e ouvir as histórias. Quando Jovino diz: "Quem é que viu para contar essa história?" e "Para ele apareceu na visão dele. Ele estava pensando. Os dois discutiram", explicita que a refeição dos irmãos faz ver e faz conversar, altera a percepção sensorial do corpo para que o pensamento se torne um processo de procura entre pessoas que se acompanham mutuamente, assim como o alimento e seu acompanhamento.

Dessa forma, pensar é um processo vital onde se partilha a refeição para seguir visões e falas num movimento mútuo de busca. É esse processo que garante que *as histórias surjam com as pessoas* para fazê-las passar, como as cuias e os cigarros, entre irmãos. Nas rodas, a expressão *wä' dö'*, traduzida pelos Hupd'äh como "gravar", é utilizada quando alguém está ouvindo uma história ou encantamento com o objetivo de aprendê-la. Como para os Suya, o ouvido é o órgão fundamental para que o aprendizado das palavras míticas e xamânicas seja incorporado pelo ato de gravar.

Sentado ao lado do mentor, o aprendiz ouve e repete sempre a última palavra da fala do outro. Pode acenar com a cabeça e expressar o som: *hum*. É comum que aquele que ouve repita a última frase do interlocutor expressando dúvida. Tudo isso sinaliza ao narrador que o ouvinte está seguindo suas palavras, que está *gravando* em seu ouvido, acompanhando-o com o pensamento. O termo *wä' wǫn* é traduzido por Ramirez nesse mesmo sentido como: seguir o pensamento, entender. O gesto de "sentar-se para escutar" é uma ação corporal visível que faz as outras pessoas presentes silenciarem para que o pensamento dos interlocutores continue seguindo direto, sem espalhar-se, sem perder o seu rumo. Dessa maneira, *sentar para conversar* é uma postura que explicita a mobilidade constitutiva do ato de pensar, já que há um deslocamento por meio do qual uma pessoa acompanha a outra por um percurso. Como na caça e nas andanças, há um *kɨhsät* que *chama a ação*, e um ouvinte que segue, acompanha.

Seguindo um rumo *minɨg*, "direto", a pessoa vê e ouve para fazer os saberes *surgirem com ela mesma*, ao longo de seu percurso guiado.

Através de muitos diálogos, Ponciano ia compondo uma versão da narrativa a ser traduzida por seu filho para mim. Refletindo com Bauman, no evento narrativo e no evento narrado, o pensamento vai surgindo com a refeição, fraternal ou paternal, de um *prato principal* (coca) que, bem temperado (tabaco), engendra visões e palavras para que os degustadores acompanhem-se em sua busca conjunta. De modo semelhante, ao longo do caminho para a Serra da Cutivaia, Américo pensa em seu pai, ouve seu barulho no morro, vê a pupunheira, a plantação de coca e o lugar de pescar com pari. Narra histórias que ouvia do velho Henrique quando caminhavam juntos por aquelas terras. As narrativas falam dos seres que, como o pai, chegaram àquela serra e lá fizeram sua morada. Se o velho Henrique viera de B'ǫt-Pẽm-Dëh, igarapé próximo à Serra Grande, Hṵt Wäg viera de longe também, do Lago-de-leite viajando dentro da Cobra-Canoa. Os temas da *viagem*, da *entrada no morro* e da *morada* aproximam as narrativas e as experiências vividas por Américo e Jovino com seus pais. Configuram uma temporalidade dessas paisagens, através daquilo que as gerações anteriores deixaram de si quando habitavam, trabalhavam, comiam e conversavam nesses lugares. Em meio à partilha dos *cigarros de origem*, o pensamento é uma procura, um ato de acompanhar o *kihsät* ao longo de um percurso para que as visões e as palavras façam surgir as histórias com as pessoas para que saibam habitar o mundo.

As sementes de tabaco e o Semente de Tabaco sintetizam a capacidade generativa das plantas associando-a à capacidade generativa dos Hupd'äh de recriarem as condições para o crescimento e desenvolvimento da vida pela concepção, pelo pensamento, pela segmentação e pela continuidade. Explicita-se uma relação próxima entre os atos de palavra, os atos de comensalidade e os atos de plantio, como atos de relembrar que geram memórias, caminhos de movimento percorridos pela pessoa ao longo de sua vida.

É passando pela pupunheira que Américo se lembra do pai, é comendo coca e fumando tabaco que os senhores Hup lembram as histórias, é germinando que as sementes de tabaco e os ramos de coca fazem os filhos crescerem e aprenderem. Num certo sentido, Semente de Tabaco transmite-se a si mesmo, legando aos Hupd'äh a capacidade de constituírem-se como pessoas a partir dos saberes, dos nomes, da refeição e do pertencimento clânico.

"Terminou a coca. Diz que vão descansar.", foi a fala com que Jovino encerrou nossa conversa naquela noite, deixando aberta a questão sobre os tipos de narrativas. O término do alimento, o levantar dos senhores, os bocejos e os dizeres de boa noite concluíam o encontro. Buscando, como Reid, uma classificação que diferenciasse os gêneros narrativos, ouvi essa história que reúne, num mesmo ato de rememorar, seres e eventos que estariam separados pela diferenciação sequencial proposta pelo pesquisador. Naquela roda, o futuro era *progerado* e o passado regenerado num mesmo tempo em que os senhores Hup produziam a memória e faziam crescer os saberes. Minhas perguntas assemelhavam-se às que Jovino fazia quando menino. De certo modo, eu também vinha de um lugar distante, São Paulo, cidade que suscitava muito interesse e curiosidade. Querendo saber quem eram os ancestrais e quem tinha visto tais acontecimentos para garantir sua veracidade, Jovino foi, aos poucos, entendendo e ouvindo dos mais velhos e de seu pai as histórias. Caminhando para a Serra da Cutivaia, Américo se lembrava de seu pai e sentia saudades de seu irmão. Falando de minha família, eu a fazia presente e atenuava a saudade do meu lugar.

SEGURAR O CIGARRO

Numa manhã de junho, enquanto bebíamos caxiri depois do *bi' hitạm*, "mutirão", que reuniu muitas pessoas para ajudar Jovino a capinar uma de suas roças, Ponciano sentou-se próximo a mim para ouvir as canções que eu tocava no violão. Ele começou, então, a fazer comentários sobre o tabaco, a dádiva de K'ẹg Tẽh e o modo como os antigos fumavam ritualmente. Em suas palavras o cigarro ia ganhando os atributos de um objeto fálico cujo preparo se faz à semelhança de um pênis, anatomicamente eficaz para o ato sexual. A folha de tabaco é *afiada* e origina-se do fio de cabelo da Mulher da Caatinga, *Mụn Ãy*, enquanto a folha de sororoca para enrolar o fumo advém do cabelo da Filha da Mulher da Mata, S'ụg Ãy Tög. Unidas, essas duas partículas femininas geram o cigarro que é como um pênis para penetrar as mulheres. Em M14, Ponciano mencionou também o surgimento do tabaco a partir do vômito de Wẹd B'ọ' após ter ingerido o peixe moqueado[19] dado pelo M'ẹh Hup, e contou da dádiva de K'ẹg

---

19. Algumas narrativas míticas bororo analisadas por Lévi-Strauss associam o tabaco ruim a peixes e o tabaco bom às cinzas de uma cobra (2004b, p. 59).

Tẽh no Lago-de-leite, antes da viagem na Cobra-Canoa. O narrador advertiu para os malefícios da gordura do tabaco e da pasta da coca que causam doenças a quem os consome sem ter sido benzido.

mito 14 (M14): sobre a dádiva do tabaco

Antigamente, tinha uma folha de tabaco afiada, pontuda, que era o cabelo da Mulher da Caatinga. Os antigos fumavam esse tabaco com uma folha de sororoca da mata. Essa folha é também o cabelo da filha da Mulher da Mata. O cigarro era preparado no formato de um pênis, com a cabeça pequena e o corpo grande, como deve ser para penetrar a vagina das mulheres.

Foi M'ęh Hup quem ofereceu comida e caxiri a seu genro, Węd B'ǫ̃'. Esse, um homem Hup, comeu moqueado, beiju, bebeu caxiri e vomitou. De seu vômito surgiu o tabaco. O tabaco tem a ver com os peixes moqueados. Os diferentes tipos de tabaco têm os nomes dos diferentes tipos de peixes. Só dois têm nome de árvores de fruta.

É preciso ser benzido para comer coca e fumar tabaco. A coca, o tabaco e o breu têm essências ruins que ficam no testículo e a pessoa pode ficar doente. O benzimento faz com que essas essências ruins saiam pelos pés da pessoa. A coca tem em sua pasta a parte ruim. Já o tabaco tem em sua gordura a parte ruim.

No Lago-de-leite havia a casa dos ancestrais e o ancestral de cada grupo tinha sua casa, seu banco, sua coca e seu tabaco. K'ęg Tẽh deu a eles a cuia de coca, o banco e o tabaco. Quando voltou, todos tinham escondido atrás de si esses poderes.[20]

Atualmente, para preparar cigarros, cada pessoa conserva um estoque de folhas de caderno pautado, mantidas sempre próximas ao fogo de cozinha para que se mantenham secas e inodoras. Para a preparação do cigarro, a folha é dobrada em oito pedaços a serem destacados. Folhas escritas ou coloridas são evitadas, pois acredita-se que a tinta possa fazer mal e causar dores de cabeça. O tabaco desfiado é colocado no interior do pedaço de papel que é enrolado e selado com a saliva dos lábios. Para acender o cigarro, utilizam-se fósforos, tëg s'įk ou tëg s'a, e isqueiros, tųj-tëg. Os gravetos em brasa no forno são também alternativas, caso haja escassez de acendedores. O maior teor de gordura do tabaco industrializado e a textura da folha de caderno são vistos como transformações que fazem o cigarro causar mais mal que os cigarros antigos.

Durante uma roda de coca, conversamos sobre a preparação ritual dos cigarros. Na noite anterior, eu havia sonhado perguntar a meus interlocutores sobre as folhas com que os antigos enrolavam

---

20. Caderno de campo, 12 de junho de 2011.

os cigarros. Miguel contou que, antes, havia muitos Dabucuri, *pä'*, rituais em que os habitantes de uma aldeia convidavam os parentes de outra comunidade do mesmo grupo regional para uma festa que durava dias. Os anfitriões ofereciam caxiri em troca de peixes, frutos ou carne de caça, trazidos pelos visitantes. Os hóspedes comprometiam-se a convidar os anfitriões a uma festa de mesma proporção num próximo ano, oferecendo caxiri em troca de alimentos. Eram nesses encontros que as flautas Jurupari, Döhö̧ d'äh, eram tocadas, podendo ser realizada a cerimônia de iniciação dos rapazes. Preparava-se um cigarro especial, enrolando uma folha de tabaco da caatinga, *hũt sig k'ẹt*, "folha de tabaco afiada", também chamada "cabelo da Mulher da Caatinga", com uma variedade de folhas oriundas dos diversos tipos de solo da floresta como a *bed k'ẹt*, "caatinga", a *bahu k'ẹt*, "folha de cacau", a *wähuw k'ẹt*, "folha de tucumã"[21] e *yawạk kẽ' k'ẹt*, "folha de enterrar japurá".[22]

Os antigos sentavam-se com seus cunhados, bebiam *caarpi* comiam coca e acendiam o cigarro. O anfitrião, sentado, oferecia o cigarro ao hóspede, em pé. Cantando, este tinha que descrever cada uma das folhas com que havia sido preparado o cigarro. Ao mesmo tempo, ele ia contando sobre suas origens a seus cunhados. Aquele que estivesse ouvindo, diante do cantador, não podia pegar o cigarro enquanto o outro não tivesse terminado de contar. Devolvido o cigarro, era a vez do anfitrião fazer seu "canto", *yamidọ'*, narrar suas origens e descrever as folhas, uma a uma. Terminado o diálogo, o cigarro era passado a outro participante, geralmente sentado ao lado, para fazê-lo circular. Aqueles que o recebiam *cantavam suas origens* num diálogo mantido com quem tinha dado o cigarro. O cigarro era muito comprido e demorava muito a terminar, o que fazia o diálogo ser ouvido e acompanhado pelos presentes que comparavam a habilidade dos cantadores. Por ocasião do pedido de uma moça em casamento, o pretendente deveria esperar a cerimônia de Dabucuri, receber o cigarro do pai da moça e contar sobre suas origens, numa forma de demonstrar suas qualidades ao futuro sogro. Se não descrevesse bem as folhas, não narrasse suas origens direito ou devolvesse

---

21. Entendo que essa planta seja um tipo específico de *k'öb*, palmeira da família das arecáceas, *Astrocaryum tucuma*, das folhas da qual se tira uma fibra conhecida como tucum (Ramirez, 2006).

22. Japurá (*Erisma japura*): certo tipo de fruta cujas sementes são usadas para preparar uma massa usada como tempero de peixe, família das voquisiáceas. Cf. Ramirez (2006).

logo o cigarro ao pai da moça, o pretendente teria suas intenções frustradas.[23]

Ao *segurar o cigarro* a pessoa atende a um chamado feito por um *yǫh*, "cunhado", que inicia a ação da mesma forma que os *kihsät* começam as atividades coletivas. Em M14, K'ęg Tēh dá o cigarro e, assim, chama os ancestrais para a existência no novo mundo, do mesmo modo como havia feito um chamado para que a humanidade, respondendo, começasse a existir no Lago-de-leite.O canto das origens é realizado a partir de um ponto de vista agnático próximo à partilha da coca e ao tabaco que geram atos de relembrar, fundamentais para que a pessoa Hup, constituindo-se, faça surgir histórias e saberes. Entretanto, diferente de M13, em M14 a dádiva do deus no Lago-de-leite se dá num momento em que ancestrais de clãs diversos estão reunidos entre afins, a mesma forma de interação que ocorre durante o oferecimento do cigarro nos Dabucuris.

Sendo a coca, o tabaco e o banco poderes que fazem surgir as histórias da origem aos filhos (M13), entendo que *segurar o cigarro*, narrar a *história das origens* e *descrever as folhas* sejam modos de ação que fazem o indivíduo apresentar-se como uma pessoa plena, conhecedora dos diferentes ambientes e solos em que germinam as plantas com que seus cunhados preparam o cigarro e da singularidade de seu clã perante os outros. Nesse sentido, o cantador *busca as folhas* em distintas paisagens que compõem o território do ofertante para preparar o cigarro através da tessitura da palavra, dos fios da vida e do objeto que segura. Faz as relações de afinidade surgirem via

---

23. O naturalista Whiffen relata o consumo de grandes charutos no Uaupés (1915, p. 143). A partilha dos cigarros durante os rituais de Dabucuri e festas de caxiri entre os Tukano foi descrita por Reichel-Dolmatoff da seguinte maneira: "um objeto ritual típico usando durante este cerimonial é um segurador de charutos de duas forquilhas que é trocado entre os representantes dos grupos de intercasamento" (1987, p. 10). No caso dos Cubeo, Goldman mostra que o cigarro cerimonial dos Dabucuris é uma marca de amizade e confiança. Os diálogos motivavam o mais velho a segurar o cigarro e a cantar as canções de origem do clã. A entrega do cigarro a uma mulher tinha um significado potencialmente sexual, o que fazia com que os maridos devessem passá-los apenas a suas esposas (1972, p. 212). C. Hugh-Jones descreve o consumo dos cigarros, coca, rapé e yagé pelos Barasana no contexto das danças que sucedem o momento de troca entre anfitriões e hóspedes no Dabucuri (1979, p. 208). S. Hugh-Jones ressalta que o caráter fálico dos cigarros cerimoniais barasana associa-se aos peixes e que, ritualmente, há uma analogia entre os cigarros e os trompetes no Dabucuri, sendo ambos construídos a partir dos mesmos princípios e percebidos como pênis (1979, p. 211). No caso dos Hupd'äh, Reid menciona cantos que narram a história dos ancestrais de origem dos clãs quando os convidados chegam trazendo frutas durante o Dabucuri, mas não escreve sobre o consumo ritual dos cigarros (1979, p. 181).

cigarro, e o cigarro surgir via afinidade. Por isso, haja talvez a ligação entre essa *performance* e o modo formal de realizar o pedido da noiva, apresentando as habilidades de convivência e de trabalho que fazem a pessoa estar apta ao casamento. Além disso, o cantador demonstra sua capacidade de compreender a existência social hup como uma singularidade dividida.

Segurar o cigarro mostra-se fundamental a essa forma de sociabilidade, já que é um sogro ou um cunhado (afim) quem o oferece para que o outro *faça surgir a história com a sua pessoa*. É preciso tecer os sentidos da própria história naqueles da história do cigarro. O diálogo cerimonial constitui um modo de observar e revelar-se a si mesmo, numa reflexividade que faz a pessoa relembrar as condições de seu crescimento e desenvolvimento, trazendo à vida seus ancestrais, seu nome, seu clã para incluir-se num *nós* e diferenciar-se daqueles que oferecem o cigarro. O ato de *segurar o cigarro* coloca-se como um gesto de fusão dos pontos de vista com a conversão da distância extensiva e extrínseca em diferença intensiva.

Em M14, a folha de tabaco é vista como o cabelo da Mulher da Caatinga, *mųn*, tipo de paisagem caracterizada por floresta de vegetação baixa e solo arenoso, considerada ruim para a plantação de maniva ou coca.[24] São os locais de *mųn* os mais buscados para a construção dos acampamentos durante as incursões à pesca, à caça ou nas viagens pelos caminhos a outras aldeias pelas características da vegetação e pela facilidade e rapidez na limpeza e preparo da área. *S'ųg* é o modo como são descritas as áreas de floresta alta, compostas por mata primária, onde são realizadas coletas de frutos não cultivados e caçadas. Boa parte da mata é composta por *m'aj' kį'*, "terra firme", um tipo de solo fértil considerado ideal para o plantio. Esse tipo de solo é o mais buscado para a constituição das comunidades e para a abertura de roças.

Desse modo, as caatingas são lugares adequados para a habitação humana temporária durante os acampamentos, enquanto as áreas de terra-firme são buscadas para a consolidação das aldeias e das roças.[25] Ora, a maioria das folhas mencionadas por Miguel para en-

---

24. A associação entre pelos e tabaco é feita também pelos Cubeo que, como relata Goldman, queimam ritualmente cabelos cortados como se queimassem o tabaco para fumar e denominam os pelos das axilas: "pelos-tabaco" (1972, p. 182). Essa relação será abordada mais à frente ao longo da análise do *Tẽh bi'įd*, o "benzimento do filho".
25. Atualmente, algumas comunidades assentam-se sobre solos de caatinga, como é o caso de Tąt-Dëh onde há um grande areal na parte central da comunidade. Entretanto,

volver o tabaco é originária de áreas de *terra firme*, podendo ser solos trabalhados pelas roças, ou ser o solo das áreas de mata. Mesclando elementos das áreas de floresta e caatinga, o cigarro é preparado como um nexo entre essas duas paisagens relacionadas à sociabilidade das viagens e ao convívio mais permanente na aldeia. A folha de tabaco, parte de uma planta que cresce na caatinga, é também o cabelo da Mulher da Caatinga. Já a folha de sororoca, usada para envolver o tabaco, é o *cabelo da filha da Mulher da Mata*, algo que remete à origem não cultivada. Na combinação entre elementos femininos das folhas da mata e da caatinga, mesclam-se os fios de cabelo de uma mulher mãe e de uma filha. Ao mesmo tempo, descrevendo as folhas do cigarro preparadas a partir de fios de cabelo femininos, a aliança apresenta-se como um modo de reciprocidade entre as gerações de afins. Pensando com Ingold, as histórias são tramadas ao longo dos ciclos rituais de plantas e pessoas numa textura de superfície.

Enquanto contava M14, Ponciano desenhou o cigarro dos antigos na areia com uma extremidade pontiaguda e um corpo largo e cheio. As linhas que compõem o desenho vão acompanhando sua descrição do cigarro cerimonial como um objeto fálico preparado a partir de cabelos, ou folhas, femininas. As extremidades pontiagudas delineiam a semelhança entre a forma do cigarro e a folha de tabaco, afiada e pontuda, algo que remete à forma anatômica ideal para o ato sexual.

Objeto fálico, o cigarro dos Dabucuris explicita como deve ser a penetração correta no intercurso sexual para que a reciprocidade possa se dar de modo apropriado entre afins, consumando a *boa aliança*. A penetração correta gera a vida, proporciona a sucessão clânica, a transmissão das histórias e, paralelamente, a troca de mulheres entre os grupos,[26] de mulheres que serão mães numa geração (0) e filhas na subsequente (-1). Tomando as palavras de Lévi-Strauss,[27] "o consumo é entendido ora no sentido próprio (alimentar), ora no sentido figurado (sexual) e, em algumas vezes, em ambos os sentidos [...]". Entretanto, o caráter laminar do objeto parece também explicitar os limites e interdições para a troca em termos da inabilidade para o

---

as áreas com solos de terra-firme continuam sendo buscadas para o cultivo das manivas, coca, pimenta e frutíferas.
26. Tal como demonstra Lévi-Strauss para mitos sobre o mel, identifico nesse caráter laminar do pênis/ cigarro que perfura a vagina da mulher um *motivo da furação* que expressa uma dialética do tipo continente/ conteúdo, abertura/ fechamento, fora/ dentro (2004b, p. 88-103).
27. 2004, p. 213.

preparo do cigarro, do uso incorreto da palavra, do canto e da incompreensão do gesto de oferecimento e devolução. Como o *Aije* bororo, entendo que no ato de *segurar o cigarro* haja a "regulamentação da sexualidade, assim como a representação da vida humana e social" (Caiuby Novaes, 1994, p. 184).

Essa dimensão fálica do cigarro faz lembrar algumas passagens de narrativas de *más alianças* ou de *incestos* que apontam para os perigos, limites ou problemas nas relações de afinidade. Enquanto caminhávamos para a Serra da Cutivaia, Américo contou do pássaro *Ųy-Tąk* que, frustrado em sua tentativa de encontrar mulher, *comeu o irmão mesmo*, ato incestuoso realizado pela impossibilidade de encontrar mulher. Em M4, o pênis pequeno do marido Hup e a vagina grande de Döh Ą̈y fazem com que ela devore seu esposo e case-se com o Macaco-da-Noite, possuidor de um pênis grande. Já em M1, em vez de penetrar a esposa com seu pênis, o B'atįb' joga uma lança que perfura a mulher pelas costas e atravessa-lhe o peito, matando-a. Nesse sentido, o marido de Matumã (M8) pode ser visto como um mau marido por permanecer tempo demais longe de casa caçando, deixando aberta a possibilidade do Jovem-Onça seduzir e roubar sua esposa. Em M14, há o oferecimento de beiju, caxiri e peixe moqueado pelo Velho Cobra a seu genro Wed B'ö̧'. Diferente de M9, não é a Mulher Cobra quem dá os alimentos, mas sim o sogro. Abastecer o sogro com peixes moqueados durante meses é justamente uma das prestações a serem pagas pelo genro ao sogro pelo casamento, atestando a *boa aliança*. Ao contrário, na aliança constituída entre Velho Cobra e Wed B'ö̧' é o sogro quem paga ao genro.

Desse modo, *segurar o cigarro* é um gesto que traz à tona os perigos existentes na relação de afinidade pela: impossibilidade da troca (M10), pelo mau intercurso sexual (M1) (M4), pela ausência (M8), ou pela não efetivação da prestação de serviços devida (M9).[28] No caso hup, tais atitudes evidenciam os perigos de situar-se além da aliança ou aquém do parentesco. Todos esses casos apontam para os perigos potenciais do ato de *segurar o cigarro* e de não efetivar a aliança em todas as suas dimensões esperadas. Entendo esses aspectos muito próximos à reflexão de Viveiros de Castro sobre a tensão característica da afinidade, em suas palavras,

---

28. Retomando a discussão de Lévi-Strauss (2004b), encontra-se nessa sequência de mitos as atitudes do *sedutor desavergonhado* (M10), do *sedutor apático* (M1), (M4), (M8), (M10), e do *companheiro perverso* (M1), (M4), (M9), (M10).

Essa combinação de uma diferença e de uma semelhança igualmente necessárias cristaliza-se, frequentemente, na identificação dos inimigos a afins: os cunhados-inimigos tupinambá são apenas o exemplo mais célebre de uma configuração ameríndia muito geral, em que a tensão característica da afinidade — relação que tem a semelhança como base e a diferença como princípio — é utilizada para pensar a categoria do inimigo e reciprocamente, isto é, onde os valores da exterioridade predatória formam o subtexto da aliança matrimonial.[29]

Além dos perigos da *má aliança*, o caráter laminar do cigarro e da folha de tabaco denota seu poder de fazer mal a outrem. Nos encantamentos, muitos seres possuem lanças, facas, terçados, objetos cortantes utilizados para causar doenças ou matar. Num encontro noturno de 8 de abril de 2012, Miguel contou que o feitiço que havia matado há alguns dias um Tukano com os sintomas de dor de cabeça, vômito e diarreia crônicos tinha sido um *hṵt döh*, um "feitiço de tabaco". Para realizá-lo, é preciso mencionar todas as folhas com as quais se preparava o cigarro antigamente. Depois de aceso e tragado, o cigarro terá sua fumaça assoprada pelo próprio feiticeiro.

Sopro, *döh*, é o modo como os Hupd'äh referem-se em português ao feitiço, à ação xamânica que busca prejudicar outra pessoa. Uma das ações do feiticeiro pode ser a de soprar palavras no cigarro, breu ou outro objeto que depois será aceso e sua fumaça soprada para causar o mal. Reichel-Dolmatoff escreve algumas notas sobre o poder agressivo de um *feitiço do tabaco* realizado pelos Desana,

O tabaco também pode ser um meio de agressões mágicas. Pronuncia-se em encantamento sobre um grande cigarro e este é logo enterrado perto da maloca ou do porto de um inimigo. Após uns dois ou três dias, esse malefício causa uma série de enfermidades às pessoas que vivem na maloca.[30]

O mesmo ato de mencionar as folhas para celebrar os laços de afinidade pode, ao contrário, ser um modo de ação maléfica que causa a morte. O feitiço parece explorar a relação entre as folhas e a *fala sobre as origens*, algo que atinge a pessoa-sopro e causa a morte como uma impossibilidade de narrar e de viver. Como um sogro que impede o casamento e, assim, a regeneração da vida, o feiticeiro impossibilita a continuidade da vida, tornando o gesto de *dar cigarro* um *mau oferecimento*.

---

29. 2002, p. 289.
30. 1986, p. 184.

Segurar o cigarro, gesto que demonstra as possibilidades, limites e perigos da aliança entre cunhados, revela também a importância da proteção xamânica contra os ataques dos feiticeiros-afins. Da mesma forma, ao *segurar o cigarro*, o cantador expressa tais signos para serem assimilados pelo sogro ou cunhado, o que pode fazer surgir a *boa* ou a *má aliança* dependendo da habilidade do cantador em narrar suas origens, ressarcir, cuidar da esposa e realizar adequadamente os atos sexuais. É no sentido de proteger a pessoa dessa tensão constitutiva da afinidade que o *benzimento do tabaco*, a ser discutido a seguir, torna-se fundamental para regenerar e cercar.[31]

BI'ID HŨT, «CIGARRO BENZIDO»

Foi numa tarde de julho de 2011 que Ponciano veio benzer-me para que eu pudesse fumar tabaco e comer coca sem me preocupar com os perigos do consumo dessas substâncias. Ele preparou o cigarro com um pouco do tabaco desfiado enrolado num pedaço de folha de caderno. Era um cigarro maior e mais grosso que os de nosso consumo usual. Aproximou o cigarro da boca e começou a proferir palavras murmuradas e a soprá-las para que penetrassem o cigarro. Estava sentado e muito concentrado realizando as ações dos encantamentos da "coca", *pũ'ũk bi'id*, e do "tabaco", *hũt bi'id*. Depois de uns quinze minutos, Ponciano entregou-me o cigarro, dizendo que, daí em diante, eu estaria protegido das essências ruins desses alimentos. Poderia participar tranquilamente dos encontros noturnos. Comemos juntos um pouco de arroz com feijão e, quando ele saiu, acendi o cigarro, traguei e soprei a fumaça em meu peito, em meu *hãwäg*. Diferente dos outros cigarros, esse parecia mais forte. Fiquei zonzo, precisei deitar na rede e dormir um pouco. À noite, durante a roda, os participantes disseram que agora poderiam se despreocupar com meu consumo de coca e tabaco.

BENZIMENTO 2 (B2): *HŨT BI'ID*, «BENZIMENTO DO TABACO»

---

31. Sobre a variedade de formas de consumo do tabaco de povos ameríndios, Lévi-Strauss menciona que: "Consome-se o tabaco de maneira individual ou coletiva: sozinho, a dois ou com várias pessoas; tendo em vista o prazer ou para fins rituais, que podem ser mágicos ou religiosos, quer se trate de cuidar de um doente, administrando-lhe fumigações de tabaco, ou de purificar um candidato à iniciação, às funções de sacerdote ou de curador, fazendo com que absorva quantidades variáveis de sumo de tabaco para provocar vômitos, seguidos algumas vezes de perda de consciência" (2004b, p. 53).

1º MOV   Eu dou o cigarro para melhorar a vida, para não morrer. Você vai entender! Um dia você vai ouvir: *Primeiro, quem fez isso foi o K'ęg Tẽh*. Aqui, a vida termina para os jovens crescerem. Nossa vida termina para os jovens crescerem. Nosso corpo não aguenta mais agora, está velho. K'ęg Tẽh falou: "Vocês vão ter o corpo bom!" Por isso, hoje em dia, se não fazemos tabaco, os jovens não crescem. Fazemos o tabaco para os nossos jovens ficarem fortes e crescerem. Nós morremos quando não tem tabaco. Nós não temos vida se não há esse tabaco. As pessoas fazem o tabaco quando ficam velhas. Se os velhos morrem, acaba o benzimento. Se acaba o tabaco que a gente faz, os jovens ficam sempre pequenos e a doença vai acabar com eles. Se a gente não faz esse cigarro benzido a doença encontra a gente nessa terra. Eu tiro o tabaco da Nutęnęy-Mọy, nossa casa de origem. Acompanho e tiro das casas Dëh-Sąk-Sǫ̈'ọ̈y-Mọy, Hak-Tęnęy-Mọy, Dëh-K'et-Sǫ̈'ọ̈y-Mọy. Eu vou tirando o nosso *hąwäg*. Sento-me em meu banco da vida, nosso banco do Lago-de-leite. Troco o cigarro, sentado no banco da vida, no banco do Lago-de-leite. Troco o cigarro com meu ser sentado no banco. Troco o bastão e sigo trocando [continuamente]. Tiro e vou reunindo. Meu *hąwäg* todo, eu tiro e vou levando. Falo e vou tirando a vida dos Sokw'ąt Noh K'öd Tẽh däh e minha própria vida [dessa morada]. Eu falo e menciono para nossos ancestrais, para os Sokw'ąt ĩhan, os B'ọ̈' Tẽh ĩhan, Sụg Yom'ọy Tẽh ĩh, Sọ Tẽh ĩhan, Yęw Tẽh ĩhan, S'ęh [Sẽk?] Tẽh ĩhan, Họp Tẽh ĩhan, Pohọt Tẽh ĩhan. [Menciono] o cigarro, o banco da vida, o chapéu, o bastão deles. Com isso eu pego o bastão. [Reúno esses poderes] para lá, no Lago-de-leite, lá no fundo, no final, no Rio de Janeiro.

2º MOV   Vou para dentro da casa com a roupa do aracu pequeno. Entro e fico em pé com o *hąwäg*, o espelho, a espinha, o cigarro [do aracu pequeno]. Entro e fico em pé com seu cigarro. Sopro a fumaça do tabaco.

Comentário   A fumaça do tabaco é pari dentro da gente. Vou benzendo com o breu. A fumaça do breu é pari para dentro do corpo. Faz com que as Cobras não vejam. Entro com meu sopro vital. Fico em pé. A doença passa com o cigarro. Falo para esse aracu pequeno, para aquela gente de trás do lago, para aquela gente de acima do lago, *k'ët)* para a Cobra do outro lado do lago, *hak*. Para aquela gente, eu menciono os aracus pequenos. Fico em pé e sopro com os cigarros dos aracus para que essas gentes não apareçam com seus cigarros e para que as doenças delas passem com o cigarro. Essa fumaça do cigarro é pari para dentro. Eu faço o *hąwäg* entrar e ficar em pé na casa-corpo dele. Fazendo isso, dizem que essas cobras não aparecem[...] Outro dia nós vemos essa gente. [...]

3º MOV   Retorno e falo para os aracus pequenos do Igarapé-Grande onde há essa gente do Igarapé-branco [...] Entro e fico em pé com meu cigarro para que eles entrem em sua casa com seu cigarro, com seu sopro vital.

Comentário   Essa fumaça do tabaco é pari dentro do corpo para esconder o sopro vital. [...] Com esse cigarro, a doença passa, não aparece. Falo para nossas crianças, para nossas mulheres, para nossas filhas. Menciono tudo para [proteger] essas pessoas. Eu menciono e tiro para os nossos parentes que acompanham.

4º MOV   Falo para as Cobras. Vou chegando para cá. Menciono a cuia de mel da origem. Digo e faço vir a cuia de mel da origem. Menciono todas as Gentes-Cobra do lago. [Falo para] a cuia de mel da origem, para o sopro vital da cuia de mel da origem, [para] o corpo da cobra da origem [em sua] asa [?]. Com essa asa, com a base da asa [dirijo-me] para dentro dessa morada. Faço o *hą̄wäg* entrar e ficar em pé. Prossigo falando.

Comentário   Com esse cigarro, com essa fumaça do cigarro o sopro vital regenerado entra e fica em pé no corpo. Com essa fumaça, o *hą̄wäg* de nossas crianças, de nossas meninas, de nossos filhos entra e fica em pé. Com esse cigarro, a doença passa, não aparece. [Desloco-me] na rede. [É preciso] entrar na rede e ficar enrolado. [Ajo com] o nosso banco para entrar, sentar e ver. Menciono o pote de mel. Profiro as palavras com a abelha. Falo para o sopro vital da abelha *tat*. [Dirijo-me] para dentro de sua morada. Profiro as palavras com essa abelha. Profiro as palavras com o mel-da-cotia. Entro com o mel-da-cotia e ergo-me...[32]

O encantamento acima foi contado por Ponciano à linguista Patience Epps, durante uma viagem de campo que fizemos juntos em 2011. Sentado, olhando fixamente o gravador, Ponciano contava com grande atenção às suas próprias palavras, interrompidas apenas pelos movimentos de tragar e soprar o cigarro. Em 2012, a partir da transcrição de Epps, *mimeo*, Samuel, filho de Ponciano e irmão menor de Jovino, ajudou-me a traduzir o encantamento para o português. Ajudou-me a entender e a interpretar alguns dos movimentos do benzedor durante a realização desse encantamento.

Sem possuir plantação de coca e, ao mesmo tempo, consumindo grande quantidade do alimento durante os encontros, decidi, em minha primeira estada em campo, estabelecer uma troca com os senhores. Como mencionado, a cada encontro, eu levava um maço de tabaco para ser partilhado por todos, em troca de meu consumo de coca. Como não há quase plantações de tabaco e depende-se da compra dos maços industrializados, há sempre certa escassez de fumo. Nos últimos dias de meus períodos de campo, muitos dos participantes aproximavam-se de mim e diziam que ficariam com saudades e que

---

32. Ponciano, gravação sonora de Patience Epps, 2011.

suas "bocas chorariam por não haver mais meu oferecimento de tabaco", *hṵt pã, noh-köd otoy*. A troca do tabaco pela coca e minha identidade de branco pesquisador fizeram com que logo eu fosse chamado jocosamente de *hṵt yo'ọm ĩh*, "dono do tabaco".

Se, como visto, K'ẹg Tẽh, Semente de Tabaco e os pais são aqueles que *dão tabaco*, num tempo em que o fumo é comprado e fabricado pelos brancos, a piada explicitava uma justaposição do tipo: *dono branco/ tabaco branco*. Diferente da reciprocidade da dádiva do tabaco, a compra coloca-se como uma forma de troca diferente, própria dos brancos, através da qual eu era visto como alguém que tinha riqueza: *Ạm hṵt rico*, "você é rico em tabaco", diziam. Essa troca, estabelecida com os participantes das rodas iluminava, desse modo, a posição de poder que eu passei a ocupar naquela forma de sociabilidade. Comer coca, fumar tabaco e conversar com os senhores Hup são atos que foram constituindo minha identidade de pesquisador perante a comunidade e permitindo a todos entender o que eu fazia ali como sendo uma busca por ouvir histórias e benzimentos. Ter meu próprio corpo transformado pela ação dos encantamentos da coca e do tabaco significou uma reconfiguração de minha pessoa, uma atenuação da diferença que marcava minha identidade e a possibilidade de, mesmo sem laços de parentesco com os demais, sentar-me com eles nas rodas.

Como pode ser percebido, M9 enfatiza a dádiva do ramo de coca aos Hupd'äh em meio a uma história sobre a obtenção dos alimentos cultivados. Apesar de a coca e o tabaco surgirem juntos do vômito de Wed B'ö', o consumo e a importância do tabaco são pouco tematizados. Num último movimento do encantamento da coca (B1), a casca de tabaco e a casca de tururi são mencionadas para a criação de envoltórios duros que protegem o corpo. O benzedor diz que vai fumando o tabaco para que as essências ruins saiam. Entretanto, é apenas com M13, M14 e B2 que o tabaco revela-se como uma substância, um poder tão importante quanto a coca. Em *Do mel às cinzas*, Lévi-Strauss chama a atenção para a posição além da cozinha do tabaco, por ser incinerado para que se aspire a fumaça. Contrastivamente, o caráter complementar do tempero para a *carne de Cobra* (coca) aparenta situar o tabaco hup a um só tempo dentro do registro culinário, *infraculinário*, e além da cozinha, *metaculinário*. No primeiro caso, em sua conjunção com a coca para a partilha de alimentos e palavras, e, no outro, ao ser soprado e incinerado como cigarro benzido.

Por um lado, o tabaco, assim como a coca, marca uma forma de sociabilidade alimentar em que as conversas permitem pensar, narrar e trocar. Por outro, B2 ressalta a importância do tabaco para a agência xamânica enquanto cura e proteção. Para entender melhor os usos dessa substância e seu papel nos modos de ação associados às rodas é preciso descrever um pouco mais como se dá o consumo do tabaco enquanto *bi'ịd hũt*, "cigarro benzido".

Além das conversas, da aquisição de saberes e da aliança que caracterizam um modo alimentar de sociabilidade, pajés e benzedores utilizam principalmente os cigarros de "tabaco", *hũt*, e o "breu", *wõh*, para a produção da fumaça. Os cigarros benzidos são preparados cotidianamente e seu consumo diferencia-se dos cigarros fumados para as conversas durante os encontros noturnos. Quando muitos senhores já se encontram sentados na roda, pessoas aproximam-se, dirigem-se a um deles e *bi'ịd ih këy*, "pedem um encantamento". Para isso, contam das dores que eles próprios, seus filhos ou cônjuges sentem. Podem também explicar a viagem que farão, o sonho ruim que tiveram ou algo estranho que tenha ocorrido. No primeiro caso, será executado um *pë' bi'ịd*, um "benzimento de cura". No segundo, um *bi'ịd tạ'*, um "benzimento de cercar". Para a cura, o benzedor procurará saber sobre os alimentos que foram consumidos, os lugares por onde a pessoa passou e que tipo de sonhos teve. Para cercar, é preciso saber qual caminho será percorrido, quem acompanhará e quais sonhos a pessoa tem tido. Esses diálogos permitem ao benzedor saber quais ações devem ser executadas ao soprar o cigarro, quais lugares e casas ele deverá visitar e com quais seres ele deverá interagir para acalmá-los ou evitar que se enfureçam. Selecionam-se as partes, os movimentos, as palavras que serão sopradas no cigarro, bem como o percurso a ser seguido.

Os demandantes trazem um pouco de tabaco e folhas de papel para oferecerem ao benzedor. Este coloca um punhado de tabaco no papel e começa a enrolá-lo. Com a saliva da boca sela o cigarro. Diferente do cigarro comum, que tem as extremidades abertas, o benzedor dobra as duas pontas para conservar a forma do objeto até ser consumido por aquele que receberá o encantamento. Os olhos mantêm-se fixos no cigarro ou em algum ponto próximo. O xamã aproxima o cigarro dos lábios e começa a murmurar palavras rapidamente. De tempos em tempos, assopra o cigarro para que suas ações e movimentos pelo mundo penetrem o cigarro como palavras. O benzedor então entrega, *dá o cigarro* fechado e apagado ao demandante. A pessoa, por sua vez, deve acendê-lo, tragá-lo e soprar sua fumaça no corpo para a cura ou para a proteção.

No primeiro movimento de B2, chama a atenção o modo como o ato de *dar cigarro* é tomado como a dádiva que gera uma reciprocidade entre "velhos", *wähạd d'äh*, e "jovens", *pesạw d'äh*. Iniciada por K'ẹg Tẽh, essa dádiva fortalece os jovens e os faz crescer, ao mesmo tempo em que introduz a morte como possibilidade de continuidade, de sucessão, e de desenvolvimento: *nossa vida termina para os jovens crescerem*. Tabaco, velhos e encantamentos são elementos fundamentais para que não haja doenças e para que haja continuidade da vida. O benzedor viaja para o Lago-de-leite e *tira o tabaco* das casas ancestrais, ao mesmo tempo em que tira dessas casas os elementos para compor o sopro vital. Veste-se com sua roupa de aracu para proteger-se das Cobras. Retorna, então, trazendo o tabaco e o sopro vital. A fumaça e a cuia de mel são mencionadas para fazer com que o sopro vital entre no corpo e, ficando em pé, restitua a vida. Todas essas ações e interações ocorrem enquanto o benzedor está sentado, viajando como pessoa-sopro, murmurando palavras e assoprando o cigarro.

Quando traduzíamos o *benzimento do tabaco*, Samuel explicou-me que o pensamento e o sopro vital são feitos de *hãg-sạk*, "ar", "respiração", "pulsação", *pud dẹh*, "leite", e *yọh dëh*, "água pura". O sopro vital situa-se no peito, na Hãg-Sạk-Mọy, Casa-do-Respirar, ou Pulsar. O pensamento localiza-se na cabeça, mais especificamente no ouvido. Dentro da Casa-do-Ouvido, B'otọk-Mọy, ele situa-se no *b'otọk-wäg*, "semente do ouvido". Da orelha, o pensamento estende-se até o peito e liga-se ao sopro vital por meio de fios muito finos chamados de *sap tịw*, "caminhos corporais". Quando o benzedor se movimenta pelo cosmos, a porção líquida desses princípios vitais permanece no corpo e apenas a porção ar, sopro, viaja pelo cosmos. Portanto, a viagem xamânica torna-se possível através da reconfiguração de si como pessoa-sopro (pensamento-sopro vital) pela continuidade que atravessa o sopro, a fala, o leite e a água-pura, substâncias vitais mobilizadas pelas ações de sentar no banco e de andar pelos caminhos.

Até o momento, a palavra *benzedor* vem sendo utilizada para designar aquele que realiza as ações xamânicas que visam à cura ou à proteção. Isso se deve, por um lado, à apropriação que os Hupd'ɨh fazem da palavra *benzedor* do português para traduzir o termo *bi'ịd ĩh*. Entretanto, como mostra Athias, a palavra *bi'ịd*, "benzimento", "encantamento", aproxima-se mais da palavra *sopro*, soprar, ação xamânica para a cura e proteção. Os benzedores poderiam ser denominados sopradores, já que esse gesto vem a ser a ação corporal visível marcante dessa prática. Na tentativa de ampliar o léxico e de aproximar-me do modo como os Hupd'äh diferenciam os praticantes do xamanismo, designo os *bi'ịd hup ĩh*, "homens do benzimento", como sendo xamãs-sopradores, e os *kạ̈d hup ĩh*, "homens do banco", como sendo xamãs-do-banco. Ambos têm no sopro sua principal ação xamânica, diferente dos *säw, xamãs-pajés*, que, além de soprar, chupam e jogam água para curar e proteger. Uma análise mais detida sobre esses diferentes papéis será feita mais à frente, mas no momento creio que essa tradução possa contribuir para uma compreensão mais sensível às diferenciações feitas pelos Hupd'äh.

Tendo analisado a centralidade do sentar e do deitar como posturas corporais importantes na execução dos encantamentos e para a viagem como pessoa-sopro do xamã, creio ser necessário chamar a atenção para o modo como o ar e a fumaça são fabricados e situam reconfigurações da pessoa Hup fundamentais à cura e à proteção. Como mostram Reichel-Dolmatoff, Reid, Buchillet e Athias, os benzimentos realizam-se através de atos de fala. Esses atos de fala alternam-se com gestos que podem ser descritos como atos de sopro, num processo contínuo de modelagem através do qual o ar é trabalhado como uma matéria prima pela fala e pela respiração. São essas duas *modelagens do ar* que marcam o primeiro momento da ação xamânica, no murmúrio para o cigarro. As palavras, o sopro e o cigarro tornam-se instrumentos de percepção e ação fabricados a partir da mesma essência que compõe a corporalidade da pessoa reconfigurada para a viagem ao Lago-de-leite, o ar. Utilizando a fala e a respiração, os xamãs-sopradores Hup estabelecem relações vivas consigo e com seus semelhantes.

A sequência de sopros intercalados ao fluxo contínuo do murmúrio das palavras dá os contornos rítmicos e o andamento do gesto vocal. Quanto maior a velocidade com que forem mencionadas as palavras que agem, maior força terá o encantamento. A potência e a habilidade também são medidas em termos do não esquecimento de nenhuma palavra, ser ou lugar, o que torna mais poderoso aquele que detalha as ações do encantamento com maior precisão. Numa analogia com a musicologia, o cigarro, a palavra e a fumaça podem ser vistos talvez como instrumentos vocais de sopro, formas que emergem ao longo do engajamento do benzedor com o ambiente em seu percurso, dos seus atos de fala e sopro enquanto está sentado em seu banco, e da incineração e produção de fumaça pelo demandante. Os elementos fonético e respiratório mostram sua base mímico-gestual através de um modo de ação que se revela como sendo uma regeneração mútua de si pelo outro.

Apesar de não estarem necessariamente juntos presencialmente, o demandante e o xamã-soprador avaliam e dizem se *bi'id sụ' yị'ịh*, "o benzimento pegou", ou se *bi'id sụ' nịh*, "o benzimento não pegou". Uma fisgada, um alívio, uma pressão são as sensações que manifestam a eficácia do encantamento tanto para benzedor quanto para demandante. Isso indica a existência de uma continuidade corpórea e perceptiva sincrônica entre ambos. Caso não tenha *pego*, o xamã pedirá o cigarro novamente, ou o mesmo será devolvido para que o encantamento seja refeito. Recebendo o sopro das palavras, o cigarro, à medida que vai sendo fabricado, realiza uma abdução da agência do benzedor para, posteriormente, realizar uma transdução que faz o encantamento agir na pessoa à medida que o demandante vai produzindo a fumaça. O cigarro, abdutor e transdutor, age no contínuo entre regimes corporais e perceptivos, transforma o modo de ação da viagem-palavra, *sopro de ar*, em um modo de ação de regeneração-cercamento, *sopro de fumaça*.

Como me contou Ponciano, há dois modos diferentes de soprar a fumaça do cigarro. No caso de um benzimento de cura, a fumaça deve ser soprada para frente e inalada para que penetre na B'otọk-Mọy, na Casa-do-Ouvido. Já no caso do *benzimento de cercar*, sopra-se a fumaça no peito, no *hạ̈wäg* da pessoa para que seu sopro vital seja envolvido. Resultam, daí, dois tipos de fumaça a *b'otọk-moy-s'ịk*, "fumaça da orelha", e a *hạ̈wäg-s'ịk*, "fumaça do sopro vital". Se a ação do xamã envolve uma modelagem do ar pela fala e pelo sopro, a agência do demandante produz a fumaça e a transforma em *hạ̈wäg s'ịk*, quando soprada, e *b'otọk-moy-s'ịk*, quando inalada. Nos encantamentos para proteger e curar uma pessoa, essas modelagens do ar e da fumaça diferenciam os benzedores e demandantes, do mesmo modo que os tipos de fumaça distinguem os tipos de encantamento gestualmente. Como o gesto de *segurar o cigarro*, ao soprá-lo, o benzedor faz surgir o objeto com suas ações, assim como o demandante ao produzir a fumaça. Assim, a relação social entre o xamã e o demandante também surge via cigarro e fumaça.

Como visto, o sopro é uma das formas de semear o tabaco para fazê-lo germinar e trazê-lo à vida. É possível diferenciar o *sopro para semear*, o *sopro das palavras* e o *sopro da fumaça* como sendo três ações importantes para que o tabaco aja na cura e proteção. Em M13, a dádiva do tabaco, ou coca, ao ancestral Semente de Tabaco é a oferta de um alimento a um humano, ou semente, que, ao partilhar as substâncias e as palavras, lega à humanidade a habilidade de pensar e narrar. Já em B2, evidencia-se a associação entre deus e pais, quando os xamãs são descritos como velhos que repetem o ato de fazer e dar tabaco, como K'ęg Tẽh, para que os jovens cresçam sem doença. Como os pais que sopram as sementes e as transmitem aos filhos, os velhos sopram os cigarros para dá-los aos jovens. Soprando, fazem germinar e crescer. Dessa forma, *soprar as sementes* e *soprar o cigarro* delineiam as condições para o crescimento e desenvolvimento das plantas, dos filhos e dos benzedores.

"Vocês vão ter corpo bom", são as palavras de K'ęg-Tẽh que explicam por que os senhores fazem tabaco para os jovens. Os dois modos de soprar a fumaça buscam envolver as *casas* onde se situam o pensamento e o sopro vital no corpo. O sopro inalado para a cura envolve a *b'otǫk-moy*, "casa da audição", e protege a *b'otǫk-wäg*, "semente da orelha", vista como o órgão do pensamento na cabeça. Evidencia-se, portanto, a relação entre o *sopro da semente* e o *sopro da fumaça*. Anatomicamente descrita como sendo um carocinho pequeno semelhante às sementes de tabaco, a semente da orelha e o pensamento crescem ao longo da vida, à medida que a pessoa vai ouvindo e aprendendo histórias, cantos, encantamentos, e vendo as moradas, os seres e as paisagens. Mais do que registrar, no sentido audiovisual, ver e ouvir parecem nutrir para fazer crescer a semente da orelha e, com ela, o pensamento. Cercar com fumaça a Casa-do-Ouvido cura ao reestabelecer as condições para que semente e pensamento se desenvolvam e a pessoa cresça sem adoecer como as plantas de tabaco na roça.

A fumaça do cigarro não é a ação do benzedor, mas o ressoar, os ecos de seus movimentos e gestos ao longo de um percurso. Lembrando os versos de Fernando Pessoa, ambos, xamã-soprador e demandante, seguem o fumo em sua rota própria.[33] Esculpido pelo benzedor, o cigarro torna-se um instrumento vocal de sopro na metamorfose de sua matéria operada pelo fumante. A fumaça emerge como o elemento mediador para a conjunção de uma disjunção que transpõe as ações realizadas num tempo relativo, *a viagem ao Lago-de-leite*, para um espaço absoluto, *o corpo*, restituindo o *sopro vital em pé e cercado* (B2).

O cigarro e a fumaça surgem como instrumentos de percepção fundamentais para a produção ativa da existência humana. Se, ao *se-*

---

33. Ver epígrafe deste capítulo.

gurar o cigarro nos Dabucuris, a pessoa descrevia as folhas e narrava suas origens, convergindo pontos de vista para efetivar a aliança e a reciprocidade entre afins, a fabricação dos *cigarros benzidos* consolida, nas rodas de coca, uma dinâmica constante de interações que possibilita a *progeneração*, o contínuo desdobrar de um campo de relações entre as gerações através do qual as pessoas crescem, pensam, curam e protegem-se mutuamente. As sementes de tabaco e os cigarros benzidos continuam a fazer os jovens lembrarem-se de Semente de Tabaco e a verem os velhos como sendo aqueles que fazem germinar e regenerar a vida. A pupunheira plantada pelo pai de Américo continua a crescer perto da Serra da Cutivaia e a fazer esse filho contar as histórias ouvidas por aquelas trilhas. As viagens e as rodas de coca revelam-se *campos de percepção e ação* ao longo dos quais as pessoas Hup crescem à medida que veem, ouvem e acompanham-se na busca por formas de habitar, trocar, curar e cercar.

SONHAR COM O PAI

No dia 2 de fevereiro de 2010, Marino começou a preparação da coca aquecendo as folhas. Foi ajudado por Miguel e por José, irmão (yb) de Ponciano, que estavam presentes. As folhas tinham sido dada por José, dono de grandes roças de coca. Depois, Miguel tomou o pilão para socar e José queimou um pouco de folhas de imbaúba. Apenas seis senhores participavam da roda. Muitos haviam viajado para São Gabriel. Ponciano fora acompanhar o filho Jovino, que assinaria seu contrato anual como AIS. Henrique estava doente e permanecia deitado na rede, aquecido pelo calor do fogo todo o tempo. Os dias sem chuva traziam boas pescas e motivavam a ida de algumas famílias para os acampamentos próximos a lagoas e igarapés. Aos poucos a roda foi se formando. Mandu chegou já ao cair da tarde. Sentou-se ao meu lado e contou novamente a história de sua viagem a São Paulo, de seu passeio pelo centro da cidade, do namoro com uma mulher xavante, das cachaças, dos cigarros e do aprendizado das práticas xamânicas com seu pai.

SONHO 1 (S1): O PAI CONTA EM SONHO

Você começou a comer a coca com quantos anos?
Vinte, vinte e cinco.

Você comia com seu pai?
Não, daqui mesmo.

Depois que casou?
Sim, depois que casei, já tinha minha filha.

Mas benzimentos, você começou a aprender antes com seu pai?
Ele contava, depois dessa hora. Depois de dormir, ir para a rede, ele contava. Ele velho. Não dorme não. Ele dorme quase três horas. Dorme três horas, acorda são cinco horas. Só dorme uma hora. Toma o banho. [...]

Ele comia coca?
É, ele come. E meu tio também come.

Teu tio também comia.
Eles morreram tudo [...] Só tenho a minha sobrinha daqui de Samaúma que está morando. São três. [...] Outro dia nós vamos visitar. Chegar, uma semana, estar pescando, e voltar. Ficar lá visitando eles.

Mas daí você aprendeu benzimento em sonho?
Está benzendo ainda, com cigarro. É a primeira coisa que benze. Tem, ele contava.

Em sonho ele contava?
Benzendo. Ele tava benzendo com tabaco, cigarro. Ele fuma e depois conta. É que sonha, ele mesmo tá contava. Ele mesmo, quando você sonha, ele contava, daí não dorme mais. Quando você dorme, se dorme você esquece.

Ele aparecia, contava e você acordava.
Rapaz, trabalho. É trabalho, Danilo. Como médico. Nós que comemos dessa coca, comer, deitar na nossa rede. Querer deitar. Nós botávamos assim, sentava perto do fogo, sentava mais ainda. Quando a gente dorme da criança, tá gritava. Outro dia tava lua clarera. [...] Quando a gente, a menina tá dormindo, depois dorme, quando acaba, fica silêncio. Nós deitávamos na nossa rede. Dormia quase três horas. Acordei, já era sete horas.[34]

Manuel Barbosa, o Mandu, é considerado um grande benzedor para mordidas de cobra, especificamente de jararaca, *tĩhĵy* (cobras da família dos crotalídeos, *Bothrops spp.*). Tê-lo morando na comunidade representa uma segurança a seus cunhados, que fizeram questão que ele fosse viver lá, apesar de ser de outra etnia, Yuhupdëh. Casado com Angelita, irmã de Ponciano, sempre visita os parentes em sua aldeia natal, Samaúma. Aprendeu a falar a língua hup e com ela comunica-se diariamente com seus parentes, inclusive nos encontros noturnos. Gosta muito de viajar, e uma das viagens que rememora com grande

---

34. Gravação sonora de conversa com Mandu, 2 de fevereiro de 2010.

entusiasmo é a ida a São Paulo, onde morou por seis meses na CASAI.[35] Nossas conversas se davam em português, pois minha competência linguística ainda era insuficiente para a conversação em língua hup.

Sua história de participação nas rodas de coca confunde-se com o aprendizado dos encantamentos com o pai. É possível perceber a semelhança que esse processo de aprendizado entre pai e filho tem com a transmissão da coca, do cigarro e dos saberes de M13. Mandu escutava os benzimentos quando seu pai se deitava na rede, depois de participar das rodas de coca. Mais tarde, após a morte do pai, ele continuou seu aprendizado em sonho. Comia coca, fumava, deitava-se na rede e sonhava. Oniricamente, reencontrava seu pai que continuava a ensinar-lhe os encantamentos. Foi assim herdando, ao longo da vida, a prática xamânica e assumindo um papel importante na região. Deitar na rede mostra-se um alinhamento corporal fundamental para que o processo de aquisição de habilidades ocorra através dos diálogos primeiramente com *o pai deitado* (vigília) e depois com o *filho deitado* (onírico).

A viagem a São Paulo, lembrada por Mandu, diz tanto do fascínio com esse mundo tão diferente quanto da perda de seu sobrinho, vítima de câncer seis meses depois da partida de ambos para o tratamento. Como em M13, *um novo mundo* surge através da viagem para um lugar distante, São Paulo. Mandu menciona também a relação de seu pai e seu tio, que comiam coca, o que salienta a importância das relações consanguíneas (eB/yB e FS). A sucessão no papel de benzedor acompanha a transformação de Mandu, sua mudança para outra comunidade, a morte do pai e o nascimento da filha. Em Tɨt-Dëh, ele torna-se pai, começa a comer a coca e continua o aprendizado com seu pai em sonho e com seus cunhados nas rodas.

O gesto de *apontar a lua* durante a *performance* sintetiza a forma como o tempo noturno marca essa relação de aprendizado, em que as práticas corporais se realizam em momentos específicos para garantir a eficácia dos sonhos e dos encantamentos. No intercâmbio verbal entre pai e filho, uma série de indicadores extralinguísticos (coca, tabaco, limpeza, gestos, sono) soma-se para dar sentido às palavras e à identidade dos interlocutores. Em S1, Mandu afirma a importância do tabaco para o benzedor, dizendo que o cigarro é *o primeiro a ser benzido*. No sonho narrado por Mandu, seu pai aparece benzendo

---

35. Casa de Saúde Indígena (CASAI), mantida pela Fundação Nacional de Saúde (FUNASA) para a atenção à saúde dos povos indígenas.

com o tabaco, *ele fuma e depois conta*. A ação xamânica e o ato de fala ocorrem simultaneamente, já que, ao mesmo tempo que conta, ele benze o próprio filho com o *benzimento do tabaco*.

A ação xamânica do pai é fonte de proteção e de saber ao filho, que desperta para aprimorar sua habilidade como benzedor. Esse talvez tenha sido um primeiro sonho de Mandu, que pode ser considerado como uma continuidade de sua iniciação xamânica, preparando seu corpo para fumar, ver e contar. Como em B2, seu pai está *dando cigarro para melhorar a vida*, para proteger seu filho e fazê-lo crescer forte como um poderoso xamã-soprador. De certo modo, sua *vida acabou* para que o filho o sucedesse, mas, mesmo morto, ele continua a proteger, curar e ensinar. Seu pai não está narrando *fórmulas textuais* para serem decoradas por Mandu, como levam a crer as descrições de Dolmatoff, Buchillet, Reid, Athias. Ele está mostrando ao filho através do fazer, da prática para que ele adquira a habilidade por sua própria ação, ao mesmo tempo em que está recebendo o tabaco (M13) (B2). Pensando com Ingold, o sonho pode ser visto como um modo de ação, uma viagem que possibilita a interação com um mentor experiente para a transmissão, não de representações ou fórmulas, mas de modos de engajamento prático com o ambiente que geram transformações através do ato de benzer. Realizando uma ação xamânica para proteger o filho com o *benzimento do tabaco*, o pai está preparando o corpo de seu filho para fumar. Ao mesmo tempo, está mostrando como o filho deve viajar ao Lago-de-leite, visitar as casas dos ancestrais e juntar o sopro vital e o tabaco para regenerar a vida. A partir da narrativa de Mandu (S1), é possível verificar que, como mostra Reid, as concepções sobre o xamanismo dos Hupd'äh aproximam-se muito daquelas sobre as experiências de sonhos. Segundo o pesquisador, através da meditação, dos encantamentos ou do uso de dadas substâncias, o xamã viaja pelos diferentes níveis do cosmos. Para Reid, há mesmo xamãs que ao invés de receberem seu treinamento de outros xamãs, como é comum, o receberam inteiramente em sonhos. No caso, S1 ajuda a ver como se realiza essa forma de interação e como ela ocorre não apenas no caso do "xamã pajé", *säw*, mas também dos xamãs-sopradores e dos xamãs-do-banco quando consomem a coca, fumam e sonham.

Num outro encontro noturno, Angélico contou que, quando uma pessoa morre, seu B'aṭịb', "duplo sombra" vai para a floresta e depois segue para a Casa Subterrânea, Mị' Moy, uma casa dos *b'aṭịb'däh*. Sai e vai para debaixo da terra. Retomando M6, surge um segundo caminho dos mortos que explicita a fragmentação da pessoa Hup após a morte. O *hạ̈wäg* ruma para a Serra Grande munido de farinha e fósforos, necessários ao sucesso de sua caminhada e à ascensão à Casa de K'ẹg-Tẽh. Já o B'atịb' da pessoa, sua *sombra*, vaga pela floresta e depois vai para baixo, para a Casa Subterrânea onde outros B'atịb' a esperam. Sentidos inversos separam essas duas viagens e distanciam cosmicamente esses princípios vitais. A conversa com Angélico deixa claro que a interação onírica entre Mandu e seu pai, falecido, se dá entre suas pessoas reconfiguradas enquanto pessoa-sopro, ou seja, pessoas apartadas do elemento (duplo) B'atịb' de seus seres.

Todos os seres humanos são compostos pelo corpo, *sạp*, pelo sopro vital, *hạ̈wäg*, e pela sombra, B'atịb'. Segundo Reid, os Hupd'äh entendem a si mesmos como tendo o melhor equilíbrio entre esses três elementos. O sopro vital é pequeno quando a criança nasce e cresce através da participação nos rituais. O corpo cresce com a ingestão de alimentos e, após a morte, é enterrado. O B'atịb', "sombra", inicia como uma grande aura que envolve a criança. Diminui ao longo da vida e torna-se pequeno quando a pessoa está velha. Fica localizado no antebraço e contrasta com o *hạ̈wäg* por estar relacionado às doenças, aos infortúnios e à feitiçaria. Está presente na urina, fezes, sangue, suor. Quando a pessoa envelhece, o *hạ̈wäg* atinge o tamanho do corpo e, com a morte, viaja como pessoa-sopro (duplo) para a Serra Grande. Após a morte, o B'atịb' deixa o corpo como duplo e se junta às outras sombras que habitam a floresta. Os *b'atịb'däh* são vistos como seres solitários, malévolos, agressivos e noturnos. Tentam agarrar e devorar o sopro vital das pessoas Hup, especialmente das crianças, e são responsáveis por causar doenças e morte. Segundo Athias, os feiticeiros Hup manipulam seu B'atịb' de modo a ocasionar doenças e infortúnios a suas vítimas, e agem com o *hạ̈wäg* para curar e proteger (1998, p. 253).

Semelhante a M13, é possível perceber uma identificação, no sentido de Severi, entre pai e filho que se realiza através de mudanças temporais em sequência, de *status* e papéis sociais, e corporais de espaço, na diferenciação de aldeias e lugares no cosmos).

Penso que esses diálogos póstumos entre pai e filho envolvam o compartilhamento de identidade, onde o filho se aproxima cada vez mais dos atributos do pai quando vivo, por meio das posturas de sentar na roda e deitar na rede, do consumo de coca e tabaco, e da mobilidade onírica como pessoa-sopro. No sonho o pai aparece, é visto, há uma imagem formada segundo a representação de um ser que age, toma a palavra e restitui a presença paterna, num sentido próximo à atribuição de palavras a representações icônicas descrito por Severi. O sonho leva a uma mudança de papel em que a oposição vivo/ morto é relativizada, o pai/ benzedor Mandu pode assumir novamente seu papel de filho/ aprendiz que vê e ouve seu pai. Nessa interação verbal onírica, palavras e imagens levam ao aprendizado dos encantamentos que serão murmurados e soprados no cigarro durante o deslocamento da pessoa reconfigurada pelo cosmos. Através do movimento, a conversa se dá como um encontro que interpenetra, cruza as linhas de vida de pai e filho, como uma comunicação transversal quando *pessoas particulares podem ir e vir, mas o processo da vida continua.*

Em relação ao ato de deitar do pai, há um conjunto de práticas corporais que são adquiridas pelo filho. A preparação corporal envolve sentar para comer coca, fumar tabaco, fixar o horário de dormir e de acordar, dormir pouco, banhar-se. Além disso, caso haja a interação com um ancestral em sonho, é preciso não dormir mais para não esquecer os encantamentos aprendidos. Identificações em termos de comportamentos fazem do corpo um meio através do qual se atualizam os laços entre pai e filho, permitindo a aproximação temporal e espacial para o aprendizado das faculdades de ver, ouvir e contar, mesmo após a morte. Pensando com Taylor, com a morte há a separação dos princípios vitais do corpo, o que gera uma memória mutilada pela substantivação da intersubjetividade do pai e do filho. O pai surge como uma pessoa Hup no sonho de Mandu, uma singularidade genérica que expressa a condensação e a memória das disposições afetivas e dos saberes nutridos, partilhados e construídos no dia a dia de convivência.

Creio ser possível entender as mudanças corporais ocorridas através dessas práticas que geram transformações na identidade social como uma fabricação do corpo. A passagem da vida à morte do pai pode ser vista como um processo de metamorfose, *de humano para espírito*. Essa transformação leva à reconfiguração da pessoa Hup em *hạ̈wäg*, que viaja rumo à Serra Grande e em B'atịb', que vaga pela floresta e depois ruma para a Casa-Subterrânea. Há uma intervenção consciente sobre a matéria para criar o corpo de um benzedor que pode continuar seu aprendizado oniricamente. Essa metamorfose e a possibilidade de interação onírica entre pai e filho para a aquisição de habilidades xamânicas parecem aproximar a concepção de morte dos Hup daquela que Århem descreve para a *ecosofia* makuna. Em suas palavras,

[...] Os Makuna percebem a morte como transferência da alma de uma forma de vida (ou forma de mundo) para outra [...] a morte é um movimento entre a morte espiritual e as várias formas de mundo do cosmos material visível; é um movimento entre dimensões do cosmos.[36]

A fragmentação e reconfiguração da pessoa separam *hạ̈wäg* e B'atịb' e fazem com que duas viagens, dois movimentos de afastamento com relação aos vivos se iniciem. No sonho, depois de comer a coca, fumar e deitar, o xamã busca, então, um deslocamento para a aproximação, uma viagem rumo à morada do morto, Paç-Pög ou K'ęg Tëh-Mọy para conversar e, como em m13, *ter os encantamentos revelados*. *Dar cigarro* (s1) depois da morte é uma ação que ajuda a perceber dimensões importantes do modo como os Hupd'äh entendem a morte. Com a dádiva de K'ęg Tëh, *dar cigarro* passa a ser a possibilidade de continuidade da vida após a morte através dos jovens que crescem, das sementes que germinam e dos ancestrais que contam em sonho. *Dar o cigarro* e *soprar a fumaça* são *ações de manejo de potências primordiais* que fazem os atos de K'ęg Tëh ressoarem nos movimentos e deslocamentos dos senhores Hup. Tomando as palavras de Århem (1993), a morte e a vida podem ser vistas como movimentos entre dimensões do cosmos.

ÀS MARGENS DO LAGOS DE LEITE

Durante um encontro noturno, depois de estarmos todos sentados em roda comendo coca, um cachorro atravessou o espaço vazio dentro do círculo de um lado a outro. Samuel e outros começaram a erguer seus braços como se fossem bater no animal e a gritar irritados: *Mọh pạ̈, Mọh pạ̈!*, "no lago não, no lago não!", até que o cão saiu correndo assustado. Surpreso, perguntei a eles por que tinham afastado o cachorro daquela forma. Foi então que Samuel me contou sobre os Lagos-de-leite que se formam quando os senhores estão sentados conversando ou benzendo:

No centro da roda forma-se um Pud-Dëh Mọh, um Lago-de-leite quando os velhos estão sentados conversando ou benzendo. Também no centro da Äg-Mọy, Maloca, forma-se um Lago-de-leite quando todos estão bebendo caxiri, cantando e dançando. As flautas jurupari circulam em volta do Lago-de-leite que se forma na Maloca quando são tocadas. Uma das portas da Maloca é aberta

---

36. 1993, p. 19.

para a Dëh K'et-Yoh Mǫy, Casa da Cabeceira, e a outra para Dëh Sǫkąn Mǫy, Casa do Sol Nascente. Os troncos que sustentam o telhado da Maloca são como as serras e o telhado é como o céu.[37]

    Benzer e conversar em roda são atos que fazem surgir um Lago-de-leite. Ao redor desse lago, os senhores Hup sopram a fumaça dos cigarros enquanto contam histórias dos antigos. Sopram também os cigarros benzidos para moldá-los a partir de suas ações durante as viagens ao Lago-de-leite (B2), rio abaixo, *mer'ah sö'*, local onde a humanidade surgiu após o chamado de K'ęg Tẽh, onde os ancestrais receberam os poderese de onde partiram navegando dentro da Cobra-Canoa (M13). As conversas em meio à circulação das panelas de caxiri também fazem surgir um Lago-de-leite na maloca. De forma semelhante, a dança e o toque das flautas Jurupari cria um Lago-de-leite, ao redor do qual todos circulam. Em meio a atos de fala, sopro e dança, o Lago-de-leite emerge como uma poderosa *paisagem de vida* que estabelece a presença imanente do espaço-tempo da criação, da dádivae da possibilidade de cura, proteção e regeneração.(B2).

    Os cachorros, muito valorizados para a caça e acompanhamento nas caminhadas, são correntemente enxotados das rodas. São eles que trazem os bichos-do-pé, que procuram o calor das cinzas de imbaúba para deitar-se e que podem, farejando, derrubar a cuia de coca e atrapalhar o encontro. Seus latidos e lambidas repentinas impedem a concentração, o benzimento e as conversas. São seres que precisam estar afastados para longe do convívio dessa forma de interação, pois seus movimentos e ações tornam-se incompatíveis com os afazeres dos encontros. Indesejados e impuros, no sentido do estudo de Douglas, os cães são afastados e tornam-se seres marginais, potencialmente perigosos por serem fontes de predadores minúsculos e por ameaçarem a boa sequência das ações dessa forma relacional.

    No primeiro movimento de B2, no Lago-de-leite o xamã tira o tabaco de cada uma das casas ancestrais para reestabelecer a vida do doente. Ao mesmo tempo, ele vai retirando o *hąwäg* da pessoa dessas mesmas casas para *hikad nį*, "trocar", a vida. Sentado em seu "banco de leite", *pud-käd*, designado também como "banco da vida", *įb'-käd*, o benzedor troca com os ancestrais dos diversos clãs agnatos o cigarro, o bastão e o chapéu. Essa substância e os ornamentos são reunidos e depois levados na viagem de volta. Para entender melhor

---

[37]. Caderno de campo, 10 de abril de 2012.

esse processo de regeneração da pessoa Hup, que se dá com a retirada do sopro vital e do tabaco das casas, e a formação de Lagos-de-leite durante as rodas de coca, creio ser importante descrever em que medida a paisagem dos lagos se configura como um campo de percepção e ação.

Os Hupd'äh denominam *k'ɨ*, "verões", os períodos em que há poucas chuvas e diminui-se o volume dos rios e igarapés. Esses verões são mais longos e intensos no período de setembro a novembro,[38] e mais curtos no restante do ano. São marcados por mudanças significativas na hidrografia regional e têm um papel relevante para a pesca. Com a diminuição das chuvas nas "cabeceiras", *k'et-yoh*, de onde escorrem as águas para abastecer o leito dos rios, os igarapés tornam-se mais estreitos. O menor fluxo das águas faz surgirem lagos que represam grande quantidade de peixes. Boa parte da reprodução dos peixes ocorre nesses lagos e é comum ouvir comentários dos pescadores Hup comparando esse momento a uma grande festa dos peixes, a um Dabucuri com danças, cantos, caxiris e namoros.

Nesses períodos, muitas famílias deixam a aldeia para constituir acampamentos de pesca ao longo dos igarapés, rios e lagos da região. Retomando B2, elas viajam aos lagos, num sentido próximo à viagem do benzedor ao Lago-de-leite. Os lagos que represam, cercam os peixes que se reproduzem intensamente. Isso faz com que as famílias obtenham grande quantidade desse alimento. O excedente é moqueado para a conservação e para a troca com outros parentes. É justamente através da fumaça e do procedimento de desidratação que se consegue manter o alimento bom para o consumo por mais tempo, algo próximo à secagem das sementes de tabaco para o plantio, ao procedimento de assar as folhas para preparar as bolas de tabaco e à secagem das folhas que envolvem o cigarro. Quando possuem cachorros, as famílias levam-nos para que farejem e persigam animais pelos caminhos e arredores do acampamento. Diferente do modo como são tratados na aldeia, os *cães-caçadores* recebem partes indesejadas de carne ou restos de peixe. Podem também manter-se mais próximos a seus donos sem ser enxotados.

Com o reinício das chuvas desfazem-se os lagos e iniciam-se as piracemas, a subida dos peixes rio acima, muito favorável à pesca com

---

[38]. De acordo com o índice pluviométrico do INPA, os meses menos chuvosos estão compreendidos entre setembro e novembro quando a precipitação ocorre principalmente pela convecção local (2012, p. 28).

arco e flecha, timbós,[39] malhadeiras, matapis e paris.[40] Os "paris", *b'ẹ'*, são armadilhas em forma de cerca. Preparadas a partir de varas de paixiubinha e trançadas com "cipós de arumã", *mohọy yụb*, essas armadilhas são dispostas ao longo do curso do igarapé para apresar, cercar o peixe. Nos intervalos da pesca com anzol, o pescador arma o pari fixando-o no leito do igarapé. Dirige-se a outros pontos do córrego para continuar sua pesca com anzol enquanto os peixes vão acumulando-se no pari. Assim como os lagos, impede-se a passagem dos peixes, represando-os e envolvendo-os. Era com essa técnica que o velho Henrique pegava muitos peixes na Serra da Cutivaia, como lembrou Américo.

"Cercar", *tạ'*, é o modo como os benzedores Hup designam o procedimento de criar envoltórios em torno de pessoas, lugares e princípios vitais. Num momento, em B2, revela-se que *a fumaça é pari para dentro*, para cercar o *hạ̃wäg*, fazer com que uma estrutura dura envolva o sopro vital e torne invisível a pessoa Hup às Cobras.[41] Envolve-se o sopro vital da mesma forma como os paris e os lagos envolvem os peixes, alimentos necessários à vida. Retomando B1, a casca de tururi e a casca de tabaco são criadas pelo benzedor em torno da pessoa para protegê-la, cercá-la. De modo interessante, a roupa de aracu, um dos peixes mais pescados e moqueados durante os verões, protege o xamã, envolve-o, cerca-o. As escamas do aracu moqueado, sua "pele", *b'ọk*, endurecem e o alimento conserva-se seco para o consumo, assim como a desidratação das sementes de tabaco conserva-as para a transmissão e plantio.[42] Entre os Desana, essa relação entre o tabaco e o ato de cercar é descrita por Reichel-Dolmatoff da seguinte maneira:

> Soprando fumo ao redor de um lugar ou objeto, esse forma uma *cerca* mágica que protege contra perigos. [...] Em um sentido horizontal, o cigarro atua então de duas maneiras: ao soprar seu fumo sobre algo ou em direção a

---

39. *d'ụç*, "timbó", termo genérico dado a grande número de plantas que têm propriedades ictiotóxicas, cipós que pertencem à família das papilionoídeas e sapindáceas. Cf. Ramirez (2006).
40. Segundo dados pluviométricos do INPA, o maior índice de precipitações ocorre entre os meses de abril e julho, havendo um contínuo aumento das chuvas no período de dezembro a março (Castellón; Souza, 2012, p. 29).
41. É interessante notar que em *O cru e o cozido*, Lévi-Strauss analisa o sopro da fumaça de tabaco lançada sobre um cercado de penas (2004a, p. 111).
42. No xamanismo Yagua, Chaumeil descreve um procedimento semelhante de endurecimento da pele do xamã através da pintura corporal com jenipapo e um óleo vegetal, o que cria uma couraça para protegê-lo dos perigos da exposição aos espíritos hostis durante suas viagens (1983, p. 234).

algo, estabelece uma barreira circular que aumenta ao passo que o fumo vai diminuindo; o fumo *abre os olhos* dos agentes do Mal que, em seu lugar, vêem uma cerca; cria-se, pois, um limite no espaço.[43]

Os lagos, os paris, a fumaça dos cigarros, as cascas e as escamas ajudam a ver como as formas e os gestos necessários à ação xamânica de cercar emergem do processo vital na interação com as mudanças climáticas, com o comportamento dos animais, com o manuseio dos instrumentos de trabalho e com o consumo de substâncias. A fumaça do cigarro faz-se especialmente importante, pois cria uma barreira circular que oculta o lugar ou a pessoa da visão dos seres malfazejos, como no xamanismo desana.

Nas rodas, quando algum dos presentes demonstra interesse em aprender um encantamento perguntando a um dos benzedores, este tem a obrigação de revelar a ele os movimentos que devem ser feitos, os lugares a serem visitados e os elementos como plantas, animais e armas a serem mencionados. Entretanto, todos sabem que o conhecedor "cerca", *tạ'*, seus saberes, contando apenas uma parte. O aprendizado do restante depende dos sonhos e dos encontros de cada participante com os ancestrais de seu clã, seus antepassados agnatos, como no caso do diálogo de Mandu e seu pai (s1). Nos encontros noturnos, o participante deve ter a habilidade de não contar os encantamentos por inteiro, *escondendo os poderes de seu clã atrás de si* (m14) para cercá-los.

Substância fundamental para as conversas que atualizam a dádiva de K'ẹg Tẽh, o tabaco revela-se potencialmente perigoso devido aos riscos de seu consumo, de seu oferecimento e de sua capacidade destrutiva. Dessa forma, entendo que após a dádiva de K'ẹg Tẽh, o gesto de *esconder os poderes atrás de si* cerca as habilidades de cada grupo, tornando-as invisíveis aos demais ancestrais como o ato de *não contar por inteiro* nas rodas. Esse gesto previne, protege contra os riscos da má reciprocidade entre afins e dos feitiços. Assim, as habilidades xamânicas de cada clã diferenciam-se de acordo com os saberes que vão sendo aprendidos e cercados. Como os ancestrais no Lago-de-leite, os xamãs-sopradores recebem os poderes e cercam-nos, escondendo-os atrás de si (m14).

Num encontro noturno, pedi a Ponciano e Samuel para me explicarem como se dava a ação xamânica do cercar durante a execução de encantamentos. Ponciano voltou-se para o chão e, com o dedo,

---

43. 1986, p. 184.

começou a desenhar na areia. Seus traços delinearam um círculo no interior do qual estava uma pessoa sentada em um banco.[44] A postura é denominada *įb' kặdặt*, "estar sentado no banco da vida", ou *pud-dëh kặdặt*, "estar sentado no banco de leite". Ainda que não se esteja sentado em um banco de sorva, a postura acocorada ou sentada no chão com o tronco curvado para frente e as pernas contraídas é igualmente denominada *banco da vida*. Com a postura corporal, a parte inferior das costas e as nádegas formam um banco, presente na anatomia humana desde que o feto se forma na barriga.

Num sentido parecido, o benzedor deve estar deitado dentro de uma *rede de leite* para viajar até o lago e retornar. Como uma canoa, a rede torna-se um veículo de navegação pelo Rio-de-leite, Pụd-Dëh. Um pedaço de tabaco sustenta a rede pendurada e aberta para que o benzedor se movimente deitado. É esse pedaço de tabaco que *cerca* a rede, ocultando o xamã-soprador das vistas da Gente-Cobra para que faça uma viagem segura durante o trajeto. Enquanto traduzíamos o B2, Samuel deu essa explicação sobre a locomoção do benzedor e fez um desenho.

O leite torna-se a substância comum com a qual são feitos o banco, a rede, o sopro vital, o pensamento e o lago evidenciando a continuidade entre as posturas, o corpo, a paisagem e objetos. A fumaça e o pedaço de tabaco delimitam os contornos e a sustentação para que os alinhamentos corporais do sentar e do deitar possam se dar com segurança e propiciar a mobilidade e a agência necessárias. *Sentada em seu banco de leite* e *deitada em sua rede de leite*, a pessoa alinha seu corpo a partir de posturas de vida que precisam, elas mesmas, ser protegidas. O círculo é o envoltório criado pelo gesto de cercar com o qual o benzedor produz um pari. *Be' ta'yi'ih*, o "pari cerca", diz-se. O pedaço de tabaco, sustentando, dá forma à rede e envolve a pessoa-sopro, cerca-a ao longo do percurso de navegação pelo Rio-de-leite. Se um Lago-de-leite se forma diante dos senhores sentados em roda, na areia, no centro da roda, Ponciano desenhava uma pessoa sentada em seu banco de leite e cercada pelo círculo de fumaça. Sentados em seus bancos, os benzedores cercavam-se a si mesmos e ao Lago-de-leite com a fumaça de seus cigarros, pari para envolver a vida e prote-

---

44. Por inúmeras vezes, vi os senhores Hup, ao contarem um encantamento, voltarem-se para o chão e traçarem círculos ou contornos semelhantes. A repetição desses padrões parece explicitar a existência de certos grafismos que acompanham a palavra xamânica nessas conversas entre mentores e aprendizes.

ger a todos. Com o *benzimento do tabaco*, o pai de Mandu cercava-o enquanto ele estava deitado, sonhando em sua rede.

O Lago-de-leite pode ser visto como uma paisagem que represa, que cerca os princípios vitais, para que a vida possa ser renovada. Tornando-o presente diante de si durante a roda, os participantes estão cercando o entorno a partir dos princípios vitais das águas do lago (leite e água-pura), das casas ancestrais às suas margens e dos ornamentos necessários às danças e rituais (B2). Enquanto paisagem, o Lago de Leite é a forma como os Hupd'äh experienciam e reconhecem os contornos por meio de relações criadas nas atividades práticas das rodas. Os paris configuram os contornos no curso da atividade pesqueira. A fumaça, nos atos de benzimento. Creio que a diferenciação que Ingold faz das cifras e chaves (*clues*) seja interessante para entender melhor esses sentidos da paisagem do Lago-de-leite.

Menos um código e mais uma chave, um indício, um vestígio, um campo de rastros, a paisagem do Lago-de-leite parece guiar o benzedor através de sentidos desse centro do mundo que se encontram imanentes aos afazeres diários. As rodas de coca e o Lago-de-leite mostram-se como centros de atividade progenerativa que situam as pessoas no mundo, numa paisagem nodal onde as trilhas e as linhas dos movimentos de cada um se cruzam para formar um campo de percepção e ação. Comendo a coca e postando-se às margens do Lago-de-leite, os senhores Hup nutrem-se com substâncias e palavras, crescem e fazem crescer, ao mesmo tempo em que são nutridos pelos ancestrais. Sentando-se às rodas, as pessoas passam por linhas de movimento e troca de substâncias com os presentes, os ancestrais e demais seres.

Assim, tanto a expulsão do cachorro quanto o desenho do cercar mostram os limites e contornos desse ambiente protegido para que os senhores se alinhem corporalmente e, assumindo suas posturas de vida, façam surgir e possam proteger o Lago-de-leite. Revelam-se os múltiplos estratos da experiência numa forma unificada, numa paisagem que orienta e abre o mundo para uma percepção melhor e mais aprofundada. Com a fumaça dos cigarros os senhores Hup cercam a paisagem e a vida, delineando os contornos dos círculos de coca e fumaça a partir de suas viagens.

DUAS VIAGENS

Em 4 de março de 2012, a partir de um desenho de Samuel em meu caderno durante a roda de coca, Miguel foi apontando as casas próximas ao Lago de Leite. Disse que nos *pë' bi'ịd*, "benzimento de cura", é preciso viajar até o Lago-de-leite. Banha-se a pessoa e seu *hạwäg* com as águas do lago para trocá-los, *hikad nị*, "transformá-los". Deve-se parar diante de cada casa, entrar e mostrá-la à pessoa, para que esta veja e aprenda a história dos antigos. O percurso torna-se um caminho ao longo do qual a pessoa vai sendo socializada ou ressocializada na paisagem, nas histórias, nas substâncias e ornamentos essenciais para a fabricação do ser Hup. Nesse sentido, em que medida seria possível pensar a viagem à Serra Grande como uma viagem ao Lago-de-leite?

Um dos principais objetivos durante a viagem à Serra Grande era o de subir o morro e banhar-se nas águas dos lagos para refazer o corpo, endurecendo a pele e os ossos para que *todos fossem jovens até a morte*. O lago é dividido em uma metade masculina e outra metade feminina. Para banhar-se a pessoa acocora-se, encosta suavemente a palma da mão no centro do lago e, em seguida, passa a mão umedecida no peito, morada do sopro vital, e depois nos braços. No alto do morro, Lucas gritou como se estivesse chamando a humanidade (M2) e deixou um cigarro para os ancestrais no lago.

Como já foi assinalado, no alto da serra, um processo de condensações rituais situa-se através do complexo jogo de identificações com os ancestrais que toma curso pelos gestos dos viajantes, pela manipulação dos elementos presentes e pelas suas posturas corporais. Nessa casa do ancestral Sokw'ät ĩh, deixar o cigarro no lago é um gesto que se aproxima da troca do tabaco com os ancestrais realizada pelo benzedor (B2) ou de uma inversão de papéis, já que é um jovem, um filho quem está dando cigarro aos antepassados. Como pode ser percebido na foto, o cigarro é deixado na metade masculina do lago, algo que remete à reciprocidade agnática e à possibilidade de entrelaçamento das linhas de vida do jovem e dos ancestrais num modo próximo à comunicação transversal de S1.

Tirar o *hạwäg* e o tabaco das quatro casas aponta para a associação fundamental entre o princípio vital e essa substância. Com B1 foi possível entender que banhando o *hạwäg*, o xamã purifica e renova a porção líquida do sopro vital com a água pura do ramo de coca. Como ressaltou Samuel acima, o sopro vital é composto por água-pura, leite e sopro. Banhando a pessoa com a água do Lago-de-leite, composta também por leite e água-pura, o benzedor troca e regenera esses elementos vitais. Ele fuma o tabaco em seu banco de leite para criar um pari e cercar o *hạwäg*. Na viagem à Serra Grande, o banho no lago da serra purificava e renovava o *hạwäg* ao mesmo tempo que tornava pele e ossos estruturas duras que, como um pari de fumaça, cercavam nossos sopros vitais.

Numa festa de caxiri, Samuel sentou-se ao meu lado e contou que a aldeia não estava bem cercada. Por isso, as pessoas das outras vilas teriam brigado na noite anterior. A comunidade de Tạt-Dëh é dividida em *kopot* ou *potan duy d'äh*, respectivamente "agrupamentos", "vilas", sendo quatro no total. Em mesmo número que as Casas Ancestrais, esses *kopot* estão dispostos como se estivessem às margens de um Lago-de-leite no centro. Dos diferentes *kopot*, os benzedores fazem sopros para cercar o lago e proteger a aldeia de doenças. Cercam também a maloca para que não haja briga durante as festas. "Uma hora são os Sokw'ạt que estão segurando, outra são os Dâw, outra os Ịh Noh Tẹh. Eles cercam para não ter doença", disse Samuel. Quando pessoas começam a brigar, adoecer ou morrer, é preciso que um xamã de outro clã faça o encantamento novamente, pois aquele que foi feito começa a demonstrar sinais de fraqueza. Esse encantamento denomina-se *hayạm bi'ịd*, "benzimento da aldeia", e é realizado principalmente com breu. Em B2, Ponciano menciona que, como a fumaça do cigarro, a *fumaça do breu é pari para dentro do corpo*.

Para as ações xamânicas que visam cercar casas, famílias ou aldeias, utiliza-se o "breu", *wọh*, por sua fumaça ser mais densa e escura que a do cigarro. Além disso, uma vez aceso, o breu mantém sua brasa por muito mais tempo, o que permite ao benzedor *fumaçar* o ambiente de modo mais completo. Praticamente todas as casas possuem pedaços de breu, que são o estado sólido de uma resina extraída a partir das árvores *wọh-tëg*.[45] Essas árvores crescem principalmente em *áreas pantanosas*, *b'ọk*, que ficam a certa distância das aldeias, na floresta. É durante as incursões à caça, pesca ou coleta que as pessoas sangram essas árvores para recolherem a seiva que escorre e, posteriormente, preparar os pedaços de breu para as ações xamânicas. O breu pode ser usado também no reparo das canoas, na pintura de objetos (cuias, adornos), e na fabricação de instrumentos musicais.

---

[45]. *wọh-tëg*, "breu", *Protium sp.*, nome dado a várias árvores da família das burseráceas. Cf. Ramirez (2006).

Como o gesto de *segurar o cigarro*, central para a aliança e para a continuidade da vida pela prática sexual, os benzedores de diferentes clãs *seguram a fumaça* que cerca a comunidade e protege o Lago-de-leite, progenerando a vida a partir do centro, o ponto nodal das vidas e ações dos habitantes. No desenho que Samuel fez na areia, os traços mostram um grupo de pessoas sendo envolvidas por uma estrutura que as contém, ao mesmo tempo em que a linha superior se apresenta menor que a inferior. Também não há uma linha lateral direita. Fixo no leito do rio ou nas margens arenosas do igarapé, o pari impede a passagem do peixe, mas mantém-se aberto pela frente. Da mesma forma, o lago represa a partir de seu fundo e de suas margens, mas mantém-se aberto em sua superfície.

Entendo que a incompletude desse envoltório se deva justamente ao fato de nenhum grupo ter a habilidade para cercar a totalidade da vida coletiva. Como o cigarro, que é passado nos Dabucuris, e a coca, que circula nas rodas, o pari de fumaça vai sendo traçado pelo benzedor de um dado clã para envolver e proteger a comunidade. À medida que seu envoltório vai perdendo a força, os seres malfazejos vão conseguindo ver as pessoas, e, consequentemente, começam a ocorrer doenças e brigas. Percebendo o enfraquecimento da barreira que sustenta, o xamã passa a ação ao seguinte, um benzedor de outro clã. Esse, por sua vez, assume a tarefa e, a partir de seus saberes e habilidades, retoma o movimento de cercar a aldeia, complementando a agência xamânica de seu predecessor. Recebendo os poderes e escondendo-os atrás de si, aprendendo encantamentos nas rodas e nos sonhos, os saberes de cada grupo magnificam-nos diferencialmente e fazem da alternância na ação de *segurar a fumaça* um processo vital e nunca completo. Creio que essa ação de cercar a aldeia se dê como um afazer no sentido de Ingold, um *taskscape*, uma atividade prática executada por um *agente-no-ambiente* em meio a suas ocupações diárias. Numa forma de atuação mútua e coletiva, as ações xamânicas dos benzedores se dão conjunta e alternadamente. Sempre cercada, a aldeia nunca está protegida por completo.

A morfologia da aldeia, tida como a disposição das casas em torno do Lago-de-leite, ajuda a entender a presença imanente da paisagem da origem criada e recriada no curso do processo vital e da habitação. O *mundo em miniatura* revelado pela *vista* do alto da Serra Grande permite agora entender melhor a perspectiva minimalista que leva à admiração e ao sorriso dos viajantes. O lago diante dos viajantes, pequeno como uma poça, delineia-se proporcional em sua forma e tamanho às serras, Casas-Ancestrais minúsculas que surgem ao longe, nos cantos do mundo. Com a vista do topo, os viajantes percebem o aspecto pluridimensional dos seres, das coisas e do mundo. A paisagem da criação emerge em sua aura, aparição única de algo distante, o que permite à pessoa experienciar a existência numa identificação sensorial extrema com os ancestrais à beira do Lago-de-leite.

Os gestos de *deixar o cigarro no lago* e *chamar a humanidade* (M2) apontam para a força da identificação vivida através da totalidade do ser do viajante a partir de seu corpo, de sua percepção e de sua ação. Da mesma forma que há uma reconfiguração da pessoa a partir do sopro (ar) para o deslocamento pelo cosmos, a *fumaça do tabaco é pari para dentro*, pois cerca o sopro vital, envolve com cascas duras o corpo. No Lago-de-leite, é preciso reunir simultaneamente o sopro vital e o tabaco para que a pessoa esteja protegida desde esse momento de regeneração. Fumaça e pari, o tabaco consegue, ao mesmo tempo, envolver os elementos líquidos e aéreos da pessoa Hup, possibilitando e renovando a vida. O tabaco nas margens cerca o Lago-de-leite. Os senhores fumando cercam a roda de coca. A fumaça no corpo cerca o *hą̈wäg*. Começa-se a entender um pouco a analogia entre a pessoa Hup e a paisagem do Lago-de-leite.

À luz do comentário de Samuel, creio poder dizer que, depois de nossa caminhada, enquanto nos banhávamos no alto da serra, um Lago-de-leite tenha igualmente surgido para que nós, como nos encantamentos, regenerássemos a vida. Mas o banho na serra traz doença e morte se for tomado apenas uma vez, por isso deve haver um retorno para que o rejuvenescimento se torne efetivo. Suponho que o risco da viagem única diga respeito ao perigo da analogia entre os viajantes e os mortos. Como dito acima, o *hą̈wäg* viaja para a serra, ascende ao topo e depois parte para o céu, para a casa de K'ęg Tẽh (M6). O B'atįb' viaja para o subterrâneo. A separação definitiva dos princípios vitais atesta a morte como um *não retorno* e uma *não junção* desses princípios vitais no corpo. Já os xamãs-sopradores, preparando o corpo, comendo coca, fumando e banhando-se vão e retornam, encontram-se com os ancestrais, trocam com eles, conversam, e voltam a seus corpos, a seus bancos, a suas casas, a suas redes. Como nas perigosas identificações com a *lagarta que oferece caarpi* (B1) e o *bicho-de-pé que, comendo coca, devora o* hą̈wäg, *viajar como os mortos* talvez gere o perigo de partilhar com eles seus destinos e não retornar da viagem.

Na segunda viagem, o andarilho está pronto para beber a água do lago e sonhar como quando se bebe *caarpi*. Isso evidencia a dimensão de iniciação xamânica do percurso, que se completa quando o andarilho consegue bebe a água do lago dos ancestrais, aproximando-se deles para aprender encantamentos, mas, ao mesmo tempo, consegue retornar. Acordar depois de encontrar o pai em sonho é uma habilidade que permite lembrar para benzer, para contar (s1), como fazem os ancestrais em m13 que fumam e comem coca para *ver e contar*. Ao voltar do Lago-de-leite, o xamã-soprador faz o sopro vital ficar em pé novamente dentro do corpo do doente, fora da rede, desperto (b2). Num dado momento de b2, o benzedor diz: "para cá eu vou chegando", expressão que explicita a viagem xamânica realizada durante o ato de benzer e a importância do deslocamento e do retorno. Manejando o tabaco, o sopro, as palavras e as posturas corporais como potências primordiais, os senhores Hup viajam, movimentam-se, agem, para comunicar-se e interagir com esses Outros. O modo como se dá essa forma de mobilidade, e não apenas a comunicação que ela proporciona, é fundamental para entender a agência xamânica suscitada pelas rodas de coca.[46]

A habilidade de ir e voltar adquirida na caminhada à Serra Grande é a mesma de fazer o percurso dos mortos, na totalidade de sua pessoa, dominando os processos de transformação que envolvem a reconfiguração da pessoa e sua metamorfose. Esse também é um processo de socialização correspondente à viagem ao Lago-de-leite, pois o caminhante passa pelas *moradas antigas*, pelas *moradas das onças*, da Döh A̧y, até chegar à morada do Sokw'ät ĩh, ancestral Hup dono da serra.

Conversando com Mandu sobre nossa viagem à Serra Grande discutíamos como tinha sido difícil e demorado o percurso. Ele então disse que havia duas formas de viajar e de movimentar-se: *sa̧pa̧t*, como "pessoa-corporificada", e *hą̈wäg ha̧m*, como "pessoa-sopro" (sopro vital que vai). Comentava, rindo, que a viagem pelo caminho, como pessoa-corporificada, demora muito e é muito difícil. Já a viagem em benzimento ou sonho, com o deslocamento como pessoa-sopro, é rápida: *não demora, chega logo*. Nos encontros noturnos, o

---

[46]. Refiro-me a certa tendência das análises sobre o xamanismo ameríndio de, ao abordar as *viagens xamânicas*, darem ênfase, sobretudo, às dimensões comunicativas e linguísticas dos encontros com Mestres, por exemplo, e pouca relevância aos processos de transformação, gestos e movimentos que ocorrem ao longo dos deslocamentos pelo cosmos.

Lago-de-leite forma-se diante dos benzedores sentados em círculo e fumando tabaco, deslocando-se como pessoa-sopro à paisagem da criação para banhar, tirar, concentrar e regenerar. Simetricamente, caminhando rumo à serra, viajávamos como pessoas corporificadas rumo a um Lago-de-leite para, como fazem os benzedores, nos banharmos e regenerarmos a vida. Chaumeil diferencia duas formas de viagem que ocorrem durante o processo de iniciação dos xamãs yagua,

O xamã é por definição aquele que cruza os limites. Embora a viagem possa apresentar poucos atrativos ao viajante simples, ela se revela fonte de inspiração e de aprendizado para o xamã. De meu ponto de vista, é necessário considerar a imagem do xamã fora do meio familiar, e mesmo fora do meio tradicional, como uma transposição, sobre o plano material, da *viagem da alma*: ambos experimentam, em níveis diferentes, a mesma vontade de ultrapassar os limites categoriais e mesmo os limites de si mesmo.[47]

Essa oposição entre mobilidade espiritual e material também é utilizada por Reid para compreender as viagens oníricas e xamânicas como a *liberação da alma do corpo* num processo que possibilita um maior conhecimento do mundo não material. Não creio que a diferenciação estabelecida por Mandu diga respeito a uma oposição entre uma *viagem da alma* e uma *viagem material* que faça transpor os movimentos etéreos sobre um plano material, ou que liberte a alma para o conhecimento do mundo não material. Para além das oposições material/imaterial, continente/conteúdo, parte/todo que informam essas visões, creio que andando pelos caminhos ou navegando pelo Rio-de-leite os viajantes assumem regimes distintos de corporalidade, perfazem-se como pessoas-corporificadas ou pessoas-sopro a partir de seus movimentos que os permitem concentrar em si potências de intensidades diferenciais de acordo com os alinhamentos e ações postos em curso.

Calçando suas botas, descrevendo seus passos, abrindo a mata com os golpes de terçado, escalando os morros, os viajantes projetam-se, lançam-se num contínuo de interação com árvores, rochas, solos, animais e seres diversos a partir da reconfiguração de si como pessoas-corporificadas que vencem inúmeros obstáculos para agir no *entrecurso* de perspectivas, paisagens, percepções e sensibilidades. De modo diferente, a desconstrução e reconfiguração que marca o devir pessoa-sopro parece convergir para si potências intensas de

---

47. 1983, p. 102.

velocidade, roupas-cósmicas, instrumentos de vida e substâncias que permitem fluir com rapidez entre o aqui e o lá, entre os pontos de vista, entre posições em campos relacionais, entre as moradas e corpos de diversos seres.

Como diz Mandu (s1), benzer e sonhar, h̨äwäg h̨am, são "trabalhos de médico", yöh d'äh bį' ey ten yį'. Ambos são "árduos" e, ao mesmo tempo, formas rápidas e menos cansativas de chegar à Serra Grande, ao contrário da viagem pelo caminho, sąpat. A *viagem como pessoa-sopro* e a *viagem como pessoa-corporificada* mostram-se duas formas de mobilidade que articulam campos relacionais pelos movimentos, posicionamentos e ações do viajante. Esse ponto de vista permite rever a oposição de Reid, na qual o bį'įy, "trabalho", seria realizado na aldeia como uma atividade árdua e de pouca mobilidade, enquanto o "passeio", "perambulação", k'ët k'ö̧' ąy, seria uma atividade prazerosa, plena de sentido e de alta mobilidade. Sentados nas rodas, deitados na rede e andando pelos caminhos, os senhores Hup deslocam-se pelo narrar, pelo benzer, pelo sonhar e pelo vagar, modos de ação que revelam o envolvimento global com o mundo por meio das atividades diárias, "afazeres", bį', e "deslocamentos", k'ët k'ö̧' ąy. Essa retradução dos termos talvez ajude a ver os viajantes Hup no contínuo movimento de suas existências. Substâncias fundamentais para o convívio e para a agência xamânica, o tabaco e a coca mostram-se não mais os *objetos do desejo* de caçadores-especialistas que possuem um *fraco xamanismo*, mas potências primordiais cujo manejo se dá no curso das atividades práticas e das situações concretas ao longo da vida, fundindo o *mundo da aldeia*, o *mundo da floresta* e o *cosmos* num mesmo mundo vivido que progenera continuamente a pessoa e a paisagem da criação.

De diferentes formas, endurecer, tab'ą', e cercar, tą', pela fumaça, casca, paris ou margens do lago conservam e protegem as pessoas Hup da ação dos seres malfazejos. Durante o encontro noturno, sentados em círculo, os senhores criam diante de si um Lago-de-leite semelhante ao visitado em benzimento, sonho ou nas caminhadas. A percepção dessa paisagem é um ato de rememoração que se dá não pela projeção, pela evocação de uma imagem estocada na mente, mas por um ato de engajar-se perceptualmente com um ambiente fértil (*pregnant*) de seu passado através das viagens como pessoa-corporificada e pessoa-sopro. Pensando com Merleau-Ponty, não há uma projeção coletiva de um quadro do passado, mas sim o ato mútuo de enveredar no horizonte do passado para ver um sentido imanente emergir, fazendo convergir as múltiplas perspectivas de seres, planos-casa e paisagens para proteger, envolvendo, e curar, regenerando. Assim, o modo de percepção nas rodas se estabelece muito próximo à reflexão do filósofo quando mostra que:

> Perceber não é experimentar um sem-número de impressões que trariam consigo recordações capazes de completá-las, é ver jorrar de uma constelação de dados um sentido imanente sem o qual nenhum apelo às recordações seria possível. Recordar-se não é trazer ao olhar da consciência um quadro do passado subsistente em si, é enveredar no horizonte do passado e pouco a pouco desenvolver suas perspectivas encaixadas, até que as experiências que ele resume como que vividas novamente em seu lugar temporal.[48]

O *lago diante de si* e o *lago de destino* envolvem cada participante na essência da totalidade de suas relações. É através do movimento corporal da pessoa sentada e viajando pelo cosmos, *hãwäg hãm*, ou do percurso da trilha para a Serra Grande, *sapat*, que essa paisagem é experienciada como um nexo em si, distinto de outros. As rodas de coca e a viagem à Serra Grande mostram-se formas de sociabilidade ritual imersas nos afazeres diários. Sua temporalidade social não é marcada por enquadramentos (*frames*), mas pela atenção que as pessoas, no curso de suas atividades necessárias à habitação, dão a essas *performances*. O ato de caminhar para a Serra Grande refaz as trilhas e regenera a pessoa através dos banhos. A viagem xamânica ao Lago-de-leite socializa com os atos de mostrar as casas, os ornamentos, as paisagens.

O cachorro que atravessa o lago torna-se um elemento indesejado, já que se está compondo, coletivamente, uma paisagem que situa o espaço-tempo do surgimento da humanidade, da dádiva do cigarro, da coca, e da reciprocidade entre a pessoa Hup e seus antepassados através de uma sequência de ações que pode ser afetada pela presença canina. A identificação que permite ao benzedor trocar o tabaco e os ornamentos com os ancestrais das casas (B2) assemelha-se àquela que garante o aprendizado de Mandu em sonho com o pai morto (S1) e à dádiva da coca, do tabaco, para revelar, geração após geração, as histórias dos antigos (M13). A paisagem do Lago-de-leite é o mundo tal como ele é conhecido por aqueles que existem movendo-se pelos caminhos vividos. É o lugar de nascimento e de contínuo renascimento da humanidade através da palavra, das substâncias, das viagens e dos círculos de fumaça.

---

48. 2011, p. 48.

Círculos e caminhos

Caminhos abertos

> Caminho por uma rua
> Que passa em muitos países
> Se não me veem eu vejo
> E saúdo velhos amigos.
> CARLOS DRUMMOND DE ANDRADE,
> *Canção amiga*

O CAMINHO DAS NUVENS

Às vésperas de nossa viagem às serras para pescar e visitar os lugares sagrados, a chuva insistia em cair. Parecia mais forte a cada dia. No final da tarde, as tempestades invadiam a aldeia com suas águas, ventos fortes e relâmpagos que dificultavam a realização das rodas de coca e adiavam nossa caminhada. Estávamos ainda no Ya'am-Sǫh-Dëh, o Inverno-da-Onça: "Essa é a última parte, o rabo da onça", explicava Ponciano, tranquilizando-me de que logo realizaríamos nossa andança. Com a chegada do verão de Wero-M'ęh-Töd,[1] os caminhos secariam, as jararacas buscariam abrigo em suas tocas e poderíamos seguir tranquilamente.

Foi então que, no dia 7 de março de 2012, uma massa de nuvens negras formou-se no céu quando estávamos sentados em roda. Com toda a força de suas águas e ventos, a tempestade vinha em direção à aldeia. Os estrondos dos trovões e a claridade dos relâmpagos assustavam a todos. Ponciano parou de falar. Começou a soprar um cigarro. Os lábios pronunciavam palavras silenciosas. Num dado momento, acendeu o fumo e se levantou. Tragou. Fechou sua mão direita e levou-a para perto da boca. Os olhos parados nas nuvens negras que se aproximavam. Um sopro vindo do peito

---

[1]. Seguindo a tradução de Ramirez (2006), Wero M'ęh Töd seria o Verão do Bigodinho, pássaro da família dos fringilídeos que corresponde a uma constelação visível nessa época do ano.

lançou a fumaça para fora do corpo. Ao mesmo tempo, Ponciano arremessou com força sua mão e seu braço para longe e fez com que a tempestade rumasse por outro caminho para a Dëh-K'et-Yoh-Mọy, a Casa-da-Cabeceira.

Depois, o benzedor sentou-se novamente. Retomou seu lugar à roda. Queria contar-me como se realiza esse *dëh bi'ịd*, "benzimento da chuva", que faz com que as nuvens se afastem para outro caminho no céu e não despejem suas águas, raios e trovões sobre a aldeia. Sentados em círculo, comíamos coca, fumávamos e conversávamos num grupo de nove pessoas.

BENZIMENTO 3 (B3): *SỌ̈H TẠ' BI'ỊD*, «CERCAR A CHUVA, OU O INVERNO»

Você fala o nome de Mu'se', aquele da bíblia. Você se levanta e abre os braços como ele fez para abrir o mar Vermelho. Como ele, você afasta as águas para as cabeceiras.

1º MOV — Lê-se a tartaruga vermelha e sua canoa. A tartaruga preta e sua canoa. Fala-se para ela colocar todas as suas coisas em sua casa, dentro de sua canoa, e ir nadando até a cabeceira.

Comentário Seu nado, o movimento de suas nadadeiras vai separando a água. Como Moisés quando separou as águas. Isso vai cercando a água também.

2º MOV — Fala-se para suas *dëh hup hẽh*, para suas "coisas", "armas da água". Fala-se para seu *hẽy'-b'ah*, "remo", e para sua *hẹy' b'ah*, sua "tesoura da origem". Então, conforme ela vai nadando ela afasta a água da chuva e cerca.

O fato de Ponciano, *yo'ọm ĩh*, "dono", de Tạt-Dëh ter se levantado no momento em que as nuvens se aproximavam ameaçadoramente ressalta seu lugar de prestígio político-ritual e sua competência xamânica. As nuvens afastaram-se logo depois que ele realizou o ato de benzimento e recebeu o olhar de aprovação e reconhecimento de seus companheiros. Em seguida, sentou-se e começou a contar-me os encantamentos. Ele é um dos poucos que pode ensinar essa prática aos não Hup.

Em pé com o corpo voltado para as nuvens que se aproximavam, o velho Ponciano evocava as ações de Moisés e as das tartarugas. Seus gestos fizeram com que a fumaça que saía de sua boca fosse lançada em direção às nuvens. Ao jogar seu braço, fez com que elas rumassem para a Casa-da-Cabeceira. Sobre a relação entre as nuvens e a fumaça do tabaco no xamanismo desana, Reichel-Dolmatoff diz que,

Há uma reação entre o fumo e a chuva, sendo esta última naturalmente um elemento fertilizador. Assim como a chuva apaga o fogo, o fumo de tabaco é uma imitação das nuvens, pode dispersá-las ou também aglutiná-las. Por outro lado, o fumo torna invisível e é, por conseguinte, um elemento de defesa.[2]

Como visto no capítulo anterior, os senhores Hup fumam para conversar, ouvir encantamentos e histórias que permitem nutrir e fazer crescer a um só tempo os filhos e o pensamento. Se a chuva faz crescer as plantações, ela também apaga o fogo, impede a continuidade das rodas de coca e, consequentemente, o fluxo das conversas. Na relação que se estabelece com as nuvens ocorre uma interação entre uma fumaça terrestre e uma fumaça celeste. O benzedor imitava o nado da tartaruga abrindo os braços e espalhando o ar à sua frente. Moisés abriu o mar Vermelho. Estendeu a mão e Javé fez soprar um vento oriental muito forte que perdurou a noite inteira e dividiu as águas em duas. Lançando o braço à frente, Ponciano imitava o ancestral dos brancos. A coluna de nuvens que acompanhava o *povo de Deus* retirou-se da frente deles e colocou-se atrás. Assim, o *povo de Deus* pôde seguir, atravessando o mar Vermelho com os *pés enxutos*. Continuaram pelo caminho indicado por Javé, que os levaria ao Monte Sinai e à Terra Prometida, onde corre leite e mel. Pela manhã, quando os soldados egípcios atravessavam o mar aberto, Javé fez as colunas de água desabarem sobre eles, aniquilando-os completamente.[3]

Para que pudéssemos viajar para os morros e para as Moradas Antigas, o xamã alterou o rumo das nuvens da tempestade para a cabeceira, fazendo com que os caminhos alagados secassem. Creio que essas múltiplas interações com as nuvens, de humanos e quelônios, sejam possíveis a partir da observação e da imitação, possibilitadas por processos de educação da atenção desses atores em seus ambientes, tal como Ingold propõe:[4] "observar é ter atenção aos movimentos dos outros; imitar é alinhar essa atenção aos seus próprios movimentos práticos orientados para o ambiente".

Nesse sentido, o xamã observa os corpos celestes, as tartarugas e o profeta. Suas palavras, movimentos corporais e fumaça são gestos que imitam para interagir com as nuvens e, assim, com Pẽy Wäd, o Trovão.

---

2. 1986, p. 183.
3. *Êxodo*, 3,14; 4,33.
4. 2000, p. 37.

Dias antes, enquanto estávamos reunidos para comer coca, uma forte tempestade caiu sobre a comunidade. Levamos os banquinhos para debaixo da casa do forno e lá nos sentamos. Os raios que caíam na mata próxima à aldeia e os trovões ensurdecedores faziam com que sentíssemos muito medo. Ponciano e João penduravam-se nos travessões da casa e davam pulos a cada vez que ouviam um estrondo. Vicente reclamou: "Se a comunidade estivesse bem cercada, o menino Guilherme não teria ficado doente". Sua doença fora causada pelos trovões, assim como as doenças de muitas crianças e adultos. Américo cobria com as mãos as orelhas do filho. Alertou que o barulho dos trovões entra na orelha, suja a *b'otǫk-mǫy*, a "casa-da-audição", e causa dores de cabeça, desmaios e perda de consciência.

A tempestade e os barulhos ensurdecedores do trovão faziam com que muitos dos participantes dissessem a seguinte frase: *Pę̃y pũ'ų̃k węd tuy*, "o Trovão quer comer coca". Como visto anteriormente, no final da tarde não são apenas os homens Hup que preparam a coca para comê-la cerimonialmente. Nas Casas do Céu, da Mata e dos Rios, diversos seres preparam coca para oferecê-la a seus cunhados. No caso, se o Trovão quer comer coca, é porque as Onças, seus cunhados, não estão oferecendo o alimento a seu dono. Agindo como um *benzimento da aldeia*, o sopro da fumaça faz com que as nuvens mudem seus rumos e dirijam-se à cabeceira. A comunidade é cercada através desse procedimento que, ao afastar a chuva, impede que a fúria do Trovão atinja a aldeia.

- UM PROFETA   Ergue o braço → Divide o mar → Afasta as nuvens para a retaguarda
- A TARTARUGA   Nada → Separa as águas → Afasta as nuvens para a cabeceira
- UM BENZEDOR   Lança o braço → Sopra a fumaça → Afasta as nuvens para a cabeceira

As ações do benzedor, do profeta e da tartaruga geram mudanças num dado ambiente com o qual se relacionam. De modo muito interessante, a viagem de Moisés e seu povo rumo à Terra Prometida parece ser uma transformação da viagem da tartaruga com destino à Casa-da-Cabeceira. Soprando essas agências para o cigarro, o deslocamento da fumaça e o movimento corporal alteram o destino da tempestade.

Pensando com Carneiro da Cunha, B3 pode ser tomada como uma tradução xamânica de B4, possivelmente elaborada após a consolidação dos *povoados-missão* como Tɑ̰t-Dëh e da participação das missas, das escolas salesianas, dos batismos que foram situando os Hupd'äh num processo de evangelização já em curso com outros povos da região. Como o povo de Israel, eles viajavam para terras distantes, para longe das cabeceiras, das Paç-Mo̧y, Casas-de-Pedra, próximas às quais seus ancestrais procuraram sempre constituir suas moradas. Como aponta Reid,

> A partir desses dados fica claro que, antes de 1890 e até 1950, virtualmente todos os Hupdʉ viviam nas cabeceiras dos igarapés tributários aos que ocupam atualmente. Alguns Hupdʉ afirmam que Salesianos ordenaram que migrassem rio abaixo, ao mesmo tempo em que os Índios do rio foram ordenados a fazer o mesmo (1930-40). Entretanto, fica evidente que os Hupdʉ não fizeram isso até o início dos anos de 1940, sendo que a maior parte mudou-se apenas nos anos de 1950. Os novos assentamentos estabeleceram-se entre uma e quatro horas de caminhada com relação aos grandes rios. Em alguns anos, esses assentamentos mudavam-se para áreas das imediações, ao longo do igarapé onde já estavam situados ou para igarapés próximos. Atualmente, os Hupdʉ estão vivendo principalmente nas partes rio abaixo dos igarapés tributários aos que ocupavam previamente.[5]

De acordo com o antropólogo, antes de 1890 e até 1950 os Hupd'äh viviam na região das cabeceiras dos igarapés ao longo dos quais se encontram as aldeias atuais, situadas em áreas mais próximas aos grandes rios. Entretanto, a violência posta em prática com o *boom* da borracha (1890 a 1900) e com a atuação dos representantes governamentais (Manducas)[6] teria levado os Tukano a deixarem a área ribeirinha para fixarem-se em aldeamentos nas áreas florestais, a algumas horas de caminhada. Segundo Reid, esse deslocamento populacional tukano levou as comunidades Hup a afastarem-se para áreas ainda mais próximas às cabeceiras. Como visto, durante a viagem à Serra Grande, os *espaços da morte* povoam a região trazendo lembranças dos confrontos e das vítimas. Os representantes governamentais, os exploradores de borracha e mesmo os Tukano muitas vezes atacavam as aldeias Hup para assassinar e escravizar pessoas.

---

5. 1979, p. 28.
6. Wright comenta que Manuel Albuquerque, o "Manduca", fora um brasileiro mestiço que ocupou o posto de subprefeito de São Gabriel, obtido no auge do *boom* da borracha. Com a ajuda dos irmãos, ele controlava o trabalho indígena por meio da violência e terror (Wright, 2005, p. 213).

Tomando os Hupd'äh como S'ųg Hup, "Gente-da-Floresta", Reid reforça a ideia de que seriam eles, enquanto Maku, os *primeiros habitantes* do Uaupés, caçadores-coletores que constituíam suas aldeias numa vasta região interfluvial. Enquanto Koch-Grümberg e Nimuendaju veem a pressão exercida pelas populações Tukano e Aruaque como o fator que teria levado ao afastamento dos Maku para as cabeceiras (s.e. para n.o.), Reid retoma essa hipótese numa chave que considera os não indígenas e os Tukano como sendo os agentes políticos que forçam os Hupd'äh a migrarem, refugiando-se na região montanhosa. Para além dessa visão que oscila entre a caracterização dessas áreas como refúgios ou repositórios de recursos econômicos, creio que nossa jornada às cabeceiras possa ajudar a perceber a importância ritual que faz desses lugares paisagens de vida fundamentais para a interação dos Hupd'äh com esses Outros.

Nos anos 1940, ocorreu a aproximação dos salesianos, muitas vezes mediada pelos Tukano. Os missionários balizavam seu *projeto civilizatório* no aprendizado do português, na moradia em casas nucleares e na conversão cristã, além de condenarem a ação dos exploradores de borracha. Para Reid, o fato de os religiosos apresentarem-se como uma alternativa face ao terror praticado pelos demais brancos provoca, na década de 1950, a migração de muitas aldeias para as imediações dos grandes rios e, anos mais tarde, a consolidação das grandes comunidades, denominadas por Athias como *povoados-missão*.

À luz da analogia bíblica, esse movimento migratório para as cabeceiras assemelha-se ao Êxodo, uma fuga da perseguição dos soldados egípcios. O paralelo entre os percursos e os sentidos dos deslocamentos desses vários agentes dos encantamentos torna-se interessante para entender o processo histórico que levou à constituição da grande aldeia de Tạt-Dëh. Retomando B3 e B4, num caso, os *filhos de Israel* conseguem fugir dos exércitos egípcios *passando pelo mar com os pés enxutos* rumo à Terra Prometida (*Êxodo*, 3, 14; 4, 33). No outro, para que não haja trovões e doenças, para que possamos viajar tranquilos para os *lugares sagrados* e para que a roda de coca não precise transferir-se para o coberto, a fumaça faz as nuvens afastarem-se. Lê-se a tartaruga vermelha e sua casa-canoa, a tartaruga preta e sua casa-canoa. O benzedor faz com que o anfíbio coloque suas armas da origem na canoa, principalmente sua tesoura, e vá nadando para a cabeceira do rio. Suas nadadeiras vão separando a água como Moisés separou o mar Vermelho. Nadando, ela faz as nuvens e a chuva rumarem para a Casa-da-Cabeceira.

Ao mesmo tempo, nossa viagem seria realizada *sapạt*, como pessoas-corporificadas, andando pelos caminhos, num percurso semelhante ao deslocamento *hə̄wägat*, como pessoas-sopro, que faz os xamãs Hup chegarem às Casas-de-Pedra. Surpreendentemente, o Êxodo até o Mar Vermelho e a migração dos Hupd'äh para as imediações do rio Tiquié são deslocamentos populacionais que se dão no sentido N.O. para S.E. Na leitura xamânica hup do texto bíblico, Moisés desloca as nuvens para trás, para as cabeceiras, distanciando-as do mar Vermelho assim como as nascentes estão distantes do rio Tiquié. No mesmo eixo, a viagem que faríamos aos lugares sagrados, o percurso da tartaruga em B4 e o afastamento das nuvens estabelecem-se no sentido inverso S.E. para N.O. Caminhando, iríamos abrir as trilhas fechadas pela floresta e pelo tempo.

Nos dias que se seguiram, não houve mais tempestades e começamos a preparar nossas coisas para a jornada. Viajaríamos num grupo a ser formado por rapazes e senhores. Nesses dias de espera, as mães dos jovens viajantes torraram uma quantidade suficiente de farinha para que seus filhos não passassem fome no percurso. Ponciano preparou sua flecha com curare, caso fôssemos surpreendidos por uma onça. Todos ajeitaram seus arcos e seus caniços para a caça e pesca. Nos encontros noturnos e na festa de caxiri, antes de nossa andança, os dois guias reorientavam-se. Discutiam longamente os caminhos e direções com os outros senhores. Fazia algum tempo que ambos não caminhavam por aquelas searas onde haviam sido criados.

A vida nas aldeias populosas fez com que cada vez menos pessoas se deslocassem até as cabeceiras ou às regiões onde antes havia os caminhos de roça, os trajetos para outras aldeias, as áreas de caça e as Casas-de-Pedra. Os rapazes nunca tinham percorrido aquelas paisagens distantes e seu fascínio pela empreitada fazia com que todas as noites viessem à roda de coca para conversar com os mais velhos e prepararem-se para a viagem. Nossa jornada aos *lugares sagrados* constituir-se-ia ao mesmo tempo de atos de relembrar dos mentores que visitariam os lugares onde cresceram e conviveram com seus pais e avós, e de percursos de observação, ao longo dos quais os jovens conheceriam histórias e seres através de seus próprios movimentos e ações, e por meio das indicações e narrativas dos mais velhos.

Para que estivéssemos bem protegidos durante a viagem, além do *encantamento para afastar a chuva*, Ponciano preparou um cigarro com o *tịwịt hamap bi'ịd tạ'*, "benzimento dos caminhos", para cercar os viajantes das ações maléficas dos seres que pudéssemos encontrar.

O CAMINHO DOS HUPD'ÄH

Com a certeza de que não haveria mais chuvas, deixamos a aldeia depois dos banhos e de nossa refeição matinal. Uns levavam jamaxins às costas, outros mochilas para carregar as redes, a farinha, os anzóis e algumas poucas peças de roupa. Éramos sete pessoas, jovens em sua maioria, guiados por dois senhores, Ponciano e seu irmão menor, José. As serras que visitaríamos situavam-se todas nas dimensões territoriais de domínio dos Sokw'ät-Noh-Köd-Tẹh, cujo representante superior vivo é Ponciano.

Todos carregavam seus arcos e flechas nas mãos junto aos caniços para a pesca. Apenas Ponciano levava uma *mọm-mụh*, flecha com a ponta de ferro munida de curare. Essa era nossa proteção contra as onças ou seres malfazejos que viessem ao nosso encontro. As pontas das flechas de cada um dos viajantes variavam a partir de dois padrões. As flechas específicas para as caças que se movimentam no alto das árvores, como os macacos e as aves, tinham pontas de madeira estreladas. Já as flechas para as caças de solo, como pacas, queixadas, tamanduás, tinham finas pontas de madeira. A passos rápidos, seguíamos pelos caminhos da roça que se transformavam em *hup tịw*, "caminhos de hup", estreitos e traçados sobre as raízes e folhas caídas.

Ainda estávamos numa clareira, próxima às últimas roças da comunidade, quando todos pararam para descansar. Rindo, os jovens apanharam flores amarelas de um tipo encontrado nas caatingas e colocaram-nas em suas orelhas. Faziam como os antigos, antes de começarem a dançar. De modo divertido, nossa caminhada para as serras assemelhava-se a uma dança, a uma festa que unia a todos no convívio de um percurso desconhecido para a maior parte dos viajantes. Ponciano acendeu um cigarro. Tragou. Soprou a fumaça em seu corpo e passou-o a Ari para que este fizesse o mesmo. Quando terminou, o rapaz passou adiante o cigarro que circulou de mão em mão até que todos tivessem soprado a fumaça em seus corpos. O cigarro tinha sido preparado dias antes com o *benzimento dos caminhos* para que todos estivessem protegidos ao longo do percurso.

BENZIMENTO 5 (B5): *TỊWỊT HAMAP BI'ỊD TA'*, «BENZIMENTO DOS CAMINHOS»

1º MOV   História de benzimento para cercar, para ajudar nos caminhos. Faço [o corpo] estar dentro da canoa da cobra uirapixuna. [...] Nessa canoa você manda ficar até o final do caminho. Menciono a canoa da cobra-uirapixuna, canoa de pau amarelo, canoa de folha longa de louro, canoa de louro-sapo, canoa de árvore s'i̧d tëg, canoa da cobra uirapixuna. Eu faço existir uma canoa para que o corpo esteja dentro da pele da cobra ancestral e se possa fazer a viagem.

Comentário Diz-se que, fazendo dessa forma a cobra *daha* não aparece para nós. Faço com que haja uma casca de tururi em torno de nossa perna para seguirmos.

PISAR Eu *piso* essa canoa de banco.

2º MOV Vou até Sõhahan. Vou para lá e começo a cercar a vida [da pessoa] com pari. Seguro o pari contra o chão para proteger das jararacas ao longo do caminho. Eu coloco a vida da pessoa dentro do pari para cercá-la das jararacas e dou comida para elas. Ofereço coca, dou a cuia da seiva da coca. Ofereço a cuia da coca seiva de sorva, a cuia de coca seiva de *mo̧t*. [Eu vou mencionando] as jararacas, e mando as jararacas *b'a̧w* para suas casas. Mando as cobras *dëh-ha̧t* para a casa subterrânea. Mando entrar as cobras que ficam no oco das árvores. Falo para essas cobras. Mando para sua casa subterrânea as cobras *dëh-pu̧pan*. Falo para as surucucus irem para dentro de suas casas de terra (argila), para sua casa preta. [...] Dou de comer a essas cobras e faço-as sentar com a cuia de coca da seiva de sorva, com a cuia de coca da seiva de *mo̧t*. Faço-as entrar em suas casas e depois eu entro e me sento. Eu faço haver tristeza em seus corpos. Dou o cigarro e a cuia de coca para elas comerem e faço com que se sintam tristes. Eu dou essa comida, coca, para elas comerem. Ofereço cigarro para elas fumarem e permanecerem sentadas. Eu faço o queixo delas grudar para que depois não nos mordam [...]

.º MOV Falo para cercar a cuia de beber e as armas das abelhas *na̧'* e das abelhas pretas *bi̧g*.

Comentário Se estivermos no caminho, as abelhas pretas *bi̧g* podem nos oferecer [*caarpi*] da cuia delas. Faço com que coloquem suas armas sobre o jirau. Menciono o caniço e a faca delas. Falo para as abelhas *bäg*, para as cabas *wiwi̧h*. Cerco a cuia de *caarpi* e as armas (facas) da jararaca *b'a̧w*, da cobra-de-duas-cabeças. Assim, eu vou fazendo para todos esses [seres], para que não ofereçam da cuia de *caarpi* deles.

4º MOV   Falo para as Gentes-Árvore. Faço-as ir para suas casas, para a Casa-da-Caatinga, para a Casa-da-Mata, para a Casa-de-Lama, para a Casa-de-Pedra. Faço-as juntarem suas armas (facas) e estarem dentro de suas casas para que eu entre e fique em pé. Faço-as juntarem e largarem o pedaço de pau de tabaco delas, as suas armas. É ai que nós entramos e ficamos em pé. Mando-as para a Casa-da-Caatinga, para a Casa-de-Lama. Faço-as juntarem todas [as suas armas] no chão, entro e fico em pé.

5º MOV   Faço as cobras para quem ofereci a coca e fiz entristecerem-se entrarem e sentarem dentro da Casa-da-Cachoeira. Por isso elas não saem. Se eu dou a coca, elas não saem para observar-nos, permanecem sentadas. Falo e cerco o bastão das cobras, o bastão das Gentes-Árvore, o bastão dos B'at̨ib'.

Comentário   Caso eles nos batam com seu bastão, *kötǫw-tëg*, ou com seu caniço, quando estivermos no caminho, diz-se que temos *kĭkĭnĭ'ih*, "dor de carne". Para que não nos batam com o bastão de imbaúba *sāy*, com o bastão de imbaúba *wag*, eu cerco-os todos. Faço com que larguem seus bastões dentro de suas casas e faço com que as cobras entrem e fiquem em pé. Vou dizendo e dirigindo-me até chegar a outra comunidade. Chego e saio.

6º MOV   Falo para as lagartas do tabaco. Falo para as lagartas pequenas no caminho delas. Digo para as lagartas pequenas e entro no caminho delas. Eu entro na aldeia delas e saio. Eu entro no caminho da lagarta pequena, a comunidade dos filhos, eu entro em cima do banco da vida. Faço o meu *hạ̈wäg* entrar e ficar em pé, disse já. Chego e entro com o tabaco, com o banco e fico em pé. Vou transformando meu corpo no corpo do muçum pequeno, no corpo do calango, faço-os sair e ficar em pé. No corpo dos calangos. No corpo dos calangos pequenos, no corpo do curió pequeno, faço o corpo dos Hup ser como o corpo deles, sair e estar em pé. Eu faço esses seres saírem e ficarem em pé. Faço os muçuns saírem e descerem para a beira. Faço o corpo dos Hup entrar e ficar em pé dentro da casa dos muçuns para que tenhamos seu corpo, seu pedaço de tabaco, suas armas (facas). Falo, entro no corpo do muçum e faço o corpo dos Hup assemelhar-se ao deles. Entro, fico em pé e saio para fora.

7º MOV   Vou para a mata e entro na casa do pedaço de tabaco do esquilo pequeno. Entro e fico em pé. Eu falo para o esquilo pequeno, para o esquilo marrom. Falo para o esquilo marrom, para seu pedaço de tabaco para fazer com que dentro da casa dos Hupd'äh seja como dentro da casa do esquilo. Eu entro e fico em pé.

Comentário Dizem que, se vamos passear em outra comunidade, é perigoso, pois a doença pode pegar a gente, disse já. Faço muitos desses esquilos marrons saírem, ficarem em pé e passo para que nessa comunidade [os seres malfazejos] não saibam da gente. Vou para a mata e entro no corpo das onças pequenas, da onça *dɨd*, disse já. Para dentro dessa onça eu me dirijo, para dentro dos esquilos marrons, para dentro das onças.

8º MOV Menciono a água-pura do maracujá pequeno. Com a água-pura do maracujá eu [banho] a pessoa. Faço-a entrar e deitar em sua rede. Faço com que a rede da pessoa esteja dentro das flores do maracujá. Faço o sopro vital entrar e deitar. Faço o sopro vital entrar e deitar na rede como se fosse a flor *pŭp s'o̧*.

PISAR O benzedor não aparece por estar dentro do pedaço de tabaco e, dentro da rede, ele entra e deita. Então, a pessoa vai pelo caminho passear. E aqui termina. Nós vamos pelo caminho e esse é o nosso benzimento. Esse é o nosso benzimento para irmos para outra comunidade. Aqui termina.

Banhando a pessoa Hup com a água-pura do maracujá e fazendo-a estar deitada em sua rede dentro da flor do maracujá é que o benzedor protege o viajante para que faça seu percurso. O *hą̈wäg* dentro da flor permite entender melhor o gesto dos rapazes de colocar uma flor na orelha. Além da semelhança com o adorno de dança dos antigos, talvez a flor amarela proteja-os como o faz a flor do maracujá, envolvendo e limpando o corpo com a água-pura.

Os caminhantes devem estar dentro da canoa da cobra-uirapixuna durante todo o trajeto. Essa cobra, conhecida como muçurana,[7] é uma cobra não peçonhenta e devoradora de jararacas. De acordo com Von Ihering, essa cobra é tida como uma *limpa mato*. A palavra muçurana origina-se do tupi e seu significado evoca a semelhança dessa serpente com o muçum, peixe próximo à enguia. Em tupi, além do termo muçurana, essa cobra também é chamada *boirú*, "a cobra que come outras cobras". Logo, essa é uma serpente que *abre os caminhos* devorando as jararacas, uma das principais ameaças aos viajantes. Caso não consigam enxergá-las, os andarilhos podem ser atingidos por suas presas na região dos pés e da panturrilha. Em B5, para proteger-se do ataque das jararacas, a pessoa Hup deve caminhar envolvida pela pele da cobra-uirapixuna. Em torno de suas pernas deve haver uma casca dura de tururi. Essas seriam, portanto, duas proteções corporais que cercam os andarilhos e auxiliam-nos a abrir os caminhos.

---

7. *Pseudoboa cloelia*.

Em 2011, Samuel, filho de Ponciano, sofreu um acidente ofídico quando retornava pelo trecho que liga a aldeia de Tạt-Dëh às margens do rio Tiquié. Fora atingido nos dedos do pé pelas presas de uma jararaca. Quando chegou à aldeia, sentia-se muito mal. Deitou-se em sua rede e pediu que o benzessem. Nenhum dos parentes próximos, seus filhos, esposa, pai ou irmãos, podia vê-lo. Caso se aproximassem, o veneno se espalharia rapidamente e o ferido morreria. Todos comeram pimenta e foram banhar-se, inclusive o AIS Jovino que, sendo irmão, não podia prestar socorro. Samuel foi benzido durante toda a noite por Mandu e, quando o dia chegou, já apresentava sinais de melhora. Na tarde seguinte, Ponciano veio pedir que eu gravasse dois encantamentos que seriam muito importantes para o livro de benzimentos que estávamos fazendo. Tratava-se dos encantamentos do caminho e do filho, tịwịt hạmạp bi'ịd tạ' e tēh bi'ịd.

Como a viagem ao Lago-de-leite, que o xamã deve realizar no benzimento do tabaco (B2), no encantamento para cercar os caminhos, a proteção vai constituindo-se à medida que o benzedor desloca-se, visita as casas de diversos seres, acalma-os ou convoca-os para auxiliá-lo. Primeiro, o xamã ruma para Sõhahan, a Casa-da-Chuva, ou Casa-do-Inverno. Do alto dessa morada, ele crava o pari no chão para cercar os viajantes. Voando, retorna à Terra e dirige-se às casas das cobras peçonhentas. Faz com que todas entrem em suas moradas e sentem-se. Com uma coca preparada a partir das seivas grudentas de certas árvores, o xamã alimenta as cobras para grudar seus queixos e impedir suas mordidas. Ele oferece cigarro e faz com que se sintam tristes, algo que remete a uma postura calma e contemplativa.

Nọọ, "falando", "dizendo para", o soprador dirige-se à casa das abelhas, das cabas e faz com que todos os seres que possuem *cuias de oferecer caarpi*, como a jararaca e a cobra-de-duas-cabeças, estejam dentro de suas casas e acomodem suas armas sobre o jirau. Na exegese do benzimento, as expressões nọọ, "dizer", e dö', "contar", "mencionar", fazem o foco da ação do xamã mudar de um ser a outro, de uma morada a outra. As expressões tornam-se evocativas do deslocamento que faz o xamã sair da casa das cobras e viajar até a casa das abelhas procurando cercar a cuia de *caarpi*, arma comum aos insetos e às serpentes. Seguindo De Certeau, nessa retórica ambulatória "haveria uma homologia entre as figuras verbais e as figuras ambulatórias",[8] sendo que a expressão pode ser tomada como um assíndeto, já que

---

8. De Certeau, (2011, p. 167-68).

suprime a descrição do percurso entre as casas, como a figura de linguagem que omite os termos de ligação, as conjunções e os verbos. Nesse mesmo sentido, as casas, figuras que sintetizam o mundo vivido desses seres compostas por suas moradas, roças, igarapés e caminhos, parecem ter o sentido de sinédoques desses universos.

O xamã segue sua jornada e fala para as Gentes-Árvore, faz com que entrem em suas casas, coloquem suas armas no chão e *fiquem em pé*. Chegando, ele cerca o bastão das Gentes-Árvore, dos B'aṭib', e das cobras, para que não batam nos caminhantes e não causem a *dor de carne*. A postura ereta dos seres à espera do xamã, aguardando para saudá-lo, ocorre como quando chega um parente. O gesto de cumprimentar, descrito anteriormente, é uma etiqueta fundamental para a interação com os visitantes. A atenção das cobras, Gentes-Árvore, B'aṭib', desvia-se dos viajantes e concentra-se na formalidade obrigatória da postura ereta e do gesto de mão.

Falando continuamente, o benzedor *chega e sai para outra comunidade*. Tendo acalmado e cercado as armas dos seres malfazejos, lançado seu pari da Casa-da-Chuva e feito os viajantes seguirem dentro do corpo da muçurana, o xamã *fala para* os animais auxiliares[9] que, com suas armas, ajudam a proteger os andarilhos. Ao contrário da lagarta da coca, cuja rede e *caarpi* podem fazer mal, a lagarta das folhas de tabaco descreve um caminho ao locomover-se. Situando-se no caminho e na aldeia dessas lagartas, o xamã entra com seu tabaco, com seu banco e fica em pé. Vai então transformando seu corpo e o dos viajantes no corpo do muçum pequeno, dos calangos, do curió. Faz com que a pessoa Hup esteja dentro do corpo desses seres que saem armados de suas casas. O xamã entra, fica em pé e sai, vai para a mata. Adentra as moradas e os corpos do esquilo e da onça. Ele fala para o pedaço de tabaco do roedor e cria uma relação de homologia entre as casas do esquilo marrom e dos Hupd'äh. Diferente da postura ereta dos seres malfazejos que deixam seus afazeres bélicos para saudar o forasteiro, os animais auxiliares armam-se e colocam-se em pé para manifestarem-se prontos para acompanhar, para seguir o *kɨhsät*, "guia', "mentor", "irmão maior". Creio que a postura ereta do xamã ao posicionar-se dentro das casas-corpos dos seres tenha um

---

9. Analisando encantamentos desana, Reichel-Dolmatoff refere-se aos animais auxiliares como "animais cuja ajuda se solicita e que se descrevem então por sua forma, cor, movimentos [...]" (1986, p. 185).

sentido próximo ao que Reichel-Dolmatoff descreve para essa postura entre os desana, refletindo sobre o conceito de *pesi k'ranyeári*:[10]

Mentalmente, esta expressão está acompanhada por uma imagem fixa: um homem em pé, firmemente plantado sobre a terra como um eixo cósmico, pisando seguro. O mero entendimento, *pesí turágë* [...] é muito distinto, pois somente se refere à agilidade intelectual, à boa memória e à eloquência, mas *entender-pisar-agarrar* abarca uma dimensão mais profunda, já que dá sabedoria e não mero conhecimento. Chegar a esse estado de reflexão, de *estabilização* e equilíbrio, é o ideal do homem desana, porque somente a partir daí alcança a segurança pela compreensão da religião e pela função da mesma na vida social. Entretanto, para alcançá-lo, é importante saber ouvir o eco das coisas; em outras palavras, é preciso conhecer as ramificações do sistema simbólico e poder reduzi-las a suas bases elementares.[11]

Viajando como pessoa-sopro, o benzedor Hup chega, entra na casa-corpo de diversos seres, pisa e parte. Sua postura ereta dentro da morada desses Outros é a de alguém que *se planta sobre a terra, pisa seguro* e compreende esses outros mundos nos quais se posiciona ao ponto de influir nos campos de percepção e ação, alterando as posturas e intenções.

A observação das casas dos animais mostrava-se um recurso fundamental para a caça. Dentro de suas tocas ou próximos a elas, os animais podem ser mais facilmente atraídos, capturados ou mortos. Como afirma Reid,

[...] a floresta e seus habitantes fornecem muitos modelos a partir dos quais os Hupdɨ estabelecem sua compreensão dos mundos social e espiritual [...] Os Hupdɨ podem ler os *sinais* da floresta tão bem quanto um europeu pode ler um livro, e estão em contínua comunicação com esta.[12]

No caminho, Ari parou para analisar um tronco de árvore. Disse que um *moytụd*, "urumutum",[13] tinha corrido quando ele se aproximava. Esse tronco oco era a sua casa. Ele vivia só, pois não tinha esposa. Durante a noite, Lucas chamou minha atenção para um som: *Moytụd d'äh tinịh ịd, wä'äy ạm?*, o que ouvíamos era a fala das aves *moytụd*, que ecoavam pela mata enquanto tentávamos dormir. Um pouco mais à frente, Lucas viu um buraco de tatu. Parou para ver se o bicho ainda estava lá dentro. Abaixou-se e inclinou o corpo para

---

10. *Peri*, "ouvir", "entender"; *k'rapíri*, "pisar"; *nyeári*, "agarrar".
11. Reichel-Dolmatoff, 1986, p. 118.
12. 1979, p. 72–73.
13. Urumutum é uma ave da família dos cracídeos, *Nothocrax urumutum*. Cf. Ramirez (2006).

cutucar o buraco com seu terçado. Refletindo sobre B5, fazer animais e seres malfazejos irem para suas casas e largarem suas armas coloca-os em uma posição passiva, distinta daquela assumida quando estão fora de suas moradas e procuram atacar. Enquanto isso, os animais auxiliares devem estar fora de suas casas ou mesmo nos caminhos, como é o caso da lagarta do tabaco e da muçurana. Situar-se dentro ou fora da casa remete também às posturas corporais: sentado no banco, *dentro*, e em pé, *fora*. Para comer a coca e fumar o tabaco o ser deve largar suas armas, repousá-las sobre o jirau e assumir um estado contemplativo, de tristeza. Já aqueles que auxiliam o xamã situam-se fora da casa, munidos de seus pedaços de tabaco, de seus bastões, de suas armas. Para protegerem-se, o xamã ou a pessoa Hup podem abrigar-se na casa desses outros seres. Penetrar o corpo da onça, da lontra, caminhar envoltos pela pele da muçurana ou posicionar-se no caminho da lagarta do tabaco correspondem também a ações que cercam a pessoa.

Como descreve Reid, os Hupd'äh percebem a existência de um grande número de *casas florestais* subterrâneas cujo acesso se dá por buracos ou grutas. Os animais e seres que vivem nelas possuem suas malocas, roças, igarapés e florestas em seus interiores. Cada uma dessas casas possui seus donos. Alguns desses donos são seres solitários, como Dǫh Ãy, enquanto outros convivem com as espécies de aves e animais que protegem. Os animais reproduzem-se, mas são seus donos que os fazem surgir no interior dessas casas subterrâneas. Caso animais sejam mortos sem autorização prévia, os donos expressam sua ira causando tempestades plenas de trovões, ventos fortes e relâmpagos. Quando a caça escasseia, os xamãs comunicam-se com os donos dos animais para pedir que liberem animais para a floresta em troca do oferecimento de almas humanas e/ou tabaco.

Desse modo, para garantir o aumento das presas e a autorização para as caçadas, os xamãs viajam às casas dos animais e interagem com seus donos. Em B5, são igualmente as viagens e interações do xamã que permitem aos viajantes Hup deslocarem-se de casa em casa, de aldeia em aldeia, de domínio em domínio. Antes de iniciarmos nossa viagem, o benzimento dos caminhos revelava-se como uma longa jornada que, acalmando os seres malfazejos e mobilizando os animais auxiliares, assegurava o nosso rumo. Protegidos, deixamos o local de parada e seguimos em frente. A cada passo, eu enfrentava a dificuldade de não ver a trilha que parecia desfazer-se na mata a cada curva ou desvio. Quando me encontrava parado, sem saber por onde continuar, meus companheiros indicavam-me o rumo e consolavam-me dizendo que a trilha não aparecia mesmo, estava fechada. Num dado momento, Ponciano revelou que os caminhos dos antigos Hup sobre os quais descrevíamos nossos passos eram agora perigosos caminhos de B'aṭịb'.

Conforme se lembrava de onde eram os locais de coleta de frutos como buriti, açaí, *mọt*, nosso *kịhsạ̈t*, "mentor", ia conseguindo identificar a rota a seguir. Entretanto, por vezes, mesmo Ponciano parava, arregalava os olhos e dizia não saber como continuar. *Tịw täm, bahạd nịh, ạ̈h hipạ̈h nịh*, "o caminho está fechado, não aparece, eu não sei como seguir". Nesses momentos, seu irmão, que caminhava sempre atrás de nós, aproximava-se. Apontava para a frente e fazia seu *sät* reconhecer os caminhos de roça de seus pais, ocultos pela cortina verde das folhagens. Grandes árvores que se distinguiam monumentalmente do arvoredo também mostravam o sentido a percorrer. Uma terceira referência era encontrada no relevo e na sequência dos tipos de solo sobre os quais caminhávamos. Por vezes, tínhamos também que contornar a trilha devido a algum obstáculo. Imensas árvores caídas, terrenos alagados ou cabas dificultavam nosso trajeto e nossa orientação. Atentos às histórias e à convivência com os antepassados nesses lugares, movíamo-nos de um lugar a outro dentro de uma região de memórias.

A cada passo, os caminhos fechados iam tornando-se caminhos vividos nos quais nos posicionávamos pelo itinerário contínuo de nossos movimentos. Atentos ao entorno, os jovens ouviam seus guias e os sons da mata, voltavam-se para olhar atentamente quaisquer plantas, animais, paisagens mostradas pelos mais velhos. Percebendo o ambiente a partir de todos os lugares, os saberes iam sendo gerados em campos de prática que faziam convergir eventos da viagem xamânica de B5 com situações ocorridas durante o percurso.

Estávamos caminhando próximos uns dos outros quando Ponciano gritou: *Yọ' d'äh, to'ọh!*, "Cabas, corram!". As cabas são um tipo de vespa cuja ferroada causa dores insuportáveis. Nós, que andávamos compassadamente, corremos para fora da trilha, pelo meio da mata para despistar nossas perseguidoras. Retomamos nosso ritmo vagarosamente à medida que nos distanciávamos do local do encontro. Em B5, as cabas são mencionadas pelo xamã em meio a uma enumeração de seres, como as abelhas, as jararacas e as cobras-de-duas-cabeças que nos atacam com suas cuias de *caarpi*, facas e caniços. Para que não nos ofereçam a cuia de *caarpi* e nem nos firam com facas e caniços, o benzedor faz com que larguem suas armas sobre o jirau. O risco de um encontro como o que tivemos é tanto o das ferroadas quanto o do tombo, já que se pode ficar "bêbado" e ser espetado por um pau ao cair no chão. Cobras, abelhas e cabas revelam-se seres perigosos por ferirem com suas armas e por embebedarem os viajantes com seus poderosos *caarpis*.

Numa dada parte do trajeto, Ponciano mostrou-me uma *imũy-tëg*, árvore dura muito utilizada antigamente para a construção de casas. Mais à frente, Ari parou diante de um arbusto e disse ser um *tĩhĩy yǫ̃h*, planta medicinal utilizada quando se é mordido por jararaca. No penúltimo dia de caminhada, durante o percurso para Yąk-Dëh, Ponciano bateu forte com o terçado em um tronco de árvore. O barulho ressoou longe. Ele explicou-me que essa era uma *ha-tëg*, árvore boa para a fabricação de canoas e para comunicar-se com os companheiros durante uma caminhada. *Sĩh nąw!*, "tem o cheiro bom!", comentou. Em nosso retorno, Lucas experimentou seu terçado contra uma árvore *pãhąy*, uma sorva. Com a lâmina feriu o tronco que começou a sangrar sua "seiva branca", *tąk*.

Ao longo do trajeto, ocorrem interações específicas com as árvores, animais e plantas que permitem comentar sobre habilidades de construção, navegação e cura. A atenção dos viajantes volta-se para a matéria prima das canoas, as casas, para a planta que auxilia na cura da peçonha. É justamente por andarem dentro da canoa da cobra-uirapixuna que os caminhantes se protegem das mordidas da jararaca. A lembrança da árvore de madeira dura, boa para construir moradias, faz pensar na semelhança que o xamã cria entre a casa hup e a casa do esquilo.[14] Os esquilos amazônicos são encontrados no chão ou na copa das árvores. Seus ninhos são feitos com folhas, galhos ou cipós entrelaçados e podem localizar-se dentro de buracos dos troncos ou em galhos das árvores, muitas vezes castanheiras de casca dura. Alimentam-se principalmente de castanhas, frutas, insetos, fungos, folhas, flores e cascas de árvores. Graças à força de sua dentição, o esquilo amazônico é capaz de roer castanhas extremamente duras e, mesmo, cascas de árvore. Na mata, é localizado pelo barulho que faz ao roer. Em B5, a casa do esquilo, feita de casca de tabaco, faz pensar tanto nas árvores de casca dura, castanheiras, habitadas pelo roedor, quanto em sua capacidade de trituração, capaz talvez de destruir os envoltórios duros de outros seres.

---

14. *Sciurus igniventris*.

A seiva que escorre da sorva é grudenta como a coca que o benzedor oferece às cobras para colar seu queixo e impedir as mordidas. O barulho da árvore que chama os companheiros de percurso é emitido por um tronco oco,[15] análogo ao envoltório de casca de tururi que cerca a perna dos andarilhos e onde algumas cobras peçonhentas procuram abrigo para morar (B5). Sua madeira permite a comunicação com aqueles que estão distantes e a construção de canoas para a navegação. De modo interessante, a atenção para os seres e elementos do entorno parece aproximar a percepção e ação do xamã que viaja *hą̃wägat*, como pessoa-sopro, àquelas dos meus companheiros, que se deslocavam *sąpąt* como pessoas-corporificadas. Dentre as várias frutas encontradas durante o trajeto, as que mais comíamos eram as deliciosas *pãhãy*. Essas frutas de sabor extremamente doce e leitoso podiam ser encontradas pelo chão próximas às árvores sorva. Sempre que alguém via os montes espalhados, avisava aos outros gritando: *Merenda! Pãhãy, Pãhãy!*. Interrompíamos nossa caminhada no mesmo instante, largávamos nossas coisas e começávamos a devorar as frutas e a conversar. É interessante perceber que a coca oferecida pelo xamã às cobras é produzida a partir da seiva da mesma árvore que fornece a *merenda* aos viajantes. No encantamento, o benzedor oferece a cuia com a coca seiva de sorva e de *mot* para diversos tipos de jararaca:[16] *b'ąw, dëh-hąt, dëh-pųpan*. Elas, em vez de conversar enquanto comem a coca, são amordaçadas para que não ataquem. São afastadas dos caminhos e, mesmo em suas moradas, não podem realizar as rodas de coca. O gosto doce na boca dos caminhantes Hup e a coca grudenta que amordaça as jararacas advêm da mesma árvore e são bons sinais para a continuidade da jornada.

Também a *viagem da tartaruga* relaciona-se com nosso itinerário, uma *viagem dentro da muçurana*. Em B4, o casco da tartaruga é tomado a um só tempo como sua canoa e sua casa. É dentro dessa canoa que o anfíbio deve guardar suas armas e ornamentos para seguir rumo à cabeceira. Ora, durante o trajeto, os caminhantes Hup seguem, como a tartaruga, dentro de uma canoa, a canoa da cobra-uirapixuna.

---

15. Em *Do mel às cinzas*, Lévi-Strauss ressalta a importância de árvores de tronco oco como a embira, a imbaúba e o tururi para o pensamento de muitos povos ameríndios (Lévi-Strauss, 2004b, p. 342-51).
16. A dificuldade em identificar diferencialmente e de acordo com as classificações zoológicas esses tipos de cobras peçonhentas deve-se, dentre outros motivos, ao fato de os Hupd'äh denominarem *jararaca*, em português, a uma grande variedade de serpentes que, em língua hup, são diferenciadas pelos nomes e formas de classificação.

Caminham sobre o solo seco, ao contrário da tartaruga que ruma cortando a água. A *viagem da tartaruga* afasta as nuvens e faz com que os caminhos sequem. Isso faz com que as jararacas, cobras que gostam de rastejar em terrenos úmidos, permaneçam longe das trilhas. Com relação às jararacas, a muçurana situa-se na posição de predadora, já que esta devora aquelas e é imune a seu veneno. Ao mesmo tempo, a muçurana e a tartaruga não representam perigo aos humanos, podendo ser facilmente capturadas e mesmo consumidas. São animais que podem ser vistos como protetores, isto é, animais auxiliares que cercam os caminhos, da mesma forma que o esquilo, o muçum, o calango, a lagarta do tabaco, a onça e o curió.

A *viagem na cobra-canoa* faz com que, em vez de serem vistos como presas para quem se oferece o *caarpi* embriagante, os viajantes estejam ocultos sob a pele fria desse poderoso predador. Como sugere Lévi-Strauss, creio que seja a observação de uma lógica das qualidades sensíveis que explicite as inter-relações entre animais e viajantes entrelaçadas pelos encantamentos e pelo curso da viagem.

Longe de suas casas, os viajantes caminham como pessoas corporificadas pelas trilhas que já foram os percursos de seus antepassados. Paralelamente, o xamã viaja *hạ̈wägat* para a Casa-da-Chuva, segue para as moradas dos seres malfazejos e depois mobiliza os animais auxiliares para continuar a cercar e a proteger os andarilhos. Num sentido parecido, as nuvens negras e as jararacas mantinham-se afastadas graças à viagem da tartaruga rumo à cabeceira. Esses deslocamentos, paralelos e complementares, iam abrindo os caminhos e permitindo que nos mantivéssemos ocultos, longe dos olhares daqueles que pudessem nos fazer mal.

Depois de um dia inteiro de caminhada, paramos para pescar e montar acampamento às margens do Kayạ'-Dëh, local de pesca dos antigos. Por ali passava um caminho que os ancestrais percorriam para viajar de serra em serra. Era a essa paragem que Ponciano vinha para pescar com seu pai quando era jovem. Bem perto dali estava a Hëhëh-Pọ-Mọy-Họd, Morada Antiga do irmão maior de seu pai, Severiano. Sentado ao meu lado, ele contou que atualmente não há tantos peixes nesse igarapé, mas que as terras das imediações são muito férteis para o plantio. Além disso, essa continua a ser uma área rica em animais, sendo possível fazer boas caçadas. Havia muita cotia, paca, macaco-barrigudo,[17] macaco-prego,[18] por exemplo.

Ao anúncio do *kɨhsɐ̃t* de que pararíamos para pescar e acampar naquele local, os jovens largaram suas bagagens e saíram com os terçados à mão para buscar varas e folhas de caranã. Apesar de não haver a ameaça de chuva, preparamos barracas para que pudéssemos dormir e comer tranquilos. Em alguns minutos, os rapazes já haviam voltado e começavam a fincar as varas que suportariam as redes e a cobertura. Outros trouxeram lenha para que pudéssemos moquear e cozer os peixes mais tarde. Terminada a montagem do acampamento, todos pegaram seus anzóis, caniços, minhocas e espalharam-se em diferentes pontos ao longo do igarapé. Cerca de duas horas mais tarde, voltaram com uma grande quantidade de peixes. A felicidade tomou conta de todos que, brincando, começaram a atirar os peixes uns na cara dos outros. Nem os senhores escapavam da boa pontaria dos jovens. Reid escreve algumas notas sobre os percursos realizados por jovens com mentores experientes chamando a atenção para pontos semelhantes aos observados em nossa viagem,

> Quando essas viagens são realizadas por jovens e homens maduros, os jovens percorrem longas distâncias com eles, deslocam-se por marcos familiares, tipos de vegetação, pela direção do fluxo dos igarapés conhecidos, e possivelmente pela orientação do sol enquanto é visível. Durante o percurso, eles aprendem detalhes da topografia da floresta local, e sobre onde é possível encontrar os recursos de fauna e flora.[19]

Desse modo, o interesse dos rapazes em conhecer as Moradas Antigas e as Casas-de-Pedra nos morros ancestrais dava-se ao longo de um percurso que os aproximava dos mais velhos. Em meio ao divertimento, os mentores iam mostrando os caminhos, os animais, as serras e os lugares onde haviam habitado com seus pais e avós. A viagem socializava os jovens e fazia os ancestrais e as paisagens interpenetrarem-se a cada passo e a cada palavra dos nossos guias.

---

17. *ɵ̈h*, "macaco-barrigudo": macaco da família dos cebídeos, *Lagothrix Lagotricha*. Cf. Ramirez (2006).
18. *yawɐç*, "macaco-prego": macaco da família dos cebídeos, *Cebus apella*. Cf. Ramirez (2006).
19. 1979, p. 150.

O CAMINHO DA TARTARUGA

Pouco antes do nascer do sol, todos saíram para pescar. Retornaram com muitos peixes, o suficiente para que nos alimentássemos com uma boa mojeca e caminhássemos até os morros de D'ok-Paç e Nĩk-Hũ-Paç situados um ao lado do outro. (s2) Enquanto comíamos a sopa, Ponciano contou rindo que tinha sonhado com mulheres. Eram *ta'asaw*, "moças", e iam para a roça chupar cana. Ele conseguiu uma moça para si e namorou-a. Foi também com belas moças que Valter sonhou. Ponciano comentou que esses eram sonhos bons. Faríamos uma boa caminhada.

Deixamos o acampamento e em poucas horas chegamos à base do morro de D'ǫk-Paç, Serra do Acarapuru.[20] Fomos subindo vagarosamente, caminhando por entre as árvores e arbustos que se espalhavam por toda a superfície. O morro ia elevando aos poucos a vegetação e a terra firme. Esgueirávamo-nos por entre as árvores e avançávamos lentamente. Valter e Maurício iam à frente explorando o terreno. De repente, depararam-se com um conjunto rochoso e chamaram-nos. Tinham encontrado uma gruta, uma Paç-Moy. Como na Serra Grande e na Serra da Cutivaia, essa Casa-de-Pedra também havia sido local de morada de ancestrais.

Seguindo nossos guias, começamos a entrar e logo estávamos todos dentro da caverna. Pelo chão arenoso, um fio de água escorria. Iluminando com nossas lanternas o fundo da gruta pudemos ver uma enorme tartaruga deitada: *mĩh-pög ni yo'ǫm!*, "há uma tartaruga grande, perigosa!". Perguntei se não iriam pegá-la, mas todos consideraram arriscado ir até o fundo. Ficamos durante algum tempo a iluminar o réptil e a observar sua enorme carapaça. A tartaruga erguia sua cabeça para olhar-nos, mas não se movia, parecendo não temer nossa presença.

A chamada tartaruga-da-amazônia[21] é considerada a maior tartaruga de água doce da América do Sul, chegando a medir 70 cm e a pesar 25 kg. Sua coloração varia entre o marrom, o verde e o cinza oliva. O casco é achatado e largo na região posterior. Ela habita as áreas de floresta alagadas durante as cheias e, para desovar, migra, no período das secas, para os corpos de água principais, como rios, lagos, paranás e ressacas. Seu período de desova ocorre de setembro

---

20. *d'ǫk*, "acarapuru": certo tipo de jeju pequeno, peixe teleósteo caraciforme da família dos eritrinídeos, *Erythrinus sp.* Cf. Ramirez (2006).
21. *Podocnemis expansa*.

a novembro, quando as chuvas escasseiam, o nível dos rios diminui e as praias aparecem. Assim, seu padrão de mobilidade sazonal relaciona-se com a variação pluvial, o que permite entender que em B4 a tartaruga desempenha um papel mediador quanto à precipitação das chuvas. A *mi̧h pög* que encontramos nessa Casa-de-Pedra estava possivelmente abrigando-se na caverna. Durante o dia, predadores, como as onças, perambulam pelas margens dos igarapés em busca de presas. Protegida de seus predadores nessa morada hup ancestral e úmida, o quelônio estava no mesmo lugar para onde o xamã havia orientado o deslocamento da tartaruga, a cabeceira de um rio.

No dia 14 pela manhã, Lucas voltou da pescaria com uma tartaruga, tracajá,[22] que caçara nas pedras, já perto da cabeceira do igarapé Bo-Ką-Dëh. Fez um fogo e colocou o bicho morto para cozinhar em seu próprio casco. Todos esperaram ansiosamente pela iguaria que comemos em meio aos peixes e aos pedaços de beiju. Saímos do acampamento logo depois da refeição. Como as chuvas do Ya'ąm Sǫh Dëh tinham cessado recentemente, ainda havia consideráveis áreas alagadas nas margens dos igarapés onde essas tartarugas podiam ser encontradas. Os quelônios são capturados com a mão e trazidos ao acampamento junto com os peixes. Podem ser mortos para que o casco seja aberto e a carne extraída ou podem simplesmente ser colocados no fogo para que morram e cozinhem no próprio casco. O ato de cozinhar o animal em seu próprio casco faz com que a carapaça sirva como panela, ou seja, um utensílio culinário que garante o preparo da carne crua, imprópria para o consumo, para que se possa consumi-la cozida.

Além da carne que é consumida, partes do corpo das tartarugas[23] servem para a fabricação de alguns objetos. Um instrumento que pude observar certa vez em campo, o *mi̧h k'ęg*, "ossos de tartaruga", é feito a partir da perfuração dos ossos do quelônio, para que um fio de tucum ou *nylon* os atravesse. Quem manipula o objeto deve segurá-lo com as duas mãos e esticá-lo num ângulo de 45 graus. Os ossinhos vão deslocando-se de cima a baixo e, de acordo com a forma como se aglutinam, a pessoa saberá quem está chegando à comunidade. Pode-se prever se os visitantes vindouros são da mesma etnia ou de

---

22. *Podocnemis unifilis*.
23. A denominação comum dos quelônios como *mi̧h*, diferenciando-os por caracteres de tamanhos, e a ênfase em aspectos de suas anatomias e comportamentos permitem, a meu ver, essa análise que aproxima espécimes diferenciados pela zoologia.

outra, a que clã pertencem e quantos são. Reid descreveu esse objeto como sendo um *brinquedo oracular* cuja capacidade premonitória se assemelha à dos sonhos dos xamãs.

Se a mediação climática da viagem da tartaruga seca os caminhos, sua carne alimenta os viajantes e seus ossos religados permitem antever a chegada dos forasteiros. O réptil revela-se um importante mediador tanto para aqueles que se movimentam pelos caminhos quanto para aqueles que permanecem nas aldeias. Em B5, uma das ações do benzedor é a de deslocar-se para a mata e adentrar a casa-corpo do esquilo marrom. Ereto dentro da morada do roedor, o xamã cria uma homologia entre a casa dos Hupd'äh e a casa do esquilo. Na exegese, as palavras *casa* e *corpo* alternam-se, sendo que, como para a tartaruga, o corpo é entendido como a casa do *hạ̈wäg*. Revestindo a estrutura dessa casa com o pedaço de tabaco de um animal que habita árvores duras, o benzedor cria, para os viajantes Hup, um envoltório que faz lembrar o casco do quelônio. Enquanto o oráculo esquelético permite antever, ver sem ser visto, o deslocamento dentro da casa do esquilo assegura ao xamã e aos andarilhos chegarem à outra morada sem serem vistos pelos seres malfazejos, ou seja, serem imprevistos.

Durante as festas de caxiri de antigamente, a partir do casco da tartaruga era produzido um instrumento de percussão, o *mịh b'ǫk*, "tambor de tartaruga"[24]. Para a fabricação do instrumento, o casco era escavado após o consumo da carne. Uma das extremidades era vedada com cera, sendo que a caixa acústica podia ser polida com breu, o que veda possíveis orifícios indesejados e dá um brilho especial ao tambor. Sustentado em baixo do braço, o cantor ou a cantora friccionavam com a palma da mão a extremidade recoberta. A percussão vibrante dava o ritmo para que o músico entoasse cantos improvisados a partir de uma estrutura poética e melódica que variava de acordo com o clã e com a temática escolhida. Esse gênero musical é denominado *yamidǫ*, "canto". Atualmente, é praticado principalmente pelas mulheres, *a capella*, ou seja, sem o acompanhamento dos tambores de tartaruga e/ ou de "pele de cotia", *met-b'ǫk*. Muitas narrativas contam como os heróis percutiam os tambores para atrair e seduzir as mulheres que desejavam.[25]

Instrumentos de divertimento para o tempo de festas na aldeia, os tambores tinham um papel importante para a sedução. Enquanto

---

[24]. Utiliza-se principalmente o jaboti, *chelonoidis denticulata*, um quelônio terrestre.
[25]. Ver capítulo *Viagens a São Gabriel*, p. 403.

o cigarro cerimonial dos Dabucuris permite ao cantor tramar sua história com as folhas do tabaco para apresentar-se aos cunhados ou ao futuro sogro, o tambor-de-tartaruga dá a base para um cantor que, contando sua história, procura encantar o pretendente. Descrevendo o som desses tambores de tartaruga, Reichel-Dolmatoff diz que o som é como um uivo vibrante. No sonho de Ponciano (s2), as duas moças chupando cana seduzem o xamã que as namora na roça. No caso, chupar cana e friccionar o tambor enquanto se canta *chamam* para o namoro através dos sons ritmados de uma vibração bucal e de uma vibração manual. O som do tambor-de-tartaruga torna-se evocativo de um tempo de festas, de reunião de clãs, de encontros amorosos e de permanência na aldeia. Nesse sentido, é importante lembrar que a reprodução e a desova são fatores cruciais para o deslocamento dos quelônios.

A anatomia, no caso, torna-se especialmente fértil para entender o papel mediador da viagem da tartaruga para *afastar as nuvens*. O casco da tartaruga é visto como uma parte do corpo que é simultaneamente canoa e casa. Pode também ser utilizado como "panela", *b'ǫk*, para cozinhar a carne do réptil. Seus ossos servem para a fabricação do instrumento premonitório que permite antever os viajantes que chegarão à comunidade. Nesse sentido, ela pode ser vista como um ser mediador não só com relação a regiões, *cabeceiras e rios*, e estações, *verão e inverno*, mas também entre a temporalidade da viagem e a temporalidade das aldeias. Para a tartaruga convergem percepções simultâneas sobre a mobilidade e a permanência que a tornam uma espécie de ser movediço.

Em b4, ela deve guardar suas *hẹ̈h*, "coisas", "armas", em seu casco e seguir nadando. Como visto na análise da pesca do jandiá e da caça ao jacaré em *Viagem à Serra Grande*, também, nesse caso, é necessário entender que o corpo dos animais é descrito a partir de múltiplas anatomias. A primeira anatomia equivale a um discurso biomédico de diferenciação e nominação das partes do corpo. A segunda vem a ser a anatomia da *bi'ịd ịd*, "linguagem dos benzimentos", através da qual os Hupd'äh identificam as partes do corpo onde cada ser possui suas armas primordiais. Esse é o caso das nadadeiras dianteiras do jandiá, e as patas e dentes dos jacarés, por exemplo. No caso da tartaruga, é também impossível entender essa relação entre casco, casa e canoa sem saber que seu corpo é tido como uma "casa", *mǫy*, onde estão os objetos dados aos seres na origem. Na linguagem dos benzimentos, as nadadeiras da tartaruga são ao mesmo tempo "remos", *hẽy'-b'ah*, e "tesouras", "lâminas", *hẹy' b'ah*.

A partir de sua tesoura, ou remo, é que a tartaruga corta a água ao mesmo tempo em que viaja para a cabeceira. Como os animais auxiliares em b5, ela atende ao chamado do xamã, coloca suas coisas em sua casa-casco, e desloca-se fazendo uso de seus membros, armas laminares. Seu nado, ao cortar as águas do rio, afeta o rumo das nuvens, o que demonstra haver uma continuidade entre uma água terrestre (rio) e uma água celeste (nuvem), algo próximo à continuidade entre as fumaças terrestre e celeste postas em relação pelo sopro do xamã.[26] Ao afastar as nuvens, ela faz com que o Trovão deixe de usar suas armas e com que as jararacas retornem para suas casas, abrindo o caminho seco (trilhas) aos viajantes Hup. É interessante notar que não é a mudança climática que faz com que elas rumem para a cabeceira, mas é seu deslocamento que gera a mudança climática e cria as condições necessárias à desova e à viagem dos Hupd'äh. Nesse sentido, as tartarugas estão mais próximas de Moisés do que dos animais barométricos descritos por Lévi-Strauss.[27] No xamanismo hup, seu comportamento não reflete ou sinaliza a nova estação. Pelo contrário, assim como Moisés é capaz, por sua ação, de deslocar as nuvens para a retaguarda, as tartarugas, nadando, abrem as águas e alteram os regimes pluvial e fluvial.

O movimento sazonal das tartarugas, que ocorre por conta da desova, talvez possa iluminar um pouco o papel sedutor do som do tambor de casco de tartaruga e o contraste entre um tempo de festas e um tempo de atividades produtivas. No mesmo sentido, o oráculo de ossos de tartaruga situa bem esse ser como mediador entre pessoas, temporalidades e regiões distintas. Entendo que na prática dos benzimentos haja a articulação entre um modo totêmico, com a ênfase em aspectos da morfologia e anatomia, e a um modo anímico, com a ênfase no movimento, postura e comportamento dos seres. Desse modo, a tartaruga que tem em seu casco um abrigo e uma canoa pode ser vista como um ser especialmente interessante por

---

26. Em *La nature domestique*, Descola (1986) mostra a importância da diferenciação entre a água celeste e a água terrestre para compreender as relações estabelecidas pelos Achuar entre a paisagem e o cosmos.
27. Lévi-Strauss denomina "animais barométricos" o macaco guariba, que defeca a todo momento do alto das árvores e ronca quando o tempo vai mudar, e o preguiça, animal que come pouco, defeca sempre no chão, no mesmo lugar, uma ou duas vezes por semana (2004b, p. 402).

condensar em si, em seu corpo, a morada e o meio de transporte. De modo singular, ela está dentro e fora de sua casa, em sua morada e nos caminhos a todo instante. Enquanto o anfíbio navega em sua casa, os Hupd'äh caminham sobre uma canoa. O *povo de Deus*, por sua vez, viaja sem casa rumo à Terra Prometida e atravessa o mar Vermelho sem canoa, com os pés enxutos.

O CAMINHO DO POVO DE DEUS

Segundo Athias, foi apenas nas décadas de 1960 e 1970 que os missionários salesianos iniciaram atividades mais intensas para evangelizar e transformar o que entendiam ser o *modo tradicional de vida* dos Hupd'äh. Trabalhando já há décadas com os Tukano, os padres salesianos pretendiam intervir na suposta *posição de inferioridade hierárquica* dos Hupd'äh em relação aos Tukano, o que faria, segundo eles, com que os primeiros devessem prestar determinados serviços, como o trabalho nas roças, afazeres domésticos e construção de casas para os outros. Reid sustenta que, no final dos anos de 1940 e ao longo dos anos de 1950, iniciou-se o processo migratório que levou as aldeias Hup a afastarem-se da região das cabeceiras, *interflúvios*, e começarem a fixar-se nas áreas próximas aos grandes rios e às aldeias tukano e desano.

Como mencionado, para Reid ambos os povos, Tukano e Hupd'äh, teriam se refugiado nessa região interfluvial para proteger-se da violência dos representantes do governo, os Manducas, e dos exploradores de borracha. Nesse novo movimento migratório (N.O. para S.E.), os Hupd'äh sucediam os Tukano que começaram a migrar já nos anos 1930 e 1940. A conversão cristã, a moradia baseada na família nuclear e o aprendizado da língua portuguesa eram os pilares de um processo de evangelização que fazia uso de métodos como a queima das malocas, a destruição ou exposição às mulheres das flautas Jurupari, a abdução forçada de crianças para as escolas internas, os castigos corporais e a chantagem econômica para atingir seus objetivos. Pensando com Taussig, uma verdadeira cultura do terror foi instaurada com uma agência missionária que se justificava como alternativa à violência da empresa borracheira.[28]

---

28. Como relata Wright, "Em 1914, os Salesianos começaram a trabalhar na área oferecendo aos índios proteção contra a brutalidade e a violência decorrentes da expansão vigorosa da extração da borracha" (2005, p. 162).

A fixação das aldeias Hup mais próximas às dos Tukano ocorreu depois de um longo processo de afastamento dos Hupd'äh da região próxima aos morros e às Casas-de-Pedra. Uma das traduções hup para Paç-Mọy, Casa-de-Pedra, é a expressão *lugares sagrados*, algo que evoca sentidos religiosos e cristãos. Migrando para sudeste, os antigos foram aceitando a presença missionária, as orações, a permanência dos filhos nas escolas, as roupas, os castigos e a violência. Como conta Reid, os padres negociaram áreas com donos tukano e desano que cederam parte de seus territórios para a criação dos assentamentos Hup. Nesses locais, os salesianos faziam com que o aldeamento das famílias, clãs e grupos locais hup se desse de modo misturado, compondo grandes aldeias. Outra estratégia foi a de ordenar que os Hupd'äh abrissem amplos caminhos, modificassem a estrutura e os materiais com os quais faziam suas casas e preparassem grandes roças. O antropólogo chama a atenção para os diversos problemas surgidos, como o aumento da tensão social, a desnutrição pelo esgotamento dos recursos próximos, as epidemias e o aumento da taxa de mortalidade.

Durante a viagem à Serra Grande, os viajantes riram muito do roubo da imagem de Jesus que o padre Afonso tinha colocado próxima ao lago. O padre viajara por muitos dias até o morro, contando apenas com o apoio de um ajudante tukano. De certo modo, com o intuito de tornar cristão esse local de morada dos mortos e de banhos, o sacerdote viajara à cabeceira, como os xamãs Hup e a tartaruga, buscando disputar o *lugar sagrado hup* para transformá-lo em um *lugar sagrado cristão*. A imagem de Cristo à beira de um Lago-de-leite insere-se nesse contexto em que os padres agiam para fazer com que os Hupd'äh fossem morar em áreas distantes das cabeceiras. De modo interessante, o missionário tornava-se um caminhante e viajava pelos caminhos hup. Entendo que, tirando a imagem cristã da beira do lago, o *pessoal de Tõh-Hayam* busca interromper a identificação entre *lugar sagrado* e o *lugar sagrado cristão*, e entre *viajantes Hup* e *viajante branco*. Semanas antes, numa roda de coca, Ponciano fez todos os presentes rirem quando contou dos padres e freiras que chegaram primeiro às aldeias Hup.

Os padres João e Chiqué foram os primeiros a chegar. Foram longe para encontrar os Hupd'äh. O padre Afonso foi até onde hoje é o sítio do Armando. Lá é uma Morada Antiga. Depois veio o padre Numberto. A comunidade era do outro lado do igarapé, onde hoje é o Mọy-Höd. Foi ele quem quis que a comunidade mudasse para a "caatinga", mụn, na areia. Construiu uma escola de lata, zinco, e uma igreja. As duas já caíram, se acabaram. Na escola várias irmãs ajudaram. Primeiro veio a irmã Terezinha. Depois foi o Antônio, pai de Rosalino, que veio dar aula. Era um Tukano do Cunuri. Uma desana, Maria da Graça, veio ajudá-lo, mas quando o padre Afonso descobriu que ela tinha marido colocou-o para correr e tirou-a daqui. Ele era bravo, o padre Afonso. O padre Numberto, não. Então foi a vez da irmã Sandra. Ela trouxe fogão e muitas coisas. Foi ela quem trouxe o armário que está hoje na casa de Jovino. Fez sua casa no final da comunidade. Depois a casa caiu e acabou-se. Ela sempre queria trocar as coisas, zarabatana, aturá, balaio. Dava fósforo, roupas, terçado, sal, tabaco. Ela morreu em Manaus. A irmã Josefina, que também veio dar aula aqui, está em Taracuá. Houve também a irmã Olga, mas depois foram todas embora. Os Hupd'äh roubaram muito as coisas delas. Desistiram.[29]

É como *chegadas* que os movimentos de aproximação dos padres são percebidos. Como o xamã Hup em B5, os padres viajam até as moradas hup, querem criar uma homologia entre a *casa hup* e a *casa dos brancos*. Como os filhos de Israel, os missionários são pessoas sem casa que passam pelas aldeias Hup. Semelhante aos seres maléficos que levam principalmente o *hãwäg* das crianças, os religiosos sequestram as crianças para mantê-las nos colégios internos. Fazem-nas viver em casas separadas por sexo, aprender o português e apanhar, se não agirem de acordo com o esperado. São inúmeras as histórias das fugas de crianças Hup dos internatos salesianos, contadas hoje pelos libertos como grandes proezas. Para Reid, as vantagens do acesso permanente a fontes de mercadorias, a possibilidade de entender melhor o mundo não indígena através da educação e a percepção dos padres como patrões seriam fatores que teriam levado os Hupd'äh a suportar essa situação. Nas palavras de Reid,

[...] o medo que os Hupdɨ têm dos padres e o modo como os veem enquanto super-patrões e, consequentemente, como patrões diretos foram fatores importantes para a formação e manutenção das missões. Os Hupdɨ foram preparados para tolerar um alto grau de comportamento ininteligível e irracional dos missionários, em vez de ofenderem-nos e manifestarem contra eles a sua *raiva*, o que poderia incitar a feitiçaria de vingança por parte dos padres. O comportamento submisso é constantemente utilizado pelos Hupdɨ na relação com os Índios do rio, e estendido para interações com não indígenas.[30]

Ponciano conta que os missionários moravam perto da escola de lata e traziam suas coisas, armários, fogão, camas, roupas, comidas.

---

29. Caderno de campo, 25 de fevereiro de 2012.
30. 1979, p. 314.

Depois de um tempo, desistiam de tanto que eram roubados pelos moradores da aldeia. Essa prática causava a ira do padre Afonso, tido como muito bravo e poderoso. Foi ele um dos primeiros a conviver com os Hupd'äh quando moravam numa antiga comunidade onde hoje está a aldeia do pajé Armando. Pilhar os padres e freiras brancos é um tema de grande divertimento, ao mesmo tempo em que sempre se afirma a braveza e temor aos padres. Atualmente, os padres fazem visitas semestrais às comunidades para celebrar missas, casamentos e batismos. O padre designa em cada aldeia um *catequista*, uma pessoa responsável por realizar semanalmente as orações e a leitura da bíblia. As atividades de missionários evangélicos ocorrem em duas comunidades Hup do rio Tiquié.

Em Tạt-Dëh, durante muitos anos o sr. Rosalino, tukano do Cunuri, era o encarregado de conduzir as orações semanais, já que frequentou a escola salesiana e o seminário. Seu pai, Antônio, fora um dos principais *catequistas* dos padres, tendo sido ele o dono tukano que permitiu às famílias Hup constituírem sua aldeia em território considerado de sua etnia. Além de Rosalino, Américo é o *catequista Hup* e, na ausência do tukano, realiza leituras da bíblia, cujas passagens são interpretadas e traduzidas durante um longo tempo. As passagens do Velho Testamento são tomadas como um gênero do discurso específico: *tëg-hõ-ĩh d'äh nịh hib'ạh-tẽh pinịg*, as "histórias dos ancestrais dos brancos".

Enquanto contava sobre o modo de realizar o benzimento para afastar a chuva, Ponciano também ria ao falar de Mu'sé, Moisés. A barba do ancestral dos brancos, sua estranha capacidade de agir como uma tartaruga para cortar as água e fazer as nuvens irem para a retaguarda, a Casa-da-Cabeceira, faziam Moisés surgir como uma figura ao mesmo tempo poderosa e divertida, em tudo semelhante aos padres. Nas orações comunitárias celebradas semanalmente na maloca, Moisés aparece como um ancestral velho e muito poderoso, que possui uma relação próxima a K'ẹg Tẽh, herói criador da humanidade, que é a tradução em Hup para os termos Deus e Javé. A ação de Moisés, profeta, santo e patriarca de uma importante linhagem dos filhos de Javé, deve ser mencionada pelo benzedor que, no caso, é um ancião, conhecedor das práticas do xamanismo, e o *kịhsạt*, o primeiro da linhagem superior de um clã de alto ranque.

Como Moisés, os padres assumiam um papel de mentores que conduziam o *povo de Deus* a uma terra que era por eles prometida e adquirida pela negociação com os Tukano e Desano. As relações estabelecidas pelos padres davam-se principalmente com os donos Hup, dos grupos locais ou famílias extensas. Jovino, por exemplo, lembra-se de que, quando era criança, o padre Numberto buscava abrigo em sua casa para estar junto a seu pai e a seu avô. O padre dormia em rede, bebia chibé e aceitava comer o que lhe era oferecido. O convívio com os padres que guiavam as famílias Hup para novas áreas torna-se evocativo do Êxodo e da importância que o profeta passa a ter nas missas e no xamanismo hup.

Acompanhando a prática de benzimento de Ponciano, é possível perceber como um tipo de conhecimento, baseado em sentimentos, habilidades, sensibilidades que se desenvolveram ao longo de sua vida na região das cabeceiras e, posteriormente, no território ribeirinho, revela sua atenção aguçada para movimentos, sons e gestos dos animais e dos ancestrais Hup. Ao mesmo tempo, suponho que a atenção para com as histórias dos ancestrais dos brancos, num contexto marcado pela ação missionária e pelas orações e histórias bíblicas, tenha sido fundamental para muitos da geração de Ponciano. A bíblia e o velho testamento trazem outros ancestrais, outros poderes, outros ambientes e outros tipos de ação característicos dos brancos. A exegese do benzimento (B3) é também uma hermenêutica do texto bíblico, feita por pessoas que observam os missionários, seus ancestrais e suas ações. Imitando-os, mobilizam para si poderes desses Outros e ampliam suas possibilidades de ação no ambiente ribeirinho que passavam a habitar.

De forma semelhante, o convívio com os padres e as freiras permite a compreensão de aspectos do modo de vida e comportamento dos brancos. A aversão ao *roubo* faz, por exemplo, com que ao roubar os Hupd'äh afastem os missionários e riam deles. O casamento das noviças indígenas causa a ira do padre e permite que as moças retornem às suas vidas conjugais. O riso evidencia o aparente poder de subversão da ação missionária que os antigos Hup possuíam, sendo capazes de atrair e afastar os religiosos como quem afasta as nuvens de uma tempestade.

A ação de Ponciano embasa-se numa observação, enquanto atenção aos movimentos do ancestral dos brancos e das tartarugas, e numa imitação, um alinhamento da atenção para com o próprio movimento prático orientado para o ambiente. As ações do benzimento parecem correlacionar agências de seres que ocupam lugares estruturais semelhantes. Observando e imitando a ação de Moisés, Ponciano realiza uma hermenêutica do texto bíblico e, ao mesmo tempo, faz com que o ancestral dos brancos, abrindo o mar Vermelho, afaste as nuvens negras para trás, para a retaguarda, para a Casa-da-Cabeceira, para que o *povo Hup* possa caminhar rumo aos *lugares sagrados*.

Creio que a ação de Ponciano mobilize uma atenção simultânea para com os movimentos e comportamento (anímica) e para com a anatomia e morfologia (totêmica) do ancestral dos brancos e da tartaruga. Isso permite refletir sobre a *transformação da tartaruga em Moisés* nos benzimentos para afastar a chuva a partir de seus gestos. O gesto de erguer a mão e separar o mar Vermelho assemelha-se ao gesto da tartaruga de separar a água em seu nado. Na nadadeira, a tartaruga concentra seu remo e sua tesoura, que lhe permitem separar, cortar a água. Moisés, à frente de um exército, separa o mar ao abrir e estender seu braço, o que revela uma propriedade cortante de separação conseguida por um movimento de braço. Tomando o corpo humano a partir da *linguagem dos benzimentos*, é nos braços e nas mãos que os seres humanos têm suas armas cortantes primordiais como facas, flechas e punhais.[31] Separar o mar e o rio com um gesto de braço manifesta a propriedade cortante dos gestos e a arma laminar acionada. Assim, a atenção do benzedor volta-se tanto para o gesto de Moisés, quanto para sua anatomia.

Os princípios cortantes desses dois agentes permitem entender agora o gesto de lançar a mão de Ponciano. Mobilizando a potência dessa arma de origem presente em sua mão, o xamã corta o ar com seu sopro, assim como o profeta Moisés que fez um vento soprar para dividir o mar e secar o caminho dos filhos de Israel. É preciso lembrar que o cigarro tem também sua propriedade cortante, pois antigamente era preparado a partir da folha de tabaco afiada, *cabelo da Mulher da Caatinga* (M14). Mobilizando propriedades cortantes do ancestral dos brancos, da tartaruga, do tabaco e de seu próprio corpo, o xamã consegue afastar as nuvens. De modo diferente, em B5 é a partir da Casa-da-Chuva, uma morada celeste, que o benzedor lança o pari e cerca o caminho hup como se criasse paredes que separam o percurso da mata. Também o Mar Vermelho, dividido, pode ser tomado como uma estrutura lateral, líquida, que protege, cerca os filhos de israel ao longo de seu caminho seco para depois desmoronar sobre os soldados egípcios.

---

31. A anatomia humana concebida a partir da *bi'ịd ịd* será mais bem descrita e analisada no capítulo *Lagos-de-leite*.

Numa época de chuvas, Ponciano faz com que as tartarugas se movimentem como no final da estação seca, retornando, após a desova, para as áreas das cabeceiras, nascentes de água, longe dos corpos principais dos rios, cortando as águas e levando consigo as nuvens para a cabeceira. Nesse movimento, elas são sucedidas por suas crias que, logo ao nascer, começam sua jornada pelos rios. O xamã busca interromper a época das chuvas, o Ya'ạm Sọh Dëh, e começar um período de verão, o Wero M'ẹh Töd para seguir com seus *filhos* para as cabeceiras. Moisés também, diante do mar Vermelho, abre-o para que os *filhos de Deus* o atravessem *com os pés secos*. Através de sua ação, o benzedor faz com que o profeta e as tartarugas iniciem seus movimentos, fazendo com que a seca substitua a umidade e o verão substitua a chuva. Tartarugas, xamãs e profetas são, assim, mentores que abrem os caminhos para viajarem acompanhados pelos filhos que os seguem.

Apenas com essa incursão pela história recente dos Hupd'äh marcada pelo afastamento para as cabeceiras e pela habitação de áreas ribeirinhas, é possível entender o poder que B3 tem de afastar as nuvens e abrir os caminhos para que os rapazes sigam livres dos perigos. Os jovens viajantes com quem eu rumava para as cabeceiras desconheciam os caminhos, nunca haviam estado nos morros, mas conheciam inúmeras histórias sobre aquelas paisagens. Diferente dos senhores Hup, os rapazes cresceram nas grandes aldeias e observavam cada detalhe de nosso percurso. Sobre o distanciamento que passa a existir em relação à região das cabeceiras, Reid coloca a seguinte hipótese,

Nas décadas de 1920 e 1930, os Hupdʉ viviam em áreas rio acima e faziam seus acampamentos de caça rio abaixo. Por volta da década de 1950, esse padrão se reverteu, com a mudança dos Hupdʉ para porções rio abaixo do território, o que os fez caçarem rio acima. Ainda não é claro se esses movimentos se deram puramente em resposta a pressões externas colocadas sobre eles pelos Índios do rio e, mais recentemente, pelos não indígenas, ou se foram parte do ciclo de utilização dos recursos do qual apenas uma parte foi registrada.[32]

À sua hipótese, gostaria apenas de acrescentar mais um ponto que me parece relevante para refletir sobre as motivações que levaram a esse processo migratório. O *roubo da imagem de Cristo* frustra a intenção do padre viajante ao mesmo tempo em que evidencia a separação entre as Casas-da-Cabeceira, *lugares sagrados*, e as novas

---

32. 1979, p. 32.

aldeias construídas em torno da ação missionária e da educação cristã. Talvez, o deslocamento populacional possa ser visto como uma forma de separar, de cercar as Moradas Antigas e morros, fechando os caminhos para que os locais de convívio dos antigos, dos ancestrais e o local de destino dos mortos sejam mantidos distantes dos padres e das imagens de Cristo. No sentido levistraussiano, a transformação de tartarugas em Moisés revela algo sobre a percepção de um mundo onde os brancos e seus ancestrais passam a ser vistos como pessoas presentes, atuantes e potencialmente violentas nesse ambiente diferente onde os Hupd'äh passaram a viver.

PAÇ-MQY, «CASA-DE-PEDRA»

Depois de nosso encontro com a tartaruga, continuamos explorando a caverna. Num recanto iluminado, próximo ao abrigo do quelônio, encontramos uma morada antiga de Hũt-Wäg, Semente de Tabaco. Diferente de sua Casa-de-Pedra na Serra da Cutivaia, essa morada ainda era habitada pelo ancestral. Sempre que viaja por aquelas serras, é nessa caverna que ele procura abrigar-se. No chão de areia, um caminho de água escorria para fora da gruta. Estávamos numa nascente que a alguns metros dali dava origem ao igarapé Dëh-Pǫ-Tëh. Nosso *kihsät* contou que os antigos bebiam grandes quantidades dessa água para vomitar. Dormiam nas cavernas para sonhar e aprender encantamentos. Esses locais são denominados Hǫn-Hǫ̈d, Lugares-de-Vomitar ou Lugares-de-Sonhar.

Sobre a percepção desana dos morros e cavernas, Reichel-Dolmatoff destaca que:

Nas florestas do Uaupés, encontram-se formações rochosas dispersas que sobressaem como grandes relevos obscuros no horizonte. Com suas paredes abruptas e, geralmente, aplanadas em sua parte alta, essas serras isoladas são repletas de cavernas e grutas. Determinados lugares são moradas de Waí-maxsë [...] onde, cercado de seus animais, domina a floresta. Por outro lado, as corredeiras dos rios onde as correntes passam por entre as rochas gigantescas ou formam profundos rodamoinhos, são as habitações de Waí-maxsë como protetor dos peixes. Ambas habitações são imaginadas como grandes malocas, tanto nos morros quanto nas águas, onde vivem todos os animais e de onde saem para a selva ou para os rios. Essas *casas dos morros* ou *casas das águas* são lugares sagrados e perigosos.[33]

---

33. 1986, p. 105.

Como para os Desana, a percepção hup dos morros volta a atenção para as cavernas, lugares sagrados que foram as moradas de ancestrais, e para as nascentes dos rios com cujas águas os antigos praticavam as ações ritualizadas eméticas para sonhar. A presença de Semente de Tabaco aponta para a vitalidade dessa caverna enquanto espaço de convivência com o ancestral e de possibilidade de viagens oníricas induzidas pela ingestão das águas.

"Foi nesse local que, há muito tempo atrás, uma onça comeu um senhor que estava praticando a ingestão das águas. Antes não havia tantas onças, apenas os ancestrais habitavam os morros. Foi quando eles partiram para o céu, para junto de K'ęg Tëh, que elas passaram a tomar conta das serras", lembrou Ponciano. Após o longo período de chuvas do Ya'ạm Sǫ̈h Dëh, a tartaruga mantinha-se segura nesse abrigo que era a um só tempo Morada-de-Semente-de-Tabaco e Lugar-de-Sonhar dos antigos. Possivelmente, ao contrário do período em que o senhor Hup fora devorado, as visitas recentes de Semente de Tabaco faziam dessa serra um local mais seguro contra a ameaça das onças e fértil para o aprendizado xamânico.

Do alto de D'ǫk-Paç avistávamos dois outros morros: Nįk-Hũ-Paç e a Hũyąw-Paç. Depois de explorarmos as Casas-de-Pedra e de subirmos ao topo, começamos a descer e a caminhar em direção a Nįk-Hũ-Paç. Atravessamos a depressão que separava os dois morros e chegamos rapidamente a essa outra Paç-Mǫy. Logo nos dirigimos a uma gruta que havia na lateral do morro. O piso arenoso e a água a escorrer pelo chão faziam a caverna assemelhar-se às grutas de D'ǫk-Paç. Estávamos diante de mais uma Hũt-Wäg-Mǫy, Morada-de-Semente de Tabaco. No chão havia restos de cerâmica espalhados. As lascas que não puderam ser vistas na Serra da Cutivaia, deviam somar uma dezena nessa caverna. Designadas pelos Hupd'äh como *b'ok-kạb b'ạh*, essas lascas eram os fragmentos da "cuia de beber água", *ạ̈g b'ǫ'*, e da "cuia de comer", *węd b'ǫ'*, do ancestral. Assim, como o consumo do cigarro, a ingestão de água das Casas-de-Pedra era uma prática comum aos antigos Hup e àquele que deixou as histórias e as visões aos Hupd'äh, Semente de Tabaco.Pegando as lascas do chão enquanto Ponciano comentava sobre Semente de Tabaco, os viajantes pediram que eu tirasse uma foto para que eles pudessem mostrar os restos dos utensílios culinários do ancestral a seus parentes.

Assustado, olhando fixamente para ao chão, Ari chamou Ponciano: *Guerrilhero s'ịb*, "pegada de guerrilheiro", exclamava. Sem dúvida era o vestígio de um pé humano descalço, cuja marca ainda estava fresca.

Não estávamos sozinhos naquele local. Ainda hoje é possível ouvir boatos sobre a presença dos guerrilheiros. Ex-membros das antigas Forças Armadas Revolucionárias Colombianas (FARC), eles buscam refúgio nos morros para esconder-se do exército brasileiro. Antes de nossa partida de Tạt-Dëh, os principais temores dos viajantes eram o encontro com onças e com os guerrilheiros, por haver muitas notícias de sequestros de rapazes indígenas pelas milícias. Temerosos da violência que esses brancos poderiam praticar contra nós, encurtamos nossa visita e descemos apressadamente o morro para retomarmos nosso percurso rumo a B'ö̧'-Paç.

Atordoados com o sinal de presença do guerrilheiro, deixamos Nịk-Hụ̃-Paç. Paramos no Kayạ'-dëh, pequeno igarapé próximo, para pescar e saciar a fome. No caminho, passamos por uma clareira na mata. Ponciano parou e revelou que esse havia sido o local de morada do ancestral Yọk, Lontra, depois de sua partida de D'ö̧p-Dëh. Viera com a família, sua esposa e filhos. Construíra o telhado de sua casa com penas de *yëç*, "jacuaçu".[34] "Nesse tempo não havia caranã e se fazia muito essas Yëç Pãt Mọy, Casas-de-Pena-de-Jacuaçu", explicou. O mesmo local era também uma Morada Antiga onde os familiares de Ponciano vieram viver. Ainda no caminho passamos por um lamaçal. Nossos pés atolavam a cada passo e seguíamos com dificuldade. José contou que, ali, a ancestral Tud-Asạw jogava água e lama nos rapazes para seduzi-los.

Andamos por cerca de uma hora até encontrarmos a base da Serra do Tucunaré, B'ö̧'-Paç. Diferente dos dois outros morros, esse apresentava uma vegetação mais rasteira, composta principalmente por arbustos. O solo, como nos outros morros, era de *paç s'ạh*, "terra de serra", considerada extremamente fértil: *paç s'ạh tuhụp*, exclamava Ponciano, "a terra da serra é ótima". Quando era criança, seu pai tinha uma roça em B'ö̧'-Paç. Tombou-a logo que se mudou de Pịj-Dëh. A terra de B'ö̧'-Paç era tão boa que tudo o que se plantava crescia: cana, abacaxi, maniva, banana. Ponciano mostrou o lugar onde seu pai costumava fazer a barraca para eles abrigarem-se enquanto realizavam seus afazeres agrícolas. Aparentava estar muito feliz em guiar-nos por aquelas searas.

Ponciano levou-nos para visitar uma das grutas desse morro que disse ser outra Morada-de-Semente de Tabaco onde havia um *họn-hö̧d*.

---

[34]. *yëç*, "jacuaçu": certo tipo de ave da família dos cracídeos, *Penelope jacquacu*. Cf. Ramirez (2006).

O filete de água a escorrer pelo chão, a luminosidade e o piso de areia clara pareciam dar contornos a esse cenário ideal para a prática xamânica. Ponciano, Ari e eu abaixamo-nos e bebemos um pouco da água: *käh, käh hisąp, tuhųp*, "doce, muito doce, pura", exclamaram. Como o líquido do maracujá em B5, essa água possui princípios que curam e purificam o corpo, sendo considerada uma *yōh-dëh*, uma "água-pura". Ingerindo grandes quantidades dessa água, o pai de Ponciano vomitava para limpar o corpo do *nag*, "óleo", que há na carne de caça e no peixe moqueado, e que, com o tempo, suja o corpo e a orelha. Quando era mais jovem, Ponciano chegou a fazer esses retiros para sonhar.

No dia seguinte, visitamos ainda outra Morada-de-Semente de Tabaco em Hõpǫy-Paç, Serra-do-Surubim. A gruta assemelhava-se às outras três visitadas. Fora também um *hǫn-hǫ̈d* dos antigos, onde bebiam água, vomitavam, dormiam e sonhavam com os ancestrais. Mais uma vez, Semente de Tabaco havia deixado os restos de seus utensílios de cozinha esparramados pelo chão. As lascas de cerâmica dispersas na areia chamaram a atenção dos viajantes, que começaram a observá-las. Saindo dessa gruta, Ponciano contou de um ancestral, B'ǫb tëh, Tururi, que, como Semente de Tabaco, habitara esse morro. Fez sua casa, mas não conseguia encontrar comida. Ele, então, esfregou sua colher no chão. O barulho gerado pelo atrito fez os peixes aparecerem no rio e, assim, ele pode pescar e saciar sua fome.

Nesse momento já nos aproximávamos de outra caverna. A formação rochosa era menor que as outras e mais clara. Paramos para descansar um pouco e todos quiseram que eu tirasse uma foto do grupo. Quando saíamos, Ponciano matou uma jararaca com seu terçado. Aquilo que para nós aparecia como uma cobra era, na verdade um B'atįb' rastejando vestido com sua roupa de jararaca: *Nųp paç, b'atįb' nįh mǫy*, "essa Casa-de-Pedra é morada de B'atįb'". Deixamos a Hõpǫy-Paç e retornamos às margens do Yąk-Dëh, Arara-Igarapé, onde pescamos e repousamos para visitar a Serra-da-Paca, Hũyąw-Paç, no dia seguinte.

Nesses *hǫn-hǫ̈d*, como nos aprendizados oníricos dos comedores de coca, os sonhadores caminhavam até as Casas-de-Pedra, ingeriam água, dormiam e viajavam para encontrar-se com seus antepassados e ouvir encantamentos. Esse processo de aprendizado podia durar semanas e ser realizado individual ou coletivamente. Comiam pouco, alimentando-se apenas de beiju e farinha. Essa forma específica de interação realizava-se a partir de um afastamento do convívio da aldeia e dos afazeres diários para uma aproximação aos antigos. Ocorria antes dos Dabucuri e das grandes festas de caxiri que reuniam pessoas de diferentes aldeias. Depois desses dias de retiro, os xamãs retornavam à comunidade e participavam das festividades. Purificados e tendo aprimorado suas habilidades, adquiriam mais força para cercar suas famílias, que durante as celebrações estavam mais suscetíveis às brigas e aos feitiços.

De modo surpreendente, a Casa-do-Trovão é tida como uma Paç-Mọy, uma Casa-de-Pedra celeste. Lá são as Onças que realizam as práticas xamânicas. Observando o desenho feito por Samuel, é possível ver uma casa que é, ela mesma, uma serra constituída por três morros. O primeiro deles, à esquerda, trata-se da morada dos homens cuja porta é aberta para o sol nascente. Essa casa é denominada Dëh-Sąkạn-Dụy-Mọy, Casa-do-Sol-Nascente. Como as casas dos brancos, essa casa possui janelas. O piso de areia faz com que a cor amarela predomine, irradiando sua luminosidade para as portas e janelas. No meio, há uma casa onde todos os dias as Gentes-Onça oferecem a coca a seu dono, o Trovão. É lá também que estão guardadas as flautas sagradas, os Jurupari do Trovão e das Gentes-Onça. Essa casa é denominada Dëh-K'et-Yoh-Mọy, Casa-da-Cabeceira. À direita, está a casa das mulheres com uma porta e janela menores voltadas para o pôr do sol. É considerada a cozinha e, por isso, recebe o nome de Pọhọy-Mọy, Casa-da-Fermentação, algo que alude ao preparo do caxiri feito pelas Mulheres-Onça e Mulheres-Trovão.

Assim, a arquitetura celeste da Casa-do-Trovão torna-se especialmente interessante para refletir sobre as Casas-de-Pedra dos ancestrais Hup. O chão de areia das Moradas de Semente de Tabaco é como aquele da Casa-do-Trovão. É principalmente o ato de entrar na caverna que transforma as grutas em moradas. Em M13, a Serra da Cutivaia passa a ser uma morada de Semente de Tabaco após sua entrada. Do mesmo modo, fugindo da Anta, a Cutivaia esconde-se na caverna dessa serra, transforma-se numa onça que passa a habitar e a dominar o morro. A entrada dos xamãs Hup nas cavernas para beber água, vomitar, dormir e sonhar transforma os *họn-họd* em moradas que abrigam os senhores Hup nesses períodos de afastamento de suas aldeias. Se é na Dëh-K'et-Yoh-Mọy que o Trovão e as Onças comem coca e guardam suas flautas Jurupari, as cavernas nos morros são igualmente Casas-da-Cabeceira para os Hupd'äh, onde práticas rituais levam ao aprendizado onírico com os ancestrais e à maior capacidade dos xamãs em cercar suas comunidades durante as cerimônias em que as flautas Jurupari são tocadas. No xamanismo desana, o poder de entrar é descrito por Reichel-Dolmatoff da seguinte maneira,

O poder de *penetrar* possui várias interpretações. Por um lado, possui um sentido visual, de ver o que está oculto para os demais. Por outro lado, possui uma interpretação sexual, pois o pajé [...] representa um conceito fálico de procriação. Outro aspecto do poder de *penetrar* é a capacidade do êxtase e do voo mágico que permite ao pajé sair da biosfera e *penetrar* outro plano existencial. Um pajé é, no fundo, o especialista em realizar essa ruptura de nível, tanto num sentido extático espacial, quanto no sentido de passar de uma unidade conceitual de tempo à outra, já que o êxtase equivale à morte e é, assim, um processo de aceleração do tempo.[35]

Dessa forma, entrar na caverna é penetrar a Morada-de-Semente de Tabaco. É também um movimento que configura a caverna como uma maloca, própria para as práticas rituais dos antigos nos *hǫn-hǫ̈d*. A ingestão das águas e o vômito possibilitam o deslocamento onírico, o *voo mágico* através do qual os praticantes veem os ancestrais, conversam e aprendem como se estivessem sentados em rodas de coca. Entrando nos morros, os viajantes atravessam *unidades temporais* e fortalecem-se, crescem ouvindo as palavras dos ancestrais. As cavernas existem antes da entrada dos seres e dos ancestrais Hup, e é esse ato de entrada que as torna Casas-de-Pedra e lugares sagrados próprios para a habitação e para a prática ritual.

Antes de entrar na caverna, Semente de Tabaco deixa o cigarro e a coca como alimentos para seus sucessores. Esses *alimentos da origem* permitem ver e conversar sobre as histórias e encantamentos, algo que constitui uma gênese das rodas de coca. Todas as noites, com o término do encontro noturno, os senhores Hup juntam os utensílios culinários, panelas, cuia, pilão, num canto da cozinha coletiva e deixam-nos assim para a roda do dia seguinte. De forma semelhante, os restos dos utensílios culinários de Semente de Tabaco foram deixados ao lado dos *hǫn-hǫ̈d*, algo que possivelmente remete à prática emética do ancestral. Dessa forma, as lascas de cerâmica no chão arenoso dessas nascentes de igarapés parecem apontar para outra dádiva de Semente de Tabaco, a dos *hǫn-hǫ̈d*. Também esse ancestral bebia, comia e dormia nesses espaços. Tocando as lascas de cerâmica e observando-as atentamente, os viajantes ouviam a história contada por Ponciano. Os artefatos, formas produzidas ao longo do processo

---

35. 1986, p. 156.

de habitação de Semente de Tabaco, iam sendo remodelados pela Casa-de-Pedra. Nas mãos dos rapazes, as lascas tornavam-se espécies de pegadas, rastros para uma observação atenta proporcionada pelas palavras do mentor.

Analisando o processo de ingestão de yagé e caxiri dos Barasana, C. Hugh-Jones ressalta que:

> O vômito, induzido pela ingestão de yagé e caxiri durante o canto, também ocorre no lugar masculino no fundo da maloca. Beber yagé e vomitar, ouvir discursos e respondê-los, inspirar e expirar são todos processos de dois sentidos envolvendo entrada e saída pela boca (ou orelhas). Esses processos são também associados às idas e vindas através da porta dos homens e a processos rituais de regeneração patrilinear.[36]

Nos *hǫn-hǫ̈d*, a água entra pela boca e por ela saem as impurezas causadas pelo barulho do Trovão e pelos alimentos moqueados. Como no benzimento da coca, que faz surgirem orifícios nos pés para a saída da gordura e pasta, a água doce transforma-se no estômago, absorve a sujeira e purifica o ouvido para que, na Casa-da-Audição, a semente-do-ouvido esteja limpa e possa crescer com as palavras ouvidas dos ancestrais em sonho. Há, nesse sentido, um processo ritual de regeneração patrilinear proporcionado pelo caráter irreversível da digestão. A ingestão das águas que absorvem a sujeira e a doença é uma *super-digestão* capaz de fazer as impurezas não digeridas dos alimentos saírem pelo orifício bucal.

Segundo a descrição de Reid, o Trovão coabita a zona superior do cosmos com K'ęg Tẽh. É tido como o responsável pelo aparecimento das doenças e das formas de curá-las. De forma semelhante, o antropólogo menciona que para prevenir a entrada de doenças causadas pelos trovões, os Hupd'äh tapam os ouvidos. No esquema cosmográfico proposto por Reid, abaixo desse nível superior haveria um cinturão rochoso, uma zona central, habitada por Onças.[37] As Onças são capazes de gerar trovões e, assim, causar doenças. São controladas pelo Trovão, visto como um dono dos xamãs. Como enfatizavam meus companheiros, quando o Trovão e as Onças deixam de reunir-se na Casa-da-Cabeceira para comer coca, formam-se as nuvens

---

36. C. Hugh-Jones, 1976, p. 199.
37. Conforme o mito A, transcrito por Reid, as Onças teriam sido lançadas a essa região celeste pelo sopro dos Biyoo Kagn Teindu, Diruá, em vingança pela morte de seus pais, devorados pelas feras. Para a realização de sua vingança, os irmãos órfãos receberam do Trovão bastões para causarem trovões. Foi o Trovão quem deu aos Diruá a pintura facial e os alucinógenos como poderes (Reid, 1979, p. 232- 233).

de chuva, *água celeste*.[38] A tempestade atrapalha as rodas de coca hup, suja o ouvido e causa doenças. Por outro lado, bebendo a água das serras, *água terrestre*, os xamãs limpam seus ouvidos da sujeira. Dessa forma, mandar a tartaruga para a Casa-da-Cabeceira afasta as nuvens para os morros, nascentes dos rios, permite que os senhores Hup se reúnam nas rodas e talvez faça também com que as Onças voltem a oferecer coca a seu dono.

Vimos no capítulo anterior que o nome de uma das casas situadas às margens do Lago-de-leite é justamente Pẽy-Mọy, Casa-do-Trovão. Como na arquitetura celeste, fazem parte da paisagem da origem uma Casa-do-Trovão, uma Casa-do-Sol-Nascente e uma Casa-da-Cabeceira. Se, como Samuel contou, há um Lago-de-leite na maloca quando as flautas Jurupari são tocadas, há também uma porta para o nascer do sol e outra para o pôr do sol. As colunas que sustentam o telhado são como os morros que alicerçam o céu quando a maloca se torna um espaço masculino interditado às mulheres. Essa interdição faz pensar na divisão sexual das moradas na Casa-do-Trovão. Ao mesmo tempo, a maloca transforma-se em Casa-da-Fermentação com a entrada das panelas de caxiri das mulheres, as danças e as conversas. Desse modo, é possível ver os *họn-họd* como locais de afastamento de homens com relação às mulheres, isolando-se numa Casa-da-Cabeceira, como o Trovão e seus cunhados.

A água com que nos banhamos no lago do alto da Serra Grande era uma água de chuva represada pelo orifício da superfície rochosa. Essa água celeste no *topo do mundo* purificava nossos *hạ̃wäg* e endurecia nossas peles tornando-as resistentes como paris ou cascas de turi. Após a segunda viagem à Serra Grande, é possível aos andarilhos beber a água do lago que age como um *caarpi*, gerando sonhos e fazendo com que a pessoa encontre ancestrais e aprenda mitos e encantamentos. Doce como a coca, a água que escorria pelos *họn-họd* era capaz de causar vômitos para limpar e purificar. De forma parecida, essa água das nascentes faz sonhar, como o *caarpi* e a água do lago da Serra Grande. Assim, os fios de água dos *lugares de vomitar* são fontes de água-pura que preparam o corpo para a mobilidade e encontro oníricos.

Nesse sentido, talvez a força e o perigo da água da Serra Grande esteja no fato de ser essa uma água celeste e, assim, uma água do

---

38. Lévi-Strauss analisa a oposição entre água terrestre e água celeste para a análise dos mitos Warrau (2004b, p. 204).

Trovão. Beber a água nos *hǫn-hǫ̈d* é consumir a água da nascente, a água de uma Casa-da-Cabeceira, algo que remete ao poder do Trovão de fazer a chuva e as tempestades a partir de sua morada celeste. Nuvens e cabeceiras são, portanto, nascentes de águas celeste e terrestre. Bebendo a água das cabeceiras, os xamãs viajam oniricamente e encontram-se com seus ancestrais. Bebendo a água do Trovão (Serra Grande) represada como um Lago-de-leite, os senhores Hup aproximam-se da potência desse ser, algo perigoso, desafiador e importante para o desenvolvimento xamânico. Rumando para a cabeceira, a tartaruga dirige-se para a nascente terrestre das águas, age sobre a nascente celeste e, de certo modo, reverte o impacto da ação maléfica do Trovão.

As Casas-de-Pedra são pontos fixos para os movimentos de seus ocupantes e visitantes, ninhos e abrigos para onde os seres retornam regularmente. Essas Casas-de-Pedra são organismos vivos cujas histórias são desdobramentos de suas relações com humanos e seres diversos. Aceitando caminhar aos morros, os viajantes iniciavam uma jornada ao desconhecido desses centros nodais, plenos de forças primordiais e aterradoras. Penetrando as cavernas, os andarilhos recriavam-nas como Casas-de-Pedra e recriavam-se a si mesmos como filhos de Semente de Tabaco. Os rastros do ritual xamânico praticado desde o tempo de Semente de Tabaco e as cavernas tornam-se vistas; o deslocamento entre uma vista e outra gera transições que, como ocorre com a passagem do xamã de casa em casa, descrevem percursos de movimento, de percepção e de ação ao longo de caminhos vividos. Percorrendo tais caminhos e bebendo a água das nascentes, os rapazes vão seguindo os passos de seus predecessores e posicionando-se na matriz dos movimentos que constituem a região das cabeceiras e estende-se até a Casa-do-Trovão.

NA PELE DA ONÇA

No dia 12 de março de 2012, quando deixamos a morada de Semente de Tabaco de Nɨk-Hũ-Paç, continuamos a explorar um pouco mais o morro, dirigindo-nos à sua área central. Valter, que andava à frente, ouviu um barulho, como que um rugido de onça. Todos nós ficamos atentos. O rapaz, corajosamente, seguiu adiante para ver o que era. Voltou esbaforido dizendo que havia uma onça-preta, uma *ya'ạm s'ạ*, deitada bem naquela direção. Olhamos amedrontados e vimos o vulto negro que nos observava à distância. Sem pensar duas vezes, começamos a correr para nos afastarmos o mais depressa possível. Ponciano conservava sua mão na flecha envenenada, caso o animal avançasse. Percebendo que ela não nos perseguia, recuperamos o fôlego para chegarmos ao pé do morro com mais calma.

Dias mais tarde, na festa de caxiri em comemoração a nosso retorno, sentamos para conversar com o pajé Armando. Entre uma cuia e outra, antes que contássemos de nosso terrível encontro com a onça, o xamã revelou que havia nos acompanhado durante toda jornada. Ao longo daqueles dias em que caminhávamos, ele consumiu paricá e viajou com seu *h̨awäg* para as serras. Movia-se dentro de sua roupa de *ya'ạm s'ạ*, "onça-preta", e nos observava de longe. Rindo, contou que o tínhamos visto no alto de Nįk-Hų̃-Paç e que corremos de medo. Olhando em meus olhos e afagando minha barba, Armando disse que meu bigode era de onça. Meu cheiro, de branco, podia ser sentido à distância pelas onças e pela Döh Ą̃y, o que tornara nossa viagem muito perigosa. Por isso, ele teve que nos acompanhar, seguir conosco *h̨awägat*, viajando como pessoa-sopro, com seu *sēh̨ek h̃awäg*, "sopro de paricá".

Em B5, é para o corpo da "onça pequena" *dįd* que se dirige o benzedor. Ele penetra também o corpo do esquilo marrom. Assume as formas corporais de um peixe-cobra, o muçum, *água*, de uma ave pequena, o curió, *ar*, e dos calangos, *terra*. Os últimos vivem em terrenos secos, tendo permanente contato com o chão. A transmutação e penetração corporais são procedimentos fundamentais para a proteção, para o deslocamento e para o contato seguro do xamã com os seres malfazejos. Observando-nos de longe, Armando protegia-nos. Fez-se visível para mostrar que não estávamos sozinhos e para assustar-nos. Consumindo o paricá em sua casa, ele vestiu sua "roupa de onça", *ya'ạm yụd*, e seguiu viajando pelos caminhos para acompanhar-nos. Sua jornada dava-se a um só tempo *h̨awägat*, "indo como pessoa sopro", e *sapạt*, "indo como pessoa-onça corporificada". Sobre o xamanismo Desana, Reicheil-Dolmatoff afirma que:

> A transformação em jaguar poder ter dois objetivos: ou o pajé se converte em jaguar para proteger uma maloca ou a um caçador solitário contra os perigos, caso no qual o jaguar se mantém invisível para os seres humanos e é percebido apenas pelos seres sobrenaturais; ou se converte visivelmente em jaguar [...] e ataca um inimigo.[39]

---

39. 1986, p. 163.

De forma semelhante, a transformação do pajé Hup em jaguar tem o objetivo de proteger o grupo de viajantes dos perigos. Conforme me explicou Samuel, as *yu̱d*, "roupas cósmicas", são poderes fundamentais para a agência xamânica de benzedores e pajés. Permitem seu deslocamento entre os diversos planos-casa e sua segurança durante a interação com outros seres. Gentes-Árvore, B'ati̱b', Gentes-Cobra, Döh Ãy, todos possuem roupas e são capazes de vesti-las para assumirem outras perspectivas, circular pelo cosmos e fazer mal aos Hupd'äh. Esse foi o caso do B'ati̱b' que Ponciano matou com seu terçado quando deixávamos Hõpo̱y-Paç. A capacidade de diferenciar a serpente do ser malfazejo, vestido, parece ser uma habilidade comum a muitos xamãs Hup que evidencia um modo de percepção atento à presença e aos poderes de transmutação e penetração corporais dos seres. Assim, saber vestir-se com a roupa de onça e penetrar os corpos do esquilo marrom, do muçum e do lagarto é também saber identificar a habilidade de metamorfose dos outros seres a partir de suas roupas cósmicas. Analisando as roupas cósmicas wauja, Barcelos Neto salienta que:

> A *roupa* é um dispositivo de atributos instrumentais e anatômicos — asas, no caso dos seres alados, garras e/ou presas, no caso dos predadores, etc. — que enseja capacidades físico — locomotoras específicas: voar, nadar, saltar, correr velozmente etc. Os humanos são naturalmente os sem-*roupa*, com exceção dos feiticeiros, que podem fazer uso de *roupas* especiais chamadas *iyeyá* para entrar nas casas de outras pessoas ou viajar a grandes distâncias em curtíssimo tempo. Uma *roupa* sempre envolve consequências práticas imediatas, pois ela é uma forma funcional: dentes e garras afiadas, nadadeiras, bicos alongados etc., coisas que servem para realizar tarefas específicas, as quais os humanos fazem com o auxílio de uma série de artefatos, muitos deles originalmente criados pelos *yerupoho* [...] e posteriormente transferidos para o mundo dos humanos via doenças, xamanismo e ritual.[40]

No caso da roupa de onça, o grau de poder varia de acordo com o tamanho e a capacidade destrutiva da fera. Os pajés possuem roupas de onças grandes, mas apenas os mais poderosos vestem as roupas da temida onça-preta. Enquanto a maior parte das onças se inibe diante de um grupo de caçadores, essa parece ser a única variedade que não demonstra medo e ataca ainda que esteja em desvantagem. A roupa de onça-preta revela o poder de Armando e sua capacidade de proteger-nos durante a viagem. Como no xamanismo wauja, além dos

---

40. 2008, p. 69.

dentes e garras afiadas, ao vestir-se com a roupa de onça, o xamã leva consigo o arco e flecha, a lança e a faca felinas, armas que fazem dele um poderoso caçador-guerreiro. Segundo Reid,[41] "No pensamento Hupdʉ, os jaguares também são associados muito intimamente aos xamãs, que, embora sejam reconhecidos como humanos, ocupam a mais ambígua e marginal das posições na sociedade humana".

Em B5, penetrando a onça pequena, Ponciano mostra-se igualmente como um poderoso *käd hup ĩh*, já que poucos *xamãs-do-banco* são capazes de vestir roupas de onça. A onça *dịd*, jaguatirica, pode ser vista como sendo o menor felino a viver na planície amazônica.[42] Envolto em seu corpo, o benzedor transita entre os diversos *planos-casa* em segurança, mas sua capacidade de predação é notavelmente inferior àquela dos pajés. Vestidos com suas roupas de onça, os xamãs viajam pelos caminhos numa rapidez muito superior à dos *passos de Hup*. Partindo da reflexão de Viveiros de Castro (2002), os corpos das onças servem como modelos para que os humanos se vistam e para que os animais se dispam de suas vestes animais e revelem sua essência humana.[43]

A onça-pintada[44] é considerada o maior felino da América do Sul, mas as que habitam as florestas tendem a ser menores que aquelas que habitam áreas abertas. Seu peso varia entre 35 e 130 kg, e seu tamanho entre 1,7 e 2,4 metros. O corpo musculoso e ágil permite ao animal o deslocamento rápido e a precisão no ataque às presas. A cor de sua pelagem varia do amarelo-claro ao castanho-ocreáceo, sendo caracterizada por manchas/rosetas pretas espalhadas por todo o corpo. As onças que possuem pelagem preta e manchas são denominadas onças-pretas. As características específicas da garganta do felino, que possui uma ossificação incompleta do osso hioide, permitem que ele emita esturros, sons fortes e graves, fundamentais para a comunicação com outros indivíduos, principalmente no período reprodutivo. Sendo as onças animais solitários e territoriais, são principalmente os esturros e o odor das fêmeas que permitem aos machos localizá-las para a interação e reprodução. A urina, as fezes e os arranhões em árvores são as marcas que delimitam a área de vida do

---

41. 1979, p. 264.
42. Diferente da classificação zoológica que diferencia a jaguatirica (*felis pardalis*) do restante das onças (*panthera onca*), os Hupd'äh incluem-na na mesma categoria denominando-as *ya'ạm tēh* (Emmons, 1990).
43. Viveiros de Castro, 2002, p. 389.
44. *Panthera onca*.

animal. As onças que vivem em áreas de floresta atuam principalmente durante o dia. Apesar da grande capacidade de predação do felino, que chega a alimentar-se de 85 espécies na região amazônica, as onças buscam principalmente grandes mamíferos como queixadas, tamanduás, capivaras, antas, e répteis como os jacarés e as tartarugas.

Para os viajantes, os sinais da presença de onça são percebidos pelo forte odor de sua urina, pelo som grave de seus esturros, pelas pegadas deixadas no chão, pelo estrondo dos banhos noturnos da fera e pelos restos de pelo das presas devoradas. Aquele que caminha pode ser surpreendido pelo ataque de um felino que surge repentinamente do meio da mata. Uma das formas de ataque mais temidas é o pulo do predador que fica à espreita no alto das árvores e, conforme o caminhante passa, lança-se contra a presa ferindo-a em sua nuca e costas. No que diz respeito à comensurabilidade, há a interdição de consumo das onças grandes. Entretanto, as onças pequenas, que se alimentam de herbívoros, podem ser comidas apenas após um longo processo de cozimento com pimenta para diminuir a acentuada concentração de raiva e calor de seus corpos. As visitas aos morros tornam-se especificamente perigosas, pois as cavernas e rochas são muito procuradas pelas onças que fazem delas suas moradas. Uma breve recapitulação das menções a esse padrão habitacional das onças feitas em narrativas discutidas anteriormente pode ser interessante para entender melhor a importância das interações e da coabitação das onças para os Hupd'äh.

Em M1, as onças são pescadas por um B'aṭib' que as percebe, de sua perspectiva, como traíras. Chegando com seu cunhado Hup a uma clareira próxima à Serra Grande, o pescador lança pacas, minhocas de seu ponto de vista, para atrair as onças. Elas aproximam-se segundo uma ordem de tamanhos, da menor, a jaguatirica, até a onça grande. O B'aṭib' as mata e tira suas peles, como se limpasse as escamas das traíras. Aterrorizado, o homem Hup corre em círculos e acaba por pisar no pé do B'aṭib' que desmaia. Tomando como referência as concepções hup sobre as roupas cósmicas, é possível dizer que a pesca e a caça do B'aṭib' podem ser vistas como uma demonstração de poder que vai amedrontando o homem Hup. Se a diferenciação da força dos xamãs pode ser medida em termos de suas capacidades de uso de roupas de onças cada vez maiores, a matança do B'aṭib', que vai da menor fera à maior, alude também a seu poder destrutivo, superior ao dos xamãs Hup mais poderosos. O detalhe da ação de descamar as traíras, ou seja, de tirar a pele das onças pode remeter também à capacidade de retirar a roupa felina dos xamãs, revelando suas essências humanas uma a uma, e evidenciando a fraqueza do homem Hup. Como mostra Viveiros de Castro,

> O homem ritualmente vestido de animal é a contrapartida do animal sobrenaturalmente nu: o primeiro, transformado em animal, revela para si mesmo a distintividade *natural* do seu corpo; o segundo, despido de sua forma exterior e se revelando como humano, mostra a semelhança *sobrenatural* dos espíritos.[45]

Novamente, voltando à viagem à Serra Grande, para que não corrêssemos o risco de ser surpreendidos pelas feras durante nosso sono, Mandu quebrou um cupinzeiro em quatro partes, tocou fogo e espalhou as tochas incandescentes pelos quatro extremos de nosso acampamento de modo a envolver com a fumaça o grupo de viajantes deitados em suas redes. Incapazes de ver suas presas, ocultas pela fumaça, as onças choram. À luz de B2, o círculo de fumaça gerado pelas tochas pode ser visto como semelhante à ação de cercar a pessoa ou a comunidade com a fumaça do cigarro. A invisibilidade protege os viajantes dessa fera, que tem na observação um importante recurso para o ataque certeiro. Por outro lado, correr em círculos em torno do B'aṭịb' pode ser considerado uma ação que dificulta o ataque do predador devido à rápida movimentação e, além disso, permite o ataque preciso e certeiro do Hup, atingindo o ponto fraco do inimigo, seu pé. Sua precisão, movimentação e rapidez aproximam o Hup da destreza da caçadora felina.

Dentro de uma Paç-Mọy um antigo senhor Hup fora devorado por uma onça enquanto praticava o retiro para a ingestão de águas e revelação onírica. A convergência das moradas de onça, moradas de ancestrais e lugares de práticas xamânicas hup faz com que as cavernas sejam tomadas não só como espaços de interação com ancestrais, mas também como lugares perigosos pela iminência do encontro com as feras. Ao subirmos o morro da Cutivaia, Américo enfatizava que, após fugir da Anta, a Cutivaia entrou naquela serra, transformou-se em onça e fez das rochas o local para onde retorna todas as noites para dormir. A forma de onça garante à Anta o domínio do morro e da Casa-de-Pedra. Descrevendo alguns hábitos das onças, Emmons[46] ressalta que "elas gostam de caminhar à noite nas trilhas abertas pelos humanos, assim como outros felinos. As onças frequentemente

---

45. 2002, p. 389.
46. 1990, p. 153.

fazem uso de *habitats* úmidos ou à beira d'água, onde caçam capivaras, tartarugas, jacarés e peixes. Pegadas de grandes felinos nas praias dos rios costumam ser de onças".

Assim, ao vestirem suas roupas de onça e rumarem para as serras, os xamãs Hup assemelham-se às onças não apenas para interagirem com os felinos ou adquirirem suas habilidades, mas também para poderem realizar ações rituais nas moradas antigas dos ancestrais Hup, domínios atuais das onças. A capacidade de predação da fera revela-se através de seu ato de devorar a pessoa Hup e, mais especificamente, os senhores Hup, além de manifestar-se também através de seu ato de apossar-se das moradas, caminhos e regiões de convívio dos Hupd'äh. Os hábitos de *banhar-se*, de estar sempre próximo aos igarapés e de morar nessas nascentes de água podem ser vistos como características que aproximam o felino das práticas rituais e xamânicas hup. Dessa forma, entende-se melhor que na Casa-do-Trovão, um morro e uma nascente de água, *celeste*, as onças sejam xamãs.

Viajando para a Serra Grande atravessamos uma antiga roça hup que tinha se transformado em roça das mulheres onça. Observamos a carcaça de um animal devorado numa aldeia antiga dos Hup e repisamos as pegadas de onça que percorriam os quase fechados caminhos de hup. A habilidade dos xamãs Hup de assumirem a perspectiva e a força da fera a partir de sua corporalidade parece ser simultânea à incrível capacidade da onça de assenhorar-se dos caminhos, das Casas-de-Pedra, das Moradas Antigas, das roças e de devorar o corpo hup. À roupa de onça adere a onipresença do canibalismo como horizonte predicativo que faz do corpo o lugar de emergência da diferença.

Animal de hábito solitário, que delimita seu território, é potencialmente perigoso e interage com a fêmea apenas para acasalar, a onça evoca atributos constitutivos ao xamã Hup, que deve isolar-se durante certos períodos do convívio social, ter uma atividade sexual moderada e é tido como potencialmente perigoso. O valor que as Casas-de-Pedra têm para o animal e para o xamã, e o fato de a presença dos ancestrais Hup afastar as feras apontam tanto para a disputa desse espaço quanto pelo convívio e interações constantes. O xamã transforma sua identidade e incorpora aspectos subjetivos do inimigo felino, realizando, assim, uma predação que torna possível a viagem com o corpo predador e as práticas rituais nos *họn-họd*.

Num mesmo sentido, o rastro do guerrilheiro que vimos em Nịk-Hũ-Paç permite perceber que esses brancos, *guerrilheiros*, que possuem armas de fogo e habitam as cavernas sozinhos, assemelham-se às onças. Na Casa-do-Trovão, as Onças possuem suas espingardas, assim como os guerrilheiros. Muitas vezes, os estrondos dos trovões são causados pelo disparo de suas armas. Viajando periodicamente a São Gabriel, as Onças compram cachaça e voltam às cabeceiras e à Casa-do-Trovão bêbadas, agressivas e disparando suas espingardas. A analogia aproxima diretamente a violência potencial dos brancos, *gentes-do-barulho-da-arma-de-fogo*, ao felino, que adquire também o hábito etílico e o comportamento agressivo devido à embriaguez da *bebida de branco*. Constituindo suas moradas nas grandes aldeias dos *povoados-missão*, circulando pouco pelas regiões das serras e das moradas antigas, destinando-se cada vez mais às incursões periódicas a São Gabriel, um mundo hup, pleno de vida nas lembranças de Ponciano e José, começa a ser dominado pelas onças que são, em muitos aspectos, como os brancos.

No que diz respeito especificamente aos caminhos, a comparação das onças com as tartarugas é especialmente significativa. Cunhadas do Trovão, as Onças oferecem a coca a seu dono e, assim, acalmam-no. A realização das rodas de coca celestes faz com que o Trovão se mantenha contemplativo e não atinja as aldeias Hup com suas tempestades plenas de raios, ventanias e trovões. Sua fúria causa doenças perigosas, impede a realização das rodas de coca hup e suja o ouvido com os barulhos, impedindo o pensamento, o benzimento e o aprendizado xamânico. As chuvas alagam os caminhos que se tornam convidativos às jararacas. Cientes de tantas ameaças, os Hupd'äh permanecem em suas casas. Desse modo, se as tartarugas têm a capacidade de, viajando pelos rios, afastar as nuvens para a cabeceira, as Onças, negando a coca ao Trovão, causam sua ira e provocam as tempestades. Com os Hupd'äh deixando de transitar pelos caminhos ou de visitar as Moradas Antigas e as Casas-de-Pedra, essas passam a pertencer às onças, que estendem seus domínios sobre o mundo dos Hup.

Buscando refúgio dentro da morada, da caverna, de Semente de Tabaco, a tartaruga provavelmente se protegia do ataque das onças que as farejam durante o dia nas áreas alagadas da floresta. A presença constante do ancestral Hup afasta os felinos e possibilita que a caverna de D'ǫk-Paç seja um lugar seguro para a realização de práticas xamânicas. Dentro desse *lugar sagrado* dos Hupd'äh, a *tartaruga na cabeceira* era também um sinal das vindas à Terra do ancestral e da segurança que ele trazia para a morada. Viva, a tartaruga evidenciava que, pelo menos naquela região, os caminhos e moradas estavam livres das onças. Talvez seja por isso que, ao observar-nos, o anfíbio não se amedrontou. Os viajantes, por sua vez, evitaram caçá-la ainda que sua captura pudesse render muita carne.

Afagando meu bigode, o pajé falava de minha semelhança, enquanto branco, com as onças. O cheiro forte, a violência, as armas-de-fogo, a cachaça aderiam a minha pessoa como os atributos da fera com os quais o xamã se vestia. Se minha presença e pesquisa tinham motivado a viagem às serras, tinham também colocado o grupo em risco e, por isso, havia a necessidade do pajé proteger-nos, munindo-se da sua roupa cósmica mais poderosa, o corpo da onça-preta. Consumindo o paricá em sua morada, o xamã passava por uma transformação ritual que estabelecia sua identidade felina a partir da condensação de conotações contraditórias que o metamorfoseavam de presa em predador, capaz de proteger envolvendo os andarilhos pelos limites englobantes de seu território. Constituindo-se como territórios de domínio das onças que ameaçam os viajantes, a região dos morros era também cercada e protegida por esses felinos dos Hupd'äh e dos brancos. Como os pajés-vestidos, as terríveis predadoras capazes de embebedar-se com cachaça, atirar com espingardas e devorar pessoas mantinham as moradas ancestrais cercadas e inacessíveis, envolvendo o mundo hup como o xamã-onça envolvia os caminhantes.

O VESTIDO DE DƟH ÃY

Quando chegamos aos arredores da Hũyąw-Paç, preparamos o acampamento à beira do Tạt-Dëh e fomos pescar. Estávamos cansados da caminhada e famintos. Comemos boa quantidade de mojeca, peixes moqueados e beiju. Armamos nossas redes, acomodamo-nos e Ponciano contou-nos que, certa vez, ainda criança, fora pescar com o pai e seus tios, Chico e Severiano, perto de Huyãw-Paç. Era uma noite clara de luar. Mal lançaram as iscas, começaram a ouvir os gritos de DƟh Ãy a ecoar. Saíram correndo em disparada. Nem olharam para trás. Foram direto pelo caminho até chegarem à aldeia. Todos nós rimos dos pescadores medrosos e dormimos preocupados, pois estávamos perto da morada de DƟh Ãy. No dia seguinte, visitaríamos a Hũyąw-Paç e percorreríamos nosso itinerário de volta a Tạt-Dëh.

Despertamos com o alarido de Valter. Retornara da pescaria noturna esbaforido. Acalmando a respiração, contou que tinha ouvido a DƟh Ãy rio acima. *Uuooh!*. O som da mulher assassina era muito próximo ao que Ponciano ouvira quando criança. O rapaz ficou apavorado. Voltou correndo para avisar os outros. Quando nos preparávamos para sair, alguns desistiram da aventura. Disseram ter receio de aproximar-se da morada de Döh Ãy. Ficariam pescando. Saímos apenas Ponciano e eu. Maurício, Ari e Valter juntaram-se a nós quando já estávamos perto da serra.

Estávamos já perto do morro quando Ponciano pediu que olhássemos para o chão, para os grandes buracos às margens do igarapé. As valas eram esconderijos dos antigos para protegerem-se dos ataques da Döh Ãy. Eram também esperas[47] para atacar os grandes jacarés daquela cabeceira quando estes se aproximassem. Os caçadores ficavam deitados no buraco, cobertos por folhas de sororoca, preparados com suas armas. No momento preciso, lançavam-se sobre o bicho, que dificilmente conseguia fugir.

Aproximávamo-nos vagarosamente da morada de Döh Ãy. Todos nós estávamos muito atentos aos ruídos. Não queríamos ser surpreendidos. Fomos até a metade do morro, e lá nos detivemos. Ponciano alertou que o topo do morro fora um dos lugares onde o vômito de K'ęg Tẽh se derramou (M3). Sua má digestão da carne crua dos tucanos fez brotar uma grande quantidade de plantas de "curare", *n'am tit*. Entretanto, diferente do veneno recolhido no alto da Paç Tẽh, Serra Pequena — esse tinha um potencial mortífero muito maior. A simples inalação de seu perfume pode levar uma pessoa à morte.

Face aos terríveis perigos que nos ameaçavam, não visitamos as cavernas. Toda aquela região estava sob o domínio de Döh Ãy. Seu chamado sinalizava o ataque antropofágico dessa mulher voraz. Letal, o cheiro do curare matava, em vez de permitir a produção do veneno de caça. Expostos a tantos perigos, batemos em retirada. Chegamos ao acampamento por volta das onze da manhã. Rapidamente arrumamos nossas coisas, fizemos uma última refeição e retornamos. Antes de sair, felizes pela fartura das pescarias e pelo sucesso da empreitada, tiramos uma foto do grupo de viajantes.

A relação entre Döh Ãy e a caça é agora evidenciada pelas narrativas e pela cosmografia que situam sempre os Hupd'äh na posição de caçadores ou pescadores que podem virar presas dessa terrível sedutora. A devoradora de gente é tida como uma *dona dos animais* que investe contra os caçadores com sua lança, arco e flecha, faca ou mordida fatal para *assegurar a vida de seus protegidos*. É igualmente uma

---

47. Emboscada ou tocaia que oculta o caçador para surpreender a presa.

dona do veneno, do tipo de curare mais poderoso que perfuma sua morada. Em muitas conversas que tive com meus companheiros sobre os encontros com Dö̈h Ãy, os caçadores traduzem seu nome para o português como Curupira, o que evidencia seu papel protetor. Para caçar é preciso ocultar-se nas valas à beira-rio e estar atento aos gritos que são o chamado da predadora. Retomando o trabalho de Reid, o autor menciona que depois de mortas, algumas almas femininas retornam à Terra para caçar, sendo essa uma das inversões que ocorrem quando as almas dos mortos passam a habitar a zona superior do cosmos. A existência livre de doenças e de fome são igualmente mudanças que diferenciam os mortos dos vivos. Caçadora como as "almas" femininas, Dö̈h Ãy é, entretanto, uma *protetora dos animais* e uma devoradora de gente Hup que habita a região das cabeceiras.

Durante a viagem à Serra Grande, foi possível perceber como os gestos vocais de imitação dos sons dos animais buscam atrair a presa através da sedução e, ao mesmo tempo, vestir o predador com uma espécie de *roupa sonora* que o situa na posição de par amoroso da vítima. Essa descrição permite ver como a interação dos viajantes Hup com os animais se aproxima das observações de Reichel-Dolmatoff para os Desana,

A relação entre o homem caçador e sua presa tem, então, um componente marcadamente erótico. De fato, a caça é praticamente uma sedução, um ato sexual, um evento que deve ocorrer com grande cuidado e obedecer a normas estritas. [...] A ideia manifesta vem a ser a de incitar sexualmente os animais para que se aproximem e se deixem matar, o que é em si, novamente, um ato sexual de domínio.[48]

Em M4, Dö̈h Ãy surge como uma mulher Hup. Ela é assassinada pelo marido devido à dor que sua vagina exacerbada causava no pênis pequeno do homem. A vítima renasce e vinga-se do cônjuge. Veste sua roupa de Dö̈h Ãy e devora-o vivo. Sacia assim seu apetite gustativo, mas, para saciar seu apetite sexual, ela casa-se com o Macaco-da-Noite, animal que possui um pênis avantajado.[49] Como

---

48. 1986, p. 255.
49. É interessante perceber que o casal formado pela Dö̈h Ãy e o Macaco-da-Noite assemelha-se à relação entre o tapir, *pênis grande*, e a sarigueia, *grande útero*, analisada por Lévi-Strauss em *O Cru e o Cozido*. Sob a forma direta, a sarigueia é uma *boa nutriz*, enquanto sob a forma figurada, uma mulher adúltera, algo que faz pensar na Dö̈h Ãy como a mãe de dois filhos e protetora dos animais, mas como uma mulher lasciva e devoradora de homens, que encontra no Macaco-da-Noite, um pênis grande, seu par amoroso (Lévi-Strauss, 2004a, p. 287- 288).

a roupa de onça-preta do xamã, a mulher Hup veste uma roupa cósmica denominada Döḥ Ãy, com a qual devora seu companheiro. Nesse sentido, a roupa não apenas transforma sua corporalidade e a protege, como também a torna duplamente insaciável, estendendo ao plano da comensalidade algo que a fazia ter um comportamento sexual extremado. A vagina grande torna-se uma boca predadora que garante a ela matar e comer seu marido.

Ao contrário da roupa de onça-preta, a roupa de Döḥ Ãy é um vestido longo cheio de babados, costurada a partir de um tecido acinzentado. O desenho feito por Samuel, retrata a vestimenta com a aparência de uma antiga roupa feminina dos brancos. Assim, o apetite atroz e assassino da esposa vingativa realiza-se pelo uso de uma roupa dos antigos brancos, algo que converte percepções sobre a violência, a etiqueta e a sexualidade em poderes acessados com o uso do vestido Döḥ Ãy. Ao mesmo tempo, a roupa é uma *wayrö'-tëg*, um veículo que permite à mulher-fera voar de morro em morro e perseguir seus inimigos com grande agilidade. *Wayrö'-Tëg* é também a palavra em língua hup para avião, o admirável veículo de voo considerado como um grande poder dos brancos.

A roupa cósmica dessa caçadora de gente Hup torna-se especialmente interessante, já que se trata de um corpo humano envolto em uma roupa de branco que dota essa vingadora de atributos comuns à onça e aos caçadores Hup. Os humanos se vestem com roupas de animais para assumir seus atributos e perspectivas. Os animais despem-se de seus trajes para revelar suas essências humanas. O traje feminino sedutor pode ser visto como uma alta costura capaz de tramar a violência e terror dos brancos com as linhas de sua corporalidade revestida pelas roupas de pano e pela predação animalesca. Reid ressalta que os Hupd'äh percebem os brancos como seres dotados de *forte raiva* como os espíritos da floresta e como os Tukano. Em suas palavras,

> Todos eles organizam seus assentamentos a partir de padrões elaborados e possuem hábitos peculiares como as restrições e os desvios sexuais e alimentares. [...] Todos eles partilham uma característica que é particularmente não humana do ponto de vista dos Hupdɨ: possuem *toew Pubm*, forte raiva. [...] A associação que eles fazem entre raiva e poderes sobrenaturais leva os Hupdɨ a concluírem que os Não Indígenas possuem considerável poder xamânico. No pensamento dos Hupdɨ esse ponto é confirmado através da superioridade tecnológica dos Não Indígenas. Certamente, na região do Uaupés, a superioridade tecnológica levou primeiramente à dominação política

dos Índios do rio e, posteriormente, dos não Indígenas. A analogia vai mais além, por equacionar a relação entre poder tecnológico e poder espiritual. [...] Como essas qualidades são exageradas, os não Indígenas são vistos mais como espíritos da floresta e como os índios Maku distantes [...]⁵⁰

A tecnologia, os hábitos sexuais e alimentares combinam-se à raiva e dotam os brancos de poderes xamânicos e de semelhança com B'aṭịb', seres selvagens, e como os Tukano. Esses atributos parecem condensar-se no tecido dessa roupa poderosa que faz uma mulher Hup, mobilizando poderes dos brancos, metamorfosear-se num *espírito da floresta*, uma predadora voraz em busca de vingança. A roupa, uma arma sedutora, potencializa sua raiva, sua sexualidade e seu regime alimentar antropofágico. De modo interessante, essa roupa cósmica converte características dos brancos em marcas de uma animalidade poderosa. De forma semelhante, as Onças, que retornam de São Gabriel bebendo cachaça e disparando suas espingardas-trovões, nutrem-se da tecnologia, da raiva e da bebida dos brancos para expressar sua força, violência e seu domínio.

O xamã vestido de onça e a mulher Hup em trajes de Dөh Ãy utilizam o arco e flecha, a lança e a faca, todas elas armas dos antigos caçadores e guerreiros Hup. Veículos que garantem velocidade e agilidade, essas roupas cósmicas são também envoltórios de guerra que permitem combater os inimigos e proteger os animais, de um lado, e os viajantes Hup, de outro. Como uma onça que delimita seu território, mover-se com essas roupas auxilia o xamã e Dөh Ãy a cercarem seus domínios no interior dos quais humanos ou animais podem habitar com segurança. A investida dos caçadores de jacaré é também um roubo que evidencia a reciprocidade negativa entre os Hupd'äh e a mulher antropófaga. Diferente do roubo aos padres e freiras que levam os missionários a se afastarem, a caça causa a ira desse ente que se aproxima dos Hupd'äh para matá-los.

Retomando B5, a pele da muçurana que reveste os viajantes pode também ser vista como uma roupa cósmica, não individual, mas coletiva, uma roupa que é um caminho cercado. Pensando com Deleuze e Guattari, esse *devir-muçurana* é uma posição de massa por meio da qual o sujeito assume uma posição em relação à multiplicidade-muçurana. Dentro da muçurana, a maneira como cada pessoa Hup liga-se à *multiplicidade caminhante* é fundamental para que todos rumem como um *corpo povoado de multiplicidades*, como uma serpente-cami-

---

50. Reid, 1979, p. 212-3.

nho. De forma semelhante, os viajantes posicionam-se no interior do território de um xamã-onça, e buscam predar os animais situados no domínio de Döh Ãy. Produzida pelo benzedor, a pele da muçurana, uma devoradora de jararacas, é uma roupa para vestir e cercar a multiplicidade, mas é também uma arma móvel, uma *máquina de guerra nômade* que faz dos andarilhos uma temível serpente predadora.

Os sonhos que Ponciano e Valter tiveram antes de rumarmos para D'ǫk-Paç e Nįk-Hũ-Paç foram bons presságios. Para o primeiro, as moças caminhando para a roça chupavam cana e aceitaram *namorar* com o velho. Ponciano ria enquanto contava. Chupar cana e aceitar a companhia de um homem quando se vai à roça surgem como convites para o intercurso sexual. Em s2, como em m4, a satisfação alimentar acompanha a satisfação sexual das moças, e é o senhor Hup que aparece como dotado de um apetite sexual exacerbado, já que acompanha não uma, mas algumas jovens à roça. Entendendo o intercurso sexual a partir da caça, pode-se dizer que Ponciano e Valter se situam na posição de predadores como Dǫh Ãy. De forma parecida, Tud Asąw, uma moça ancestral, jogava água e lama nos rapazes para seduzi-los, sendo, como Dǫh Ãy, uma mulher dotada de um apetite sexual exacerbado. Na análise de m4, o grito de Dǫh Ãy, uma mulher lasciva, evidenciava o caráter sedutor do chamado aos caçadores-presas. Desse modo, é possível dizer que como uma caçadora, Dǫh Ãy grita, como uma mulher Branca, ela veste seu traje de gala para o ataque.

Em um artigo de 1998, Descola propõe três modelos para entender a variação nas atitudes dos caçadores ameríndios quanto à caça. O caso do povo Desana é tomado pelo antropólogo como compondo um modelo da reciprocidade regido por um princípio de equivalência entre homens e animais que fazem parte de um mesmo cosmos. Tomado como um circuito fechado homeostático, os xamãs negociam com os donos a troca de *espíritos* humanos por animais, visando sempre ao equilíbrio. Já o *modelo de predação* teria como exemplo os Jivaro, que não oferecem nenhuma compensação pela vida da caça, sendo apenas os excessos punidos pelos donos dos animais. O modelo da dádiva seria aquele em que o animal, percebido como afim ou consanguíneo, atende voluntariamente ao pedido do caçador de ceder-lhe sua roupa (corpo), do qual ele se desfaz conservando sua alma sem pedir nada em troca. Essa interação ocorreria principalmente nos Andes centrais do Peru.

Partindo da reflexão de Descola, creio que a caçadora vingativa, dona dos animais, explicite traços da forma de interação dos viajantes Hup com os animais como situada entre a reciprocidade erótica e a predação. Os chamados dos caçadores seduzem as prezas, atraindo-as. A destreza e ética do caçador envolvem a precisão na flecha ou no golpe mortal desferido com atenção e silêncio. O momento do ataque aproxima-se mais de um confronto em que os homens e os animais revelam suas armas primordiais, que de um coito, como leva a crer a descrição de Reichel-Dolmatoff sobre os Desana. Haja vista a preocupação do caçador, após o triunfo da batalha, em identificar e retirar as armas originárias presentes na anatomia dos animais, descritas pela "linguagem dos benzimentos", *bi'ịd ịd*. Como será visto mais à frente, da mesma forma que a onça delimita seu território nas cabeceiras fazendo com que os animais aumentem populacionalmente, o xamã e os donos dos animais cercam as Casas-dos-Animais para que realizem seus Dabucuris e se reproduzam. Havendo necessidade, os xamãs abrem essas casas ou conversam com seus donos, oferecem almas humanas e/ou tabaco para que os animais saiam para a floresta.

As flores amarelas de dança dos rapazes e seus chamados ao longo dos caminhos explicitam os aspectos sedutores e festivos da caça. Ocultos pela pele da muçurana e por suas roupas vocais, os caçadores atraem a presa como se as tirassem para dançar. No momento preciso, revelam suas armas e surpreendem suas vítimas. Cercar os Dabucuris dos animais garante a reprodução e o equilíbrio, em termos de reciprocidade. Atacar depois da sedução garante surpreender o inimigo despreparado para predá-lo. O xamã vestido com a roupa de onça ilumina esse princípio de uma territorialidade que cerca e assegura as viagens e a reprodução. De modo diferente, a caçadora vestida, uma antropófaga com sede de vingança, parece cercar os animais para atrair os homens e devorá-los. Como o B'atịb', que atrai as onças e traíras com pacas e minhocas, essa caçadora seduz com seu vestido e suas criaturas. Já os brancos seduzem com suas roupas e mercadorias para as regiões ribeirinhas e para São Gabriel.

De forma parecida, as onças delineiam os contornos de seu território de vida e de caça. Num caso, a ameaça se faz por uma disputa por presas entre predadores humanos e felinos numa dada região. No outro, o embate coloca-se pelo fato de Dɵh Ãy ter se tornado uma dona dos animais, algo que ocorre após seu casamento com um animal, o Macaco-da-Noite, que, ao contrário de seu marido Hup, sacia-a sexualmente. Vestido com a roupa de onça-preta, Armando acompanhava-nos e nos cercava, como um benzedor ao criar um círculo de fumaça, movendo-se como uma onça que nos inseria dentro de seu território. De forma semelhante, voando de morro em morro, Döh Ãy cerca seus protegidos e espera os caçadores.

NO CAMINHO DA LAGARTA DO TABACO

Retomando b5, os viajantes rumam para as Casas-de-Pedra envoltos na pele da muçurana que é, ela mesma, um caminho, uma canoa e uma roupa para cercar os andarilhos, metamorfoseando-os numa predadora de jararacas. Antes de iniciar-se a viagem Hup, a tartaruga navega em sua casa-canoa para a cabeceira e afasta as nuvens à medida que corta a água com seus remos (b3). O benzedor lança seu braço como Moisés. Seu sopro de fumaça faz as nuvens rumarem para a cabeceira (b4). Tendo as cabeceiras como pontos de referência, o xamã imita as ações da tartaruga, do profeta e da muçurana, e cerca os percursos a partir da Casa-do-Trovão para que os viajantes abram os caminhos que entrelaçam as casas, os mundos e as vidas dos Hupd'äh às de seus ancestrais.

Um dos movimentos importantes do encantamentovem a ser oposicionamento do xamã no caminho da lagarta da folha do tabaco. Ele entra na comunidade dos filhos da lagarta pequena por sobre seu banco de leite, segurando seu pedaço de tabaco. Uma vez dentro dessa morada, ele assume a postura ereta e, a partir daí, transforma seu corpo naquele do muçum, do calango e do curió, respectivamente, um peixe-cobra, um lagarto e uma ave, todos pequenos e capazes de deslocar-se pela água (muçum), pelo ar (curió), pela terra (calango) e dentro da terra (muçum). Dado o tamanho e a agilidade, nutrir-se com as faculdades corporais e motoras desses seres garante ao xamã transitar oculto pelas casas situadas nos vários ambientes, como os viajantes em pele de muçurana. É a incursão pelo caminho da lagarta do tabaco e à comunidade de seus filhos o que permite tais metamorfoses corporais e a mobilização dos animais auxiliares. Esse ente, que habita a planta de tabaco, torna-se especialmente relevante para o xamã, pois é capaz de fabricar um casulo, sua *rede*, fazer crescer suas asas, virar mariposa e voar. Como observa Reid, a habilidade de transformação de espécies de mariposas, morcegos, cobras e onças leva os Hupd'äh a vê-los mais como *espíritos* do que como animais.

As mariposas (*Manduca quinquemaculata*) procuram as folhas de tabaco para desovarem e são, ao mesmo tempo, importantes polinizadoras que auxiliam na reprodução das plantas de tabaco. As larvas alimentam-se do tecido vegetal e tornam-se lagartas que, posteriormente, comporão seu casulo para a metamorfose e o voo. A planta de tabaco é o *caminho* ao longo do qual as lagartas se deslocam, o *alimento* que as nutre a partir das folhas e a *aldeia* onde os *filhos* nascem e se desenvolvem. Em B1, o benzedor busca interromper a identificação entre o comedor de coca e a lagarta da coca, que oferece seu *caarpi* enlouquecedor, passa o dia todo em sua rede e, devorando a coca, preda uma essência vital humana. Por outro lado, a mariposa, que se desloca de planta em planta e dá o tabaco, a vida e os caminhos a seus filhos, pode ser vista como um ser análogo aos xamãs que, de aldeia em aldeia, de casa em casa, pacificam os inimigos, mobilizam os animais auxiliares e dão tabaco a seus filhos para que cresçam sem doenças (B2).

Abrindo os caminhos antigos com os jovens viajantes, os mentores conduziam-nos de morro em morro, de morada antiga em morada antiga, integrando-os em uma região de memórias e afetos que, a todo instante, fazia emergir gostos, palavas e paisagens da infância e juventude de nossos guias, dos tempos de Semente de Tabaco e dos missionários. As visitas às Casas-de-Pedra inseriam-nos numa forma específica de interação, um modo de coabitar com Semente de Tabaco, seguir seus rastros, imitar seus gestos e encontrar os ancestrais. As águas das nascentes e os vômitos purificam o corpo para nutrir o pensamento a partir dessas *rodas de coca oníricas*. A interação *dentro da caverna* potencializa as rodas de coca *fora da caverna* e assegura a eficácia da proteção e da cura agenciadas pelos xamãs. Entre o interior e o exterior das Casas-de-Pedra, diversas multiplicidades coexistem, penetram-se e mudam de lugar.

Depois que saiu de Pij-Dëh, o pai de Ponciano foi primeiro para Yạk-Dëh-Mọy-Họd, contou o mentor em nosso percurso a Hõpoy-Paç. De lá, seguiu para Pëd-Dëh-Mọy-Họd e, depois, para Wõhoy-Dëh. De Wõhoy-Dëh-K'et-Yoh, ele mudou-se para Tạt-Dëh. Em sua vida, seu pai foi fazendo um percurso semelhante ao do ancestral Yạk que, vindo de Pịj-Dëh, fez sua casa em Yạk-Dëh-K'et-Yoh, mudou-se para Wõhoy-Dëh, mas, por fim, habitou a região distante do Iraiti. O ancestral foi voando com sua *wayrö'-tëg*, seu cocar de voar, de um local a outro. Quando vinha com o pai trabalhar a roça, comiam nas grutas do morro. "Meu pai mudou-se muito de comunidade.

Acho que o próximo lugar onde vão morar é São Gabriel", concluiu. Iniciando sua jornada próximo à cabeceira de Pïj-Dëh, Serra Grande, a extensão do deslocamento do ancestral Yąk atinge a distante terra do Irati. Ressalta, talvez, quão imensa poderia ser a amplitude da região de mobilidade dos grupos Hup.

Os atos de relembrar de Ponciano e José iam constituindo nossos percursos de observação como caminhos vividos que mesclavam nossos movimentos àqueles dos ancestrais. Os caminhos antigos, as Casas-de-Pedra e as Moradas Antigas parecem apontar, como já afirmava Reid, para uma existência social e convívio de longa duração nessas regiões. Há semelhança entre os itinerários dos ancestrais e aqueles dos pais e avós dos viajantes Hup. A identificação de tantos assentamentos, lugares sagrados, artefatos, a reabertura de caminhos antigos, com as descrições das práticas rituais nas Casas-de-Pedra, revela as cabeceiras como sendo pontos de referência para os padrões de mobilidade hup. Os caminhos dos antigos eram também os caminhos dos ancestrais que mudavam periodicamente suas moradas dos arredores de um morro ao outro. Concentrando-se na região dos morros até a década de 1950, os antigos Hupd'äh repisavam cotidianamente os caminhos dos *primeiros Hupd'äh*.

Com base no estudo de toponímias e nas observações de viagem, Koch-Grünberg propõe que os Maku, inclusos os Hupd'äh, seriam os descendentes de antigas tribos que teriam povoado o Uaupés e depois sido comprimidos e fusionados pelos Aruaque e Tukano (Betoya), vindos do oeste e sudoeste. Mais tarde, Nimuendajú revalida tal hipótese afirmando a vida errante dos Maku que, desconhecendo a cerâmica, a lavoura, a arte têxtil e as habitações permanentes, seriam populações de cultura rudimentar que habitam os centros da mata. O afastamento para as cabeceiras, ocasionado pela ocupação territorial tukana é afirmado por Bruzzi Alves da Silva, e figura, na visão de Métraux, como um deslocamento populacional face ao contato com os não indígenas, que teria resultado numa cultura decadente de grupos Maku-Nômades, descendentes de antigos Maku ribeirinhos e agricultores. Por fim, Reid toma como referência as narrativas hup para dizer que os Hupd'äh teriam vindo do leste e chegado àquela região. Seus ancestrais tinham na caça e na coleta suas atividades principais. O afastamento extremo para as cabeceiras foi simultâneo ao avanço da empresa da borracha, sendo a agência missionária um fator crucial para a fixação recente dos grupos Hup nas grandes aldeias ribeirinhas.

Ainda que tenham habitado as áreas ribeirinhas, penso que a sucessão de assentamentos nessa região das cabeceiras a situe como um *centro nodal* a partir do qual os diversos grupos Hup, ancestrais aos grupos regionais de Tạt-Dëh e Pij-Dëh, tenham mudado suas moradas ao longo de um grande intervalo de tempo. O *afastamento para as cabeceiras* pode ser visto, alternativamente, como uma *aproximação às cabeceiras*, durante dados períodos, uma aproximação a esses centros do mundo que parecem não ser nada estranhos nem aos senhores Hup e nem aos seus antepassados mais distantes.

Percorríamos caminhos que, ao levarem os Hupd'äh de uma Casa-de-Pedra à outra, os conduziram também de uma aldeia a outra, como ocorre com os voos das mariposas de tabaco. Viajando para as cabeceiras, os antigos movimentavam-se como Semente de Tabaco, Arara e outros tantos ancestrais que passaram por aquelas searas e, por vezes, ainda retornam a suas habitações ctônicas. Tomando as cabeceiras, e não os grandes rios, como pontos de partida para observar os movimentos dos grupos populacionais Hup, deixam-se de ter grupos Hup *pressionados* ou *refugiados* face ao inexorável avanço dos Tukano e Aruaque, ou dos brancos. Há, sim, grupos Hup que se aproximam desses centros e meios progenerativos para, a partir deles, lançar seus paris e interagir com esses Outros que são Onças, Trovão, jararacas, Tukano, brancos, Döh Ãy, vestidos e armados para trocas e combates, para a reciprocidade e para a predação.

É no percurso entre as rodas de coca, os caminhos e as Casas-de-Pedra, movendo-se como pessoa-corporificada, como pessoa-sopro ou como pessoa-onça vestida, que múltiplas condensações rituais ocorrem a partir do modo como os viajantes se posicionam num campo de rastros deixados pelos ancestrais, presas, feras, brancos, etc. Tomando as palavras de Deleuze e Guattari,

De um lado, as multiplicidades extensivas, divisíveis e molares; unificáveis, totalizáveis, organizáveis; conscientes e pré-conscientes — e, de outro, as multiplicidades libidinais inconscientes, moleculares, intensivas, constituídas de partículas que não se dividem sem mudar de natureza, distâncias que não variam sem entrar em outra multiplicidade, que não param de fazer-se e desfazer-se, comunicando, passando umas nas outras no interior de um limiar, ou além ou aquém. Os elementos destas últimas multiplicidades são partículas; suas correlações são distâncias; seus movimentos são brownoides; sua quantidade são intensidades, são diferenças de intensidade.[51]

---

51. 1995, p. 60.

Descrevendo a estrutura das rodas de coca, foi possível entender como a interação entre dono e apanhador situa ritualmente diferenças de clãs e de domínio territorial. Ao mesmo tempo, os comedores de coca devoram a carne e o osso do Velho Cobra e repetem os atos ancestrais de Semente de Tabaco. Simultaneamente, a esse *modo molar* de unificar, centralizar e organizar essa forma relacional de interação, as palavras, os deslocamentos oníricos aliam-se às andanças pelos caminhos e aos vômitos nos *họn họd* para explicitar esse longo processo ritual composto por linhas de fuga, itinerários que situam formas de desterritorialização, e permitem ver a matriz dessas ações ritualizadas não apenas como centros, mas também como meios de *progeneração* da vida. Situando suas percepções e ações ao longo de um campo complexo de ações ritualizadas convergentes, de campos de rastros, os sujeitos guiam-se por direções movediças entre a aldeia, o caminho e o morro; nem sedentários nem nômades, e muito menos seminômades, os viajantes caminham por paisagens selvagens, ctônicas, lácteas, celestes que os levam ao encontro de ancestrais, feras, vingadores antropófagos, tartarugas e profetas. As Casas-de-Pedra são assim centros e meios de *progeneração* da vida, que posicionam os benzedores dentro de uma Casa-do-Trovão às margens do Lago-de-leite. De lá, os viajantes aprendem a lançar seus paris e a transformar todos os caminhos em Rios-de-leite para a navegação numa Cobra-Canoa que os leva aos morros e à cidade de São Gabriel.

Lagos-de-leite

> Que nada,
> Minha porção mulher que até
> então se resguardara
> É a porção melhor que trago em
> mim agora,
> É o que me faz viver.
>
> GILBERTO GIL

BISIW E A CASA-DOS-ANIMAIS

O chão ressoa a cada passo. Dentro da Casa-dos-Animais, a superfície rochosa reveste o interior oco do morro. O granito reverbera os movimentos dos visitantes. Os ecos convidam os animais a deixar a habitação ctônica para, livres, percorrerem as matas. Mas a morada acústica denuncia a chegada de intrusos ao dono dos animais. Por isso, todo cuidado é pouco. O Bisiw, irmão maligno de W'ed B'ö', pode surgir a qualquer momento e aniquilar os viajantes.

Era para essa caverna que antigos xamãs, benzedores e pajés, rumavam quando a escassez das presas fazia a fome assolar as aldeias. No interior é possível ver ainda a grande pedra sobre a qual era aberta uma folha de bananeira. Um dos viajantes, munido com um bastão, arremessava sua arma com toda força contra o tecido rochoso. O estrondo penetrava o morro com seus ecos ordenando aos animais que abandonassem sua morada e ascendessem para a superfície terrestre.

Naquela manhã, quando chegamos à Hũ-Moy, a Casa-dos-Animais, Ponciano fez questão de demonstrar esse *chamado aos animais*,[1] batendo forte com uma vara na pedra. Entretanto, disse não ser mais possível fazer com que as presas saiam para a floresta dessa

---

1. A comparação da percussão ritual ao chamado sedutor da caça pelos assobios, como visto no capítulo *Viagem à Serra Grande*, permite perceber a batida na pedra como uma caça de batuque, algo próximo à análise de Lévi-Strauss para os Tupi-Kawahib (2004b, p. 287).

forma. Uma grande cerca, criada por feiticeiros inimigos, obstrui completamente a passagem. É por isso que as caças diminuíram tanto na região nos últimos tempos. Viajando oniricamente e penetrando o interior da Casa-dos-Animais, Ponciano e o pajé Armando viram essa barreira intransponível. Por vezes, o *sə̌w*, "pajé", cheira paricá, ruma como pessoa-sopro até a morada dos animais e encontra o Bisi̯w. Conversando diplomaticamente, procura fazê-lo liberar presas para circularem pelas matas. Como descreve Reid,

> Pensa-se que essas *casas* são subterrâneas, com acesso ao chão da floresta através de buracos e cavernas. Diz-se que cada uma dessas casas é muito semelhante a este Mundo superior, têm suas próprias malocas, plantações, igarapés e florestas, etc. Cada um deles é controlado por um *Nyo'om I* [...] um *mestre*. Alguns desses mestres espirituais possuem uma existência solitária, como é o caso de Dohai [...] Outros são mestres das *casas dos animais*, [...] e possuem um papel importante no controle de todas as espécies de caça e dos animais em geral. Além desses mestres dos animais generalizados, há casas florestais controladas por mestres espirituais de cada espécie de animal em particular. Embora os Hupdʉ sejam cientes de que os animas se reproduzem nessa Terra, eles também acreditam que alguns mestres de espécies criam-nos em suas casas subterrâneas. [...] De tempos em tempo, quando a caça se torna escassa, os xamãs podem entrar em contato com esses mestres espirituais e pedir-lhes que liberem mais animais para a floresta. Alguns Hupdʉ afirmaram que essas transações envolvem o pagamento da liberação de caça com almas humanas, enquanto outros disseram que os xamãs oferecem dádivas de fumaça de tabaco apenas aos mestres espirituais.[2]

Desse modo, a caverna dá acesso a um mundo subterrâneo pleno de malocas, roças e igarapés onde, sob o granito das rochas, diversos tipos de animais vivem, trabalham e praticam seus rituais. Dono dos animais, Bisi̯w parece ter um papel importante na reprodução desses seres que, atendendo a seus desígnios, abandonam a vida subterrânea e passam a habitar a planície florestal. Como a coca que acalma a fúria do Trovão, a troca com Bisi̯w se estabelece por meio do oferecimento alimentar quer de tabaco, um óleo para temperar sua coca, quer de *espíritos* humanos, entre os quais inimigos tukano ou pessoas Hup de outros grupos locais mortos com feitiços soprados pelos xamãs Hup. A viagem onírica do pajé e a viagem dos antigos benzedores revelam-se sequências de ações ritualizadas que, pelo uso da palavra e do estrondo percussivo, marcam formas de interação

---

2. Reid, 1979, p. 261.

com esse perigoso dono que cria e liberta animais, ao mesmo tempo em que devora e aniquila seres humanos.

Foi em meio a nossa incursão à Casa-dos-Animais que vi pela primeira vez as lascas de cerâmica espalhadas pelo chão. Os restos das cuias de Semente de Tabaco estavam próximos à pedra percussiva. Ponciano explicou que aquele morro tinha sido habitado pelo ancestral Hũt-Wäg antes da chegada de Bisiw e as Onças. Para fazerem *b'ok-kạb b'ạh*, "recipientes de cerâmica", os antigos queimavam o barro misturado com um pouco de madeira. As lascas no chão remetiam, assim, à criação da humanidade e manifestavam a presença desse ancestral, mestre dos encantamentos e narrativas míticas, fundamentais para a proteção, cura e crescimento das pessoas Hup a partir de seus ouvidos e de seus sopros vitais. A chegada de Bisiw e das Onças marca a perda de domínio dos ancestrais Hup sobre essa morada e, desse modo, sobre o controle da procriação e dispersão das presas.

Perto da Casa-dos-Animais havia também uma *Hõp-Moy*, Casa-dos-Peixes, um grande lago que é uma aldeia dos peixes. "É por isso que os igarapés daqui têm muitos peixes", disse Ponciano. Partindo desse grande lago, os peixes descem os igarapés e chegam ao curso dos rios. Ao descrever a importância dos morros para os Desana, Reichel-Dolmatoff diz que:

> As grandes serras rochosas que se elevam isoladamente na floresta são úteros onde vivem os animais silvestres e os poços profundos nas corredeiras são úteros subaquáticos onde moram os peixes. Os ninhos suspensos de certas aves como o papa-figo e o gaio (ambos *Icteridae*), se comparam com o útero, sendo o mesmo para os ninhos de colibris e periquitos (*Psittacidae*) que se aninham nas árvores ocas.[3]

Hũ-Moy k'ọd dạb pạ' nị̈!, "Dentro da Casa-dos-Animais há muito Dabucuri!", foi o modo como Ponciano descreveu a vida plena de festas e cópulas das presas no interior do morro. À luz do comentário de Reichel-Dolmatoff, creio que também para os Hupd'äh esse morro oco possa ser tomado como um útero ctônico. Cercada por feiticeiros inimigos, essa casa passou a ser um útero fechado que fez com que os moradores da região passassem a caçar cada vez menos. A pesca, tida como abundante ou suficiente em alguns igarapés, foi tornando-se cada vez mais a atividade diária de trabalho masculina. *Hũ meh*, "ca-

---

[3]. Reichel-Domatoff, 1986, p. 8-88.

çar", é hoje uma atividade esporádica e que encontra nas lembranças dos velhos a nostalgia dos tempos em que se comia muita carne.

Antes de chegarmos a esse nosso destino, paramos, e Ponciano acendeu um cigarro. Sopramos a fumaça em nossos corpos. Esse era um *tįwįt hamąp bi'įd tą'*, um "benzimento dos caminhos", preparado especificamente para proteger-nos dos Tëg D'ųh Hup, as Gentes-Árvore, cuja aldeia, sua Casa-da-Mata, está sediada próxima dali. Como visto em B5, as perigosas Gentes-Árvore precisam ser afastadas dos caminhos. Tal qual as Cobras, as Gentes-Árvore podem atingir os viajantes com seu "bastão", *kötöw-tëg*, e causar a terrível "dor de carne", *kĩkĩnĩ*. Por isso é preciso fazer com que larguem seu pedaço de tabaco e seus bastões de embaúba-*sãy* e de embaúba-*wąg* sobre o jirau dentro de suas casas. Se com bastões os antigos causavam o estrondo que abria o morro, com bastões as Gentes-Árvore são capazes de ferir e impedir a continuidade das viagens, protegendo assim sua morada dos intrusos.

Ora para alertar-nos, ora para ensinar-nos, nosso mentor não cansava de indicar árvores e arbustos durante o trajeto. Foi assim que conheci o *sarah-s'om*, planta cuja casca era usada para limpar o corpo durante o banho: *wähäd nįh sabaw*, "o sabão dos antigos", ria Ponciano. Provei as frutas da árvore *heb ąg*, de sabor muito doce, ideais para nossa merenda. Esfregando uma folha no rosto, o jovem Ari ensinou-me que a *węg k'et* era a folhagem com a qual os antigos Hup limpavam o rosto. Batendo a mão contra o tronco de uma árvore, Ponciano mostrou-me a *pẽy-tëg*, "pau-d'arco",[4] madeira extremamente dura e boa para a fabricação de arcos. A interação com as árvores e com as Gentes-Árvore fazia-se fundamental nesse nosso percurso de observação, possibilitando atos de rememoração e proteção que iam garantindo nosso deslocamento por aquelas paragens. Muito atentos, Ari e eu observávamos cada detalhe daquele universo que se constituía, pouco a pouco, como uma vasta região trazida à vida pela confluência dos percursos dos movimentos de humanos, animais e espíritos.

Na volta, quando já estávamos cruzando as roças da comunidade, Ponciano ouviu o som de um macaco. Percebendo o balanço das folhagens próximas, Ari começou a procurá-lo. Tinha seu arco e flecha preparado. Imitava com a boca o som do animal para atraí-lo,

---

4. *pẽy-tëg*, pau-d'arco (*Tabebuia sp.*), nome dado a várias espécies de árvores usadas para fazer arcos. Família das bignoniáceas. Cf. Ramirez (2006).

enquanto aproximava-se vagarosamente. Num instante, soltou suas armas e trepou nos galhos. Logo conseguiu agarrar o bicho que, na realidade, era um pequeno filhote assustado. Ponciano disse que o levaríamos conosco para que seus netos brincassem com ele.

Cansados da caminhada, fomos para a roda de coca logo que chegamos à aldeia. Já sentados ou preparando o alimento da origem, os senhores interromperam seus afazeres para ver as fotos que tiramos da Casa-dos-Animais. *Os veios das paredes são teias de jararaca*, comentou Luis. *Os antigos batiam na pedra e os animais saíam*, continuou. As crianças que brincavam perto da roda amontoaram-se em torno de nós. Arregalavam os olhos para ver as fotos e ouviam atentamente as histórias de Bisįw que Ponciano começava a contar. É sempre com muito medo que os pequenos ouvem sobre o Bisįw, pois esse ancestral é um abominável devorador de rapazes. As histórias que ouvi de Ponciano e Jovino em encontros noturnos em 2011 são correntemente narradas pelos avós a seus netos. Acredito que as versões abaixo permitam entender melhor esse mal estar com que os menores ouvem sobre esse dono dos animais.

MITO 15 (M15): *BISĮW*, O DEVORADOR DE RAPAZES

O Bisįw deu as flautas. Primeiro ele era igual a uma pessoa. O som dele zoava o som do Jurupari, da *tã'ạy*, "fêmea", e do *tiyi'*, "macho". O Bisįw transformou-se num toco onde os meninos entraram. Eles estavam imitando o som dele. Ele mostrou-lhes o corpo e seu som zoando. Falou para os rapazes fazerem uma festa para ele.

Cada povo conta o seu. A outra história começa assim, outra história ele vem na origem. Cada grupo vinha com a sua história. Para nós, o Bisįw era forma de pessoa. Ele e *Wẹd B'ọ̈'* são gêmeos e Bisįw é *puy'*, "irmão menor". Primeiro, ele tinha forma de gente, o corpo zoava.

Os meninos estavam imitando, ele mostrou como zoava o corpo. Pediu para as crianças fazerem Dabucuri. O Bisįw subiu na árvore de uacu e pediu para os rapazes não saírem debaixo do pé. As crianças assaram o caroço de uacu e a fumaça chegou para ele. Ele desmaiou. Depois, disse: "Vocês também vão sentir como eu senti". Aí, ele fez uma chuva. Transformou-se em toco e os rapazes entraram dentro dele. [Entraram pelo seu ânus[. Ele comeu todos os meninos. Um escapou, comeu uacu e foi avisar os pais. Os pais estavam querendo matá-lo, e não conseguiram. Ele foi para a Paç-Mọy, Casa-de-Pedra.

O pai do rapaz mandou preparar bebidas e falou para o pássaro *weyt*, "periquito", para avisar o Bisįw. O pássaro foi e começou a dizer a ele quais os tipos de bebida os homens tinham preparado. O Bisįw não queria aceitar, mas aceitou ir beber uma *sawi̯h dëh*,⁵ "caxiri da fruta de pau amarelo". Então, ele foi até a casa dos pais para beber. Deixaram uma panela de caxiri para oferecer a ele. A panela era de barro como faziam antes, uma *b'ok-ta̯w*. Deixaram essa panela para oferecer só para ele, pois o caxiri estava benzido para que ele logo se embriagasse. Bisi̯w falou: "Vocês querem vingança!" Eles foram pegar lenha e fogo. Empurraram-no. Ele queimou. Antes tinha dito: "Vocês vão cortar lenha, vão me queimar e vão sentir o que eu senti. Vocês vão brigar, vão matar, vão envenenar". Foi aí que começou o corpo dele desse jeito. Com esse fogo que queimaram o corpo dele é que apareceram as flautas.

Foi K'e̯g Tëh quem pegou as flautas e entregou para cada grupo no Lago-de-leite. Do corpo queimado dele surgiram as flautas, muitas. Outros grupos podem contar mais, saber mais, mas a gente conta assim. K'e̯g Tëh encontrou o Bisi̯w queimado e levou as flautas para o Lago-de-leite para dar à humanidade. As flautas eram os ossos de Bisi̯w. Do Lago-de-leite a humanidade veio embaixo d'água na *M'e̯h-Hoh-Tëg*, a Cobra-Canoa, até Ipanoré, *Hib'a̯h-Höd*. Então, desceram de novo até o Lago-de-leite e subiram de novo, invisíveis. Foi aí que K'e̯g Tëh entregou para cada grupo as flautas. Aí, a humanidade teve cada um a sua flauta. Já subiram com a flauta na canoa. Essa transformação da canoa foi em Ipanoré. Subiram todos os rios: Uaupés, Papuri, Tiquié. Subiram de canoa e vieram todos se encontrar nessa Serra da Menstruação, da Iniciação ou do Pedaço, *Tëh-S'i̯g-Mo̯y-Pa̯ç*. Saíram de canoa em Ipanoré e, andando, atravessaram em São Tomé, perto de Boca da Estrada. Lá tem a pedra onde eles atravessaram. Foram se encontrar nessa Serra da Iniciação e daí mostraram o que receberam.

Nessa Morada, *Mo̯y*, havia três casas. A primeira só tinha banco para sentar. A segunda era a casa dos homens com as flautas. A terceira, eles cercaram com pari para as mulheres ficarem dentro e não verem as flautas. Na segunda casa é que mostraram, entre os cunhados, o que receberam. Como agora que se faz a coca entre cunhados. Aí mostraram cada flauta. Todos os grupos foram mostrando e tocando até o final. Foi então que cada grupo se espalhou. Estavam lá os Tukano, os Desano.⁶

MITO 16 (M16): A GESTANTE TAPADA

Primeiro, nasceram os dois filhos. O Bisi̯w nasceu e o outro menino. Eram dois dentro da barriga, dizem. Já estava na hora de receber, de saírem os filhos, mas ela não tinha ânus [nem vagina]. A mãe não tinha ânus e já estava na hora de receber e saírem [os filhos]. Foi um ancestral que fez o ânus para ela.

---

5. *sawi tëg*, "pau amarelo", árvore da família das rutáceas, *Euxylophora sp.* Cf. Ramirez (2006). É uma árvore de terra firme que possui flores amareladas, aromáticas, frutos capsulares e uma madeira boa para artesanato (Silva, M.; Lisbôa, P.; Lisbôa, R., 1977).
6. Jovino, gravação sonora, 24 de agosto de 2011.

Ele acompanhou e benzeu na hora de nascer o Bisịw e o Wẹd B'ọ̈'. Fez o ânus para ela e depois se diz que a mãe não sabia. Ela esqueceu [que antes não tinha nem ânus nem vagina].

Naquele lugar, ela teve o Bisịw e o Wẹd B'ọ̈'. [O pai tirou os dois filhos, mas deu só W'ed B'ọ̈'.] Tirou os dois, mas escondeu um [Bisịw]. Entregou somente Wẹd B'ọ̈' para a mãe. Então, ele cresceu [ficou rapaz] sem mãe.

Dizem que morava só Wẹd B'ọ̈' e a mãe. Aquele que não teve mãe ficava sozinho [sem mulher], diz-se.[7]

Essas duas passagens da história dos gêmeos Wẹd B'ọ̈' e Bisịw foram contadas por Jovino e seu pai, Ponciano (M16). Na noite de 4 de julho de 2011, sentado ao lado do pai enquanto comíamos coca, Jovino traduzia a narrativa que era gravada por mim. Em alguns momentos, o narrador mencionava meu nome, ou deixava frases no ar para que eu repetisse como perguntas, enunciados fáticos que certificavam o narrador da atenção do ouvinte. Em muitos pontos da história, Ponciano parava de falar e perguntava aos demais, principalmente a Firmiano e Miguel, que pilavam e misturavam a coca. A partir dos comentários, acrescentava detalhes ou recontava trechos, compondo um modo polifônico de tecer a narrativa entre afins. Jovino havia chamado seus filhos para sentarem-se à roda e ouvirem o avô. Outras crianças juntaram-se a nós, e, mesmo algumas mulheres que tinham vindo pedir fumo, acomodaram-se perto para ouvir a narrativa. Atentos à fala, os senhores pediam silêncio quando as crianças começavam a fazer barulho. Ao final, Ponciano pediu para ouvir a gravação. A emissão fez todos rirem da voz de Ponciano imersa nos sons do pilão e das panelas do preparo da coca.

Um mês depois, numa roda de coca, Jovino sentou-se ao meu lado e continuou a contar a história dos gêmeos. Conversamos longamente sobre a história de Bisịw e das "flautas Jurupari", *döhö̈ d'äh*. Quando era criança, por volta dos dez anos de idade, ele e Marino fugiram de suas mães, escondidas na mata, enquanto os homens tocavam as flautas. Correram para perto da maloca e espiaram os homens que dançavam soprando os instrumentos. O avô de Jovino surpreendeu-os. Homem bravo e zeloso quanto às interdições rituais, repreendeu-os e obrigou-os a participar de todo o cerimonial. Essa foi a primeira vez que Jovino viu as flautas.

Em M15, Bisịw pune as crianças transformando-se em um toco de pau. Cria uma tempestade no céu para que elas busquem abri-

---

[7]. Ponciano, gravação sonora e tradução, 4 de julho de 2011.

gar-se em seu corpo. O ser, que tem forma de gente, zoa à medida que se movimenta. O som de seu corpo será depois o som das flautas Jurupari, macho e fêmea. Ele pede aos rapazes que façam um Dabucuri, enquanto sobe para apanhar frutas uacu. Em vez de fazerem o Dabucuri, eles queimam o caroço de uacu. A fumaça ascende e faz Bisịw desmaiar. Irado, ele transforma seu corpo, envolve os rapazes e devora-os com seu ânus. Ele, então, foge para uma Paç-Mọy, onde se esconde dos pais vingadores. Já em M16, os gêmeos desenvolvem-se no útero de uma mulher sem ânus nem vagina. É preciso que seu esposo faça o ânus e a vagina para que as crianças possam nascer. Os gêmeos são separados sendo que o segundo, irmão menor, é afastado em segredo pelo pai e cresce sem mãe. Da mesma forma que as mulheres são interditadas de ver as flautas Jurupari, essa mãe não vê o filho cujo corpo queimado dará origem aos *instrumentos sagrados*.

Dentro da Casa-dos-Animais, temíamos a aparição desse dono com quem os xamãs devem interagir para obter as presas. Os ossos de Bisịw dão origem à flautas Jurupari, ancestrais clânicos trazidos à vida pelo sopro de seus filhos nos eventos rituais. Como poderá ser visto à frente, essa interação ritual com os ancestrais fabrica o corpo dos participantes, endurece a pele, cerca par proteger das doenças.[8] De modo diferente, Bisịw faz com que os Hup'äh sofram o que ele sofreu. A briga, a morte e o envenenamento surgem simultaneamente ao aparecimento das flautas, com a queima do corpo. Como ressalta Reid,

Muitos dos poderes dos Baktupdɨ são atribuídos aos mestres dessas casas. Eles são imateriais e imortais e, assim, potencialmente perigosos aos humanos por poderem causar doenças, morte e azar. Caso alguém mate algum membro das espécies protegidas por eles, os mestres podem ficar extremamente bravos, a ponto de expressarem sua raiva agitando a água dos rios, fazendo ventos fortes, trovões e relâmpagos. São seres solitários que ocasionalmente vagam pela floresta desta Terra durante a noite, caçam outros animais e almas humanas, especialmente as das crianças.[9]

Dono dos animais, Bisịw cerca-os em sua morada, assegura a reprodução das presas obstruindo sua saída do morro. Se o útero materno tapado assegura o desenvolvimento dos fetos, o morro tapado regenera a vida animal criando essa espécie de útero ctônico. Em sonho ou em caminhada, os xamãs penetram a morada de Bisịw

---

8. Ver capítulo *Sopros na noite*.
9. 1979, p. 263.

como pessoa-sopro, *hɨ̃wägät*, ou como pessoa-corporificada, *sɨpɨt*. O estrondo sonoro do tambor rochoso e a palavra diplomática são os dois modos de ação xamânica que permitem que a interação com esse dono dos animais resulte na abertura do morro para que as presas saiam para a mata. A desobstrução da passagem parece em tudo análoga à criação, pela palavra paterna, de orifícios no corpo da gestante para o nascimento dos gêmeos.enquanto M15 pode ser visto como uma narrativa sobre o canibalismo anal ao qual os humanos estão sujeitos caso desrespeitem o ancestral, M16 revela a possibilidade de abertura e nascimento através do uso correto da palavra. Caso não haja o pedido formal de permissão a esse dono, além de diminuírem os animais, os caçadores Hup tornam-se presas fáceis desse ancestral, que rouba e devora o *hɨ̃wäg*.

Descrevendo as relações entre humanos, espíritos, animais e plantas que se dão em torno da caça e da comensalidade para os Makuna, Århem afirma que:

Para os Makuna da Amazônia colombiana, todos os seres — espíritos, humanos, animais e plantas participam de um campo de interação social definido em termos de predação e troca. O aspecto central de sua ecocosmologia vem a ser a elaboração da predação humana como uma troca revitalizante com a natureza. Essa troca é modelada pela regra da reciprocidade entre afins e pelas trocas entre homens e deuses mediadas xamanicamente.[10]

O deslocamento onírico do xamã e o toque do tambor de pedra parecem ser formas constantes de interação com o dono e com os animais baseadas igualmente na reciprocidade e na predação. Entender como se dá essa troca e em que medida ela é a condição para a revitalização de presas e seres humanos fazem-se objetivos importantes para uma melhor compreensão sobre como os encontros noturnos contribuem para a regeneração da vida em suas mais distintas formas, possibilitando o nascimento e a cura como processos que envolvem a junção do *hɨ̃wäg* e a viagem da pessoa Hup. Um percurso pelo universo da concepção e do nascimento ajudará a entender melhor a importância da relação com o Bisiw, ser que é a um só tempo um dono dos animais, a matéria prima das flautas e um introdutor de sofrimentos na existência humana. Esse percurso dará também mais elementos para a descrição do papel dos *comedores de coca* na geração da vida e da cura.

---

10. 1996, p. 186.

ib' mǫy, a «casa-da-vida»

Ainda com o gosto de cachaça na boca, caminhei vagarosamente pelos cômodos da casa. Espiei pelo vão da porta e sorri. Mulheres, moças, meninas, senhoras, todas sentadas a contemplar a mãe e a bebê. A água escorria suavemente da mão e tocava a pele delicada. O choro povoava o quarto, a casa e a aldeia, com o som da vida recém-chegada. Na bacia de metal, a pequena Marijane parecia sentar-se no meio de um imenso lago. Fora da barriga, ela começava a conhecer o mundo pelas mãos ternas de sua mãe, Tereza. Em volta, as mulheres riam. Comentavam sobre os traços maternos e paternos da bebê. Era a mais nova filha do clã Pij Nową Tẹh Däh. Na porta da casa, o pai, Elias, orgulhoso, oferecia a todos as deliciosas doses do Tịh Wähạd Töd, o Velho Barreiro.

Naqueles dias de março de 2012, a chegada do casal com a filha recém-nascida tinha sido motivo de alegria e preocupação. Com a gestação avançada, a professora Tereza fora obrigada a deixar a aldeia e viajar para São Gabriel. Cumpria demanda burocráticas da Secretaria Municipal de Educação. Deu a luz no quintal do escritório da ONG-SSL onde a família estava abrigada. Paulina, sua sogra, acompanhou-a, pegou a criança e cortou o cordão umbilical. O velho Firmiano, o avô paterno, foi quem soprou com cigarro e breu o Tẽh Bi'ịd, o *benzimento do filho*, para proteger os pais e a bebê durante o nascimento. Houve pouco tempo para o resguardo e para o jejum. Antes de conhecer sua casa, a recém-nascida navegou as águas escuras dos rios Negro, Uaupés e Tiquié. A febre e o pouco leite materno foram os primeiros desafios vencidos pela pequena em seus poucos dias de vida.

Um mês depois, sentados à roda de coca, os senhores angustiavam-se. O choro da bebê ecoava. *Ǫt mịgị*, "choro enlouquecedor", comentavam os xamãs enquanto comiam a coca e fumavam cigarros. Tereza tentava consolar sua filha no colo. Ninava. Oferecia o peito. Nervosa, a avó aproximava-se de Firmiano para pegar mais um cigarro benzido. Defumava a mãe e a criança. O *choro enlouquecedor* é tido como uma doença terrível ocasionada pelas tentativas dos seres malfazejos de roubar o sopro vital da criança em sonho. É preciso que os xamãs regenerem o *hạwäg* e amarrem-no com linhas firmes para segurá-lo no peito do bebê.

Ao meu lado, Samuel comentou que as condições adversas do nascimento tinham tornado frágil a proteção criada pelo avô através do *benzimento do filho*, já que a menina chorava sem parar e estava ficando muito doente. Samuel levantou-se e mostrou a fuligem impregnada nas palhas do telhado da cozinha: "Na viagem pelo Rio-de-leite, o *bi'ịd hup ĩh*, 'xamã-soprador', acompanha a criança. Vai mostrando todas as Dëh-Mọy, Casas-do-Rio. Caso não a proteja da fuligem oleosa do telhado dessas casas, a criança pode ficar muito doente, faz muito mal para ela". A exposição da neófita à intensidade térmica, oleosa e fumacenta da fuligem dessa casa habitada pelas Gentes-Cobra parece familiarizar a criança com a perspectiva desses seres e causar uma abdução da substância vital que tem um efeito patogênico sobre ela. Para entender melhor esse processo de adoecimento vivido pela bebê, creio que seja importante adotar o ponto de vista de McCallum, tentando mostrar como o corpo é:

> [...] definido por fatores externos a ele, que os processos sociais e sobrenaturais se misturam, sendo feitos por outros indivíduos em um fluxo contínuo que envolve a alimentação, restrições alimentares, aplicação de remédios, pintura corporal, batismos rituais e treinamento formal. Os Kaxinawá veem esse fluxo como parte das relações de parentesco e afinidade (consanguinidade), e o crescimento saudável de uma criança depende dos laços com seus parentes próximos, até que ela atinja uma idade a partir da qual poderá contribuir para o desenvolvimento de outra pessoa, especialmente o próprio cônjuge ou filhos.[11]

A jornada pelo Rio-de-leite para trazer o sopro vital da mãe e do bebê ocorre quando o xamã realiza o *benzimento do filho* e desloca-se *hạ̈wägät*, "como pessoa-sopro", pelo cosmos até a paisagem da criação para *tẽh yohọy*, "procurar o filho". A mesma expressão é utilizada para falar dos jovens casais que passam longas horas juntos na rede *procurando o filho*, distantes do convívio da aldeia. Casais que já possuem filhos procuram seus novos rebentos indo juntos à roça para *ạnạy*, "fazer amor". Cientes do que possa estar ocorrendo, os demais filhos ou parentes próximos evitam aproximar-se das roças quando o marido vai ajudar a esposa. Em dias de festa de caxiri, é comum que os amantes deixem a maloca e dirijam-se a locais reservados próximos aos caminhos. Ainda que estejam cientes da ausência, evita-se perguntar ou procurar pelo par, pois os ciúmes de uma esposa, marido ou pretendente podem gerar sérias brigas, além de atrapalhar *a procura*. É no fluxo da viagem xamânica e da cópula

---

11. 1998, p. 221.

que ocorrem afastamentos do benzedor e do casal, no início dessa busca para corporificar a pessoa.

Ponciano contou-me o Tẽh Bi'ịd logo depois que seu filho, Samuel, foi mordido por uma jararaca. Ressaltou que esse era um dos encantamentos mais importantes tanto para a *procura do filho* quanto para a regeneração do *hạ̈wäg*, no caso de doenças. Por isso, eu deveria gravá-lo e logo transcrevê-lo para o Livro de Benzimentos que estávamos escrevendo.

BENZIMENTO 6 (B6): *TẼH BI'ỊD*, «BENZIMENTO DO FILHO»

1º MOV   Primeiro, fazemos as mulheres sentarem para ter filhos. Falo para todos os animais grandes. Fiz e disse já. Da floresta, [eu menciono] as pacas,[12] os caititus,[13] os porcos,[14] as antas.[15] [...] Vou falando para os filhos de animais pequenos. Menciono os ossos grandes do quadril. Menciono o fêmur das pacas fêmeas para fazer as mulheres sentarem. [...] Menciono a abertura das pernas da paca e começo a fazer a mulher sentar. Falo para o porco quando as mulheres terão o primeiro filho. Menciono o fêmur e a abertura das pernas das porcas para que a mulher sente. Vou falando para as porcas e fazendo-as abrir suas pernas. [...] Vou fazendo a mulher sentar-se de pernas abertas. Refiro-me, então, à égua. Faço-a abrir suas pernas para que a mulher Hup se sente. Falo para a égua, para a anta fêmea e para seus ossos do fêmur. Faço as fêmeas sentarem-se para a mulher sentar-se de pernas abertas.

Comentário   Quando as mulheres vão dar à luz, elas gemem e seguram a cabeça. Por isso, eu sopro para fazer a mulher Hup dar à luz ao gemer. Dizem que os animais não gemem quando vão ter filho. Eles ordenam e dão à luz. [...] Quando a mulher vai dar à luz, seu gemido, saindo, pode causar doença para a criança.

2º MOV   Faço sair o banco para que a criança nasça e saia pela abertura da mãe. Quando a criança vai nascer, ela está sentada em seu banco com seus pertences primordiais: faca, punhal, bastão e pedra-semente. Falo para ela ir saindo pela abertura. Falo para que o banco, assento da criança, saia também. Diz-se que o menino já tem as suas coisas. [Sopro também] para os pertences da mulher. Faço a mulher sentar no seu banco como faço a samambaia de pintar sentar-se em seu banco.

---

12. *Agouti paca.*
13. *Tayassu tajacu Linnaeus.*
14. *Tayassu pecari.*
15. *Tapirus terrestris.*

Comentário   Assim, a mulher saberá sentar para ter o filho vagarosamente como a samambaia. A criança sentada sovina seus pertences, seus bancos. Quer permanecer sentada. [No momento de seu] nascimento, a criança está sentada em seu banco. Faço as coisas e a criança saírem juntas pela abertura.

3º MOV Então, sopro a placenta. Do contrário, a criança pode morrer. Falo para transformar a água [do banho] em água-pura [...] Menciono o sumo de maracujá, o sumo *k'ög* da fruta *tat* pequena e o sumo da fruta *tat* grande. Vou transformando essas águas-puras e banhando a mãe para fazer com que a criança saia pela abertura. Transformo [a água do rio] em água-pura de sumo de cucura, em água-pura de sumo de cucura-*k'ög kinịm*. Para banhar a criança e fazê-la nascer rápido pela abertura, menciono o sumo de cucura *pẹj pĭg*, a água-pura da cucura grande, o sumo de abiu.

Comentário   Se não for feito assim, a criança pode ficar doente. Por isso, vou fazendo e dizendo o encantamento da placenta para as crianças.

4º MOV Naquele lugar, eu profiro o benzimento de modo breve para ver se pega. Espero a criança sair e, com o breu, sopro o lugar onde a mulher está. [...] Benzo com breu para cercar a cuia de beber *caarpi* dos bichos-de-pé. Falo para os bichos-de-pé *k'ọ̈b*, para os bichos-de-pé *nạw*, para as abelhas mamangaba, e cerco seus potes de beber *caarpi*. Menciono as minhocas. Cerco seus potes de beber *caarpi*. Falando dessa forma para esses seres, eles não farão mal para a criança. Menciono as minhocas grandes, as cobras-de-duas-cabeças. Cerco suas cuias de beber *caarpi*. Quantos desses seres houver, é preciso cercar todos os potes de beber *caarpi*.

Comentário   Do contrário, podem oferecê-los à criança e fazê-la sofrer de *ọt mĭgĭh*, "choro enlouquecedor". Cerco a cuia de beber das mamangabas, dos calangos, das minhocas, das cobras-de-duas-cabeças. Cerco tudo.

º MOV   Sopro com breu, defumo, solto e firmo o pari-breu no chão para o nascimento da criança. [...] Solto e coloco no chão o pari-lâmina-de-patauá, o pari-lâmina-de-bacaba, o pari-lâmina-de-inajá, o pari-lâmina-de-bacaba-*sịwịh wöh*, o pari-de-bacaba-cotia. Menciono e sopro os paris e, com o breu, solo e dobro o pari em torno da mãe e da criança.

PISAR   Piso forte o chão. Dentro da casa, eu coloco o menino que nasceu no pari. Vou fazendo-os [mãe e filho] entrar na casa e sentar. Começo a soltar os paris sobre o chão. Menciono a Gente-Nạh, a Gente-Sạ̈y. Falo para as facas da Gente-Sạ̈y. Faço-os juntar [as armas], entrar em suas casas e ficar em pé. Faço com que as Gentes-Sạ̈y, o *Sọ Hup ĭh*, as Cobras, os B'atịb', as

Gentes-Árvore entrem e fiquem em pé. Faço-os largar e juntar suas facas. Faço o mesmo para a Gente-Mariposa e para a Gente-Borboleta. Cerco todas as suas cuias de beber *caarpi*.

Comentário   Se acaso suas cuias de beber não forem cercadas, essas gentes podem dar de beber à criança e ela sofre de *choro enlouquecedor*.

6º MOV   Vou para cima e cerco a faca primordial de *Wero Hup Tëh ɨh*. Quando ele acende [sua lenha corporal] para a criança [ela adoece]. Faço *Wero Hup Tëh ɨh* subir ao céu com sua lenha incandescente, entrar em sua casa e voltar-se]com a cabeça] para cima. Cerco. [...] Sopro a cuia e o mingau da mulher para quando ela entrar. Falo para o mingau, [...] menciono todos os tipos de beiju de tapioca. Lavo o óleo do beiju-de-tapioca-*wöwǫw*, do beiju-de-tapioca cunuri, do beiju-de-tapioca-*kǫk kǫh tjg*, do beiju-de-tapioca-de-maniva-vermelha. Cerco as lagartas, suas tesouras e suas cuias de *caarpi*. Sopro a cuia de beber mingau [da mulher].

Comentário   A mulher deve ficar um dia inteiro parada.

7º MOV   No dia em que a mulher fica parada, faço-a sentar [e sopro] a mãe e a criança com a folha *bųy k'ęt*. [...] Vou até a beira do Lago-de-leite, tiro a folha *bųy k'ęt* e trago-a para cá. Lá, à beira do Lago-de-leite, faço a mulher sair, sentar-se e banho seu corpo com a folha *bųy k'ęt*. Vou juntando o *hǫ̈wäg* da mulher. Menciono as plumas e o banco de plumas do pato d'água, o banco de plumas do pato *pųųp* d'água, o banco de plumas do *wäwäw*, "pássaro", chamo o sopro vital e faço-o sentar-se no banco. Falo e faço a mulher sentar para que engorde. Para ela, eu vou chamando o *hǫ̈wäg* e fazendo-o sair [das casas] e sentar-se. Defumo com a *bųy k'ęt* e trago [o *hǫ̈wäg*]. Quando a mulher vai ter filho, menciono o banco de plumas e a faço sentar. Menciono todos os bancos-de-plumas e faço o osso do fêmur dela ficar como o osso do [pato] macho. Transformo o ombro da mulher e seu *täy tëg* no enxó de plumas [do pato]. Somente dessa forma a criança engordará. Falo e faço sair o *hǫ̈wäg* defumando com a folha *bųy k'ęt*. Junto o *hǫ̈wäg* e desloco-me com ele para dentro de nossa Casa-de-Nascimento, Dëh-Säk-Mǫy, na boca do rio. Vou para o meio do rio, para a cabeceira e reúno o *hǫ̈wäg*. É preciso juntar o *hǫ̈wäg* da criança, pois ele está completamente espalhado. Pego, reúno e faço-o entrar e ficar em pé.

8º MOV   No momento do nascimento, faço os peixes, as minhocas grandes, as cobras-de-duas-cabeças entrarem em suas casas. [...] Chamo todo o *hǫ̈wäg* [da criança], faço-o sair e dou banco. Faço-o sentar-se no banco de plumas do pato *pup* d'água, no banco de plumas do pato d'água. Então, [o *hǫ̈wäg*] vem. Trago a folha *bųy k'ęt* da beira do Lago-de-leite, a folha pequena e a folha grande, para defumar a mulher e [banhar] seu corpo com água. Tiro o *hạ̈wäg* da mulher [e da criança], faço-os sair e sentar. Desloco-me para o outro lado do Lago-de-leite, para o final. Lá eu tiro a folha-da-mulher-da-mata [...] para banhar o corpo da mãe. Banho o corpo e o *hạ̈wäg* da mãe com sabão. Sigo fazendo seu *hạ̈wäg* sair e sentar. Naquele lugar, falo para afastar as formigas pretas, as formigas de fogo, as formigas taracuá. Cerco todas essas [formigas], pois pode haver essas formigas na árvore *sarah-s'ọm*.[...]

9º MOV Tiro o *hạ̈wäg* e venho trazendo. [...] Eu venho trazendo direto e passo pelas diversas Casas-do-Rio. Entro dentro da Casa-do-Rio e continuo subindo. Entro na *Hup-Mọy*, Casa-Hup. As mulheres ancestrais sobem junto [conosco]. Desço um pouco. As mulheres ancestrais vêm subindo junto e, naquela casa, [sopro] para que o corpo da mãe não arrebente. Arrebento o carajuru. [O *hạ̈wäg*] está em pé. Faço-o sentar no banco. Continuo subindo e vou colocando [o *hạ̈wäg*] dentro da pessoa. Desço novamente. Sigo para outra casa, outra Casa-do-Rio e falo. Subo desde onde estão os ancestrais [moradores] daquela casa. Falo e rumo para outra casa. Falo, subo e fico em pé. Sigo direto para Iauareté. Afasto-me para o local de onde as mulheres ancestrais voltaram. [...] Fico em pé dentro daquela Casa [Hup]. Continuo soprando e fico em pé dentro das casas. Faço [a mãe e a criança] sentarem-se em seus bancos primordiais. Venho trazendo seus bancos [para que se sentem]. Faço [a mulher] sentar e segurar seu punhal. Prossigo subindo [o rio]. Faço-os [a mãe e o filho] portarem seus punhais e sentarem-se. Atenuo as cores daquela casa para que a criança não fique louca, não sofra com o *choro enlouquecedor*. Continuo subindo e ficando em pé naquelas casas.

10º MOV Então, eu me afasto de Iauareté, continuo subindo e ficando em pé (dentro das casas) por onde os ancestrais passaram. Vou até Caruru-Cachoeira. Fico em pé e desço até o rio Negro. Subo, fico em pé, tiro (o *hạ̈wäg*) continuamente. Retorno e desço até o rio Tiquié para ir até a Casa-dos-Ancestrais, lá onde eles foram e ficaram em pé. [...] Subo e fico em pé. Eu entro. Continuo subindo e ficando em pé. Desço novamente. Volto a subir e a ficar em pé sempre que passo pelos locais de chegada dos ancestrais em Caruru-Cachoeira. Rumo para a região acima de Pari Cachoeira. Fico em pé. Lá há um banco primordial. Desço novamente e começo a voltar até o rio Japú, lá onde [a Cobra-Canoa] parou, na boca [para sair cada grupo e espalhar]. Naquele lugar, nós subimos, pois foi lá onde a Cobra-Canoa nos deixou. Venho trazendo [o *hạ̈wäg*] até aqui. Novamente, falo para os B'atịb'.

11º MOV Para a mulher sair para sua roça, eu menciono os tocos da roça, as abelhas, os calangos, as Gentes-Árvore, os B'atịb' e cerco suas cuias [de *caarpi*] e suas facas. Cerco todas as [suas armas]. Para quando [a mulher] voltar [da roça] e entrar em casa, eu falo para a água-pura dela [leite], essa água que ela tem. Faço-a sentar-se em seu banco de leite, deitar-se em sua rede-de-leite. [Para que possamos] chegar até aqui, para sair, [sopro com] a *bụy k'ẹ̈t*, eu vou retornando e parando. Com a *bụy k'ẹ̈t* eu falo para [todos os pertences da mulher]. Cerco para que a criança possa descer para o porto. Falo e defumo [a mãe] com a *bµy k'ët*. Com o cheiro [da folha], eu cerco [a mãe] [da ameaça] do *Ẹd Hup ĩh*, [para que] ele não fique bravo com o odor dela. Dessa maneira, eu cerco [a mãe] da Gente-Sãy, das Cobras-de-duas-cabeças. Menciono e tiro as Gentes-toco-de-pau. Cerco-os para que a criança possa descer à beira para o banho.

12° MOV [Faço com que a criança e a mãe] estejam dentro da canoa dos cabeçudos pequenos, das canoas do pato d'água e do inambu d'água. Faço borbulhar e, quando a mãe e a criança vão para a beira, faço-os estar dentro da canoa [para protegê-los] dos seres malfazejos. Para que, quando estiverem banhando-se, esses seres não causem doenças [...] Cerco os filhos d'água, os seres d'água e suas roupas. Faço com que [a mãe e a criança] desçam [para a beira]. [Os seres que estão] abaixo [eu vou fazendo] virarem suas caras para baixo, faço-os entrar [em suas casas], sentar, viro suas caras para baixo [oeste], faço-os entrar e sentar. Viro [a cara] para outro lado [...] Faço-os entrar [na casa], subir e ficar em pé olhando para outro lado [leste].

PISAR Então, faço a mulher subir, ficar em pé. Para nós já está bom. Nós fizemos tudo e ela já pode sair.

O encantamento revela-se uma longa jornada ao Lago-de-leite. Ele envolve a interação com diversos seres, a passagem por muitas casas ancestrais e a manipulação de elementos como folhas, fumaças, bancos e armas. Pensando com Merleau-Ponty,[16] a pessoa Hup constitui-se em movimento, "porque o movimento não se contenta em submeter-se ao espaço e ao tempo, ele os assume ativamente, retoma-os em sua significação original [...]". Atos de mostrar e atos de rememorar combinam-se no curso da viagem da Cobra-Canoa, que passa a ser a viagem do nascituro. No curso desses deslocamentos, o sentir se faz a *comunicação vital com o mundo que o torna presente* para si como lugar familiar de sua vida. E nesse itinerário de socialização encontram-se igualmente os riscos da familiarização da pessoa com perspectivas de outros seres como as Gentes-Cobra.

É em meio aos movimentos e deslocamentos da mãe que o feto se forma e se desenvolve no útero. As gestantes mantêm seus afazeres durante toda a gravidez. Vão à roça diariamente e continuam a carregar seus cestos *mạj*, "aturás", pesados, cheios de manivas, para preparar o beiju e a manicuera. Apesar de alguns maridos as ajudarem com mais frequência nas atividades agrícolas, carregar o aturá pesado, puxado pela cabeça por uma cinta de casca de embira e apoiado na

---

16. 2011, p. 149.

região lombar, é visto com uma ação importante para que a mulher tenha força na hora do parto. Carregar os aturás ajuda a fortalecer e a enrijecer o quadril e a região lombar, estruturas que suportam os cestos carregados e melhoram a capacidade de dar à luz.

No momento do parto, o primeiro movimento listado acima, para proteger a mãe e a criança, o xamã menciona os filhotes e as fêmeas de mamíferos, como a paca, o caititu, a porca, a anta e a égua. A semelhança criada entre os ossos grandes do quadril das fêmeas e da mulher Hup possibilita que a mãe assuma a postura *pęmęy*, "acocorada", considerada ideal para dar à luz. No útero, o bebê encontra-se sentado em seu banco de vida, segurando suas armas e seus instrumentos. Para que a criança saia devagar com seus pertences, o benzedor retira o assento e os pertences masculinos ou femininos do feto, e cria uma semelhança entre a mãe sentada e um tipo de samambaia, uma planta utilizada antigamente para as pinturas corporais. É possível dizer que no curso de seus movimentos diários a mãe transforma seu corpo para sentar. A mobilidade materna gera um feto sentado. Apenas o preparo físico da mãe e a ação xamânica desalojam o bebê e despertam os seus movimentos próprios, conduzindo-o ao nascimento, o segundo movimento. Se, como aponta Viveiros de Castro, *o corpo humano precisa ser, periodicamente, submetido a processos intencionais de construção*, no caso Hup, essa construção se dá em movimento (1979, p. 31).

Depois de benzer o caminho e a roça com breu, a mãe já pode começar a carregar seu bebê pelos percursos diários e reassumir seus afazeres agrícolas. Depois de alguns meses, os bebês são carregados junto ao seu corpo apoiados no quadril. Por vezes, tipoias feitas com casca de envira são utilizadas para liberar os braços e as mãos da mãe. Um pouco maiores, as crianças penduram-se nas costas dos pais, agarrando-se nos ombros ou nos cabelos. Mulheres com ossos da bacia avantajados são consideradas mais belas e boas para a maternidade. Conforme os bebês vão crescendo, é possível vê-los transitar para lá e para cá no colo de meninas que, muitas vezes, não têm mais que quatro anos. Habilidosas desde cedo, as irmãs e primas apoiam os pequenos nos ossos de suas bacias, curvam o tronco lateralmente, correm e inserem os bebês em suas brincadeiras sempre de modo cuidadoso e terno. Pensando com Caiuby Novaes, a socialização vai se dando no curso dessa manipulação do corpo do bebê possibilitada pelos movimentos integrados e pelo contato constante com a mãe.

As cuias de *caarpi* dos seres que povoam as imediações da roça familiar são cercadas para que a mãe volte a seus afazeres tendo seu bebê sempre consigo. As roças são clareiras na mata que expõem as agricultoras ao calor e à luminosidade intensos. Por isso, viajando para o céu, o benzedor, nos sexto e décimo primeiro movimentos, faz com que *Werǫ Hup Tẽh Ĩh*, o Sol, entre em sua morada com sua lenha corporal e olhe para cima. Nessa postura, esse poderoso ser não vê nem a mãe nem a criança e, assim, não causa febre ou dores de cabeça. A proteção desse ente, que é uma fonte perigosa de calor, faz o xamã benzer também o mingau e o beiju, alimentos preparados com o calor do fogo a partir da maniva colhida pela mãe. O mingau cozido e o beiju assado são as principais fontes de alimento do casal durante a *couvade*. O mingau resfriado pelo sopro dos pais é também o primeiro alimento a ser introduzido ao bebê além do leite materno. Por isso, o xamã lava o óleo dos diversos tipos de beiju para que não lhe façam mal, e cerca a cuia de *caarpi* das lagartas da maniva.

Desse modo, para que mãe e bebê possam voltar a movimentar-se juntos, é necessário um período de pouca mobilidade, restrita à casa. Em B6, Ponciano enfatiza que no primeiro dia a mãe deve ficar completamente parada, imóvel, descansando em sua rede. O retorno aos afazeres agrícolas ocorre depois de uma progressiva recuperação da mobilidade que se inicia com as idas ao rio para banhar, passa pelas visitas às rodas de mulheres no final da tarde até que conquista novamente a segurança para transitar pelos caminhos e pelas roças. A prerrogativa desse momento de calmaria contrasta enormemente com o deslocamento do xamã, que vai do céu ao fundo do rio, transitando por uma vasta região do cosmos. Logo se entende o problema gerado pelo retorno de São Gabriel, que levou Marijane e seus pais a exporem-se ao sol forte e às ações de muitos seres que os fizeram sofrer com febre e dores de cabeça.

As águas da bacia com que Tereza banhava sua filha indicavam a impossibilidade do banho de rio devido ao odor de sangue ainda impregnado em seus corpos. A partir da placenta, o xamã transforma as águas do rio nos sumos, águas-puras, de várias frutas para banhar a mãe e o bebê. O xamã, no sétimo movimento, usa a fumaça da folha *bųy k'ęt* para evitar que Ęd Hup Ĩh, habitante das profundezas dos rios, sinta o odor da mãe e expresse sua ira. Para que mãe e bebê possam ir juntos ao porto banhar-se, entram nas canoas do cabeçudo, *quelônio*, do pato d'água e do inambu d'água.[17] Os seres aquáticos dirigem-se a suas moradas, abaixam suas cabeças ou viram-nas para um lado em que não vejam a mãe e o bebê. Na hora do parto, os bebês nascem com o rosto virado para baixo, o que aponta para uma semelhança entre a postura suscitada aos entes aquáticos e o momento de expulsão. Apenas depois de realizar todas essas ações acompanhadas do resguardo e do jejum é que a mãe e o bebê poderão sair de casa em segurança. É possível dizer, com McCallum,[18] que se percebe o "corpo como sendo afetado e construído por diferentes processos materiais que ocorrem perto ou dentro de seus corpos, como no *couvade* e nas 'relações de substância' de forma mais geral"

Os cuidados com os pés do bebê vão sendo cada vez mais constantes à medida que ele passa da fase *sąk k'ëtëy noh kiri*, "levanta e cai", para a fase denominada *sąk k'ët hąmąwąy*, "levanta-se e vai andando". Um nó é dado numa folha de açaí para que a criança nunca perca o rumo e consiga sempre voltar para casa depois de percorrer as trilhas na mata. No começo da noite, a mãe esquenta uma bacia de água e banha os pés da criança para aliviar a dor. Pela manhã, os pais pedem para seus filhos maiores apanharem espinhos de patauá no mato. Começam, então, a extração de bichos do pé do bebê que chora no colo paterno com as espetadas. Tão logo a criança nasça, a fumaça do breu e/ou do tabaco ajudarão a protegê-la, cercando as cuias de *caarpi* do bicho-de-pé, das abelhas, das minhocas, das cobras-de-duas-cabeças, dos calangos. Aceitando beber o *caarpi* oferecido por esses seres em sonho, a criança sofrerá de *ǫt mĩgĩ*, "choro enlouquecedor" (B6). Assim, por meio desses cuidados externos, os familiares protegem a criança para que dê seus primeiros passos, ao mesmo tempo que começa a deslocar-se oniricamente.

Às margens do Lago-de-leite, o xamã colhe as folhas *bųy k'ęt* e faz o sopro vital da mãe e da criança sentarem-se em bancos-de-plumas de diversas aves. O mentor leva-os para a Casa-do-Nascimento, Dëh-Säk-Mǫy, onde reúne os fragmentos dos seus *hąwäg* que, antes, estavam distribuídos pelas casas ancestrais. Na cabeceira, o meio do rio, a pessoa torna-se uma *singularidade múltipla* que, ereta, entra no corpo como quem entra numa casa. Chamar e fazer sair o *hąwäg*

---

17. No que diz respeito à mitologia, a associação entre patos e canoas é mencionada por Lévi-Strauss como uma relação estabelecida por muitos povos indígenas. Segundo o autor, a transformação de canoas em patos leva esses últimos a incorporarem objetos técnicos a si mesmos (2004, p. 194).

18. 1998, p. 217.

espalhado pelas diversas casas é um movimento contínuo e simultâneo ao nascimento que concentra a *pessoa distribuída* do bebê, cujas partes se encontravam dispersas pelo ambiente. Essa ação de junção da pessoa parece análoga à formação do feto, pois para que o bebê se forme por completo no útero é necessário que o casal tenha muitas e constantes relações sexuais durante a gravidez, "tem que transar mais de trinta vezes até a barriga crescer e o bebê nascer", contou a sra. Edvirges da aldeia de Pĩg-Dëh, Nova Fundação, à equipe da SSL durante uma oficina de saúde sexual e reprodutiva. Nas palavras de Lolli,[19] "as ações de procurar, reunir e colocar os componentes das pessoas fazem que essa pessoa distribuída volte a se concentrar no corpo da pessoa".

O xamã começa, então, a conduzi-los de volta à aldeia e aos seus corpos viajando pelo Pud-Dëh, o Rio-de-leite. Ao longo do percurso, uma navegação, os viajantes param diante das casas primordiais, as Casas-do-Rio, Dëh-Mọy, moradas das Gentes-Cobra. O mentor entra com seus protegidos e mostra os interiores, os objetos mobiliários e os moradores. O xamã fica em pé em cada uma dessas casas, mas faz com que mãe e criança sentem-se e estejam munidas com seus punhais, dada a ameaça dos inimigos. As fortes cores de algumas casas devem ser atenuadas para que a criança, recém-saída do útero, um outro mundo, não adoeça com o *choro enlouquecedor*. O pari-breu, feito com diversos tipos de madeira, é colocado embaixo e em torno da criança, protegendo-a a partir do chão. As Gentes-Árvore, Gentes-Sãy, Gentes-Na' (Mortos), Gentes-Cobra, B'atịb', Gentes-Arco-Íris, Gentes-Mariposa começam a largar suas facas, suas cuias de *caarpi* e posicionar-se em pé para esperar a chegada do xamã.

Ainda que perigosa, a passagem e a visita às Casas-do-Rio fazem-se importantes, pois quando dorme, o recém-nascido desloca-se *hạ̈wägät* como pessoa-sopro pelo cosmos. Certamente transitará por essas casas, cujo percurso conheceu ao nascer. Guiando o neófito, o xamã ensina-o a interagir nesses espaços sem que seja afetado pela agência desses seres, algo próximo ao que McCallum descreve para os Kaxinawá,

O relacionamento correto entre o corpo e o ambiente é determinado acima de tudo por estados de consciência. O mundo consciente, da vigília, dos parentes vivos, é o lugar onde atua um corpo social saudável. O invisível mundo dos sonhos está presente na floresta ou em cidades distantes, porém

---

19. 2010, p. 83.

é invisível para a pessoa em estado de vigília. É o lugar onde atuam espíritos desencarnados que já perderam o poder da ação física. Ainda assim, ambos os mundo são *conhecidos* por uma pessoa [...] e este conhecimento é vital para os assuntos vivos.[20]

A complexidade da sequência de ações exigidas nessa viagem *hãwägät* faz com que, muitas vezes, um detalhe, um movimento, um gesto seja esquecido, o que pode ocasionar doenças ou mesmo trazer o risco da morte. Os perigos que envolvem o primeiro parto de uma mulher exigem que o benzimento do filho seja enunciado e soprado muitas vezes até *hisu'*, "pegar". Ponciano contou-me que, se o primeiro parto for bem benzido, há uma diminuição progressiva na quantidade de ações xamânicas que devem ser realizadas nos partos subsequentes. Considera-se que o corpo da mãe e do pai já foram devidamente preparados para os eventos de parto, o que diminui os riscos.

O benzimento do filho é composto de muitos encantamentos como o *hãwäg bi'ịd*, "benzimento do sopro vital", o *n'ạn bi'ịd*, "benzimento do bicho-de-pé", o *bụy k'ẹt bi'ịd*, o "benzimento da folha *bụy k'ẹt*", dentre outros que podem ser somados pelo xamã para garantir a proteção e concentração da pessoa distribuída.[21] Nessa tradução apresentada acima, muitos desses encantamentos correspondem aos movimentos, sequências de ações e interações realizadas pelo xamã em dadas regiões do cosmos, os *planos-casa*. Como em relatos de viagem, é comum que nas exegeses de benzimentos em cada um dos *movimentos* haja explicações e comentários que instruem o ouvinte aprendiz sobre as ações que precisam ser executadas em um deslocamento.

O aprendizado e a habilidade de um benzedor para a realização desse encantamento variam enormemente. Resultam dos aprendizados com o pai, da participação nas rodas, das viagens oníricas, da quantidade de jornadas ao Lago-de-leite já realizadas e dos conhecimentos de caça e pesca. Os detalhes dos trajetos, das moradas e dos elementos presentes nos vários ambientes, bem como a destreza para a manipulação das fumaças, líquidos e matérias vitais aprimoram-se com o tempo e com a quantidade de filhos e netos de um *wähạd*, um "velho Hup". Nesse sentido, os processos sociais constantes de *pro-*

---

20. 1998, p. 233.
21. Caiuby Novaes, descreve de forma semelhante para os Bororo a concepção como sendo um processo de união das forças vitais que se concentram como *rakare* (1986, p. 160).

cura do filho dependem de *pessoas que sabem fazendo outros corpos que sabem.*[22]

CHORO ENLOUQUECEDOR

Para os senhores Hup, uma das causas do *choro enlouquecedor* da pequena Marijane fora a exposição que sofreu à fuligem oleosa do telhado de uma Dëh-Mọy, uma morada das Gentes-Cobra. No caso, a "cura", *nawayạ*, depende da conversa dos afins nas rodas de coca, da nova execução do encantamento e da observância às restrições alimentares e de comportamento pelos pais. Pensando e conversando, como fizeram os ancestrais quando receberam a coca e o tabaco (M13), os senhores Hup buscam a origem, a causa do mal para ajudar o avô ou a pessoa responsável pela ação xamânica a refazer o benzimento. Retornando ao Lago-de-leite, é preciso juntar novamente o sopro vital do recém-nascido e protegê-lo bem com paris e fumaças, atenuar as cores e brilhos, transformar todas as águas em sumos de água-pura para restituir o *hạ̈wäg* ao peito e acalmar o choro. Interrompe-se a identificação com a perspectiva não Hup e neutralizam-se os agentes patogênicos que afetam a bebê. Para Lolli, são as ações de neutralização, construção e proteção que vão permitindo a melhora do doente, e no caso, o nascimento da pessoa.

A fumaça do caroço de ucuqui queimado pelos rapazes faz Bisịw sofrer com uma *pȩ̈'*, "doença", um desmaio.Esse devorador de *hạ̈wäg* de crianças faz a humanidade adoecer para sofrer como ele, causando doenças e males. O *choro enlouquecedor* pode ser visto como uma primeira doença, um malefício que acomete a criança em seus momentos iniciais de vida, tão logo deixe o ventre materno. Como a fumaça do ucuqui queimado, a fuligem é o resíduo da fumaça gerada pelo fogo de cozinha. Essa sujeira insere a criança em pleno contexto culinário das Gentes-Cobra, algo que gera o risco da identificação com sua perspectiva pela partilha de substâncias. Como menciona Steele,

Seja através do incenso, do perfume ou da comida, a sincronização olfativa acompanha as transições vitais nos ritos de passagem que vão do nascimento à morte, estando presentes também nas observâncias religiosas. Há ampla evidência dessa hipótese nas culturas amazônicas. A fragrância facilita as transformações na religião, na magia e nos rituais de cura.[23]

---

22. McCallum, 1998, p. 236.
23. Steele, 2006, p. 233.

Nos termos do autor, a exposição da recém-nascida à fuligem da morada das Gentes-Cobra promove uma *sincronização olfativa* que talvez levaria a neófita a assumir a perspectiva desses perigosos seres que se incomodam facilmente com o cheiro de sangue dos corpos da mãe e do bebê. Além disso, a fuligem é considerada um resíduo oleoso. Como visto em b1, orifícios corporais devem ser abertos para que a pasta, ou óleo, da coca seja expelido, deixando o corpo pela sola dos pés. Essa pasta é o cerume da vagina de uma Mulher Peixe filha de um Velho Cobra (m9).

Para as cobras, o sangue da mãe e do bebê cheiram a timbó, contou-me Samuel certa vez. Muito utilizado para tinguejar os igarapés, o veneno dessa raiz se dispersa na água e atordoa ou mata os peixes e cobras d'água que passem pelo trecho em que as famílias pescam.[24] Os peixes são facilmente capturados com a mão, arco e flecha ou cestos. Como será visto à frente, a Cobra-Canoa transporta dentro de si Gentes-Peixe que se transformarão em humanos ao saírem.

Em b6, a partir da placenta, o xamã transforma as águas para banhar a mãe e o bebê. O líquido placentário torna-se água-pura de maracujá e de fruta *tat*. As águas do rio passam a ser as águas do sumo de cucura para banhar. O termo em língua hup para placenta é *tẽh yųd*, "roupa", "envoltório do filho". Como me explicou a sra. Catarina, depois do nascimento a placenta deve ser jogada no rio, pois ela é *hǫ̃p tip*, "ovo de peixe". Assim, durante a gestação o feto desenvolve-se recoberto por sua roupa, como um humano, mas também dentro de um ovo de peixe. Os banhos com sumos das frutas do mato, remédios humanos, talvez possibilitem diferenciar o bebê hup das Gentes-Peixe, transformando o ambiente e as estruturas que envolvem o feto. A floresta passa a ser o lugar de origem dos líquidos, e não o rio, a *tẽh yųd*, e não o *ovo de peixe*. Jogar o ovo no rio mostra também essa necessidade de separar e diferenciar o bebê Hup enquanto humano Hup.

Ao mesmo tempo, se vestidos com a roupa-muçurana os andarilhos aparecem como uma gigantesca devoradora de jararacas, o ovo de peixe, uma roupa, faz o bebê humano aparecer para as Cobras como um alevino no ovo. Vestido em sua roupa-ovo, o nascituro protege-se dos riscos de ser identificado como um inimigo fedorento ou um assassino de peixes com timbó. A sincronização olfativa do bebê

---

24. Lévi-Strauss refere-se à percepção do sangue menstrual como sujeira e veneno como sendo generalizada para as populações ameríndias (2004b, p. 193).

com as Cobras através da fumaça, da fuligem, ou do óleo culinários atingem-no por essas afecções inimigas, enquanto as Cobras ofendem-se com o odor de sangue e timbó do corpo infantil e materno, o que as conduz ao ataque e à predação. O *choro enlouquecedor* é uma doença causada pelo *hạ̈wäg s'ẽkẽy*, o "roubo do sopro vital", que faz o recém-nascido sofrer como os rapazes que se recusaram a fazer o Dabucuri, como os caçadores que matam presas sem a autorização do dono.

Partindo da reflexão de Buchillet, é possível dizer que, como para os Desana, haja também para os Hupd'äh a busca etiológica para identificar a causa e o agente responsável pela *pë'*, "doença", podendo haver "doenças de feitiço", *döh pë'*, causadas pela ação maléfica de xamãs, e as "doenças de animais e espíritos", *hạ̈wäg pë'*, provocadas por seres como Bisịw, Gentes-Cobra, bichos do pé, etc. quando utilizam suas armas, corpos ou objetos.

Febres, tosses, diarreias, dores musculares, ferimentos são *pë'* e exigem que o doente fique em repouso deitado em sua rede. Depois de beber uma cuia de caxiri, é comum que o bebedor franza a testa e diga ao companheiro do lado: *huptök pë'*, "esse caxiri é forte". Embriagados, os festeiros se deitam em redes, ou no chão, e quedam-se *äg nạ'ap ĩh däh*, "bêbados" ou "mortos de bêbados". Quando mordem uma pimenta forte ou preparam um caldo de peixe com muito tempero, diz-se *kọw pë'*, "a pimenta arde". A exposição a estímulos visuais, como as luzes coloridas da televisão ou a luminosidade solar forte, gera *käwäg pë'*, "dor na vista". O mesmo ocorre quando se ouvem barulhos e estrondos que sujam o ouvido e causam *b'otọk pë'*, "dor de ouvido". Assim, a noção de *pë'* assemelha-se à descrita por Lolli para os Yuhupdëh, aproximando doença e embriaguez por derrubarem a pessoa, mas também expressa a exposição a estímulos sensoriais intensos que têm efeito patogênico.

Se o banho com fumaça e sumos,[25] o *hạ̈wäg*, o barulho do gemido, o odor da fuligem, e o forte colorido das pinturas causam doenças poluindo ou perturbando a pessoa a partir de seus sentidos. Visão, olfato e paladar são sentidos que parecem ser potencializados no nascimento, uma viagem pelo Rio-de-leite ao longo da qual, a qualquer momento, o sopro vital da mãe e do bebê pode ser abduzido e desconstruído pela ação dos muitos seres malfazejos incomodados pelo odor ofensivo exalado por seus corpos. Ao deslocar-se, o neófito co-

---

25. *S'ịd*, "lava".

meça a ver, ouvir, cheirar e tocar. Nos termos de Steele, o percurso ao longo do caminho da Cobra-Canoa é uma experiência sinestésica que leva a uma ativação intersensorial que vai concentrando a pessoa distribuída no corpo à medida que paisagens, objetos e seres vão sendo apresentados, manipulados e observados pelo neófito. O risco da exposição pelos atos de mostrar do mentor ou pelo retorno onírico do bebê *hǎwägät* seria talvez um excesso de poder de reconhecer *outros*, de familiarizar-se, estando suscetível sensorialmente a assumir perspectivas não humanas.

A viagem do Tẽh Bi'ịd é assim um percurso de socialização que fabrica não só o corpo e a pessoa, mas também constitui os sentidos para os distintos regimes de percepção. Essa jornada revela-se uma longa experiência sensível, "um processo vital assim como a procriação, a respiração ou o crescimento".[26] Pensando com McCallum, o *corpo é um agente construído no fazer social*, a pessoa corporificada do neófito, *hǎwägät* e *sạpạt*, é "feita crescer" por intervenções constantes que se dão por meio do envolvimento do novo ser nos percursos e movimentos da mãe e do xamã.

Tẽh yohọy, a "procura do filho", e *Tẽh bị'ịy*, "fabricar o filho", mostram-se processos longos e cuidadosos de fabricação da pessoa dos quais participam desde parentes próximos até afins mais distantes. Na *busca da filha* de Tereza, xamãs afins a Firmiano, como Ponciano e Miguel, sopraram cigarros e mingau para curar e proteger a bebê. As senhoras Catarina e Maria estavam sempre próximas à casa da avó Paulina, contribuindo com conselhos e plantas medicinais. Traziam raízes e folhas de suas roças para o preparo de remédios, além de segurarem e ninarem a pequena bebê quando preciso. Por muitas noites, os senhores Hup discutiram o *tẽh bi'ịd*, seus trajetos, casas e movimentos para entender o que tinha causado o *choro enlouquecedor*. Apenas quando concluíram que o avô não tinha protegido o *hǎwäg* da bebê da fuligem oleosa é que começaram a tentar ações xamânicas que pudessem proteger melhor a criança e assegurar-lhe a vida. Estavam, desse modo, ajudando Firmiano em sua agência xamânica e fazendo a pequena Marijane surgir no curso de seus próprios movimentos ao longo do mundo.

---

26. Merlau-Ponty, 2011, p. 31.

O LEITINHO DOS VELHOS

Pũ'ũk, tĩh wähạ̈däh hidnịh pud-dẹ̈h, "a coca é o leitinho dos velhos", dizia Tereza, rindo e sentando-se ao meu lado na roda. Sua brincadeira revelava um modo de percepção do alimento de origem. Além do consumo antropofágico da carne e dos ossos pilados de M'ẹh Hup ĩh, o Velho-Cobra, os encontros noturnos são também momentos de amamentação coletiva, não de bebês, mas de senhores que preparam e degustam o pó verde. A piada ficava mais engraçada quando Tereza pegava o pote de coca dos donos e dizia brincando: *lata de leite ninho!* Benzendo e conversando diante do Lago-de-leite, sentados em seus bancos de leite, os velhos riam, concordando com a professora, afinal, estavam mamando.

Na hora do parto, o feto encontra-se sentado em seu banco de leite, segurando seu punhal, sua faca e seu bastão. Como no peito dos pajés, os nascituros têm pendurada uma pedra-semente, um quartzo, fonte de importantes poderes xamânicos. Durante toda a gestação, a criança alimenta-se com a coca e o tabaco, substâncias que a fazem crescer. Referindo-se à alimentação dos pais bororo durante a gestação, Sylvia Caiuby Novaes[27] afirma que "evidentemente, os padrões alimentares têm papel de destaque desde a gravidez, pois é já a partir desse momento que se inicia o processo de criação do indivíduo, não como mero ser biológico, mas como alguém que deverá portar uma identidade social". Nesse sentido, os pertences e a comensalidade dos fetos comedores de coca e dos velhos que mamam parecem apontar para um jogo de inversões rituais que aproxima pessoas que ocupam posições simetricamente inversas e extremas no ciclo vital. Refletindo com Houseman e Severi, as identificações entre o feto, um noviço, e o xamã, um iniciador, colocam-se através de um campo complexo de relações estabelecido no curso da convivência intensa dos avós com seus netos.[28]

Após o resguardo, para que os pais possam voltar a seus afazeres, é comum que os avós cuidem de seus netos durante o dia enquanto se dedicam ao artesanato, consertam instrumentos de trabalho ou simplesmente descansam em suas redes. Os netos divertem-se nos períodos que passam com seus avós. São eles que contam as histórias

---

27. 1986, p. 159.
28. Numa nota de *Do mel às cinzas*, Lévi-Strauss menciona a importância da relação simétrica entre o adulto na força da idade e o nascituro concebida por muitos povos ameríndios (2004b, p. 193).

que saciam aos poucos a curiosidade de suas infinitas perguntas sobre o mundo. Nesses diálogos, longas narrativas míticas são transformadas em histórias curtas para que as crianças comecem a conhecer os diversos seres que habitam o mundo e suas características principais. As ações e movimentos de alguns encantamentos são sintetizados pelos xamãs aos pequenos para prepará-los desde cedo. Na presença dos netos, os avós falam sobre a vida nas Moradas Antigas onde habitaram com seus antepassados. Comentam sobre a opulência dos Dabucuris, grandes banquetes plenos de carne de caça e imensa variedade de peixes e frutas. Mostram em seus corpos como os antigos se adornavam ricamente com cocares, pinturas, pulseiras, flores, sementes. Descrevendo a relação entre os avós e seus netos para os Piro, Gow dirá que:

Os mitos são *tsrunnini ginkakle*, "histórias dos antigos". Essas histórias são contadas pelos anciões aos jovens num ambiente de intimidade e de descanso. [...] É porque seus netos estão interessados que os anciões contam-nos essas histórias. Pelo que pude perceber, é simplesmente o fato de estarem interessados que motiva a contação de histórias: o contador quer contá-las e os ouvintes querem escutá-las. O estímulo para que se conte essas histórias parte das próprias crianças.[29]

Como no evento narrativo de M15, o interesse dos netos em ouvir as narrativas leva os velhos a contar com base em sua experiência de vida. Assim, as viagens de Ponciano à Casa-dos-Animais fazem-no contar a história de Bisiw a partir de sua participação em eventos rituais e de suas visitas oníricas. No mesmo sentido, as muitas viagens xamânicas realizadas pelo benzedor ao Lago-de-leite tornam-no capaz de sintetizar as ações e trajetos aos netos.

Tịh wähạd, "velhos", "anciões", e *tịh wähạd bịgay*, "velhos antigos", são os termos utilizados para referir-se aos idosos. O nascimento do primeiro neto faz um *pụb*, "adulto", passar a ser chamado *wähạd*, "velho". No início, os corpos dos *wähạd* ainda estão duros como a casca das árvores mais resistentes. Seus pés são firmes e quase sem unhas, tendo sido moldados pelo chão dos caminhos percorridos, na maior parte das vezes, descalços. Seus membros rijos garantem não só a locomoção por longas distâncias, mas também o carregamento de troncos e aturás extremamente pesados. É comum que os netos acompanhem seus avós nas viagens a outras aldeias para conhecer seus parentes. Seguindo-os, os netos começam a conhecer as trilhas,

---

29. 2001, p. 79.

os igarapés, os locais de caça, as Moradas Antigas e as aldeias distantes. No curso dessas viagens, muitas histórias são contadas pelos avós, que indicam, na paisagem, os vestígios deixados pelos ancestrais. Como durante nossa caminhada à Hṹ-Mọy, deliciando-se com o sabor das frutas da mata, observando pegadas ou brincando com os filhotes de animais, os netos vão familiarizando-se com aspectos de um universo que será a referência para a prática xamânica e para os afazeres da caça e da pesca. A viagem pelo Rio-de-leite e a viagem pela mata são caminhos vividos que inserem as crianças em contextos para a aprendizagem através de suas ações e movimentos.

Já os *antigos* passam a maior parte do tempo na aldeia, pois não conseguem mais deslocar-se pelos caminhos. Os *tịh wähạd bịgay* caminham pela aldeia apoiados em seus *söh tëg*, "bastões", "cajados", e muitas vezes são guiados pelas mãos de um neto ainda criança. Enquanto os fetos seguram seus próprios bastões no útero, o cajado torna-se importante para que o avô consiga deslocar-se e participar do convívio da aldeia, auxiliado pelo neto. A dificuldade de audição, de locomoção e mesmo de fala, devido à ausência de dentes, vai transformando os *wähạd* em *bịgay*. Deixam de ser procurados para realizar ações xamânicas, pois não conseguem concentrar seu pensamento para deslocar-se. Erram caminhos cósmicos, deixam de realizar ações importantes. Tornam-se incapazes de cercar ou proteger. Em suas narrativas, confundem personagens e passagens dos mitos. Iniciam, assim um processo fundamental de "esquecimento", *himihịn*.

Após a morte, esquecendo seus descendentes, o morto seguirá como pessoa-sopro, ou duplo, seu caminho rumo à Serra Grande, e seu duplo sombra, B'atịb', se afastará da morada da família para a floresta. Inversamente, as primeiras palavras do bebê são justamente os termos de parentesco, geralmente formas carinhosas de referir-se aos pais e irmãos. A fala expressa o início do *hipạ̈hạ̈y*, "saber", que vai inserindo o bebê na sociabilidade familiar. Num extremo, está aquele que começa a esquecer para partir, no outro, aquele que começa a aprender e a reconhecer para chegar. Como descreve Gow,

Os avós e netos piro encontram-se através do ciclo de vida nesse mundo vivido: aqueles próximos ao final do processo de *nshinikanchi* e estes no início. À medida que se aproximam da morte, os anciões vão ficando *cansados de viver* e prontos para tornar-se algo diferente, pessoas mortas. Seus próprios entes queridos, com os quais eles passaram suas vidas, são agora pessoas mortas e *tsrunni*, "pessoas antigas", para seus parentes jovens.[30]

Com a perda da dentição e a dificuldade na locomoção, a coca passa a ser a base da alimentação. Além disso, pedaços de beijus, frutas, peixes, etc. são oferecidos quando o *antigo* chega à casa de seus inúmeros descendentes para complementar sua dieta. No sentido inverso, o aumento da dentição e a capacidade de arrastar-se pelo chão são sinais de que o bebê já pode comer peixes, formigas manivaras, certas frutas da mata e carnes de caça, desde que esses alimentos sejam devidamente benzidos. O desmame é uma ação fundamental para que o bebê comece a ser visto como *tih d'ö'*, uma "criança". Enquanto a coca passa a ser a base da alimentação dos *antigos* complementada por uma dieta livre de restrições que insere a pessoa num processo de lembrar para esquecer, o leite, após o nascimento, é a fonte exclusiva de nutrição do bebê que vai aos poucos lembrando para reconhecer.

Uma das formas de referir-se ao recém-nascido é chamá-lo de *bahạd tụ ay*, "aquele que acabou de aparecer". O colo da mãe e da avó são os abrigos confortáveis e seguros para o bebê nessa fase. A expressão *hib'ạh tēh d'äh*, "ancestrais", pode ser igualmente traduzida como "gente do nascimento" ou "gente do surgimento". O verbo *bahạd* designa o aparecimento e o surgimento, iluminando a proximidade entre o nascituro e os ancestrais, ambos como seres do surgimento. O paralelo entre os deslocamentos dos ancestrais e do nascituro permite considerar a viagem xamânica do parto e a viagem da Cobra-Canoa como movimentos que criam a vida, a existência como mobilidade. Sentado e adornado em seu banco às margens do lago, o útero, ou navegando pelo rio, o nascituro é ao mesmo tempo um ancestral e um neófito.

Pensando com Anne-Christine Taylor, a coca do feto e o leite dos velhos levam à identificação entre ambos a partir da comensalidade das rodas de coca e do pós-parto. Da mesma forma, os pertences do nascituro dotam-no de uma aparência humana específica, a dos antigos, ou ancestrais. O nascimento ganha assim um sentido de reaparição. Nas palavras da autora, "segue-se disso que ser um ser humano real e vivo implica apresentar um tipo especial de aparência corporal, praticar certos tipos de comportamento comunicativo e social, e possuir certos estados de consciência" (p. 205).

---

30. 2001, p. 89.

Deitados em suas redes de leite, os avós deslocam-se oniricamente depois das rodas de coca. O avô encontra seus ancestrais e aconselha-se sobre qual o melhor nome a ser dado a seu neto recém-nascido. O nome cerca o *hąwäg* no peito, faz com que o sopro vital mantenha-se concentrado na Hãg-Sąk-Mǫy, a Casa-do-Pulsar. Às margens do Lago-de-leite, dentre os muitos nomes que constituem o estoque onomástico de seu clã, o avô deve chamar o ancestral cujo nome será dado ao neto. Evocando o nome do antepassado, o xamã retira e concentra as parcelas distribuídas do espírito desse ancestral, dispersas pelas muitas moradas. Com essa ação, o avô refaz a vida do antepassado na junção dos elementos para formar e cercar o novo ser. O nome próprio protege das investidas de seres maléficos, preservando-o das doenças. Após o período de resguardo, o avô sopra a fumaça do cigarro benzido no corpo do bebê para que receba o *sopro vital* do ancestral clânico cujo nome lhe será atribuído. Através da nominação, o ancestral regenera-se pela nova vida concebida com o sopro xamânico. Segundo Athias,

> [...] o nome de um ancestral é trocado e colocado em um recém-nascido. Cada clã tem em geral um conjunto de cinco a sete nomes próprios para sexo feminino e para sexo masculino. Esses nomes se repetem e são dados de acordo com a ordem de nascimento dos ancestrais. Na realidade, o recém-nascido é trocado por um ancestral. E ele se tornará efetivamente membro do clã quando esta troca se efetivar. O filho primogênito recebe o nome de seu avô. Este, por sua vez, o recebeu do seu próprio avô. Os filhos que se seguem podem receber qualquer um dos nomes dos irmãos mais novos do avô ancestral. [...] Aí lhe é dado o fôlego, o sopro da vida, o sopro do ancestral comum e fundador do clã. Essa cerimônia é feita com a criança perto do homem mais velho de referência para o clã ou pelo avô paterno, caso esteja vivo.[31]

Nesse jogo de identificações, o feto sentado surge como os ancestrais que, após o chamado de K'ęg Tĕh, sentaram-se em seus bancos e, às margens do lago, receberam a coca, o tabaco, o bastão, as flautas Jurupari, a zarabatana, os adornos rituais e as pinturas corporais (M14). Em B6, depois de concentrar as pessoas da mãe e do bebê, o xamã começa a conduzi-los na viagem de volta pelo Rio de Leite, visita as Casas-do-Rio. Ao longo dessa jornada, o nascituro e a mãe aproximam-se dos ancestrais, homens e mulheres, de suas moradas e de seus pertences. Simultaneamente, enquanto se desloca, o xamã faz o *hąwäg* entrar no corpo e abrigar-se no peito, na Hãg-Sąk-Mǫy

---

31. 2006, p. 15.

da pessoa. Parece haver, dessa forma, uma semelhança entre o corpo materno que abriga o feto sentado e a paisagem da criação.

Durante a gravidez, o ventre e o peito maternos tornam-se Lagos-de-leite. O leite forma-se no seio, Pud, próximo ao peito, à Hãg-Sak-Moy. Essa parte do corpo, que pode ser traduzida como "peito", é onde se situam o coração e o pulmão. Esses órgãos são percebidos pelos Hupd'äh principalmente pelos movimentos de pulsar e inflar, através do verbo hãg-sak, "pulsar", "respirar". Como em B'otok-Moy, "orelha" ou Casa-da-Audição, o substantivo *moy*, "morada", "casa", adere para compor o sentido de uma Casa-do-Pulsar, do Respirar, que é também uma morada do *hãwäg*, "sopro vital", e, portanto, uma *ib' moy*, uma Casa-da-Vida. A semente de pedra, um quartzo peitoral, talvez seja, nos pajés e no nascituro, a cristalização de um Lago-de-leite que protege a partir do peito.

Além da Casa-do-Pulsar, ou do Respirar, e da Casa-da-Audição, outras partes do corpo são descritas por expressões compostas pelo substantivo *moy*. A *Katit-Moy*, "garganta", "pescoço", "boca" é também uma Casa-da-Fala, ou do Paladar, uma morada vital que precisa ser protegida. Criança pequenas e bebês são adornados com colares de miçangas benzidos pelos xamãs para que tenham seus pescoços cercados. O nariz, *töj*, pode também ser chamado *Töj-Moy*, Casa-da-Respiração. Todas essas regiões corporais estão ligadas a modulações do ar pela fala, respiração e sopro. É a partir dessas casas que se torna possível a transformação do regime corporal *sapat* em *hãwägät*. "Caminhos corporais", *sap tiw*, estendem-se de uma casa a outra traçando os elos entre os sentidos que permitem os distintos regimes de percepção. As casas-órgãos situam-se às margens do Lago-de-leite e ligam-se por caminhos que fazem do corpo a própria superfície das viagens cósmicas. Às margens do Lago-de-leite, a Casa-do-Pulsar, a Casa-da-Audição, a Casa-da-Respiração e a Casa-da-Fala assemelham-se à Casa-do-Sol-Nascente, à Casa-da-Cabeceira, à Casa-do-Meio, à Casa-do-Trovão.

Desse modo, viajando para a paisagem da criação distante, o xamã percorre os caminhos corporais e retira as parcelas distribuídas simultaneamente das Casas-Ancestrais e das Moradas-Órgãos corpóreas, corporificando os poderes de criação e de movimento do ancestral. As moradas corporais às margens do Lago-de-leite parecem apontar para uma noção de vida expressa pela própria cosmografia do corpo.

A pessoa corporifica a essência da localidade em seu próprio ser, formando, na junção dos sopros vitais, a substância de sua identidade.

A percepção de *lagos-de-leite*, casas vitais e caminhos no corpo faz da pessoa Hup um nexo em si, um elo generativo do ser com o mundo. Sentados em seus bancos, os fetos comedores de coca e os velhos que mamam têm um lago diante de si, e fazem convergir as potências generativas para si. O corpo transforma-se, portanto, num lago de destino, assim como a vista do alto da Serra Grande. O corpo da mãe, o do bebê e o do xamã são a própria paisagem da criação, o lócus topográfico das potências em si. Desse modo, começa-se a entender em que medida o nascimento exige um cuidadoso manejo de potências primordiais.

O feto comedor de coca e o velho que mama identificam-se reciprocamente como pessoas, pois constituem um contexto de interação particular que possibilita a reciprocidade inicial entre ambos para que o nascituro dê seus pertences de velho a um velho e possa nascer como um bebê. Se, após a nominação, o bebê é o ancestral, ao longo da primeira infância, a convivência com os avós é fundamental para que os noviços comecem a reconhecer, e os velhos comecem a esquecer. Nas rodas de coca, alimentando-se com a coca, com o leite, os senhores Hup postam-se diante do Lago-de-leite, criam e movimentam-se no universo imanente da paisagem da criação. Como a paisagem da origem, o corpo mostra-se um ambiente pleno de casas situadas às margens de um Lago-de-leite. O corpo materno revela-se a própria paisagem da criação, diante da qual o feto se situa sentado e recebe seus pertences rituais, começando a vida como um velho em plena roda de coca.

A PANELA INVERTIDA

Órfã de mãe, ainda menina, a professora Tereza perdeu o pai, brutalmente assassinado por índios Tukano que reivindicavam para si o domínio sobre o local onde o homem Hup pescava. Ela foi levada pelas freiras salesianas para viver no internato de Pari-Cachoeira. Única menina Hup a estudar em sua época, Tereza teve que enfrentar muito cedo as chacotas, as violências e o preconceito por parte dos demais alunos da escola, que se recusavam a ter colegas Hupd'äh. Obrigada pelas freiras a falar unicamente o português, ela foi aos poucos esquecendo sua língua materna. Apenas quando já era moça, voltou a morar com seus parentes em Tạt-Dëh. Casou-se com Elias, teve um filho, Zeferino, e formou-se pedagoga em São Gabriel. Aos poucos voltou a falar a língua hup. Assumiu as turmas de ensino fundamental e começou a cuidar da alfabetização das crianças da aldeia, em língua hup e português. A professora procura sempre conversar com os velhos, pois gosta de trabalhar as *pinig*, "histórias", "mitos", com as crianças. Gosta também de ouvir sobre as moradas antigas, os Dabucuris, e sobre os animais, para preparar seus materiais didáticos e ensinar a seus alunos.

A primeira gravidez de Tereza foi muito difícil. Ela teve pouco leite para alimentar o pequeno Zeferino e precisou da ajuda de outras lactantes para nutrir seu bebê. Foi com grande felicidade que percebeu estar grávida pela segunda vez. O casal tinha tentado por muitos anos, mas ela não conseguia manter a gravidez. Nos comentários das rodas de coca, era comum que os senhores Hup julgassem que a dificuldade de conceber de algumas mulheres como Tereza fosse atribuída à má realização do *b'a' bi'id*, o "benzimento do beiju".

BENZIMENTO 7 (B7): *b'a' bi'id*, «BENZIMENTO DO BEIJU»

1º MOV   Eu vou contar para você, Danilo, o benzimento do beiju. Primeiro, quando as mulheres têm filhos, eu faço-as entrar, sentar [no chão] e dou o beiju-de-tapioca-tanajura a elas. Lavo para [tirar] o óleo do beiju dos diversos tipos de tapioca. Eu lavo o óleo da tapioca da maniva-lâmina-de-cunuri, [...] o óleo da tapioca da maniva-mamangaba, o óleo da tapioca da maniva- tanajura, o óleo do beiju de tapioca da maniva-de-inajá. Eu lavo o óleo do beiju da tapioca da maniva-lagarta, [...] o óleo do beiju da tapioca da maniva-cuia. Começo a cercar o *caarpi* das lagartas que dão nas manivas. [...] Eu menciono todas as manivas com as quais elas fazem o beiju para lavar o cheiro do óleo. Menciono todos os beijus. Fico em pé para que fique bom, para que as mulheres não encontrem filho rápido. Eu piso e cerco bem. Fazendo isso, já lavei todo o óleo do beiju.

2º MOV   Então, eu menciono, para as mulheres, todas as plumas e pelos dos animais. Para fechar o útero das mulheres, eu me refiro à panela-de-pelos da preguiça pequena [tipo de]. Falo e vou fechando. Assim, diz-se que [o esperma] passa rápido, não acha. Falo o encantamento com o beiju delas e piso para cercar bem. Faço o sopro para cercar e piso. Menciono a panela-de-pelos do tamanduaí, a panela-e-pelos do jacuaçú, a panela-de-plumas do urumutum, a panela-de-pelos do macaco-guariba, a panela-de-plumas do mutum, a panela-de-plumas do mutum-de-bunda-marrom. Eu vou falando e fazendo fechar essa *uk b'o'*, a cuia do nascimento da criança. Para essa eu falo e vou cercando, fechando e tirando para cada cuia coberta primordial, para dentro de todas, de cada panela-de-plumas da origem.

3° MOV Caba. Com a caba fecho embaixo, falo para a caba [preta] do igapó da floresta que vive no rio grande. Conta-se que os xamãs extraem a casca do pé de turi com essa caba. Faço as mulheres assemelharem-se à caba para que não engravidem rápido. Vou cercando embaixo.

4° MOV Eu coloco também aquele beiju de tapioca-marajá, a tapioca-açaí, a tapioca-buriti. Falo para esses [beijus], faço entrar, ficar apertado e em pé. [Para que as mulheres] não achem filho rápido, eu benzo para cercar e piso [...] Falo para os curiangos. Menciono o curiango pequeno, o curiango *boj'* para que elas se assemelhem a eles. Conta-se que todo o nosso esperma, *dëh*, cai como uma chuva sobre as aves. Ao cair, elas o espalham e o mandam para baixo, espalhando [...] Faço as mulheres assemelharem-se à libélula, pois ela joga água para cima. [Benzo para] os *dëy d'äh*, o *k'a* pequeno, o *bɨ'ɨp* pequeno. Faço-os soltar a faca pequena que têm nas mãos, colocarem-nas para baixo. O esperma é, então, jogado. Espalha-se sendo mandado para fora. Mencionei todas as *pǎt b'ǫk* das quais nós falamos.

5° MOV Kǫw. Começo a lavar a pimenta. Lavo todo o óleo da pimenta amarela, da pimenta agulha, da pimenta *pupµ'*. Eu lavo todas as pimentas e cerco o *caarpi* das lagartas da pimenta para que não tenhamos feridas de leishmaniose. Paro nesse lugar e fico em pé.

6° MOV Hǒp. Falo para os peixes. Lavo para tirar o óleo dos peixes do igarapé que nós comemos. Lavo os *k'ap* machos, os acarapurus e os sarapós pequenos, os acarás, os mandis pequenos, as piabas, as piabas arredondadas, as piabas prateadas. [...] Cerco a tesoura, o remo deles. O óleo (dos peixes) é preciso lavar e a tesoura deles você vai cercando. [...] Falo para os peixes do rio grande: os aracus, os pacus, os *hǒpǫy*. Lavo e tiro o óleo deles e [...] o piolho que têm na brânquia. Cerco as tesouras dos piolhos [e dos peixes]. Cerco todos os peixes: os aracus, os peixes do igarapé vermelho (caatinga), dos igarapés brancos. Falo para o peixe cabaré. Menciono todos os peixes que nós comemos, cada um deles. Lavo todo o óleo dos peixes que nós comemos, cabaris, mandis, jandiás. Refiro-me a todos os peixes que nós conhecemos. [...] Lavo e faço sair todo o óleo, Danilo. Cerco a tesoura [dos peixes] e do piolho dos peixes. Cerco e mando-os colocá-las sobre o jirau. Do contrário, as mulheres terão leishmaniose. Fico em pé [e termino] todo o benzimento dos peixes.

7° MOV Hǖ'. Falo para os esquilos. Falo para os esquilos pequenos cinzentos e seus pertences. Mando-os colocar suas tesouras [sobre o jirau]. Lavo o óleo e cerco o piolho deles. Se não cercamos a faca de seus piolhos, diz-se que as crianças terão *hupsęt* e nós teremos leishmaniose. Lavo o óleo e cerco a tesoura e os piolhos de todos os animais (aves) que voam: os jacundás, os urumutuns, os mutuns. [Sopro] todas as aves que voam. [...] É preciso lavar o óleo e cercar a tesoura e os piolhos [de todos os animais que comem da] fruta *ucuuba* [tipo de], *sµg*: as cutiuaias, as cotias. [Faço-os colocar suas tesouras] para baixo. Prossigo falando para todos os animais que ficam em cima da árvore, *pöhöy hũ n'ạn.* e para todos os animais do chão, *tú hũ n'ạn,* os porcos, os veados, os tamanduás, as antas. Menciono todos [os animais] que nós comemos ou experimentamos. Cerco para não haver *hup-sët.* Cerco o canto *pihạ* deles. Se não cercarmos essa canção [com benzimento], ao comer [suas carnes], a criança terá *ọt mĩgĩh,* "choro enlouquecedor". Cerco suas tesouras, seus piolhos [com suas tesouras]. Cerco a comida dos tatus. Cerco os tatus *hõ* que comem areia. Cerco a minhoca que é seu alimento. Sem esse benzimento, as crianças têm dor de barriga quando comem o tatu. Falo para os tatus *hõ',* os tatus grandes, os inambus [...] Cerco a arma dos inambus que nos causa *hup-sët*[...] Falo para os tatus machos da caatinga, da terra firme, onde quer que eles busquem sua comida. É preciso cercar sua minhoca da areia.

PISAR Nesse lugar, eu chego e fico em pé, Danilo.

Tök nị, "ter barriga", é como se designa, em língua hup, a gravidez. O termo diferencia-se de *tök k'ọd tēh,* "ter filho dentro" ou "estar prenha", utilizado para referir-se a fêmeas, como a paca ou a anta. Outro modo de referir-se à gestante é comentar que os "seios mostram o leite", *pud-dëh bëy.* A metamorfose corporal faz com que o ventre e o peito da mulher sejam percebidos continuamente pelos xamãs como Lagos-de-leite que nutrem, protegem e desenvolvem a criança. O feto cresce na chamada *uk b'ọ'* ou *hib'ạh uk b'ọ',* respectivamente "útero" e "útero de nascimento". A expressão compõe-se pela junção do substantivo "cuia", *b'ọ',* ao verbo *ụk,* "cobrir". Nas conversas noturnas, os xamãs também se referem ao útero feminino como *tēh b'ọk,* "panela do filho", e *pạt b'ọk,* "panela de plumas". Uma última forma é designar o útero como *b'ọ' m'ạj'ạt,* "cuia de argila", atribuindo uma materialidade terrosa e úmida ao recipiente. Nessa forma, assemelha-se aos recipientes culinários antigos dos quais as lascas de cerâmica de Semente-de-Tabaco, *b'ọk-kạb b'ạh,* são apenas os vestígios. A "linguagem dos benzimentos", *bi'ịd ịd,* explicita o caráter de recipiente do útero, uma *cuia coberta* como as cuias de coca que circulam nas rodas, uma *panela,* um utensílio culinário feminino onde o feto cresce protegido.

Numa tarde, conversando com Suzana e Catarina sobre a gravidez de minha esposa, elas me pediram para ensinar-lhes os nomes que os brancos dão aos órgãos genitais. Em seguida listaram os diversos nomes com os quais os Hupd'äh se referem ao pênis e à vagina:

▷ TỊB OU D'ÖK   *Pênis*
▷ HẠT TI WÄG   *Caroço de jacaré*
▷ HẠT TỊP   *Ovo de jacaré*

▷ ʙ'ǫʏ　*Vagina*
▷ ᴋã̧ç　*Roer* ou *roedora*
▷ ʜĩ ou ᴛë̃ʜ ʜɪsʊ'　*Cobre* ou *fecha filho*

 Rindo, explicaram-me que o homem deve saber *d'ö̗' k'e̤të̤y*, "meter", para fazer um filho. Quando está com um bom parceiro, a mulher *pub nǫǫp*, "geme". Através do gemido, uma *fala forte*, demonstra sua satisfação e expressa seu sentimento pelo parceiro. Disseram também que o consumo constante de coca leva os velhos a ficarem com o "pênis fraco", "mole", *ti̧b wȩy meh*.
 Para conceber, o útero deve conter a *i̧b' dëh*, a "água da vida", um líquido feminino. É também como *dëh*, "líquido", "água", que os xamãs se referem ao esperma, *si̧w*, substância masculina que, nas conversas corriqueiras, é chamada também *tak*, "seiva". O esperma é produzido a partir das águas do Lago-de-leite que há no ventre e no peito masculino. É composto por *hãg-sa̧k*, "sopro vital", "pulsar", *pud-dëh*, "leite", e *yǫ̃h dëh*, "água-pura", substâncias capazes de gerar a vida. Penetrando o útero, uma *panela* ou *cuia* plena de *água da vida*, o esperma mistura-se a essa *i̧b' dëh*, compondo uma solução que cerca o esperma, impede sua passagem e faz a criança surgir sentada em seu banco de leite ([A-Z][0-9]). Do esperma, visto como a contribuição paterna da concepção, originam-se os "ossos", *k'ȩg*, e o *hã̧wäg*, "sopro vital", da criança. Feitiços que visem a tornar a mulher estéril fazem com que essa *água da vida* seque em sua panela-útero. A temperatura dessa solução aquosa varia conforme a temperatura do corpo feminino que se torna extremamente quente com a evolução da gravidez.[32] Esse processo parece muito próximo ao que McCallum descreve para os Kaxinawá,

> O corpo da mulher é também um instrumento de transformação das substâncias necessárias para a construção do corpo da criança. O útero é comparado a uma panela que transforma *o alimento cru em cozido — ba*.[33] O processo de gerar uma criança também é chamado de *ba* — e o útero parece aquecer a criança assim crescendo ou *cozinhando* até que ela esteja pronta para nascer.[34]

---

32. Correspondência eletrônica com a antropóloga Lirian Monteiro, do Instituto Sócio Ambiental (ɪsᴀ), São Gabriel da Cachoeira, ᴀᴍ, em 27 de junho de 2013.
33. Cozido, criado, formado.
34. 1998, p. 222.

Pleno de sangue, o ventre materno é uma região quente que abriga uma *criança na panela*. A gestação ganha os contornos de um processo culinário e a partir do sangue da mãe formam-se o "sangue", *biyiw*, a "carne", *d'ap*, e a "pele", *b'ǫk*, do feto. Na barriga, o bebê cresce envolvido pela *tēh yud*, a "placenta", que é também uma roupa para cercar e proteger. O feto é o *hup d'ö' suduy*, a "criança vestida" ou "envolvida". Os primeiros meses da gravidez são denominados *d'äw tik d'ak*, "neófito recostado", quando a barriga está ainda pequena. Uma segunda fase é a *d'äw tök-pög*, "nascituro na barriga grande", período que vai aproximadamente até o quinto mês de gravidez e que revela importantes transformações no corpo da mãe como o crescimento dos seios, o aumento da barriga, a subida do bebê e a mudança na postura. Em seguida, todos se referem à gestante como *su' tëg way*, aquela que vai "pegar o bebê a sair". Nesse momento, já se espera que o nascimento ocorra em breve. O mês em que a mulher dá à luz é o *su'uh tëep wero*, "mês do nascimento" ou "mês de pegar", sendo importante iniciar os preparativos para o parto. Uma das maneiras de referir-se ao recém-nascido é a expressão *pohoy ay* traduzida para mim como "mole" ou "molengo", mas que também pode ser glosada como "cozido" ou "fervido". Seguindo Lévi-Strauss, a gestação assemelha-se a uma "endo-cozinha", sendo o bebê fervido na mediação da água, da qual surge, e da panela-útero que o contém, num momento de estreitamento dos laços familiares.[35]

Silverwood-Cope e Reid denominam de *sistema de energia* o modo de percepção hup que diferencia os corpos dos seres a partir de graus de presença de energias *k'į*, "quentes", e *tut*, "frias".[36] Seguindo a descrição dos autores, o *feto na panela* surge como uma composição de elementos *frios* e *quentes* que formam o "corpo", *sap*, o "sopro vital", *hąwäg*, e a "sombra", B'atib'. O sangue, a carne e a pele são dotados da energia *quente* do próprio sangue materno. Do sangue origina-se também o B'atib' infantil, um princípio vital ligado ao calor, à força e à agressividade. A urina, as fezes, os suores e os odores são materializações do B'atib' eliminadas pelos orifícios corporais. Já o esperma origina o *hąwäg*, um princípio vital essencialmente *frio*, e os ossos, tidos como *mornos*. O *hąwäg* forma-se no peito do neófito e é constituído por *hãg-sak*, "sopro", "pulsar", *yōh dëh*, "água-pura",

---

35. Os nomes das fases do bebê variam de aldeia para aldeia.
36. Diferente da descrição de Reid (1979), meus interlocutores diferenciaram essas energias utilizando os termos *kį* e *tut*, e não *kū ponah* e *mair ponah*.

e *pud-dëh*, "leite". É um princípio vital ligado à serenidade, à fala, à sabedoria e à ação xamânica protetora e terapêutica. Também o B'aṭib' está situado no peito e torna-se mais intenso quando a pessoa adoece com o enfraquecimento ou roubo do *hãwäg*. Ao nascer, a criança possui um grande B'aṭib' que diminui ao longo da vida, ao contrário do *hãwäg* que cresce, atingindo seu auge com a velhice. Por isso, os velhos xamãs que benzem o parto são considerados frios e quase inodoros. Não é raro acenderem fogueiras pequenas, próximas a suas redes durante a noite ou acomodarem-se próximos ao fogo de cozinha da casa mesmo durante o dia.

O recém-nascido, *molengo*, é um ser quente como sua mãe. Juntos exalam odores intensos e têm grandes concentrações de sangue em seus corpos, características que os tornam ofensivos seres malfazejos. Analisando as restrições alimentares do sistema médico barasana e taiwano, Langdon[37]) aponta que "parece que tanto o sangue menstrual quanto aquele que acompanha o parto são portadores de perigos a toda a comunidade". De forma semelhante, entre os Hupd'äh a presença intensa de sangue faz com que seja perceptiva a evitação da casa nos primeiros dias do pós-parto. O casal permanece recluso com o bebê e recebe apenas visitas do xamã e da senhora acompanhante. Esses perigos que envolvem a presença excessiva do *calor* nos corpos no pós-parto são bem contextualizados por Reid,

> Para além dos limites das atividades culinárias, o sistema de energia estende-se também para a esfera ritual. Em períodos de crise, quando uma pessoa está doente ou quando uma mulher dá a luz, aquele que está em sofrimento deve apenas consumir comidas frias para conter as grandes quantidades de Kũ Ponah que dominam o corpo. Quando executa benzimentos de cura para pessoas doentes, o xamã deve alimentar-se apenas de alimentos *frios* e evitar o contato com a luz do sol intensa ou com o fogo. De modo inverso, um homem deve consumir alimentos *quentes* quando prepara o veneno de caça para fazer o veneno pegar. Aquele que pretende praticar feitiços contra outra pessoa também come alimentos quentes e evoca agentes *quentes* para atacarem a vítima. Acredita-se que os Índios do Rio possuam mais Mair Ponah que os Hupdʉ, o que faz com que tenham *raiva* e perigosos feitiços. De modo semelhante, é a presença de Kũ Ponah nos espíritos da floresta o que faz deles canibais e malévolos.[38]

Como os corpos dos seres humanos, todos os alimentos possuem equilíbrios diferenciais de energias quentes ou frias. Após o nas-

---
37. 1975, p. 8.
38. 1979, p. 253.

cimento, a mãe e o pai devem, além de permanecer em resguardo na morada do casal, obedecer às restrições alimentares. Durante os primeiros meses, a dieta baseia-se numa sequência progressiva de reintrodução de alimentos ao casal. O xamã faz visitas constantes à casa para benzer cada um dos alimentos que vão sendo oferecidos. Tendo um pedaço de beiju à mão, uma cuia com mingau, um peixe ou pedaço de carne, o benzedor sopra o alimento mencionando todas as plantas ou animais que pertencem à mesma categoria. Os óleos são extraídos, as armas são repousadas e as cuias de *caarpi* cercadas para transformar o alimento em uma substância própria para o consumo. A agência xamânica e a nutrição gradual levam ao resfriamento, à desodorização e à pacificação dos corpos. Como mostra Århem para os Makuna,

Benzendo os alimentos, os seres humanos transformam as pessoas-animais em alimentos humanos e, assim, afirmam sua humanidade. A capacidade xamânica permite aos humanos superar os perigos inerentes à *natureza* e, ao mesmo tempo, incorporar a força vital que ela contém.[39]

O leite materno pode ser visto como um alimento composto essencialmente por energia *fria*, sendo comparável apenas a algumas frutas, cultivadas e silvestres, e à água. A amamentação e a lactação possibilitam, assim, o resfriamento dos corpos neonatais. Em B7, o xamã menciona variedades de maniva e retira o óleo de todos os derivados desse tubérculo para que a pouca quantidade de calor desses alimentos seja neutralizada. O beiju, o mingau e a farinha passam a ser a primeira fonte nutritiva do casal durante a *couvade*.

Logo, frutas silvestres e da roça, como o *sip*, "biriba", *mi̱n*, "ingá", *dö̱g*, "uirapixuna", *mo̱t*, "tipo de cunuri", *pë̱d*, "cunuri", *sana̱*, "abacaxi", são reintroduzidas à dieta e, com o tempo, começam a ser dadas ao bebê. São também muito consumidas durante a gestação. O cubiu, fruta azeda, é uma das frutas prediletas das gestantes por aliviar o enjoo. As formigas assadas, principalmente as "manivaras", *kok'a̱w*, são consideradas como um alimento não vegetal rico em energia fria e, por isso, são boas para a refeição das gestantes, sendo introduzidas já nas primeiras semanas da dieta neonatal. Soma-se a isso o fato de elas constituírem um alimento para *troca de pele*, estando presentes na dieta da moça que passa pela menarca e do rapaz que participa das cerimônias de *Döhö d'äh*, Jurupari. Para endurecer a pele do bebê

---

39. 1996, p. 194.

molengo, as mulheres alimentam-se de frutas de árvores com casca dura de animais de couro duro, como o jacaré, para que a criança seja *tab'a̰'*, "dura", "resistente".

Os vários tipos de pimenta mencionados em B7 têm um papel muito importante na culinária hup. Diferenciadas pelo grau de ardência, cor e tamanho, as pimentas são o tempero necessário ao cozimento de peixes e carnes pela sua propriedade de amainar o *calor* e a agressividade impregnados nesses alimentos. Para extrair a essência quente inerente à própria pimenta, o xamã lava o óleo e cerca a cuia de *caarpi* da lagarta que come suas folhas. Como a gestação, a agência xamânica parece análoga ao processo culinário, já que é um preparo para o consumo próprio das substâncias. Pensando com Langdon, observa-se que a sequência de menção a tipos de alimentos em B7 reflete uma ordem temporal de reintrodução desses mesmos alimentos na dieta, cabendo à pimenta um papel de transição entre vegetais e carnes.

Todos os seres designados como *hṵ*, "animais", e como "peixes", *hŏp*, são fontes da essência *quente* presente em maior grau no sangue e na gordura, e em menor na carne, ossos e pele. Assim como os humanos Hup, também peixes e animais possuem *hã̰wäg* e B'aṯịb'. O tamanho exacerbado desse segundo princípio vital faz com que a característica fedorenta de seus corpos seja incorporada pelo consumidor, que passa a exalar um forte cheiro. O abate da presa faz o sopro vital e a sombra deixarem a carcaça, mas o calor, a agressividade e o mau cheiro permanecem impregnados à carne e ao sangue. Esse odor torna-se perigoso por ser ofensivo aos *parentes* das presas caçadas, ofende igualmente seres como B'aṯịb', Bisjw, Gentes-Árvore, entre outros. O tempo de cozimento em água ou de moqueio varia de acordo com o grau de energia quente da carne, e seu consumo deve ser feito sempre com pedaços de beiju, sumos de fruta e/ou manicuera. Nas palavras de Århem (1996, p. 194), "comer envolve um processo de consubstanciação parcial e identificação contextual entre quem come e a comida — e, portanto, também a potencialidade de o comedor ser 'consumido' pela própria comida que ele consome". São os riscos representados por essa consubstanciação entre o consumidor e o alimento que exigem a transformação xamânica e o cozimento como pacificações simultâneas e combinadas dos pais, do bebê e de seus respectivos alimentos.

Algumas grávidas dizem sentir náuseas com o cheiro e gosto de peixes como o surubim, a *b'ö̰y*, "traíra", o *pö̰*, "sarapó". Isso as leva a preferir o consumo de peixes mais *frios*, como o *pohọt*, "aracu", ou a piaba. As águas dos igarapés são tidas como mais frias que aquelas dos rios grandes, o que parece delinear um critério de diferenciação entre os peixes pelo calor de seus habitantes e também de seus corpos, que variam de tamanho (grande ou pequeno), de forma (arredondado) e de cor (prateada) em B7. De acordo com uma gradação baseada nesses princípios, os peixes vão sendo introduzidos à dieta do casal em resguardo. O óleo é extraído e a agressividade é aplacada pelo procedimento de cercar as *tesouras*, armas laminares dos peixes e dos *piolhos*. Esses parasitas podem estar presentes nas brânquias do peixe pescado sugando seu sangue.[40] O consumo simbiótico de parasita e hospedeiro, além de intensificar o calor, pode abrir sérias feridas no corpo (leishmaniose).

    Da copa das árvores para o solo, do chão ao subterrâneo, os *hũ*, "animais", são progressivamente benzidos, tendo seus óleos lavados e suas armas laminares cercadas. A atenção do xamã volta-se, como no caso dos peixes, para os minúsculos piolhos munidos de suas facas. Iniciando pelo pequeno esquilo especificado por sua cor e por seu tamanho, fala-se para aves voadoras que possuem quantidade considerável de carne. Cutiuaias e cotias, mamíferos que comem a fruta ucuuba, são os primeiros animais de solo mencionados. A tendência dos *pöhöy hũ n'an*, "animais do alto", a serem herbívoros mostra-se um critério importante porque seus regimes alimentares permitem que tenham menos calor, cheiro e agressividade em seus corpos. Animais carnívoros como as onças são vistos como o extremo de concentração de essência *quente*, pois quanto maior o animal, maior será a quantidade de calor. A carne do tamanduá, por exemplo, deve ser evitada durante a gestação e o resguardo pelo odor intenso exalado pelo animal. O perigoso canto *piha* de oferecimento de *caarpi* dos grandes mamíferos pode causar feridas no corpo e fazer a pessoa sofrer com o *choro enlouquecedor*.

    Enquanto a ausência de carnes marca a dieta neonatal, durante a gestação é importante que a futura mãe tenha uma alimentação carnívora, porque é necessário aumentar a quantidade de sangue e calor em seu corpo para formar e transformar o feto. As carnes de paca, cotia e macacos *ọ̈h* são boas misturas, mas as carnes de "tatu canastra", *ọk*, e de "tamanduá", *bịg*, devem ser evitadas. Não se pode

---

[40]. Há uma atenção necessária às aberturas dos corpos de peixes e humanos Hup devido aos perigos da entrada de substâncias e seres nocivos.

comer animais que tenham sido caçados com curare, pois o veneno, substância excessivamente quente, pode fazer mal para o bebê e até mesmo causar abortos. Pode-se interromper uma gravidez indesejada consumindo-se uma grande variedade de plantas abortivas, os *tẽh nạm*, os "curares de criança", conhecidas pelas mulheres desde a infância. Mantendo uma alimentação carnívora equilibrada com muitas frutas, formigas e beiju, a gestante assegura um aquecimento e o cozimento adequados ao desenvolvimento do feto. Ao contrário, o superaquecimento leva a um cozimento que amolece, apodrece o bebê, tendo como resultado o aborto. Como mostra Lévi-Strauss,

É patente o paralelismo com o cozimento por ebulição, cujos meios culturais (recipientes) são preservados, mas o cozimento, este que é, ele próprio, assimilado a um processo de autoaniquilação, uma vez que seu resultado definitivo equivale, pelo menos verbalmente, a esta putrefação que o cozimento deveria prevenir ou retardar.[41]

Tão logo nasça a criança, o xamã sopra uma cuia de mingau mencionando as panelas de plumas e pelos de aves e mamíferos, e vira o útero ao contrário para impedir que o esperma entre no recipiente e molhe a argila. Essas ações são fundamentais para que a mulher possa engordar, amamentar e cuidar do recém-nascido antes de conceber novamente.[42] Quando o bebê começa a andar, esse segundo movimento do encantamento, também designado *benzimento do útero*, deve ser desfeito para que o útero-panela retorne à sua posição original e uma nova gestação possa ocorrer. Se não for bem executado, o encantamento pode impedir a boa lactação, esterilizar a mulher ou dificultar a concepção. Uma nova gestação traz o perigo da concentração de sangue e energia quente no corpo da mãe, impedindo o resfriamento, a desodorização e o endurecimento do bebê. Como mostra Hugh-Jones para os Tukano,

No nascimento, na nominação, na puberdade e na iniciação, o kumu controla as transições corporais e as transformações através da manipulação de artefatos identificados com as partes do corpo. Enunciados pelas divindades, os primeiros benzimentos afirmam essa identidade, mas o processo se dá numa direção oposta — longe dos corpos concretos e próximo a artefatos mais abstratos que servem como sinais para os componentes *espirituais* desses

---

41. 1968, p. 32.
42. Em termos ginecológicos, talvez esse encantamento aja invertendo a posição do colo e do corpo uterinos, bloqueando a continuidade entre o colo e o canal vaginal, algo que impede a passagem do sêmen (Bastos, 1971, p. 5).

corpos. Isso é o que permite a socialização de pensamentos e de comportamentos [...][43]

A *inversão da panela* pode ser vista como uma manipulação xamânica desse artefato identificado ao útero que retoma a ação primordial de junção do *hãwäg* da mãe às margens do Lago-de-leite (B6). As panelas de plumas e os bancos de plumas são artefatos, potências primordiais cujo manejo assegura a concentração da pessoa, o aleitamento e o resfriamento dos corpos. Ao banhar o corpo da mulher ritualmente com a fumaça da folha *buy k'et*, o xamã faz com que ela se sente nos bancos de plumas de patos e pássaros. Do mesmo modo como as plumas aumentam o volume corporal das aves, elas engordam a mulher para que esta tenha bastante leite e nutra seu bebê. Engordar a mãe e o recém-nascido são objetivos comuns que se tornam possíveis pelo resguardo, pela dieta gradativa, pela interdição do intercurso sexual e pela ação xamânica.

"Quando chove, a água cai nas penas dos pássaros e vai embora, não molha. Também a libélula joga a água para cima, espalha...", foi como Samuel me explicou por que o benzedor menciona o curiango e a libélula em B7. Os insetos voadores devem ser desarmados, mas é graças à semelhança criada entre as mães e as libélulas que o esperma, uma água, é jogado longe, espalha-se e não *molha* o útero. As panelas-de-plumas do jacuaçu, do urumutum, do mutum e as panelas-de-pelos de mamíferos (como a preguiça, o tamanduaí, o guariba) têm em comum com as asas dos insetos a propriedade de espalhar a água da chuva. A não aderência da água, uma impermeabilidade, dispersa o esperma, a água, evitando que a *chuva fecundante* leve à nova concepção e coloque em risco o desenvolvimento do bebê.

Para conseguir fechar o útero, o benzedor gira as panelas de plumas ao contrário. Com isso, ele inverte a posição da abertura uterina, voltando a boca da panela para o cóccix e o fundo para o canal vaginal. O ferrão da caba ajuda a extrair o pedaço duro de casca de turi com o qual o xamã vedará definitivamente a abertura vaginal. As mulheres assemelham-se às cabas, tornam-se cercadas, tapadas em baixo, e não engravidam. Se em M16, o pai abre a mãe para o nascimento dos gêmeos, abrindo uma mulher tapada, em B7, o xamã tapa as mulheres abertas para protegê-las dos riscos de uma nova fecundação. Essa rotação que veda assemelha-se, em maior escala, à criação da barreira

---

43. 2009, p. 47.

intransponível que cerca o *útero ctônico* da Casa-dos-Animais para impedir a saída de presas e a entrada dos xamãs Hup.[44]

O que está em jogo em B7 é o ganho de peso da mulher articulado ao resfriamento e à desodorização dos corpos consubstanciados para assegurar a nutrição apropriada do bebê. O corpo da mãe é um instrumento que, ao transformar as substâncias, constrói o corpo da criança. Enquanto a gestação pode ser vista como um processo de cozimento uterino que gera e desenvolve o feto, o aleitamento parece ser um processo de resfriamento que, a partir da dieta materna benzida, garante a desodorização e a atenuação do sangue que tanto ofendem os seres malfazejos e coloca em risco toda a comunidade. O manejo da panela-útero, um artefato corporal, mostra-se um movimento tenso de manipulação de potências primordiais porque, embora assegure o crescimento do bebê, pode causar esterilidade à mãe. Graças à ação xamânica e aos esforços de *busca do filho*, Tereza e Elias conseguiram conceber novamente. Em 2012, partilhei a felicidade da chegada da recém-nascida à aldeia e o empenho coletivo dos *comedores de coca* para curar e proteger a bebê através da dieta de reintrodução progressiva dos alimentos benzidos.

A MÃE SENTADA

O local do parto deve ser preparado previamente pelo xamã. Com a fumaça do breu, ele defuma para cercar a casa, a roça ou a área próxima a um caminho, espaço previamente escolhido pela mulher para ter o bebê. Nenhum homem pode aproximar-se do local depois que ele estiver preparado. *Tẽh sụ' hipą̃h nį̃h*, "a mulher não saberá parir" se houver a presença masculina na hora do parto. O mesmo perigo corre a mulher que vê as flautas Jurupari ou que passa a comer coca com os senhores. Assim, da mesma forma como é interditado às mulheres ver as flautas Jurupari, é vedado que os homens vejam o nascimento. Mesmo o xamã deve afastar-se e reencontrar a mãe apenas depois que ela já estiver com o bebê. Sempre protegida do sol, devido à ameaça de *Werọ Hup Tẽh ĩh*, a mulher acocora-se.

---

[44]. A temática da mulher tapada foi amplamente analisada por Lévi-Strauss surgindo ora como uma esposa incompleta por impossibilitar a cópula, ora como uma grávida que precisa ser aberta, perfurada para que seja esvaziada das crianças que contém (2004b, p. 221).

É geralmente uma senhora quem acompanha o parto. Seu vínculo com a mãe pode ser de consanguinidade, mãe ou tia (M, MM, MZ), ou de afinidade (HM, HD) dependendo da configuração do casamento como bilocal ou virilocal. Essa *bab ni āy*, "acompanhante", é considerada uma pessoa experiente por ter se sentado muitas vezes sobre seu próprio banco de leite para dar à luz. Além disso, a presença da anciã é também a participação de uma senhora que não menstrua mais, algo importante, já que o sangue feminino é tido como perigoso. É comum que a acompanhante do parto cuide da gestante durante toda a gravidez, alimentando-a e curando-a.

A velha senhora cuida da alimentação da gestante e do casal nas primeiras semanas, quando a mãe não pode tocar os utensílios de cozinha. Os *s'ụg yõh*, "remédios do mato", são trazidos da roça ou dos caminhos pela acompanhante, caso a gestante sinta dores ou tenha algum tipo de sangramento. Quando necessário, a acompanhante solicita que um xamã benza o remédio a ser oferecido à gestante. Aquela que já se sentou muitas vezes em seu banco é, igualmente, uma mulher seca ou fechada, por não conceber mais. Não estará menstruada no momento do parto e poderá, portanto, orientar e cuidar bem da mãe e do bebê.

Como já foi visto, os bancos em que os benzedores se sentam para conversar e benzer são igualmente denominados *bancos de leite* ou *bancos da vida*. Ainda que não esteja sentado em um banco de sorva, a postura acocorada ou sentada no chão com o tronco curvado para frente e as pernas contraídas é igualmente denominada *banco da vida*. Sentado sobre seu banco, o xamã sopra o cigarro. Enquanto a acompanhante cuida do preparo dos alimentos, o xamã benze cada tipo de alimento que vai sendo reintroduzido ao casal. Caso a mãe não tenha leite para alimentar o bebê, um benzimento é realizado para que seus seios *pud-dëh bëy*, "mostrem o leite". Ao longo de sua jornada, o xamã *dá banco* aos machos dos diversos seres que podem fazer mal, seja pelo calor (febre e dores de cabeça), pelo *caarpi* (choro enlouquecedor), pela intolerância ao odor humano (abdução do *hą̈wäg*) ou pelas armas laminares (feridas). Como a *parteira*, o benzedor faz a mãe sentar-se no banco de leite (cócoras).

Desse modo, as ações do xamã, um velho que se senta todas as noites em seu banco de leite para proteger e regenerar a vida, e as da acompanhante, uma senhora que já se sentou muitas vezes em seu banco de leite para dar à luz, parecem ser complementares e fundamentais para o nascimento. Como o sangue menstrual, o sêmen masculino também atrai e causa a fúria dos seres malfazejos pelo seu odor. Por isso, o velho benzedor, um *comedor de coca*, e um *tįb wey meh*, "pênis mole", e a senhora que passou pela menopausa tornam-se pessoas adequadas para auxiliar o processo de nascimento. As ações *hǎwägät* do xamã agem durante o acontecimento do parto. Manifestam sua presença sob outro regime corporal, já que a participação masculina representa perigo. De modo diferente, a acompanhante age *sapat*, como pessoa corporificada estando sempre ao lado da parturiente.

Em B6, o xamã deve fazer sentar a mãe sobre seu banco de leite e, ao mesmo tempo, tirar o banco primordial da criança para que ela deixe o útero. Como me contou Catarina, com o auxílio da acompanhante, a gestante se posta de cócoras. Para manter o equilíbrio em meio às contrações e à força para os esforços expulsivos, a mãe ampara-se na rede, caso esteja em casa, ou em um galho de árvore, se estiver na roça. Ajudada, a mãe abre bem suas pernas, alarga ao máximo a abertura vaginal para que, a partir da coxa (fêmur e paleta) e da cintura pélvica (ilíaco, osso do quadril), concentre suas forças para empurrar o bebê. Assumindo essa postura, a mulher senta-se em seu banco de leite, um alinhamento corporal formado pela contração da coxa e da cintura pélvica, assume a postura primordial para trazer uma nova pessoa à vida. O xamã sentado e a mãe acocorada tiram o banco da criança para que ela se desloque do Lago-de-leite à aldeia, do ventre aos braços da mãe.

A obstetrícia designa como posição vertical a postura acocorada assumida por gestantes para dar à luz, diferenciando-a da postura do decúbito dorsal ou supina, com a pessoa deitada horizontalmente de barriga para cima, posição normalmente adotada pela biomedicina para a realização dos partos. Estudos atuais apontam que a posição vertical não diminui o fluxo sanguíneo, como acontece na posição dorsal, reduz a duração do período expulsivo, diminui a dor e possibilita a menor alteração nos padrões de batimentos cardio-fetais. Postando-se em seu banco de leite com a ajuda da acompanhante, a parturiente alinha-se corporalmente, encontra sustentação no fêmur (coxa) e no quadril (cintura pélvica) para o movimento expulsivo, alivia a dor e sustenta-se como as fêmeas para parir.

Ainda que não sejam mulheres tapadas (sem ânus nem vagina) (M16), as mães Hup têm pequenos orifícios se comparadas às fêmeas mamíferas. Postar-se sentada no banco de leite é uma habilidade comum à mulher Hup e às fêmeas que também contraem a região do fêmur e do quadril para dar à luz. A sequência de interações xamânicas com as fêmeas animais estabelece-se como uma gradação que parte dos seres de menor tamanho para, apenas no final, fazer menção à grande égua. A homologia entre os bancos de leite expande gradativamente a estrutura corporal materna. O xamã parte da paca, um roedor de médio porte (de 61–77 cm, e 5–13 kg), passa pelo caititu (de 70–90 cm, e 17–30 kg), pelas porcas (de 95–1.10 m, e de 25–40 kg), pelas antas (de 1.70–2,10 m, e 227–250 kg) e, por fim, menciona a égua, um grande mamífero (de 1.50–1.60 m, e 450–550 kg). No sentido inverso, fala-se para os filhos dos mamíferos pequenos, fazendo com que o bebê reduza sua dimensão corporal e passe mais facilmente pela abertura vaginal alargada.

Roedora é uma das formas dos homens Hup referirem-se às vaginas, quando conversam sobre a vida sexual. Assim, ao mencionar a paca, o xamã aproxima-se dessa percepção anatômica do órgão sexual feminino como uma boca pequena que rói o pênis. De acordo com Bonatelli, uma das características notáveis da paca quanto a seu sistema reprodutivo vem a ser o fato de seus membros pélvicos serem muito musculosos. Os animais adultos apresentam dimorfismo sexual, o que permite diferenciar machos e fêmeas pelo tamanho e formato da cabeça. Nos machos a cabeça é mais achatada e larga, enquanto nas fêmeas a cabeça é mais fina e esguia. O primeiro cio pode ocorrer com aproximadamente um ano de idade, período em que os machos também iniciam a atividade sexual. O período de prenhez é em média de 115 dias, nascendo um filhote na maioria dos casos, e, raramente, dois ou três. As pacas vivem em casais monogâmicos num dado território, mas deslocam-se sempre separadamente à procura de alimentos como frutas, brotos, raízes e tubérculos. Têm hábitos noturnos e podem ser encontradas nas margens de grandes rios. Durante o dia mantêm-se em tocas, troncos ocos, e buracos, com os orifícios vedados por folhas.

Os caititus e os porcos possuem sistemas reprodutivos semelhantes aos dos suínos domésticos, acasalam-se em todas as épocas do ano e possuem placenta. As gestações são de 144 a 148 dias para os catetos e de 156 a 162 para os porcos-queixada. A cada gestação são gerados dois filhotes, em média, podendo, às vezes, nascer um ou três. Os caititus e os porcos são animais gregários de hábitos diurnos, deslocam-se em manadas de até 20 indivíduos-caititus e de 50 a 300 indivíduos-porcos por trilhas. Ambos têm fortes odores que se acentuam quando são surpreendidos. Dormem em buracos na terra e sob as raízes das árvores. Alimentam-se de frutas, castanhas e brotos, mas os porcos comem também lesmas e pequenos animais.

Entre os mamíferos das terras baixas, as antas e os cavalos pertencem à mesma ordem, *Perissodactyla* (*equidae, rhinocerotidae, tapirus*). Segundo May Jr., o ciclo reprodutivo da anta é lento. A maturidade sexual ocorre por volta dos quatro anos de idade. A gestação, que dura de 395 a 399 dias, gera um único filhote e o intervalo entre gestações é de 18 meses, algo que causa rápidos declínios populacionais quando uma população é alvo constante da caça. No que diz respeito à reprodução equina, a idade média de puberdade das éguas é de 12 a 15 meses. Um único filhote é concebido por gestação. O olfato é fundamental para a reprodução dos equinos, pois o macho sente-se atraído pelos odores exalados pelos genitais externos da égua, aproxima-se, exibe-se e inicia tentativas de monta/ cópula. O período médio de gestação oscila entre 335 e 340 dias, havendo maior duração na gestação de fetos machos que na de fêmeas (dois a sete dias a mais). Próximo ao momento do parto, as éguas afastam-se para dar à luz solitariamente. Começam a caminhar nervosas em círculos quando a bolsa se rompe, e iniciam movimentos de tombar e levantar repetidas vezes. Segundo Evans, quando o potro está saindo, as extremidades anteriores e o tronco passam com facilidade, mas no momento em que a bacia do feto penetra a pélvis da égua, *pode produzir-se um ligeiro descanso*. Suponho que seja esse *descanso*, uma postura sentada a que B6 faz referência, seja o ato de sentar-se sobre o banco de leite comum às fêmeas e às mulheres Hup.

Na sequência: paca > caititu > porco > anta > égua, além da gradação crescente das aberturas femininas, o tempo da gestação aumenta à medida que se passa de um mamífero ao outro. A quantidade de filhotes por gestação, que varia de um a três nos menores, passa a ser de um único filhote nas antas e nas éguas. Amplia-se também o intervalo entre as gestações e restringe-se a variabilidade do regime alimentar que, nos equinos, tem como base as gramíneas. Se a paca evoca o ato sexual, a vagina roedora, a égua parece relacionar-se à dieta alimentar baseada exclusivamente em beiju e mingau, ambos de origem vegetal (maniva). O forte odor, traço marcante dos catetos e porcos, atenua-se na anta e na égua, sendo que a anta toma banhos frequentes de lama e água para aliviar-se dos carrapatos e moscas. Considerando-se que a restrição alimentar e os banhos diminuem os odores exalados pelos corpos da mãe e da criança, a identificação passa de fedorentos a desodorizados. O aumento do intervalo entre as gestações, igualmente gradativo nessa sequência de fêmeas, é visto como importante para que as mulheres Hup possam nutrir e cuidar bem do bebê e, ao mesmo tempo, consigam recuperar-se da gravidez e engordar. O padrão de gestação de um único filhote no caso das antas e éguas reflete o ideal de não gemelaridade gestacional hup, já que o segundo rebento é considerado um *b'aṭib*, fruto do intercurso sexual involuntário da mãe com um ser malfazejo. Um último aspecto comum às fêmeas mencionadas em B6 vem a ser sua mobilidade, que, como no caso da paca, contribui para que todas tenham membros pélvicos musculosos, como observa Descola,

Essas restrições geram dois tipos de consequências para as populações de herbívoros terrestres (pacas, antas, roedores e veados): de um lado, uma frágil densidade geral engendrada pela dispersão do material vegetal comestível e, por outro lado, uma tendência à mobilidade, principalmente para as espécies gregárias que precisam forragear por vastas áreas de nomadismo.[45]

A vida gregária e a mobilidade para a procura de frutos e grãos dispersos em vastas regiões são aspectos relevantes para a fabricação da corporalidade da parturiente. Como visto, o feto desenvolve-se em meio aos afazeres diários da mãe, que se desloca continuamente para a roça e vota com seu cesto carregado para fortalecer seu banco de leite. A ação cotidiana de intervenção sobre o corpo e a semelhança com os animais nômades potencializam a estrutura pélvica da mãe e criam essa intenção para a sociabilidade, algo que talvez remeta ao excessivo exercício de respeito às interdições para que, através de seu comportamento, a mãe deixe de expor a comunidade aos perigos que sua condição representa. Há, assim, um engajamento prático da mãe com a materialidade de seu próprio corpo para gerar a forma banco de leite para dar à luz. A ação xamânica complementa esse esforço cotidiano inserindo a mãe num campo relacional orientado pela habilidade dos deslocamentos e do parto.

Portanto, fazer sentar revela-se uma ação fundamental para que a mulher Hup adquira progressivamente os atributos corporais e sociais da maternidade como uma habilidade. A agência xamânica promove a interação da gestante com as fêmeas a partir de uma sequência específica que transforma e protege à medida que se passa da pequena roedora à grande ruminante. O banco de leite coloca-se como uma postura anatômica e relacional favorável à imitação e à metamorfose

---

45. 1986, p. 77.

corporal que tem na observação do comportamento e da morfologia de certos animais um horizonte importante de referência generativa.

Em B5, para proteger os viajantes das ameaças do percurso, o xamã dirige-se para dentro do corpo do esquilo marrom, para dentro do corpo da onça pequena. Mamíferos, esses animais ocultam os andarilhos com seus corpos e pedaços de tabaco. Um processo de contração, redução corporal, invisibiliza e protege. Num sentido inverso, vestida de *Döh Ãy*, a mulher Hup revela-se uma insaciável amante, dona de uma enorme vagina, e uma devoradora de homens, dona de uma boca ferina (M4). O vestido de Branca maximiza sua corporalidade e sua ferocidade, fazendo os homens correrem para não vê-la. Ou seja, o processo de expansão corporal de Döh Ãy acentua sua visibilidade, indesejada pelos viajantes.

Desse modo, talvez a pequena paca ajude a ocultar a mãe quando sua abertura ainda é reduzida, e uma visibilidade cada vez mais acentuada vá fazendo a mãe ser temida pelo tamanho, pela força e pelo grito. Nesse sentido, creio que a égua, um animal de branco, aja como o vestido de *Döh Ãy* nesse momento de extremo aquecimento e sanguinidade corporal. A égua possibilita que a mulher Hup tenha uma vagina gigante, uma força exacerbada, uma grande rapidez, tornando-se perceptível e temida. Enquanto a *mulher sedutora canibal* potencializa a sexualidade, a predação e o apetite canibal de uma caçadora feroz, a *fêmea ruminante sentada* intensifica a maternidade, o tônus pélvico, o vegetarianismo, a intenção para a sociabilidade e para o respeito às interdições necessárias à segurança durante o parto e o resguardo. A identificação físico-gestual à égua age, assim, como a roupa de muçurana que veste os andarilhos e apavora as jararacas.

Além de transformar a postura corporal feminina, fazendo sentar e abrir-se, o xamã e a acompanhante devem intervir para transformar a gestualidade sonora materna. O gemido de dor, perigoso para os ouvidos das crianças, precisa tornar-se um grito de ordem (gemido-grito). Enquanto o gemido pode ser considerado como um som contínuo de lamentação que varia de acordo com a intensidade da dor ou estímulo, o grito configura-se como um som forte emitido de forma direta, intensa e descontínua. Como gemido, o gesto vocal aproxima-se, por um lado, ao som das mulheres durante o intercurso sexual e, por outro, à lamentação em decorrência da dor. Como o barulho do Trovão, o gemido da mãe suja a *b'otǫk-moy*, a Casa-da-Audição, ou o "ouvido", e faz com que a criança sofra com o *choro enlouquecedor*. Os contínuos urros de desconsolo do bebê sujam o ouvido dos xamãs, impedem que pensem, conversem e benzam corretamente. Desse modo, o barulho do *choro enlouquecedor*, um lamento emitido pela criança, torna as famílias vulneráveis aos ataques dos seres malfazejos. Como os benzedores não conseguem cercar as pessoas, o choro faz com que todos estejam visíveis e desprotegidos.[46]

Com o grito de ordem, a voz materna metamorfoseia-se em voz de mãe-paca, de mãe-porca, de mãe-égua que não sentem dor e ordenam ativamente a saída de seus filhotes.[47] Do lamento (gemido), uma atitude paciente e passiva, a parturiente torna-se agente a partir de sua própria iniciativa (grito). Os caititus e os porcos são animais quietos, mas emitem um *latido* quando surpreendidos. Já as antas são consideradas silenciosas, pois se comunicam por assobios, mas bufam caso se sintam ameaçadas. As éguas relincham sonoramente e defendem-se empinando o corpo e investindo suas patas traseiras ou dianteiras em coices contra a pessoa ou animal que lhes cause insegurança. Seus sons são percebidos como gritos que ordenam a saída, o afastamento. Analogamente, durante o parto, esses sons protegem a fêmea da dor e suscitam uma expulsão precisa do feto. Gritando, a mãe Hup concentra sua potência sonora numa emissão intensa e, ao ordenar a saída do bebê corretamente, cerca, protege o ouvido e o pensamento da criança dos gemidos contínuos que sujam e causam sofrimento a todos.

Dentro da Casa-dos-Animais, o eco do tambor de pedra fazia com que os xamãs libertassem os animais para a floresta. *Tããw* era o som forte e preciso que Ponciano fazia com a boca para imitar o poderoso eco que percorria as paredes rochosas, fazendo com que, Bisiw, um terrível dono dos animais, cedesse presas aos caçadores. O interior de sua morada é visto como uma grande aldeia plena de festas, Dabucuris dos animais que não param de copular e reproduzir-se. Como mencionado, do alto de Hũyạw-Paç, o grito assustador de Dọ̈h Ãy afugenta os caçadores que passam da posição de predadores à de presas medrosas. O grito de ordem e a percussão ritual podem ser vistos, nesse sentido, como gestos imperativos de mando que provocam a saída ou a fuga das presas. Se o grito das fêmeas expulsa

---

46. Segundo Lévi-Strauss, a equivalência entre gritos e sujeira faz com que esses termos sejam mutuamente conversíveis "conforme o mito escolha um código acústico, alimentar ou sexual para se exprimir" (2004b, p. 360).
47. Seria interessante comparar as fêmeas mencionadas em b6 à sarigueia nutriz, tal como surge no mito tupi analisado por Lévi-Strauss (2004b), pois essa fêmea limpa as secreções fétidas de suas tetas e não sente dor ao parir (2004b, p. 269).

os filhotes do útero, o eco do tambor rochoso é também uma emissão sonora precisa que ordena ao dono dos animais a saída das presas. Grito materno e estrondo rochoso abrem a mãe, *útero* e o morro, *útero ctônico*. A saída dos animais para a floresta mostra-se uma ação análoga ao parto, já que o movimento de expulsão imperativa e precisa é suscitado pelo som potente da percussão da rocha e da voz.

Yẹh, "mandar", "ordenar", vem a ser uma atitude fundamental na relação dos pais com seus filhos. Apesar do respeito que há à vontade das crianças, saber mandar é importante para que todos participem das atividades da casa e não queiram apenas *yạgạt nịj*, "estar na rede". Logo cedo, a mãe ordena que as filhas tragam água, enquanto um filho mais velho já está cortando a lenha para fazer fogo. Meninas e moças saem com a mãe para a roça e voltam com seus pequenos aturás plenos de frutas e manivas. Os meninos saem para pescar com o pai e, logo, trazem pequenos peixes. A ajuda alterna-se com as brincadeiras e com as atividades escolares, mas o pedido dos pais deve ser respeitado como uma ordem.

Desse modo, quando a mãe reverte seu gemido em grito e ordena a saída da criança, ela inicia um processo educativo, fazendo com que a criança não queira *ficar apenas em sua casa*. O bebê sentado que sovina suas coisas tem uma atitude antissocial. Recusa-se a deixar sua morada uterina, recusa-se a obedecer e recusa-se a dar seus pertences. Obedecendo à ordem, o bebê entrega seus pertences ao xamã como uma dádiva. Ao mesmo tempo, cedendo suas armas, ele atende a um chamado sedutor e lança-se como uma presa frágil aos braços de sua mãe. Deixa o útero como um filhote de paca, de porco, de anta, de égua, saindo, ao fim de seu ritual de crescimento, pela grande abertura. Pensando com McCallum, com o grito de ordem a mãe inicia a socialização da criança a partir de uma *pedagogia prática* que a faz, através de seu próprio gesto de dar seus pertences, aprender princípios de reciprocidade e de hierarquia que orientam as relações sociais. A expulsão do útero introduz o bebê num contexto propício para perceber e agir em consonância com esses preceitos aprendidos no curso de sua ação.

Na interpretação de Hugh-Jones (2009, p. 47), "Como os benzimentos deixam claro, estes artefatos são os resultados e índices de seus pensamentos e intenções, e signos dos corpos humanos que futuramente criarão, uma criação que se desloca do pensamento, por meio do artefato, em direção ao corpo". Seguindo Hugh-Jones, é possível dizer que o banco de leite relaciona-se a uma estrutura óssea comum a animais e humanos que permite assumir a postura ritual adequada para a ação xamânica e para o nascimento. As fêmeas mamíferas servem de referência para o alinhamento da atenção da mãe, que, dotada de uma corporalidade expandida, consegue orientar seus movimentos para trazer seu filho ao mundo a partir de seu banco de leite e de sua voz. A mãe insere-se num campo de força através de seu engajamento ativo e sensorial com a materialidade de seu próprio corpo, o qual tem, na postura e musculatura das fêmeas, horizontes de habilidade a seguir. Concentrando e potencializando suas forças, as parturientes tornam-se hipermulheres sentadas sobre bancos e corpos animalizados. Abrem suas vaginas expandidas e gritam para ordenar a saída do filho. O banco de leite, que permite aos xamãs a postura adequada para comer coca, conversar e benzer, possibilita que a mãe tenha forças para deslocar o filho do útero para o mundo.

A MÃE TAMANDUÁ E SEU FILHOTE

Bịg ą̈h mẹh yị'ịh. Ayụp ą̈y pö̈g. Tịnịh tēh pịd, "Matei um tamanduá, uma mãe com seu filhote", comemorou Samuel logo que chegou da roça. À tarde, enquanto caminhava com seu cachorro Juto, ouviu o som das folhagens chacoalhando. Latindo, o cão avançou por entre as árvores. Corria de um lado para o outro rosnando sem parar. Aproximando-se, Samuel viu uma enorme tamanduá-bandeira acuada, tentando proteger seu filhote das investidas do canino. Quando sentiu a presença do caçador, ela disparou correndo. Samuel perseguiu o bicho empunhando seu terçado. Com um golpe, feriu o rabo do animal que diminuiu a velocidade. Com duas terçadas, atingiu a fêmea na cabeça e no longo focinho, que logo em seguida estatelou-se no chão. Depois disso, foi fácil matar o filhote que tentava, inutilmente, escapar do cachorro. Novamente, um golpe de terçado tirou a vida do pequeno tamanduá. Samuel cobriu a mãe com folhas, mergulhou a carcaça do filhote na água para escondê-lo e retornou para pedir ajuda a seu irmão Sabino, a sua esposa Virgínia e a mim.

Naquele final de tarde, os caçadores, acompanhados de suas respectivas esposas, voltaram para recolher as presas. As mulheres carregaram seus aturás, que logo ficaram repletos com os membros esquartejados das vítimas. O bucho dos animais foi descartado, mas os órgãos internos somaram-se à incrível quantidade de carne obtida. Primeiro, as presas foram incineradas para a queima dos pelos e do couro. Em seguida, Samuel cuidou do corte da carne, dividindo as partes que seriam de consumo próprio, as que seriam dadas a seu irmão e, uma terceira, ao seu pai. Afinal, Ponciano teria que benzer a carne para que não causasse feridas ou *choro enlouquecedor* às crianças.

Enquanto cortava a carcaça, Samuel explicava-me sobre a anatomia do tamanduá. O rabo é o "remo", *hẽy' b'ah*, que faz com que o animal corra rapidamente em sua fuga. Suas garras perigosas são suas *yök b'ah*, "espadas primordiais". Caçador e xamã parecem estar cientes dessa espécie de "corporalidade *artefactual*" dos animais para a realização de suas ações. Na manhã seguinte, depois de ter sido benzida por Ponciano, a carne cozida da mãe tamanduá e do filhote era chupada e degustada por suas netas, que caminhavam sorrindo pelo terreiro.

Durante o encontro noturno, os senhores contaram que, conforme segue em disparada, o tamanduá, assustado, defeca. O caçador tem que persegui-lo lateralmente para não pisar em suas fezes. A alimentação desse mamífero baseia-se exclusivamente em diversos tipos de formigas que ele persegue desloando-se por uma vasta região. O tamanduá é o *kapi yo'ọm ĩh*, o "dono do *caarpi*". É ele quem prepara o *caarpi* para todos os animais e entoa o perigoso canto *yạm piha*. Por isso, seus dejetos são venenosos e extremamente fedorentos. O contato com suas fezes causa feridas que podem ser mortais. O bucho desse bebedor de *caarpi* é descartado para que não cause malefícios. Em B7, o benzedor cerca as armas laminares e a cuia de *caarpi* do tamanduá ao mencionar a canção que esse ser entoa quando oferece o *caarpi* aos outros animais. O consumo da carne não benzida pode fazer a criança sofrer com o *choro enlouquecedor*. As armas e o canto *piha* relacionam-se à origem desse ser. Sua agressividade manifesta-se em sua corporalidade pelo odor, *caarpi*, e pelas garras. Como salienta Århem (1996, p. 188) para os Makuna, "Dentro da categoria inclusiva de *masa* (gente), diferentes classes de seres são distinguidas por traços específicos (referidos como 'armas') que são associados à origem mítica de cada classe e seus hábitos reprodutivos e alimentares específicos". Enquanto o útero-panela e o banco de leite ajudam a perceber o corpo como uma composição de artefatos que são instrumentos para a postura e para a culinária, viu-se em B4 que há a presença de armas laminares nos membros de humanos e animais. Enquanto traduzíamos B6, Samuel fez o seguinte comentário: "O homem é forte e a mulher fraca. As armas da mulher são a *wạn tēh*, "punhal", *yök b'ah*, "facão", *k'ig-b'ah*, "arco", *sab'ak*, "zarabatana", todas pequenas. Estão nos braços e nas pernas".

Ainda no útero, meninos e meninas diferenciam-se pelo tipo e tamanho dos instrumentos e das armas que possuem. Para Samuel, essa diferença aponta para a desigualdade de força física entre os gêneros. Os balaios e aturás são grandes para as mulheres e pequenos para os homens. Essa cestaria primordial compõe o corpo físico, como os bancos de leite, constituindo a estrutura lombar da pessoa. Maiores e mais resistentes nas mulheres, esses cestos conferem-lhes uma capacidade superior no carregamento de pesos, da mesma forma que o banco de leite feminino dota-as de quadris largos para o parto. Já os arcos e flechas, zarabatanas, facões são maiores nos homens. São os membros superiores e inferiores, braços e pernas, que concentram essas armas, carregadas manualmente nas andanças pela mata. A mãe tamanduá possuía perigosas e grandes espadas, percebidas também como suas garras. Enquanto caçador, Samuel manejou com grande destreza seu terçado para matar e esquartejar as presas. No entanto, foi sua esposa quem carregou o aturá pesadíssimo com a carne dos tamanduás por quase três quilômetros, demonstrando uma habilidade e força superiores às de Samuel quanto ao transporte da carga.

O pequeno filhote de tamanduá que acompanhava sua mãe já possuía suas armas corporais. Os caçadores não subestimam a destreza dos pequenos tamanduás no manejo de suas armas. Suas garras são espadas cujo corte pode rasgar a pele, abrindo sérias feridas. Assim como a presença do feto sentado no útero em posse de seus pertences, o processo de concepção e crescimento do filhote e da criança Hup, como na origem mítica, possibilita a apropriação de habilidades e poderes pelas armas que vão, pouco a pouco, definindo a própria identidade do ser.

Retomando B6, ao nascer, os fetos devem entregar suas armas, bancos, adornos e instrumentos ao xamã. Esse ato, visto como um primeiro ato de reciprocidade e respeito deixa o bebê desprovido de suas armas. Em muitos encantamentos, vistos até aqui (B2) (B5) (B6) (B7), encaminhar os seres malfazejos para suas moradas e fazê-los largar suas armas constituem ações que pacificam Cobras, B'aṭịb', Gentes-Árvore etc. Nesse sentido, fazer o nascituro entregar suas armas pacifica-o para que nasça sem causar males para a mãe, uma poderosa fêmea. Conforme a criança cresce, seus pais vão ensinando-os a fabricar os *muhụ' tëg*, "brinquedos", pequenos arco e flechas, aturás, zarabatanas para os filhos se divertirem e acompanharem-nos à roça ou à mata. Suponho que através dos brinquedos os pais, gradualmente, restituam aos filhos seus artefatos primordiais cedidos pelo bebê para o nascimento.

Logo cedo, é comum ver as mães com seus grandes aturás serem seguidas por uma fila de meninas, suas filhas, que puxam aturás menores, proporcionais a seus tamanhos. Na roça, aprendem a lidar com a maniva que, depois de colhida e limpa, é transportada por todas elas até a casa. Como visto, os aturás fortalecem o quadril e a região lombar para o parto. Começada pela mãe, a trama de fios de cipó de arumã é continuada pelas filhas, que aprendem a tecer desde muito novas. No fim da tarde, as filhas sentam-se perto da mãe, que tece, conversa com outras mulheres e aguarda que o beiju asse no forno coletivo. Em meio à trama dos fios, as meninas vão se inserindo na sociabilidade feminina aldeã. Refletindo com Ingold, esse aprendizado ocorre não pela internalização de regras do *como fazer*, mas pela sintonia gradual dos movimentos da mãe e da filha ao tramar os fios e ao carregar os cestos pelos caminhos.

Se estiverem munidos de arco e flechas de bambu e breu, os meninos passam o dia a percorrer os arredores da aldeia à caça de passarinhos. Os menores pedem aos pais que tragam as varas e cipós para fabricarem os brinquedos. Aprendem a fazê-los com o pai ou com os irmãos mais velhos. Divertem-se muito nos campeonatos de tiro através dos quais comparam as distâncias, as alturas e a precisão de seus lançamentos. Ao acompanhar o pai numa caminhada, os meninos levam suas armas e imitam-no no porte, no lançamento, na mira e na busca pelos alvos. Ao longo do caminho, os pais indicam árvores como a *pẽy-tëg*, mostrada a mim por Ponciano, para ensinar-lhes qual a melhor madeira para fazer os arcos. É fundamental saber fabricar as pontas de flecha específicas para cada tipo de caça. Além disso, a partir das indicações dos rastros dos animais, os pais descrevem com precisão a espécie, o tamanho, o sentido de seu percurso, e o melhor local para estar à espreita com a flecha engatilhada. A atenção ao modo de tensionar o arco, o tipo de lançamento, retilíneo ou parabólico, são todas lições importantes aprendidas nessas caminhadas. Conforme os meninos crescem, a ponta de breu da flecha das crianças dá lugar à ponta de madeira que, com o tempo, será revestida com curare, ou substituída pela ponta de ferro letal.

Através dos arco e flechas os meninos são introduzidos pelos pais e irmãos maiores em contextos que propiciam a oportunidade para o uso de suas armas. É esse uso que desenvolve o movimento controlado e regular dos membros e das mãos integrando gesto e arma como formas geradas pela ação. Nesse sentido, o manejo das *armas próteses* é também um agenciamento das *armas primordiais* e "[...] nesses caminhos aprende-se a 'desservir-se' das armas tanto quanto servir-se delas, como se a potência e a cultura do afeto fossem o verdadeiro objetivo do agenciamento, a arma sendo apenas um meio provisório".[48]

Com o crescimento corporal, os aturás e os arcos e flechas aumentam de tamanho, os meninos e a meninas tornam-se mais hábeis para construí-los. Os meninos adquirem melhor mira e tônus muscular, enquanto as mãos femininas passam a tramar com rapidez e leveza. No menino, o arco e flecha presente nos braços aumenta de tamanho, mas seu aturá mantém-se pequeno, enquanto na menina o cesto cresce, mas o arco e flecha permanece pequeno. Fabricando seus arcos e flechas, brincando com eles ao acompanharem os pais, os meninos desenvolvem habilidades ligadas ao braço, às mãos e às pernas que contribuem para o crescimento de seus artefatos internos e para a sua socialização como homens. Sentadas tramando os fios de arumã ou seguindo as mães carregando seus cestos, as meninas fazem a si mesmas, agem sobre sua corporalidade, tornam-se habilidosas artesãs e fortes carregadoras.

Desacompanhado de sua mãe, o pequeno tamanduá manejava precisamente suas lâminas e garras, mas não conseguia a mesma eficácia no uso de seu rabo, que é um remo, para a fuga, o que aponta para sua condição de noviço, que, como as crianças Hup, é introduzido aos poucos pela mãe em contextos para o uso de suas armas e instrumentos corporais. Como ressalta Hugh-Jones (2009, p. 48-9), "se as pessoas são progressivamente construídas e socializadas como montagens de objetos, também os objetos podem socializar pessoas [...] Fazer coisas é, assim, fazer a si e a maestria da técnica é a maestria do eu".

Os golpes de terçado precisos foram dados no focinho, *töj-moy*, e no pescoço, *k'atɨt-moy*, dos tamanduás. A mira dos arqueiros visa sempre atingir o peito, *hãg-sạk moy*, das presas, uma técnica muito eficaz principalmente na caça a grandes mamíferos como o tamanduá, a anta, os porcos e os catetos. O caçador evita, desse modo, os membros, onde estão as armas primordiais e corporais (garras) dos animais, para atingir seus órgãos vitais. No encontro da caça, as facas

---

[48]. Deleuze; Guattari, 1997, p. 85.

(garras), espadas (garras) e remos (rabo), manejados pelas presas para o enfrentamento e fuga, são igualmente armas primordiais que lhes permitem defender-se e atacar. Assim, os corpos humanos e animais podem ser observados como *composições artefactuais* que indicam as habilidades, forças e estruturas possuídas por cada ser. Como o filhote de tamanduá, as crianças Hup também têm suas armas, adornos e utensílios corporais.

Acredito que a designação de partes do corpo como artefatos, armas e instrumentos expressa a habilidade de alternância entre a *i̧d*, "fala", e a *bi'i̧d i̧d*, "linguagem de benzimento". Essa alternância entre gêneros discursivos é também a alternância entre modos de percepção da corporalidade do ser. Parece haver um paralelismo entre a aquisição de habilidades no uso e fabricação de armas e instrumentos pelo noviço e seu desenvolvimento físico-motor com o seu crescimento. Pensando com McCallum, a produção desses artefatos depende do desenvolvimento de *corpos que sabem*. Produzir seria, assim, transmitir aquilo que o corpo sabe para o objeto produzido, permitindo que o próprio objeto no curso do uso pela pessoa, humana ou animal, molde as partes do seu corpo fazendo crescer os artefatos primordiais e as habilidades. Os objetos têm, assim, graus relativos de materialidade aos quais caçadores e xamãs se referem através de uma alternância perspectiva da percepção que faz os corpos surgirem como composições artefactuais vivas em dados contextos relacionais.

O ARCO E O CESTO

Na noite de 17 de março de 2012, depois da roda de coca, voltei para a casa de Américo, onde eu estava alojado. Abri a porta com cuidado, pois as crianças e meus anfitriões pareciam já estar dormindo. Acendi minhas velas, abri meu caderno de campo e, quando ia começar a escrever, Isabel, que amamentava a pequena Creuza, perguntou se eu já conhecia o *benzimento do filho*. Como minha esposa estava grávida, era muito importante que eu soubesse executá-lo. Filha de um pajé de Pij-Dëh, minha anfitriã descreveu algumas ações do encantamento que havia aprendido com seu pai. Mãe de seis filhos, Isabel alertou-me principalmente quanto aos perigos do contato dos pais com alguns objetos durante o resguardo. Para ela, a febre de Tereza e da recém-nascida tinham sido causadas por Elias ter *pego em máquina*, ou seja, ter dirigido a rabeta durante a navegação de retorno de São Gabriel.

A mulher não pode pegar em *maj*, "aturá", senão a criança terá doença nos olhos. Se o pai pegar em máquina, a criança morrerá. O contato com o arco e flecha fará o umbigo do bebê sair. É perigoso também que os pais peguem em terçado, pois o filho pode ter *Puç Way*, "umbigo saído".[49]

Após o nascimento, os pais devem ficar na rede. Além do jejum, é necessário que o casal não toque em instrumentos de trabalho ou armas. "Então, eu sopro a cuia de beber mingau da mulher. Se quiser, ela fica um dia parada e já está bom", explica Ponciano em B6. A restrição do tato é também uma contenção dos movimentos que devem tender à imobilidade. Como na dieta alimentar, o manuseio dos objetos acompanha a restituição gradual dos deslocamentos. Com o tempo, o casal começa a poder visitar as casas vizinhas, participar das rodas de conversa até que, ao término do resguardo, possam finalmente caminhar para a roça, mata ou igarapé. Pouco depois, a mulher pode manusear os cipós de arumã e tramar os cestos de aturá. O marido pode igualmente dedicar-se ao artesanato de tipitis, cumatás e, posteriormente, arcos e flechas, objetos produzido exclusivamente pelos homens. Os cipós são trazidos pelos parentes. Os objetos fabricados pelo casal são trocados com outras famílias por farinha, beijus e peixes.

A mobilidade dos parentes garante, assim, a reintrodução do casal aos movimentos corporais. As mãos tramam os fios, os olhos acompanham os nós. Deitados nas redes por muitos dias, os pais começam agora a sentar-se e a mover os braços sem ainda tocar utensílios ou armas. As trocas de artesanatos com os parentes garantem uma quantidade complementar de alimentos que, preparados pela acompanhante e benzidos pelo xamã, resfriam e nutrem os corpos. Como no aprendizado da criança sobre a fabricação de seus *brinquedos*, o artesanato vai, através da produção dos objetos, ressocializando o casal nas habilidades manuais específicas de cada gênero. Fazendo os objetos, pai e mãe refazem-se a si mesmos como homem e mulher Hup, ao mesmo tempo em que, pelo tato e pela visão readquirem a precisão de seus movimentos. Pensando com Deleuze e Guattari, nesse momento de restrição dos movimentos, os pais seguem os ci-

---

[49]. Caderno de campo, 17 de março de 2012.

pós e as madeiras no fluxo de suas matérias, em suas itinerâncias conforme fazem crescer seus artefatos,

De qualquer modo, trata-se de seguir a madeira, e de seguir na madeira, conectando operações e uma materialidade, em vez de impor uma forma a uma matéria: mais que a uma matéria submetida a leis, vai-se na direção de uma materialidade que possui um nomos. Mais que a uma forma capaz de impor propriedades à matéria, vai-se na direção de traços materiais de expressão que constituem *afetos*.[50]

Isabel alerta que a mãe que pega em aturá deixa os olhos da criança *mĩgĩ*, "loucos". O pai que pega em arco e flecha ou terçado faz o umbigo do bebê sair. Enquanto o arco e flecha e o terçado são armas manejadas pelo caçador em seus combates com as presas, o aturá é o cesto de carga que acompanha a mulher em praticamente todos os seus afazeres. Como na produção do artesanato, o caçador com seu arco e flecha e a agricultora com seu aturá às costas seguem com uma *identidade vaga* entre os corpos e as coisas. Seguem como matéria-fluxo-movimento na sinergia entre os artefatos corpóreos primordiais, o peso do cesto às costas e o volume do arco oprimido pela pressão da mão cerrada. São assim conjuntos vagos que "desprendem uma corporeidade (materialidade) que não se confunde nem com a essencialidade formal intangível, nem com a coisidade sensível, formada e percebida".[51] Dirigem-se a contextos de agenciamento que se dão no encontro com o animal e na lida com as manivas da roça, contextos plenos de energia quente e agressividade que se impregnam em seus corpos-objetos.

No encontro com o animal, o caçador Hup maneja suas armas, facas e arcos e flechas. Empunhadas externamente em suas mãos, as armas são também parte constitutiva de seus membros corporais. A agressividade dos combatentes, considerada como um calor excessivo, impregna-se nos corpos do predador e da presa. O arco e flecha ou o terçado incandescente faz arder os braços do caçador. Chegando à sua casa, o caçador pendura logo suas armas nos caibros do telhado de caraná e come pimenta para atenuar a agressividade que o combate despertou em si. De forma semelhante, as garras, dentes, cartilagens ou ossos espinhosos do animal abatido estão plenos de agressividade e precisam logo ser descartados porque podem ainda ferir o caçador ou sua família durante o consumo. A carne dos animais precisa ser

---

50. 1980, p. 96.
51. Deleuze; Guattari, 1997, p. 95.

bem cozida com pimenta para impedir o ataque onírico da vítima com suas armas primordiais, facas, espadas e cuias de *caarpi*.

Durante a *couvade*, ao tocar as suas armas ou ao ingerir a carne não benzida, o pai faz sair o umbigo do recém-nascido. Para a cura, o xamã sopra uma colher de aço, objeto frio que, ao entrar em contato com o umbigo, reverte sua dilatação e putrefação, endurece e resfria o *molengo* na parte que antes era o local de ligação materno-fetal pelo cordão-umbilical. Esse aquecimento das armas e membros do caçador parece análogo ao calor que a condução da rabeta, uma máquina, faz aderir ao corpo do navegante. No caso de Elias, segurar a máquina quente foi a causa da febre em sua esposa e na bebê recém-nascida. Assim, o manejo de arcos e flechas, terçados e motores parece impregnar o calor dos objetos presentes no corpo do pai que, por sua vez, transfere essa intensidade térmica e destrutiva ao corpo do filho. A melhora da febre ocorre com os banhos, ingestão de frutas e repouso, ou seja, no contato do corpo com essências frias.

Como contou certa vez Ari, é no peito, morada do *hąwäg* e do B'atịb', que está situado o calor do corpo. Já o frio se encontra espalhado pelo resto do corpo. Para verificar-se a febre, coloca-se a mão na testa, nos braços e nas pernas, pois a doença faz espalhar o calor desse centro vital para as extremidades corporais. Além do aquecimento da cabeça e peito, quando estão com "febre", *pë' wid nẹn*, os Hupd'äh dizem ver cores, manchas luminosas que os olhos começam a perseguir de modo perturbado. O equilíbrio entre o frio das extremidades e as energias do sopro vital, essencialmente frio, e da sombra, essencialmente quente, é o que garante um estado saudável ao corpo. *Minịg këy*, "ver direito", é também ver reto como o pensamento que *minịg hạm*, "segue reto", algo que remete a um movimento *retilíneo* ou *focado* dos olhos. *Mĩgĩ*, "louco", é a pessoa cujo pensamento se encontra espalhado. Desloca-se em muitos sentidos, mas não consegue concentrar-se e seguir um caminho. A febre que causa *Käwäg mĩgĩ*, "olhos loucos", faz os olhos perderem o rumo, movimentarem-se a esmo e perseguirem cores espalhadas pelo espaço.

Na roça, o aturá fica exposto ao sol por muito tempo, enquanto a mulher trabalha a maniva. Nesse sentido, pegando-o ou carregando-o, a mulher toca um objeto externo que se apoia sobre sua estrutura lombar, composta por seu cesto primordial. Em B6, o xamã faz com que *Werọ Hup Tẽh ĩh*, o Sol, suba para sua morada celeste, apague sua lenha corporal, largue sua faca e volte seu olhar para cima. Como visto, o odor dos corpos da mãe e do bebê ofende esse ancestral que se vinga através de sua luz e calor. O objeto pessoal e de carga da mulher torna-se o vetor da agressividade desse ser, que leva os corpos já quentes da mãe e do bebê a arder em febre, e os olhos, a enlouquecer. Nos termos de Buchillet, a doença causada pelo toque do aturá é um modo de feitiço indireto causado pela ação maléfica do sol. Nas palavras da antropóloga:

> A segunda forma de feitiçaria consiste em alterar um objeto que pertence a, ou que é utilizado pela pessoa que se pretende agredir, recitando um encantamento sobre esse objeto: o mal é assim transferido ao indivíduo. Como em numerosos grupos indígenas, os Desana postulam uma ligação entre um indivíduo e seus pertences (vestes, utensílios, etc.) como continuidades de si em efeitos pessoais ou nos objetos que ele utiliza.[52]

Da mesma forma como o sopro das palavras faz com que as ações *hãwägät* do xamã se condensem no cigarro para depois, quando inspiradas, agirem no corpo da pessoa, creio que por meio do aturá ou das armas de caça, o calor e a agressividade frutos da exposição à ação do Sol ou ao ardor das batalhas impregnam-se nos objetos, próteses externas e, ao mesmo tempo, artefatos que compõem o corpo. O bebê, um molengo, em contato permanente com os pais, é exposto a essas energias, que intensificam a presença de *k'į*, "calor", em seu corpo, ocasionando a febre, a perturbação ocular, a saída do umbigo e a abertura de feridas. O toque dos objetos é um *acontecimento-afeto* que faz os agenciamentos das armas e instrumentos convergirem dos pais para o bebê através do fluxo existente entre a pessoa e os corpos-objetos, conjuntos vagos de matéria-movimento, matéria-energia e matéria-fluxo.

Em M15, *Bisįwé* vencido pelos pais vingadores ao beber o caxiri soprado. Aceitando o oferecimento, ele toca um recipiente grande de argila, uma *bok tãw*, e bebe o líquido que o embriaga rapidamente. Bêbado, *ãg nạ' yį'įy*, ele cai no chão. Os pais colocam-no sobre a lenha e o queimam. A ardência faz seu corpo desarranjar-se. Seu corpo *artefactual* fragmenta-se e surgem as flautas Jurupari, seus ossos. Antes de morrer ele praguejá ameaçando fazer com que os Hupd'äh sofram como ele sofreu. Algumas doenças que acometem os Hupd'äh derivam dos sofrimentos que os antigos causaram a Bisįw. Nesse sentido, o canibalismo anal, que aniquila os rapazes, pode ser visto como uma primeira ação de roubo do espírito para o consumo predatório. Se o fogo que queima Bisįw desconstrói seu corpo,

---

52. Buchillet, 1983, p. 137.

fragmentando sua pessoa corporificada em múltiplas flautas singulares, as doenças que acometem o recém-nascido parecem também desconstruí-lo pela intensidade extrema de calor.

A febre e o choro enlouquecedor atestam a viagem do recém-nascido como pessoa-sopro que pode ter sido devorada por seres malfazejos. A saída do umbigo mostra-se uma dilatação, ou putrefação, no local que antes era a ligação com a mãe. As feridas, aberturas corporais, podem também ser vistas como tensões d fragmentação ocasionadas pela pele mole, decompondo-se. Sem estar duro o suficiente para suportar o ataque onírico de seres como as Gentes-Árvore, B'atịb', ou a vingança das presas e peixes consumidos pelos pais que ferem com suas armas laminares, as feridas abrem-se e custam a fechar. Podem ocasionar dores terríveis e agravar-se como no caso da leishmaniose. A cuia de *caarpi* oferecida por insetos (como os bichos do pé), ou por animais consumidos (como o tamanduá) são causas do choro enlouquecedor, que pode ocasionar febres, umbigo saído e olhos perturbados. Pensando com Lolli (2010, p. 29), a exposição do bebê a essas afecções de outrem por intermédio de seus pais revela, "na doença, o caráter duplo de construção e de desconstrução da função xamânica que se mostra mais patente, à medida que concomitantemente implica de um lado a recuperação do doente e do outro a desconstrução dos agentes patogênicos".

Segundo McCallum,[53] o corpo é "afetado e construído por diferentes processos materiais que ocorrem perto ou dentro de seus corpos, como no *couvade* e nas 'relações de substância' de forma mais geral". Durante o resguardo, a *consubstancialização* entre os pais e o bebê faz com que os movimentos, o tato e a dieta incidam sobre a corporalidade, sentidos e o pensamento do recém-nascido, que pode sofrer com o *umbigo saído*, o *choro enlouquecedor*, as febres ou as feridas abertas. As enfermidades causadas pelo tato indevido parecem colocar em risco o processo de endurecimento corporal do *molengo*, fazendo com que, devido ao aquecimento, os olhos se perturbem e percam seu foco, o umbigo dilate-se e saia, a pele se abra em feridas e o sopro vital deixe o corpo.

---

[53]. 1998, p. 217.

O FETO ADORNADO E O DONO DOS ANIMAIS

Numa roda de coca, conversando sobre o benzimento do filho, Ponciano me contou que, no útero, além de comer coca como os velhos, o "feto de sexo masculino", *tiyi'*, está armado com seu arco e flecha e com sua zarabatana. Em sua cabeça, ostenta um lindo cocar colorido feito com penas de arara e papagaio. Recobre sua nuca com o *wįh huj*, "cocar de penas de gavião". Em seus braços, tem pulseiras de tucum, suas *K'ǫ̈b s'ǫ* e *K'ǫ̈b hikub*. Sua perna vibra ao som de seu *yą̈ç*, "chocalho de pé", a cada passo de dança. Carrega, às costas, um pequeno cesto aturá. Já a menina, *tã'ą̈y*, decora seus cabelos pendurando uma "flor", *s'ǫ*, na orelha. Carrega às costas seu grande aturá para levar a maniva. Para o preparo do caxiri, a menina traz consigo seu "ralador", *hįp*, seu "balaio", *pą'*, e seu suporte de cumatá, *mohǫy*. Além dos instrumentos de trabalho, está munida de um arco e flecha e uma zarabatana pequenos. Os meninos têm as faces pintadas de preto. As meninas, de vermelho. Ambos estão sentados sobre seus "bancos de nascimento", *hib'ąh käd*. Seguram firme seus "bastões", *sǫ̈h tëg*, e têm as "sementes de pedra", *pąç wäg*, penduradas em seus peitos.

Adornados dessa forma, assemelham-se aos antigos em pleno Dabucuri quando, dançando, manejavam as potências primordiais. Pensando com Gow, os fetos adornados são *agentes de seu próprio nascimento*, nas palavras do autor sobre os Piro, "o genitor e a genitora são os agentes de seu vir a ter corpo; o feto é o agente de seu próprio nascimento. Os bebês 'surgem de dentro' ativamente; eles não são passivamente 'paridos' ou 'dados à luz'".[54]

Os encontros cerimoniais entre moradores de aldeias distintas de um mesmo grupo local para realizar trocas rituais de alimentos por caxiri recebem, em língua hup, o nome de *Pä'*, "derramar", que são os *Dabucuris* uaupésinos em língua geral. Trazendo cestos carregados com frutas, carnes ou peixes, os *convidados* derramam suas dádivas no centro da maloca, ofertando-as a seus anfitriões. Enunciados formais de agradecimento e exaltação dos parceiros de troca acompanham o gesto de derrama dos aturás e de recebimento das cuias de caxiri dadas pelos *anfitriões*. Esses encontros criam as condições para que ocorra a iniciação masculina com a exibição das flautas *döhǫ̈ d'äh*, Jurupari, aos neófitos, que começam a aprender a soprá-las para trazer à vida os ancestrais clânicos. Devido aos perigos que envolvem essa prática,

---

54. Gow, 1997, p. 47.

as mulheres e as crianças têm que permanecer isoladas na mata para não verem as flautas que são, simultaneamente, os ancestrais e os ossos do terrível Bisɨw.

Ainda hoje, momentos antes da realização do evento, os senhores Hup começam a comentar nas rodas de coca a *queda das frutas*, referindo-se à maturação do ingá, do ucuqui, do uacu, etc. que atraem os animais. Em plena fartura, as pacas, cotias, tamanduás realizam danças e cerimônias de trocas em *Hũ-Mọy*, a Casa-dos-Animais, junto ao seu dono, Bisɨw. Esse é o momento de formar grupos para colher grandes quantidades de frutos, abater um número substancial de presas, e/ ou tinguijar os igarapés. Os donos Hup designam representantes para viajar à aldeia dos parentes distantes para combinar a celebração. Realizados secretamente na década de 1970 devido ao temor da repressão salesiana, os *Pạ̈'* dos Hupd'äh não puderam ser observados por Reid, que escreveu as seguintes notas sobre o ritual:

> Durante os rituais formais, as crianças, meninos e meninas, são obrigados a deixar a maloca e a manterem-se afastados quando os trompetes Jurupari entram na maloca. Entretanto, com aproximadamente 9 anos, os jovens são expostos aos trompetes pela primeira vez. Disseram-me que esse é o evento que marca formalmente a transição da infância à idade adulta. [...] As cerimônias rituais de troca praticadas pelos Hupdʉ são denominadas *Pwu!*, que significa derramar. [...] Essas cerimônias geralmente envolvem o uso dos trompetes sagrados, que possuem diversos nomes em Hupdʉ. Desse modo, em rituais formais, os jovens não somente performam e aprendem como tocar os trompetes sagrados, mas também a dançar corretamente. Além disso, recebem orientações dos anciões em mitologia e cantos. [...] Muitos dias antes da realização dos rituais, os homens Hupdʉ vão à floresta para caçar ou coletar frutas silvestres demandadas, enquanto os Índios do Rio preparam o caxiri, o tabaco e a coca. [...] Na alvorada, após algumas horas de descanso em seus cantos, os Hupdʉ começam a apresentação das frutas aos anfitriões, vestindo suas melhores roupas e tendo o rosto pintado. Eles dançam em linha até a maloca, e após sequências de dança e consumo de bebida, depositam suas dádivas no centro da maloca.[55]

Para descrever os pertences dos seres intrauterinos, Ponciano remetia-se sempre às antigas cerimônias de Dabucuri que havia presenciado. Cores, sons e gestos dos pais e avós teciam as linhas dessa memória ritual, que fazia um imenso sorriso abrir-se nos lábios do xamã. Ele explicava que a tinta que colore os rostos dos nascituros é preparada com a mistura da planta *yawị'*, "samambaia" (tipo de),

---

55. Reid, 1979, p. 151-2; 181-2.

com a semente de *mẹ'*, "carajuru",[56] para a pigmentação vermelha, ou com "jenipapo", *d'ạd*, para obter a cor negra. "Era assim que os antigos pintavam seus rostos para os Dabucuris antes", lembrava-se. O ancião trouxe um *yãç*, "chocalho de pé", que havia fabricado depois de nossa caminhada à Casa-dos-Animais. Colhera as castanhas enquanto caminhávamos. Para mostrar-me o instrumento que os fetos masculinos amarram em seus tornozelos, Ponciano levantou-se e começou a bater o pé no chão. Próximo à roda de coca, segurando uma vassoura, ele dançou como se soprasse uma flauta Jurupari e transformou o encontro noturno num Dabucuri.

Em eventos de iniciação, quando as flautas Jurupari terminam de ser tocadas e exibidas aos rapazes, iniciam-se os bailes e o oferecimento generalizado de caxiri. As flautas Jurupari silenciam à beira do igarapé. Os músicos desmontam seus instrumentos e enterram-nos no leito do córrego. As mulheres começam a circular as panelas de caxiri e as crianças voltam a correr pela aldeia. As flautas cariçu são trazidas e os chocalhos amarrados aos tornozelos dos dançarinos. As moças, inicialmente sentadas na metade feminina da maloca, levantam-se, dirigem-se a um dos flautistas e apoiam a mão no ombro do músico. Juntam-se ao corpo de baile que segue fazendo movimentos circulares e zigue-zague pela área central.

No útero, é a partir dos movimentos de dança do feto que o xamã percebe o sexo do bebê. Se, ao soprar o cigarro, o benzedor sentir uma pressão em seu tornozelo, a sensação indica haver um chocalho de dança masculino amarrado à canela da criança. Do contrário, se sentir uma mão apoiada no ombro do xamã, o bebê será uma menina. Após o nascimento, as mulheres cantam *yamido* e dançam no terreiro descrevendo passos de "cariçu", *hëhë*, para ninar a criança ou consolá-la. Enquanto o xamã faz par com a menina, seu corpo identifica-se ao do nascituro menino.

Antigamente, pouco antes da chegada dos convidados, iniciavam-se os preparativos para o Dabucuri. Os *convidados* formavam grupos de viajantes e rumavam para as cabeceiras. Caçando e pescando, buscavam as aves com cujas plumas adornariam seus corpos. Araras e papagaios forneciam as penas azuis e vermelhas para a confecção dos *yak pãt*, "cocares". Já os cocares de nuca eram feitos com

---

[56]. *mẹ'*, "carajuru", planta cujas folhas produzem uma tinta vermelha para untar o rosto quando misturadas com urucum. Família da bigniniáceas, *Arrabidae chica*. Cf. Ramirez (2006).

as penas dos ferozes gaviões que habitam os morros, demonstrando a valentia de quem os portasse. Podiam também ser organizadas grandes expedições de caça, ou até mesmo a retirada de timbó para tinguejar os igarapés e obter grande quantidade de peixe. Com a fibra do tucum, preparavam-se os fios para a confecção de pulseiras de braço e enfeites como braceletes e colares. Para atrair as mulheres, os rapazes esfregavam pussangas, plantas com odores agradáveis que os ajudavam na sedução. As flores que enfeitavam as orelhas das moças podiam estar igualmente preparadas para atrair parceiros. Ainda hoje, devido à imensa quantidade de caxiri ingerida durante os Dabucuris, as mulheres passam os dias anteriores carregando aturás cheios de maniva. Usam seus "ralos", *hip*, para extrair a massa que depois é espremida nos cumatás para obter a manicuera.

O feto adornado parece fazer convergir para a gestação modos de ação característicos dos Dabucuris. A transmissão de bens, adornos e instrumentos corporificam potências primordiais. Esse processo ganha expressão com as danças performadas durante os Dabucuris. Os gestos e movimentos expressam as capacidades, intenções e responsabilidades que poderão transformar os fetos em humanos em ancestrais e, reversamente, regenerar o ancestral pelo novo ser. Agentes de seu nascimento, ao longo do desenvolvimento uterino, os nascituros preparam-se para a interação com o *avô xamã*, que, como Ponciano, lembra-se de cada detalhe dos adornos rituais dos antigos. Os fetos adornados surgem com seus pertences que são também índices diacríticos de seus sexos e posições no campo de interações rituais. Uma espécie de devir ancestral faz sua pintura e adornos identificarem-nos aos *antigos* e aos *velhos*. Sentados diante de um Lago-de-leite, os fetos são os próprios ancestrais a receber de K'ęg Tẽh os ossos, ou flautas, de Bisįw, os Jurupari, junto com os demais bens e alimentos da origem (M15).

Às vésperas do Dabucuri, alguns mentores ainda levam os grupos de rapazes para colher frutas como cucura, ucuqui, uacu, pupunha e ingá nas roças do Bisįw, espalhadas pela mata. Aqueles que estão prestes a ver os ossos-flautas desse ancestral, queimados pelos antigos Hup, precisam caçar as presas liberadas pelo dono e colher as frutas por ele cedidas. Para isso, os xamãs realizam viagens prévias à *Hũ-Moy*, para oferecer sopros vitais e/ ou tabaco como dádivas a Bisįw. Todo o cuidado é pouco para que os jovens Hup não tenham seus sopros vitais devorados por esse terrível predador. O ritual de troca entre grupos Hup, *pä'*, e a iniciação masculina, *döhǫ̈*, dependem, assim, do estabelecimento da reciprocidade adequada com esse ancestral. Ao mesmo tempo, os animais bebem, cantam, dançam e copulam no interior da *Hũ-Moy*, realizando seus próprios Dabucuris para que os Hupd'äh possam, posteriormente, também celebrar, *procurar filhos* e transformar seus rapazes em homens fortes.

Enquanto o *avô benzedor* convence o feto, sentado, a entregar seus pertences (b6), os xamãs devem convencer Bisịw a regenerar as presas e libertá-las para saírem para a floresta. Essa ação *diplomática* instaura a reciprocidade entre um avô e seu neto e entre um ancestral e seus descendentes. Evocando o nome de um antepassado clânico, o avô concentra a pessoa distribuída do neto, ou ancestral. Soprando as flautas enquanto dançam, os netos reúnem os ossos, os fragmentos de Bisịw num corpo de dança, trazendo à vida o ancestral para crescerem, endurecerem seus corpos e protegerem-se das doenças.

Se, comendo a coca, os senhores Hup predam os ossos e a carne do Velho Cobra, e assumem a perspectiva de *Wẹd B'ọ'*, o nascimento insere o bebê num processo gradativo de oferecimento de alimentos, algo que aproxima os bebês da pessoa de *Wẹd B'ọ'*, o irmão maior de Bisịw. É preciso lembrar que esse primogênito não conhecia os alimentos próprios como beiju, peixe moqueado, caxiri, coca, tabaco etc. Progressivamente, os alimentos das Gentes-Cobra vão sendo oferecidos a ele por uma Mulher Peixe, sua esposa. De seu vômito surgem os alimentos próprios e as plantas domesticadas. Ao longo de b7, para tornar os alimentos próprios, o xamã manda os animais para suas moradas ancestrais e cerca suas armas para que as presas não se vinguem daquele que preda seus corpos. Seguindo Århem,

Conforme o benzedor dos alimentos remove a *armas* da comida e manda-as de volta a sua origem, ele performa um ato essencialmente regenerativo: faz retornar a *alma* do animal morto e cozido (ou da planta comestível) para sua casa de nascimento e, por meio disso, permite seu subsequente renascimento.[57]

A morte do animal é, como para os humanos, uma fragmentação de seus princípios vitais com o retorno de seu sopro vital à morada primordial. Numa conversa, Américo disse que Bisịw chama os animais para juntá-los novamente. Seu grito, que pode ser ouvido pelos caçadores a ecoar pela mata, concentra novamente os princípios vitais das presas abatidas, regenerando a vida. A reunião dos animais suscitada por seu chamado é, assim, a concentração de seus seres tor-

---

57. Århem, 1996, p. 197.

nando-os vivos novamente. Plena de Dabucuris, a Casa-dos-Animais assemelha-se a uma maloca onde a dança e o sopro das flautas fazem surgir Lagos-de-leite. A predação constitui a base da reciprocidade generativa entre os humanos e o dono dos animais.

A iniciação dos rapazes pelo Dabucuri parece ser, dessa forma, não só uma separação do universo feminino para a transformação do menino em adulto, descendente de um ancestral clânico patrilateral, mas também a possibilidade de trazer à vida os ancestrais, reunindo-os na reverberação de uma singularidade oculta, o Bisiw. Suponho que integrar-se como sopro e som, como parte do *hąwäg* desse ser, dota a pessoa não só da habilidade de curar e gerar a vida, juntando o sopro vital espalhado pelas casas, mas também do poder de entender a morte como uma disjunção. Age-se sobre o corpo *artefactual* e cosmográfico para curar e regenerar a vida.

O crescimento do feto e a regeneração dos animais se dão através de um processo de *autopoiesis* com a participação num sistema de relações entre os organismos, os artefatos e as paisagens que são trazidos à existência mutuamente. Através dos Dabucuris, os ritmos temporais da vida são gradualmente corporificados pela pessoa Hup e pelos animais em meio ao uso de seus artefatos e ao consumo dos alimentos. Quando a paisagem corporal torna-se a passagem da vida, os seres postam-se diante dos Lagos-de-leite. Munidos e constituídos por suas armas e pertences, eles fazem as potências primordiais convergirem para si, regenerando-os como presas ou predadores num potente círculo de reciprocidade vital.

Sopros na noite

> Meu pai grande
> Inda me lembro
> Ai que saudade de você
> Dizendo: *Eu já criei seu pai*
> *Hoje, vou criar você*
> *Inda tenho muita vida pra viver*
>
> MILTON NASCIMENTO

«JURUPARI»

Sons graves ressoavam pela floresta. Pareciam ecos vindos de um lugar muito distante. O vento espalhava os timbres aterradores pela madrugada. Entre o sono e a vigília, os olhos de todos se abriram. Vagarosamente, os sopros profundos avolumavam-se. Da beira-rio, a estranha melodia aproximava-se a passos firmes e constantes. Vinha de um mundo longínquo para povoar a maloca, as casas, os ouvidos. As mulheres e as crianças permaneceram deitadas em suas redes. Homens e rapazes levantaram-se, saíram da casa e dirigiram-se para a palhoça. Esperaram, atentos, a chegada dos ancestrais. Os tubos enfileirados foram entrando um após o outro aos pares. Dançando, os descendentes pisavam firme o chão para levantar e abaixar seus instrumentos. No trânsito da existência entre a vida e a morte, os antepassados e seus filhos integravam-se novamente nos movimentos e sopros do Jurupari. As *döhö d'äh*, "flautas sagradas", erguiam-se mais uma vez.

Naquela noite, despertei assustado com os timbres soturnos que pareciam vir da floresta distante para invadir a aldeia. Quando entrei na maloca, mal pude reconhecer os presentes, tamanha a penumbra e a seriedade dos semblantes. Os peitos inflavam-se. Lançavam sopros curtos e potentes. Os pés repisavam o chão. Impulsionavam os dançarinos. Cadenciavam a melodia. A mão direita dos flautistas segurava o bocal de paxiúba perto da boca, enquanto a outra apoiava o corpo do instrumento para elevá-lo e abaixá-lo. Ancestrais e descendentes percorriam juntos o círculo às margens do Lago-de-leite. Moviam-se ao longo da paisagem da criação. Tempos fracos e fortes sucediam-se marcadamente. Tremendo de frio, sentei-me com o gravador, muito atento a tudo o que se passava. Era a primeira vez que eu via a cerimônia das flautas.

Só bater foto não pode, disse o capitão Elias, temeroso de que eu desrespeitasse a interdição que proíbe a exibição das flautas às mulheres. Mostrei a ele o gravador e pedi permissão para permanecer e registrar a cerimônia. Agora, as flautas repousavam no chão. O riso dos músicos sentados contrastava com a seriedade da dança. Uma panela transbordando caxiri começava a ser oferecida por Pedro Paulo As cuias matavam a sede dos flautistas e dos rapazes que chegavam aos poucos. Traziam às costas cestos cheios de "buriti da mata",[1] *s'ụgut s'ạk*. Entravam cambaleantes. Dirigiam-se ao centro da maloca e derrubavam as cargas no chão. Emitiam um sonoro Aннн! *Hihihiii!*, comemorando o êxito na tarefa cumprida. Sentavam-se e pediam uma cuia, com urgência, *Ayụp b'ọ' d'ö' k'e nẹn*, "oferece-me uma cuia logo, por favor!".

De repente, interrompeu-se a melodia soturna. As quatro flautas gigantes deitaram-se aos pés dos tocadores. Todos riam, debochavam uns dos outros. Ao longe, ouvia-se um som agudo. "É o *bị'*, 'rato', a flauta criança que tá brincando", explicou-me o capitão. Essa é a flauta que vem à frente. Seu som assusta as mulheres e crianças que se mantêm nas casas ou se escondem na mata. O sopro desse quinto instrumento, um flautim, era ininterrupto e misturava-se aos ruídos das gargalhadas e vozes de todos. Das margens do Igarapé-Taracuá, o tocador de flautim voltou correndo e invadiu a maloca empunhando um ramo desfolhado de ingá. Investia contra os rapazes, batendo forte e, em seguida, corria. Fugia de algumas vítimas que, aceitando

---

1. *s'ạk tëg* – "buritizeiro", palmeira da família das arecáceas, *Mauritia flexuosa*. Cf. Ramirez (2006).

a provocação, o perseguiam rindo para fora da maloca. Mas sempre, impune, o flautim retornava. Quando, diante das flautas caladas, o instrumentista acocorava-se e emitia continuamente sua melodia aguda, os demais tocadores levantavam-se, reerguiam os trompetes e as flautas, inflavam o peito e recomeçavam a dança. Na maloca, o flautim vinha sempre à frente, seguido pelos dois pares de instrumentos médios e grandes. Após algumas paradas, um ou dois rapazes assumiam o lugar dos flautistas principais e dançavam com um determinado instrumento até que os demais completassem o percurso e se sentassem novamente. Essas ações indicam o caráter iniciático do evento, com os rapazes sendo transformados em homens através da exibição dos instrumentos, das danças e dos açoites.

Após as pausas para beber caxiri, os aerofones circulavam juntos. Em alguns momentos, apenas um dos pares dançava na maloca. Duas horas depois da entrada, uma grande quantidade de cestos com buriti amontoava-se no espaço central. Depois de uma longa pausa, um dos presentes dirigiu-se ao monte, abriu os cestos e despejou os frutos pelo chão. O dançarino com flautim deitou-se sobre o monte de buritis. Foi silenciando aos poucos seu instrumento e permaneceu como que imóvel por alguns instantes. Quando se ergueu novamente, os demais flautistas caminharam até o monte. Os dançarinos formaram uma roda em torno dos buritis e sopraram intensamente as flautas na direção dos frutos. Retomaram, então, o círculo maior e o movimento enfileirado da dança.[2]

O som dos Juruparis alterou-se. O andamento acelerado, as notas agudas em *staccato* davam agora a pulsação enquanto os rapazes sofriam com as investidas do flautim que os golpeava nos braços e pernas sem parar. Depois de tanto apanhar, os mais jovens deixaram a maloca. Não lhes é permitido ver a saída das flautas. Como me explicou Jovino, "Antes de sair, o Jurupari muda de som. Nessa hora, criança tem que sair, não pode olhar. *Hihihihi* faz quando muda o som. O caniço benzido vem nessa hora para ter força, saúde. Para criança bate com folha de ingá".[3] Assim, os golpes dados com o ramo desfolhado de ingá tornavam o corpo dos rapazes forte e resistente às doenças. Entretanto, na cerimônia que presenciei, não havia caniço para que os homens maduros apanhassem também.

---

2. Em sua descrição da cerimônia do Jurupari, Reid também se refere a essa ação de tocar os instrumentos voltando-os para as frutas de oferecimento (1979, p. 279).
3. Caderno de campo, setembro de 2011.

Seguiram-se mais duas paradas para beber caxiri até que os trompetes e as flautas começaram a deixar a palhoça saindo pela *Dëh-K'et-Yoh-Moyọ*, a Porta-da-Cabeceira. Relembrando as palavras de Samuel, a dança do Jurupari faz com que o Lago-de-leite surja no centro da maloca. Os troncos de sustentação passam a ser os morros, *Pạç-Moy*, Casas-de-Pedra, habitadas pelos ancestrais. Ao oeste, a entrada torna-se a Porta-da-Cabeceira, e, ao leste, abre-se a *Sạkạn-Moyọ*, a Porta-do-Sol-Nascente. O igarapé faz-se o *Pud-Dëh*, Rio de Leite, local de onde as flautas emergem como os ancestrais para caminharem pela trilha até a maloca que é também a *Tẽh-S'ịg-Mọy-Paç*, Serra da Iniciação ou Serra do Pedaço.

Após a mudança do som que anuncia a saída, os aerofones rumaram para seu abrigo, no leito do pequeno *Dö-Dëh*, Igarapé-Vermelho. Uma roda formou-se para os últimos toques até que os instrumentos foram sendo silenciados. Assim como na morte quando os princípios vitais da pessoa são separados, os instrumentos, afastados da boca dos músicos, começaram a ser desmontados e seus corpos, enterrados. O sopro vital deixava de atravessar os tubos para concentrar-se novamente no peito dos descendentes. O céu já clareava. Logo as mulheres e as crianças começariam a despertar.

Não havia senhores presentes à dança. O *Pạ̈'*, Dabucuri, realizava-se por ocasião do "tempo da queda do buriti", *S'ạk nọh kirị werọ* (junho/julho). Nas semanas antes da realização do Dabucuri, ao relatarem suas caminhadas pela mata, os senhores comentavam sobre a imensa quantidade de buriti que estava maturando em algumas áreas. Alguns que, como Mandu, foram pescar nos igarapés distantes explicavam onde era possível encontrar a fruta. Nas orações comunitárias de domingo, o capitão Elias já havia aludido à possibilidade da realização de um Dabucuri. Durante muitos dias, pais, avôs e tios pediram a seus filhos para acompanharem-nos nas pescarias. Aos rapazes, cabia subir nas palmeiras, recolher o buriti e carregar cestos pesadíssimos por quilômetros para deixá-los escondidos em pontos nas imediações da aldeia. Indicando aos mais jovens os locais de colheita e o modo como devia ser realizada a cerimônia, os senhores participaram intensamente da preparação. Mas por que não participaram da dança das flautas?

No dia seguinte, enquanto todos dançavam cariçu e forró na maloca, os anciões mantiveram-se sentados na roda de coca. Por vezes, um deles deslocava-se à palhoça para reabastecer a panela de caxiri. As bocas verdes da coca matavam a sede com a bebida embriagante. Nas conversas, os velhos lembravam-se das primeiras visões dos instrumentos que tiveram, dos timbres e nomes de cada um dos trompetes e flautas, de rituais em suas aldeias natais. Bebiam e sorriam comentando os namoros, os incidentes e as viagens a outras comunidades para a realização dos Dabucuri.

De acordo com Reid, os *Pä'* são ritos de passagem que oscilam entre eventos de maior ou menor magnitude para a iniciação dos rapazes transformando-os em homens adultos, ao mesmo tempo em que reafirmam a reciprocidade entre grupos afins pelo circuito de dádivas. Aconselhando-se com os anciões, homens maduros dão início às ações de coleta das frutas, preparo do caxiri e execução de benzimentos necessários à retirada das flautas do igarapé. Fazem também o convite aos parceiros de troca que podem ser desde moradores da própria aldeia, de outras comunidades ou mesmo pessoas de outra etnia. O importante é constituir as condições necessárias que levem ao crescimento do *hặwäg* e ao endurecimento das peles e ossos dos rapazes.

Desse modo, não parece haver uma divisão tão marcada entre a cerimônia do Jurupari e a troca de alimentos como a descrita por Hugh-Jones para os Barasana. Para o autor, haveria a divisão entre um ritual de Dabucuri (*He* Casa de Fruta) que seria uma etapa do processo de iniciação, preparando a todos para o rito principal, o *He* Casa, uma grande cerimônia iniciática marcada por ações masculinas que levam a uma apropriação simbólica das capacidades femininas de reprodução e menstruação para dar vida aos rapazes e transformá-los em adultos, membros do *sib* de descendência patrilinear. Mais próximo ao que descreve Lolli para os Yuhupdëh, creio que entre os Hupd'äh haja ainda hoje a alternância entre eventos em que as trocas rituais se somam à iniciação dos rapazes, e eventos em que a ênfase recai sobre o oferecimento entre os parceiros, não sendo realizada a iniciação. Não se observa, portanto, uma relação de etapas entre as ações ritualizadas. Passo agora a descrever de que maneira aspectos observados através do contínuo entre as rodas de coca e caminhos se relacionam com a sequência de ações desse Dabucuri, constituindo um campo de percepção e ação que diferencia e transforma as pessoas, definindo ou alterando as posições ocupadas por cada uma na *performance* e na sociabilidade da aldeia.

INSTRUMENTOS AMBÍGUOS

Em minha última viagem de campo, Américo me contou que as flautas Jurupari vistas por mim no ano anterior não eram apenas diferenciadas em trompetes *machos* e flautas *fêmeas*, mas que muitos dos aerofones mantêm relações de parentesco entre si. Cada par pode ser formado por um "marido", *tẽ'ip*, e por uma "esposa", *tẽ'in*, o que revela um laço matrimonial.[4] Mas as flautas possuem também laços fraternos, pois o *macho* e a *fêmea* podem ser igualmente irmão e irmã entre si. Há casos como o do par *Sohǫ*, Caranguejo, e *Mǫt*,[5] em que os dois termos são considerados irmãos e cônjuges simultaneamente.

Os nomes dos trompetes são todos nomes de animais como *Mohǫy*, Veado, *Kukųy*, Macaco-da-Noite, sendo que muitos deles correspondem ao conjunto de nomes masculinos do clã Sokw'ät. Da mesma forma, os nomes das flautas, cujo sentido remete a frutas como *Pẽd*, Cunuri, *Mǫt*, ou solos como *Mųn*, Caatinga, compõem igualmente o conjunto de nomes femininos do clã *Sok'wät*. Por fim, cada par de dançarinos com suas flautas forma uma unidade geracional, havendo instrumentos *avós*, *pais*, *crianças* ou *netos*, como é o caso do flautim *bį'*. De uma forma surpreendente, muitas das relações sociais dos participantes do Dabucuri estabeleciam também a sociabilidade dos instrumentos.

Como descreve Piedade, o conjunto de instrumentos tem sempre um trompete como aerofone principal, o *chefe*. Seu toque é repetido pelos demais de acordo com as particularidades de articulação de cada instrumento (técnica *hocket*). Assim, nos pares, a fêmea repete o macho e ambos repetem o *chefe*. Ancestrais clânicos, os trompetes (machos) podem apenas ser tocados por descendentes vistos como *nįh bąbd'äh*, "nossos irmãos", ou seja, agnatos reais ou classificatórios. Por outro lado, as flautas (fêmeas) podem ser tocadas tanto pelos *yǫh d'äh*, "cunhados", como pelos *irmãos*. Os pares de dançarinos

---

4. A descrição e análise do ritual do Dabucuri que segue exige que sejam feitas considerações sobre as posições ocupadas pelos participantes no campo de relações de parentesco da comunidade de *Tat-Dëh*. Por isso, alguns participantes serão identificados de acordo com suas posições genealógicas, segundo a notação inglesa: F = pai, M = mãe, B = irmão, Z = irmã, H = marido, W = esposa, S = filho, D = filha, e = mais velho (a), y = mais novo(a). Aspectos demográficos relativos ao parentesco foram melhor descritos na tese. Para um aprofundamento, ver a versão depositada no sistema de bibliotecas da Universidade de São Paulo.

5. *Mǫt* : fruta comestível semelhante ao cunuri, família das euforbiáceas. Cf. Ramirez (2006).

alternam-se, desse modo, entre duplas de agnatos ou duplas de afins, sempre tendo como termo marcado o instrumento macho. As *segundas flautas*, irmãs ou esposas, constituem uma posição não marcada que pode ser ocupada de forma a aludir a relações endogâmicas ou exogâmicas. Segundo Piedade que analisou a Música de Jurupari dos Tukano,

> Como na Música de Cariçu e de Japurutu, emprega-se aqui uma técnica de alternância em cada par de instrumentos, no entanto os papéis e as regras são bastante diferentes. Novamente os papéis de chefe e respondedor são associados a um instrumento macho e uma fêmea. Mas além disso, os instrumentos miriá representam seres musicais da natureza, com nomes de animais, cada um dotado de uma força espiritual específica. O representante macho destes seres é o trompete, feito de paxiúba, enquanto a fêmea é uma flauta, feita de jupatí. De fato, no simbolismo Jurupari a questão do gênero (*gender*) é uma temática central que perpassa todos seus elementos. Os miriá-põ'ra e a Música de Jurupari são segredos dos homens.[6]

De forma semelhante, no evento de Jurupari presenciado por mim, as relações entre os pares de trompete e flauta delineiam-se através de diferenciações de gênero, de função musical (chefe, ou respondedor) e de timbre que apontam também para um poder maior dos instrumentos *machos* com nomes de animais. Nos dois conjuntos representados em esquema, é possível dizer que no grupo da direita a ênfase recai sobre uma endogamia extrema, ao contrário do grupo de irmãos à esquerda. Os diagramas podem ser lidos como modos de relação possíveis dos irmãos com suas irmãs, quer os primeiros as tomem por esposas, negando assim a aliança com grupos afins, quer aceitem considerá-las apenas irmãs, estabelecendo relações de afinidade com outros clãs.

Como descreve Reid, a estrutura social hup está baseada numa organização clânica, havendo dois grupos de clãs hierarquicamente ranqueados e correlacionados por afinidade (grupos exogâmicos). Cada clã é um grupo de descendência patrilinear cujos membros são *Tẹh däh*, os Filhos de um mesmo ancestral fundador. Na *performance* do Jurupari, uma das formas de designar alguns dos trompetes é chama-los de *wähạd*, "anciões", o que os vincula a uma geração (+ 1) da qual descendem os instrumentos Filhos (0) e o pequeno flautim, um *Tētēh*, "neto" (-1). Com a dança e o toque, os instrumentos passam a ser ancestrais fundadores dos clãs trazidos à vida pelo sopro dos

---

6. 1997, p. 115.

descendentes. O autor mostra ainda que a terminologia de parentesco distingue cinco gerações, sendo duas acima e duas abaixo de ego. Assim, ao longo de sua vida, cada indivíduo move-se através de três gerações assumindo o lugar de filho, de pai e de avô, de forma semelhante à diferenciação entre as flautas Jurupari (1979, p. 117).

Seguindo Reid, a divisão entre os clãs forma dois grandes grupos exogâmicos não nominados que não geram um senso de pertencimento. Já os aproximadamente 25 clãs nominados criam um forte senso de incorporação e alteridade com outros clãs, levando seus membros a se perceberem num plano geral como Hupd'äh. Cada clã relaciona-se com o outro como irmão maior (*sät*) e irmão menor (*yawạm*). A partir do sistema de descendência patrilinear, observa-se a prerrogativa do casamento entre primos cruzados bilaterais reais. Com base nisso, as relações matrimoniais entre instrumentos irmãos poderiam ser descritas como casamentos incestuosos ou casamentos "ruins", *pạy*. Entretanto, como mostra Reid, são percentualmente raros os casamentos entre primos cruzados bilaterais reais, sendo mais comuns aqueles entre primos cruzados classificatórios de modo unilateral. A recorrência de número considerável de casamentos entre membros de clãs agnatos ou com membros do mesmo clã e a inexistência de sanções a tais uniões revelam a importância dos casamentos com agnatos próximos.

Portanto, a ênfase em relações endo- ou exogâmicas entre os pares de instrumentos situa, através da forma de interações da *performance*, as linhas que norteiam o sistema de parentesco hup definindo a aliança matrimonial em termos de uma exogamia clânica de grupos, mas tendo na endogamia entre clãs agnatos ou entre membros do mesmo clã uma prática importante. A sequência de ações que se seguiu na maloca após a saída das flautas foi especialmente interessante para entender os papéis femininos e masculinos e as dimensões endo- e exogâmicas nesse circuito de trocas.

A DÁDIVA DO BURITI

No dia seguinte, quando as flautas já haviam deixado a maloca para retornar a seu abrigo ribeirinho, mães, senhoras e moças dirigiram-se à palhoça com seus aturás. Começaram a recolher os frutos amontoados no espaço central. Riam, conversavam, seguravam seus bebês no colo. As crianças corriam para lá e para cá, desconhecendo o que havia se passado durante a madrugada. Com os cestos plenos de frutos, elas foram deixando a maloca e dirigindo-se a suas casas. Logo retornaram carregando grandes bacias de metal cheias de massa de tapioca para ser dada aos homens em retribuição pela dádiva de buritis recebida. As bacias foram colocadas no centro. Ocupavam agora o local onde antes se amontoara o buriti. De modo interessante, os parceiros de troca do Dabucuri que presenciei não eram parentes de outra aldeia, ou pessoas de outra etnia, mas, sim, "homens", *tiyi̧' d'äh*, de um lado, que ofereciam os buritis da mata às "mulheres", *tã'a̧y d'äh*, da comunidade. Como nas relações entre as flautas, as relações de gênero mostravam-se fundamentais para a interação da troca de alimentos.

Postando-se próxima à oferenda, Tereza iniciou uma fila de mulheres que se estendeu até a Porta da Cabeceira, *Dëh K'et Yoh Moyo̧*. Defronte à professora, Mandu ficou em pé e deu início a uma fila de homens que se esticou no sentido da Porta do Sol Nascente, *Sa̧ka̧n Moyo̧*. Os porta-vozes iniciaram, então, as falas formais de agradecimento. Rindo e meio sem jeito, Tereza voltou seu olhar para Mandu, mencionou o sofrimento e os perigos enfrentados pelos homens para trazer e ofertar o buriti. Em retribuição, as mulheres ofertavam a massa de tapioca com a qual fariam beijus para alimentá-los. Em nome dos homens, Mandu agradeceu, louvando igualmente a bravura dos rapazes e o trabalho duro e diário das mulheres na lida com a roça. Concluídos os pronunciamentos, os homens recolheram as bacias oferecidas e levaram-nas para casa. As mulheres trouxeram suas panelas com caxiri e começaram a circular oferecendo cuias aos homens já sentados. Comentando sobre os Dabucuri realizados atualmente entre parceiros Tukano e Tariano na região de Iauaretê, Andrello afirma que:

> O dabucuri estabelece, portanto, uma espiral de prestações e contraprestações, pois para cancelar o débito criado é preciso um outro dabucuri, no qual as posições irão se inverter. Apesar da plasticidade que envolve o ritual — atestada pelas novas situações que passam a ocorrer hoje em dia —, sua estrutura básica refere-se essa justaposição de identidades, cuja epítome é a relação entre dois grupos que trocam mulheres, isto é, a relação entre cunhados. Tal relação é, precisamente, a que se verifica entre os Tariano e Tukano.[7]

---

7. 2011, p. 18.

No caso, as prestações e contraprestações no evento descrito colocam-se entre um grupo de homens e outro de mulheres, ambos os grupos justapondo suas identidades de gênero ao mesmo tempo em que expressavam a importância dos laços de afinidade clânica. Mas, para entender em que medida a dádiva de buritis situa as relações de aliança entre os clãs de Tąt-Dëh, é necessário detalhar um pouco melhor como se dá a preparação e realização dos Dabucuris. Conversando com Américo, ele me explicou que se pode realizar oferecimentos de diversos tipos de *s'ųgųt ąg*, "frutas do mato" como: ucuqui, buriti, açaí, *mọt*,[8] ingá *pọ-min*, cucura do mato *pɨ̨g*. Em suas palavras,

Quando cai ucuqui, vai ver no mato. Depois conversa com o pessoal: *Eu queria fazer Dabucuri para vocês*. O outro pergunta *quantos dias dá pra tirar?*. O que tá oferecendo diz se em três, quatro ou cinco. *Já! Eu quero*, responde o Joaquim, *bora tirar*. Vão em grupo. O outro fala: *Vamos arrancar maniva pra fazer caxiri!*.[9]

Uma grande caça, a obtenção de muitos peixes ao tinguejar um igarapé ou a maturação de uma enorme quantidade de frutos da mata são eventos que motivam os parceiros de troca ao oferecimento. O arranjo envolve a divisão dos papéis e a distribuição das tarefas para que a coleta, por exemplo, leve à obtenção de um volume grande de frutas. Será considerado o "dono do Dabucuri", *pä' yo'ọm ɨ̃h*, aquele que *ëyëp*, "chamou a ação", ao perceber a maturação da fruta. É ele o *kɨhsąt*, o "primeiro", que será seguido por seus parceiros de troca os *hũy hąm däh*, os "acompanhantes" ou os "seguidores". Como durante as caminhadas em que o grupo de viajantes segue um *kɨhsąt*, "guia" ou "mentor", o acordo de troca inicial define, de um lado, o *kɨhsąt ëyëp*, que será o dono a quem cabe coordenar os preparativos e produzir uma grande quantidade de caxiri, e, de outro, os *hũy hąm däh*, membros de clãs afins ao do dono que devem organizar o trabalho dos rapazes para que estes colham as frutas e as tragam para as imediações da aldeia.

Além da capacidade de observação, o *dono chamador* deve certificar-se com a esposa da possibilidade de colheita de grande quantidade de manivas para o preparo do caxiri que será oferecido aos dançarinos, carregadores e demais presentes enquanto as flautas Jurupari forem tocadas. A esposa do *dono chamador* conta com a ajuda de suas filhas, noras e sobrinhas para conseguir dar conta do preparo

---

8. Tipo de cunuri.
9. Caderno de campo, abril de 2012.

do volume exigido pelo evento. O marido e seus filhos contribuem ajudando a carregar os aturás, repletos de maniva, da roça até a casa. Por vezes, nas noites que precedem as grandes festas de caxiri ou Dabucuri, é possível ouvir as mulheres reunidas até tarde conversando e ralando a maniva, cozinhando a manicuera ou esfregando a massa de caxiri no fundo das "canoas de caxiri", *hụptök hoh-tëg*.

Quando o caxiri começa a ficar pronto, o *dono chamador* benze ou pede que seu pai sope a canoa para acentuar a força e a fermentação da bebida. Além da ação xamânica, o dono pode misturar caldo de cana ao caxiri para acelerar a fermentação. No final da tarde, ele espera a todos com uma grande canoa de caxiri plena de bebida. Ao longe, começa-se a ouvir o som das flautas Jurupari soar. Antes de retirar o Jurupari do igarapé, é preciso que os dançarinos se banhem e bebam algumas cuias de *bi'ịd hụptök*, "caxiri benzido", na casa do dono para intensificarem a energia quente de seus corpos. Com a aproximação dos instrumentos, as panelas de caxiri começam a *ferver* intensamente. Nas palavras de Américo:

> O caxiri vai fervendo conforme vai chegando o Jurupari. O chefe do caxiri está chamando. Ele fala: "Já chega, vocês sofreram muito no mato, muito perigo. Agora vocês vão viver bem. Ele oferece duas cuias do caxiri benzido. Todos bebem e ficam bêbados rápido. O dono fala: *Hụt döh tụụy. Hup hẹmẹy s'ụgụt, tīhḭ̄y nị̣, Bisịw nị̣, Döh Ãy nị̣. Hụptök nẹnẹn. K'ọpọp*, "Vocês querem tabaco. Vocês sofreram na mata onde há muita jararaca. Passaram pelos perigosos domínios do Bisịw, da *Döh Ãy*. O caxiri já vem. Eu ofereço para que vocês se satisfaçam".[10]

Novamente, o dono *chama* seus seguidores através do caxiri fervente. Ele recebe aqueles que se arriscaram nos dias anteriores para colher e carregar os cestos com frutos da mata. Passaram pelos territórios de seres como Bisịw e Döh Ãy, muitas vezes retirando os frutos de áreas consideradas como roças desses perigosos seres. Em sua fala, o dono acolhe aqueles que sofreram e demonstraram sua valentia ao vencer tantos perigos. Como retribuição, oferece a bebida extremamente embriagante e o tabaco. Por volta das três da madrugada, quando todos já beberam bastante e muitas danças foram realizadas com as flautas, o chefe fala: *Ag ãh d'ọ̈' nẹn tëg*, "Vou juntar a fruta", e começa a abrir e a despejar os cestos no centro da maloca.

Desse modo, o bom desempenho do papel de *dono chamador* depende da relação entre o dono com um grupo de mulheres composto

---

10. Caderno de campo, abril de 2012.

por sua esposa, suas filhas e sobrinhas (BD) que trabalharão intensamente para que ele consiga realizar sua oferta de caxiri. Por outro lado, seus parceiros de troca dependem do esforço e da capacidade de seus filhos e sobrinhos na colheita e no carregamento de frutos. O *oferecimento de caxiri* e o *derramamento de buritis* podem ser vistos como ações de troca entre grupos afins que se tornam viáveis apenas graças à relação dos *acompanhantes* com seus descendentes agnatos, e do *dono chamador* com sua esposa e filhas. De um lado, a colheita de frutos é garantida pelo respeito dos rapazes (-1) por seus *sät däh*, "irmãos maiores", agnatos da geração ascendente (0). Por outro lado, a complementaridade das atividades produtivas no interior do grupo doméstico (*kaka*) entre o dono da casa e sua esposa e filhas é o que assegura o preparo e oferecimento do caxiri.

A descrição de Américo ajuda a entender alguns dos papéis dos participantes do Dabucuri que presenciei em 2011. O dono do caxiri era Pedro Paulo, filho mais velho de Miguel, homem de referência do clã afim *Dög M'ẹh Tẹ̈h*. Era ele quem servia as cuias de caxiri aos carregadores cansados e foi também quem derramou os buritis no centro da maloca. A cerimônia das flautas pode ser vista como o oferecimento de caxiri por esse dono aos carregadores, rapazes membros do clã *Sokw'ät Noh K'öd Tẹ̈h*. Durante a dança das flautas eram os filhos e netos desse clã que estavam sendo iniciados e, por isso, os instrumentos tocados pertenciam a esse clã.

Eram eles que levavam surras com o ramo de ingá nas pernas, braços e antebraços e foram também os que deixaram a maloca antes da saída das flautas. Essas ações permitem vê-los como neófitos participando de um contínuo de ações ritualizadas. As flautas do clã Sokw'ät foram tocadas para transformar esses rapazes em homens. O esforço físico para o carregamento do peso, o afastamento da comunidade para áreas perigosas na mata, o percurso pelas trilhas e as surras com ramos de ingá delineiam as condensações rituais que vão aos poucos transformando os rapazes em homens.

É possível ver agora a fila formada pelas mulheres como uma sequência feminina de membros do clã majoritário. Sandra,[11] esposa de Pedro Paulo, é membro do clã *Sokwät Noh K'öd Tẹ̈h*, assim como Tereza, esposa de Elias e Angelina, esposa de Mandu. A dádiva às mulheres era também uma celebração das alianças estabelecidas com os donos locais a partir dos casamentos com irmãs e filhas

---

11. Sandra (*Mọt*, nasc. 1987).

Sokw'ät. A fila masculina era composta por aqueles que se fixaram em Tat-Dëh após se casarem com as irmãs, filhas ou netas dos Sokw'ät. A recorrência de uniões que levaram os homens a estabelecer a moradia da família num local próximo de onde vivem os cunhados e sogros ressalta a importância das mulheres Sokw'ät para a consolidação de uma tendência à uxorilocalidade dos membros de clãs *de fora* (80% dos casados) e uma virilocalidade dos membros do clã majoritário (87% dos casados).

As falas de Mandu no diálogo formal com Tereza são palavras proferidas por um ancião do grupo de afins moradores de Tat-Dëh. Ele é, ao mesmo tempo, um "tio classificatório", *pãç* de Pedro Paulo. Sua interlocutora é a filha do falecido Joanico, ancestral de referência de uma das linhagens dos *Sokw'ät Noh K'öd Tẽh*. Assim, através do Dabucuri, homens membros de clãs afins ofertavam buritis às mulheres Sokw'ät, muitas vezes suas esposas e cunhadas. Pela via dessa mediação feminina, a reciprocidade de gêneros recolocava a dádiva entre afins. Num próximo encontro de Dabucuri seriam os donos Sokw'ät que deveriam retribuir as ofertas, quer às mulheres, quer a seus cunhados.

Tomando como referência a posição ocupada pelos neófitos, é possível observar que o oferecimento de buritis e a contrapartida em massa de tapioca eram realizados por tios maternos (MB) e tias paternas (FZ) reais ou classificatórios, dependendo do neófito em questão. Através da dádiva do buriti, o gesto de oferecimento e as falas evocavam as duas relações de aliança consideradas ideais para o casamento, ou seja, a união entre primos cruzados bilaterais. Se uma das ações importantes do Dabucuri vem a ser transformar os rapazes em homens capazes de realizar atividades árduas, deslocar-se pelos caminhos e enfrentar a ameaça de seres como Bisiw e Döh Ãy, tais esforços os tornam capazes de tomar mulheres como esposas e exercer seus papéis de maridos, obtendo alimentos, ensinando os filhos e convivendo com seus afins.

Tendo as mulheres Sokw'ät ocupado o papel de parceiras de troca, o evento que presenciei foi fundamental para uma observação do Dabucuri como uma forma de interação marcada por agências masculinas e femininas que promovem interessantes condensações rituais em torno das relações de aliança matrimonial e de descendência clânica. As flautas ancestrais (fêmeas) constituem uma posição aberta à composição de duplas de dançarinos entre afins. Na dança do Jurupari, as flautas (fêmeas) sopradas pelos cunhados revelam a participação desejada desses afins na iniciação dos rapazes para que, futuramente, novas alianças se consolidem entre os diferentes clãs no interior do grupo local.

Distantes da maloca enquanto as flautas eram tocadas, as mulheres exerceram um papel fundamental durante a cerimônia de troca. Tias paternas (FZ) elas não só geram filhas que poderão ser as esposas dos neófitos, como também são atoras fundamentais nos movimentos uxorilocais que configuram boa parte dos matrimônios em Tạt-Dëh. Essa capacidade de atração contribui para fixarem-se sogros e cunhados potenciais, criando um ambiente favorável aos casamentos dos neófitos. Além disso, o oferecimento de caxiri do *dono chamador* depende do trabalho das mulheres do grupo doméstico. É a complementaridade entre as atividades produtivas masculinas e femininas do grupo doméstico que garante, nesse nível, a produção da quantidade necessária de caxiri. São também as mulheres que garantem as alianças matrimoniais das quais depende a descendência clânica.

Retomando a dança das flautas, é possível dizer que, tocando as flautas (fêmeas) e oferecendo o caxiri, uma bebida produzida pelas mulheres, os afins ocupam uma posição feminina, ao mesmo tempo em que exercem o papel de anfitriões. Ao contrário, tocando os trompetes (machos) e oferecendo os frutos adquiridos pelo trabalho masculino, os agnatos se postam como convidados situados numa posição masculina. Da dança das flautas para a troca de alimentos, as posições se invertem, passando as mulheres Sokw'ạt a ocupar um papel feminino, ofertando, como anfitriãs, um produto de seus trabalhos. Já os homens de clãs afins passam a ser os doadores das frutas colhidas por seus primos e sobrinhos cruzados (ZS), ocupando, assim, um lugar masculino de convidados no Dabucuri. Ao descrever as múltiplas formas de percepção da maloca tukano durante os Dabucuris e cerimônias de Jurupari, Hugh-Jones refere-se à maloca como sendo uma Casa Andrógena.

Entendo que a sequência de ações ritualizadas que presenciei se estabelecia através de pares *masculino e feminino, sênior e júnior, marido e esposa, irmão e irmã, irmão maior e menor* que situavam relações de consanguinidade e afinidade por meio de modos de interação marcados ora pela simetria, ora pela assimetria. A relação dos mentores, senhores e homens adultos, com os rapazes baseia-se na alternância das gerações num grupo de descendência que faz com que os primeiros guiem os mais jovens pelos caminhos, curem-nos e protejam-nos com o xamanismo, contem mitos e histórias dos antigos, criem as condições para a transformação do guerreiro. Ao mesmo tempo, os neófitos arriscam-se na mata, carregam cestos pesadíssimos, aceitam os açoites e obedecem a seus seniores. Já a reciprocidade entre afins cria séries de posições masculinas e femininas pelas flautas e trompetes, pelos alinhamentos de gênero durante o oferecimento ou pelo preparo e oferecimento do caxiri para situar consanguíneos e afins nas posições de doadores e receptores no circuito das dádivas. Seguindo Houseman e Severi (2009, p. 163), parece que "é a forma do campo relacional no qual os protagonistas são engajados que orienta o estabelecimento de um contexto próprio ao comportamento ritual".

A circulação dos casais de flautas e dos pares de dançarinos (afins, ou agnatos) fazia com que os participantes se vissem através dos olhos dos outros nas mudanças de perspectiva geradas pela dádiva de buriti e pela oferta de caxiri. Desse modo, entendo que os pares *cônjuges/irmãos* da dança e os grupos de *gênero/afinidade* dos parceiros de troca mostram que os princípios de aliança matrimonial são elaborados ritualmente tanto na cerimônia de troca de alimentos, que enfatiza a celebração dos laços entre afins, como na dança do Jurupari, cuja ênfase recai sobre a descendência. A partir de elementos ora semelhantes, ora diferentes dos Tukano, a androgenia da maloca hup cria um vasto campo de interações através do qual pessoas diferentes ocupam as posições de doador e receptor, e situam formas múltiplas de reciprocidade.

FLAUTAS E DOMÍNIOS

Numa roda de coca no ano seguinte, conversando com os senhores Hup sobre a cerimônia de Jurupari que presenciei, Ponciano contou sobre os perigos que os ancestrais enfrentaram para trazer as flautas Jurupari do Lago-de-leite dentro da Cobra-Canoa. Todas as vezes que as flautas são tocadas e trazidas para a maloca, é preciso que os participantes enfrentem novamente os perigos da interação com o Bisjw, as Gentes-Cobra, Gentes-Árvore e demais seres que possam agir contra as pessoas Hup. Caminhar com as flautas e dançar na maloca são ações através das quais os participantes do ritual refazem os percursos e deslocamentos dos ancestrais ao trazerem as flautas e ao tocarem-nas pela primeira vez. Ao mesmo tempo, os conjuntos principais de instrumentos pertencem aos donos locais, senhores como

Ponciano e Firmino, a quem são atribuídos territórios, agrupamentos residenciais e rodas de coca.

MITO 17 (M17): VIAGEM COM AS FLAUTAS

Os Ancestrais, *Hib'ah tẽh d'äh*, apareceram em Ipanoré. Daí, foram dentro da Cobra-Canoa para o Lago-de-leite para receber suas coisas. Receberam coca, tabaco, as histórias, a zarabatana, o arco e a flecha, o pilão de coca, tudo. Todas as etnias receberam e depois vieram na Cobra-Canoa. Foram para o Papuri primeiro. Lá há o *hib'ah käd*, "banco de nascimento". Em seguida, foram para *Dëh Pohot*, Caruru-Cachoeira. Dali, foram para *S'ig-Moy-Paç*, Serra da Iniciação. Foi lá que *K'eg-Tẽh* deu as flautas sagradas.

Foram então para *Tọh-Paç*, Serra dos Porcos. Lá em *Tọh* há um cemitério dos *Sokw'at Noh K'öd Tẽh*. Essa Serra da Iniciação é na cabeceira do *K'aj-Dëh*, Igarapé-Cutivaia. Fui lá com meu pai. Há um caminho, mas está muito ruim. Em *Sug-Dëh*, Igarapé-Beija-Flor, há os ancestrais dos *Paç Ya'am Tẽh*. Já os ancestrais dos *Dög M'eh Tẽh* ficam na cabeceira de Tat-Dëh. As flautas sagradas foram dadas aos homens na Serra da Iniciação.

As flautas vieram do corpo queimado do Bisiw. Ele comeu as crianças pelo ânus e depois foi queimado pelos pais. De seu corpo fizeram-se as flautas. Seu *hãwäg* saiu e foi para a Paç-Moy, Casa-de-Pedra.

Houve um tempo em que eram as mulheres que tinham as flautas. Os homens não sabiam fazer roça. Elas não sabiam tocar os *Döhö däh*, Jurupari. Não tinham vagina nem menstruavam. Por causa da posse das flautas Jurupari elas ficaram doentes e morreram, todas elas.

Tocar as flautas lava as frutas e a carne. Bisiw não aparece, mas fica ouvindo. As mulheres, quando roubaram as flautas, ficaram sem saber ter filhos. Acabaram morrendo. Hoje, as mulheres têm muito medo. As flautas ficam no igarapé para as mulheres não verem. A cerimônia faz os jovens transformarem-se em guerreiros. Se as mulheres virem, morrem todas.[12]

Em M17, a navegação pelo Rio-de-leite na Cobra-Canoa permite aos ancestrais receber os alimentos primordiais, coca e tabaco, as armas de caça, arco e flecha e zarabatana, o pilão para o preparo da coca e as histórias.[13] No retorno à planície do Uaupés, os ancestrais sentam-se para conversar nos *bancos de nascimento* às margens do rio Papuri, para comer coca, fumar e *saber como iriam habitar aquelas*

---

12. Ponciano, 26 de fevereiro de 2012.
13. As inúmeras referências presentes nas narrativas, encantamentos (B6) e cosmografia à viagem na Cobra-Canoa após a emergência pelos buracos do surgimento em Ipanoré, designada pelos Hupd'äh como *Hib'ah Huh*, Cachoeira do Nascimento, tornam necessária a revisão da afirmação de Reid (1979) e Athias (2010) de que a jornada na Cobra ancestral não estaria presente na mitologia hup.

terras (M13). Após essa roda de coca primordial, os viajantes seguem caminhando até a Serra da Iniciação, onde recebem as flautas Jurupari como uma segunda dádiva de *K'ęg-Tęh*.

Ocorre, então, uma separação dos ancestrais que levam suas flautas e passam a habitar regiões distintas. Ponciano menciona um cemitério do clã *Sokw'ät Noh K'öd Tęh* na região da Serra dos Porcos para referir-se ao primeiro assentamento de seu clã. Fala também dos territórios originários de dois importantes clãs afins aos *Sokw'ät Noh K'öd Tęh*, os *Paç Ya'ąm Tęh*, que foram habitar as margens do Igarapé-Beija-Flor, e os *Dög M'ęh Tęh*, que seguiram para a cabeceira do Igarapé-Taracuá. Os antepassados desses clãs estão enterrados nesses primeiros assentamentos, de onde partem seus caminhos, trilhas que atualmente se encontram cerradas. Depois de descerem da Serra da Iniciação, caminhando com as flautas sagradas, os diversos grupo constituíram territórios originários, aos quais os Hupd'äh se referem como *nįh s'ąh*, "nossa terra". Como descreve Athias, cada clã utiliza uma área comum delimitada, no interior da qual perambulam e desenvolvem atividades produtivas.

Para os Hupd'äh, nîh s'ah representa o espaço, o lugar, o território que eles podem perambular, andar, caçar, neste caso, no interior da floresta, os fazem parte deste mundo, mas habitado, com donos. A ideia de fronteira existe, é como se eles estivessem ligados a esta terra podendo usufruir de todo espaço necessário na floresta, no interior, o que tenho chamado de área interfluvial. Cada clã Hupd'äh utiliza uma área comum e neste espaço encontram-se os locais onde K'ég-teh esteve durante a criação do mundo.[14]

De modo interessante, os eventos narrados por Ponciano em M17 iluminam muitos dos acontecimentos que levaram à formação da comunidade de Tąt-Dëh. Os ancestrais das famílias Sokw'ät, que hoje habitam esse grande assentamento, nasceram e passaram suas infâncias numa Morada Antiga, nas imediações da Serra Grande chamada *B'ǫt-Pęm-Dëh Mǫy-Höd*. Dos nove filhos que o avô (FF) de Ponciano teve, sete eram homens e alguns deles deram origem a novas aldeias, caminhos e linhagens. Referindo-se a seus antepassados, Ponciano disse que seus tios paternos brigavam muito nas festas de caxiri e, por isso, mudavam-se e constituíam novos assentamentos. Como mostra Pozzobon ao discutir a mobilidade espacial dos povos Maku, as brigas são um dos fatores de fissão dos grupos locais que

---

14. 2010, p. 61.

leva um ou mais grupos domésticos a se mudarem para se agregar a outro assentamento ou formar uma nova aldeia.

Esse foi o caso de Severiano, um *sät*, "irmão maior", do *sibling*, que, após seu casamento e alguns desentendimentos, constituiu uma morada chamada *Hëhë Pọ Mọy Höd*. Já Antônio, um dos mais velhos, foi habitar a região de B'ọ̈'-Paç. A formação do novo assentamento envolvia a posse de conjuntos de flautas Jurupari por esses que se tornaram donos de suas comunidades. Com o tempo, famílias de clãs afins passaram a co-habitar a morada desses senhores, devido ao casamento de um(a) filho(a), pelo *status* hierárquico desses homens Sokw'ät, e pelas relações de troca mantidas por esses donos com índios tukano ou comerciantes. A importância do processo de agregação de famílias afins é descrita por Pozzobon como fundamental para a composição cognática dos assentamentos, o que contribui para a estabilidade e continuidade no tempo.

Entretanto, antes das primeiras visitas dos padres, esses ancestrais Sokw'ät iniciaram conjuntamente um processo de constituição de assentamentos.[15] As novas moradas fixaram-se em locais mais distantes das cabeceiras e de acesso mais fácil aos comerciantes e índios tukano. Durante a caminhada para a Serra Grande, passamos pelas Moradas-Antigas *Pëd-Dëh Mọy-Höd*, onde Antônio voltou a habitar com seus irmãos Francisco e Severiano. Segurando um pedaço de garrafa quebrada, Samuel contou-me que eram os restos da cachaça dos antigos, obtida em troca da extração de látex, cipós e piaçava. Juntos, esses importantes donos trouxeram seus conjuntos de flautas e passaram a realizar cerimônias de Dabucuri constantemente, estabelecendo laços de reciprocidade permanentes com as moradas de seus demais irmãos, espalhadas pela região. Nosso percurso para a Serra Grande permitiu observar como os assentamentos anteriores a Tạt-Dëh já vinham reaproximando os membros desse *sibling* que traziam consigo as famílias afins com as quais coabitavam. Tomando como referência os dados de Pozzobon, esse movimento de reaproximação do *sibling* de mesmo sexo segue um padrão de acordo com o

---

15. Athias comenta que após muitas tentativas frustradas de evangelizar os Hupd'äh, nos anos de 1970, os missionários incitaram os Tukano a procurar famílias Hup para catequizá-las (2010, p. 82). É possível ainda hoje encontrar indivíduos Tukano habitando assentamentos hup e desempenhando o papel de catequistas. Em Tạt-Dëh, esse é o caso do senhor Rosalino, catequista que se tornou cunhado do dono Firmino após casar-se com sua irmã.

qual os assentamentos hup procuram "manter mais coeso o grupo de *siblings* de mesmo sexo, apesar de agregar afins".

O aumento populacional vai se dando de modo progressivo e, paralelamente, ocorre uma intensificação dos Dabucuri, que passam a ser realizados tanto no interior desse grupo local, quanto externamente, com aldeias do Igarapé-Japú e com os Tukano do Tiquié. Nesse sentido, as tentativas de *atração* e composição de um povoado-missão dos salesianos articulam-se de modo complexo a esse processo iniciado anteriormente pelo *sibling* Sokw'ạt. Devido à presença missionária, as cerimônias das flautas tornam-se secretas aos brancos, mas não menos constantes. Reid descreve a tendência de composição de base agnática dos grupos locais Hup com a agregação de famílias afins da seguinte maneira:

> Embora os Hupdu também empreguem esse princípio de aglutinação através dos *siblings* por gênero, o uso da aglutinação através dos *siblings* masculinos ocorre com maior frequência entre eles. Consequentemente, a composição dos grupos locais Hupdu tende a ser menos de base agnática do que entre os Bara-Maku.[16]

Desse modo, a formação do povoado-missão de Tạt-Dëh, na década de 1970, reuniu membros de referência do clã Sokw'ạt Noh K'öd Tẹ̈h que habitavam várias partes da região interfluvial dos igarapés K'ạj-Dëh e Pịj-Dëh. Atualmente, a comunidade é constituída por vinte e seis "casas", *mọy*, concentradas às margens do Igarapé-Taracuá. A população da aldeia é de 202 indivíduos. Está dividida em trinta e oito *kaka*, "grupos de fogo", unidades familiares mínimas formadas geralmente por um casal, seus filhos e alguns agregados. As moradas abrigam desde um único grupo de fogo, um casal de união recente, até famílias extensas, compostas por vários grupos de fogo. Como mencionado, os senhores e senhoras Hup habitam as moradas de um de seus filhos casados. O dono de uma casa é geralmente um *pụb ĩh*, "homem adulto", casado e com filhos.

Como mencionado anteriormente, o senhor Henrique morava com sua família nas cercanias da Serra da Cutivaia. Ao mudar-se para a nova aldeia, construiu sua casa próxima a uma trilha que o levava até o sítio de sua antiga morada. Ao longo desse percurso, abriu roças com seus filhos, e não deixou de pescar no K'ạj-Dëh e caçar na serra. Trouxe consigo um par de flautas (B'öh e Wöwöy) para tocar nos Dabucuris. Acompanharam-no os pais do senhor Miguel,

---

16. 1979, p. 127.

parentes afins com quem esse dono coabitava.[17] Henrique e seus filhos tornaram-se os donos de todo o território das imediações desse *K'ąj-Paç Tįw*, Caminho da Serra da Cutivaia. Até hoje, qualquer pessoa que deseje abrir uma roça nessas terras, pescar nos igarapés, ou caçar deve pedir permissão aos filhos de Henrique.

Numa festa de caxiri, Samuel revelou que as flautas *Sohǫ* e *Mǫt* pertencem a seu pai, Ponciano, estendendo-se a posse a ele e a seus irmãos. São flautas médias que acompanharam as mudanças de Gustavo, bisavô de Samuel (FFF) e pai de Henrique (F). A flauta *Sohǫ* é considerada a *nųh*, "cabeça", a primeira numa hierarquia que estabelece também seu grau de importância. *Yo'ǫm ĩh*, "dono" de Tąt-Dëh, Ponciano detém igualmente esse instrumento considerado o *Hib'ąh Tēh Döhö Pųb ĩh*, o Poderoso Ancestral Jurupari. Como no caso da família de Henrique, o caminho que se abre de Tąt-Dëh e leva até B'ö'-Paç, Serra do Tucunaré constitui o vasto território onde Ponciano, seus irmãos e filhos abrem suas roças, pescam e caçam.

Por ocasião da fundação de Tąt-Dëh, a reunião de muitos membros do *sibling* Sokw'ąt, como Antônio, Francisco, Henrique, Joanico, Paulino, fez com que conjuntos de flautas Jurupari, antes dispersos, fossem concentrados e enterrados no Igarapé-Vermelho. A coabitação gravitava em torno da pessoa de Antônio, um irmã maior do grupo, que, além de promover uma vida ritual intensa, atuou habilmente com sua esposa Dabina para consolidar as relações com os missionários, os Tukano e os comerciantes. Fabricados ou trazidos das antigas comunidades, os Jurupari possibilitavam a iniciação de rapazes de diversos clãs e linhagens.

Referindo-se ao poder que seu avô passou a ter, Samuel contou sobre uma batalha que seus antepassados tiveram com um grupo desana da região. Após vencer o confronto, Antônio apoderou-se da gigantesca flauta Bɨh Kawah dos inimigos. No evento que presenciei, esse instrumento foi tocado pelos netos desse patriarca. Certa vez, Ponciano descreveu o timbre inigualável desse Jurupari, *tuhųp hǫ̃h*, "um som maravilhoso", exclamava o ancião a sorrir. Sempre que

---

17. O pai de Miguel, sr. Antônio Oliveira, pertencia à etnia Dâw. Após fugir das investidas violentas de Manduca contra seu povo, ele foi acolhido pela família de Henrique e casou-se com uma de suas primas paralelas do clã *Hųd Tēh* da região do Cabari-Igarapé. Seus filhos são considerados Hupd'äh membros do clã *Dög M'ęh Tēh*. Miguel e seus irmãos casaram-se com mulheres Sokw'ät tornando-se importantes afins dos donos locais.

ouvem a Bih Kawah, os filhos e netos lembram-se da valentia e da força desse antigo Hup, um verdadeiro *ũh mẹh ĩh*, "guerreiro".

 Hoje, muitos dos descendentes de Antônio habitam a comunidade de Tạt-Dëh. Quando os membros desse *sibling* já estavam assentados com as famílias afins que os acompanharam, outras famílias Hup de clãs afins ou agnatos começaram a visitar a nova comunidade por ocasião das festas de caxiri ou Dabucuri. Algumas delas fizeram pedidos formais ao dono para que pudessem se mudar para lá. Os afins obtiveram concessões de uso de algumas áreas dos territórios de famílias Sokw'ạt para abrir roças ou pescar, condicionadas ao respeito dos limites estabelecidos pelos donos. Seus territórios originários foram deixados em regiões distantes. Sem possuir seus próprios caminhos, transitam pelos territórios de seus "cunhados", *yọh*, e de seus "sogros", *k'ọt*. "Aqueles que são de outras terras", *sạ̈p s'ạh d'ụuy d'äh*, são considerados *hũy hạm d'äh*, "acompanhantes" ou "seguidores", aqueles que auxiliam seus donos na abertura ou capina de roças, na extração de palhas de caranã para a cobertura dos telhados, na realização de benzimentos para filhos e netos, e no papel de apanhadores nas rodas de coca. A coabitação exigiu que as flautas desses outros clãs fossem trazidas ou fabricadas para possibilitar a iniciação dos rapazes afins. O domínio territorial e as alianças matrimoniais fazem com que os donos ocupem continuamente a posição de *kihsạt ëÿëp*, "donos chamadores", que são seguidos pelos *acompanhantes*, seus afins reais ou classificatórios.

 Os motivos para a fixação desses grupos décadas atrás vão desde a busca pela escola e capela inauguradas pelos salesianos, até a boa qualidade dos solos para o plantio e a oportunidade de acesso a mercadorias trocadas com os Tukano, cuja aldeia de beira-rio dista algumas horas de caminhada. Algo que sempre é mencionado pelos senhores Hup quando explicam o porquê da vinda de seus pais a Tạt-Dëh vem a ser a fama de aldeia pacífica, com poucas brigas, que o assentamento possuía já naquela época. A presença de muitos homens de alto ranque do importante clã *Sokw'ạt Noh K'öd Tẹ̈h*, a realização frequente de Dabucuri e cerimônias de iniciação com as flautas Jurupari e a atuação de poderosos xamãs tornavam essa *nova comunidade* uma morada especialmente interessante para muitos dos antepassados. Seguindo a reflexão de Reid sobre a mobilidade de grupos domésticos e indivíduos (*short term mobility*) é possível dizer que a busca por re-expressar relações sociais de um modo espacial norteou essa *fluidez*,[18] levando à fissão e agregação de diversos grupos em vários assentamentos até a formação da aldeia de Tạt-Dëh.

Como mencionado, as casas do grande assentamento agrupam-se em *kopot*, "vilas", que se formam em torno da relação que as famílias mantêm entre si. Se, por um lado, as permissões de uso territorial e contrapartidas em auxílios estabelecem laços em termos político-econômicos, um grande número de trocas matrimoniais foi aproximando cada vez mais os senhores afins. Morando na casa de seus filhos mais velhos, ao lado da morada de um irmão e geralmente próximo à casa de um dono, ou cunhado, os senhores afins inserem-se sempre no *kopot* de um dos donos Sokw'ạt. Os filhos casam-se com membros de uma das linhagens do clã majoritário, e os netos são criados conjuntamente.

Assim, as principais *vilas* formaram-se em torno de homens de referência do *sibling* Sokw'ạt. A *heyhọ kopot*, "vila central", tem como casa principal a de Jovino onde mora o dono da aldeia, Ponciano. Fazem parte desse agrupamento as casas dos filhos de Henrique e Paulino, e as dos filhos de Firmiano, homem de referência do clã *Pij Nowạ Tẹ̈h* e cunhado direto de Ponciano. Firmino, filho primogênito do ancestral Francisco, agrega as casas de seus cunhados reais, todas próximas à sua morada. Num ponto mais afastado encontra-se o *kopot*, que tem em José, irmão menor de Ponciano, a figura central. Recentemente, Luis veio morar na comunidade para que seu filho pudesse frequentar a escola. Distante dos *kopot* centrais, o primogênito do ancestral Joanico construiu uma casa onde habita com a esposa e a sogra, e uma segunda, para seu filho e sua nora.

Os esquemas de parentesco permitem ver com clareza de que modo as casas que compõem um agrupamento formam-se a partir dos laços de afinidade e filiação orientados em função da pessoa de um dos donos locais. Numa escala maior, esses agrupamentos parecem seguir uma tendência descrita por Pozzobon do *líder* do grupo local consolidar laços de parentesco em torno de si. Em suas palavras, "vimos que o líder do grupo local é como um feixe de laços de parentesco próximo, ao qual se ligam os demais coabitantes através

---

[18]. Reid (1979, p. 123) entende que a mobilidade dos grupos domésticos baseia-se num princípio de fluidez estrutural que leva o grupo local a ter uma grande capacidade de agregar unidades familiares ou clânicas ou fissionar-se. Em suas palavras: "A necessidade da estrutura social Hupdu de ser capaz de acomodar tal fluidez social no longo prazo advém, ao menos em parte, da natureza muito volátil do grupo local".

da filiação ou da afinidade. É frequente que o líder pertença ao grupo agnato mais numeroso".[19]

Importantes rodas de coca formam-se todas as noites em torno dos pilões de Ponciano, Firmino e José para que estes partilhem alimentos primordiais e saberes com seus cunhados e irmãos. No mesmo sentido, suas flautas são tocadas para que seus netos e sobrinhos transformem-se em guerreiros e casem-se (M17). Observando o modo como rodas de coca, flautas Jurupari, vilas e territórios se combinam como atributos de poder dos donos Sokw'ät, é possível retomar M17 à luz das articulações entre esses elementos.

Nessa narrativa (M17), Ponciano relembra a viagem que fez com seu pai, Antônio, à Serra da Iniciação. Após a viagem na Cobra-Canoa, os ancestrais caminharam até essa serra para receberem as flautas Jurupari de K'ęg Tëh. Em pleno processo de reunião de famílias e instrumentos sagrados do *sibling* Sokw'ät e de clãs afins, esse dono leva o filho a um local onde todos os grupos e instrumentos estavam reunidos. Na Serra da Iniciação, os ancestrais comeram coca, beberam *caarpi* e dançaram com as flautas. De lá, rumaram para as diferentes regiões em que constituíram suas moradas e territórios. Pensando com Lima (2005), o processo de formação de Tạt-Dëh se dá através de um desdobramento de relações de similaridade e de alteridade no espaço social, criando um *socius* onde uma multiplicidade de outros (*yọh däh* – "gentes de outras terras") se situa como o lado de fora do sistema, enquanto uma multiplicidade de grupos similares (*bab'däh* – "donos das terras") se situa como seu lado de dentro (2005, p. 48). As relações internas expressas pelos *kopot*, pelas rodas de coca ou pelas cerimônias de Jurupari parecem indicar uma lógica da *suplementaridade* entre os *donos da terra* e as *gentes de outras terras* que constitui relações de exterioridade necessárias à autoconstituição da aldeia.

Caminhar com as flautas mostra-se um modo de ação que, ao longo do percurso, cria caminhos e territórios, e faz surgirem *afastamentos diferenciais no seio da sociedade.*[20] Dispersando-se com suas flautas ou reunindo-se novamente, os membros do *sibling* Sokw'ät consolidam o novo assentamento como um ponto nodal para o convívio e a vida ritual. Eles mantêm seus caminhos e domínios como linhas de fuga que os permitem alternar a sociabilidade da aldeia com períodos de

---

19. 2011, p. 65.
20. Lima, 2005, p. 49.

atividades produtivas em suas terras afastadas. Trama de caminhos, a comunidade compõe a textura do mundo vivido.

Retirar as flautas Jurupari do igarapé, caminhar com elas até a maloca para dançar em torno do Lago-de-leite faz com que os múltiplos deslocamentos dos ancestrais ao descerem da Serra da Iniciação, as mudanças dos antepassados Sokw'ät, suas brigas, batalhas e reaproximações se articulem através dos movimentos e timbres das flautas para transformar os rapazes em guerreiros em plena paisagem da criação.

Entendo que, na dança das flautas, os espaços da aldeia, os territórios clânicos, as relações sociais e os caminhos percorridos pelos grupos fazem da paisagem da criação uma trama complexa das múltiplas paisagens e espaços vivenciados por cada indivíduo ao longo de sua trajetória de vida. Os cemitérios mencionados por Poncino (M17) são o ponto de partida para a diferenciação de domínios territoriais originários entre os clãs, que faz com que aqueles que sejam de *outras terras* devam aceitar o papel de *acompanhantes* e *apanhadores*, trabalhar roças distantes e pescar em igarapés com poucos peixes. Constroem suas casas próximas ao homem de referência do clã local, sentam-se nas rodas de coca desses donos e estabelecem seus laços em torno da reciprocidade matrimonial e ritual. Em muitos sentidos, a grande aldeia ganha os contornos de uma Serra da Iniciação, onde pessoas de clãs diversos se reúnem para sentar-se nas rodas, dançar com as flautas Jurupari e separar-se para caminhar e habitar novas paragens. Seguindo Lima, caminhar com as flautas faz com que a distância espacial faça surgirem tantas perspectivas quantos forem os caminhos, ao mesmo tempo que os *kopot* e rodas de coca integram as partes através de relações de complementariedade.

PILÃO-JURUPARI

Quase um mês depois de meu pedido para que Miguel fabricasse um pilão, o objeto ficou pronto. Dado o trabalho intenso que a produção exige, troquei com o artesão uma grande quantidade de bens como redes, lanternas, bacias, baldes, anzóis e alimentos, como forma de pagamento. *Mẹy pög nụp pū'ũk tök, bị' hisạp!*, "custa caro esse pilão de coca, dá muito trabalho para fazer!", justificava para enfatizar a necessidade de retribuí-lo bem pelo esforço empreendido. Acompanhei o trabalho diariamente fazendo visitas à sua casa para descrever bem os procedimentos de carpintaria de corte, modelagem, escavação e polimento da peça. Artesão competente, foi Miguel quem produziu os pilões de coca de seus cunhados, os donos Firmino e José. Dadas suas habilidades reconhecidas, além dos pilões de coca, ele recebe encomendas de muitas famílias para fabricar os pilões de cozinha com os quais se trituram a carne assada e a pimenta seca.

No dia 28 de agosto de 2011, Miguel acordou cedo e caminhou por algumas horas pela trilha de sua roça. Levava o machado de um de seus cunhados apoiado no ombro para tombar o tronco maciço do *säsäw dö*, "pau-brasil" *Sickingia tinctoria*). A árvore, não muito grande, encontrava-se numa área de solo úmido, próxima a um igarapé. Diante dela, o artesão e seu filho mais velho, Pedro Paulo, demoraram algumas horas para conseguir derrubar o tronco e cortar o pedaço que seria a matéria prima para a fabricação do pilão. A medida foi tirada a partir do corpo de Miguel, tomando como parâmetro o comprimento de sua perna (chão até a coxa). Uma vez cortado o tronco, pai e filho levaram-na para casa. Nos primeiros dias, o trabalho ainda envolveu o uso do machado para extrair o excesso de madeira. Pouco a pouco, o polimento da peça com o terçado foi dando a forma cilíndrica ao objeto que, dia após dia, passou a ser perfurado com um *pica-pau*, instrumento de carpintaria semelhante a um enxó.

A fabricação evolveu a participação de filhos, netos e genros de Miguel que, sempre que podiam, iam trabalhar um pouco na perfuração do pilão. Nos períodos em que esculpia a peça, Miguel tomava conta dos netos pequenos, filhos de Pedro Paulo. As crianças divertiam-se ao ajudar o avô em sua produção. Foram elas que sopraram a fumaça do breu incandescente introduzido pelo artesão para vedar o tubo, tão logo concluídos os processos de polimento e escavação. Miguel demorou ainda alguns dias para fabricar o socador, pau que acompanha o tubo para triturar os alimentos. Quando finalmente concluiu a produção, ele carregou o objeto pesado até a casa onde eu estava alojado, recebeu o restante do pagamento e disse que tinha fabricado um pilão bonito que permaneceria resistente para que meus futuros filhos e netos, ao envelhecer, pudessem preparar sua coca em São Paulo. O artesão envolvia a todos num engajamento processual e relacional com a materialidade do pilão, condensando e misturando histórias nas propriedades da madeira que iam aos poucos dando forma ao objeto

Mal Miguel colocou o pilão no chão, Ari, seu sobrinho (zs), pegou o tubo com as duas mãos, aproximou-o da boca e começou a dançar como se tocasse uma flauta Jurupari. Atentos à paródia, os rapazes, que estavam sentados comigo estudando violão, começaram a gargalhar. Ari seguiu fazendo os passos de dança e imitando o som do Jurupari até que não aguentou mais, largou o pilão e começou a rir. Como Ari, muitos dos rapazes presentes, iniciavam, nos últimos anos, sua participação nas cerimônias das flautas. Esses jovens Sokw'ät participaram da dança do Jurupari que presenciei. Imagino que a graça da piada tinha a ver com o fascínio exercido pela experiência vivenciada. A graça que a figura de um *pilão-Jurupari* evocava diz respeito, a meu ver, às diferenças existentes entre esses dois instrumentos e entre as pessoas que experienciam, prática e processualmente, as potências e histórias que fluem a partir da materialidade dos pilões e das flautas.

A fabricação de um novo instrumento Jurupari assemelha-se em muitos aspectos ao nascimento humano. Após um período de jejum e banhos constantes, o artesão dirige-se à mata à procura de uma *pup tëg*, "paxiúba",[21] encontrada em áreas afastadas da aldeia. Geralmente será acompanhado por um grupo de rapazes interessados em aprender os procedimentos adequados à fabricação do instrumento. A palmeira é encontrada nos igapós ou margens de igarapés, áreas alagadas da floresta. É considerada uma árvore de porte mediano, sustentada por um feixe cônico de raízes adventícias recobertas por espinhos curtos e grossos. Constantemente, o artesão dirige-se ao local onde tombou a árvore para escavar e raspar o tronco. Diferente da fabricação do pilão, o trabalho é realizado na mata, distante das mulheres e crianças, devido aos perigos envolvidos na fabricação. Um terçado e um enxó são os instrumentos utilizados pelos artesãos para esculpir as peças. Macho e fêmea são feitos a partir do mesmo tronco e costumam ter proporções semelhantes. Comparando passagens da mitologia barasana com características botânicas da paxiúba, Hugh-Jones chama a atenção para o caráter mediador dessa palmeira que cresce num terreno alagado e é usada para construir instrumentos que permanecem enterrados no rio para, durante os rituais, serem montados e trazidos para a maloca:

Os próprios instrumentos são feitos de partes do tronco da palmeira de paxiúba, assim como todos os instrumentos de Yurupary. De acordo com os mitos do Yurupary, essa palmeira cresceu a partir das cinzas do corpo queimado de Yurupary. A alma de Yurupary [...] penetrou a palmeira durante

---

21. *pup tëg*, certo tipo de paxiúba (palmeira da família das arecáceas, *Socratea exorrhiza*). Cf. Ramirez (2006).

seu crescimento e a partir dela ascendeu ao céu. [...] Os instrumentos He também estabelecem mediação entre a terra e a água, devido ao fato de serem mantidos submersos nos rios, sendo trazidos para a terra seca para o uso. A passagem da água para a terra, e da floresta, onde são mantidos, para a maloca, onde são utilizados, sinaliza também a passagem da morte, estado inerte, para a vida, enquanto um estado ativo.

A versão mítica barasana mostra-se como uma transformação de M17 com as flautas Jurupari surgindo do corpo queimado de uma Anaconda, um ser da água, e não de Bisɨw, um ser da mata. Creio que seja possível ver também o caráter mediador das flautas num sentido próximo ao explicitado por Hugh-Jones. Após a saída da *água, do rio, da cobra* (M13), os ancestrais Hup caminham pela mata e sobem até o topo da Serra da Iniciação, onde recebem as flautas (M17). Ao longo do percurso a saída da água, a caminhada pela mata e a escalada ao topo permitem entender a mediação das flautas que, como os ancestrais, são tiradas da água, seguem pelo caminho até a maloca e lá circulam como no topo da Serra da Iniciação (ver M18). Instrumentos e ancestrais tramam seus caminhos e condensam suas histórias nos gestos e propriedades materiais do Jurupari.

Quando os corpos do trompete e da flauta estão prontos, o artesão sopra o breu para vedá-los de forma semelhante ao procedimento realizado na fabricação do pilão. O breu amolecido é passado nos lados externo e interno do tubo para garantir o timbre adequado ao instrumento. Murmurando palavras para um pedaço de breu ou para um cigarro, o artesão executa o *hãwäg bi'ɨd*, "encantamento do sopro vital", e o *hat bi'ɨd*, o "encantamento de nominação". O xamã desloca-se como *hãwäg* ao Lago-de-leite, chama o ancestral cujo nome será dado à flauta e, sentado em seu banco, concentra a pessoa-sopro distribuída pelas moradas (B6). A ação xamânica traz o instrumento à vida como um ancestral através de um processo semelhante àquele que faz do recém-nascido um ser humano. O timbre do instrumento é o resultado da destreza do artesão, bem como das características singulares da pessoa-sopro ancestral. Como aponta Cabalzar (2010, p. 54), "a nominação (benzimento de nome) garante às pessoas a obtenção de certas capacidades vitais essenciais, sem as quais elas não crescem nem adquirem força ao longo da vida". Timbre e nome são atributos da flauta sempre ressaltados pelos tocadores para descrever a beleza, a magnitude do som e o poder do instrumento. As ações xamânicas de nominação e concentração do *hãwäg* devem ser realizadas por um ancião agnato ao ancestral-Jurupari que será trazido à vida como uma pessoa Hup pelo sopro de seus descendentes, durante as danças.

Muitas vezes, sentado na roda, Ponciano dizia que, ao olhar e ouvir o pilão, se lembrava de seu pai e se entristecia. Qualquer dia jogaria o triturador no rio, como já devia ter feito quando Antônio morreu. Em Tạt-Dëh, o pilão de Ponciano em torno do qual nos reuníamos todas as noites, pertencera a seu pai, ao contrário os pilões de Firmino e José, fabricados por Miguel. Diferente da flauta, o pilão não é benzido para o uso e, assim, não possui nome ou sopro vital. Seu uso não é tão marcado quanto o dos pares de flautas. É geralmente manipulado pelos *apanhadores*, mas pode também ser socado pelos *donos*. Apesar de poderem ser transmitidos de pai para filho, são muitas vezes jogados no rio quando o dono morre. Novos pilões são fabricados para que os descendentes adultos comam coca com seus afins.

Dessa perspectiva, creio que pelo ato de nominação da flauta o xamã não dá a vida aos instrumentos, fazendo com que a vida passe a estar na coisa, mas revela o fluxo generativo que traz o objeto e as pessoas à existência por sua participação dinâmica e mútua num mesmo campo relacional. As memórias evocadas pelo uso do pilão reestabelecem um fluxo generativo de sua materialidade que produz o encontro entre sua história como artefato fabricado e utilizado por antepassados num tempo pretérito e o preparo da coca atual pelos descendentes que, através de seu engajamento com o pilão, *crescem nos saberes* ao relembrar e benzer pelas palavras e sopros. Utilizado todas as noites para preparar a coca e para chamar os senhores habitantes de Tạt-Dëh, o pilão reúne a todos num modo de ação que gera a vida "[...] através do contínuo da vida orgânica, sabendo que essa vida, ela mesma, estabelece-se pela geração contínua do fluxo das matérias".[22]

Entendo que a aproximação das ações rituais da cerimônia do Jurupari e das rodas de coca a partir do pilão-Jurupari ajude a entender como jovens e anciões se situam num campo de relações com esses artefatos que se tornam índices de seus pensamentos, intenções e capacidades corporais. Segurando o pilão de um branco como se fosse um Jurupari, Ari divertia a todos por dar ao triturador o *status* de instrumento musical de sopro. A paródia de Ari zombava dos próprios rapazes, desconhecedores do xamanismo, tão jovens que não sabiam nem o que fazer com o pilão. Inversamente, explicitava que o pilão

---

22. 2000, p. 31.

era o Jurupari dos velhos para tocarem sua coca. Certamente, fora esse jogo que levou o artesão Miguel a sentar-se ao meu lado para fumar um cigarro e rir com os rapazes. Afinal, tinha fabricado um pilão para um branco que, estranhamente, comia coca, se interessava pelo xamanismo e pela dança das flautas.

PESSOAS-SOPRO

Conversando com Evaldo sobre as flautas-Jurupari, ele me explicou que o sopro que habita os tubos durante a dança deve partir de um músico cujo nome emane de seu ancestral-Jurupari homônimo. Como visto acima, cada conjunto de Jurupari tem seu dono que transmite a posse e os cuidados de suas flautas a seus filhos. Constituem, assim, o patrimônio de uma linhagem clânica específica. Durante as danças, juntam-se os instrumentos de linhagens ou clãs distintos para circular pela maloca. Refletindo sobre as palavras de Evaldo, creio poder dizer que enquanto a patrilinearidade é um princípio fundamental para a transmissão dos instrumentos, a *performance* parece expressar a importância de *grupos de descendência corpórea*, que relacionam pessoas por meio da identidade corporal e do continuo da mesma substância corporal que atravessa ancestrais e descendentes.

Com o envelhecimento, o "ancião", *wähạd*, começa a ter dificuldade em soprar a flauta e dançar com ela durante horas na maloca. Os senhores dão lugar para que novos flautistas comecem a manejar os instrumentos durante a cerimônia. Além do nome *döhö d'äh*, "sopros" ou "pessoas-sopro", as flautas são também chamadas de *wähạdäh*, "velhos" ou "antigos". De modo interessante, os senhores deixam de dançar ao mesmo tempo em que passam a pertencer a uma categoria que engloba os instrumentos, antepassados distantes tidos como os primeiros ancestrais de uma linhagem clânica. Paralelamente, a interrupção da execução das melodias do Jurupari acompanha a intensificação da prática dos *bi'ịd*, "sopros", a partir do tabaco e outras substâncias para proteger e fazer seus filhos crescerem sem doenças (B2). É nessa fase da vida que os homens começam a frequentar as rodas com assiduidade e a manusear o pilão para partilhar a coca e as palavras.

No que diz respeito à estrutura física, o envelhecimento leva à perda da dureza da pele e dos ossos, o que pode ser visto como um processo de *amolecimento corporal*. Sem conseguir soprar as flautas

Jurupari, os anciões começam a não ter mais o corpo envolto pela casca dura das árvores (B1) (B5). Ao longo da vida, a pele e os ossos das pessoas Hup vão se tornando progressivamente mais duras, atingindo o auge de resistência na maturidade. Os jovens possuem *corpos moles* que ainda não foram endurecidos o suficiente para possuírem a corporalidade do guerreiro (M17). Como aponta Reid (1979, p. 151), "De modo mais geral, contudo, a iniciação é um processo por meio do qual os jovens atravessam o estágio que os Hupdʉ chamam 'aqueles de corpos moles, não totalmente formados' ou adolescência". Em ambos os casos, jovens e velhos estão aquém e além da pele-casca maciça. Possuem cercas frágeis que não conseguem se erigir como barreiras para as lanças, espinhos-dardos ou tábuas culinárias, afecções patogênicas das Gentes-Cobra, Gentes-Árvore e demais seres malfazejos.

Enquanto o bebê precisa passar por processos de resfriamento e endurecimento, sendo açoitados em cerimônias rituais, caminhando pelas trilhas, alimentando-se com a carne de animais de couro duro ou sendo benzidos continuamente por pais e avós, os rapazes vão tornando-se *ũh mẹh d'äh*, "guerreiros", cuja característica física principal é a rigidez da pele e dos ossos. Em sua descrição, Reid ressalta que, na divisão das partes do instrumento Jurupari, elas são designadas como boca, pele, osso etc., o que explicita a analogia entre as flautas e o corpo humano,

> Um pouco antes do início do ritual, os convidados pegam suas cargas de frutas da floresta e lá eles constroem os trompetes Jurupari a partir da casca e do tronco de várias árvores. As palavras utilizadas para descreveras várias partes do trompete são pele, osso, boca etc., o que aponta que essas entidades representam corpos. Uma vez construídos esses corpos, eles são penetrados pelas sombras ou fantasmas das gentes do nascimento (ancestrais), e nesse estado são perigosos, pois estão repletos de essência quente.[23]

Segundo o pesquisador, esses corpos construídos e formados pela boca, ossos e pele se tornam plenos de energia quente e perigosa quando, ao longo da dança, são penetrados pela *sombra* ou *fantasma* dos ancestrais. Na cerimônia das flautas, os açoites fazem com que as peles dos rapazes fiquem duras como as madeiras duras do pau-brasil e da paxiúba. O endurecimento da pele e a rigidez dos movimentos verticais da dança são ações que se combinam nessa *performance*. Atravessando os corpos de dançarinos e ancestrais a vida é gerada

---

23. Reid, 1979, p. 280.

como um contínuo entre pessoas que possuem graus distintos de dureza e pulsação respiratória.

"O certo é colocar três pimentas verdes, uma debaixo da língua e as outras duas uma de cada lado da boca", contou Américo quando conversávamos sobre os perigos do Jurupari. A dança das flautas pode não só gerar cura e proteção, como também causar doenças e sofrimento. Afinal, com as flautas, Bisįw fez a Humanidade *sofrer como ele sofreu* (M15). Todos aqueles que participaram da cerimônia que presenciei partilharam, pela manhã, as ardidas pimentas benzidas. É preciso lembrar que as flautas compunham o corpo *artefactual* de Bisįw. Ossos do corpo queimado desse ser, os instrumentos são uma matéria plena de energia quente que precisa ser manuseada com cuidado. Se, após o confronto com a presa na caça, o homem come pimenta para atenuar a agressividade da batalha, logo depois de terminada a dança das flautas, os participantes comem pimentas verdes sopradas com o *benzimento da pimenta* para enfraquecer o calor de seus corpos. Durante uma roda de coca, Jovino alertou-me sobre alguns gestos que não devem ser feitos durante o Dabucuri:

> Durante o Dabucuri, não pode coçar a cabeça, senão pega piolho. Coça apenas com um pauzinho. Não pode cruzar os braços, senão vira *o*, um peixinho pequeno. Antes de chegarem as mulheres, pode pegar o cariçu para fazer limpeza, porque elas não podem pisar na saliva do Jurupari. Pode dar ferida na perna da mulher e do homem. Pode dar infecção. Toca o cariçu e limpa. Na hora da festa, só velho pode comer peixe assado que pesca no mato. [...] Dá *Sub*, "ferida", quando come carne assada sem benzer durante a festa. Não pode assobiar nem gritar, senão dá cárie. Não pode encostar na mulher, porque ela pode sentir o cheiro da flauta.[24]

É preciso limpar a maloca soprando as flautas cariçu para neutralizar a afecção patogênica da saliva do Jurupari. O contato dos dedos com a cabeça torna o couro cabeludo suscetível à presença de piolhos. O assobio e o grito degeneram os dentes pelas cáries e o contato corporal com as mulheres deve ser evitado para que não sintam o odor das flautas impregnado nos homens. Como destaca Reid (1979, p. 282), "Os Hupdu são bastante explícitos quanto ao fato de que praticar rituais faz todas as pessoas crescerem, ao regenerar a alma dentro delas, e dizem que deixar de praticá-los causa doenças, deterioração e morte".

---

24. Jovino, 24 de agosto de 2011.

Assim, a cerimônia do Jurupari revela-se um perigoso manejo de potências que podem agir como um feitiço, causando metamorfoses, feridas, coceiras, dentre outros males. Atingem a pessoa em seu envoltório-cerca corporal ou nos dentes que, expostos à energia quente das flautas, se abrem e/ou se desfazem em feridas que levam também à flacidez e ao amolecimento-putrefação corporal. Do contrário, o manejo correto dessas potências primordiais envolve o uso das flautas para benzer as frutas depositadas no centro da maloca e os açoites com ramos de ingá, ações que fazem crescer e endurecer. Quer pelos açoites com ramos de ingá, quer pelas águas-celestes da Serra Grande, os corpos tornam-se rijos com a ação de substâncias frias. Dependendo do modo como as flautas são utilizadas, a dança pode levar tanto à proteção como ao amolecimento e adoecimento. Revela-se a importância do equilíbrio entre a energia quente dos tubos rijos e do caxiri e a energia fria dos ramos de ingá e da água.

Enquanto tocam as flautas, os rapazes são inseridos numa forma de interação sensorial direta e potencialmente perigosa com os ancestrais-Jurupari. Artefatos-pessoa, os corpos das flautas passam a ser a referência para a fabricação dos corpos dos participantes. A harmonização entre sopros e resistência física dos *jovens de corpo mole* com os *ancestrais Jurupari de corpo duro* se dá no contato com a pele, ossos e boca desses primeiros Hup. Como o feto adornado no ventre materno, a postura e a gestualidade aproximam o neófito e o antepassado que, apesar de extremamente velho, é um guerreiro maciço. Nesse sentido, os corpos humanos são percebidos a partir de um *devir-jurupari* que é igualmente um *devir-guerreiro*.

Através de seus movimentos e da atenção que mantêm, os rapazes desenvolvem uma sensibilidade íntima e pessoal para outros modos de ser como aqueles dos primeiros Hupd'äh e dos velhos. Com a análise de B6, foi possível entender que, evocando o nome do ancestral, o xamã retira as parcelas distribuídas da pessoa desse antepassado. Se o sopro concentrado do antepassado dá a vida ao bebê, pelo toque da flauta e movimentos de danças, os descendentes trazem à vida os antigos com a essência vital que receberam como uma dádiva ao nascer. Refletindo com Lima, o *feto adornado* e o *rapaz flautista* parecem deixar ver a concentração do sopro vital e do sopro das flautas como processos de individuação da pessoa que se torna um ser para si e para outrem. Na dança, as linhas-vitais de antepassados e descendentes se interpenetram, atravessam-se através dos movimentos e das ações *progenerativas* que compõem um campo relacional em que seres emergem cada qual com suas formas, capacidades e disposições para fazer crescer e fortalecer os rapazes.

Tomando como referência a comparação de Viveiros de Castro entre *totemismo* e *sacrifício*, creio poder dizer que soprar a flauta revela-se uma ação de *transdução* que corporifica simultaneamente as pessoas do descendente e do ancestral homônimos no fluxo contínuo da respiração e gesto musical. Diferenciados enquanto polos pressupostos como autossemelhantes, o sopro, um gesto de indução ou transdução, cria uma zona, um momento de indiscernibilidade entre eles, acionando "relações intensivas que modificam a natureza dos próprios termos, pois 'fazem passar' algo entre eles" (p. 89). As ações de *soprar as flautas* e de *concentrar a pessoa-sopro distribuída* realizadas pelos dançarinos e pelos xamãs parecem regenerar a vida pela energética do contínuo entre *wähạdäh*, "velhos", e *tẹ̈h d'äh*, "filhos", por meio da transdução entre sopros, corpos e objetos (B2). Na energética do contínuo desses *grupos de substância* todo cuidado é pouco, pois o endurecimento e crescimento são o reverso da degeneração e da morte.

O CAXIRI DAS MANIVAS

À medida que os dançarinos começam a se aproximar da maloca, o caxiri *pọhọy*, "ferve", cada vez mais. O gosto doce das primeiras cuias oferecidas passa a ser marcado pelo amargor da bebida em seu ponto forte e ideal para o consumo. Com apenas poucas cuias, dançarinos e carregadores embriagam-se. Suas gargalhadas e vozes tomam conta da palhoça enquanto as flautas estão quietas no chão. O caxiri é uma bebida preparada pelas mulheres através de um processo que envolve uma série de procedimentos e etapas de trabalho com a maniva.

Dentre as ações fundamentais para o preparo da bebida, podem ser destacadas a colheita dos tubérculos, a extração das cascas, a lavagem e hidratação nos igarapés, o uso do ralador para triturar a massa, o uso do tipiti para espremê-la, o longo cozimento da manicuera. O calor do fogo livra o líquido de sua toxidade permitindo que a manicuera seja adicionada à massa feita a partir de beijus torrados, mastigados, cuspidos e raspados na canoa de caxiri. À mistura podem-se adicionar sumos de fruta como a pupunha, o ingá, a cucura, ou massas como a de batata doce, dentre outras. Para intensificar a fermentação costuma-se colocar caldo de cana ou pacotes de açúcar. Depois de terminada a mistura, a preparadora tampa a canoa com folhas de bananeira para que a bebida fermente até atingir o ponto de consumo. Caxiris preparados no intervalo de um dia são chamados *ɨb' dëh*, "caxiris vivos", que serão sempre menos fortes e mais adocicados que os *tãw huptök*, "caxiris bravos", cujo tempo de descanso varia de dois a três dias. O preparo do caxiri e seu oferecimento nas festas são atividades femininas que definem a posição ocupada pelas mulheres no campo de interações da maloca.

Em março de 2012, caminhei com Isabel e Américo para as roças da família, durante dias seguidos. Minha anfitriã levava seu aturá, pois colhia manivas e algumas batatas doces para o preparo do *kiwį' dëh*, "caxiri de batata doce". O dia da festa de caxiri aproximava-se, e ela, esposa do capitão, precisava produzir uma grande canoa para *kɨhsät*, "estar à frente", e superar a produção de suas vizinhas. Afinal, não queria que as outras maculassem sua fama de mulher trabalhadeira. Quando chegamos, Isabel guiou-me pelas muitas *kopot*, "vilas", que há em suas roças. As manivas são plantadas em grupos que se espalham por toda a clareira do espaço agrícola. Numa parte estão as *kayak tig töhö*, "manivas brancas", mais utilizadas para a produção de farinha e beiju. Apesar de haver alguns tipos de *maniva branca* utilizadas para o preparo do caxiri, o mais comum é colher as *kayak dö*, "manivas vermelhas", em grande quantidade, para o preparo da bebida.[25] Foi às *kopot*, "vilas", dessas manivas que nos dirigimos naquela manhã. Comentando sobre o trabalho feminino, Reid enfatiza o caráter árduo da lida com as manivas e a pouca especialização entre as agricultoras,

> As mulheres geralmente colhem, capinam e replantam pedaços de aproximadamente 4x4 metros em algumas horas. Depois disso, retornam ao porto próximo à casa. Todas as mulheres se reúnem nesse local, banham-se, banham seus bebês e lavam os tubérculos de mandioca. [...] Na maior parte dos dias, o cultivo e processamento de mandioca leva entre seis e nove horas, sendo o restante do tempo preenchido pelas atividades domésticas. Do modo como pude observar, há pouca especialização individual entre as mulheres, embora as mulheres mais velhas possam preparar a farinha de mandioca e, especialmente, tramar cestos de carga muito mais rápido que as mulheres jovens.[26]

De certo modo, enfatizando não a especialização das agricultoras segundo suas competências técnicas, mas sim o modo como fazem

---

25. Há tipos de *manivas vermelhas* utilizadas para o preparo de farinha e beijus (SSL, 2012).
26. Reid, 1979, p. 39.

crescer as plantas de acordo com a origem, a sociabilidade e as formas de interação e consumo das manivas que coabitam as roças, talvez seja possível perceber o caráter singular desses arranjos produtivos que revelam as habilidades de cada mulher para criar e desenvolver as plantas e os filhos.

Como me explicou Américo, cada *vila* agrupa apenas as manivas de mesmo nome e origem que são plantadas uma próxima à outra. Sentando-se no meio da plantação, Américo mostrou a *vila* onde o casal cultiva um tipo de maniva branca que foi transmitida a Isabel por sua sogra. Fora essa maniva que fizera o capitão crescer forte e sem doenças e, por isso, seus filhos sempre comiam os beijus preparados com as plantas dadas pela mãe de Américo. Quando se casou, Isabel ganhou de sua própria mãe em Pij-Dëh tubérculos de diversos tipos de maniva para que iniciasse sua plantação nas terras de Tạt-Dëh. Cultivados há décadas, esses ramos deram origem a agrupamentos que hoje garantem a colheita para o preparo de farinha, beiju e caxiri, pela família.

Desse modo, a roça pode ser descrita como uma grande aldeia formada por *vilas* de manivas que podem ter sido trazidas de outras comunidades ou transplantadas das roças das mães e tias das agricultoras. Interpretando a relação entre as mulheres barasana e o cultivo de manivas, C. Hugh-Jones[27] ressalta que "a confiança que se pode ter em uma plantação sugere que a mulher harmoniza-se com a mandioca, em vez de empregar seus poderes físicos e mentais contra ela". No caso, o agrupamento das manivas em *vilas* que assemelham a roça a uma aldeia ou a um grupo local parece apontar para um modo de habitação dos tubérculos muito próximo àquele dos arranjos sociais hup. Nas vilas, as manivas diferenciam-se também como aquelas que são *de outras terras* e aquelas que são *da terra*, dependendo do modo de transmissão. Cada arranjo produtivo é o resultado da história de vida da agricultora que, através de sua produção, cuida de seu marido e dos filhos, fazendo-os crescer. Partindo da reflexão de Ingold,[28] as mulheres Hup estabelecem as condições para o crescimento das plantas e de suas próprias famílias, *[...] suas atividades são parte do ambiente para as plantas.*

Em cada uma das *vilas*, as manivas formam rodas de conversa e oferecem caxiri umas para as outras. *Se não plantar junto, a maniva*

---

27. 1979, p. 173.
28. 2000, p. 87.

não conversa e não cresce, dizia a agricultora, orgulhosa de sua vasta plantação. As vilas e rodas de manivas são arranjadas de modo parecido ao do plantio da coca, para que os pés conversem e ofereçam cuias de coca entre si. Não é à toa que as roças de coca são feitas sempre ao lado de *vilas de maniva*. Além das folhas da maniva proporcionarem o sombreamento adequado ao crescimento da coca, os tubérculos oferecem cuias de caxiri aos pés de coca. Satisfeitos com a dádiva, os *velhos-coca* retribuem executando encantamentos que protegem as manivas. A mesma sociabilidade pode ser observada na relação entre as rodas de maniva e a roça de pimenta que germina sempre próxima. Igualmente dotadas de habilidade xamânica, as pimentas também benzem as manivas em troca de cuias de caxiri. Apontando para o chão, Américo revelou que um imenso Rio-de-Leite se estende por debaixo da terra e alimenta as plantas com seu leite e águas-puras, nutrientes que possibilitam o crescimento dos vegetais. Como no caso Achuar descrito por Descola, "essa pequena população de plantas estabelece em seu meio aspectos de sociabilidade idênticos aos dos homens".[29]

Assim, a harmonização da mulher com a maniva revela-se também em termos de seus modos de ação e sociabilidade, o que permite ver o processo de crescimento das plantas a partir de suas analogias com o desenvolvimento humano, com os encantamentos, com os oferecimentos de caxiri e com o aleitamento.

Analisando as analogias entre o processo de trabalho feminino com as manivas, ações rituais e passagens míticas, C. Hugh-Jones mostra como a lida com a maniva pode ser vista como uma contraparte feminina às cerimônias masculinas de Jurupari. Enfatizando aspectos de renovação, de crescimento e transformação, a antropóloga explicita os paralelos entre o ciclo vital masculino e o feminino e as etapas de processamento do tubérculo para o preparo de alimentos e bebidas que dotam as mulheres do poder de agregar pessoas em torno das substâncias resultantes de seus trabalhos. Marido e filhos reúnem-se para comer o beiju e beber o mingau nas refeições diárias, ao mesmo tempo em que o caxiri cria as condições para a reunião das famílias na maloca para festejar ou para realizar Dabucuri. Nas roças das mulheres Hup, a convivência das plantas parece dar-se de forma ritualizada, já que a reciprocidade entre manivas e coca se estabelece através da articulação entre uma forma de interação própria das

---

29. 1986, p. 244.

festas, o oferecimento de caxiri, e outra comum às rodas de coca, o pedido de benzimento. Seguindo a reflexão de Descola (1986, p. 263), "quando postulamos que as plantas cultivadas são seres animados, é evidentemente normal tentar estabelecer com elas relações sociais harmoniosas [...] que servem, igualmente, aos fins das relações entre humanos".

Longe da maloca, entre uma colher de coca e uma cuia de caxiri, os senhores Hup divertem-se nos *hụptök wạg*, "dias de festa de caxiri". Nos dias anteriores, apanhadores e donos colhem uma quantidade grande de folhas para que todos possam comer e conversar durante toda a festa. O pilão começa a soar no meio da manhã e seu som mistura-se aos timbres das flautas pã (cariçu) e, mais tarde, ao volume dos aparelhos de som estéreo que divertem a todos com os forrós e as guitarradas. Vez ou outra, um dos senhores levanta-se, dirige-se para a maloca levando uma panela de caxiri já vazia para ser reabastecida pelas mulheres. Tendo a boca esverdeada, as bochechas cheias de coca e os cabelos desgrenhados, a entrada dos velhos no salão de baile provoca o riso automático dos jovens e dos adultos. Na maloca eles ensinam melodias de cariçu aos flautistas, comentam sobre as roupas, danças e músicas dos mais jovens e, logo, retornam à roda. As mulheres fazem questão de dar aos senhores grandes quantidades de caxiri, pois sabem que sua generosidade será lembrada pelos xamãs quando elas pedirem um benzimento aos *comedores de coca*.

As festas de caxiri iniciam-se quando as mulheres começam a trazer para a maloca panelas plenas de bebida. Os homens já sentados nos bancos vão recebendo as cuias a eles oferecidas. Não beber tudo de um gole só nesse momento pode ser uma grave ofensa, já que o caxiri é oferecido pelas preparadoras como degustação. Depois de virar a cuia, é de bom tom emitir um sonoro aнннн!!!, um arroto ou dizer enfaticamente para a pessoa ao lado: *pë' hisạp, hụptök pë' hisạp, nạw kid*, "caxiri forte, muito forte, bom demais!". Mas é claro que apenas receberão tais elogios aquelas mulheres que possuem maior experiência e habilidade no preparo. Diz-se que o caxiri de moças novas é doce e fraco, ao contrário do caxiri das senhoras, considerado forte, amargo e saboroso. Pessoas de paladar apurado, aprimorado ao longo de toda a vida, os senhores Hup procuram geralmente as panelas das mulheres mais velhas, pela certeza da boa bebida.

Depois de circularem com suas panelas pela maloca, as donas do caxiri sentam-se em roda próximas à Porta-da-Cabeceira. Oferecem cuias umas às outras e começam a comentar sobre o sabor e força dos caxiris. À semelhança das rodas de maniva, as mulheres conversam enquanto bebem, riem e preparam-se para pegar mais uma vez suas panelas do chão e fazê-las circular pela maloca. Durante a dança das flautas, quando os tocadores se sentam para beber as cuias de caxiri oferecidas pelo dono, os instrumentos mantêm-se em repouso no chão, enquanto os músicos conversam e gargalham. Sentam-se, assim, da mesma forma que as mulheres nas festas de caxiri. São os movimentos das panelas de caxiri e das flautas Jurupari que fazem surgir Lagos-de-leite na maloca transformada na paisagem da criação.

Enquanto o sopro traz à vida os ancestrais-Jurupari, artefatos-pessoa que estabelecem os parâmetros para a fabricação dos corpos dos neófitos, os úteros femininos são percebidos como panelas ou cuias-recipientes cheios de *ịb' dëh*, "água-da-vida", líquido que envolve o esperma para gerar o feto-sentado. Como no desenvolvimento humano intrauterino, a *fermentação é uma transubstanciação da bebida*[30] e não é por acaso que chamam de *ịb' dëh* uma das formas de caxiri com pouca fermentação. A gestação se dá por um processo análogo ao cozimento-fermentação que faz o nascituro crescer como um ancestral Hup dentro da panela, ou cuia. Creio que a aproximação entre flautas Jurupari e panelas de caxiri revela a articulação entre duas agências fundamentais para a criação e desenvolvimento da vida. Seguindo Hugh-Jones, num plano abstrato, tubos e recipientes relacionam-se às capacidades e processos de reprodução. Por um lado, os tubos soprados são uma forma gerada ao longo dos movimentos da dança que contribui para a expressão da continuidade entre ancestrais e descendentes pelo sopro vital e pelo envoltório da pele-casca que cerca os *bravos guerreiros*. Por outro lado, as panelas de caxiri fazem da fermentação e do aquecimento processos importantes para o desenvolvimento do corpo e dos saberes que nutrem a pessoa através das conversas, danças e viagens. Enquanto os açoites, banhos e benzimentos parecem resfriar para endurecer (contenção), o caxiri, a fermentação e os recipientes aquecem para fazer crescer (expansão).

A sociabilidade das plantas na roça parece delinear-se a partir de um campo de interações muito semelhante ao dos dias de festa de caxiri. Como para os Humanos, as conversas nutrem e fazem crescer as plantas, os oferecimentos de caxiri garantem a reciprocidade do xamanismo entre senhores e mulheres, entre a coca e os tubérculos. No evento do Dabucuri que presenciei, as mulheres receberam como

---

30. Lima, 2005, p. 295.

dádiva dos homens uma imensa quantidade de buritis soprados pelas flautas Jurupari durante a madrugada. Trazidos à vida pelos descendentes, os ancestrais Jurupari são *wähạ̈d'äh*, "anciões", que benzem as frutas com as quais as mulheres prepararão sumos, águas-puras para serem bebidas pela família. Fervidos e ralados, os buritis transformam-se numa massa que é adicionada ao caxiri a ser oferecido a todos durante as festas.

Se a vila de maniva leva Américo a lembrar-se de sua mãe que, com o beiju preparado a partir dessas plantas, fez crescer seus filhos como pessoas fortes, a massa de tapioca oferecida pelas mulheres aos homens explicita a habilidade feminina de fazer crescer os filhos e o marido através do preparo dos alimentos e dos cuidados com as plantas na roça. Como as manivas que oferecem as cuias de caxiri à coca, as mulheres oferecem a massa a um velho xamã, Mandu, em retribuição aos frutos benzidos pelos ancestrais-Jurupari. Pensando com C. Hugh-Jones, é possível ver em que medida o consumo das substâncias é também um consumo dos processos míticos, xamânicos e práticos que fazem com que a sociabilidade das plantas e de humanos ocorram a partir de formas de interação semelhantes e complementares. O caxiri e a coca são veículos de interação social que agregam pessoas, plantas e humanos, em torno do consumo das substâncias, das conversas e dos encantamentos.

A FALA PODEROSA

Numa festa de caxiri, depois que as mulheres já tinham abandonado a maloca com suas panelas, Vicente e João Brasil sentaram-se um ao lado do outro. Tinham uma panela de caxiri diante de si e, entre uma cuia e outra, conversavam intensamente. No momento em que me aproximei, eles me ofereceram caxiri e disseram: *ịd pạy, nịh ịd*, "fala ruim, a nossa conversa". João Brasil explicava ao primo paralelo as ações de um feitiço. Rapidamente, enfatizaram que essa era uma *fala ruim* em oposição à *fala boa*, a *fala dos benzimentos* através da qual eles curam e protegem seus filhos. Segundo eles, precisam conhecer os feitiços causados pela ação agressiva dos Tukano e de benzedores e pajés Hup de outras regiões para que possam cercar bem a maloca. Só assim não haverá brigas, envenenamentos ou assassinatos. Mas a força da *fala poderosa* permite a aquisição de habilidades xamânicas para causar *döhöy*, "estragos", punir ou vingar a morte ou desgraça sofrida por parentes.

Quando se encontram sentados nas rodas de coca bebendo caxiri, além das piadas e conversas amistosas, os senhores Hup conversam pela *pub įd*, a "fala poderosa", ou *döh įd*, "fala dos sopros", por meio da qual aprendem e ensinam feitiços. Os estragos podem fazer pessoas ou famílias adoecerem, e até mesmo dizimar aldeias inteiras, impedir a caça e a pesca devido ao aprisionamento dos animais, e induzir pessoas ao suicídio. Retomando M15, a queima do corpo de Bisįw faz surgirem as flautas Jurupari, mas em meio à sua agonia o ser ancestral amaldiçoa os Hupd'äh que passam a sofrer com as brigas, os envenenamentos e as mortes após a vingança dos pais dos rapazes devorados. Como descreve Reichel-Dolmatoff (1986, p. 188) para os Desana:

> O fato de que o mesmo sentimento de segurança pessoal também exige, por vezes, atitudes negativas, é apenas natural. Agressões mágicas para causar uma desgraça ao próximo, doença ou até a morte são frequentes entre os Desana e as causas para essas inimizades podem ser múltiplas: a invasão de um território de caça ou de pesca; um roubo cometido em uma roça ou, talvez, algum desgosto ocorrido durante uma festa.

A palavra *döhöy* traduzida pelos Hupd'äh como "estrago" ou "feitiço" possui a mesma raiz da palavra *döhö*, um dos nomes dados aos Jurupari. O caxiri extremamente forte que fermenta com a aproximação das flautas e o caxiri que os senhores Hup bebem nas rodas de coca em dias de festa levam a uma intensificação da energia quente de seus corpos. Sentados em seus bancos-de-leite, os anciões conseguem atingir esse estado de extrema agressividade sem brigar uns com os outros, um controle difícil para os mais jovens que, sob o efeito das muitas cuias de caxiri, começam a se desentender. Como me explicou Samuel, a agressividade e o aquecimento fazem com que os senhores Hup fiquem como *Werǫ Hup Tęh*, o Sol, e como o próprio Bisįw em seu momento de ódio intenso antes de ser queimado na fogueira (M15). Os senhores que bebem caxiri não praticam encantamentos e, enquanto conversam sobre a *fala poderosa*, não podem realizar ações xamânicas para cercar ou curar, pois suas palavras apenas causarão malefícios aos outros. Para Buchillet[31] as *doenças de feitiço* são causadas pela realização de encantamentos semelhantes aos benzimentos de cura e proteção:

> Por outro lado, os textos foram concebidos para cuidar (encantamentos terapêuticos) ou para provocar (encantamentos maléficos) esses malefícios. Esses

---
31. 1983, p. 131

textos são elaborados a partir de episódios míticos relativos às situações de criação das doenças. [...] A cura e o meio de produzir as doenças são transmitidas aos kũbũ pelas gerações. Os Desana insistem sempre sobre o fato de que não há *bons kũbũ* ou *kũbũ malfeitores*, toda cura é ensinada e aprendida ao mesmo tempo que seu contrário, encantamentos terapêuticos e agressões fazem parte de um arsenal terapêutico de todo kũbũ, encantamentos terapêuticos e de agressões são, portanto, complementares.

Na explicação dada por meus interlocutores, a *fala poderosa* pode ser vista como complementar às ações terapêuticas, pois permite aos xamãs entenderem o mal causado por outrem para poder tratá-lo, ao mesmo tempo em que os dota do poder de se vingar, agredindo aqueles que provocaram o sofrimento. Refletindo sobre a cerimônia de rupari, Reid[32] afirma que os participantes induzem um estado pleno de energia quente e extremamente perigoso. Em suas palavras,

Desse modo, os Hupdʉ induzem neles mesmos um estado muito quente e perigoso que leva ao clímax do dia seguinte, quando as mulheres e as crianças correm da casa e os trompetes Jurupari e as frutas são trazidas para dentro.

Retomando M15, é possível perceber que os males que acometem Bisiw delineiam um processo de intensificação de energias e elementos quentes. O caroço de uacu queimado, que o leva primeiro ao desmaio, em seguida a uma agressividade intensa que o faz devorar os rapazes vivos. Em seguida, o caxiri soprado, oferecido pelos pais, embriaga rapidamente o ancestral que seria, então, queimado vivo. As flautas surgem do extremo aquecimento de seu corpo pelo caxiri e pelo fogo, num momento de extrema agressividade e violência que resulta no aparecimento das doenças, das brigas e dos envenenamentos como modos de a humanidade "sofrer como Bisiw sofreu". Esses males são, portanto, feitiços causados pela ação maléfica de Bisiw.

Substâncias plenas de energia fria, os buritis atenuam o calor extremo da fermentação do caxiri para que, durante as conversas, as palavras possam fazer crescer sem potencializar a agressividade ou as enfermidades nos dias de alegria. Como mencionado, os dançarinos precisam banhar-se antes de retirar as flautas do rio. Como um Rio de Leite, as águas do igarapé são compostas pela energia fria que conserva os instrumentos num estado de resfriamento. É possível ver, então, a sequência de ações da dança do Jurupari como um manejo combinado de potências frias e quentes. Os ramos de ingá que ferem as peles dos rapazes são uma essência fria que atinge a pele mole para

---

32. 1979, p. 281.

endurecê-la e moldá-la. O exercício de controle sobre a agressividade que leva os rapazes a perseguirem o agressor, mas não a revidar os açoites parece constituir o contexto relacional para o aprendizado de um controle de si.

Em meio às cuias de caxiri e às *falas poderosas*, os xamãs intensificam a energia quente de seus corpos, mas o consumo de coca e a postura sentada nos bancos de leite mantêm o equilíbrio para que atenuem ou dirijam sua agressividade contra seus inimigos. Nos encontros noturnos, a carne e ossos assados e pilados do Velho Cobra são cuidadosamente misturados com o *pũ'ũk-b'ọ̃h*, o "sal de coca", obtido a partir das cinzas das folhas secas de embaúba queimadas. A própria embaúba recebe o nome de *pũ'ũk-b'ọ̃h-tëg*, "árvore de sal de coca", expressão que a identifica pela sua condição de tempero culinário para o preparo da coca.[33] O sal é um condimento pleno de energia fria que atenua o calor dos alimentos. Da mesma maneira, o *sal da coca* permite que a coca, uma substância plena de calor, atinja um equilíbrio térmico e gustativo. Bem temperada com sal, a coca fica doce como o leite, mantendo certo grau de calor bom para fazer crescer os saberes, mas fria o suficiente para que os xamãs se mantenham serenos e falem apenas sobre encantamentos de cura e proteção. Desse modo, é possível ver como nas cerimônias de Jurupari, nas rodas de caxiri e nos encontros noturnos há um equilíbrio tenso entre energias quentes e frias, entre estados de serenidade e violência, cujo domínio pelo xamã se torna fundamental para que consiga curar, cercar ou agredir. As festas de caxiri e danças de Jurupari se colocam como formas de interação perigosas, por envolverem processos coletivos e pouco controlados em que neófitos, mulheres e homens intensificam demasiadamente a potência quente e violenta de seus seres.

Muitos dos desentendimentos iniciam-se em festas de caxiri, indo desde bate-bocas até confrontos corporais. Em casos extremos, as brigas podem levar ao assassinato com os oponentes empunhando terçados ou atingindo-se com flechas envenenadas. O envolvimento de grupos em defesa de ambas as partes pode gerar guerras como as que ocorreram no início dos anos 2000, em Pĩg-Dëh e em *Tọ̃h- Hayạm*. Essas *ũh mẹh*, "guerras", "batalhas", de enfrentamento entre clãs

---

33. Em sua análise, Lévi-Strauss ressalta a importância da embaúba (*Cecropia*), uma árvore de tronco oco muito utilizada por povos ameríndios para a produção de instrumentos musicais como tambores (2004b, p. 342).

oponentes causaram muitas mortes e culminaram na fissão do grupo local. Comentando sobre as brigas durante as festas de caxiri, Reid vê nos conflitos suscitados pelos eventos coletivos e pelo consumo da bebida um contexto de expressão das tensões, frustrações e ódios entre pessoas e grupos. Nas palavras do autor:

> Os Hupdu são calmos, quietos e autocontrolados no dia a dia, mas à medida que a festa se inicia, a casa torna-se cada vez mais barulhenta [...] Nos momentos finais da festa ocorrem brigas sérias que irrompem entre coabitantes, ou entre anfitriões e convidados, terminando quase sempre em mortes ou em injúrias sérias. [...] Exceto pelos desentendimentos ocasionais entre maridos e esposas, as brigas ocorrem somente durante as festas de caxiri ou rituais. [...] Desejos, frustrações, ciúmes, afetos ou desafetos pessoais e outras tensões propensas a ocorrer entre grupos pequenos de pessoas vivendo em intensa intimidade encontram expressão durante as festas de caxiri, ao passo que são completamente reprimidas no dia a dia.[34]

Nos dias de festa de caxiri, depois de beber na maloca, é comum haver desentendimentos entre rapazes, irmãos entre si, que começam a brigar. O irmão maior procura repreender o caçula por dirigir-se desrespeitosamente às moças, por discutir com um rapaz de clã afim. A repreensão do irmão maior causa a ira do rapaz, porque, de seu ponto de vista, apenas o pai pode chamar a sua atenção. Mas mesmo os enfrentamentos de filhos com pais não são raros durante as festas. As brigas e pancadas são acompanhadas de perto por mulheres, crianças e rapazes. Terminam apenas quando o pai ou senhores aproximam-se, atendendo aos pedidos desesperados das mulheres, e tentam acalmar a todos.

De modo diferente, as brigas de mulheres acontecem principalmente entre aquelas que pertencem ao clã local e suas afins, que são *gente de outras terras*. Ao longo da festa, as rodas de caxiri das mulheres vão ficando cada vez mais animadas. Com suas panelas, elas começam a rir e a falar alto. Quando se levantam, iniciam "cantos", *yamidọ'* dedicados ao homem sentado para quem estão oferecendo o caxiri. Esse deve beber todo o caxiri da cuia e não pode devolvê-la enquanto a cantora não terminar sua canção. Num dado momento, elas levantam-se e começam a cantar canções de improviso umas para as outras. As melodias são aprendidas desde a infância com as mães e avós. Nos versos dessas trovas, as cantoras afins contam sobre suas vidas em outras terras, falam sobre seus clãs, suas famílias,

---

[34]. Reid, 1979, p. 135-6.

seus maridos. Já as *donas da terra* contam de sua vida, do casamento com maridos de outras terras, bem como sobre seus filhos, roças e caxiris. Se o diálogo musical for amistoso, os versos de uma e outra trarão agradecimentos por ajudas e pela boa convivência. Esses cantos constituem um gênero denominado *hisösöy yamidǫ'*, "cantos alegres". Entretanto, os desafios podem culminar em *täw yamidǫ'*, "cantos de ira", com versos que vão insultando a oponente através da desqualificação de sua pessoa. Atacando-se mutuamente, as cantoras maculam a imagem de boas trabalhadoras e de boas mães, acusam-se de roubo, de mau comportamento etc. As disputas são acompanhadas por outras mulheres e podem suscitar brigas corporais entre as interlocutoras que terminarão com a intervenção de um marido ou filho.

Nos encontros noturnos dos dias que se seguem às festas, os senhores conversam muito sobre as brigas. Comendo coca, procuram entender a causa e a origem do sopro que fez irmãos verem-se como inimigos, e *cunhadas* a porem risco sua boa convivência. Dependendo das pessoas que se envolveram na disputa e dos motivos que levaram ao confronto, os xamãs saberão se o causador foi um feiticeiro tukano, ou um xamã Hup de outro grupo local como Pij-Dëh ou *Tǫh-Hayam*, comunidades que possuem membros residentes em Tat-Dëh e que já agiram xamanicamente contra as famílias da aldeia. Entretanto, brigas no seio de famílias de alto ranque são atribuídas geralmente à ação maléfica de índios tukano habitantes de comunidades próximas. Pozzobon (2011, p. 59) vê as brigas entre agnatos como um dos fatores que leva à fissão dos grupos locais e de unidades sociais:

Mas em muitos casos [...] as fissões resultam efetivamente de más relações entre irmãos ou primos paralelos próximos. A competição por mulheres e as acusações mútuas de feitiçaria podem não somente levar à fissão do grupo, mas também à segmentação do clã em clãs menores. [...] a dispersão e a agregação são processos complementares: quando um assentamento se fissiona, é muito provável que outro receba os novos habitantes.

Tendo observado inúmeras brigas entre mulheres afins e nenhuma entre cunhados, entendo que as inúmeras tensões que existem entre as famílias que possuem territórios de domínio e aquelas que têm permissões para viver e trabalhar na região se expressam, muitas vezes, através desses confrontos entre cantoras. No Dabucuri que presenciei, ao receberem a dádiva, as mulheres Sokw'at posicionavam-se num campo de relações que celebrava as boas alianças e a convivência entre os clãs. Inversamente, entendo que os cantos e as brigas de mulheres afins permitem que as tensões e inimizades entre as famílias venham à tona sem fazer com que a família *de fora* abandone a aldeia. Esse é, por exemplo, o resultado de brigas entre homens afins, principalmente se forem adultos ou pais de família. No entanto, os desentendimentos mais temidos são aqueles que se dão entre donos de linhagens distintas de um mesmo clã, ou entre senhores xamãs. Os relatos de situações em que isso ocorreu são trágicos. Além de levar muitas famílias a abandonarem a comunidade, a briga pode fazer com que ambos iniciem uma série de agressões xamânicas que culminam em epidemias, na migração das famílias para a cidade, na fome pela falta de peixes e presas ou na infertilidade do solo das roças.

Durante as rodas de coca nos dias de festa, enquanto circula o caxiri, os benzedores deixam de cercar as famílias e a aldeia. A ausência ou enfraquecimento do *pari de fumaça* faz com que a agência agressiva dos xamãs estrangeiros consiga se efetivar. É, portanto, nos momentos em que os benzedores conversam sobre feitiços que os estragos acometem a comunidade. O reestabelecimento da grande barreira que cerca a aldeia e a intensa atividade dos xamãs para curar as pessoas que adoeceram após a festa dão a magnitude do mal que fora causado durante o caxiri.

O grande número de casas e o temor de que os instrumentos Jurupari fossem vistos suscitaram a mudança da dança para a madrugada, quando as mulheres estão dormindo. Anteriormente, elas tinham que correr para a mata próxima para se esconderem com seus filhos quando as flautas começavam a soar. Na cerimônia que presenciei, antes de as flautas soarem, todos os senhores Hup estavam presentes à roda de coca. Entretanto, nenhum deles deixou a rede para dirigir-se à maloca e participar da dança. Nesse sentido, é interessante observar que os Jurupari começaram a ser ouvidos algumas horas após o término do encontro noturno. Esse é o momento em que os velhos estão deitados em suas redes, começando a dormir e a deslocar-se oniricamente pelo cosmos. Nessas viagens, acalmam seres, encontram-se com ancestrais, visitam diversas moradas e protegem seus descendentes. Caso adormeçam antes, os velhos têm "pesadelos", *sṏh ni pay*, e acordam gritando, têm seus sopros vitais e saberes roubados por feiticeiros ou seres malfazejos. Assim, no evento que presenciei, as flautas foram trazidas à maloca no intervalo de tempo em que os senhores se movimentavam pelo universo.

Pensando com Buchillet, é possível dizer que o domínio e maestria das potências corporais é fundamental para que os indivíduos tenham controle de si ao consumirem substâncias como o caxiri e a coca, bem como para manterem suas posturas adequadas durante a cerimônia das flautas. Os senhores Hup dizem *trabalhar muito* nesses períodos posteriores às festas. Rodas grandes realizam-se e contam com a presença dos membros do *sibling* Sokw'ät e dos principais benzedores afins. Os *comedores de coca* sentam-se entre cunhados, o que é fundamental, pois sendo membros de clãs diferentes e tendo vivido em outras aldeias, possuem habilidades diferenciais e complementares para curar as doenças e para reestabelecer as barreiras que cercam a todos. Sentados em seus bancos-de-leite e comendo a coca bem temperada, eles agem a partir de uma postura serena e livre do calor intenso. À luz das conversas da *fala poderosa*, refletem sobre os conflitos e doenças, dando início a uma série de ações terapêuticas e protetoras para atenuar os males causados e cercar a todos contra feitiços dos inimigos estrangeiros.

NA SERRA DA INICIAÇÃO

Numa festa de caxiri de 2012, Samuel sentou-se ao meu lado na roda de coca, longe da maloca, e começamos a conversar sobre a Serra da Iniciação (M17) (M18). Os senhores presentes disseram que os antigos se referiam a esse morro igualmente como *Huphisih-Paç*, a Serra da Menstruação. A alteração da toponímia devia-se à importância de esconder das mulheres e crianças o verdadeiro nome do local onde os ancestrais tocaram as flautas pela primeira vez. Segundo Samuel, os antigos valiam-se muito dessa *yäd įd*, "linguagem de ocultar", para que encantamentos e toponímias fossem inacessíveis às mulheres e aos brancos. Atualmente, é permitido revelar o verdadeiro sentido de palavras até então acessíveis apenas a iniciados, pois os *homens deixaram de ser caçadores*. Nesse sentido, a caça é um modo de relação específico entre Humanos e Animais que impõe a necessidade de ocultar dados sentidos. A *linguagem de ocultar* é utilizada ainda nas conversas dos xamãs sobre os *döh*, "feitiços", devido ao perigo inerente ao xamanismo de agressão.

Após a saída da Cobra-Canoa, os ancestrais caminharam pela mata e foram abrindo as primeiras trilhas até chegarem à Serra da Iniciação, ou da Menstruação. Durante o percurso, colheram todas as frutas que são hoje mencionadas nos encantamentos: *Siwịb*, "bacaba",[35] *Yạ̃h*, "uacu"[36] *Mịn*,[37] "ingá", *Pọ-min*, "ingá silvestre", *Buhụ*, "curura".[38] Como nas caminhadas em que os anciões mostravam frutas e plantas aos rapazes enquanto os guiavam pelos trajetos para familiarizá-los com elementos e potências importantes para as ações xamânicas, essa viagem dos antigos se constitui como um percurso de observação através do qual sentidos imanentes ao mundo iam se revelando para que, mais tarde, os ancestrais soubessem quais frutas poderiam ser oferecidas nos Dabucuris e quais substâncias deveriam ser utilizadas para a cura e proteção. Continuando, Samuel contou que:

> No alto do morro havia duas casas. Numa delas ficaram as mulheres com suas crianças. Essa casa foi toda cercada com pari para ocultar os instrumentos sagrados. A outra era uma casa grande, uns 100 metros ela tinha. Os homens tiraram as flautas e começaram a tocá-las. Foram caminhando até entrarem na maloca onde seus cunhados os esperavam. Dançaram. Mostraram as flautas pros cunhados que eram todos animais: *mẹt*, "cotia", *k'ạj*, "cutivaia", *tạh*, "anta", *pĩg*, "preguiça", *ẹç*, "uacari", *tọ̃h*, "porco", *tö̃hö̃t*, "caititu", *bịg*, "tamanduá". O *kịhsạ̈t*, "primeiro" ancestral, era *Döhö Pụb ĩh*, que é o *sohọ*, "caranguejo".[39]

Chegando ao topo do morro, os ancestrais depararam-se com duas casas, uma próxima à outra. A divisão em duas casas, uma cercada, destinada às mulheres e crianças e a outra, destinada aos homens que dançavam e exibiam suas flautas faz lembrar a Casa-do-Trovão. Junto com seus cunhados, as Onças, o Trovão toca as flautas enquanto as mures de sua morada se mantêm cercadas na Casa-da-Fermentação. Como foi discutido acima, os retiros dos anciões para a ingestão emética de água das nascentes e para as práticas oníricas antes das cerimônias de Dabucuri faziam das grutas moradas semelhantes à Casa-do-Trovão.[40] Nesse sentido, a divisão entre uma casa masculina aberta e outra feminina cercada (tapada) parece remeter a uma inter-

---

35. *Siwịb*: bacaba comum (palmeira da família das arecáceas, *Oenocarpus sp.*). Cf. Ramirez (2006).
36. *Yạ̃h*: uacu (árvore grande cujas sementes assadas ou cozidas são comestíveis, leguminosa da família das papilionoídeas, *Monopteryx uacu*). Cf. Ramirez (2006).
37. *Mịn*: ingá (nome dado a várias espécies de plantas, silvestres ou cultivadas, leguminosas da família das mimosoídeas, *Inga spp.*). Cf. Ramirez (2006).
38. *Buhụh* ou *Buhụ*: mapati, cucura (planta de fruta comestível, família das cecropiáceas, *Pourouma cecropiaefolia*). Cf. Ramirez (2006).
39. Caderno de campo, fevereiro de 2012.
40. A analogia entre a maloca durante os eventos rituais e a Casa do Trovão é descrita também por Hugh-Jones para os povos tukano (1993, p. 112).

dição generalizada do manejo e visão das flautas pelas mulheres para todos os seres, Humanos, Espíritos e Animais.[41] Como bem ressalta Piedade, a interdição visual segue paralela à permissão da audição, já que mulheres e crianças escutam continuamente a melodia das flautas. Nas palavras do pesquisador:

> Como se sabe, a simbologia que envolve os ritos Jurupari (e portanto também sua musicalidade) está vinculada a um idioma da masculinidade, que perpassa rito e música, e envolve também os *miriá-põ'ra*, formando um complexo cultural interdito às mulheres. Quero sugerir que esta proibição parece ser principalmente visual: reclusas fora da maloca, elas podem ouvir o som do Jurupari. É significativo que os sons musicais Jurupari sejam assim um código de acesso permitido a elas, uma via aberta que as leva a este complexo simbólico. Os homens sabem disso, e portanto pode-se levantar a hipótese de que proibição visual e permissão sonora façam parte das regras de comunicabilidade entre masculinidade e feminilidade, e não da dominação masculina que caracteriza a visão do antagonismo sexual no ARN.[42]

Em Tạt-Dëh, a separação entre a dança dos homens na maloca e o sono das mulheres e crianças nas casas mostra-se uma atualização dessa divisão necessária em termos da constituição de um espaço masculino coletivo e de múltiplos espaços femininos singulares. A proibição visual é também o impedimento da presença feminina no espaço da *performance*, ao mesmo tempo em que a audição generalizada cria um campo relacional entre os homens presentes e as mulheres ausentes. Já a linguagem oculta, que altera a toponímia da Serra da Iniciação para Serra da Menstruação, impede a percepção dessa serra como local da execução da dança pela primeira vez, mas revela a analogia entre a transformação do rapaz e a menarca feminina.

Um dos indícios da necessidade de participação de um rapaz na cerimônia das flautas para ser *iniciado* vem a ser os sonhos em que ele copula com mulheres. Quando desperta de seu sono, o rapaz encontra-se molhado com a própria ejaculação, algo que traz perigo para toda a família, já que o odor do esperma ofende as Gentes-Cobra. A menarca vem acompanhada igualmente dos sonhos eróticos das meninas, que precisam ser logo benzidas com o *buy k'ẹt bi'ịd*, "benzimento da folha buy-ket", para estarem protegidas. Como visto acima, o odor do sangue menstrual é percebido como veneno de timbó pelos

---

41. Uma relação semelhante entre interdição visual e permissão auditiva para as mulheres parece ocorrer na cerimônia do *Aije*, quando o zunidor é usado no ritual de iniciação dos Bororo (Caiuby Novaes, 1994).
42. Piedade, 1997, p. 116.

Homens-Cobra. Furiosos, eles atacam a família da moça. Descritas como *hikad ni*, "transformações" ou "trocas", a menarca e a primeira ejaculação aproximam os mais novos dos mais velhos. As ações xamânicas e os rituais fabricam paris para envolver os neófitos, alteram seus odores corporais e endurecem a pele e ossos ainda moles. A atividade sexual dos jovens é importante nesse período para que deixem de ter esses perigosos sonhos. Contam os senhores que, antigamente, as moças ficavam reclusas em partes da casa isoladas com pari durante a menarca, havendo também um período de afastamento dos rapazes do convívio social durante a iniciação. Ao mesmo tempo em que a denominação da Serra da Iniciação como Serra da Menstruação oculta os fatos que lá ocorreram, aproxima o sentido da iniciação masculina como uma menstruação ou uma menarca, algo próximo ao descrito por Hugh-Jones para os Barasana.

Como me explicaram os senhores Hup, essas interdições visuais e linguísticas fazem-se necessárias para que as mulheres não se apossem novamente das flautas, o que levaria todas à morte e sofrimento (M17). Tomando as palavras de Lima (2005, p. 311), "incorporando a feminilidade, os homens se tornam suscetíveis à experiência da alteridade, enquanto as mulheres, arrastadas neste processo, parece que são banidas para fora da humanidade". Se a interdição da visão das flautas é também a interação num campo sonoro, como constata Piedade, acredito que a *linguagem oculta* que esconde a referência ao local de iniciação e mostra o espaço da *menstruação masculina* explicite para as mulheres sentidos importantes para sua proteção e afastamento durante a *performance*.

Interagindo com os Animais como neófitos, os ancestrais são por eles iniciados e transformam-se em guerreiros-caçadores. Esses se abrem pelo sopro das flautas a uma comunicação e continuidade com os ancestrais. A menstruação feminina é também a abertura de um corpo tapado (M16) que cria um campo de comunicação olfativa com as Gentes-Cobra. A percepção do sangue (uma afecção feminina) como timbó por esses seres situa as mulheres na posição de predadoras de modo semelhante à posição de caçadores-guerreiros dos homens. O que a *linguagem oculta* revela às mulheres é que a Serra da Menstruação é o local primordial de transformação dos homens em guerreiros e que, banidas desse espaço, elas se situam na posição de predadoras apenas para num momento seguinte serem presas fáceis das Gentes-Cobra caso não sejam protegidas, cercadas com a fumaça da folha *buy k'et*, pelos homens. Deixam, assim, de almejar à sua condição de caçadoras e de mulheres tapadas que detinham o domínio das flautas (M17).[43]

A GRANDE MALOCA

Na noite, a vigília masculina e o sono feminino, a *performance* masculina na maloca e o sono individual das mulheres em suas casas possibilitam a separação necessária entre homens e mulheres para a execução das flautas. Como mostra Hugh-Jones,[44] ao analisar as cerimônias de Jurupari entre os Barasana,

> Na Casa He, categorias que são normalmente mantidas separadas são fundidas e confundidas: a casa torna-se o universo, o passado e o presente fundem-se a tal ponto que os mortos vivem e os vivos morrem, o tempo presente torna-se o tempo mítico, um tempo quando os seres humanos, animais, e ancestrais eram ainda indiferenciados.

No alto da Serra da Iniciação, a reciprocidade se estabelece entre os ancestrais Hup e seus cunhados, afins animais. A casa grande, onde os ancestrais receberam as flautas assemelha-se à maloca de Tạt-Dëh, para onde se dirigiram os instrumentos sagrados, criando também essa indiferenciação entre Humanos, Espíritos e Animais. Äg-Mọy, Casa-de-Beber, é como os Hupd'äh se referem à maloca que, no português regional, é também chamada de *clube* ou *centro comunitário*. As palhas de caraná agrupam-se para formar o telhado sustentado pelos caibros e pelos troncos grossos que constituem as colunas de sustentação. O piso é feito com o barro argiloso extraído das margens dos igarapés próximos. A estrutura delineia uma arquitetura hexagonal com duas aberturas laterais. Tábuas de madeira apoiadas sobre tocos constituem os bancos que formam dois anéis periféricos. O espaço central livre é onde se realizam as danças nos dias de festa. Se, enquanto as flautas Jurupari são tocadas, a maloca é um espaço exclusivamente masculino, nas festas de caxiri, a casa divide-se ao meio, sentando os homens de um lado e as mulheres do outro. Senhoras e moças circulam com as panelas de caxiri oferecendo cuias a todos. No centro, casais formam-se, e as danças não param até o cair da noite.

---

43. Seguindo Lévi-Strauss (2004b, p. 391) a realização da dança do Jurupari durante a madrugada faz com que a noite seja a condição para a disjunção entre os sexos e o dia para a conjunção. A meu ver, a conduta linguística da *linguagem de ocultar* e não linguística da proibição visual colocam-se igualmente como condições para a disjunção de gênero.
44. 1979, p. 248.

Comparada às malocas de outras aldeias, a Äg-Moy de Tạt-Dëh pode ser vista como uma das maiores e talvez a única construída a partir dos princípios de arquitetura desana. A construção foi orientada por um professor desano que assumiu turmas de ensino fundamental e passou a morar na comunidade com sua família. Já as malocas das aldeias do Cabari, Japú e Papuri, que visitei, têm dimensões mais modestas. Suas estruturas se assemelham às das casas de moradia hup. É comum também que, em muitas comunidades, a casa do dono, geralmente maior que as demais, se constitua como espaço para a realização de festas de caxiri e Dabucuris.

Seis ou quatro troncos firmes (acariquara)[45] são fincados no chão para constituir as fundações das casas. A essas colunas são amarradas as ripas e os caibros[46] que darão sustentação à cobertura de palhas de caranã que reveste o telhado. Em Tạt-Dëh, a maior parte das casas possuem paredes laterais feitas com casca de embaúba ou de embira, que criam a divisão entre um espaço interno e externo. O piso é feito a partir do barro argiloso retirado da beira dos igarapés. As casas fechadas possuem uma ou duas portas que se abrem para dentro, feitas com varas e palhas de caranã. Jiraus feitos com varas de paxiúba são instalados logo abaixo do telhado para guardar caniços de pesca, arco e flechas, roupas, panelas, bacias, livros, entre outros pertences dos moradores da casa.

Samuel descreve a maloca do alto da Serra da Iniciação como uma imensa casa com 100 metros de área. Como em Tạt-Dëh, os ancestrais retiraram seus instrumentos do local onde eram escondidos e caminharam para a palhoça onde seus cunhados os esperavam. A imensa maloca constitui o cenário hiperbólico para o encontro entre os habitantes da região, donos animais, e aqueles que vinham de outras terras, do Lago-de-leite. Os forasteiros exibem suas flautas e dançam para seus cunhados, criando um laço forte de reciprocidade. À luz da cerimônia de Dabucuri descrita, é possível dizer que, ao longo da caminhada até a Serra da Iniciação, os ancestrais assumem o lugar dos neófitos ao recolher e conhecer as frutas, potências passíveis de gerar importantes relações de reciprocidade. Pensando com Hugh-Jones, ancestrais Hup constituem-se como *os de outras terras* e os animais como os *donos da terra*, mas formam uma casa singular erigida por

---

45. w'ịh,Acariquara (*geissospermum sericeum*). Cf. Ramirez (2006).
46. Usa-se varas de paxiuba, mas também de *tom tëg*, "macucu" (*chrysobalaneaceae*), *b'äw tëg*, "escorrega macaco" (*peltogyne paniculata*).

aqueles que dançam e conversam dentro dela para criar as bases de um modo simétrico e complementar de relação entre grupos afins.

Na maloca, ao tocar e exibir as flautas longe das mulheres, os ancestrais Hup assemelham-se aos cunhados do *sibling* Sokw'ät, "gente de outra terra", que oferece frutos, respeita as interdições, conversa pela *linguagem de ocultar* e cria as condições para que os descendentes sejam iniciados e se casem. Enquanto, na caça, o chamado sedutor explicita o papel masculino do caçador e feminino da presa, trazendo os frutos, os ancestrais Hup ocupam uma posição masculina, enquanto os Animais assumem posições femininas. A dança das flautas no alto da serra parece apresentar os ancestrais como humanos plenos, possuidores de objetos que são potências primordiais necessárias à habitação e regeneração da vida nessas novas paragens. Dando as flautas e constituindo um contexto próprio para que os ancestrais Hup dancem, os Animais apreendem os Hupd'äh como humanos e revelam-se dotados de perspectivas que contêm outras perspectivas.

Se em Tạt-Dëh é necessário que as *gentes de outra terra* peçam autorização aos donos e tornem-se cunhados, o Dabucuri da Serra da Menstruação não deixa de ser uma demonstração das habilidades dos peregrinos para que possam, ao descer da serra e caminhar com suas flautas, dispersar-se e constituir seus próprios domínios (M17) (M18). Tomando as palavras de Lima, a dádiva das flautas na Serra da Iniciação explicita que *para os animais, a nossa alteridade relativa com eles é humana, isto é, política.*[47]

ASSENTOS MARCADOS

Além da relação de afinidade entre Humanos e Animais, a assimetria revela os Animais como os *senhores da terra*, os primeiros a chegar e a estabelecer os modos de ação que dão forma às interações durante os Dabucuris. Entretanto, os recém-chegados tiveram ainda que se sentar em roda e beber o *caarpi* oferecido pelo Tamanduá para revelar suas habilidades xamânicas. Seguindo nossa conversa, Samuel contou a seguinte narrativa:

MITO 18 (M18): O *CAARPI* DO TAMANDUÁ

---

47. 2005, p. 215.

O Tamanduá é o dono do *caarpi*. *Bɨg wẹd nọ'ọp, kapɨ̣', hṵt*. Ele deu comida a todos os animais, *caarpi*, tabaco. Primeiro, deu para a Arara, para o Papagaio e para o Periquito. Eles beberam e comeram a língua (parte da). Não sabiam beber *caarpi*. É por isso que falam hoje em dia.

A merda do tamanduá fede muito porque ele é o dono do *caarpi*. Disse que todos tinham bebido *caarpi*. Daí, o *Yawạç*, Macaco-Prego, escondeu o rabo dele no banco e falou para os outros comerem o rabo. Disse que ele já tinha comido. A Cotia, a Paca, a Cutivaia, a Anta, a Preguiça também. O Uacari, o Porco, o Caititu, todos comeram o próprio rabo. Só o macaco não comeu. Ele tinha escondido o dele. Tava enganando. Aí, o cunhado perguntou onde estava o rabo deles. E eles já tinham comido. Ficaram sem rabo.

Isso tudo aconteceu lá na Serra da Menstruação. Depois que tocaram, os ancestrais Hup sentaram nos bancos. Havia três tipos de banco: os *pud-dẹ̈h käd*, "bancos de leite", os *sãy käd*, "bancos sãy", e os *wahnạw käd*, "bancos de abiu". Estavam usando cocar de penas de mutum, arara e papagaio. Na cintura tinham pussangas: *yọ k'ẹt* e *họ̈ pë' k'ẹt*. Tavam bebendo as cuias de *caarpi* oferecidas pelo Tamanduá. Eles ficavam alegres e cantavam *kapiwaia*.[48]

Entre um gole e outro de caxiri oferecido pelas mulheres, Samuel contou-me M18 para explicitar o poder do Tamanduá como aquele que dá o *caarpi* aos Animais e aos Humanos. Dentro de sua grande maloca, os Animais realizavam rodas de *caarpi*. A bebida era oferecida aos demais por esse mamífero que é um poderoso xamã. O oferecimento de *caarpi* diferencia os Animais entre aqueles que sabem e aqueles que não sabem beber, ou seja, de acordo com suas habilidades. Aqueles que sabem beber permanecem com seus corpos originais, mas aqueles que enlouquecem intervêm sobre suas matérias corporais, automutilam-se e veem-se, ao final da roda, desprovidos de suas longas línguas ou de seus longos rabos. Como o pretendente a receber o cigarro do possível sogro (M18), os forasteiros procuram demonstrar, através de seus pertences, posturas e disposição para beber *caarpi*, sua aptidão para a prática do xamanismo e para a aliança.

Aves como a Arara, o Papagaio e o Periquito comem partes de suas línguas e, por isso, adquirem a capacidade de fala. É interessante reparar que são justamente penas de papagaio e de arara que compõem os cocares dos ancestrais (M18) e dos bebês no útero, estabelecendo uma relação metonímica com essas *aves que falam*. Como nas rodas de coca, nos círculos de *caarpi* as conversas entre os presentes e

---

48. Caderno de campo, 27 de março de 2012). Uma versão desana dessa narrativa mítica é analisada por Buchillet (1983) em sua tese de doutorado.

entre esses e seus interlocutores cósmicos fazem da fala e da escuta importantes meios sensoriais para a aquisição de saberes. Diferente das aves, o Macaco-Prego pode ser visto como um *bom bebedor* já que não se mutila. Mas sua extrema destreza xamânica faz dele um enganador capaz de dissimular a autopredação para que os outros, embriagados, devorem seus próprios rabos.

Sua ação o mantém como um animal do alto da floresta, diferente dos animais de solo que, sem saber beber, se veem desprovidos de rabo e da possibilidade de ocupar os níveis superiores da mata. Segundo Reid, os Hupd'äh classificam a floresta verticalmente dividindo-a em três níveis: o "chão", *sụm*, o "meio", *hak ten*, e o "topo", *k'et d'öh*. Como visto em B7, essa separação tem importância tanto para a caça, quanto para as práticas xamânicas, pois permite identificar os animais de acordo com o nível habitado e com suas armas. Sentado num banco, o macaco oculta seu rabo e, pela fala, mostra-se capaz de agir agressivamente contra seus companheiros. O banco oculta algo que será perdido pelos maus bebedores de *caarpi*, assim como a casa cercada oculta as flautas Jurupari que seriam perdidas pelas mulheres, dada sua incapacidade de tocá-las (M17).

Durante a cerimônia do Jurupari, o flautim surge como uma figura ao mesmo tempo cômica e agressiva. Neto dos grandes Jurupari, ele *brinca* com os rapazes agredindo-os com o ramo de ingá. *Rato* é o nome desse instrumento-criança, remetendo-o a um espaço baixo da floresta, a um nível inferior extremo, se comparado ao nível ocupado pelo Macaco-Prego. Como o macaco, sua ação intervém na matéria corporal dos neófitos, endurecendo suas peles e transformando-os em guerreiros. É a partir de seus movimentos que a sequência oscila entre os momentos descontraídos do caxiri, quando as flautas repousam no chão, e a dança solene. Seus açoites criam a diferença entre os rapazes perseguidos e os adultos oficiantes que gargalham à custa das reações dos novatos. Como o flautim, o divertimento do Macaco-Prego explicita a divisão entre *os que sabem* e *os que não sabem* beber *caarpi*, ou seja, revela a diversidade de competências xamânicas a partir da corporalidade dos presentes. Torna manifesto, igualmente, o enlouquecimento, já que os *maus bebedores* atentam contra si mesmos.[49]

---

[49]. No caso, entretanto, os pássaros parecem aproximar-se mais da posição do macaco-prego (bom bebedor), que daquela dos animais que comeram o próprio rabo (maus bebedores), pois apesar de atentarem contra si, adquirem o domínio da fala.

Seguindo com essa aproximação, as falas do Tamanduá: *todos já beberam* e *onde está o rabo?* marcam transições na roda entre um momento de comunhão e igualdade de oferecimento a todos, e outro em que se ressalta a desigualdade de poderes xamânicos. Antes da saída, as flautas fazem *hihihi*, sinal para que os neófitos deixem a maloca. Já os primeiros sopros e a melodia da entrada na maloca marcam movimentos que evocam a presença de todos. De forma semelhante, ao sentarem-se para beber o *caarpi* do Tamanduá, os ancestrais Hup recebem o oferecimento de modo equânime, mas diferenciam-se de acordo com os bancos que ocupam.

A narrativa M18 delineia os traços de uma forma de interação articulada à cerimônia de Jurupari, que se assemelha muito às rodas de coca noturnas. O oferecimento é realizado por um dono que, como o dono da coca, concentra a substância para oferecê-la a seus agnatos Animais e a seus afins Humanos Hup. Como nos encontros noturnos, os participantes permanecem sentados em bancos e conversam sob o efeito do alucinógeno. Contam os senhores Hup que antes de morar em Tạt-Dëh, sempre que se realizava um Dabucuri, os mais velhos formavam rodas para fumar os grandes cigarros cerimoniais, comer coca e beber *caarpi*. Depois de algumas cuias, os participantes animavam-se e começavam a cantar os *kapiwaia*, os "cantos do *caarpi*". Adornavam-se, seguravam seus *sọh*, "bastões", e começavam a dançar na maloca. Os passos da dança, o som dos bastões ocos chacoalhando as sementes, as visões de cores, formas e seres criavam campos de percepção e ação através dos quais os participantes viajavam pelo cosmos, interagiam com ancestrais e ouviam encantamentos. Hoje, afastados da maloca em suas rodas nos dias de festa de caxiri, vez ou outra um dos presentes cantarola um *kapiwaia* e é seguido por outros que, no entanto, não arriscam passos de dança.

As danças de *kapiwaia* são lembradas em muitas das conversas dos senhores nos encontros noturnos. Era geralmente em meio a Dabucuris de iniciação dos rapazes, quando as flautas Jurupari eram tocadas, que se formavam as rodas para o consumo conjunto do *caarpi* e da coca. Percebendo a nostalgia desses tempos em que os senhores bebiam *caarpi* e dançavam, perguntei muitas vezes o porquê da não realização do *kapiwaia* nos dias de hoje. Meus interlocutores respondiam: *kapi' yụm nịh, tohọy ay*, "não se planta mais caapi, acabou-se". O cultivo do *caarpi* era uma prática generalizada entre os senhores Hup, mas atualmente apenas os pajés mantêm plantações para o consumo próprio ou para realizar encontros de iniciação xamânica.

Recebendo aqueles que pretendem beber o líquido em sua casa, geralmente afastada da aldeia, o pajé prepara três tipos de *caarpi*: *ạ̈g kapį'*, *bi'įd kapi'* e *yạm kapį'*, respectivamente "*caarpi* de beber", "*caarpi* de benzer" e "*caarpi* de cantar". Ele sopra os potes de *caarpi* para que a substância fique mais forte, da mesma forma como o dono do caxiri benze a bebida antes de oferecê-la aos dançarinos no Dabucuri. Seus visitantes, já abstêmios de relações sexuais há algum tempo, permanecem dias deitados na rede alimentando-se apenas com mingau e beiju. Nesse período, todos bebem das cuias de *caarpi* oferecidas pelo anfitrião. Fumam e comem coca em grande quantidade. Dançam e cantam *kapiwaia*. Buscam, dessa forma, viajar para interagir com seres diversos e encontrar seus antepassados. A partir desses deslocamentos, os viajantes conhecem percursos e moradas, adquirem habilidades xamânicas e ouvem encantamentos e mitos de seus interlocutores.

Ponciano, que participou de uma roda quando era jovem, contou-me que ao beber *caarpi* soube que seria um "xamã-do-banco", *kạ̈d hup ı̃h*, porque seus ouvidos não permaneceram silenciosos durante o evento.[50] Ouvia continuamente um "chiado", *huhụy*. Esse barulho é visto com uma sujeira que impede a concentração plena para ouvir e aprender com os ancestrais e demais seres com quem o xamã interage durante seus deslocamentos oníricos. Um som auricular mais intenso será ouvido pelos *bi'įd hup ı̃h*, "xamãs-sopradores", que serão capazes de realizar apenas certos tipos de encantamentos, além de correr sérios risco de enlouquecimento caso consumam tipos fortes de *caarpi* como o *sẽhẽk kapį'*, "*caarpi* paricá", e o *hạ̈wäg sụ' kapį'*, "*caarpi* de pegar o sopro vital", de consumo exclusivo dos pajés. Esses benzedores têm no *ạ̈g caapi*, na coca e no tabaco substâncias cujo consumo os permite sonhar, proteger e curar. Entretanto, não é necessário que um senhor participe de uma cerimônia de *caarpi* para tornar-se um xamã-soprador. A participação nas rodas de coca, o encontro com ancestrais em sonho, como no caso de Mandu (s1), e

---

50. Numa festa de caxiri, em comemoração por nosso retorno da viagem às serras, o pajé Armando perguntou se eu gostaria de provar o *caarpi*. Como manifestei interesse, ele me convidou para visitá-lo em sua morada. Semanas depois, viajei com Samuel para a morada do pajé. Quando perguntei a ele se podia experimentar a bebida, ele disse que não me ofereceria mais o *caarpi*, pois, conversando com parentes de *Tõh Hayam*, ouviu que um antigo antropólogo enlouquecera ao tomar *caarpi*. Segundo o pajé, embora pesquisadores bebam *caarpi* com os Tuyuca ou Tukano, a força do *caarpi* hup torna desaconselhável seu consumo por um branco.

a prática de encantamentos vão, pouco a pouco, fazendo com que a pessoa se torne um xamã-soprador.[51]

Como mencionado, a *b'otǫk wäg*, "semente do ouvido", localiza-se dentro da Casa-da-Audição (orelha) e desenvolve-se principalmente através das palavras que a fazem crescer à medida que a pessoa adquire habilidades e saberes pelo aprendizado com pais e avós, pela interação nas rodas de coca, pelas conversas oníricas e pelas viagens. Órgão associado ao pensamento, a semente do ouvido está envolta por um algodão branco semelhante ao que era encontrado pelos antigos no interior de formigueiros e usado para acender fogo pela fricção de pedras. Trovões, alimentos defumados e assados como carnes e peixes, barulhos, entre outros fatores, sujam esse algodão e impedem que ao comer coca ou beber *caarpi* a pessoa cresça com as conversas e interações. Assim, os cuidados com a alimentação do filho ajudam a manter a Casa-da-Audição o mais limpa possível e contribuem para o desenvolvimento xamânico bem como a narração de versões de mitos e encantamentos simplificadas e a participação da criança em caminhadas, como a feita por Ponciano com seu pai à Serra da Iniciação (M17). Essas ações preparam a pessoa para que possa, mais tarde, ao participar da roda de *caarpi*, ao beber a água das nascentes ou ao ingerir a água do lago no topo da Serra Grande, manter-se em silêncio para ouvir da forma mais apurada possível os ensinamentos dos ancestrais.

Dessa maneira, nas rodas de *caarpi*, serão considerados *säw*, "pajés", somente aqueles que, ao beber, se encontrem em completo silêncio, sejam habilidosos para viajar pelo cosmos, tenham marcantes experiências visionárias e aprendam com os diversos interlocutores. A forma como um pajé retira a doença do corpo da pessoa é levada em conta para diferenciar os *säw*. Aspergir água é uma ação realizada apenas por alguns pajés que fazem com que o agente patogênico deixe o corpo escorrendo com o líquido para o chão. Já os pajés que chupam extraem a afecção maléfica pela sucção, retirando do corpo espinhos, pelos, dentes, afecções de seres que tenham investido contra o doente. Com o tempo, as viagens xamânicas tornam os pajés cada vez mais respeitados tanto pelas curas e proteções que

---

51. De um modo parecido, analisando a relação entre gritos e sujeira, Lévi-Strauss (2004, p. 360) aponta que ambos os termos surgem como mutuamente conversíveis dependendo da escolha do mito entre um código acústico, alimentar ou sexual. As restrições sexuais, alimentares e sonoras nas práticas xamânicas hup parecem explicitar também a conversibilidade mútua entre os termos barulho e sujeira.

são capazes de executar, quanto pelos feitiços e mortes que causam. A maestria no uso das variadas roupas cósmicas, na realização de procedimentos de cura e proteção e na capacidade para agredir e matar podem fazer do pajé um *sakạkạ*, um xamã extremamente poderoso e temido que concentra em si uma grande variedade de técnicas, saberes e recursos.[52] Como ressalta Hugh-Jones,

> Um segundo tipo de distinção, envolvendo graus relativos de saber e poder, pode ser usado para ranquear os xamãs em uma hierarquia formal ou informal. Nesses casos, o aumento de poder geralmente caminha lado a lado com o aumento de ambivalência — poderosos xamãs poderão ser melhores na cura e também potencialmente mais perigosos que seus semelhantes menos poderosos.[53]

Se a sensibilidade auricular é um fator crucial para a diferenciação entre os praticantes do xamanismo, a roda de consumo de *caarpi*, coordenada pelo Tamanduá, diferencia os ancestrais Hup de acordo com os bancos que ocupam. Os *sãy kạd* são os bancos de poder dos xamãs-do-banco, enquanto os xamãs-sopradores têm na madeira de abiu e, portanto, no *wahnạw kạd*, "banco de abiu", uma substância fundamental para curas e ações protetoras. Já os *pud-dëh kạd*, "bancos de leite", constituem-se como assentos comuns a todos os xamãs. De um modo interessante, as categorias de praticantes do xamanismo hup e a relação diacrítica estabelecida através dos bancos, índices das habilidades de cada xamã, parecem assemelhar-se ao modo como os Tukano atribuem aos bancos e à postura sentada modos de ação marcados pela assimetria, pela meditação calma que permite as viagens e a aquisição de saberes.

Como visto, nos encontros noturnos os anciões sentam-se entre afins e dividem-se entre *donos* e *apanhadores*. As ações de preparo e oferecimento diferenciam os presentes entre os *donos da coca*, que são também os *donos da terra*. Já os *apanhadores* são sempre *gentes de outras terras*, afins que raramente possuem plantações de coca. Muitas vezes, na falta de bancos, os apanhadores sentam-se no chão,

---

52. Nos trabalhos de Hugh-Jones (1996) e João Paulo Lima Barreto (2013) há referências aos pajés *sakaka* tukano como sendo xamãs cujas habilidades advêm de suas roupas de cobra e da interação com seres dos rios e igarapés. Para os Hupd'äh de Vila Fátima, segundo Bruno Marques (comunicação pessoal), os pajés *sakaka* são também aqueles cujas habilidades estão ligadas a roupas de cobra e às interações com os seres das Casas-do-Rio. Já no trabalho de Lolli (Lolli, 2010, p. 70), *sakaka* refere-se à resina de uma árvore usada por caçadores para obterem mais presas.
53. 1996, p. 36.

mas os donos sempre terão seus assentos, ainda que estes sejam muito simples, como tocos de árvore ou tábuas de madeira. De modo sutil, os assentos demarcam as posições hierárquicas na roda.

Entretanto, os anciões diferenciam-se também de acordo com suas habilidades, muitas vezes reveladas através das rodas de *caarpi*. Nos encontros noturnos, ao realizarem encantamentos, os bancos sobre os quais se sentam os senhores Hup, artefatos corporais e assentos externos, surgem igualmente como bancos de leite, bancos de abiu e bancos *sãy*. Partilhando a coca e sentando-se cada qual em seu banco, os xamãs percebem-se a partir da complementaridade e hierarquia de seus poderes e habilidades múltiplas. Dessa forma, *apanhadores* podem ser grandes xamãs, como é o caso de Miguel, o que cria linhas transversais às hierarquias estabelecidas com base no clã e na origem. Não é por acaso que, ao contar uma narrativa mítica, o dono sempre interpela um "cunhado", *yọh*, para confirmar e complementar suas palavras. Movimentos e ações de determinados encantamentos, bem como curas e proteções podem igualmente ser feitas de modo complementar, com o beneficiário recebendo cigarros e/ou cuias com líquidos de xamãs afins.

Se as vozes e os rabos diferenciam os animais e suas capacidades por meio de suas corporalidades, as roupas cósmicas, os ruídos e os bancos xamânicos são igualmente índices diacríticos dos poderes dos senhores Hup. Retomando desenvolvimentos do capítulo *Lagos-de-leite*, é possível ver a importância que os xamãs Hup têm para a regeneração da vida dos animai e para a realização de seus constantes Dabucuri. Viajando para a Casa-dos-Animais, os pajés oferecem tabaco e Espíritos humanos em troca de presas. Batendo na pedra acústica, os xamãs-do-banco causavam o estrondo que libertava as presas para a mata. Já o benzimento dos alimentos realizado por xamãs-sopradores e xamãs-do-banco destina os espíritos dos animais para suas casas primordiais, possibilitando que seus donos lhes restituam a vida, regenerando-os. Segundo Århem, entre Animais e Humanos haveria um pacto de reciprocidade cujo desrespeito leva ao ataque predatório que causa doenças aos humanos.

Desse modo, se a relação entre Humanos e Animais se constitui por meio do laço de afinidade e pelos Dabucuris, a atuação dos diferentes tipos de xamã Hup possibilita tanto a predação da caça quanto a regeneração da vida. Enquanto a afinidade clânica é fundamental para que, através dos casamentos, novos descendentes sejam gerados, a afinidade entre Humanos Hup e Animais permite que a caça seja como um casamento que estabelece as condições para o convívio. No alto da Serra da Iniciação, o oferecimento de *caarpi* pelo Tamanduá diferencia os bebedores a partir de suas habilidades xamânicas, corporalidades e pertences. As ações complementares dos xamãs Hup tornam-se chave para que a afinidade dos Humanos e Animais recrie a vida e possibilite as interações, danças e cópulas dos Dabucuris. Já as flautas Jurupari marcam as diferenças entre os *donos da terra* e as *gentes de outra terra*, dividem os participantes entre neófitos e homens plenos e suscitam uma forma de interação que, ao celebrar os laços de afinidade, fabrica o corpo dos rapazes, produz as condições para boas alianças entre cunhados e engendra um campo de percepção e ação através do qual ancestrais e descendentes interagem a partir da continuidade entre seus corpos e substâncias. A *linguagem de ocultar* num tempo de caçadores refere-se à necessidade de honrar tal pacto de reciprocidade celebrado entre Homens e Animais, do qual as mulheres foram excluídas. Não ver as flautas poderosas que possuem nomes de animais talvez corresponda paralelamente à não realização de caças pelas mulheres, formas de afastá-las da interação com as presas e com as potências dos animais.

CAMINHOS DE EMARANHAR

O *caarpi* e as flautas revelam-se modos de mover-se e interagir com antepassados no fluxo de uma energia de contínuo que faz crescer xamãs e neófitos a partir de sons, palavras e visões. Nesse sentido, minha compreensão afasta-se daquela de Reid (1979), que vê na dança das flautas e no consumo de *caarpi*, durante a cerimônia, modos de *elevação da alma* e de alternância entre vivos e mortos.

A análise do autor baseia-se na analogia entre cipós que se estendem de um plano cósmico a outro, conectando-os, e a ingestão do *caarpi*, bebida preparada a partir de um cipó que, segundo o antropólogo, permitiria a ascensão da alma à zona superior do cosmos onde se encontra a morada dos ancestrais.[54] Entendo que, durante a cerimônia das flautas, a dança e a ingestão de *caarpi* fazem ancestrais e descendentes coabitarem a maloca-universo que se torna a paisagem

---

54. Ainda que tenha ouvido sobre cipós que ligam os planos-casa cósmicos da mesma forma como os cipós conectam os níveis da floresta, não compartilho, a partir de meus dados, do princípio triádico, espécie de tríade estrutural que faz Reid (1979) ver analogias entre os modos de classificação do espaço florestal, do cosmos, dos mitos e dos encantamentos.

da criação, assim como o corpo passa a abrigar o Lago-de-leite e as Casas Ancestrais no nascimento e na agência xamânica. Certamente o *caarpi*, o caxiri e as flautas são elementos plenos de energia quente, uma potência de crescimento e movimento, bem como de agressividade e força. Entretanto, creio mais na energia de contínuo que atravessa ancestrais e descendentes por meio dos gestos de dança, da coca, do sopro e do *caarpi*, do que na *elevação das almas* e na alternância entre vivos e mortos.

Do modo como compreendi, o *caarpi* permite sonhar de um modo específico, assim como o permitem o consumo noturno da coca e a ingestão de água nas nascentes. Sob efeito dessas substâncias e a partir de posturas corporais específicas (deitado na rede ou sentado no banco), os xamãs deslocam-se como pessoa-sopro, fazendo surgir em si a paisagem da criação ao mesmo tempo em que viajam para as moradas de outros seres. A habilidade do ato de mover-se por sonhos e encantamentos faz crescer os xamãs, assim como o toque das flautas faz os jovens crescerem nos saberes e fortalecerem-se corporalmente. Pensando com Lima, posturas, gestos e substâncias tornam a pessoa suscetível à perspectiva de Outrem, permitindo que seja capaz de gerar um outro para si e dentro de si.

Surpreendido em minha segunda estada em campo pela melodia soturna das flautas Jurupari, foi apenas após a partilha contínua da coca e dos passos com meus interlocutores que comecei a entender melhor como a interação dos rapazes com os velhos e ancestrais-Jurupari faz com que *cresçam nos saberes* através de suas próprias ações e percepções na partilha de experiências com seus preceptores e artefatos-pessoa. Trazidas para as aldeias e para as malocas no curso de viagens, as flautas possuem longas histórias de interação com os antepassados que, após a descida da Serra da Iniciação, separaram-se para estabelecer suas terras e suas moradas. Tocando as flautas, os rapazes aprendem a ligar eventos e experiências próprias àquelas dos predecessores para retraçar percursos.

No encontro da caça, predador e presa percebem-se a partir de sua história comum à luz das danças de Jurupari e das rodas de *caarpi* realizadas no topo da Serra da Iniciação. Soprando as flautas, os rapazes conhecem os ancestrais partilhando sua companhia, assumem posições num campo relacional que lhes permite partilhar experiências. Nas rodas de coca, apanhadores e donos partilham igualmente esse companheirismo que garante a agência xamânica complementar a partir das habilidades singulares reveladas também pelas rodas de *caarpi* e pelas águas das serras.

Sentados nas rodas, seguindo pelos caminhos ou dançando com as flautas, as pessoas são seus movimentos, *crescem em saberes* à medida que sopram, narram e se deslocam pelo mundo. Nos movimentos conjuntos, a vida faz-se um contínuo nascimento.

Explicitam-se, assim, as relações entre esses diversos modos de ação, formas de interação ritual que se constituem como campos de percepção e ação entrelaçados por caminhos percorridos pelos viajantes Hup em contínuo processo de formação e transformação de si ao longo do mundo. Os encontros noturnos e a cerimônia de Jurupari são o destino comum a que todos chegam apenas para trilhar novos caminhos que os façam sentar outras vezes em rodas e dançar novamente com as flautas em torno da paisagem em perpétua criação.

Viagens a São Gabriel

> Toda vez que eu dou um passo
> O mundo sai do lugar
> E o mundo por ser redondo
> Tem por destino embolar
>
> SIBA

O DESLIZAR DAS CANOAS

No porto, a canoa grande de Américo nos esperava. O capitão, que fora meu anfitrião durante a última estada em campo, navegaria comigo rio abaixo até a comunidade tukano do Cunuri para que eu conseguisse transportar minhas bagagens pelo igarapé seco e encontrasse Marcelino, barqueiro e amigo desana, que me levaria de volta a São Gabriel. Samuel animara-se a viajar comigo à cidade para tentar expedir seus documentos e dar entrada no pedido do bolsa-família. Sentados lado a lado, rumaríamos pelos rios grandes até esse estranho centro urbano que em nada se assemelha à aldeia ou aos caminhos na mata. Logo cedo, visitei algumas casas para dizer *bay'ay*, "adeus", e fazer trocas finais. As danças e o gosto do caxiri da festa de minha despedida do dia anterior já manifestavam a saudade que começava a nascer.

Samuel pegou a pequena Graciela no colo, acenou para a esposa, vestiu a mochila e seguiu comigo para a embarcação. Semanas depois, traria histórias, algumas roupas para os filhos, documentos e a certeza da aquisição do benefício social para os seus. A esposa levaria os filhos para a roça e cuidaria da casa enquanto o marido estivesse longe. Os filhos de Américo fizeram desenhos para mim e quiseram ir com a mãe Isabel na canoa para despedirem-se de mim no Cunuri. Todos instalados na canoa, o capitão deu a partida na velha rabeta e zarpamos pelas águas escuras do Tat-Dëh, ziguezagueando pelas curvas, bancos de areia e troncos caídos.

De repente, a canoa parou e ficamos de bubuia, sendo levados pela correnteza. As crianças agarraram galhos das margens e Américo abriu a cabeça do motor para analisar a situação e ver se dava *jeito* na rabeta. Na manhã anterior, sentamo-nos ao redor dos motores de Américo e de Rosalinho. Um deles estava com a pata quebrada, enquanto o outro apresentava problemas no carburador. Engenhosamente, o capitão substituiu o rabo de sua rabeta. Seu filho mais velho, Álvaro, passava a chave inglesa, a chave de fenda, os pinos e dava a partida para testar o funcionamento. Em torno das máquinas, formava-se o contexto ideal para o aprendizado da mecânica de navegação.

Os Hupd'äh foram descritos pela literatura etnológica como um povo *sem canoas* e desprovido de conhecimento sobre os grandes rios. Remando e aceitando ser conduzido pelas rabetas, fui percebendo a íntima relação que meus interlocutores têm com as canoas, com a pesca e com as águas. *Hoh-tëg hup nįh päpäd-tëg*, "as canoas são os automóveis dos Hupd'äh", disse certa vez Samuel, rindo, numa festa de caxiri. Muitas das canoas feitas a partir dos troncos escavados de *hą̃'*, "louro",[1] foram fabricadas por artesões tukano, de comunidades próximas, em troca de cestos de aturá ou do trabalho de abertura de roças para suas esposas. Poucas embarcações são novas, o que leva à necessidade de reparos constantes feitos com breu. O uso das embarcações para a pesca intensificou-se com a formação da aldeia de Tạt-Dëh e com a permissão de pesca em partes do rio Tiquié, dada pelos moradores do Cunuri.

Entretanto, as viagens para São Gabriel exigem embarcações maiores, apropriadas para levar toda a família. Essas são compradas no comércio local com o dinheiro de aposentadorias, bolsa-família, auxílios-maternidade, salários de professores. As rabetas e a gasolina tornaram-se necessárias para os longos percursos pelos rios Tiquié, Uaupés e Negro, que duram dias. Lonas de PVC azuis são estendidas nas paradas para o repouso nos bancos de areia às margens dos rios quando todos comem os peixes pescados e os beijus trazidos de casa. Por vezes, alguma comunidade tukano pode se fazer de ancoradouro para o sono e para a troca, mas é sempre preciso estar atento aos galões de combustível por causa dos furtos recorrentes durante as paradas.

---

1. *hą̃'*, "louro" *(Ocotea tabacifolia)*, nome dado a várias espécies de árvores da terra firme utilizadas para a fabricação de canoas. Cf. Ramirez (2006).

Quando chegamos à aldeia do Cunuri, Marcelino já nos esperava com a grande *mạyt hoh-tẹg*, "canoa de alumínio", que, na região, recebe o nome de voadeira. *Quarentão pụb*, "motor quarenta é forte", exclamava Samuel. Contou que o possante motor dos brancos é também o meio de transporte com que Bisịw foge logo que se apodera do *hạ̈wäg* das pessoas. Ele escapa tão rápido que nenhum xamã consegue alcançá-lo com seus meios de transporte, roupas ou canoas movidas a remo e rabeta. Assim, as máquinas e suas velocidades são percebidas como signos de poder e riqueza por aqueles que levam muitos dias para chegar à cidade. Alocamos nossas coisas na *voadeira com quarentão*, despedimo-nos de Américo, Isabel e das crianças e seguimos cortando as águas, conduzidos agora por Marcelino.

Mal começávamos nosso percurso, vimos, ao longe, alguém acenar para que parássemos a voadeira. Um senhor tukano tinha morrido. O capitão da comunidade nos pediu para levarmos o corpo até a aldeia de São Luis, rio-acima, para a família do falecido. Dois homens trouxeram o corpo deitado em sua rede erguida por uma vara comprida. Um senhor Hup, de *Pịg-Dëh*, Nova Fundação, nos acompanharia, pois o morto era um dono tukano com quem sua família mantinha uma história de trocas e afazeres. Seu Avelino conhecia a irmã do falecido e, por isso, seria ele quem entregaria a ela o corpo. Horas depois, tão logo aportamos, o homem Hup desceu, conversou com dois sobrinhos do defunto. Chorando e emitindo um grito contínuo de dor, a irmã do dono tukano veio ao nosso encontro. Em meio a sua tristeza, ela lamentava. Aproximou-se do corpo, descobriu o rosto, colocou a mão no peito do irmão e chorou sua perda. Os dois sobrinhos ergueram o finado e todos subiram o barranco sem olhar para trás. Sensibilizados e um pouco atordoados, retomamos nosso curso. O fim da tarde aproximava-se e, por isso, decidimos interromper nossa viagem na aldeia tukano de Serra do Mucura. O senhor Hup ficou para ajudar com o enterro e depois seguir, caminhando, para sua aldeia.

Em Serra do Mucura, encontramos abrigo para nossa refeição noturna e para o sono tranquilo. Somamos nosso macarrão à paca e beijus oferecidos por nossos anfitriões. Marcelino e o capitão conversaram sobre política. As eleições se aproximavam, Massa pensava em candidatar-se como vereador por seu partido. Comentaram sobre a corrupção da gestão do prefeito tariano Padro Garcia e das promessas dos novos candidatos. Diante da conversa em língua tukano, Samuel mantinha-se quieto. Olhava para o chão e, por vezes, comentava alguma coisa comigo. Sua atitude expressava o respeito diante dos tukano, donos nesse universo que já não era mais aquele de sua morada e de suas terras. Em língua hup, meu companheiro contou-me que próximo às casas onde estávamos havia rochas espalhadas pelo morro que se erguia atrás da aldeia. (M19) Antes de ser morada de um ancestral tukano, o morro foi a *Paç-Moy*, Casa-de-Pedra, de um antepassado Hup, *S'ǎbǎy Hup ĩh*, o Lua. Esse demiurgo possuía um *met-bok*, "tambor-de-pele-de-cutia". Quando tocava seu instrumento, as mulheres eram atraídas e vinham até ele para se casar. Encantadas pelo som da percussão queriam a todo custo deitar-se em sua rede.

No dia seguinte, navegando as águas do rio Negro, Samuel avistou o morro onde Wed B'ö' habitou antigamente. Cutucou-me e comentou que muitas das histórias que eu tinha ouvido tinham se passado naquele lugar. Lá o ancestral encontrou sua esposa, a Mulher Peixe. Lá ele provou a coca e o tabaco pela primeira vez. Seu pai dissera que a Casa-de-Pedra desse antepassado ainda possui as marcas de sua presença, assim como as serras que visitamos, onde é possível encontrar, ainda hoje, os restos dos potes de Semente de Tabaco. Guiado por Samuel, comecei a perceber as paisagens que levam a São Gabriel, as interações com os Tukano e as próprias embarcações que nos transportavam a partir de uma outra perspectiva.

Seguindo Sahlins, as viagens a São Gabriel fazem circular pessoas, ideias, objetos, coca, dinheiro nos deslocamentos entre polos culturais estrangeiros e indígenas. De acordo com o autor, ao mesmo tempo em que os viajantes Hup adaptam-se aos campos relacionais urbanos, mantêm compromissos com suas famílias e comunidades gerando, assim, formas de socialidade transculturais. Nas crônicas que seguem, procuro refletir um pouco sobre como, através das viagens a São Gabriel, as pessoas Hup movimentam-se pelos grandes rios, pelas ruas e pela escrita, transformando modos de percepção e ação a partir das posições que assumem em seus novos percursos orientados para a paisagem urbana.

A COCA DE MARINO

A viagem a São Gabriel marcava a transição entre a convivência da aldeia e o retorno vagaroso a minha cidade, São Paulo. Mas além de minha volta e da busca de Samuel por seus documentos e benefícios sociais, nossa incursão ao meio urbano tinha um outro objetivo importante, levar coca a Marino para que ele se lembrasse de sua vida em Tạt-Dëh e retornasse para casa com a família. Desde que seu pai, Henrique, falecera devido a um tombo no banheiro mal equipado do posto de saúde da cidade, o xamã passara a viver num bairro periférico na estrada que leva ao porto de Cucuí.

Às vésperas de minha viagem de volta, Américo perguntou se eu levaria coca para Marino. O irmão mais novo sabia que o outro estava com saudades de comer coca. *Pū'ūk pā, noh k'öd ọtọy*, "se não tem coca a boca chora", foi a expressão que meu anfitrião utilizou para justificar o pedido. Os riscos eram grandes. O exército andava revistando canoas, na chegada a São Gabriel, por conta das punições ao comércio de carne de caça e ao tráfico de cocaína. Entendendo a importância do pedido e a saudade que Américo sentia de seu irmão, aceitei a missão que iria cumprir com Samuel logo que chegasse à cidade. Por sorte, quando atracamos no porto Queiroz havia apenas militares embarcando em um bongo para Iauaretê. As revistas estavam suspensas. Nossa carga valiosa estava segura e, possivelmente, conseguiríamos cumprir nossa tarefa.

Ao encontrarmos Marino, deveríamos transmitir a ele também as "palavras do velho Firmiano", *Firmiano nịh ịd*. Sempre que conversava com Américo, o preparador da coca dizia sentir falta de Marino nas rodas. Para ele, como Henrique, Marino era um dos poucos que sabia conversar bem nos encontros noturnos. Devido a alguns desentendimentos antigos, Firmiano pouco falava nas rodas. Logo que terminava a preparação, sentava-se de costas para todos, voltando-se para as cabeceiras. *Hāwäg hihū'ūp tịh*, "ele tem tristeza", dizia Américo para explicar a atitude de Firmiano. Dada sua afeição por Marino, fora ele quem nos ajudara a preparar a grande quantidade de folhas de coca que colhemos nos dias anteriores à partida.

Por cerca de três dias caminhamos para as roças de Marino todas as manhãs. Seus pés de coca estavam cheios de mato, o que tornou nosso trabalho mais difícil, pois foi preciso limpar a plantação. Colhíamos com todo o cuidado e, com a ajuda de Samuel, logo enchemos um grande saco com punhados de coca. Utilizamos o forno da casa de Américo para ar as folhas e meu pilão para triturar bem a carne e os ossos do alimento de origem. Deitando-se folgadamente em sua rede enquanto eu pilava e Samuel assava, Américo disse ser o *dono da coca*, enquanto nós eramos seus *preparadores*. Rindo, o capitão lembrou-se que antes, uma das formas divertidas dos anciões se referirem à coca era chamá-la de *mẹt*, "cutia". "Quando tavam fazendo a coca, os velhos diziam: 'Cadê a cutia? Traz logo a carne pra gente assar. Pega o sal e a pimenta pra preparar essa cutia!'", contou. A piada ficava mais engraçada quando um participante pedia para ficar com o bucho, outro com o fígado, um terceiro com os pés.

Essa *muhu' įd*, "fala engraçada", era também uma forma de *yäd įd*, "fala de ocultar", pois, como caçavam muito, referir-se à coca como *pü'ųk* poderia causar diarreia aos comedores. Da mesma forma como o Tamanduá é o dono do *caarpi*, o Cutia é o dono da coca; por isso, ao comer esse alimento é preciso explicitar as posições de presa da cutia e da coca sendo devoradas pelos xamãs e caçadores Hup. À predação da carne e ossos do Velho Cobra sobrepõe-se esse outro modo de ação, que faz do encontro noturno um hilário consumo e distribuição da carne da cutia. O sal da coca, imbaúba, transforma-se no sal da carne e o tabaco em pimenta, ambos para atenuar a presença de energia quente na presa abatida. Predando a carne dos donos, os antigos predavam também a posição de dono da coca, partilhando o alimento, o código culinário e distribuindo a magnificação de suas vítimas no curso da fabricação divertida de si enquanto *comedores de coca*.

"Quando sonha com coca, que tá segurando um punhado de coca é que vai caçar cutia. Pode pegar o terçado e o arco e flecha que vai matar", ensinou-me Américo. Ele começava a se lembrar de como seu irmão Marino era um bom caçador de cutias. Marino e seu pai, Herique, costumavam sair logo cedo para a Serra da Cutivaia e, se tivessem sonhado, traziam sempre uma cutia. Por conta de sua partida para São Gabriel, Marino pediu que Samuel tomasse conta de seu cão de caça. Assando as folhas, Samuel lamentou que o cachorro tivesse sido devorado por uma onça pouco depois da mudança do dono para São Gabriel.

Em seu trabalho sobre o sistema hup de interpretação dos sonhos, Reid afirma que a capacidade de traduzir símbolos oníricos pode ser vista como uma fonte de informação sobre si mesmo e/ou sobre eventos latentes no cosmos, imperceptíveis quando se está acordado. À luz de seu comentário, no consumo da coca ou no sonho com cutia, a ação ritualizada e a ação onírica situam as pessoas Hup na posição de predadores. De modo diferente, a viagem a São Gabriel faz Marino parar de comer coca e, assim, *cutia*. O *esquecimento da aldeia*, a *roça de coca cheia de mato* e o *cão devorado* vão situando o xamã na perigosa posição de presa cuja condição humana precisa ser regenerada pela dádiva de seu irmão menor, a coca.

Na manhã seguinte à nossa chegada, logo que acordamos pegamos de nossa bagagem a lata com coca, tomamos um gole de café e seguimos para a vila de Aparecida, no quilômetro 10 da estrada para Cucuí. Estávamos alojados no escritório da SSL no centro de São Gabriel e, por isso, precisávamos de uma lotação que nos levasse até lá. Conforme caminhávamos pelas ruas, alguns rapazes riam do modo como Samuel usava suas meias altas calçando uma sandália. Sem notar a burla, meu companheiro seguiu atento aos carros, às lojas, ao movimento das pessoas. Da avenida principal, levamos cerca de meia hora para chegar ao bairro distante. Casas de madeira amontoavam-se umas sobre as outras e formavam a vila de Aparecida onde famílias tariano, tukano, desano, baniwa construíam suas moradas. Perguntamos pelo xamã Hup. Indicaram-nos uma casa retirada, mais para o fundo da vila.

Marino não estava. Era domingo e ele fora, acompanhado de dois vizinhos, colher açaí na mata próxima. *20 reais ayup balde*, "20 reais o balde", comentou dona Mariquinha, esposa do xamã, segurando um pote com chibé para oferecer-nos. Durante a semana, seu marido trabalhava numa pedreira, ganhando 20 reais por dia. Cuidava também do sítio de uma funcionária do distrito de saúde, o que lhe dava uma renda adicional. As filhas estudavam na escola do bairro. Não pensavam em voltar logo para Tạt-Dëh, pois queriam que ambas terminassem os estudos. Moravam com um cunhado do Cabari e com a família tariano de cunhados de um falecido soldado Hup, sobrinho de Marino, que se enforcara no ano anterior. Entregamos o oferecimento de Américo a Mariquinha, transmitimos as palavras de Firmiano e partimos. Na manhã seguinte, ela e seu marido iriam à cidade para que eu os ajudasse a tirar documentos e a dar entrada no pedido do bolsa-família.

Na segunda-feira, finalmente encontramo-nos com o xamã que chegara ao escritório acompanhado de sua esposa. Trazia nas mãos sua rede e a lata com sua coca para que comêssemos juntos antes de irmos *suk'ẹt yohọy*, "procurar os papéis". O alimento da origem nos daria a força e a serenidade necessárias para enfrentarmos as filas na polícia federal e no cartório, para ignorar as burlas dos tukano, para caminhar por ruas de asfalto tão distintas dos *hup tịw*, "caminhos de hup". Antes de sairmos, Marino viu as fotos que tiramos do alto da Serra Grande. Comentou que no topo do morro há um pé de inajá. Se o viajante se banhar nos lagos quando essa árvore está seca, seu corpo envelhecerá logo, mas se ela estiver viva o corpo se regenerará. Os lagos de banhar eram profundos antigamente e havia pés de coca às suas margens.

Tão distantes de Tạt-Dëh, em meio ao cenário urbano de São Gabriel, posicionávamo-nos numa roda de coca. Nossas conversas traziam à vida a paisagem da criação cujas águas têm o poder tanto de degenerar quanto de rejuvenescer. Como queria Américo, com o gosto da coca na boca, Marino lembrava-se de seu mundo vivido e de sua própria história naquelas terras agora tão distantes. Entendo que "comer coca antes de ir à procura dos papéis" revele-se um *esquecimento do esquecimento*, um ato de memória capaz de regenerar o xamã como um predador Hup dos encontros noturnos, que devora os donos da coca e partilha, com caçadores (parentes Hup da aldeia), a matéria e o poder do inimigo-outro, no caso funcionários e patrões, brancos e Tukano. Penso haver uma reconstrução do sentido que permite a Marino e a Américo estabelecer relações íntimas através do reforço mútuo dos planos (aldeia, Serra Grande, São Gabriel) em que se exprimem seus *habitus* de pessoas Hup em contínuo movimento ao longo do mundo.

CARTA PARA O PREFEITO INDÍGENA

Eu havia acabado de retornar do trabalho de campo e escrevia os relatórios a serem enviados às instituições locais na sede da Associação Saúde Sem Limites (SSL) em São Gabriel da Cachoeira. Ricardo, um jovem professor Hup da comunidade de *Yuyụ-Dëh*, Barreira Alta, em sua nova função de Assessor Pedagógico Indígena (API), estava na cidade para entregar as listas de alunos das escolas hup do rio Tiquié e um abaixo assinado à Câmara Municipal. Ele sentou-se à mesa com o papel e o lápis diante de si.[2] Em completo silêncio, escrevia uma carta ao presidente da câmara dos vereadores. Seus olhos não desgrudavam do papel. Muitas palavras eram arriscadas, mas logo a borracha desfazia suas marcas. A tensão parecia tomar conta de seu corpo inteiro.

A apresentação do abaixo-assinado para a construção de uma casa de apoio para os Hupd'äh, na cidade, era muito importante. Sem nenhuma interrupção no processo de escrita, depois de duas horas, Ricardo pediu que eu lesse o rascunho que havia feito em seu caderno de anotações. Li com atenção o pedido e apenas sugeri que

---

2. Até 2011, Ricardo exerceu a função de Assessor Pedagógico Indígena (API), responsável pelas escolas Hupd'äh do rio Tiquié. A função de API está vinculada ao fomento do controle social no âmbito do sistema escolar de São Gabriel da Cachoeira-AM.

fossem colocados a data e o título do documento. Ele voltou para a mesa e começou a passar a limpo a carta em uma folha de papel almaço com a caneta. Todo cuidado era pouco, pois não queria errar e ter que escrever tudo de novo. Quando terminou, pediu que eu a lesse novamente. Ricardo me olhava fixamente enquanto eu relia a apresentação. Eu disse que estava ótima. Ele sorriu e seus ombros soltaram-se. Estava pronta a solicitação de casa de apoio que ele apresentaria na manhã seguinte ao presidente da câmara.[3] Abaixo, transcrevo a carta redigida por Ricardo:

> *Solicitação de casa de apoio para o povo Hupd'äh,*
> *das comunidades dos rios Tiquié, Japu e Papuri*

Nós povos Hupd'äh na região do rio Japu e papuri tanto do rio Tiquié. Solicitamos um casa de apoio, enquanto nós chegamos na cidade é difícil hospedar. Portanto nós queríamos essa casa poderia ser bem equipado tem banheiro masculino e feminino. Tem sala de cozinha, essa casa poderia ser duas quarto. Um quarto pode ser do rio Japu e Papuri, e outro quarto vai seria do Rio Tiquié. Nós queremos com mais ajuda a vocês com todas as instituições como: FUNAI, Foirn, SEMEC, e PREFEITURA Municipal. Como nós tambem professores indígenas, Hupd'äh não tem como ficar no alojamento dos Tukano esses necessidades que nós tivemos na cidade. As vezes os Tukano que nos ralhava e sovina o alojamento, assim nós temos maior dificuldades que sentimos. Na hora da campanha o nosso prefeito indígenas SR. Pedro Garcia providenciou. Por esses motivo nós votamos o nosso prefeito indígenas para nos ajudarem a fazer.

SÃO GABRIEL DA CACHOEIRA
15 de maio de 2009

A carta de solicitação acompanharia o abaixo assinado colhido nas comunidades Hupd'äh de *Yuyu-Dëh*, Tat-Dëh e Pĭg-Dëh durante o período em que viajei, em maio de 2009, com uma equipe da SSL, realizando oficinas para projetos de alternativas econômicas. Os professores Hup haviam entregado um abaixo assinado, na câmara, com suas assinaturas, mas o mesmo não foi suficiente para que o presidente encaminhasse o projeto, pois este continha poucas assinaturas. A pedido dos professores Pedro e Ricardo, nossa equipe conversara

---

3. Caderno de campo, 2009.

com os capitães das outras aldeias e pedira que passassem o abaixo assinado. Todos os capitães foram favoráveis ao pedido e escreveram, eles mesmos, os nomes dos adultos da comunidade. Ao final, a lista era assinada pelo capitão, atestando sua validade legal.

No documento acima, chama a atenção o modo como Ricardo seleciona os argumentos e constrói a necessidade e importância da construção de uma casa de apoio para os Hupd'äh. A solicitação é feita devido à dificuldade de hospedagem. Em seguida, há a sugestão do modo como pode ser construída a casa, incluindo suas divisões de dormitórios, banheiros, cozinha. A solicitação torna-se então um pedido de ajuda feito a *vocês com todas as instituições*. O relato da experiência dos professores no alojamento tukano é evocado dando maior ênfase à necessidade de auxílio. A campanha e a *providência* do candidato tukano eleito, Sr. Pedro Garcia,[4] são lembradas no sentido de salientar o apoio dado pelos Hupd'äh, com seus votos, e a importância da *ajuda* para que a construção se efetivasse de fato.

Chama a atenção o modo como Ricardo usa o sujeito *nós* de diferentes formas ao longo do documento. A princípio, *nós* designa os *povos Hupd'äh* que solicitam a casa de apoio, havendo uma divisão entre *Hupd'äh do rio Japu e Papuri* e *Hupd'äh do rio Tiquié*, onde mora Ricardo. Essa divisão é retomada na distribuição dos quartos, um para o rio Tiquié, outro para o rio Japu e Papuri. Em seguida, o *nós, povos Hupd'äh*, ressurge oposto ao *vocês* que engloba todas as instituições detalhadas que ajudariam na construção. A intensificação da dificuldade vivida pelos *povos Hupd'äh* emerge através do relato das tentativas de hospedagem dos professores Hup em São Gabriel, quando são *ralhados* (agredidos verbalmente) pelos Tukano que *sovinam* o alojamento, não permitindo, assim, a pousada dos professores Hup. A oposição entre o *nós*, povos Hupd'äh, e os *outros*, tukano, revela as dificuldades sentidas que justificariam a solicitação. Por fim, o *nós* mostra o apoio dado ao então prefeito, sr. Pedro Garcia, durante as eleições. Ao mesmo tempo em que é ressaltada uma oposição entre Hupd'äh e Tukano, parece haver uma unidade com o *prefeito indígena*, um Tariano, na expectativa de que ele *ajude a fazer*, assim como *providenciou* durante a campanha. Por fim, Pedro Garcia soma-se ao *vocês* das instituições para ajudar a fazer a casa de apoio de que tanto necessitam os povos Hupd'äh.

---

4. O prefeito Pedro Garcia (PT) foi eleito em 2008. Sua gestão durou até 2012 com sua derrota na tentativa de reeleição.

Nesse sentido, pensando com Carneiro da Cunha, a elaboração do documento situa-se tanto no plano do ato quanto do discurso político, constituindo sociedade, grupos e coletividades. O minucioso trabalho de fazer e desfazer oposições entre *nós*" e *outros* presente no documento pode ser percebido como o processo de produção e discussão da autoridade para representar os *povos Hupd'äh*. Isso permitiria a constituição da autoridade do documento para representar um grupo indígena e para realizar atos jurídicos em nome dessa autoridade.

Entre o rascunho e a finalização da carta, a leitura e aprovação de um não indígena, antropólogo, seriam gestos importantes na busca pela garantia de eficácia do documento enquanto instrumento dotado de autoridade para representar o grupo indígena. Acredito que, simultaneamente, o ato de escrever fosse também nutrindo Ricardo com os atributos necessários para constituir-se enquanto representante legítimo. Ao mesmo tempo em que tece um elo entre as aldeias, o API preserva a autonomia das mesmas na figura dos *povos Hupd'äh*, e não do povo Hupd'äh como poderia ser esperado. Além disso, ele cria uma divisão arquitetônica entre os Hupd'äh do rio Tiquié e seu quarto, e os Hupd'äh dos rios Japu e Papuri, e seu quarto comum. Algo que faz lembrar as divisões presentes na grande maloca, onde os ancestrais Hup tocaram as flautas Jurupari para seus cunhados animais, e as divisões da casa celeste habitada pelo Trovão e seus cunhados, as Onças.

Partindo da reflexão de Generre, o viajante-escritor Hup busca, a um só tempo, exercer influência sobre o ambiente em que realiza seu ato linguístico, mobilizar e concentrar a autoridade acumulada em sua pessoa e exercer, assim, o poder da palavra. Seguindo Carneiro da Cunha, percebe-se haver, nos sentidos atribuídos à escrita, a confluência de concepções de *cultura com aspas* — enquanto categoria manejada em discursos para que reivindicações sejam atendidas — e de *cultura sem aspas* — enquanto "esquemas interiorizados que organizam a percepção das pessoas e que garantem certo grau de comunicação a grupos sociais" . Nesse sentido, a concentração silenciosa por horas, o corrente escrever e apagar, a elaboração do rascunho para submetê-lo à aprovação e o passar a limpo podem ser vistos como gestos de uma demonstração performática de uma *cultura com aspas*.[5]

Visualizo essa *performance* da escrita como um *evento de letramento* (*literacy*), uma ocasião em que a escrita se integra à natureza

---

5. Carneiro da Cunha, 2009, p. 313.

das interações daquele que escreve e a seus processos de interpretação. Na elaboração escrita das reivindicações dos *povos Hupd'äh*, Ricardo elabora um discurso sobre a *cultura com aspas* dos Hupd'äh, marcada pela falta, pela discriminação e pela necessidade de ajuda. Por um lado, os Tukano são aqueles que os discriminam e fazem com que não possuam um alojamento próprio, por outro, apela-se para o prefeito tariano, um poderoso dono que, no entanto, encontra-se em débito com os Hupd'äh pelos votos recebidos. Sua ajuda, no final das contas, trata-se de uma forma de honrar uma relação de reciprocidade, um circuito de dádivas semelhante ao do Dabucuri, iniciado pelos Hupd'äh ao *darem seus votos*.

A POLÍTICA DA COBRA-CANOA

MITO 20 (M20): A POLÍTICA DA COBRA-CANOA

No magistério, muitos Tukano contaram da história da Cobra-Grande dizendo que eles tinham saído primeiro. Política. Mas a verdade é que os Hup tinham saído primeiro. Foi o Hupd'äh quem saiu primeiro da Cobra-Grande. Os Tukano dizem que foram eles, mas não é verdade, não. Porque esses Hupd'äh, Dâw, eles foram timoneiros.

Saíram lá do Lago-de-leite no Rio de Janeiro e vieram dar aqui. Primeiro foram ali pra Ipanoré. Depois foram indo lá pra o Papuri, Iauareté, e deixando os povos. Os Hupd'äh ficavam ali no rio Turi e daí foram descendo, porque todos os povos vieram como peixes dentro da Cobra, mas quando chegaram nos seus lugares eles já saíam e transformavam em gente.

Os Tukano falam muita coisa diferente do caminho da Cobra, por onde ela foi primeiro, depois. É política, né. Falam que os Hupd'äh saíram depois. Política.[6]

Ricardo contou-me essa narrativa enquanto jantávamos. Ele comia uma quentinha que havia comprado por 5 reais. Para mim, comprou um espeto de churrasco, que eu comia com gosto. O agrônomo Bruno Guimarães, professor do IFAM,[7] que nos acompanhava, apenas bebia suco. Conversávamos sobre o magistério indígena[8] e os Tukano. De repente, Ricardo calou-se, olhou para baixo. Ficou alguns segundos

---

6. Ricardo, 13 de maio de 2009.
7. Instituto Federal Amazonas (IFAM).
8. Segundo Azevedo (2003), na Região do Alto Rio Negro, as escolas tiveram início pela ação dos missionários salesianos no início do século XX. As escolas funcionavam com turmas multisseriadas, sendo os professores supervisionados pelas irmãs e pelo Instituto de Educação Rural do Amazonas (IERA). A criação de escolas municipais nas terras indígenas torna-se possível apenas em 1998, com a aprovação da lei do

em silêncio e começou a contar essa história. Da comida, seus olhos fixaram-se em nós. Os movimentos da Cobra-Grande eram sinalizados por suas mãos que ziguezagueavam pelo ar. A saída de cada povo era demonstrada por uma breve pausa na narrativa e um leve movimento de erguer-se e sentar-se na cadeira (Caderno de campo, 2009).

Contada dias antes do evento em que Ricardo redigiu a carta de solicitação, a história surge em meio a uma conversa sobre o magistério indígena, quando os Tukano narram a viagem na Cobra-Canoa, afirmando sua saída anterior. Essa forma tukano de contar é tida como sinônimo de *política*. Para além dessa forma de contar estaria a *verdade* no fato de os Hupd'äh terem saído primeiro da Cobra-Grande. A explicação mostra os Hupd'äh e os Dâw como timoneiros, aqueles que conduziram a Cobra em sua jornada do Lago-de-leite, no Rio de Janeiro, até a cachoeira de Ipanoré. Na unidade interior da Cobra-Grande, todos os povos eram peixes que, ao sair, chegavam a seus lugares e transformavam-se em gente. O modo diferente de narrar dos Tukano é visto como *política* e *não verdade*, diferente da fala Hupd'äh, cuja verdade seria manifestada pelo modo de relatar o percurso da cobra, pela condução da embarcação e pela saída anterior. Afinal, foram eles os timoneiros.

Nessa narrativa, opõem-se modos de narrar que revelam a oposição entre Hupd'äh e Tukano em termos políticos de verdade e não verdade. O magistério e a Cobra-Grande são totalidades que contêm a multiplicidade dos povos. No magistério, os Tukano contam de forma diferente sobre o percurso da Cobra. Dizem que saíram primeiro. Fora do magistério, o Hup Ricardo conta a dois não indígenas a história, revelando o caminho verdadeiro e a saída anterior dos Hupd'äh. Como aponta Hugh-Jones,

A mito-história do Alto Rio Negro é uma história política em um duplo sentido. Por um lado, fazendo referência a estrangeiros, as narrativas de todos os grupos da região refletem uma longa história de resistência à dominação externa e servem para legitimar reivindicações indígenas pelo território. Por outro lado, histórias particulares servem também para legitimar reivindicações pelo território, bem como status de um grupo particular em face aos demais.[9]

Sistema Municipal do Ensino. A partir daí, a prefeitura municipal realiza, através de magistérios, iniciativas de formação de professores indígenas de diversas etnias. São também ampliadas as séries de muitas escolas municipais.
9. 2012, p. 163.

Creio que a *política* à qual se refere Ricardo tenha a ver com essa busca por legitimar territórios e *status* por meio da mito-história da região. Segundo Athias, na visão de mundo dos Tukano, os Hupd'äh habitam as florestas, e não as margens dos rios, não possuem moradas fixas nem ornamentos, não praticam a exogamia linguística e não são horticultores. Contrastivamente, do ponto de vista tukano, os Hupd'äh são marcados por aspectos negativos e não humanos que os levam a comportamentos incestuosos, animalescos e selvagens. Já do ponto de vista Hupd'äh, como visto anteriormente, é preciso cuidado e atenção ao interagir com os Tukano, dada a presença excessiva de energia quente e agressividade em seus corpos. Atitudes arbitrárias, a altivez e mando, inabilidade para caminhar pela mata ou para caçar, por exemplo, são aspectos que aderem à identidade atribuída pelos Hupd'äh aos Tukano. Apesar de violentos e agressivos, os Tukano, restritos ao universo ribeirinho, desconhecem saberes fundamentais imanentes às paisagens e ouvidos nas interações com animais e espíritos que habitam as moradas ao longo das trilhas. Desconhecem as narrativas *verdadeiras* sobre a origem dos povos da região, chegaram depois às terras do Uaupés e foram impelidos, pelos feitiços praticados contra eles, a deixar suas aldeias e migrar para São Gabriel.[10] São, assim, vistos como pessoas fracas por não dominarem a agressividade que degenera no *autoritarismo* com que tratam os Hupd'äh.

Na carta, o *ralhar* e *sovinar* dos Tukano, atitudes antissociais reprovadas pela socialidade hup, reforçam uma oposição entre nós, povos Hupd'äh, e outros, Tukano. Essas atitudes atestam a dificuldade para a hospedagem e justificam a unidade com o *prefeito indígena*, Tariano, e com *vocês*, todas as instituições, na ajuda para fazer a casa de apoio. Na narrativa acima, a fala política dos Tukano opõe-se à fala verdadeira dos Hupd'äh, havendo, no caso, certa superioridade dos segundos por terem *a verdade*, já que foram os timoneiros da Cobra-Grande que saíram primeiro e, assim, povoaram a terra anteriormente. Os gestos de ondular os braços, de erguer-se levemente a

---

10. Em Tᵻt-Dëh, em discursos feitos antes de uma festa de caxiri, algumas lideranças Hup manifestaram ter pena das famílias tukano por terem sido vítimas de tantos feitiços que acabaram sendo forçadas a deixar suas moradas e tentar a vida em São Gabriel. Os objetivos das viagens dos Hupd'äh a São Gabriel visavam a obtenção da maior quantidade possível de recursos, bens e benefícios para serem trazidos às aldeias. Pensando com Sahlins (1997), parece haver a intenção para a atuação em contextos transculturais que, tendo como referência sempre a aldeia Hup, busca englobar poderes, objetos e signos para proteger a todos da ação xamânica agressiva que faz com que as pessoas tenham que abandonar suas casas e parentes.

cada saída de um povo da Cobra-Grande mostram o saber e a verdade do que se fala, já que o narrador *sap bë'ëy*, "gesticula", demonstrando a partir dos movimentos feitos com o próprio corpo o saber sobre o que fala.

No documento escrito, a oposição entre Tukano e Hupd'äh embasa certo sentido de uma *cultura com aspas*, em que os primeiros são superiores aos segundos. Salienta-se também as dificuldades sentidas pelos Hupd'äh e a necessidade de serem ajudados. A anterioridade tukano pode ser percebida pelo fato de terem alojamento antes dos Hupd'äh, de serem capazes de *ralhar* e *sovinar*. No magistério, a narrativa oral dos Tukano, sua política, procura mostrar uma origem comum onde eles, Tukano, seriam superiores. Essa fala, tida pelo narrador como sinônimo de inverdade, transforma-se, na carta, na possibilidade de construção da casa de apoio. Como afirma Carneiro da Cunha,

Para atingir seus objetivos, porém, os povos indígenas precisam se conformar às expectativas dominantes em vez de contestá-las. Precisam operar com conhecimentos e com a cultura tais como são entendidos por outros povos, e enfrentar as contradições que isso venha a gerar.[11]

Como afirma Andrello ao analisar uma narrativa tukano, "no presente, não se trata de se apropriar da perspectiva de outrem, mas de afirmar a sua própria".[12] Movimentando-se entre o oral e o escrito, Ricardo mescla de diferentes formas concepções de "cultura" e cultura. Parte de um campo de interações marcado pelas relações com os Tukano em meio ao convívio dos afazeres em aldeias e roças ribeirinhas, às festas de Dabucuri e de caxiri interétnicas, à passagem pelas comunidades tukano durante as viagens à cidade, e à participação conjunta nos magistérios. Em sua carta, a "cultura" surge no discurso escrito pela caracterização dos Hupd'äh como inferiores. No discurso oral, a cultura, sem aspas, delineia os Hupd'äh como superiores pela verdade, anterioridade e saber. Em diferentes situações, tenho observado a inversão que marca a diferença entre esses dois discursos. Quer no modo de manifestar-se diante da presença dos Tukano ou em sua ausência, quer na interação com equipes de saúde, pastores evangélicos, representantes da FUNAI ou lideranças, essa inversão, de acordo com o contexto relacional e a posição assumida, permite, a meu ver, que suas reivindicações sejam atendidas.

---

11. Carneiro da Cunha, 2009, p. 330.
12. 2006, p. 421.

LIVRO DE ENCANTAMENTOS E CÍRCULOS DE CACHAÇA

Sentado ao meu lado numa roda de coca, Jovino lembrou-se de quando a polícia federal chegou às comunidades na década de 1980. Os policiais aproximavam-se, mandavam chamar aqueles que tivessem plantações de coca. Os anciões aproximavam-se e eram acompanhados até suas roças de coca. Lá, furiosos, os brancos arrancavam os pés de coca. Xingavam e humilhavam os senhores, enquanto faziam montes com as plantas. Atônitos, os velhos viam suas plantações serem queimadas diante de seus olhos, sem poder fazer nada. "É por isso que os Tukano e algumas aldeias Hup mais próximas do Tiquié não têm mais muita coca, os velhos não conversam mais e não têm benzedores bons", disse Jovino, para reforçar a importância de escrevermos conjuntamente um Livro de Encantamentos hup, como aqueles que algumas comunidades tukano estavam fazendo com a ajuda de pesquisadores. *Surara tãw pub*, "os milicos são violentos", era como os xamãs referiam-se aos oficiais quando recontavam para mim a história da queima da coca que, reversamente, manifestava a importância que atribuíam ao meu trabalho. Poucas plantações hup foram atingidas pela truculência dos policiais, mas, como no caso do Jurupari, roças e encontros noturnos passaram a ser motivo de reserva.

A urgência da preparação do livro devia-se também à dificuldade da geração atual de adultos em adquirir as habilidades necessárias para a realização de encantamentos. Como visto anteriormente, a pessoa é preparada desde muito cedo para a participação nas rodas de coca e para o aprendizado das palavras, modos de interação e mobilidade xamânica. Ao longo das últimas décadas, a dificuldade na obtenção de alimentos, a permanência de algumas crianças nos internatos salesianos, os períodos de trabalho no garimpo e as viagens a São Gabriel tornaram difícil aos pais a preparação de seus filhos para as práticas xamânicas. Ao ouvirem encantamentos, seus pensamentos se espalham, ao invés de seguirem direto (movimento retilíneo). As Casas-da-Audição possuem constantes ruídos, resultado da dieta ruim e da exposição à música e sons de motores e máquinas dos brancos. Ao contrário, a habilidade de leitura e escrita adquirida pelos filhos adultos com os estudos nas escolas salesianas surpreendia os xamãs, sendo vista como um poder fundamental de interação com os brancos, o qual poderia ser utilizado para contribuir com o aprendizado. Pensando com Carneiro da Cunha, creio que essa articulação entre viagens cósmicas, atos de fala (encantamentos soprados) e palavras escritas revele o processo como uma tradução xamânica é "capaz de apreender os pontos de ressonância, de fazer com que a *intentio* em uma língua reverbere em outra" (1998, p. 13).

Logo que as primeiras transcrições ficavam prontas, os escritos eram levados às rodas. De modo muito atento, os senhores acompanhavam a leitura em voz alta, realizada por mim ou pelo neófito que havia me ajudado a transcrever e traduzir os encantamentos narrados pelos xamãs e registrados em meu gravador. Nessas audições, as versões eram comentadas e complementadas, pois os textos diziam respeito apenas a movimentos elementares do conjunto de ações que precisavam ser realizadas pelo benzedor.[13] Os textos passaram a ser veículos de mediação para as conversas entre os mais jovens e os comedores de coca. Alguns, como Samuel, dedicaram-se durante longo tempo à leitura e conversa com os mais velhos sobre encantamentos importantes, para proteger e curar suas famílias. A participação de Samuel na viagem à Serra Grande partiu desse interesse em caminhar pelos lugares aos quais seu pai se referia nas histórias e nos encantamentos que lhe ensinava. As linhas de nossa escrita buscavam não aquilo que Ingold denomina linearização, uma cadeia de ligações ponto a ponto que exclui a vida nas conexões do gesto, mas sim descrever os movimentos dos viajantes ao longo do mundo para que as linhas da escrita se movessem como os próprios xamãs.

Desse modo, o processo de preparação do livro estabeleceu um campo mútuo de interação em torno de palavras e escrituras que foi aos poucos gerando transformações no modo de circulação de saberes e habilidades das rodas de coca e dos caminhos. Apesar de não haver mais a necessidade de *yäd*, "ocultar", tantas palavras e tantos sentidos dos encantamentos, os senhores Hup decidiram que seria importante que o livro resultante de nosso trabalho fosse um exemplar único, que deveria ser mantido apenas nas mãos dos participantes das rodas, para que crianças, mulheres e pessoas de outras aldeias Hup não tivessem acesso. Se o poder da escrita contribuía para o aprendizado dos homens, o contato indevido com esses saberes poderia ameaçar a saúde das mulheres e mesmo fortalecer a ação de feiticeiros inimigos. Em minha tese, eu poderia utilizar as versões traduzidas das exegeses de encantamentos, mas não aquelas em língua hup. A tradução

---

13. As exegeses analisadas nessa tese dizem respeito a esses textos mais elementares.

para a língua dos brancos e a escrita geram um enfraquecimento das palavras e ações dos encantamentos, o que ajuda a *ocultar* os sentidos e diminuir os riscos do uso agressivo dos saberes ou do impacto prejudicial das ações.

Num sentido inverso, nesse gradiente de poder das palavras, acompanhei o uso cada vez mais frequente da língua portuguesa nas festas de caxiri, quando moradores retornavam de São Gabriel com engradados de cachaça. Regadas às doses de Velho Barreiro, rodas de consumo da bebida formavam-se com o oferecimento feito pelo viajante recém-chegado. Oferecer a cachaça é uma maneira de expressar o sentimento de que, em sua incursão à cidade, a pessoa não se esqueceu dos parentes e de sua vida em Tạt-Dëh. À medida do efeito embriagante do álcool, a energia quente e agressiva dos brancos começa a tomar conta dos corpos e expressões dos bebedores. *Seu merda, filho da puta, vai tomar no cu, burro* são ofensas proferidas por alguns dos participantes das rodas que começam a se desentender com parentes próximos. Nas rodas de coca, consumido algumas doses de cachaça, os anciões observam o comportamento e a violência que toma conta de alguns dos homens e rapazes.

Como na situação da queima das roças de coca, os xingamentos são vistos como uma *tạw įd*, uma "fala furiosa" que manifesta potências destrutivas e, ao mesmo tempo, a força dos brancos em si. Beber a cachaça e falar como os brancos revelam uma complexa mimese através da qual os bebedores situam-se num campo de interação com esses Outros, o que torna possível o alinhamento de suas atenções, gestos e falas a partir da observação do comportamento violento desses Outros. Se as roupas-cósmicas dotam os xamãs das habilidades das onças, mulher-fera e Bisịw, creio que as rodas de cachaça e os xingamentos em português deflagrem um processo reflexivo de apreensão de potências arbitrárias e violentas que marcam as viagens e as interações na cidade a partir de alinhamentos da atenção proporcionados pela cachaça. Num outro sentido, a escrita parece ser um modo de ação que, articulado às rodas de coca, abre a possibilidade de atenuar efeitos negativos da interação com os brancos em suas escolas, igrejas e cidades. As *falas furiosas* e a escrita parecem ser modos de colocar-se em perspectiva e assumir o olhar e a agência de outrem.

Numa roda de coca de 2011, conversei com João sobre as casas cósmicas que são visitadas pelos xamãs durante suas incursões ao universo celeste. O benzedor contou que uma das moradas fundamentais para a viagem do xamã vem a ser a *Sib'ị-Moy*, a Casa-da-Cachaça. Suas paredes de tijolo, suas telhas de barro e suas janelas de vidro dão a ela a aparência de uma construção de alvenaria. Chegando à Casa-da-Cachaça, o benzedor precisa encontrar-se com os xamãs, *bi'ịd hupd'äh*, e "feiticeiros", *pë' hupd'äh*, "gentes-da-doença", que lá habitam. Atualmente, essa morada abriga dentro dela a Casa-da-coca, a Casa-do-Tabaco, a Casa-do-Caxiri, a Casa-da-Pimenta e a Casa-da-Farinha, todas essas substâncias fundamentais para o crescimento e alimentação. Essas moradas são, assim, englobadas pela grande Casa-da-Cachaça, espécie de campo transcultural a partir do qual os xamãs buscam se posicionar para observar de todos os ângulos e empreender suas tentativas de totalização dos pontos de vista singulares e irredutíveis que se encontram em contínua ressonância. Partilhando os alimentos com os xamãs dessas moradas e assumindo suas perspectivas, o viajante adquire habilidades e saberes que lhe permitem maior êxito nas ações protetivas ou agressivas.

A Casa-da-Cachaça edifica-se como uma estrutura que contém outras moradas, revelando-se um sintético campo relacional branco que envolve outros planos de atuação e percepção proporcionados pelas demais substâncias. Enquanto as práticas eméticas pela ingestão de águas nas nascentes dos morros mostram-se formas de relacionar-se, como ocorre com as potências da morada do Trovão e das Onças que dominam as armas-de-fogo e se enfurecem quando bebem cachaça, o consumo do destilado e a viagem à Casa-da-Cachaça parecem fazer o xamã assumir a perspectiva dos brancos alinhando sua atenção e ação para um modo de abdução da agressividade e força desses Outros num sentido próximo ao das rodas de cachaça na chegada dos viajantes.

Nos últimos anos, têm se tornado cada vez mais frequentes as incursões de senhores Hup a São Gabriel. Deslocam-se conduzidos pelos filhos para o centro urbano em busca do acesso a seus direitos de aposentadoria. Devido à morosidade, burocracia e discriminação locais, são necessárias inúmeras viagens e períodos longos de permanência longe da aldeia. Sem alojamento ou local seguro para a estada, os senhores permanecem acampados, nas pedras de Parauari, em barracas, enquanto seus filhos transitam pelas ruas da cidade solicitando a expedição de documentos e dando entrada no pedido dos benefícios. Quando sua presença é exigida, os senhores deixam o acampamento e são levados para se apresentarem no cartório, banco, FUNAI, etc.

As rodas de cachaça são comuns nesses períodos quando os viajantes bebem com parentes de outras comunidades e com pessoas de outras etnias em São Gabriel. A embriaguez que marca a experiência da cidade é contada nos encontros noturnos da volta em meio às impressões sobre a música, a comida, a polícia, os automóveis e demais aspectos que tenham chamado a atenção dos anciões. Novamente em seus lugares nas rodas, os recém-chegados falam de suas bocas que choraram a falta da coca, dos roubos dos quais foram vítimas e de desentendimentos que seus filhos tiveram com pessoas de outras etnias, principalmente tukano. O sabor da coca e a ardência da cachaça acompanham sorrisos e piadas que traduzem a sensação de terem vencido perigos e desafios nas aventuras pela cidade, uma imensa, fascinante e terrível Casa-da-Cachaça.

Conviver com os brancos, viajar para as cidades, estudar nas escolas enfraquecem o corpo para a aquisição de habilidades xamânicas, ao mesmo tempo em que a escrita em língua hup e a tradução para o português enfraquecem a força das palavras dos encantamentos. Inversamente, as viagens à Casa-da-Cachaça, à cidade de São Gabriel, o consumo de cachaça e o aprendizado da escrita colocam-se como modos de ação que levam à abdução de poderes que fortalecem os xamãs, asseguram o aprendizado dos adultos e garantem que sempre que estejam em São Gabriel, como nas visitas aos planos-cósmicos de seres perigosos do universo, os viajantes lembrem-se de seus parentes e voltem para suas comunidades. No curso das viagens a São Gabriel, a ressonância de pontos de vista torna-se possível pelo consumo da cachaça e pela escrita, agências essas que revelam poderosas relações analógicas que tanto reestruturam fenômenos quanto conferem significado. A cachaça e a escrita demonstram, na aldeia, aquilo que a *coca de Marino* e a *carta ao prefeito indígena* procuravam revelar na cidade, ou seja, a importância da percepção de si como Hupd'äh interagindo com brancos, Tukano, para adquirir habilidades e substâncias outras, abduzir poderes que os permitam se posicionar em campos de percepção e ação englobantes para apreender pontos de vista em ressonância e retornar, proteger e curar os seus.

SAUDADES DE HENRIQUE

Em 2009, sem saber ainda a melhor forma de despedir-me para um longo período de afastamento, abracei o senhor Henrique. Sofrendo com uma gripe aguda, ele passava agora seus dias deitado em sua rede reanimando o fogo que mantinha seu corpo aquecido. Não ia mais às rodas comer sua coca e também não era mais conduzido pelas mãos de seus netos durante as perambulações que fazia pelas casas de seus muitos *tẽh däh*, "filhos". Dei a ele minha rede e disse, com as poucas palavras hup que sabia, que no próximo ano nos reencontraríamos. Henrique olhou para mim e disse que não estaria mais lá quando eu voltasse. Seu filho, Américo, explicou-me que além da doença, seu pai tivera um terrível pesadelo, presságio de um agravamento da doença.

sonho 3 (S3): viagem ao mundo subterrâneo

Américo   O pessoal levou ele até no fundo. Esse dia ele ficou triste quando contou.
Köd ȋh   Por que trazer você pra cá? Você aqui não importa à gente. [...]
Henrique   Aqui é muito longe, aqui nessa terra [...]
Köd ȋh   De onde tu vem?
Henrique   De cima da terra. Não tem caminho pra chegar aqui nessa terra de vocês.
Américo   Ficou triste! Ele acordou.
Danilo   E como é o nome desse pessoal que levou ele?
Américo   *Köd' Däh.*
Henrique   Acordei.
Américo   *Nup tëg ham? Sug teg ham? Sug, Sug-Meh.*
Américo   Beija-flor. Essa canoa. Beija-flor e canoa.
Köd ȋh   Vai, vai com ele.
Henrique   Peguei com *Sug* mesmo. Aí, acordei na hora [...]
Américo   Quando às vezes sonha, ele viu assim.
Köd ȋh   Essa canoa vai pra chegar nessa sua terra [...]
Américo   Canoa ou escada ou caminho... Aí ele pega. Quando ele pega aí, ele acorda logo. Ele dorme e acorda e fica triste [...] Beija-flor é caminho mesmo. Lá no fundo ele vive.
Henrique   Rapaz. Não sei. Pra voltar, nem canoa nem nada aqui no fundo, embaixo, no fundo. [...] Quando você chega no fundo da terra, se não acordar, a essa hora já perde, você perdeu a vida [...] Você não volta não. Há essa hora você já morreu. Perdeu a vida. Chorando as outras pessoas... [...] Ficou triste esse dia ele [...]
Köd ȋh   Esse beija-flor vai pra chegar à sua terra... [...]
Henrique   Aqui tá muito ruim, não dá pra ficar. Não tem não, acabou.
Köd ȋh   É, vai direto até chegar essa terra [...]
Henrique   Quando acordei, [...] rapaz eu cheguei lá no fundo. O pessoal levaram pra mim [...] Minha vida, meu coração! Meu coração tá saindo! Aqui tá muito triste! Não dá pra mim, não!
Américo   Ele ficou triste, rapaz. Meu pai... A vida dele está lá ainda. Embaixo da terra. Aí eu chamei. Professor Rosalino benzeu pra ele e Ponciano

também. Duas vezes. Agora não. Só gripe mesmo. Quase já deu pneumonia pra ele.

Na época, interessado em realizar um estudo sobre a relação entre os sonhos e as rodas de coca, pedi a Américo para registrar a narrativa com o gravador. Não voltei a ela durante todo o percurso da pesquisa e análise, pois esse texto passou a ser visto por mim como um presságio da morte desse meu amigo que eu não tive, à época, sensibilidade para compreender. Em sua fala, o narrador reproduz os diálogos entre seu pai e o interlocutor, uma pessoa *k'öd*. Henrique parece ter tido seu *hąwäg* capturado por esses seres que, no entanto, manifestam seu desinteresse pelo velho Hup. O caminho inexistente surge apenas quando o xamã Hup assume a perspectiva *k'öd* e aceita viajar dentro de um beija-flor-canoa, para ascender novamente à sua terra. Desperto do pesadelo, Henrique narrou o sonho a seu filho que, preocupado, pediu que Rosalino, um xamã tukano, e Ponciano, um xamã Hup, realizassem benzimentos para cercar e proteger seu pai das investidas dos seres malfazejos.

Semanas depois de minha partida, Américo e Marino viajaram com o pai para São Gabriel, pois queriam que ele acessasse seu benefício de aposentadoria. Recuperado da forte gripe, o ancião navegou com seus dois filhos para a cidade numa canoa movida a rabeta. Durante o trajeto pelo rio Tiquié, fizeram trocas de aturás por dinheiro e peixes moqueados. Os quatro dias de viagem foram marcados pela exposição de Henrique ao sol forte, à chuva e ao frio. Tão logo chegaram à cidade, o pai estava novamente doente e precisou ser internado na CASAI.[14] Os filhos iam diariamente cuidar do pai, que estava sendo tratado por enfermeiros e técnicos de enfermagem do posto de saúde. Numa ida ao banheiro, Henrique desequilibrou-se, caiu e bateu sua cabeça. O traumatismo fez com que fosse levado de avião para Manaus, mas seu *hąwäg* deixou seu corpo durante o voo. Em meio à dor da perda, Américo voltou com o pai numa voadeira para enterrá-lo em suas terras junto à família. A revolta contra o descaso dos profissionais de saúde fez com que Américo, Conselheiro Distrital de Saúde hup, apresentasse denúncia ao Controle Social, órgão indígena que inspeciona a atuação em saúde na região. No meu caso, distante de São Gabriel, pude apenas conversar com pesquisadores e amigos da região para que ajudassem Américo em meio a sua indignação e tristeza.

---

14. Casa de Saúde Indígena (CASAI).

Como voltar à narrativa onírica sem entendê-la como um presságio da morte? Como não pensar no avião-voadeira como transformações temporais e materiais do beija-flor-canoa? Como não ver semelhanças entre os K'ọ̈d d'äh, povo subterrâneo, e os brancos de São Gabriel que, igualmente indiferentes ao ancião, provocaram indiretamente seu acidente, fizeram seu *hạwäg* deixar o corpo, e forneceram os meios de transporte para que esse velho Hup voltasse para a sua terra? Novamente em Tạt-Dëh, Henrique iniciaria sua jornada para a Serra Grande após o sepultamento de seu corpo. Seu B'atịb' continuaria sua rotina de colheita de folhas de coca, participação nos encontros noturnos e repouso na rede de dormir na morada do filho, por algum tempo, até que a casa fosse cercada por encantamentos e a saudade deixasse de habitar o peito de seus filhos e netos.

Retomar a viagem onírica ao subterrâneo de Henrique me faz perceber que só agora posso *esquecer meu esquecimento* para perceber como busquei, ao longo das viagens para as serras e da participação contínua nas rodas de coca, reencontrar a vida que fez nascer esse primeiro laço de amizade estabelecido entre eu, o pesquisador branco, e Henrique, um ancião Hup.[15] De certo modo, vejo agora que a experiência etnográfica e os movimentos de análise realizados constituíram-se como uma longa jornada em que procurei me situar com meus companheiros ao longo de múltiplas paisagens que me permitem ver agora a enunciação desse sonho como um aceno, um gesto sincero de alguém que está prestes a empreender uma grande viagem situada no intercurso entre a vida e a morte. Refletindo sobre um mito que ouviu de Artemio como uma história para ser recontada, Gow dirá que "Artemio me contou esta história. Entendê-la, portanto, exige mais conhecimento sobre Artemio, sobre mim, sobre aquela conversa, e sobre aquela noite".[16]

Enquanto a morte é marcada pela viagem à Paç Pög, a pessoa chega à vida conduzida pelo Rio-de-leite como um ancestral. Em meio a minha convivência com os Hupd'äh, sofri a dor da perda de meu avô e tive a alegria de ver nascer minha filha Rosa. Sentando nas rodas, fui guiado por sentidos e habilidades que fazem as pessoas crescerem à medida que se inserem em campos mútuos de percepção e ação. Seguindo os senhores pelos caminhos, viajei, como Henrique, para

---

15. Valendo-me das palavras de Goldman, "[...] foi também preciso escutar os tambores dos mortos para que os dos vivos passassem a soar de outra forma" (2003, p. 452).
16. Gow, 2001, p. 36.

a Serra Grande, essa *casa dos mortos*, que é também uma paisagem de criação e renovação da vida. Fui aos poucos entendendo que os movimentos das pessoas pelos percursos da mata, pelas trilhas da roça, pelas casas cósmicas, para as serras, de aldeia em aldeia e também para São Gabriel fazem de cada pessoa um emaranhado de linhas constituídas pelos passos, voos, navegações que fazem a vida fluir no contínuo entre a partida e a chegada, a saudação e o aceno da despedida, a saudade e a alegria do encontro. Narrando seu sonho ao filho como um presságio e aceitando ser benzido por outros xamãs, Henrique ensinava-nos a partir, para que num outro lugar, num outro tempo, depois de um longo caminho, o reencontro fosse possível, quem sabe, numa roda de coca onde todos estarão sentados no alto de uma imensa Serra Grande. De lá talvez se possa sentir confluir em si a ressonância de perspectivas e movimentos para gerar a vida pelos encontros dos círculos de coca e dos caminhos abertos pelo mundo.

À luz das rodas de coca

Sentado numa roda de coca, o etnógrafo alemão Theodor Koch-Grünberg observava de longe os *Maku escravos* acocorados num canto escuro da maloca tukano situada na margem direita do rio Tiquié. Naqueles meses de março e abril de 1904, o viajante rumava para Pari-Cachoeira com seu auxiliar, Schmidt, e sua equipe de remadores indígenas. A coca oferecida pelos anfitriões tukano era preparada pelos Maku que, quando não estavam pilando, reuniam-se para conversar entre si e beber cuias de caxiri.

Aproximando-se do pilão, o pesquisador tomou nota detalhadamente do processamento e da mistura da coca com as cinzas de embaúba. O sabor e o efeito estimulante da substância levaram-no a caracterizar a coca como boa para saciar a fome, para caminhar e para manter-se disposto durante as festas. Um paneiro, uma cuia, uma colher, uma cabaça e um saquinho são os utensílios que figuram nas fotos e desenhos em meio a seu relato científico. Sentindo o gosto da coca em sua boca e intrigado com esses *escravos Maku*, o viajante reuniu-os para uma foto e, depois, realizou com eles difíceis entrevistas linguísticas.

Como discutido, as impressões do pesquisador eram guiadas pela *mediação tukano* e levavam à apresentação de uma imagem negativa, depreciativa e preconceituosa desse povo, marcada por um modo de vida baseado na mobilidade (nomadismo),

Os Tukano de Pary-Cachoeira, que eram senhores muito acomodados e, como Schmidt afirmava maliciosamente, mal conheciam o caminho das suas próprias roças, mantinham escravos Maku, os quais lhes deviam fazer todos os trabalhos. Estes Maku, três homens cujo *iára* era o chefe, viviam com suas mulheres e numerosas crianças em algumas choças miseráveis na selva, perto do povoado. Quase cada dia vinham os homens para a maloca, trazendo aos seus senhores caça, peixes e frutas da mata ou se entregavam aos variados trabalhos caseiros. Os Tukano tratavam-nos bem, como aos animais mansos. [...] Os Maku do Tiquié que eu cheguei a ver, eram na média gente pequena, pouco mais de 1,50 m de altura, a cor da sua pele era clara. Eles tinham aspecto de mal nutridos, o que bem poderia ser atribuído à sua vida selvagem na mata. Especialmente caía na vista a compleição desproporcionada dos homens, seus braços longos, mãos e pés grandes, e pernas curvas, em forma de sabre. [...] O distintivo acentuado, porém, entre todos os Maku, é a boca em forma de focinho que fica externamente muito sublinhada pela dobra profunda da pele entre as ventas do nariz e os ângulos da boca.[1]

Entre a fisionomia e as tarefas realizadas para os Tukano, os apontamentos vão delineando uma imagem antropomorfa de homens com *boca em forma de focinho* e *pernas curvas em forma de sabre* que são escravos mal nutridos, trabalhadores subordinados aos senhores Tukano locais. Paradoxalmente, esses *mal nutridos* obtinham uma grande quantidade de carne, peixes e frutos para seus *senhores Tukano*. Os *animais mansos* que viviam em *choças miseráveis na floresta* eram, no entanto, perigosos inimigos a quem os Tukano atribuíam as mortes de seus parentes por feitiços e venenos.

À luz das rodas de coca e dos caminhos vividos descritos ao longo dessa tese, creio poder dizer que, à revelia do que pretendia o pesquisador alemão em seu relato, a imagem dos *homens com pernas como sabre* parece sintetizar a potência de andarilhos-guerreiros, mobilizando as potências de seus corpos *artefactuais*. Em sua adjetivação, o etnógrafo possivelmente traduz a percepção tukano de uma alteridade que via temerosamente as *pernas laminares hup* como instrumentos-armas para abrir caminhos, aniquilar presas e, xamanicamente, assassinar seus parentes. Talvez esses Maku-sabre não sejam tão diferentes do patriarca Moisés, cujos braços laminares abriram o mar Vermelho, ou das tartarugas-da-amazônia que rasgam a água dos rios com suas nadadeiras, afastam as nuvens negras para a cabeceira e têm a incrível capacidade de acalmar a fúria do Trovão e de seus cunhados felinos. Preparadores da coca, os Maku parecem agir como os viajantes Hup em plena visita às moradas cósmicas. Sentindo ainda os impactos do terror do *boom da borracha*, creio que essas pessoas maku provavelmente vestissem *roupas de animais mansos* para oferecer coca e acalmar a violência dos Tukano e de seu convidado, o ilustre pesquisador alemão branco, que os agredia com adjetivos desumanizadores, fotos impessoais e *torturantes sessões de trabalho linguístico*.

Nas rodas de coca, o Häw ressurgia nas lembranças de João como um branco, irmão de Peter, que caminhava pelas trilhas descalço, caçava com zarabatana, comia coca e ouvia bem os benzimentos. A

---

1. Koch-Grünberg, 1909/ 2005, p. 286–7.

etnografia compreensiva de Howard Reid e Peter Silverwood-Cope fizeram esses pesquisadores viverem na memória de alguns de meus interlocutores como *ingled'äh*, membros de um povo branco habilidoso e sensível, capaz de aprender a caçar e a caminhar como os Hupd'äh e Kákwa.

Entretanto, as rodas de coca presenciadas pelo Häw surgem apenas em poucas notas de Howard Reid em meio a colocações sobre o fraco xamanismo, sobre o desprazer das atividades árduas do *mundo da aldeia* e sobre a submissão dos Hupd'äh aos Tukano no *mundo dos índios do rio*. O pesquisador cindia, assim, o mundo vivido dos Hupd'äh para valorizar a imagem dos caçadores especialistas e decodificar as analogias entre as formas de classificação de animais, planos cósmicos, fases da vida, níveis florestais a partir da descrição indireta de ações rituais e xamânicas prototípicas. A mobilidade descrita por Reid revela-se marcada pelo caráter exploratório, técnico, utilitário e formal, distanciando-se dos *Maku-nômades e escravos* de Koch-Grünberg para propor um modelo que vê a *cultura hup* como moldada por práticas sociais que, imersas na natureza, buscam a satisfação de interesses individuais.

Em 2007, sentei-me numa roda de coca pela primeira vez na aldeia de Tɐt-Dëh a convite do senhor Henrique. Mal sabia que as conversas dos participantes, a cuia a circular de mão em mão, o soprar dos cigarros, o gosto do pó verde em minha boca já tramavam meus rumos aos destinos que percorreríamos juntos com passos e palavras entre encontros e despedidas. Na época, eu viajava com a equipe da SSL para visitar as comunidades Hup do rio Tiquié e realizar um diagnóstico para avaliar os impactos do processo de sedentarização sobre a saúde e a qualidade de vida dos Hupd'äh. Informados pelas análises de Reid e Silverwood-Cope, buscávamos encontrar, com os Hupd'äh, alternativas para a *pouca mobilidade atual* que fazia esses *caçadores especialistas* perderem sua prática tradicional devido aos impactos da agência missionária e do comércio local.

Preocupados com formas de minimizar as altas taxas de desnutrição e de mortalidade infantil, tentávamos propor soluções para problemas que levavam os Hupd'äh a serem subjugados por outros povos e se tornarem vítimas do inexorável avanço da sociedade envolvente. Distante do mundo vivido pelos Hupd'äh, valíamo-nos da mediação tukano e do caçador especialista (homem econômico ou *optimal*) para propor alternativas produtivas e econômicas que os fizessem transitar novamente por suas terras, caçar e aprimorar seus arranjos produtivos agrícolas.

Entendo que a coca oferecida para mim pelos senhores Hup em 2007 não era tão diferente daquela que em 1904 os Maku preparavam para que os Tukano servissem ao etnógrafo alemão, ou daquela que foi suprimida dos relatos de Reid. Representante da ONG, eu era um antropólogo que, de perto, comprometido com a intervenção e com a proposição de alternativas urgentes, via meus interlocutores apenas de longe, num distanciamento tão grande que comprometia a escuta e o surgimento da sensibilidade íntima para seus outros modos de ser e de agir. Dadas as restrições de tempo e recurso, deixávamos de vê-los como sujeitos de seus movimentos, ignorávamos suas trajetórias, suas experiências e seus modos singulares e múltiplos de posicionarem-se e engajarem-se mutuamente em processos de transformação ao longo do mundo.

A COCA DOS VIAJANTES

Numa de minhas viagens de volta a São Gabriel, enquanto seguíamos rio-abaixo em nossa voadeira, cruzamos com uma canoa grande na qual navegavam aproximadamente dez pessoas. Os tripulantes acenaram. Marcelino desligou o motor de popa e deixou a voadeira deslizar lentamente até a outra embarcação. Ponciano levantou-se sorrindo: *hąmąy am?*, "vocês estão indo embora já?". Aos pouco fomos cumprimentando seu filho, o prof. Sabino, sua cunhada e seus netos. Retornavam de São Gabriel, onde permaneceram durante aquele mês por conta do magistério indígena e de demandas burocráticas da Secretaria da Educação. Remexendo suas coisas, Ponciano retirou uma lata de leite do meio de suas roupas. Estendeu-a em minha direção e disse: *Amąn pub, wędęy, ąm!*, "Seu poder, coma"! Com a colherzinha de café, remexi o fundo da lata e trouxe à boca o pó verde para fortalecer-me para minha longa jornada de volta. Ponciano disse que sentiria saudades e que, em São Paulo, minha boca choraria pela falta da coca. Em pleno curso do rio Tiquié, despedimo-nos como os ancestrais Hup, partilhando o alimento primordial para buscar *formas de habitar o mundo*.

Navegando pelo Médio Tiquié, Koch-Grünberg visitou uma comunidade tukano próxima ao Conorý-Igarapé. Como visto, a aldeia Hup de Tạt-Dëh localiza-se perto da comunidade tukano do Cunuri na margem direita do rio Tiquié. O etnógrafo conta que toda a vasta região que se estendia desse igarapé até o rio Papuri era habitada por grupos maku. Retomando o processo de formação de Tạt-Dëh, é possível que esses grupos maku, aos quais se refere o pesquisador, sejam os antepassados de muitos de meus interlocutores Hupd'äh, que abriam seus caminhos e mudavam seus assentamentos no interior dessa vasta região interfluvial, tendo sempre como referência os morros, as cabeceiras, a Serra Grande e os rastros dos *hib'ạh tẹ̈h däh*.

Às vésperas das viagens, comer coca, discutir os itinerários e soprar os cigarros benzidos eram ações que nos fortaleciam para atravessarmos a floresta rumo às serras. Nas rodas de coca primordiais, Semente-de-Tabaco e seu irmão menor comeram coca, fumaram cigarros, conversaram e pensaram para encontrar seus rumos e entender as formas de habitar a terra após a saída *da água, do rio, da cobra*. Reunindo-se para comer coca ou para circular com as flautas Jurupari, os antepassados fortaleciam suas peles-cascas, faziam crescer seus pensamentos, brigavam, enfrentavam inimigos e reuniam-se novamente para coabitar outras paragens, partilhar novamente a coca e transformar seus filhos e netos em bravos guerreiros a partir de ações ritualizadas que fazem as linhas-vitais de antepassados e descendentes se interpenetrarem.

Nós, envoltos pela pele da muçurana-canoa-caminho e rondados pelo pajé em pele de onça, atravessamos diversas Moradas Antigas que suscitaram aos viajantes importantes atos de relembrar. Ao longo de nossos percursos de observação, a fertilidade das roças, a alegria dos Dabucuris, a violência das brigas misturavam-se ao sabor da carne das presas, ao frescor e doçura das águas das serras, a embriaguez da cachaça nas lembranças de nossos mentores. Percebemos que, atualmente, muitos caminhos, Moradas Antigas, roças e Casas-de-Pedra estão sob o domínio de seres perigosos como as Onças, Bisịw e Döh Ãy. Situando-nos pelos movimentos dessas paisagens, foi possível ver os deslocamentos para as cabeceiras dos antepassados, não como fugas diante da *invasão* de índios tukano (ou Betoya) e de brancos; não como formas de alternar a utilização dos recursos de dadas áreas exauridas, mas como aproximações a centros e meios progenerativos para banhos e sonhos, modos de ação de viajantes que buscavam situar-se em meio às transformações vivenciadas e para fazer convergir para si as potências de seres, percursos e paisagens.

As ações ritualizadas realizadas nas Casas-de-Pedra ou na Serra Grande permitem deslocamentos e encontros com antepassados importantes para a aquisição de habilidades xamânicas e para trazer à vida memórias, narrativas e vestígios. Dentro das cavernas-nascentes, a ingestão emética de águas-puras permite aos viajantes tornarem-se pessoas-sopro para deslocarem-se pela matriz dos múltiplos campos de rastros convergentes e retornarem, dia após dia, às rodas de coca. Na volta à aldeia, tais experiências fazem-nos cercar as famílias com paris de fumaça mais resistentes, guiar com mais atenção os recém-nascidos pelo Rio-de-leite, contar narrativas e benzimentos enriquecidos em detalhes, e oferecer coca para acalmar mais diplomaticamente a fúria de habitantes das Casas celestes, terrestres e ribeirinhas. Passam a ser capazes de perceber com maior atenção o surgimento de *lagos-de-leite* no centro da roda e de contribuir melhor com o crescimento de seus filhos, netos e das plantas de coca. Nas idas a São Gabriel, os senhores levam sua coca para proteger seus filhos e netos nessas paisagens urbanas. Levam suas latas também para oferecer aos parentes que se mudaram para São Gabriel, de modo que, comendo, lembrem-se de suas vidas em Tạt-Dëh e saibam encontrar o caminho de volta.

No esforço para situar um ponto de vista entre oposições como movimento-repouso, fluidez-forma, mobilidade-imobilidade, simetria-assimetria, sedentarismo-nomadismo, corpo-alma, procurei seguir as direções movediças, as linhas de fuga despontadas dos círculos de coca, campos de rastros que nos lançavam a percursos de observação abertos pelas palavras, pelos passos e pelos sopros. Os deslocamentos do vagar, do soprar e do narrar permitiram estabelecer as relações entre os modos de ação associados às rodas em paisagens distantes como o topo da Serra Grande, ou na imanência de nossos próprios corpos. Numa roda de coca, surpreso, senti a coceira de meu próprio pé como a reverberação visceral dos gestos de rodas de coca de minúsculos e abomináveis bichos do pé. Admirei com encantamento a vista do topo da Serra Grande como a paisagem da criação onde K'ẹg Tëh chamou e a humanidade respondeu. Intuí o crescimento de minha filha no ventre de minha esposa diante de um belíssimo Lago-de-leite materno.

Tentando acompanhar a organização da ação performática nela mesma, descrevi o modo de estruturação das *performances* na diferenciação dos participantes por suas posições, gestos e ações. Atento às articulações entre os modos de ação das rodas de coca, dos Dabucuris, dos encontros de caça e nascimentos, foi possível explicitar o contínuo dessa intensa vida ritual que atravessa as formas constantes de interação. Analisando as analogias, trajetórias de vida e memórias rituais, abriu-se a possibilidade de justapor à descrição da organização da ação performática nela mesma, a reflexão sobre a organização das ações performáticas para além delas mesmas.

A pesquisa de campo foi vagarosamente tornando-se uma travessia em meio à qual trilhávamos percursos de observação através das planícies florestais, do relevo dos morros, da arquitetura das casas cósmicas e dos vestígios das moradas antigas, para reunirmo-nos novamente em torno do pilão. Posicionados nesses círculos de coca e fumaça, os senhores Hup fazem convergir para si potências primordiais e situam-se, como os antepassados, para cercar, curar e manifestar a essência dos movimentos que fazem os seres pulsarem na partilha de um mesmo mundo vivido. Os movimentos dos viajantes e dos comedores de coca articulam múltiplos processos de educação da atenção para revelar sentidos no curso de engajamentos perceptuais totais. Posicionando-se em campos relacionais a estenderem-se continuamente, os viajantes Hup adquirem disposições e sensibilidades através das atividades práticas e situações concretas que os fazem voltar suas atenções para condensações rituais fundamentais à existência.

Enfocando as rodas de coca como *performances*, procurei mostrar como os encontros noturnos mobilizam modos de percepção e sensibilidades por meio de sequências de ações verbais e não verbais. A atenção para os gestos e alinhamentos corporais foi fundamental para entender a diferenciação das posições assumidas pelos participantes nas rodas como donos e apanhadores, bem como as analogias entre modos de ação de pessoas Hup, animais, plantas e *espíritos*. Não analisar as narrativas míticas transcritas e exegeses de benzimentos apenas como textos, mas também como modos de ação, foi essencial para acompanhar o fluxo intersemiótico de gestos narrados e gestos performados. Apenas dessa maneira foi possível encontrar no grito da parturiente Hup a potência do gesto vocal e da postura da égua e da anta; no sopro do xamã, o itinerário da tartaruga rumo à cabeceira; no riso do pajé, a omnipresença da onça-preta.

Levantando-se das rodas para as andanças como pessoas corporificadas ou perfazendo-se pessoas sopro para deslocar-se pelo cosmos, os viajantes indicavam as bases de um modo de agência constituído por distâncias que variam ao atravessar multiplicidades, por pessoas que, sentadas, deitadas ou a caminho, engajam-se diariamente em processos de transformação ao longo do mundo. Seguindo o itinerário da fumaça dos cigarros, percorri as linhas de fuga dos encontros noturnos traçadas pelos movimentos dos xamãs que viajam como palavras sussurradas, como sopros a estender-se pelo universo. Percebi que agências de abdução e transdução concentram os deslocamentos e interações do xamã nos cigarros fechados para, em seguida, como fumaça soprada, fazer ressoar no outro os movimentos do viajante e regenerar e/ou cercar a vida.

Outras linhas de fuga evidenciaram-se pelo exercício de abrir caminhos pela mata, pela sedução e combate das caças, e pelas ações ritualizadas no interior da Casa-dos-Animais. Andando envoltos pela pele da muçurana-canoa-caminho, os jovens acompanhavam os velhos senhores e aprendiam a situar-se em singularidades múltiplas, máquinas de guerra nômades poderosas, para afastar as jararacas, as onças, a terrível *Döh Ãy* e os brancos. Seguindo para as serras, os andarilhos faziam-se pescadores a transitar pelos igarapés experimentando os poços, as iscas e o sabor de diferentes tipos de peixe. Como caçadores, interagiam com animais lançando flechas, assobiando, analisando rastros atentamente e investindo contra jagarés, tamanduás, inambus. Desde pequenos, esses caminhantes aprendem que a alimentação carnívora depende da regeneração da vida dos animais e peixes pela ação mútua dos xamãs Hup. Os benzedores livram a carne das armas primordiais das presas, atenuam o calor e agressividade dos combates e conduzem os *espíritos* para suas moradas no exercício de um potente círculo de reciprocidade vital. Se antes, rumando para a Casa-dos-Animais, os xamãs percutiam a pedra acústica, ofereciam sopros vitais e tabaco ao *Bisiw* e conseguiam liberar animais dessa morada, num tempo em que feiticeiros inimigos sustentavam barreiras que tapavam os orifícios dos úteros ctônicos, os jovens caçadores enfrentam sérios desafios que geram dificuldades para a obtenção de presas.

Numa de minhas viagens a campo, fui guiado por minha orientadora Sylvia Caiuby Novaes para sentidos presentes na sociabilidade feminina da aldeia. Até então, minha atenção voltava-se apenas para as atividades masculinas no fluxo das quais eu era inserido diariamente por meus interlocutores, anciões, homens adultos e rapazes. Em campo, acompanhando a gravidez de minha esposa à distância, fui convidado pelas mulheres a participar de eventos como o banho dos bebês, a ouvir mitos e ensinamentos xamânicos femininos, enquanto minhas interlocutoras amamentavam, teciam, assavam o beiju ou ninavam seus filhos. Compreendi aos poucos que, seguindo para as roças, as gestantes fabricam seus corpos e fazem crescer seus fetos em movimento. E é em movimento que os xamãs conduzem a mãe e o recém-nascido pelo Rio-de-leite, visitando as Casas-do-Rio, banhando com águas puras e concentrando o sopro vital cercado no peito, na Casa-do-Pulsar. Com surpresa, entendi que, aos olhos dessas mulheres, minha filha crescia no ventre de Mariana diante de um Lago-de-leite. Tão distante de minha casa, eu começava a aprender com minhas interlocutoras a ser pai e a cuidar de minha filha em seus primeiros momentos de vida.

Imbuído dessa sensibilidade íntima, tentei ver os Lagos-de-leite a surgir diante dos comedores de coca, no ventre da gestante, na vista da Serra Grande não como a projeção de imagens ou como símbolos para serem decodificados pelo analista, mas como vestígios, campos de rastros a apontar sentidos desse centro ou meio progenerativo da vida imanentes aos afazeres diários de pessoas concretas, amigos, companheiros de viagem, mentores que me guiavam e me transformavam no curso de nossos percursos e encontros compartilhados. Minha atenção voltou-se assim menos para os contornos (*frames*) que destacam as ações do fluxo dos eventos cotidianos, e mais para as sutis condensações rituais, para o discreto movimento de pessoas que, em meio a seus afazeres, voltam suas atenções mutuamente para modos específicos de atuação. É a interpenetração dessas *formas constantes de interação*, o que permite fazer convergir potências, pontos de vista e sensibilidades para campos relacionais, abertos e porosos, a expandir-se e contrair-se para revelar paisagens e rituais como processos vitais que fazem as pessoas ao mesmo tempo em que são feitos por elas.

Assumindo uma abordagem *movediça* procurei religar os movimentos aos chamados padrões de mobilidade para descrever e analisar as experiências vividas mutuamente com meus interlocutores. Na tentativa de reverter a *mediação tukano* e a *mediação do homem especialista* que levaram pesquisadores e indigenistas a descreverem os Hupd'äh sob o signo da falta, como um povo sem rituais elaborados, de fraco xamanismo, com uma agricultura insignificante, sem canoas, vítimas do contato a perderem sua especialização como caçadores, seu modo de vida nômade, caminhando e sentando-me nas rodas, fui percebendo como nessa grande aldeia dita *sedentarizada* a *mobilidade* é nutrida diariamente pelos movimentos vivos de todos, seja como pessoas-sopro, seja como pessoas corporificadas numa existência em permanente estado de transformação.

A meu ver, em meio às águas negras do rio Tiquié, depois de tantos caminhos e rodas vivenciadas mutuamente, a oferta de coca de Ponciano não era mais um gesto para acalmar e proteger do branco, dando coca para o viajante estrangeiro, mas sim a partilha da coca dos viajantes Hup, com a qual, desde os tempos de Semente de Tabaco, os Hupd'äh se nutrem com essa potência primordial para deslocar-se pelo mundo. Sentando-me nas rodas de coca, situei-me em centros nodais que emaranham caminhos apenas para lançar-nos a outras tantas direções, fazendo a vida pulsar através de *performances* e paisagens, de perspectivas e sensibilidades, nos encontros de pessoas que são seus próprios movimentos e que, seguindo, perfazem-se.

Índice de mitos, benzimentos e sonhos

M1 A pescaria do B'aṭịb' (história de B'aṭịb'), 78, 89, 90, 92, 106, 113, 176, 255

M2 O grito de K'ẹg Tẽh, 83, 85, 89, 90, 163, 173, 194, 200, 203

M3 K'ẹg Tẽh e o aparecimento do curare, 85, 89, 90, 96, 260

M4 A Döh Ãy e seu marido, 88, 176, 261, 264, 320

M5 O Besouro e o Vaga-Lume, 91

M6 O caminho dos mortos, 110, 113, 190, 203

M7 História de Tõg, 110, 112, 113

M8 A história de Matumã, 111, 112, 148, 176

M9 História de Wed B'ọ̈', 130–132, 138, 142, 148, 153, 167, 176, 181, 293

M10 Ụy-tạk, 157, 176

M11 Hṳt Wäg Semente de Tabaco, 159, 164, 167

M12 A Anta e a Cutivaia, 159, 248, 257

M13 A dádiva da coca e do tabaco, 161, 164, 167, 173, 174, 181, 185, 189–191, 193, 194, 204, 207, 244, 247, 292, 357, 367

M14 Sobre a dádiva do tabaco, 170, 171, 173–176, 181, 194, 197, 241, 300

M15 Bisịw, o devorador de rapazes, 275, 277, 279, 292, 294, 297, 332, 337, 371, 380, 381

M16 A gestante tapada, 276–279, 313, 316, 389

M17 Viagem com as flautas, 356, 357, 363, 364, 367, 370, 386, 389, 390, 392, 394, 397

M18 O *caarpi* do Tamanduá, 367, 386, 392, 393, 395, 413

M19, 406

M20 A política da Cobra-Canoa, 414

B1 Pũ'ṳk bi'ịd Benzimento da coca, 132, 137, 138, 140–142, 144, 147, 181, 196, 200, 203, 249, 250, 267, 293, 370

B2 Hṳt bi'ịd Benzimento do tabaco, 178, 181, 182, 186, 190, 194–196, 198–201, 204, 207, 222, 256, 267, 325, 369, 373

B3 Sọ̈h tạ' bi'ịd Benzimento de cercar a chuva, ou o inverno, 212, 214, 216, 240, 242, 266

B4 Sọ̈h tạ' bi'ịd Benzimento de cercar a chuva, ou o inverno, 215–217, 228, 232, 234, 266, 324

B5 Tịwịt hamap bi'ịd ta' Benzimento dos caminhos, 218, 221, 225–228, 233, 235, 238, 241, 246, 251, 252, 254, 263, 266, 274, 320, 325, 370

B6 Tẽh Bi'ịd Benzimento do filho, 282, 288, 289, 293, 300, 313,

   316, 318, 319, 321, 325, 329, 331, 338, 356, 367, 372
B7 B'a' Bi'jd
  Benzimento do Beiju, 298, 303, 309–311, 313, 314, 324, 325, 338, 394

S1 O pai conta em sonho, 187, 189, 190, 193, 197, 200, 204, 206, 207, 396

S2 O sonho de Ponciano, 231, 234, 264

S3 Viagem ao mundo subterrâneo, 423

Bibliografia

ANDRELLO, Geraldo. 2006. *Cidade do índio*. São Paulo: Editora Unesp/ISA; Rio de Janeiro: NUTI.

_____. 2011. *Histórias tariano e tukano: política e ritual no rio Uaupés*. (mimeo)

ÁRHEM, Kaj. 1981. *Makuna social organization*. Stockholm: Almqvist & Wiksell.

_____. 1993. Ecosofia Makuna. In: CORREA RUBIO, François. *La selva humanizada: ecologia alternativa en el tropico húmedo colombiano*. Bogotá: Incan/Fondo FEN Colombia/Cerec.

_____. 1996. The cosmic food web. In: DESCOLA, Philippe; PÁLSSON, Gísli. *Nature and Society*. Londres/Nova Iorque: Routledge.

ASSOCIAÇÃO SAÚDE SEM LIMITES. 2010. *Saúde sexual e reprodutiva entre os Hupd'äh do Médio Tiquié*. São Gabriel da Cachoeira (AM).

_____. 2012. *Etnodesenvolvimento e alternativas econômicas para os Hupd'äh da região do Alto Rio Negro, Amazonas*. Relatório anual – Projetos demonstrativos de Povos Indígenas (PDPI). Ministério do Meio Ambiente.

ATHIAS, Renato. 1995. *Hupdah-Maku/Tukano: les rélations inègales entre deux societés du Uaupés Amazonien (Brésil)*. 1995. Tese (Doutorado em Antropologia). Université de Paris X Nanterre.

_____. 1998. Doença e Cura. *Horizontes Antropológicos*, ano 4, n. 9, p. 237-261.

_____. 2006. Os Hupd'äh. In: RAMIREZ, Henri. *A língua dos Hupd'äh do Alto Rio Negro*. São Paulo: Saúde Sem Limites.

_____. 2010. Ocupação espacial e territorialidade entre os Hupdah do Rio Negro, Amazonas. In: BECERRA, Gabriel. (org.) *Viviendo en el bosque*. Medellín: Ed. Universidad Nacional de Colombia.

AUSTIN, John. L. 1962. *How to do things with words*. Cambridge (MA): Harvard University Press.

AZEVEDO, Marta. 2003. Projeto Educação Indígena no Alto Rio Negro. In: *Programa Regional de Desenvolvimento Indígena Sustentável do Rio Negro*. São Gabriel da Cachoeira (AM).

BARCELOSNETO, Aristóteles. 2001. O universo visual dos Wauja (Alto Xingu). *Journal de la Société des Américanistes*, v. 87, p. 137-160, 2001.

_____. 2008. *Apapaatai*. São Paulo: Edusp.

BAKHTIN, Mikhail. 2006. *Estética da criação verbal*. São Paulo: Martins Fontes.

BARRETO, João Paulo L. 2013. *Wai-Mahsã: peixes e humanos*. Dissertação (Mestrado em Antropologia Social) – Programa de Pós Graduação em Antropologia Social, Universidade Federal do Amazonas, Manaus.

BASTOS, Álvaro da Cunha. 1971. *Noções de ginecologia*. São Paulo: Atheneu.

BAUMAN, Richard. 1977. *Verbal Art as Performance*. Illinois: Waveland press.

BAUMAN, Richard; SHERZER, Joel. 1989. *Explorations in the Ethnography of Speaking*. Cambridge: Cambridge University Press.

BECERRA, Gabriel; CALVO, Carlos & RUBIO, Dany. 1996/1997. Los Maku del noroeste amazônico. *Revista Colombiana de Antropología*, v. 33, p. 85-132.

BENJAMIN, Walter. 1992. Problemas da Sociologia da Linguagem. In: *Sobre arte, técnica, linguagem e política*. Lisboa: Relógio D'Água.

_____. 1993. A obra de arte na era de sua reprodutibilidade técnica. In: *Magia e técnica, arte e política*. São Paulo: Brasiliense.

BÍBLIA. *Êxodo*. Bíblia Sagrada. Edição Pastoral. São Paulo: Paulus, 1990.

BIOCCA, Ettore. 1965. Viaggi tra gli Indi: Alto Rio Negro-Alto Orinoco. *Consiglio Nazionale delle Richerche*, Roma.

BONATELLI, Marina. 2001. *Análise morfológica da placenta da Paca*. Dissertação (Mestrado em Medicina Veterinária) – Faculdade de Medicina Veterinária e Zootecnia, Universidade de São Paulo, São Paulo.

BUCHILLET, Dominique. 1983. *Maladie et mémoire des origins chez les Desana du Uaupés*. Thèse (doctorat en etnologie) – Université de Paris X, Paris.

CABALZAR, Flora. 2010. *Até Manaus, até Bogotá*. Tese (Doutorado em Antropologia Social) – Programa de Pós Graduação em Antropologia Social, Universidade de São Paulo, São Paulo.

CAIUBYNOVAES, Sylvia. 1986. *Mulheres, homens e heróis*. São Paulo: Editora FFLCH-USP.

_____. 1994. Aije. *Revista de Antropologia*, v. 37, p. 184-201.

_____. 1998. Paisagem Bororo. In: NIEMEYER, Ana Maria; GODOI, Emília P. *Além dos territórios*. Campinas: Mercado de Letras.

_____. 2012. Voyages as exercises of the gaze. *Vibrant, Virtual Braz. Anthr*, v. 9, n. 2, p. 272-291.

CARNEIRODA CUNHA, Manuela. 1998. Pontos de vista sobre a floresta amazônica. *Mana*, v. 4, n. 1, p. 7-22.

_____. 2009. *Cultura com aspas*. São Paulo: Cosac Naify.

CASTELLÓN, Eloy G.; SOUZA, Luiz Augusto G. 2012. *Projeto Fronteiras*. INPA.

CASTRO, João César Bedran; NOGUEIRA, Guilherme de Paula; OLIVEIRA, Cláudio Alvarenga. 2001. *Post partum reproductive assessment in lowland Tapir (Tapirus terrestris): a case report*. Braz. J. vet. Res. anim. Sci., São Paulo, v. 38, n. 6, p. 290-292.

CHAUMEIL, Jean-Pierre. 1983. *Voir, savoir, pouvoir*. Paris: EHESS.

COUDREAU, Henri A. 1887. *La France equinoxiale*. Vol. 2 – Voyage à travers les Guayanes et l'Amazone. Paris, 1887.

DE CERTEAU, Michel. 2011. *A invenção do cotidiano*. Vol. 1. Petrópolis: Vozes.

DELEUZE, Gilles; GUATTARI, Félix. 1995. *Mil platôs*. Vol 1. São Paulo: Editora 34.

_____. 1997. *Mil platôs*. Vol 5. São Paulo: Editora 34.

DESCOLA, Philippe. 1986. *La nature domestique*. Paris: Editions de la Maison des sciences de l'homme.

_____. 1998. Estrutura ou sentimento: a relação com o animal na Amazônia. *Mana*, v. 4, n. 1, p. 23-45.

DOUGLAS, Mary. 1976. *Pureza e Perigo*. São Paulo: Perspectiva.

EMST, P. van. 2010. Sometimiento voluntario. In: BECERRA, G. (org.). *Viviendo en el bosque*. Medellín: Ed. Universidad Nacional de Colombia.

EMMONS, Louise. 1990. *Neotropical Rainforest Mammals*. Chicago: The University of Chicago Press.

EPPS, Patience. *A Grammar of Hup*. 2005. Dissertation (Ph.D). Graduate Faculty of the University of Virginia.

EVANS, J.; BORTON, A.; HINTZ, H.; VLECK, L. 1997. *El caballo*. Zaragoza: Editorial Acribia.

FAUSTO, Carlos. 2002. Banquete de gente: comensalidade e canibalismo na Amazônia. *Mana*, v. 8, n. 2, p. 7-44.

_____. 2008. Donos demais: maestria e domínio na Amazônia. *Mana*, v. 14, n. 2, p. 329-366.

FAVRET-SAADA, Jeanne. 2009. *Désorceler*. Paris: Éditions de l'Olivier.

GALLOIS, Dominique. 1996. Xamanismo Waiãpi. In: LANGDON, Esther (org.). *Xamanismo no Brasil*. Florianópolis: Ed. UFSC.

GARCIA, Uirá Felippe. 2010. *Karawara: A caça e o mundo dos Awá-Guajá*. Tese (Doutorado em Antropologia) – Faculdade de Filosofia, Letras e Ciências Humanas, Universidade de São Paulo.

GELL, Alfred. 1998. *Art and Agency*. Oxford: Caledon Press.

GENERRE, Maurizzio. 1991. *Linguagem, escrita e poder*. São Paulo: Martins Fontes.

GIACONE, Antonio. 1969. *Os Tukano e outras tribos do rio Uaupés*. São Paulo, [s.n].

GOLDMAN, Marcio. 2003. Os tambores dos mortos e os tambores dos vivos. *Revista de Antropologia*, São Paulo, USP, v. 46, n. 2. p. 445-447.

GOLDMAN, Irving. 1972. *The Cubeo*. Urbana: University of Illinois Press.

GOW, Peter. 2001. *An Amazonian Myth and its History*. New York: Oxford University Press.

_____. 1997. O parentesco como consciência humana. Mana, v. 3, n. 2.

GRAHAM, Laura R. 2003. *Performing Dreams*. Austin: University of Texas Press.

HOUSEMAN, Michael; SEVERI, Carlo. 2009. *Naven ou le donner à voir*. Paris: CNRS-Éditions.

HUGH-JONES, Christine. 1976. *Skin and Soul*. Actes du XLII Congres International des Américanistes, Vol. II, Paris.

_____. 1979. *From the Milk River*. Cambridge: Cambridge University Press.

HUGH-JONES, Stephen. 1979. *The Palm and the Pleiades*. Cambridge: Cambridge University Press.

_____. 1993. Clear Descent or Ambiguous Houses ? A Re-Examination of Tukanoan Social Organisation. *L'Homme*, Paris, École des Hautes Études en Sciences Sociales, v. 33, n. 126/128, p. 95-120, abril/dezembro, 1993.

_____. 1995. Coca, beer, cigars and yagé. In: GOODMAN, Jordan; LOVEJOY, Paul; S.E. RATT, Andrew. *Consuming habits*. London and New York: Routledge.

_____. 1996. Shamans, prophets, priests, and pastors. In: HUMPHREY, Caroline; THOMAS, Nicholas (org.). *Shamanism, History, and the State*. Ann Arbor: University of Michigan Press, p. 32-75.

_____. 2009. The fabricated body. In: SA N.O.-GRANERO, Fernando. *The occult life of things*. Tucson, University of Arizona Press.

_____. 2012. Escrever na pedra, escrever no papel. In: ANDRELLO, Geraldo (org). *Rotas de criação e transformação*. São Gabriel da Cachoeira e São Paulo, ISA/FOIRN.

HUMPHREY, Caroline.; LAIDLAW, James. 2004. *The Archetypal Actions of Ritual*. Oxford: Clarendon.

INGOLD, Tim. 2000. *The Perception of the Environment*. London: Routledge.

_____. 2004. Culture on the ground. *Journal of Material Culture*. v. 9, n. 3, p. 315-340.

_____. 2007. *Lines: A Brief History*. London: Routledge.

_____. 2011. *Being Alive*. London: Routledge.

JACKSON, Jean. 1983. *The Fish People*. Cambridge: Cambridge University Press.

JACOPIN, Pierre-Yves. 2010. Structuralisme et ethnographie. Maguaré, Bogotá, Numero especial de homenaje a Claude Lévi-Strauss.

JAGUAR CONSERVATION FUND. *A onça-pintada*. Disponível em: <https://bit.ly/2MquN9B>. Acesso em: 18 mai. 2013.

JOURNET, Nicolas. 1995. La paix des jardins. *Institut d'Ethnologie*, Paris.

KARADIMAS, Dimitri. 2000. La parole engendrée: Analyse des conceptions miraña de la prise de coca. In: JAMARD, J-L., TERRAY, E. et XANTHAKOU, M. (orgs). En substances. Textes pour Françoise Héritier. Paris: Fayard, p. 443-456.

KELLY, George. 1955. *The Psychology of Personal Constructs*. New York: Ed. Norton.

KENDON, Adam. 2004. *Gesture: Visible Action as Utterance*. Cambridge: Cambridge University Press.

KESSLER, Danny; DIEZEL, Celia; BALDWIN, Ian. 2010. Changing Pollinators as a Means of Escaping Herbivores. *Current Biology*, v. 20, n. 3, Maryland Heights, Cell Press.

KOCH-GRÜMBERG, Theodor. *Dois anos entre os indígenas*. Manaus: EDUA/FSDB, [1909] 2005.

_____. Die Maku. In: BECERRA, G. (org). *Viviendo en el bosque*. Medellín: Ed. Universidad Nacional de Colombia, 2010.

KRAUS, Michael. 2004. Y cuándo finalmente pueda proseguir, eso solo ló saben lós dioses. *Boletín de Antropología*, Medellín, v. 18, n. 35, p. 192-209.

KUPER, Adam. 1978. *Antropólogos e antropologia*. Rio de Janeiro: Ed. Francisco Alves.

LANGDON, Thomas A. 1975. *Food Restrictions in the Medical System of the Barasana and Taiwano Indians of the Colombian Northwest Amazon*. 1975. 302 f. Thesis (Ph.D. in Philosophy) – Tulane University, New Orleans.

LEACH, Edward. *Culture and Communication*. Cambridge: Cambidge University Press, 1976.

LÉVI-STRAUSS, Claude. O triângulo culinário (1968). In: GOLDBERG, Ana M.; NETTO, C.; BONUMÁ, Eduardo. *Lévi-Strauss*, São Paulo, [s.n.].

_____. *O Pensamento selvagem*. Campinas: Papirus, 2002.

_____. *Antropologia estrutural*. Rio de Janeiro: Tempo Brasileiro, 2003.

_____. *O Cru e o cozido*. São Paulo: Cosac Naify, 2004a.

_____. *Do mel às cinzas*. São Paulo: Cosac Naify, 2004b.

LIMA, Tânia Stolze. *Um peixe olhou para mim*. São Paulo: Editora Unesp, 2005.

LOLLI, Pedro. *As redes de trocas rituais dos Yuhupdeh no igarapé Castanha, através dos benzimentos (mihdiid) e das flautas jurupari (Ti')*. Tese (Doutorado em Antropologia Social) – Universidade de São Paulo, São Paulo, 2010.

MARQUES, Bruno. *Figuras do movimento: Os Hupda na literatura etnológica do Alto Rio Negro*. Dissertação (Mestrado em Antropologia Social) – Programa de Pós Graduação em Antropologia Social, Museu Nacional, Universidade Federal do Rio de Janeiro, Rio de Janeiro, 2009.

MAY JR., Joares A. *Avaliação de parâmetros fisiológicos e epidemiológicos da população de anta-brasileira (Tapirus terrestris, Linnaeus, 1758) na Mata Atlântica do Parque Estadual Morro do Diabo, Pontal do Paranapanema, São Paulo*. Dissertação (Mestrado em Epidemiologia Experimental Aplicada às Zoonoses) – Faculdade de Medicina Veterinária e Zootecnia, Universidade de São Paulo, São Paulo, 2011.

MAUSS, Marcel. *Sociologia e antropologia*. São Paulo: Cosac Naify, 2003.

MCCALLUM, Cecilia. O corpo que sabe. In: ALVES, Paulo C.; RABELO, Mirian C. *Antropologia da saúde*. Rio de Janeiro: Relume Dumará, 1998.

_____. *Gender and Sociality in Amazonia*. Oxford and New York: Berg, 2001.

MERLAU-PONTY, Maurice. *Fenomenologia da Percepção*. São Paulo: Ed. Martins Fontes, 2011.

MÉTRAUX, Alfred. The hunting and gathering tribes of the Rio Negro BasIn: In: S.E. ARD, J. *Handbook of South American Indians*. New York: Ed. Cooper Square Publishers, 1963.

MONTEIRO, Lirian. *Territorialidade e mobilidade Hupd'äh*. Dissertação (Mestrado em Antropologia Social) – Programa de Pós Graduação em Antropologia Social, Universidade Federal da Bahia, Salvador, 2011.

_____. Correspondência eletrônica (Comunicação pessoal). São Gabriel da Cachoeira, 2013.

MÜNZEL, Mark. Notas preliminares sôbre os Kabori (Makú entre o Rio Negro e o Japurá). *Revista de Antropologia*, São Paulo, v.17/20, p. 137-181, 1969/1972.

NIMUENDAJÚ, Curt. *Textos indigenistas*. São Paulo: Ed. Loyola, 1982.

ORGANIZAÇÃO MUNDIAL DA SAÚDE. *Assistência ao Parto Normal*. Brasília, Ministério da Saúde, 1996.

PESSOA, Fernando. Tabacaria. In: _____. *Ficções do interlúdio*, São Paulo, Cia. das Letras, 2002.

PIEDADE, Acácio T. *Música Ye'pâ-Masa*. Dissertação (Mestrado em Antropologia Social) – Programa de Pós Graduação em Antropologia Social, Universidade Federal de Santa Catarina, Florianópolis, 1997.

POZZOBON, Jorge. *Parenté et Demographie chez les Indiens Maku*. Thèse (Doctorat en Ethnologie) – U. F. D'Ethnologie, Anthopologie e Science des Religions, Université de Paris VII, Paris, 1991.

_____. *Isolamento e endogamia*. Dissertação (Mestrado em Antropologia Social) – Pós-graduação em Antropologia, Política e Sociologia, Universidade Federal do Rio Grande do Sul, Porto Alegre, 1983.

_____. *Sociedade e improviso*. Rio de Janeiro: Museu do Índio/Funai, 2011.

PRITCHARD, Peter C. *Encyclopedia of Turtles*. Neptune, TFH PUBL, 1979.

RAMIREZ, Henri. *A língua dos Hupd'äh do Alto Rio Negro*. São Paulo: Editora Associação Saúde Sem Limites, 2006.

RAMOS, Alcida et. al. *Hierarquia e simbiose*. Brasília: Hucitec, 1981.

REICHEL-DOLMATOFF, Gerardo. *Los Kogi*, Bogotá: Procultura, 1949.

_____. Desana curing spells. *Journal of Latin American Lore*, University of California, Los Angeles, p. 157-219, 1976.

_____. *El chamán y el jaguar*. Bogotá: Ed. Siglo Veintiuno, 1978.

_____. *Desana*. Bogotá: Procultura, 1986.

_____. *Shamanism and Art of the Eastern Tukanoan Indians*. Leiden: E. J. Brill, 1987.

_____. *The Forest Within*: London: Themis Books, 1996.

REID, Howard. Dreams and their interpretation among the Hupd'äh Maku Indians of Brazil. *Cambridge Anthropology*, v. 4, n. 3, 1978.

_____. *Some aspects of movement, growth and change among the Hupdu Maku Indians of Brazil*. Thesis (PhD in Social Anthropology) – Faculty of Archaeology and Anthropology, University of Cambridge, Cambridge, 1979.

SAHLINS, Marshall. *Stone Age Economics*. Chicago & New York: Aldine/Atherton Inc., 1978.

_____. O "pessimismo sentimental" e a experiência etnográfica. *Mana*, Rio de Janeiro, v. 3, n. 2, p. 41-73; p. 103-150, out./1997.

SANTOS, Tatiana. *A relação materno-fetal em Tayassuidae: catetos (Tayassu tajacu LINNAEUS, 1758) e Queixadas (Tayassu pecari LINK, 1795)*. Tese (Doutorado em Anatomia dos animais domésticos) – Faculdade de Medicina Veterinária e Zootecnia, Universidade de São Paulo, São Paulo, 2002.

SANTOS, Pablo de Queiroz; SOUZA, Maria de Lourdes; PINHEIRO, Carlos E. de Andrade; SA N.O., Marcos Leite dos; MONTICELLI, Marisa; DINIZ, Carmen Simone G. Maternal position at birth and newborn Apgar score. *Online Brazilian Journal of Noursing*, v. 8, n. 3, 2009.

SCHADEN, Egon. A obra científica de Koch-Grünberg. *Revista de Antropologia*, São Paulo, v. 1, n. 2, p. 133-136, 1953.

SCHECHNER, Richard. *Between Theater and Anthropology*. Philadelphia: University of Pennsylvania press, 1985.

SCHOUTEN, André-Kées. *Do estruturalismo ao perspectivismo, uma história de vencedores nas terras baixas sul americanas*. [no prelo], 2010.

SEEGER, Anthony. *Os índios e Nós: Estudos sobre sociedades tribais brasileiras*. Rio de Janeiro: Ed. Campus, 1980.

SEVERI, Carlo. *La memoria ritual*. Castilla: Ediciones Abya-Yala, 1996.

_____. A palavra emprestada ou como falam as imagens. *Revista de Antropologia*, USP, São Paulo, v. 52, n. 2, p. 459-502, 2009.

SEYMOUR, Kevin. Panthera Onca. *Mammalian Species*, n° 340, p. 1-9. The American Society of Mammalogists, Lawrence, 1989.

SILVA, Alcionilio Brüzzi Alves da. *A civilização indígena do Uaupés*. São Paulo: Centro de pesquisas de Iauareté, 1962.

SILVA, Marlene F.; LISBÔA, Pedro L. B.; LISBÔA, Regina C. L. *Nomes vulgares de plantas amazônicas*. Manaus: Editora INPA, 1977.

SILVERWOOD-COPE, Peter. *A contribution to the ethnography of the colombian Maku*. Thesis (Ph.D. in Social Anthropology), University of Cambridge, Cambridge, 1972.

_____. *Os Maku: povo caçador do noroeste da Amazônia*. Brasília: Ed. Universidade de Brasília, 1990.

SOCIEDADES BÍBLICAS UNIDAS. 2013. *Provável rota do êxodo*. Disponível em: <https://goo.gl/wfMWi9>. Acesso em: 18 mai. 2013.

STEELE, John. Perfumeros and the sacred use of fragrance in Amazonian shamanism. In: DROBNICK, Jim. *The Smell Culture Reader*. Oxford and New York: Berg, 2006.

STREET, Brian. What's "new" in New Literacy Studies? *Current Issues in Comparative Education*, Columbia, v.5, n. 2., 2003.

SULKIN, Carlos D. L. *Muinane: um projecto moral a perpetuidad*. Medellín: Editora Universidad de Antioquia, 2004.

TASTEVIN, Constant. Os Makú do Japurá. In: FAULHABER, Priscila; MONSERRAT, Ruth (orgs.). *Tastevin e a etnografia indígena: coletânea de traduções de textos produzidos em Tefé (AM)*. Rio de Janeiro: Ed. Museu do Índio, 2008.

TAUSSIG, Michael. *Xamanismo, colonialismo e o homem selvagem*. Rio de Janeiro: Ed. Paz e Terra, 1987.

TAUSSIG, Michael. *Mimesis and Alterity*. London and New York: Routledge, 1993.

TAYLOR, Anne-Christine. The soul's body and its states. *The journal of the Royal Anthropological Institute*, v. 2, n. 2, 1996.

TERRIBILINI, Mario; TERRIBILINI Michel. Enquete chez des indiens Maku Du Caiari-Uaupes. Bulletin de La Société Suisse des Américanistes, Geneva, v. 21, p. 2-10, 1960.

TOK & STOK. Produto Eco-social: Banco Kumurõ. Disponível em: <https://goo.gl/jP7FPJ>. Acesso em 08 de novembro de 2011.

TORRES, Alcides Di Paravicini. *Animais da fazenda brasileira*. São Paulo: Melhoramentos, 1958.

TURNER, Victor. *O processo ritual*. Petrópolis: Ed. Vozes, 1974.

_____. *The forest of symbols*. Ithaca: Cornell University Press, 1967.

_____. *From ritual to theatre: the human seriousness of play*. New York: PAJ Publications, 1982.

_____. *The anthropology of performance*. New York: PAJ Publications, 1988.

VELASQUEZ, Jaime. *Ecologia e Conservação de Peltocephalus dumerilianus (testudines podocnemididae) em Barcelos, Amazonas*. Tese. Doutorado em Ciências Biológicas, Programa de Pós-Graduação em Biologia Tropical e Recursos Naturais (INPA/UFAM), Universidade Federal do Amazonas, Manaus, 2007.

VIVEIROS DE CASTRO, Eduardo. A fabricação do corpo na sociedade xinguana. *Boletim do Museu Nacional*, n° 32, 1979.

_____. *A inconstância da alma selvagem e outros ensaios*. São Paulo: Cosac Naify, 2002.

_____. Sociedades minimalistas. *Anuário Antropológico 85*, Brasília, p. 265-282, 1986.

_____. Os pronomes cosmológicos e o perspectivismo ameríndio. *Mana*, Rio de Janeiro, v. 2, n. 2, p. 115-114, 1996.

_____. Xamanismo transversal. In: QUEIROZ, Rubens; NOBRE, Renarde Freire. (orgs). *Lévi-Strauss: leituras brasileiras*. Belo Horizonte: Ed. UFMG, 2008.

VON IHERING, Rudolf. *Dicionário dos animais do Brasil*. São Paulo: Secretaria da Agricultura, Indústria e Comércio do Estado de São Paulo, 1940.

WALLACE, Alfred Russel. *A Narrative of Travels on the Amazon and Rio Negro [1889]*. Reprint. New York: Dover, 1972.

WAGNER, Roy. The fractal person. In: GODELIER, Maurice., STRATHERN, Marilyn. (Ed.) *Big Men and Great Men. Personifications of Power in Melanesia*. Cambridge: Cambridge University Press, p. 159-173, 1991.

_____. *A invenção da cultura*. São Paulo: Cosac Naify, 2010.

_____. *Symbols that Stand for Themselves*. Chicago: The University of Chicago Press, 1986.

WHIFFEN, Thomas. *The North-West Amazons*. London: Constable and Company Ltd., 1915.

WRIGHT, Robin. *História indígena e do indigenismo no Alto Rio Negro*. São Paulo: ISA/Mercado das Letras, 2005.

ZILBERBERG, Claude. Précis de grammaire tensive. *Tangence*, n. 70, p. 111-143, 2002.

Agradecimentos

À professora Sylvia Caiuby Novaes, por me guiar com atenção, carinho, entusiasmo e rigor pelos caminhos e descaminhos desta tese.

Ao Marcelino Massa, amigo e mestre, sempre pronto a me ensinar e a me acompanhar nas reflexões, na navegação e nas lutas.

Aos Hupd'äh de Tạt-Dëh como um todo, e em específico ao Henrique Socot *B'ǫ'* (*in memoriam*), ao Samuel Monteiro *M'ẹh Sɨh*, ao Ponciano Socot *Hụd*, ao José Socot *K'ọ̈d*, ao Vicente Monteiro *B'ǫ'*, ao Miguel Oliveira *Dọ̈g*, ao João Oliveira *Họ̈p ɨ̃h*, ao Manuel Barbosa *Wịh*, ao Evaldo Pires *B'ǫ'*, ao Aristides Monteiro *M'ẹh Sɨh*, ao Angélico *M'ẹh Sɨh*, à Suzana Monteiro *Nahaw*, ao Sabino Monteiro *Ed*, ao Américo Socot *Kä'*, à Isabel Socot *Kǫk*, ao Álvaro Socot *B'ǫ'*, à Carmen Socot *Pëd*, à Tereza Socot *Mụn*, ao Elias Brasil *Pịj*, ao Jovino Socot *Hụd*, à Amália Salustiano *Hụy*, pelo acolhimento, pelo companheirismo, pelo interesse e pela amizade em meio às cuias de coca, às festas de caxiri e aos caminhos trilhados.

Aos professores John Cowart Dawsey e Renato Sztutman, pelas sugestões e pelas críticas no exame de qualificação.

Aos professores Márcio Silva, Dominique Gallois e Marta Amoroso, pelas sugestões, pelas críticas e pelas ajudas em momentos cruciais do trabalho.

À professora Patience Epps, pela viagem, pelas traduções, pelas indagações e pelas experiências compartilhadas.

Ao professor Luis Schiesari, pelas orientações e pelas referências em Zoologia.

À Lirian Monteiro, à Georgia Silva, e à Fernanda Nunes, pelos engajamentos e pelas ações compartilhadas.

Ao Pedro Lolli, ao Diego Rosa Pedroso e ao Bruno Marques, pela amizade, pelas conversas, pelas sugestões, pelas críticas e pelos rumos conjuntos.

Ao Frederic Pouget, pela amizade, pelas sugestões, pelas orientações arqueológicas e pelas reflexões compartilhadas.

Ao André-Kees Schouten, ao Giovanni Cirino, ao Romain Bragard, ao Herbert Rodrigues, à Joana Cabral de Oliveira, Andrea Cadena Giberti e Fábio Cesar Alves pela amizade, pelas conversas e pelo interesse.

Ao Alexandre Kuma, ao Carlos Assan, ao Francisco Merçon, ao Flávio di Sarno, Laura Sobral e ao Diego Bellorin, pela amizade e pelo auxílio quanto à preparação de fotos, mapas e textos.

Aos colegas do Núcleo de Antropologia da *Performance* e do Drama (NAPEDRA) e do Centro de Estudos Ameríndios (CESTA), pelo apoio, pelo interesse e pelos debates.

À equipe técnica do Laboratório de Imagem e Som em Antropologia (LISA), Mariana Vanzolini, Leonardo Fuzer, Ricardo Dionisio e Paula Morgado, pela colaboração, pelo suporte e pelas orientações.

À Bonnie Chaumeil, pelo acolhimento, pelas conversas e pela convivência estimulante durante o estágio no EREA.

Aos professores Valentina Vapnarsky, Isabelle Daillant, Florencia Tola e Jean-Pierre Chaumeil, pelas conversas e pelas sugestões, e por terem me recebido para a realização de meu estágio no EREA.

Ao David Jabin, ao Ernesto Belo e à Larissa Barcellos, amigos e colegas do EREA, pela convivência e pelo estímulo ao trabalho.

Ao professor Stephen Hugh-Jones, que me acolheu tão bem em Cambridge e disponibilizou materiais e artigos fundamentais para este trabalho.

Ao professor Carlo Severi, que me recebeu no seminário *L'image rituelle* (EHESS).

À professora Luciana Storto e ao meu colega Wallace Andrade, pela ajuda e pelas orientações no trabalho linguístico.

Ao professor Renato Athias e à Maria Elvira Toledo, pelo interesse e pelo estímulo ao trabalho.

Aos professores Anamaria Ospina e Gabriel Cabrera, pelo acolhimento na Colômbia, pelas sugestões, pela disponibilização de materiais e pela ajuda à pesquisa.

À Mariana, por me esperar, por me acolher e por me dar forças sempre.

À Rosa, por sorrir e animar toda a vida que este trabalho procura transmitir.

À minha mãe Lúcia, pelo interesse, pela correção dos textos, pelo afeto, pelo apoio incondicional e pelas ajudas.

Ao meu pai, Valdecir Ramos, pelo interesse e incentivo.

Ao meu irmão André, pelas conversas, pelas ajudas e pelo carinho.

Aos meus avós, Maria da Anunciação e Afonso Henrique (*in memoriam*), pelo carinho, pelo interesse, pela preocupação e pelos tantos ensinamentos.

À Associação Saúde Sem Limites (SSL), por despertar em mim o interesse pelo mundo vívido dos Hupd'äh, por contribuir com equipamentos, transporte, alojamento durante as viagens de campo e pela concessão de materais e de dados.

À Biblioteca Mário de Andrade, por propiciar um ambiente adequado ao trabalho de escrita, de análise e de reflexão durante o período de redação da tese.

Ao Centre Enseignement et Recherche en Ethnologie (EREA), pelas condições de trabalho e pelo estímulo à pesquisa durante o estágio na França.

À Federação das Organizações Indígenas do Rio Negro (FOIRN), pela autorização, pelo interesse e pelo suporte à pesquisa e às viagens.

À FOIRN e ao Instituto Sócio-Ambiental (ISA) pela concessão de base cartográfica para a composição dos mapas da tese.

À FUNAI, pelas autorizações e suportes à pesquisa.

À FAPESP, pela bolsa e pela verba do projeto temático (NAPEDRA) concedidas a esta pesquisa.

À CAPES, pela bolsa de doutorado-sanduíche.

COLEÇÃO «HEDRA EDIÇÕES»

1. *A metamorfose*, Kafka
2. *O príncipe*, Maquiavel
3. *Jazz rural*, Mário de Andrade
4. *O chamado de Cthulhu*, H. P. Lovecraft
5. *Ludwig Feuerbach e o fim da filosofia clássica alemã*, Friederich Engels
6. *Hino a Afrodite e outros poemas*, Safo de Lesbos
7. *Præterita*, John Ruskin
8. *Manifesto comunista*, Marx e Engels
9. *Rashômon e outros contos*, Akutagawa
10. *Memórias do subsolo*, Dostoiévski
11. *Teogonia*, Hesíodo
12. *Trabalhos e dias*, Hesíodo
13. *O contador de histórias e outros textos*, Walter Benjamin
14. *Diário parisiense e outros escritos*, Walter Benjamin
15. *Don Juan*, Molière
16. *Contos indianos*, Mallarmé
17. *Triunfos*, Petrarca
18. *O retrato de Dorian Gray*, Wilde
19. *A história trágica do Doutor Fausto*, Marlowe
20. *Os sofrimentos do jovem Werther*, Goethe
21. *Dos novos sistemas na arte*, Maliévitch
22. *Metamorfoses*, Ovídio
23. *Micromegas e outros contos*, Voltaire
24. *O sobrinho de Rameau*, Diderot
25. *Carta sobre a tolerância*, Locke
26. *Discursos ímpios*, Sade
27. *Dao De Jing*, Lao Zi
28. *O fim do ciúme e outros contos*, Proust
29. *Pequenos poemas em prosa*, Baudelaire
30. *Fé e saber*, Hegel
31. *Joana d'Arc*, Michelet
32. *Livro dos mandamentos: 248 preceitos positivos*, Maimônides
33. *Eu acuso!*, Zola | *O processo do capitão Dreyfus*, Rui Barbosa
34. *Apologia de Galileu*, Campanella
35. *Sobre verdade e mentira*, Nietzsche
36. *Poemas*, Byron
37. *Sonetos*, Shakespeare
38. *A vida é sonho*, Calderón
39. *Sagas*, Strindberg
40. *O mundo ou tratado da luz*, Descartes
41. *Fábula de Polifemo e Galateia e outros poemas*, Góngora
42. *A vênus das peles*, Sacher-Masoch
43. *Escritos sobre arte*, Baudelaire
44. *Cântico dos cânticos*, [Salomão]
45. *Americanismo e fordismo*, Gramsci
46. *Balada dos enforcados e outros poemas*, Villon
47. *Sátiras, fábulas, aforismos e profecias*, Da Vinci
48. *O cego e outros contos*, D.H. Lawrence
49. *Imitação de Cristo*, Tomás de Kempis
50. *O casamento do Céu e do Inferno*, Blake
51. *Flossie, a Vênus de quinze anos*, [Swinburne]
52. *Teleny, ou o reverso da medalha*, [Wilde et al.]
53. *A filosofia na era trágica dos gregos*, Nietzsche
54. *No coração das trevas*, Conrad
55. *Viagem sentimental*, Sterne

56. *Arcana Cœlestia* e *Apocalipsis revelata*, Swedenborg
57. *Saga dos Volsungos*, Anônimo do séc. XIII
58. *Um anarquista e outros contos*, Conrad
59. *A monadologia e outros textos*, Leibniz
60. *Cultura estética e liberdade*, Schiller
61. *Poesia basca: das origens à Guerra Civil*
62. *Poesia catalã: das origens à Guerra Civil*
63. *Poesia espanhola: das origens à Guerra Civil*
64. *Poesia galega: das origens à Guerra Civil*
65. *O pequeno Zacarias, chamado Cinábrio*, E.T.A. Hoffmann
66. *Um gato indiscreto e outros contos*, Saki
67. *Viagem em volta do meu quarto*, Xavier de Maistre
68. *Hawthorne e seus musgos*, Melville
69. *Ode ao Vento Oeste e outros poemas*, Shelley
70. *Feitiço de amor e outros contos*, Ludwig Tieck
71. *O corno de si próprio e outros contos*, Sade
72. *Investigação sobre o entendimento humano*, Hume
73. *Sobre os sonhos e outros diálogos*, Borges | Osvaldo Ferrari
74. *Sobre a filosofia e outros diálogos*, Borges | Osvaldo Ferrari
75. *Sobre a amizade e outros diálogos*, Borges | Osvaldo Ferrari
76. *A voz dos botequins e outros poemas*, Verlaine
77. *Gente de Hemsö*, Strindberg
78. *Senhorita Júlia e outras peças*, Strindberg
79. *Correspondência*, Goethe | Schiller
80. *Poemas da cabana montanhesa*, Saigyō
81. *Autobiografia de uma pulga*, [Stanislas de Rhodes]
82. *A volta do parafuso*, Henry James
83. *Ode sobre a melancolia e outros poemas*, Keats
84. *Carmilla — A vampira de Karnstein*, Sheridan Le Fanu
85. *Pensamento político de Maquiavel*, Fichte
86. *Inferno*, Strindberg
87. *Contos clássicos de vampiro*, Byron, Stoker e outros
88. *O primeiro Hamlet*, Shakespeare
89. *Noites egípcias e outros contos*, Púchkin
90. *Jerusalém*, Blake
91. *As bacantes*, Eurípides
92. *Emília Galotti*, Lessing
93. *Viagem aos Estados Unidos*, Tocqueville
94. *Émile e Sophie ou os solitários*, Rousseau
95. *A fábrica de robôs*, Karel Tchápek
96. *Sobre a filosofia e seu método — Parerga e paralipomena (v. II, t. 1)*, Schopenhauer
97. *O novo Epicuro: as delícias do sexo*, Edward Sellon
98. *Sobre a liberdade*, Mill
99. *A velha Izerguil e outros contos*, Górki
100. *Pequeno-burgueses*, Górki
101. *Primeiro livro dos Amores*, Ovídio
102. *Educação e sociologia*, Durkheim
103. *A nostálgica e outros contos*, Papadiamántis
104. *Lisístrata*, Aristófanes
105. *A cruzada das crianças/ Vidas imaginárias*, Marcel Schwob
106. *O livro de Monelle*, Marcel Schwob
107. *A última folha e outros contos*, O. Henry
108. *Romanceiro cigano*, Lorca
109. *Sobre o riso e a loucura*, [Hipócrates]
110. *Ernestine ou o nascimento do amor*, Stendhal
111. *Odisseia*, Homero
112. *O estranho caso do Dr. Jekyll e Mr. Hyde*, Stevenson

113. *Sobre a ética — Parerga e paralipomena (v. II, t. II)*, Schopenhauer
114. *Contos de amor, de loucura e de morte*, Horacio Quiroga
115. *A arte da guerra*, Maquiavel
116. *Elogio da loucura*, Erasmo de Rotterdam
117. *Oliver Twist*, Charles Dickens
118. *O ladrão honesto e outros contos*, Dostoiévski
119. *Sobre a utilidade e a desvantagem da história para a vida*, Nietzsche
120. *Édipo Rei*, Sófocles
121. *Fedro*, Platão
122. *A conjuração de Catilina*, Salústio
123. *Escritos sobre literatura*, Sigmund Freud
124. *O destino do erudito*, Fichte
125. *Diários de Adão e Eva*, Mark Twain
126. *Diário de um escritor (1873)*, Dostoiévski
127. *Perversão: a forma erótica do ódio*, Stoller
128. *Explosao: romance da etnologia*, Hubert Fichte

COLEÇÃO «METABIBLIOTECA»

1. *O desertor*, Silva Alvarenga
2. *Tratado descritivo do Brasil em 1587*, Gabriel Soares de Sousa
3. *Teatro de êxtase*, Pessoa
4. *Oração aos moços*, Rui Barbosa
5. *A pele do lobo e outras peças*, Artur Azevedo
6. *Tratados da terra e gente do Brasil*, Fernão Cardim
7. *O Ateneu*, Raul Pompeia
8. *História da província Santa Cruz*, Gandavo
9. *Cartas a favor da escravidão*, Alencar
10. *Pai contra mãe e outros contos*, Machado de Assis
11. *Democracia*, Luiz Gama
12. *Liberdade*, Luiz Gama
13. *A escrava*, Maria Firmina dos Reis
14. *Contos e novelas*, Júlia Lopes de Almeida
15. *Iracema*, Alencar
16. *Auto da barca do Inferno*, Gil Vicente
17. *Poemas completos de Alberto Caeiro*, Pessoa
18. *A cidade e as serras*, Eça
19. *Mensagem*, Pessoa
20. *Utopia Brasil*, Darcy Ribeiro
21. *Bom Crioulo*, Adolfo Caminha
22. *Índice das coisas mais notáveis*, Vieira
23. *A carteira de meu tio*, Macedo
24. *Elixir do pajé — poemas de humor, sátira e escatologia*, Bernardo Guimarães
25. *Eu*, Augusto dos Anjos
26. *Farsa de Inês Pereira*, Gil Vicente
27. *O cortiço*, Aluísio Azevedo
28. *O que eu vi, o que nós veremos*, Santos-Dumont
29. *Poesia Vaginal*, Glauco Mattoso

COLEÇÃO «QUE HORAS SÃO?»

1. *Lulismo, carisma pop e cultura anticrítica*, Tales Ab'Sáber
2. *Crédito à morte*, Anselm Jappe
3. *Universidade, cidade e cidadania*, Franklin Leopoldo e Silva

4. *O quarto poder: uma outra história*, Paulo Henrique Amorim
5. *Dilma Rousseff e o ódio político*, Tales Ab'Sáber
6. *Descobrindo o Islã no Brasil*, Karla Lima
7. *Michel Temer e o fascismo comum*, Tales Ab'Sáber
8. *Lugar de negro, lugar de branco?*, Douglas Rodrigues Barros
9. *Machismo, racismo, capitalismo identitário*, Pablo Polese
10. *A linguagem fascista*, Carlos Piovezani & Emilio Gentile
11. *A sociedade de controle*, J. Souza; R. Avelino; S. Amadeu (orgs.)
12. *Ativismo digital hoje*, R. Segurado; C. Penteado; S. Amadeu (orgs.)
13. *Desinformação e democracia*, Rosemary Segurado
14. *Labirintos do fascismo, vol. 1*, João Bernardo
15. *Labirintos do fascismo, vol. 2*, João Bernardo
16. *Labirintos do fascismo, vol. 3*, João Bernardo
17. *Labirintos do fascismo, vol. 4*, João Bernardo
18. *Labirintos do fascismo, vol. 5*, João Bernardo
19. *Labirintos do fascismo, vol. 6*, João Bernardo

COLEÇÃO «MUNDO INDÍGENA»

1. *A árvore dos cantos*, Pajés Parahiteri
2. *O surgimento dos pássaros*, Pajés Parahiteri
3. *O surgimento da noite*, Pajés Parahiteri
4. *Os comedores de terra*, Pajés Parahiteri
5. *A terra uma só*, Timóteo Verá Tupã Popyguá
6. *Os cantos do homem-sombra*, Mário Pies & Ponciano Socot
7. *A mulher que virou tatu*, Eliane Camargo
8. *Crônicas de caça e criação*, Uirá Garcia
9. *Círculos de coca e fumaça*, Danilo Paiva Ramos
10. *Nas redes guarani*, Valéria Macedo & Dominique Tilkin Gallois
11. *Os Aruaques*, Max Schmidt
12. *Cantos dos animais primordiais*, Ava Ñomoandyja Atanásio Teixeira
13. *Não havia mais homens*, Luciana Storto

COLEÇÃO «NARRATIVAS DA ESCRAVIDÃO»

1. *Incidentes da vida de uma escrava*, Harriet Jacobs
2. *Nascidos na escravidão: depoimentos norte-americanos*, WPA
3. *Narrativa de William W. Brown, escravo fugitivo*, William Wells Brown

COLEÇÃO «ANARC»

1. *Sobre anarquismo, sexo e casamento*, Emma Goldman
2. *O indivíduo, a sociedade e o Estado, e outros ensaios*, Emma Goldman
3. *O princípio anarquista e outros ensaios*, Kropotkin
4. *Os sovietes traídos pelos bolcheviques*, Rocker
5. *Escritos revolucionários*, Malatesta
6. *O princípio do Estado e outros ensaios*, Bakunin
7. *História da anarquia (vol. 1)*, Max Nettlau
8. *História da anarquia (vol. 2)*, Max Nettlau
9. *Entre camponeses*, Malatesta
10. *Revolução e liberdade: cartas de 1845 a 1875*, Bakunin
11. *Anarquia pela educação*, Élisée Reclus

Adverte-se aos curiosos que se imprimiu este livro na gráfica Meta Brasil, na data de 3 de maio de 2022, em papel pólen soft, composto em tipologia Minion Pro e Formular, com diversos sofwares livres, dentre eles LuaLaTeXe git.
(v. a45e603)